CB134934

NOVIDADES EM DIREITO E PROCESSO DO TRABALHO

Homenagem aos 70 anos da CLT

RÚBIA ZANOTELLI DE ALVARENGA
ÉRICA FERNANDES TEIXEIRA
Organizadoras

NOVIDADES EM DIREITO E PROCESSO DO TRABALHO

Homenagem aos 70 anos da CLT

LTr®

EDITORA LTDA.
© Todos os direitos reservados

Rua Jaguaribe, 571
CEP 01224-001
São Paulo, SP – Brasil
Fone (11) 2167-1101
www.ltr.com.br

Produção Gráfica e Editoração Eletrônica: LINOTEC
Projeto de Capa: FABIO GIGLIO
Impressão: ESCOLAS PROFISSIONAIS SALESIANAS

LTr 4940.2
Novembro, 2013

Dados Internacionais de Catalogação na Publicação (CIP)
(Câmara Brasileira do Livro, SP, Brasil)

Novidades em direito e processo do trabalho : estudos em homenagem aos 70 anos da CLT / Rúbia Zanotelli de Alvarenga, Érica Fernandes Teixeira, Organizadoras. -- São Paulo : LTr, 2013.

Vários colaboradores.
Bibliografia.
ISBN 978-85-361-2756-9

1. Direito do trabalho - Brasil 2. Processo do trabalho - Brasil 3. Trabalho - Leis e legislação - Brasil I. Alvarenga, Rúbia Zanotelli de. II. Teixeira, Érica Fernandes.

13-12346 CDU-34:331(81)(094)

Índice para catálogo sistemático:
1. Brasil : Leis trabalhistas
34:331(81)(094)
2. Consolidação das Leis do Trabalho : Brasil
34:331(81)(094)

Colaboradores

Alessandra Barichello Boskovic: Mestre e Doutoranda em Direito Econômico e Socioambiental pela Pontifícia Universidade Católica do Paraná (PUCPR). Especialista em Direito Material e Processual do Trabalho pelo Centro Universitário Curitiba (UNICURITIBA). Coordenadora adjunta da Especialização em Direito Material e Processual do Trabalho na Pontifícia Universidade Católica do Paraná (PUCPR). Professora de Direito do Trabalho e Advogada.

Amauri Cesar Alves: Mestre e Doutorando em Direito do Trabalho (PUC.Minas). Professor Universitário (FPL e IEC/PUC.Minas). Advogado. Membro da Comissão de Educação Jurídica da OAB/MG.

Ben-Hur Silveira Claus: Juiz do Trabalho na Vara do Trabalho de Carazinho – RS (4ª Região) e mestre em direito pela Unisinos.

Cibele Carneiro Da Cunha Macedo Santos: Professora Assistente da Universidade Federal Fluminense, mestre em Direito pela PUC/SP e doutoranda do Programa de Pós-Graduação em Sociologia e Direito da Universidade Federal Fluminense PPGSD/UFF, e-mail.: cibele.carneiro@hotmail.com

Cleber Lúcio de Almeida: Juiz do Trabalho do TRT da 3ª Região. Doutor em Direito Processual Civil (UFMG). Mestre em Direito das Relações Sociais – Direito do Trabalho (PUC/SP). Professor Universitário.

Érica Fernandes Teixeira: Doutora e Mestre em Direito do Trabalho pela PUC Minas. Professora universitária (PUC Minas e IEC/PUC Minas). Advogada.

Flávia Moreira Marchiori: Mestre em Saúde do Trabalhador e Ecologia Humana (CESTEH) pela Escola Nacional de Saúde Pública Sergio Arouca (ENSP/Fiocruz). Professora da Faculdade Casa do Estudante em Aracruz, ES e da Faculdade Pitágoras – Campus Linhares, ES. Psicóloga.

Gabriela Neves Delgado: Doutora em Filosofia do Direito pela UFMG. Mestre em Direito do Trabalho pela PUC Minas. Professora Adjunta III da Universidade de Brasília. Pesquisadora e líder do Grupo de Pesquisa "Trabalho, Constituição e Cidadania" da UnB, com registro no Diretório dos Grupos de Pesquisa do CNPq.

Giovanni Antonio Diniz Guerra: Mestre em Direito do Trabalho pela PUC Minas. Juiz do Trabalho substituto no TRT-ES. Professor universitário.

Gustavo Filipe Barbosa Garcia: Procurador do Trabalho do Ministério Público do Trabalho da 2ª Região. Livre-Docente pela Faculdade de Direito da Universidade de São Paulo. Doutor em Direito pela Faculdade de Direito da Universidade de São Paulo. Pós-Doutorado em Direito. Professor Universitário em Cursos de Graduação e Pós-Graduação em Direito. Ex-Juiz do Trabalho das 2ª, 8ª e 24ª Regiões. Ex-Auditor Fiscal do Trabalho.

Jorge Cavalcanti Boucinhas Filho: Graduado pela Universidade Federal do Rio Grande do Norte (UFRN). Especialista em Direito do Trabalho pela Universidade Potiguar (UnP). Mestre e doutor em Direito do Trabalho pela Universidade de São Paulo (USP). Pós-doutor em Direito do Trabalho pela Universidade de Nantes, França. Professor de direito nos cursos de graduação da Universidade São Judas Tadeu (USJT) e Escola de Administração da Fundação Getúlio Vargas (EAESP-FGV). Professor e Coordenador do Curso de Pós-graduação em Direito do Trabalho e Professor do Trabalho da Escola Superior de Advocacia de São Paulo, onde ocupa também o cargo de membro do Conselho Curador para o triênio (2013/2015). Professor dos Cursos de Pós-graduação da Escola Paulista de Direito – EPD, curso FMB, Núcleo Trabalhista Calvet, GVlaw-FGV. Membro Pesquisador do Instituto Brasileiro de Direito Social Cesarino Júnior. Advogado em São Paulo.

Jorge Luiz Souto Maior: Juiz do Trabalho. Professor livre docente da Universidade de São Paulo. Associado do Departamento de Direito do Trabalho e da Seguridade Social da USP.

José Pedro Pedrassani: Advogado. Professor. Mestre em Direito Processual (UFRGS). Doutor em Direto do Trabalho (USP). Membro Pesquisador do Instituto Brasileiro de Direito Social Cesarino Júnior.

Júlio César Bebber: Juiz do Trabalho e Doutor em Direito.

Leonardo Tibo Barbosa Lima: Especialista em Direito Público pela UGF/RJ – Universidade Gama Filho, Mestre e Doutorando em Direito do Trabalho pela PUC/MG – Pontifícia Universidade Católica de Minas Gerais. Membro do Instituto de Ciências Jurídicas e Sociais. Professor da FAPAM – Faculdade de Pará de Minas e de cursos de pós-graduação. Servidor do TRT da 3ª Região.

Lorena de Mello Rezende Colnago: Juíza do Trabalho do TRT da 9ª Região. Mestre em Processo (UFES). Especialista em Processo do Trabalho, Direito Individual e Coletivo do Trabalho e Previdenciário (UNIVES).

Luciano Martinez: Juiz Titular da 9ª Vara do Trabalho de Salvador – Bahia, Professor Adjunto de Direito do Trabalho e da Seguridade Social da UFBA. Doutor em Direito do Trabalho e da Seguridade Social pela USP. Mestre em Direito Privado e Econômico pela UFBA. Mestre em Direito Social pela Universidad Castilla-La Mancha (Espanha). Titular da Cadeira 52 da Academia Nacional de Direito do Trabalho (ANDT). Coordenador da Especialização em Direito do Trabalho da UFBA. E-mail: martinezluciano@uol.com.br.

Luís Felipe Lopes Boson: Juiz do Trabalho na 3ª Região e Professor na Faculdade de Direito da FUMEC (B. Horizonte).

Luiz Eduardo Gunther: Professor do Centro Universitário Curitiba – UNICURITIBA; Desembargador do Trabalho junto ao TRT da 9ª Região; Doutor em Direito do Estado pela UFPR; Membro da Academia Nacional de Direito do Trabalho, do Instituto Histórico e Geográfico do Paraná, do Centro de Letras do Paraná e da Associação Latino-Americana de Juízes do Trabalho – ALJT.

Luiz Otávio Linhares Renault: Professor dos cursos de graduação e de pós-graduação, mestrado e doutorado, da Pontifícia Universidade Católica de Minas Gerais, com admissão por concurso externo; aprovado em primeiro lugar no concurso público de provas e títulos para o cargo de professor adjunto da Faculdade de Direito da UFMG, área de conhecimento: Direito do Trabalho e Direito Processual do Trabalho. Desembargador do TRT/3a. Região; 2º Vice-Presidente. Diretor da Escola Judicial e Ouvidor do TRT 3ª Região.

Marcella Pagani: Mestre e doutoranda em Direito do Trabalho pela PUCMINAS. Professora universitária. Advogada.

Marcelo Santoro Drummond: Mestre e professor na Escola Superior Dom Helder Câmara (B. Horizonte).

Márcio Túlio Viana: Pós-Doutor junto à Universidade de Roma I La Sapienza e pela Universidade de Roma II Tor Vergata. Juiz do Trabalho aposentado. Professor nas Faculdades de Direito da UFMG e da PUC-Minas.

Marco Antônio César Villatore: Pós-Doutorando em Direito pela Universidade de Roma II, "Tor Vergata", Doutor pela Universidade de Roma I, "La Sapienza" e revalidado pela Universidade Federal de Stanta Catarina (UFSC) e Mestre pela Pontifícia Universidade Católica de São Paulo (PUC/SP). Professor Titular do Curso de Mestrado e do Doutorado em Direito da Pontifícia Universidade Católica do Paraná (PUCPR). Líder do Grupo de Pesquisa "Desregulamentação do Direito, do Estado e Atividade Econômica: Enfoque Laboral". Professor da Graduação da Facinter. Professor Adjunto da Universidade Federal de Santa Catarina (UFSC). Advogado (disponível em http://www.villatore.com.br).

Maria Isabel Franco Rios: Advogada, mestra em Direito do Trabalho pela Pontifícia Universidade Católica de Minas Gerais- PUCMINAS.

Maria do Perpetuo Socorro Wanderley de Castro: Desembargadora Federal do Trabalho, TRT 21ª. Mestre em Direito, Processo e Cidadania, na UNICAP, Recife, PE. 2012.

Mauricio Godinho Delgado: Mestre em Ciências Políticas pela UFMG e doutor em Direito pela UFMG. Professor do Centro Universitário IESB, de Brasília-DF (2008-atual). Ministro do Tribunal Superior do Trabalho TST.

Mauro Schiavi: Juiz Titular da 19ª Vara do Trabalho de São Paulo. Mestre e Doutor em Direito pela PUC/SP. Professor Convidado dos Cursos de Pós-Gradução da PUC/SP, Escola Paulista de Direito e Faculdade de Direito de Sul de Minas. Autor dentre outros 15, dos livros: Provas no Processo do Trabalho. 3. ed. São Paulo: LTr, 2013, e Manual de Direito Processual do Trabalho. 6. ed. São Paulo: LTr, 2013.

Ney Maranhão: Juiz do Trabalho (TRT da 8ª Região – PA/AP). Mestre em Direito pela Universidade Federal do Pará (UFPA). Especialista em Direito Material e Processual do Trabalho pela Università di Roma – La Sapienza (Itália). Doutorando em Direito do Trabalho pela Universidade de São Paulo (USP). Professor convidado da Universidade da Amazônia (UNAMA) (em nível de pós-graduação) e das Escolas Judiciais dos Tribunais Regionais do Trabalho da 8ª (PA/AP), 14ª (RO/AC) e 19ª Regiões (AL). Membro do Instituto Goiano de Direito do Trabalho (IGT), do Instituto de Pesquisas e Estudos Avançados da Magistratura e do Ministério Público do Trabalho (IPEATRA) e do Instituto Brasileiro de Direito Social Cesarino Junior (IBDSCJ). E-mail: ney.maranhao@gmail.com.

Raquel Betty de Castro Pimenta: Mestre em Direito do Trabalho pela PUC-MG. Especialista em Direito do Trabalho Ítalo-Brasileiro pela UFMG e pela Università di Roma TOR VERGATA. Bacharel em Direito pela UFMG, recebeu, na ocasião de sua formatura, o Prêmio Messias Pereira Donato, por destaque em Direito e Processo do Trabalho, e o Prêmio José Carlos da Mata Machado, por destaque na Divisão de Assistência Judiciária da UFMG. Servidora do Tribunal Regional do Trabalho da 3ª Região.

Rúbia Zanotelli de Alvarenga: Mestre e Doutora em Direito do Trabalho pela PUC Minas. Professora de Direito e Processo do Trabalho da Faculdade Casa do Estudante em Aracruz, ES. Professora de Direito do Trabalho e Previdenciário de cursos de Pós-Graduação em Vitória, ES. Membro Pesquisadora do Instituto Brasileiro de Direito Social Cesarino Júnior. Advogada.

Rodolfo Pamplona Filho: Professor Titular de Direito Processual do Trabalho da Universidade Salvador – UNIFACS. Professor Adjunto da Faculdade de Direito da UFBA – Universidade Federal da Bahia. Mestre e Doutor em Direito do Trabalho pela Pontifícia Universidade Católica de São Paulo. Membro da Academia Nacional de Direito do Trabalho e da Academia de Letras Jurídicas da Bahia. Juiz Titular da 1ª Vara do Trabalho de Salvador (Tribunal Regional do Trabalho da Quinta Região).

Virgínia Leite Henrique: Procuradora do Trabalho do Ministério Público do Trabalho. Mestre em Direito do Trabalho pela PUC Minas, em Direitos Sociais pela Universidade de Castilla-La Mancha – Espanha e em Política Social pela Universidade Federal de Mato Grosso. Doutora em Direitos Sociais pela Universidade de Castilla-La Mancha – Espanha. Doutoranda em Direito do Trabalho pela PUC Minas.

Vitor Salino de Moura Eça: Pós-doutor em Direito Processual Comparado pela Universidad Castilla-La Mancha, na Espanha. Professor Adjunto IV da PUC-Minas, lecionando nos cursos de mestrado e doutorado em Direito, professor visitante na Universidad Nacional de Córdoba – Argentina, e na Faculdade de Direito de Vitória/ES. Professor conferencista na Escola Nacional de Magistratura do Trabalho – ENAMAT, na Escola Superior de Advocacia da Ordem dos Advogados do Brasil. Membro do Conselho Consultivo da Escola Judicial do Tribunal Regional do Trabalho da 3ª Região e Pesquisador junto ao Centro Europeo y Latinoamericano para el Diálogo Social – España. Membro efetivo, dentre outras, das seguintes sociedades: Asociación Iberoamericana de Derecho del Trabajo y de la Seguridad Social – AIDTSS; Asociación de Laboralistas – AAL; Associação Latino-Americana de Juízes do Trabalho – ALJT – Brasília/DF; Equipo Federal del Trabajo – EFT – Buenos Aires/Argentina; Escuela Judicial de América Latina (Membro Fundador) – Coordenador da Área de Direito Processual do Trabalho e do Consejo de Investigación – EJAL; Instituto Brasileiro de Direito Social Júnior – IBDSCJ – São Paulo; Instituto Paraguayo de Derecho del Trabajo y Seguridad Social e da Red Latinoamericana de Jueces para Cooperación Judicial e Integración – REDLAJ.

Wânia Guimarães Rabêllo de Almeida: Advogada. Professora. Mestre em Direito de Empresas pela Fundação Dom Cabral. Mestre e doutoranda em Direito do Trabalho pela PUC-MG.

Sumário

Prefácio

A Organização Internacional do Trabalho (OIT) claramente orienta seus membros a privilegiar soluções autocompositivas na regulamentação das condições do trabalho das diversas categorias. Nada mais natural. Cada categoria profissional representa um universo em si mesmo e ninguém melhor do que os atores sociais ligados a ela para conhecer suas necessidades e peculiaridades. Por melhores que sejam os legisladores eles jamais disporão de condições para conhecer todas as categorias profissionais de um país, acompanhar o surgimento de novas e o desaparecimento de antigas.

É forçoso, contudo, reconhecer que a solução autocompositiva em determinadas circunstâncias não é viável em razão do elevado nível de animosidade entre os envolvidos, ou é desaconselhável, em razão da relevância da matéria envolvida. Nesses casos, não resta alternativa a não ser buscar a via legal.

Legislar em matéria de Direito do Trabalho não é, todavia, uma tarefa fácil. As normas relativas à relação de emprego provocam e sempre provocaram sentimentos antagônicos. Parte da bancada do Congresso Nacional as vê como um marco imprescindível para a efetivação dos direitos humanos, redução das desigualdades e distribuição da renda. Outra parte como um fator de encarecimento da produção e, por conseguinte, um obstáculo para o progresso econômico.

A forma de financiamento da política brasileira, que permite que o mesmo parlamento seja composto por congressistas patrocinados por entidades de defesa dos interesses patronais e por representantes do movimento sindical, cada um deles comprometido com os interesses do patrocinador de sua campanha e com sua base eleitoral, não facilita os ajustes políticos necessários para a elaboração de uma adequada legislação do trabalho. Reproduz-se, muitas vezes, no Congresso Nacional, o mesmo antagonismo que impediu que a questão fosse regulamentada em negociações coletivas entre os envolvidos. O palco muda, mas os atores continuam, de certa forma, os mesmos.

Essa dificuldade no processo legislativo em matéria trabalhista explica, embora não justifique, a não regulamentação, pela via legal, de questões de fundamental importância como a proteção contra a despedida arbitrária, o adicional de penosidade e a terceirização. Explica, também sem justificar, a demora para que fossem regulamentados direitos como o aviso-prévio proporcional ao tempo de serviço, e o elevado número de verbetes editados pelo Tribunal Superior do Trabalho.

A criação de regras por Tribunais, muitas vezes sem alicerce constitucional ou legal algum, representa uma forma de ativismo judicial necessária para compensar a inércia e morosidade do legislador. Na falta de reformas que adequem o ordenamento jurídico aos fenômenos dos novos tempos, os juízes se veem compelidos a criar, pela via interpretativa, regras abstratas e impessoais. A edição de verbetes torna-se necessária para atualizar normas já existentes e para regulamentar questões relevantes que permanecem sem disciplina legal.

Embora necessária, não se pode dizer que essa solução é adequada. Num Estado Democrático de Direito em que o Poder Soberano é dividido em três vertentes independentes e harmônicas entre si, o ideal é que as normas abstratas sejam criadas pelos parlamentares, que detêm representação popular, e não por magistrados que, embora competentes e bem intencionados, escolhidos por critérios técnicos e pautados por regras meritocráticas, não cumprem mandato da população.

A inércia do legislativo e o ativismo judicial que ela provoca transformaram o Direito do Trabalho brasileiro de uma forma tal que o modelo atual nos deixa muito mais próximos dos países do sistema de *common law* do que dos que adotam o regime de *civil law*, ao qual tradicionalmente sempre estivemos vinculados. Para ilustrar essa afirmação basta mencionar que a Consolidação das Leis do Trabalho dispõe de 922 artigos, muitos dos quais sem qualquer serventia por não terem sido recepcionados pela Constituição vigente ou por terem sido ab-rogados ou derrogados por norma posterior, enquanto o Livro de Jurisprudência do Tribunal Superior do Trabalho contava, em meados de junho de 2013, com 1272 verbetes, entre súmulas, orientações jurisprudenciais e precedentes normativos.

Além de mais numerosos do que os preceitos legais, os verbetes podem, em certo aspecto, ser considerados mais protegidos do que o texto legal. Nas ações de rito sumaríssimo, por exemplo, cabe recurso de revista quando houver contrariedade à súmula, mas não quando houver violação a dispositivo legal infraconstitucional (art. 896, § 6º, da Constituição Federal). O fato de se considerar uma contrariedade à súmula mais grave do que uma violação legal, ao ponto de protegê-la e não fazer o mesmo com a lei, é um indicativo de que determinadas regras criadas por tribunais já são consideradas, até certa medida, mais relevantes do que as criadas pelo legislador.

Em um contexto como o narrado acima, deve-se receber com bastante alento o fato de o Congresso Nacional ter recentemente saído de sua inércia habitual e ter aprovado normas trabalhistas importantes e bastante impactantes. É bem verdade que o fim dessa inércia foi, em parte, impulsionado por posturas assumidas ou sinalizadas pelo Supremo Tribunal Federal. É sabido que a lei do aviso-prévio proporcional ao tempo de serviço, para citar apenas um exemplo, somente foi editada em razão do início do julgamento dos Mandados de Injunção 943, 1010, 1074 e 1090 e das incertezas acerca da forma como o STF regulamentaria a questão. É certo também que as leis que entraram em vigor recentemente não são imunes a críticas. Muitas falhas podem e já estão sendo identificadas em todas elas pela doutrina e pela jurisprudência. Cabe agora aos operadores do direito interpretá-las, assegurando sua melhor aplicação.

É nesse ponto que reside o maior mérito da obra que tenho a honra de prefaciar. Visando iluminar o árduo caminho dos que agora têm que aplicar as novas normas, com suas imperfeições e com as incertezas que elas trouxeram, as professoras Rúbia Zanotelli de Alvarenga e Érica Fernandes Teixeira reuniram um notável time de juristas para comentá-las. Entre os que também assinam essa obra há representantes de todos os escalões da magistratura trabalhista (Ministros do Tribunal Superior do Trabalho, Desembargadores de diferentes tribunais trabalhistas de segunda instância, Juízes titulares e substitutos), membros do Ministério Público do Trabalho, advogados notáveis e diversos professores. Nomes absolutamente consagrados se uniram a jovens estudiosos em uma obra de autoria coletiva de inegável riqueza doutrinária. As diferenças de pontos de vista antes de serem excludentes, são, em verdade, complementares. O leitor logo perceberá que não há repetição de ideias nos artigos dedicados ao mesmo tema. O que há é uma riqueza científica bem própria de uma área do conhecimento humano que permite olhares diversos sobre o mesmo objeto de estudo.

As organizadoras da obra foram tão perspicazes que não se limitaram a apresentar abordagens sobre as novas leis. Reconhecendo a importância hoje apresentada pelos verbetes do Tribunal Superior do Trabalho, incluíram neste livro textos que se debruçam sobre súmulas do Tribunal Superior do Trabalho e também do Superior Tribunal de Justiça. As Convenções da Organização Internacional do Trabalho (OIT) relacionadas com os temas mais atuais e palpitantes não ficaram sem uma merecida análise. Temas sobre os quais muito já se escreveu, como as indenizações por dano extrapatrimonial, o assédio moral, a liberdade sindical, a negociação coletiva, o direito de greve, a técnica de subsidiariedade que orienta a aplicação das normas do processo comum ao processo do trabalho, os princípios da execução trabalhista, a desconsideração da personalidade jurídica e a controvertida jornada 12X36 receberam uma releitura original e relevante.

Eu poderia me alongar muito nos elogios e nos comentários sobre o que foi abordado nesta obra. Prefiro, no entanto, não cansar mais o leitor com minhas divagações. Finalizo recomendando enfaticamente a leitura desta obra, felicitando as autoras pela louvável iniciativa e aplaudindo o esmero de todos os autores. Envio meus cumprimentos a todos os que direta ou indiretamente contribuíram para a conclusão desta obra e aos que sabiamente se dedicaram à sua leitura.

Jorge Cavalcanti Boucinhas Filho

Mestre e doutor em Direito do Trabalho pela Universidade de São Paulo. Pós-doutor em Direito pela *Université de Nantes*. Professor do Curso de Graduação em Direito da Universidade São Judas Tadeu e de Administração da EAESP - Fundação Getúlio Vargas e de diversos cursos de pós-graduação *lato sensu*. Professor, coordenador e membro do Conselho Curador da Escola Superior de Advocacia de São Paulo. Membro pesquisador do Instituto Brasileiro de Direito Social Cesarino Júnior. Advogado.

Parte I

TRABALHO E CONSTITUIÇÃO DE 1988: ATLETA PROFISSIONAL DE FUTEBOL

CAPÍTULO 1

A Matriz do Trabalho na Constituição de 1988 e o Atleta Profissional de Futebol

MAURICIO GODINHO DELGADO(*)
GABRIELA NEVES DELGADO(**)

1. INTRODUÇÃO

A ordem jurídica brasileira, desde os anos de 1940, tem estabelecido o Direito Trabalhista como marco geral de regulação do mercado de trabalho, com seus princípios, regras e institutos jurídicos.

Com fulcro na relação de emprego, a Consolidação das Leis do Trabalho, surgida em 1943 e permanentemente atualizada nas décadas seguintes, tem fixado a normativa aplicável às relações entre empregados e empregadores no Brasil.[1]

Algumas categorias de trabalhadores, por motivos distintos, ficaram ao largo da regulação celetista durante décadas, tal como aconteceu com os empregados rurais e com os empregados domésticos, originalmente excluídos pelo texto expresso da própria CLT, em seu art. 7º.

Os atletas profissionais, durante décadas, também não receberam atenção do legislador trabalhista, seja em face de sua parca organização política e sindical, seja em vista da insuficiente profissionalização que prevalecia em quase todo o cenário desportivo do País – salvo quanto ao futebol –, seja em decorrência da elevada peculiaridade da forma de organização das atividades esportivas e de seu sistema de labor.

Os primeiros diplomas normativos que surgiram nesta seara, considerado o período anterior à Constituição de 1988, circunscreveram-se aos contratos de

---

(*) Ministro do Tribunal Superior do Trabalho. Magistrado do Trabalho desde 1989: inicialmente na 1ª e 2ª Instâncias do TRT-MG e, desde novembro de 2007, no Tribunal Superior do Trabalho. Doutor em Filosofia do Direito (UFMG: 1993) e Mestre em Ciência Política (UFMG: 1980). Professor Assistente de Ciência Política da UFMG (1978-1994) e Professor Adjunto de Direito do Trabalho da UFMG (1994-2000). Professor Adjunto do Mestrado e Doutorado em Direito do Trabalho da PUC-Minas (2000-2012). Professor Colaborador da Pós-Graduação em Direito do Centro Universitário IESB, de Brasília, desde 2009.

(**) Doutora em Filosofia do Direito (UFMG: 2005) e Mestre em Direito do Trabalho (PUC Minas: 2002). Professora Adjunta de Direito do Trabalho dos Programas de Graduação e Pós-Graduação da Faculdade de Direito da UnB desde 2009. Coordenadora de Graduação do Curso de Direito da UnB. Professora Adjunta de Direito do Trabalho e Direito Processual do Trabalho dos Programas de Graduação e Pós-Graduação da Faculdade de Direito da UFMG (2006-2009). Professora de Direito do Trabalho da Faculdade de Direito da PUC Minas (2003-2006). Professora de Direito do Trabalho da Faculdade de Direito Milton Campos (2002-2006). Advogada.

(1) Sobre a criação e o papel da CLT no Brasil, com sua contínua atualização ao longo das últimas décadas, consultar: DELGADO, Mauricio Godinho; DELGADO, Gabriela Neves. Direito do Trabalho e Inclusão Social – Estrutura, Evolução e Papel da CLT no Brasil. *In*: DELGADO, Mauricio Godinho; DELGADO, Gabriela Neves. *Constituição da República e Direitos Fundamentais – Dignidade da Pessoa Humana, Justiça Social e Direito do Trabalho*. São Paulo: LTr, 2012. p.121-136.

trabalho dos atletas profissionais de futebol, caracterizando-se por insatisfatória construção legislativa.

Com o advento da Constituição Democrática de 88, importantes parâmetros normativos despontaram com respeito à regulação do trabalho no País, tornando inevitável maior avanço com relação à normativa infraconstitucional, seja quanto ao atleta profissional de futebol, seja quanto à regulação das atividades laborativas dos atletas brasileiros das demais modalidades desportivas existentes ou em estruturação.

Nesse novo quadro constitucional, despontou, em primeiro lugar, no início da década de 1990, a Lei Zico, embora ainda se caracterizando por excessiva timidez na seara normativa enfocada. Em 1998, entretanto, surge a Lei Pelé, diploma bem mais abrangente e inovador no quadro regulatório das relações trabalhistas no desporto brasileiro.

Submetida a diversas alterações ao longo de 14 anos de existência, a Lei Pelé, especialmente em sua nova versão atualizada pela Lei n. 12.395, de 2011, já coloca a normativa brasileira concernente às relações laborativas no desporto do País em melhor grau de harmonia com a matriz constitucional inaugurada em 1988.

2. *A MATRIZ CONSTITUCIONAL DO TRABALHO*

A Constituição da República, promulgada em cinco de outubro de 1988, estruturou no País o *Estado Democrático de Direito* (art. 1º, *caput*), tendo como fundamentos, entre outros, a dignidade da pessoa humana (art. 1º, III) e os valores sociais do trabalho e da livre iniciativa (art. 1º, IV).

A vinculação feita pelo Texto Máximo de 1988 entre a dignidade da pessoa humana e o valor social do trabalho é indissolúvel, por ser o trabalho um dos principais instrumentos assecuratórios da dignidade do ser humano na sociedade e na economia. À luz da Constituição Federal do Brasil, o trabalho tem *status* jurídico absolutamente diferenciado, por ser não apenas *fundamento* do Estado Democrático de Direito (art. 1º, *caput*, IV), mas também, ao mesmo tempo, *direito social* (art. 6º), *valor social* (art. 1º, IV), *primado* da Ordem Social (art. 193), além de *princípio* que rege a Ordem Econômica (art. 170, *caput*, VIII: *princípio da valorização do trabalho, especialmente do emprego*).

O conceito normativo estruturante da Constituição da República, consubstanciado no *Estado Democrático de Direito*, compõe-se, segundo Mauricio Godinho Delgado, de um tripé conceitual, em que a valorização do trabalho, especialmente do emprego, cumpre papel decisivo. Este tripé constitui-se dos seguintes elementos: a *pessoa humana e sua dignidade*; a *sociedade política, democrática e inclusiva*; a *sociedade civil, democrática e inclusiva*[(2)].

Nesse tripé conceitual decisivo, o trabalho e especialmente o emprego cumprem função notável, por se inscreverem entre os instrumentos mais efetivos de garantia social da dignidade da pessoa humana, da busca da democratização da sociedade política, com seu direcionamento inclusivo, e da busca de uma sociedade civil também democrática e inclusiva.

Esse quadro constitucional dirigente do conjunto da vida brasileira naturalmente influencia todos os campos jurídicos, até mesmo, é claro, o segmento desportivo.

A partir dessa matriz constitucional inaugurada em outubro de 1988, portanto, é que tem de ser lida e compreendida a ordem jurídica especial que rege o importante mundo do trabalho empregatício desportivo no País.

3. *A MATRIZ CONSTITUCIONAL DO DESPORTO*

A sociedade civil, como um dos pilares do Estado Democrático de Direito, caso estruturada de modo democrático e inclusivo, compõe-se do reino das instituições, ideias e movimentos privados, sociais e coletivos, em contraponto à sociedade política, caracterizada pelo universo das instituições públicas e estatais.

Integram a sociedade civil a pessoa humana, as unidades familiares, os movimentos sociais e coletivos, as religiões e Igrejas, os meios de comunicação de massa, as instituições privadas e sociais, as empresas e o mercado econômico, a cultura, a educação, o desporto, o meio ambiente, além de várias outras criações da natureza e da inteligência humana.

Na Constituição da República, a sociedade civil está referida principalmente por quatro títulos destacados: o Título I ("Dos Princípios Fundamentais") e o

(2) Sobre o conceito de Estado Democrático de Direito na matriz constitucional brasileira, consultar: DELGADO, Mauricio Godinho. Constituição da República, Estado Democrático de Direito e Direito do Trabalho. *In*: DELGADO, Mauricio Godinho; DELGADO, Gabriela Neves. *Constituição da República e Direitos Fundamentais – Dignidade da Pessoa Humana, Justiça Social e Direito do Trabalho*. São Paulo: LTr, 2012.

Título II ("Dos Direitos e Garantias Fundamentais"), ao lado do Título VII ("Da Ordem Econômica e Financeira") e do Título VIII ("Da Ordem Social"). Naturalmente que ela também comparece nos demais títulos constitucionais, embora em menor intensidade, já que eles enfocam notadamente a sociedade política, sua estrutura, instituições e dinâmica(3).

As atividades desportivas integram dimensão importante da sociedade civil, envolvendo impressionante número de indivíduos e instituições em qualquer país. Nessa medida, tais atividades estão mencionadas na Constituição da República, ao lado da educação e da cultura, no interior do Título VIII do Texto Máximo, regente "Da Ordem Social" (art. 217).

O preceito constitucional que trata do desporto (art. 217), compondo a Seção III do Capítulo III do Título VIII da Constituição, estabelece parâmetros para a atuação do Estado nesse segmento social, sem arranhar, em qualquer medida, a lógica estruturante de toda a obra magna de 1988. Observe-se o texto do mencionado dispositivo da Constituição:

> Art. 217. É dever do Estado fomentar práticas desportivas formais e não formais, como direito de cada um, observados:
>
> I – a autonomia das entidades desportivas dirigentes e associações, quanto a sua organização e funcionamento;
>
> II – a destinação de recursos públicos para a promoção prioritária do desporto educacional e, em casos específicos, para a do desporto de alto rendimento;
>
> III – o tratamento diferenciado para o desporto profissional e o não profissional;
>
> IV – a proteção e o incentivo às manifestações desportivas de criação nacional.
>
> §1º – O Poder Judiciário só admitirá ações relativas à disciplina e às competições desportivas após esgotarem-se as instâncias da justiça desportiva, reguladas em lei.
>
> §2º – A justiça desportiva terá o prazo máximo de sessenta dias, contados da instauração do processo, para proferir decisão final.
>
> §3º – O Poder Público incentivará o lazer, como forma de promoção social.

A matriz constitucional relativa ao desporto, como se percebe, não entra em choque com a matriz constitucional relativa ao trabalho. As duas se harmonizam, compreendendo o Texto Máximo da República que a proteção e o incentivo às manifestações esportivas coadunam-se com o caráter e os objetivos democráticos e inclusivos que devem direcionar a sociedade civil, inclusive com a prevalência constitucional do trabalho e especialmente do emprego.

Na medida dessa harmonia e inter-relação de esferas constitucionais é que deve ser compreendida a legislação desportiva do País, ao menos a contar de cinco de outubro de 1988.

4. BALIZAMENTOS CONSTITUCIONAIS PARA O CONTRATO DO ATLETA PROFISSIONAL – HISTÓRICO NORMATIVO

O histórico da legislação trabalhista brasileira na seara do contrato do atleta profissional deve se balizar por dois momentos: o período anterior ao Texto Magno de 1988 e o período descortinado pela nova Constituição da República.

Registre-se, no exame desse histórico, que as primeiras manifestações legislativas nesta seara dirigiram-se essencialmente ao atleta profissional de futebol, por ser este esporte absolutamente hegemônico na História do Brasil, sendo o primeiro, ao longo de décadas, que efetivamente se profissionalizou no campo desportivo do País.

A partir das décadas mais recentes é que se tornou massivo o processo de profissionalização de outras modalidades no desporto brasileiro, para além do futebol. Talvez por essa razão é que somente depois de 1988 os diplomas legais especializados tiveram a preocupação de se dirigir a *qualquer atleta profissional*, ao invés de somente ao clássico jogador de futebol.

4.1 Evolução Normativa Pré-1988

Na ordem jurídica brasileira, desde 1943, o padrão da Consolidação das Leis do Trabalho corresponde à regra geral de contratação de trabalhadores empregados. Anteriormente à Constituição de 1988, entretanto, a própria CLT excluía certos empregados da vigência de suas normas jurídicas, tais como, à época, os trabalhadores domésticos e os trabalhadores rurais (art. 7º, CLT).

Os trabalhadores atletas profissionais de futebol, embora não estivessem, por força de lei, ex-

(3) A sociedade política, é claro, também comparece nesses quatro títulos constitucionais (I, II, VII e VIII); porém não há dúvida de que os Títulos III ("Da Organização do Estado"), IV ("Da Organização dos Poderes"), V ("Da Defesa do Estado e das Instituições Democráticas") e VI ("Da Tributação e do Orçamento") é que são mais fortemente dedicados à sociedade política.

plicitamente excluídos das disposições da CLT, na realidade mantinham-se fora da regência normativa celetista. É que não havia originariamente, no texto consolidado, referência normativa bastante às peculiaridades dessa categoria profissional, em quadro de ausência de lei específica extravagante tratando de tal categoria especial no Direito brasileiro.

De todo modo, a legislação desportiva brasileira, ainda que sem regência expressa e peculiar sobre a relação empregatícia futebolística, foi deflagrada inicialmente pelo Governo Vargas (1930-1945). Em 1939, o Decreto-lei n. 1.056 criou a Comissão Nacional de Desportos. Em 1941, o Decreto-lei n. 3.199 instituiu o Conselho Nacional de Desporto, além dos conselhos regionais.

O Conselho Nacional de Desportos, a propósito, editou em 1945 o primeiro Código Brasileiro de Futebol, por meio da Deliberação CND n. 48/1945. Por este diploma de caráter *administrativo*, foram criados o Superior Tribunal de Justiça Desportiva (STJD), com atuação em todo o País, os Tribunais de Justiça Desportiva (TJDs), com atuação regional, além das Juntas Disciplinares Desportivas, com atuação municipal[4].

Em 1961, foi regulamentada a profissão do atleta profissional de futebol, pelo Decreto n. 51.008. Embora o diploma jurídico estabelecesse algumas garantias e proteções ao atleta futebolístico, não lhe estendia, regra geral, a legislação trabalhista e previdenciária.

Em março de 1964, surge o Decreto n. 53.820, tratando do atleta profissional de futebol e também do chamado "passe", instituto relacionado à transferência clubística do profissional. O passe caracterizava-se por ser fortemente controlado pelo clube, embora o instituto garantisse ao atleta o recebimento de 15% sobre o montante total estipulado para tal passe[5].

O atleta profissional de futebol tornou-se beneficiário da Previdência Social apenas em 1973, por meio da Lei n. 5.939.

Pouco tempo depois, em 1975, consideradas as bases da estrutura estabelecida nos anos de 1940, foi instituída a *justiça desportiva*, pela Lei n. 6.251/1975, que revogou o Decreto-lei n. 3.199/1941[6].

A Lei n. 6.354, de setembro de 1976, sistematizou, com maior organicidade, a relação empregatícia do atleta profissional de futebol, também incorporando o instituto do "passe". Caracterizou-se, contudo, por preservar sistemática de exercício de poder notoriamente favorável aos clubes, seja em face do próprio instituto do passe, seja em face das amplas prerrogativas do exercício de poder que sufragava (inclusive com possibilidade de multa salarial punitiva), seja em vista da exiguidade dos direitos trabalhistas aplicáveis à categoria profissional dos atletas.

A Lei n. 6.354/1976 vigorou por quase duas décadas, sendo substituída em 1993, pela Lei Zico (n. 8.672/1993), a qual, entretanto, manteve vigência de alguns 19 preceitos do diploma dos anos de 1970.

4.2 Evolução Normativa Pós-1988

A Constituição de 1988, na Seção III ("Do Desporto") do Capítulo III ("Da Educação, da Cultura e do Desporto") do Título VIII ("Da Ordem Social"), estabeleceu regras sobre o desporto (art. 217), inclusive reconhecendo a *justiça desportiva*, na qualidade de sistema prévio ao jurisdicional específico do Poder Judiciário, no tocante à *disciplina desportiva* e às *competições esportivas* (art. 217, § 1º, CF/1988). Tal exceção constitucional, entretanto, conforme se verá, não atinge o direito de ação trabalhista do atleta perante seu respectivo clube empregador (art. 5º, XXXV, CF/1988).

Os Títulos I e II da Constituição, por outro lado, especialmente os artigos 6º e 7º, que tratam dos direitos sociais e trabalhistas, além do art. 3º, IV, que trata do princípio da não discriminação, impuseram, evidentemente, a extensão dos direitos trabalhistas aos atletas profissionais de futebol, resguardadas as peculiaridades da categoria e de seu sistema laborativo, conforme especificado em lei.

A Lei n. 8.672, de seis de julho de 1993 – Lei Zico –, regulamentada pelo Decreto n. 981, de novembro do mesmo ano –, estabeleceu regras gerais do desporto, permitindo a profissionalização desportiva em qualquer área de especialização (art. 18). Fixou, entretanto, exíguas regras a respeito do contrato do atleta profissional, embora tenha reconhecido o direito de arena, deferindo participação de 20% do montante contratado para os respectivos

(4) MARTINS, Sérgio Pinto. Direitos Trabalhistas do Atleta Profissional de Futebol. *In: Revista do Tribunal Regional do Trabalho da 18ª Região*. Ano VII, Dezembro de 2004. Goiânia. p. 7.

(5) *Idem.*.

(6) *Idem*. p. 11.

atletas (art. 24, § 1º). Não revogou o diploma especial dos futebolistas, vindo dos anos de 1970 (Lei n. 6.354/1976), que manteve sua aplicação na seara específica dos contratos dos atletas de futebol[(7)].

Em 24 de março de 1998, foi promulgada a Lei n. 9.615 – Lei Pelé –, com a definição de normas gerais sobre o desporto e regulação mais ampla da prática desportiva profissional e respectivo contrato de trabalho (arts. 26 a 46). Regulou também o direito de arena (art. 42) e reconheceu o pacto acessório de cessão do direito de imagem (art. 87). A Lei Pelé revogou inteiramente os diplomas desportivos do início da década de 1990, ou seja, a Lei Zico (n. 8.672/1993) e a Lei n. 8.946/1994. A Lei Pelé também extinguiu o instituto do passe (art. 28, § 2º), após três anos de sua própria vigência (art. 93, Lei n. 9.615/1998) – o que significou extinção do passe desde o dia 25 de março de 2001.

Entretanto, a Lei Pelé manteve ainda a vigência de alguns dispositivos da antiga Lei n. 6.354/1976, inclusive a controvertida multa salarial punitiva. A regulamentação da Lei Pelé foi estabelecida pelo Decreto n. 2.571, de 29 de abril de 1990[(8)].

A Lei Pelé sofreu diversas alterações nos anos seguintes, em face dos diplomas legais a seguir destacados: Lei n. 9.940, de 1999; Lei n. 9.981, de 2000; Lei n. 10.672, de 2003; Lei n. 11.776, de 2008.

Em 16 de março de 2011, finalmente, foi promulgada a Lei n. 12.395, com vigência a partir de sua publicação (Diário Oficial de 17.3.2011). O novo diploma legal alterou amplamente a Lei n. 9.615/1998 (Lei Pelé), regente de normas gerais sobre o desporto, alterando também a Lei n. 10.891/2004, que instituiu a Bolsa-Atleta, os Programas Atleta Pódio e a Cidade Esportiva. Além disso, o diploma desportivo de 2011, em seu art. 19, II, revogou totalmente a Lei n. 6.354/1976, completando o quadro de significativas mudanças na legislação reguladora dos contratos especiais desportivos.

A legislação previdenciária e trabalhista, inclusive a CLT, como visto, é aplicável ao contrato do atleta profissional, por ser empregatícia a relação jurídica desse trabalhador com a entidade desportiva, ainda que se trate de vínculo jurídico excetivo e especial de trabalho. Desde a Constituição de 1988 tal aplicação tornou-se inarredável, uma vez que, para o Texto Máximo (art. 7º, *caput* e parágrafo único), entre todas e quaisquer relações de emprego somente a de natureza doméstica é que não sofre incidência plena das regras do Direito do Trabalho.

Naturalmente que a aplicação das regras do Direito do Trabalho, inclusive a CLT, deve ser feita com reverência às peculiaridades normativas e fáticas dessa relação jurídica esportiva especial – conforme, a propósito, bem explicitado pelo antigo § 1º do art. 28 da Lei n. 9.615/1998 e pelo novo § 4º do art. 28 da Lei n. 9.615/1998.

A partir da Lei Pelé – especialmente a contar das mudanças surgidas com a Lei n. 12.395/2011 – uniformizou-se o tratamento jurídico trabalhista deferido aos atletas profissionais de futebol e demais modalidades esportivas que tenham se profissionalizado. A Lei n. 6.354/1976, que era específica dos futebolistas, finalmente quedou-se revogada em sua totalidade (art. 19, II, da Lei n. 12.395/2011), uniformizando-se, em conseqüência, a normativa jurídica desportiva. É bem verdade que não se pode perder de vista a mantença das peculiaridades da área desportiva em contraponto ao padrão geral trabalhista do País – peculiaridades ressaltadas pela Lei Pelé, especialmente em sua nova redação de 2011.

5. BALIZAMENTOS CONSTITUCIONAIS PARA O CONTRATO DO ATLETA PROFISSIONAL – ASPECTOS CONTRATUAIS EM DESTAQUE

Alguns aspectos contratuais do vínculo laborativo do atleta profissional merecem destaque, no cotejo entre os balizamentos constitucionais de 1988 e a legislação vigente no Brasil, especialmente a contar das mudanças trazidas pela recente Lei n. 12.395, de 2011.

Tais aspectos em destaque são os seguintes: natureza salarial dos pagamentos retributivos pelo trabalho; reconhecimento normativo do direito à imagem; reconhecimento normativo do direito de arena; duração do trabalho; o problema da antiga multa salarial do atleta futebolístico; competência da Justiça do Trabalho, em seus múltiplos desdobramentos, inclusive quanto à regra concernente à arbitragem referida na Lei n. 12.395/2011.

5.1 Natureza Salarial dos Pagamentos Retributivos pelo Trabalho

A Constituição de 1988 arrola princípios e regras acerca da temática salarial, de maneira a assegu-

(7) *Idem. Ibidem.* Sobre o direito desportivo e a evolução da legislação desportiva brasileira, consultar ainda: BARREIROS NETO, Jaime. *Direito Desportivo.* Curitiba: Juruá, 2010.

(8) MARTINS, Sérgio Pinto. Direitos Trabalhistas do Atleta Profissional de Futebol. *In: Revista do Tribunal Regional do Trabalho da 18ª Região.* Ano VII, Dezembro de 2004. Goiânia. p. 11.

rar um mínimo de garantias ao empregado durante a relação de emprego. Tais princípios e regras impedem, em conseqüência, o manejo, pela ordem jurídica infraconstitucional, de artificialismos manifestos e prejudiciais relativamente à matéria salarial.

No Título II, relativo aos "Direitos e Garantias Fundamentais", despontam os seguintes preceitos magnos que tratam da temática salarial: art. 7º, incisos IV, V, VI, VII, VIII, IX, X, XVI, XVIII, XXIII, XXX, XXXI e XXXII, da Constituição. No Título VIII, concernente à "Ordem Social", desponta a importante regra do art. 195, I, "a", do Texto Máximo.

A conjugação desses princípios e regras evidencia que, de maneira geral, parcela eminentemente retributiva criada pela lei ou pela vontade privada, há de possuir natureza salarial, salvo disposição inequívoca em sentido contrário da regra jurídica concessora da parcela. Nesta exata direção é o que classicamente tem estipulado também a CLT, por meio de seus arts. 457, §§ 1º a 3º, e 458, §§ 1º a 4º.

De fato, a parcela salarial paga ao atleta profissional de futebol em função da relação de emprego não se esgota na verba contraprestativa fixa principal que lhe é devida pelo empregador (salário básico).

Além do salário básico, o art. 31, § 1º da Lei n. 9.615/1998 estabelece como parcelas componentes do complexo salarial do atleta de futebol *o abono de férias, o décimo terceiro salário, as gratificações, os prêmios e demais verbas inclusas no contrato de trabalho*. Naturalmente que no tocante à composição do salário, também se aplica subsidiariamente o disposto no art.457, § 1º da CLT.

No contrato do atleta profissional de futebol há duas verbas específicas – os *bichos* e as *luvas* – que ensejam a observância desse comando de proteção constitucional.

O *bicho* é parcela econômica variável e condicional, usualmente paga ao atleta pela entidade empregadora em face dos resultados positivos alcançados pela equipe futebolística (vitórias e, até mesmo, empates, se for o caso). A verba possui clara natureza contraprestativa, sendo entregue como incentivo ao atleta ou em reconhecimento por sua boa prestação de serviços. Desse modo, tem nítida característica de *prêmio trabalhista*. Nesta medida, é indubitável salário, em sentido amplo (art. 31, § 1º, Lei Pelé; art. 457, *caput* e § 1º, CLT)(9).

A natureza jurídica salarial dos bichos, que são pagos com certa habitualidade ao longo da prestação laborativa, provoca seu cômputo no conjunto salarial do atleta futebolístico, de maneira a acarretar o conhecido *efeito expansionista circular dos salários*, tão próprio ao segmento trabalhista(10). Nesta dimensão deve se refletir sobre 13º salários, férias com 1/3, aviso-prévio e FGTS com 40%, ilustrativamente.

As *luvas desportivas*, por sua vez, consistem em retribuição material paga pela entidade empregadora ao atleta profissional de futebol em face da celebração de seu contrato de trabalho, seja originalmente, seja por renovação. Tem sua natureza salarial reconhecida pelo Direito brasileiro, tanto no art. 12 da antiga Lei n. 6.354/1976, como no art. 31, § 1º, da Lei n. 9.615/1998 (esta se referindo às "demais verbas inclusas no contrato de trabalho"). Sendo parcela eminentemente contratual, seu conteúdo e forma de pagamento são estabelecidos livremente na respectiva pactuação(11).

É verdade que a forma de pagamento das luvas, não obstante a natureza salarial da parcela, na prática pode afetar o seu critério de integração salarial. É que se as luvas forem pagas de maneira diluída no contrato de trabalho, elas serão integradas plenamente no salário, à semelhança de gratificações habituais periodicamente entregues, com óbvios reflexos sobre FGTS, 13º salários e férias com 1/3, por exemplo. Entretanto, se as luvas desportivas forem pagas em uma única parcela – ilustrativamente, um automóvel ou um apartamento –, seu reflexo se esgotará no tempo, não atingindo os diversos anos contratuais.

---

(9) A respeito da natureza salarial do *bicho*, enquadrado como prêmio, consultar BELMONTE, Alexandre Agra. Direito Desportivo, Justiça Desportiva e principais aspectos jurídico-trabalhsitas da relação de trabalho do atleta profissional. *Revista do Tribunal Regional do Trabalho da 1ª Região*. n. 47, Janeiro/Junho, 2010. Rio de Janeiro: TRT 1ª Região, 2010. p. 86. A propósito, Jaime Barreiros Neto prefere considerar o bicho como "gratificação ajustada", também com evidente natureza salarial. Nesse sentido, consultar: BARREIROS NETO, Jaime. *Direito Desportivo*. Curitiba: Juruá, 2010. p.131.

(10) Sobre o efeito expansionista circular dos salários, consultar DELGADO, Mauricio Godinho. *Curso de Direito do Trabalho*. 11. ed. São Paulo: LTr, 2012, Capítulo XXI, item IV. p. 718.

(11) A respeito das *luvas*, consultar: BARROS, Alice Monteiro de. O Atleta Profissional do Futebol em Face da "Lei Pelé" (n. 9.615, de 24.03.98). *Revista do Tribunal Regional do Trabalho da 3ª Região*. n. 60. Julho/Dezembro, 1999. Belo Horizonte: TRT 3ª Região, 1999. p. 158. Também BELMONTE, Alexandre Agra. Direito Desportivo, Justiça Desportiva e principais aspectos jurídico-trabalhsitas da relação de trabalho do atleta profissional. *Revista do Tribunal Regional do Trabalho da 1ª Região*. n. 47, Janeiro/Junho, 2010. Rio de Janeiro: TRT 1ª Região, 2010. p. 86. Na mesma linha, BARREIROS NETO, Jaime. *Direito Desportivo*. Curitiba: Juruá, 2010. p. 131.

5.2 Reconhecimento Normativo do Direito à Imagem

O *direito à imagem* é inerente à personalidade do ser humano, com manifesto amparo na Constituição de 1988. Três preceitos inseridos artigo 5º do Texto Máximo reportam-se a tal direito: o V ("é assegurado o direito de resposta, proporcional ao agravo, além da indenização por dano material, moral e à imagem"); o inciso X ("são invioláveis a intimidade, a vida privada, a honra e a imagem das pessoas, assegurado o direito à indenização pelo dano material ou moral decorrente de sua violação"); o inciso XXVIII, "a" ("a proteção às participações individuais em obras coletivas e à reprodução da imagem e voz humanas, inclusive nas atividades desportivas").

Embora a imagem da pessoa humana seja em si inalienável, torna-se possível a cessão do uso desse direito, como parte da contratação avençada, tendo tal cessão evidente conteúdo econômico.

No contexto da realidade do contrato de trabalho do atleta profissional de futebol, dois tipos de imagem precisam ser consideradas: a imagem pessoal e a imagem profissional do atleta[(12)].

A *imagem pessoal* é prerrogativa pertencente aos direitos de personalidade, de amparo constitucional e caráter inalienável e intransferível. Todo ser humano é detentor de sua imagem pessoal, administrando-a da maneira que lhe convir.

Também o "homem-atleta é absolutamente senhor de sua imagem pessoal, podendo dela dispor como lhe aprouver, inclusive negociando-a para fins promocionais, publicitários, de marketing, sem a necessidade de qualquer aceite por parte do clube empregador" [(13)].

A *imagem profissional* é cedida à entidade desportiva no momento da celebração contratual. Conforme esclarece Jorge Miguel Acosta Soares, "a exibição pública é elemento integrante e necessário do cumprimento do contrato de trabalho, uma vez que a imagem do atleta em campo, envergando a camisa com os distintivos e cores do clube, não se distingue da imagem do clube, confundindo-se com esta. É impossível dissociar atleta e clube durante a realização de uma partida, momento máximo da relação empregatícia"[(14)].

Para o autor, não há qualquer óbice para que o atleta também ceda sua imagem pessoal à agremiação desportiva com a qual tenha contrato de trabalho[(15)].

O reconhecimento normativo do direito à imagem e à cessão do respectivo direito de uso está expresso no art. 87 da Lei n. 9.615/1998. Nessa medida, o texto legal atende à orientação normativa do art. 5º, incisos V, X e XXVIII, "a", do Texto Máximo.

No tocante à natureza jurídica da parcela, a jurisprudência dominante a tem considerado salarial, em face de o art. 87 da Lei n. 9.615/1998, em sua origem, não ter explicitado tal aspecto, fazendo incidir a regra geral salarial manifestada no art. 31, § 1º da mesma lei ("São entendidos como salário ... demais verbas inclusas no contrato de trabalho"); afinal, esta regra geral é também clássica a todo o Direito do Trabalho (art. 457, CLT). Para esta interpretação, a cessão do direito de uso da imagem corresponde a inegável pagamento feito pelo empregador ao empregado, ainda que acessório ao contrato principal, enquadrando-se como verba que retribui a existência do próprio contrato de trabalho.

Entretanto, a inserção, na Lei Pelé, de nova regra jurídica, por meio da recente Lei n. 12.395, de 2011, pode introduzir certa alteração na linha interpretativa até então dominante. É que o novo preceito legal enquadra, explicitamente, o negócio jurídico de cessão do direito de imagem como ajuste contratual de natureza civil, que fixa direitos, deveres e condições inconfundíveis com o contrato de trabalho entre o atleta e a entidade desportiva. Assim dispõe o novo art. 87-A da Lei Pelé, em conformidade com redação dada pela Lei n. 12.395/2011, "*o direito ao uso da imagem do atleta pode ser por ele cedido ou explorado, mediante ajuste contratual de natureza civil e com fixação de direitos, deveres e condições inconfundíveis com o contrato especial de trabalho desportivo*"[(16)].

A nova regra jurídica busca afastar o enquadramento salarial ou remuneratório da verba paga pela cessão do direito de uso da imagem do atleta profissional, ainda que seja resultante de pacto conexo ao contrato de trabalho. Opta o novo dis-

---

(12) É o que expõe SOARES, Jorge Miguel Acosta. *Direito de Imagem e Direito de Arena no Contrato de Trabalho do Atleta Profissional*. São Paulo: LTr, 2008. p.114.

(13) SOARES, Jorge Miguel Acosta. *Direito de Imagem e Direito de Arena no Contrato de Trabalho do Atleta Profissional*. São Paulo: LTr, 2008. p.113-114.

(14) *Idem*. p.114.

(15) *Idem*. *Ibidem*.

(16) Sérgio Pinto Martins explica que a denominação correta é "contrato de licença do uso de imagem" ao invés de "contrato de imagem", já que não se pode vender a imagem propriamente dita da pessoa. O que é cedido, na realidade, é a licença para uso da imagem. Sobre o tema, consultar: MARTINS, Sérgio Pinto. Direitos Trabalhistas do Atleta Profissional de Futebol. *In: Revista do Tribunal Regional do Trabalho da 18ª Região*. Ano VII, Dezembro de 2004. Goiânia. p. 14.

positivo pela natureza meramente civil da parcela, desvestida de caráter salarial.

Esclareça-se que a ordem jurídica, como é natural, ressalva as situações de fraude, simulação e congêneres (art. 9º, CLT). Desse modo, o contrato adjeto de cessão do direito de imagem tem de corresponder a efetivo conteúdo real, ao invés de emergir como simples artifício para encobrir a efetiva remuneração do trabalhador.

Por fim, a circunstância de a cessão do direito de uso da imagem passar a ter natureza não trabalhista – se for o caso –, não afasta a competência da Justiça do Trabalho para examinar eventual lide entre o atleta empregado e sua entidade desportiva empregadora, mesmo que o pleito não discuta a desconstituição da natureza civil da verba, porém seu mero inadimplemento. O fato jurídico da existência da parcela enfocada resulta, sem dúvida, da existência do contrato de trabalho, colocando, ademais, empregado e empregador como credores e devedores recíprocos, o que situa o litígio dentro da precisa moldura da competência constitucional fixada no art. 114, I, do Texto Máximo.

5.3 Reconhecimento Normativo do Direito de Arena

O direito de arena também tem fundo constitucional, à medida que se trata de vantagem derivada do direito à imagem e seu correspondente direito de uso. Está, nesse sentido, previsto no art. 5º, XXVIII, "a", do Texto Máximo de 1988 ("a proteção às participações individuais em obras coletivas e à reprodução da imagem e voz humanas, inclusive nas atividades desportivas").

Há evidente correlação entre o *direito de uso da imagem* do atleta profissional e o chamado *direito de arena*, embora não sejam parcelas idênticas, é claro. A primeira verba tem caráter mais amplo, ao passo que a segunda resulta de uma projeção, coletivamente considerada, do direito de imagem de cada atleta profissional da entidade desportiva. O direito de arena possui ainda uma dimensão própria, que é a circunstância de constituir nova realidade, específica, que é a obra coletiva, o espetáculo, algo superior e distinto do simples somatório de individualidades.

O *direito de arena* consiste na prerrogativa assegurada às entidades desportivas de negociarem, autorizarem ou proibirem o uso da imagem de espetáculo ou evento desportivo do qual participem. O instituto jurídico, como dito, enfoca o conjunto da obra, o espetáculo, embora se saiba que este é formado pela presença e atuação dos atletas de cada equipe. Correlaciona-se com o direito de uso da imagem à medida que os atletas, em seu conjunto, é que compõem a dinâmica do espetáculo desportivo; porém com o anterior instituto não se confunde por enfatizar o direito de arena a atividade coletiva, global e unitária do espetáculo esportivo, que tem realidade própria.

A Lei Pelé, tanto no texto original de seu art. 42, *caput*, quanto no texto recentemente alterado pela n. 12.395/2011, assegura o direito de arena às entidades de prática desportiva. Eis o texto mais recente da Lei n. 9.615/1998, com a alteração de 2011:

> "*Pertence às entidades de prática desportiva o direito de arena, consistente na prerrogativa exclusiva de negociar, autorizar ou proibir a captação, a fixação, a emissão, a transmissão, a retransmissão ou a reprodução de imagens, por qualquer meio ou processo, de espetáculo desportivo de que participem*".

O atleta profissional de futebol partícipe do evento divulgado terá direito a certa cota-parte da receita proveniente da exploração de direitos desportivos audiovisuais, conforme previsão do artigo 42, § 1º, da Lei n. 9.615/1998. Segundo o texto original da Lei Pelé, essa participação alcançaria 20% do preço total da autorização, *como mínimo*, salvo convenção em contrário. Em conformidade com o novo texto do art. 42, § 1º da Lei Pelé, após alteração resultante da Lei n. 12.395/2011, tal montante caiu para 5%, salvo convenção coletiva de trabalho em contrário. Eis o texto mais recente da Lei n. 9.615/1998, com a alteração normativa de 2011:

> "*salvo convenção coletiva de trabalho em contrário, 5% (cinco por cento) da receita proveniente da exploração de direitos desportivos audiovisuais serão repassados aos sindicatos de atletas profissionais, e estes distribuirão, em partes iguais, aos atletas profissionais participantes do espetáculo, como parcela de natureza civil*".

Importa registrar que, à luz do disposto no art. 42, § 2º da Lei n. 9.615/1998, em sua nova redação, o direito de arena não se aplica à *exibição de flagrantes de espetáculo ou evento desportivo para fins exclusivamente jornalísticos, desportivos ou educativos*, desde que respeitadas algumas condições, a saber:

> "*I – a captação das imagens para a exibição de flagrante de espetáculo ou evento desportivo*

dar-se-á em locais reservados, nos estádios e ginásios, para não detentores de direitos ou, caso não disponíveis, mediante o fornecimento das imagens pelo detentor de direitos locais para a respectiva mídia; II – a duração de todas as imagens do flagrante do espetáculo ou evento desportivo exibidas não poderá exceder 3% (três por cento) do total do tempo de espetáculo ou evento; III – é proibida a associação das imagens exibidas com base neste artigo a qualquer forma de patrocínio, propaganda ou promoção comercial".

No tocante à natureza jurídica da cota-parte de participação do trabalhador atleta profissional no direito de arena, a jurisprudência dominante a tem considerado *remuneratória*, por analogia com as gorjetas e outras verbas pagas por terceiros ao empregado em decorrência do contrato de trabalho. O enquadramento dessa verba no tipo jurídico da *remuneração* resultaria da circunstância de o texto original do art. 42, § 1º da Lei n. 9.615/98 não ter explicitado a natureza jurídica da vantagem repassada parcialmente aos atletas a partir do preço acertado com as redes de transmissão dos espetáculos futebolísticos. A omissão da lei desportiva específica faria incidir, por corolário, a regra geral celetista relativa aos pagamentos habituais feitos por terceiros ao empregado em vista do trabalho por este prestado no contexto da relação de emprego – regra geral concernente à parcela *remuneração*, inferida pela jurisprudência do art. 457, *caput*, da CLT, conforme Súmula 354 do TST.

Entretanto – tal como ocorrido com a cessão do direito de imagem –, a inserção, na Lei Pelé, de novo dispositivo (§ 1º do art. 42), por meio da recente Lei n. 12.395, de 2011, pode introduzir alteração na linha interpretativa até então dominante. É que o novo preceito legal enquadra, explicitamente, *como parcela de natureza civil*, a participação do atleta trabalhador na cota-parte do direito de arena explorado pelo empregador, cujo montante é pago pelas entidades de *mass media* envolvidas. Determina ainda o novo texto legal que os 5% da receita oriunda da exploração de direitos desportivos audiovisuais *serão repassados aos sindicatos de atletas profissionais*, sendo por estes distribuídos aos atletas participantes do espetáculo (art. 42, § 1º, Lei Pelé, em sua nova redação).

O novo preceito normativo busca afastar, como visto, o enquadramento salarial ou remuneratório da verba paga pela cessão do direito de uso da imagem do atleta profissional, ainda que seja resultante de relação jurídica conexa ao contrato de trabalho. Opta a nova regra pela natureza meramente civil da parcela, desvestida de caráter salarial ou remuneratório.

Também aqui cabe aduzir, por fim, que a circunstância de esta verba passar a ter natureza não trabalhista, se for o caso, não afasta a competência da Justiça do Trabalho para examinar eventual lide entre o atleta empregado, sua entidade desportiva empregadora e o próprio sindicato profissional obreiro, mesmo que o pleito não discuta a desconstituição da natureza civil da verba, porém seu mero inadimplemento. O fato jurídico relativo à existência da parcela enfocada decorre, sem dúvida, da própria existência do contrato de trabalho, colocando, ademais, empregado e empregador como credores e devedores recíprocos – além do respectivo sindicato de trabalhadores, se for o caso –, o que situa o litígio dentro da precisa moldura da competência constitucional fixada no art. 114, I, do Texto Máximo.

5.4 Duração do Trabalho

A Constituição da República tem regra clara a respeito da duração do trabalho normal nas relações empregatícias, fixando-a em limite não superior a oito horas diárias e 44 semanais, *facultada a compensação de horários e a redução da jornada, mediante acordo ou convenção coletiva de trabalho* (art. 7º, XIII).

Naturalmente que o preceito aplica-se aos contratos empregatícios de atletas profissionais de futebol, uma vez que o Texto Máximo de 1988 não estipulou exceção quanto a essa categoria profissional (como o fez com a categoria doméstica – parágrafo único do art. 7º).

A jurisprudência tem admitido, entretanto, certa atenuação dos parâmetros constitucionais relativamente a segmentos laborativos que tenham fortes peculiaridades em seu sistema de trabalho, tais como aeronautas e ferroviários, por exemplo. Nestes dois casos, a propósito, há leis especiais prevendo tipos de plantões, mediante os quais a fronteira diária de oito horas é superada, porém com resguardo da fronteira semanal de 44 horas (ou, pelo menos, do limite mensal de 220 horas). A jurisprudência tem acolhido também a jornada de plantão denominada 12 X 36 horas, em que o trabalhador supera, a cada dia laborado, o limite de oito horas, porém, no conjunto do sistema, respeita o limite máximo mensal, já considerado o dia obrigatório de repouso – ou seja, 220 horas de labor. Nesta jornada 12 X 36 horas, em certa semana o obreiro labora mais de 44 horas, ao passo que na outra menos do que esse limite, perfazendo total normal menor do que 220 horas ao mês.

Essa adequação não foi mencionada pelos textos legais específicos dos atletas profissionais de futebol, salvo a partir da recente Lei n. 12.395/2011, que se reportou à *duração semanal de trabalho de 44 horas*.

Observe-se a evolução infraconstitucional a respeito desse tema. A antiga Lei n. 6.354/1976, em seu artigo 6º, estabelecia a duração do trabalho de 48 horas semanais para os atletas profissionais de futebol. Com a promulgação da Constituição Federal de 1988, não foi tal regra recepcionada, prevalecendo o novo limite constitucional de oito horas diárias e 44 horas semanais (art. 7º, XIII, CF/88).

Reconheça-se que certa divergência doutrinária despontou no período, uma vez que parte da doutrina defendia a tese de que a jornada de trabalho do atleta profissional de futebol era inteiramente diferenciada e que, portanto, poderia exceder o limite constitucional. Não obstante, o segmento interpretativo prevalecente insistiu quanto à aplicação do dispositivo constitucional de proteção à duração do trabalho do atleta, sob o argumento de que a norma constitucional somente não se aplicaria às relações de trabalho domésticas. Para esta segunda corrente, os atletas profissionais de futebol teriam jornada de 8 horas diárias e 44 semanais, incluindo-se no cômputo os períodos de treinamento e de exibição(17).

A entrada em vigor da Lei n. 9.615, de 1998 (Lei Pelé), não contribuiu para clarificar a polêmica doutrinária, já que nada mencionou acerca da jornada de trabalho dos atletas profissionais de futebol, mantendo-se inerte a respeito.

Apenas com a promulgação da Lei n. 12.395/2011, conferindo nova redação ao art. 28 da Lei Pelé, é que esta temática restou esclarecida no plano infraconstitucional e doutrinário, dada a clareza do novo texto normativo:

> "Art. 28. A atividade do atleta profissional é caracterizada por remuneração pactuada em contrato especial de trabalho desportivo, firmado com entidade de prática desportiva, no qual deverá constar, obrigatoriamente:
>
> (...)
>
> §4º ...
>
> VI – jornada de trabalho desportiva normal de 44 (quarenta e quatro) horas semanais"

Independentemente do debate doutrinário e da omissão dos textos legais específicos até 2011, o fato é que, tecnicamente, torna-se indubitável a conclusão de que, desde cinco de outubro de 1988, aplica-se à categoria dos futebolistas profissionais a regra do art. 7º, XIII, do Texto Máximo da República. Resta evidente que, também neste caso, faculta-se a compensação de horários e a redução da jornada, mediante acordo ou convenção coletiva, observados os critérios já sedimentados na jurisprudência (Súmula n. 85 do TST).

Poder-se-ia admitir ainda, em face das peculiaridades do regime de trabalho dos atletas profissionais de futebol – na linha de outras adequações já reconhecidas pelo Direito do Trabalho brasileiro (aeronautas e ferroviários, por exemplo) –, que a Constituição estaria atendida desde que assegurado o respeito à *duração semanal de 44 horas*, ainda que eventualmente se ultrapassasse o limite diário fixado no art. 7º, XIII. Admitindo-se esse critério de compatibilização e interpretação jurídicas, o parâmetro a que se reporta o texto recente da Lei Pelé reformada (novo art. 28, § 4º, VI), que menciona somente o limite semanal de 44 horas, seria harmônico à ordem jurídica desde o advento do Texto Máximo de 1988.

Ultrapassada a duração semanal de 44 horas, incidiriam as horas extras, com adicional de 50% no mínimo (art. 7º, XVI, CF/1988)(18).

Obviamente que o trabalho noturno do atleta profissional de futebol – isto é, depois de 22:00

(17) CUNHA, Érika Matheus. A pacificação da jornada de trabalho dos atletas com a alteração realizada na lei n. 9.615/1998 pela Lei n. 12.395/2011. *In:* BASTOS, Guilherme Augusto Caputo (coord.). *Atualidades sobre Direito Esportivo no Brasil e no Mundo*. Tomo III. Brasília/DF: Tribunal Superior do Trabalho, 2011. p. 240-241. Consultar também: ALVARENGA, Rúbia Zanotelli de. Aspectos Controvertidos da Duração do Trabalho do Atleta Profissional de Futebol. *Justiça do Trabalho*. Ano 28, Número 33, Junho de 2011. Porto Alegre: HS Editora, 2011.

(18) Rúbia Zanotelli de Alvarenga tem visão mais rigorosa a respeito desta temática: destaca que é necessário agregar, no desenrolar do pacto empregatício, o tempo em que o atleta profissional de futebol estiver à disposição de seu empregador, aguardando ou executando ordens, salvo disposição expressamente consignada (art. 4º, CLT). Esta regra celetista aplicar-se-ia, por conseguinte, segundo a autora, aos intervalos presentes nos jogos e nas demais competições esportivas. Sobre o tema, consultar: ALVARENGA, Rúbia Zanotelli. Aspectos Controvertidos da Duração do Trabalho do Atleta Profissional de Futebol. *Justiça do Trabalho*. Ano 28, Número 33, Junho de 2011. Porto Alegre: HS Editora, 2011. p. 36. Sobre o tema da duração do trabalho, também consultar: VEIGA, Maurício de Figueiredo Corrêa da. Jornada de Trabalho, Férias e FGTS do Atleta Profissional de Futebol. *Jornal Trabalhista Consulex*. Ano XXIX. n. 1416. Brasília, 5 de março de 2012. p. 4-8.

horas (jogos tarde da noite, por exemplo) – caso configurado, também há de ensejar sobrerremuneração, em face do comando constitucional nessa linha (art. 7º, IX, CF/1988). O tipo jurídico dessa remuneração encontra-se na CLT, envolvendo a hora ficta e o adicional noturnos (art. 73, *caput* e §§ 1º e 2º, CLT).

5.5 O Problema da Multa Salarial

São três as penalidades genericamente acolhidas pelo Direito do Trabalho brasileiro para serem aplicadas, pelo empregador ao empregado, em vista de infrações por este praticadas no contexto da relação de emprego: *advertência* (ou admoestação), que pode ser verbal ou escrita; *suspensão disciplinar*; *dispensa por justa causa*.

O antigo diploma regente do contrato empregatício do atleta profissional de futebol (Lei n. 6.354, de 1976), em seu art. 15, § 1º, previa punição singular, a *multa salarial*. O diploma dos anos de 1970 limitava a dura punição ao teto de 40% do salário do atleta futebolístico.

Com o advento da Constituição de 1988, surgiu debate sobre a recepção ou não desse preceito normativo do art. 15, § 1º, da Lei n. 6.354/1976. É que a Constituição estabelece, como fulcro para a estruturação da sociedade e do próprio Estado, a dignidade da pessoa humana, a valorização do trabalho e do emprego, a segurança e o bem-estar das pessoas. Em conseqüência, proíbe qualquer tratamento desumano ou degradante à pessoa humana. Nesse quadro, a antiga multa salarial despontaria incompatível com a normativa constitucional surgida.

Curiosamente, entretanto, a jurisprudência não se sensibilizou pela tese jurídica da não recepção da regra legal destacada, mantendo-a em vigência no Direito brasileiro.

Os subseqüentes diplomas normativos reguladores do vínculo trabalhista do atleta profissional de futebol – que, na verdade, alargaram sua regência normativa para todos os atletas profissionais –, especialmente a Lei Zico (n. 8.672/1993) e a Lei Pelé (n. 9.615/1998), em seus textos originais, não efetivaram, de modo expresso ou implícito, a revogação do mencionado preceito normativo. Ao reverso, a Lei Pelé, por exemplo, em seu texto de origem, referia-se à validade de *cláusula penal* nos contratos do atleta profissional (art. 28, *caput*, Lei n. 9.615/1998), *para as hipóteses de descumprimento, rompimento ou rescisão unilateral*. Ora, valendo a cláusula penal para mero *descumprimento do contrato em vigor*, surgia suporte jurídico para a mantença da velha regra do art. 15, § 1º, da Lei n. 6.354/1976.

A nova Lei n. 12.395, de 2011, contudo, realmente alterou esse quadro jurídico. Ao conferir nova redação ao art. 28 da Lei n. 9.615/1998, o diploma normativo de 2011 não se referiu mais à existência e à validade de cláusula penal para o simples descumprimento do contrato em curso, silenciando-se, em conseqüência, sobre a hipótese de validade de algo como a antiga *multa salarial*. A lei nova reservou o tema da cláusula penal para tratar das importantes indenizações compensatórias devidas em caso de rompimento do contrato desportivo e de trabalho (ver novo texto do art. 28, *caput*, I e II, da Lei Pelé, e demais regras do mencionado artigo) – ou seja, *cláusula indenizatória desportiva* (art. 28, I) e *cláusula compensatória desportiva* (art. 28, II).

Mais importante do que esse silêncio normativo, é a regra lancinante presente no texto da nova Lei n. 12.395/2011, revogando expressamente toda a Lei n. 6.354/1976, em conformidade com seu art. 19, II. Note-se que a Lei n. 12.395/2011 preferiu não dar nova redação ao art. 96 da Lei Pelé, que produzira algumas revogações normativas em 1998; ao reverso, inseriu a revogação do diploma dos anos de 1970 dentro de seu próprio corpo normativo, de modo absolutamente expresso (art. 19, II, Lei n. 12.395/2011). Assim, desde 17 de março de 2011, data de publicação da Lei n. 12.395, não vigora mais no Direito brasileiro a singular multa salarial prevista pela velha lei dos futebolistas da década de 1970.

5.6 Competência da Justiça do Trabalho

Há três aspectos relevantes quanto ao tema da competência judicial trabalhista no que tange aos contratos de emprego entre atletas profissionais e respectivas entidades esportivas: de um lado, a plenitude do princípio e regra constitucionais do livre acesso à jurisdição, independentemente de existir, na área especializada, a instituição denominada *justiça desportiva*; de outro lado, a amplitude da competência judicial trabalhista, independentemente da natureza não trabalhista de algumas das parcelas decorrentes da existência do contrato de trabalho entre as partes; finalmente, a inviabilidade do mecanismo arbitral para tratar de direitos sociais e individuais indisponíveis também no âmbito dessa relação de emprego especial.

A) Livre Acesso à Justiça do Trabalho

As lides entre o atleta profissional e a entidade desportiva empregadora – com a presença ou não do respectivo sindicato de atletas profissionais na lide – são processadas e julgadas, indubitavelmente, pela Justiça do Trabalho (art. 114, I, CF/1988). Esta corresponde ao segmento do Poder Judiciário competente para conhecer e julgar qualquer lide entre empregados e empregadores, independentemente da natureza da pessoa jurídica empregadora envolvida e da natureza jurídica das parcelas sob litígio.

O amplo acesso à jurisdição – inclusive a trabalhista – é princípio e regra constitucionais fundamentais, explicitamente inseridos no Título II, Capítulo I do Texto Máximo de 1988, na qualidade de direito constitucional fundamental (art. 5º, XXXV, CF/1988). Havendo litígio trabalhista entre o atleta empregado e a entidade desportiva empregadora, franqueia-se, de imediato, sem ritos ou obstáculos intermediários alternativos, o amplo acesso à Justiça do Trabalho.

No tocante, entretanto, às ações típicas do Direito Desportivo – não porém, insista-se, às ações próprias ao Direito do Trabalho –, que sejam relativas à disciplina nas competições esportivas e a essas mesmas competições, estabelece a Constituição, por exceção, a necessidade de prévio acesso à chamada *justiça desportiva* (art. 217, §§ 1º e 2º, CF/1988). Trata-se, sem dúvida, de rara exceção ao princípio, regra e direito fundamental de amplo acesso à jurisdição e ao Poder Judiciário (art. 5º, XXXV, CF/1988), porém consistindo em exceção bastante restrita e explicitamente ressalvada pelo próprio Texto Máximo de 1988.

Tal exceção não atinge, é claro, a ampla competência do Poder Judiciário Trabalhista em tais casos, mas, eventualmente, a competência da Justiça Comum Estadual ou até mesmo da Justiça Federal. As lides concernentes às competições esportivas e à disciplina ali verificada dizem respeito ao regramento e ao exame dos problemas surgidos no plano das competições e às questões disciplinares de interesse dessas competições, com as sanções aplicadas pelos órgãos diretivos e administrativos do sistema desportivo do País, inclusive a chamada *justiça desportiva*. Não tratam das relações entre empregador e empregado, nem das punições que o empregador pode aplicar em seu atleta empregado ou das faltas que este pode cometer dentro da entidade clubística.

Esclareça-se, a propósito, que não se está negando que certas punições disciplinares aplicadas pela justiça desportiva podem, sim, ter repercussões graves na área contratual trabalhista. O que se está expondo é que tais repercussões contratuais trabalhistas não serão examinadas pela justiça desportiva, mas, indubitavelmente, pela Justiça do Trabalho – sem espaço para a prévia passagem do litígio trabalhista entre empregado e empregador pela justiça desportiva.

B) Amplitude da Competência Judicial Trabalhista

A competência da Justiça do Trabalho para conhecer e julgar lides entre empregados e empregadores é bastante ampla, envolvendo qualquer pretensão que qualquer dessas partes contratuais tenha com relação ao outro (art. 114, CF/1988, seja em seu texto original, seja no texto reformado pela EC n. 45/2004). Com a Emenda Constitucional n. 45, de dezembro de 2004, tal competência até mesmo se alargou, uma vez que não se trata mais apenas de lides entre empregados e empregadores, mas de *ações oriundas da relação de trabalho* (novo inciso I do art. 114 da Constituição).

A exclusão de competência em função da natureza da pessoa jurídica empregadora (no caso, entidades federais de direito público, empresas públicas e sociedades de economia mista), que fora criada pelos textos constitucionais autocráticos de 1967 e 1969, não mais subsiste a contar da Constituição de 1988. Além disso, nem mesmo as cartas autoritárias dos anos de 1960 tiveram o condão de excluir, da competência judicial trabalhista, lides em estrita decorrência da matéria, salvo os casos expressos de falência e de acidente do trabalho.

Desse modo, não há como se acanhar a competência da Justiça do Trabalho em litígios entre empregados e empregadores desportivos em face da natureza não trabalhista de alguma parcela. Quer isso dizer que verbas civis existentes no âmbito da relação jurídica entre o atleta e seu clube empregador também devem ser examinadas no contexto de ações trabalhistas propostas perante a Justiça do Trabalho, se for o caso. Não há exceções nesta seara, seja abrangendo eventual cessão de direitos de uso da imagem do atleta, seja abrangendo participação em cotas de direitos de arena do empregador clubístico.

C) Inviabilidade da Arbitragem nas Relações Individuais Trabalhistas

A arbitragem é instrumento de solução de conflitos instituído pela ordem jurídica para tratar de *direitos patrimoniais disponíveis* (art. 1º, Lei n. 9.307, de 1996). É mecanismo adotado em certas ordens jurídicas, notadamente quando confrontados direitos patrimoniais disponíveis de sujeitos jurídicos com relativa equivalência de poder.

Tem se aplicado a arbitragem a segmentos jurídicos que se caracterizam por esse decisivo aspecto, qual seja, *a relativa equivalência de poder entre os sujeitos contrapostos*. Desse modo, encontra-se presente no Direito Internacional Público (conflitos entre entidades estatais), no Direito Internacional Privado (conflitos entre sujeitos de nacionalidades e jurisdições diversas), Direito Econômico e Direito Empresarial (conflitos entre entidades empresariais), Direito Civil, especialmente o obrigacional (conflitos concernentes a vínculos criados com base no princípio da autonomia da vontade), Direito Coletivo do Trabalho (em que se contrapõem seres coletivos trabalhistas, a empresa ou sindical empresarial e os sindicatos de trabalhadores).

O instituto é claramente incompatível com o Direito Individual do Trabalho, que regula o contrato laborativo entre trabalhadores e empregadores.

De um lado, é conhecida a diferenciação de poder, regra geral, entre empregados e empregadores. O contrato de emprego, como afirmação dessa própria diferenciação, é do tipo contrato de adesão, em que a parte obreira não tem, de maneira geral, poder bastante para fixar o conteúdo essencial do pacto estabelecido(19).

De outro lado, os princípios que regem o Direito Individual do Trabalho, que normatiza o contrato de emprego (como o da indisponibilidade dos direitos trabalhistas, o da imperatividade das regras trabalhistas, o da norma mais favorável, entre outros), estão em antítese frontal perante o princípio que rege o instituto da arbitragem, qual seja a antiga diretriz civilista da autonomia da vontade(20).

Finalmente, os direitos trabalhistas enquadram-se como direitos sociais e individuais fundamentais, compondo o núcleo intangível da Constituição da República (arts. 6º e 7º), no corpo de seu Título II, que trata "Dos Direitos e Garantias Fundamentais". São direitos manifestamente *indisponíveis*, que se posicionam no contraponto do espectro de vantagens jurídicas passíveis de decisão arbitral.

Dessa maneira, a regra nova inserida na Lei Pelé pela recente Lei n. 12.395, de 2011 (novo artigo 90-C da Lei n. 9.615/1998), referindo-se à *arbitragem*, deve ser compreendida como abrangente das demais relações jurídicas que compõem o Direito Desportivo, mas não das específicas relações contratuais trabalhistas. Quer dizer, em síntese, ilustrativamente: disputas entre Federações, Ligas Desportivas e Clubes de Futebol; disputas entre estas entidades e empresas regentes dos meios de comunicação de massa; disputas entre atletas profissionais e meios de comunicação de massa ou entre os primeiros e seus patrocinadores e clientes situados fora do circuito clubístico. Ou seja, nada que diga respeito ao campo do Direito do Trabalho, em seu plano individual (o plano da relação de emprego), fica abrangido pela sistemática arbitral referida pelo texto novo do diploma normativo específico.

Esta interpretação, a propósito, é a única que preserva coerência ao conjunto da ordem jurídica, uma vez que o próprio art. 90-C, *caput*, da Lei Pelé, em sua nova redação, reporta-se à arbitragem *para dirimir litígios relativos a direitos patrimoniais disponíveis* — o que, obviamente, não pode atingir direitos sociais e individuais fundamentais que sejam próprios ou conexos ao contrato de emprego.

6. *CONCLUSÃO*

A Constituição da República de 1988 representa, como se sabe, o mais importante marco jurídico construído na História do Brasil. Trata-se de documento jurídico e político que, pela primeira vez no País, fixou a pessoa humana e sua dignidade como vetores de construção da sociedade política e da sociedade civil, por meio de seu conceito estrutural de Estado Democrático de Direito.

Nesta linha de elevação do ser humano ao núcleo da construção constitucional, o Texto Máximo de 1988 descortinou importante universo de direitos humanos fundamentais, entre os quais se posicionam os trabalhistas e os previdenciários.

A matriz constitucional sobre o trabalho invade todas as esferas da sociedade política e da sociedade civil, inclusive o campo do desporto, seara relevante das manifestações e dinâmicas da sociedade civil.

A normatização das relações trabalhistas dos atletas profissionais no País, desse modo, conheceu significativo avanço a partir do processo jurídico e cultural deflagrado pela Constituição da República.

---

(19) A circunstância de existir, no campo futebolístico, alguns atletas com forte poder pessoal de negociação, não invalida a regra geral mencionada; é que a construção de um sistema jurídico não se dever fazer a partir de exceções, porém em torno de regras gerais.

(20) A respeito das diretrizes princípiológicas justrabalhistas, consultar: DELGADO, Mauricio Godinho. *Princípios de Direito Individual e Coletivo do Trabalho*. 3ª ed. São Paulo: LTr, 2010.

Oriunda de uma fase primitiva pré-1988, em que se regulavam comedidamente apenas os contratos empregatícios dos atletas futebolistas (Lei n. 6.354/1976), a legislação especializada sobre o segmento desportivo assiste, nos anos de 1990, ao advento de dois novos diplomas normativos, a Lei Zico (n. 8.672/1993) e a Lei Pelé (n. 9.615/1998).

O primeiro desses dois diplomas (Lei Zico) foi injustificadamente tímido – o que talvez tenha respondido por sua rápida revogação. A Lei Pelé, ao reverso, produziu importantes mudanças no cenário desportivo, ainda mais pela circunstância de ter merecido contínuas alterações legais subseqüentes, que lhe aperfeiçoaram a normativa jurídica (Lei n. 9.940/1999; Lei n. 9.981/2000; Lei n. 10.672/2003; Lei n. 11.776/2008; Lei n. 12.395/2011).

Tais mudanças na legislação dirigida aos desportistas profissionais nas últimas décadas (leis que não mais se restringem apenas aos futebolistas, portanto) naturalmente tomam em consideração a matriz normativa constitucional fixada em outubro de 1988. Com isso têm de balizar as especificidades fáticas e jurídicas inerentes à dinâmica dos atletas profissionais e de suas entidades empregadoras com as linhas centrais intransponíveis estabelecidas pela Constituição de 1988.

REFERÊNCIAS BIBLIOGRÁFICAS:

ALVARENGA, Rúbia Zanotelli de. Aspectos Controvertidos da Duração do Trabalho do Atleta Profissional de Futebol. *Justiça do Trabalho*. Ano 28, Número 33, Junho de 2011. Porto Alegre: HS Editora, 2011. p. 32-43.

BARREIROS NETO, Jaime. *Direito Desportivo*. Curitiba: Juruá, 2010.

BARROS, Alice Monteiro de. *As relações de trabalho no espetáculo*. São Paulo: LTr, 2003.

BARROS, Alice Monteiro de. O Atleta Profissional do Futebol em Face da "Lei Pelé" (n. 9.615, de 24.03.98). *Revista do Tribunal Regional do Trabalho da 3ª Região*. n. 60. Julho/Dezembro, 1999. Belo Horizonte: TRT 3ª Região, 1999. p. 153-170.

BASTOS, Guilherme Augusto Caputo (Coord.). *Atualidades sobre Direito Esportivo no Brasil e no Mundo*. Tomo III. Brasília/DF: Tribunal Superior do Trabalho, 2011.

BELMONTE, Alexandre Agra. Direito Desportivo, Justiça Desportiva e principais aspectos jurídico-trabalhistas da relação de trabalho do atleta profissional. *Revista do Tribunal Regional do Trabalho da 1ª Região*. n. 47, Janeiro/Junho, 2010. Rio de Janeiro: TRT 1ª Região, 2010. p. 77-97.

CAMARGO, Guilherme Pessoa Franco de. O Direito de Arena e Imagem Para os Jogadores de Futebol e Demais Atletas Após a Lei n. 12.395, de 16 de Março de 2011. *Jornal Trabalhista Consulex*. Ano XXVIII. n. 1375. Brasília, 16 de maio de 2011. p. 10-12.

CUNHA, Érika Matheus. A pacificação da jornada de trabalho dos atletas com a alteração realizada na lei n. 9.615/1998 pela lei n. 12.395/2011. *In:* BASTOS, Guilherme Augusto Caputo (coord.). *Atualidades sobre Direito Esportivo no Brasil e no Mundo*. Tomo III. Brasília/DF: Tribunal Superior do Trabalho, 2011. 239-244.

DELGADO, Mauricio Godinho; DELGADO, Gabriela Neves. *Constituição da República e Direitos Fundamentais – Dignidade da Pessoa Humana, Justiça Social e Direito do Trabalho*. São Paulo: LTr, 2012.

DELGADO, Mauricio Godinho. Constituição da República, Estado Democrático de Direito e Direito do Trabalho. *In:* DELGADO, Mauricio Godinho; DELGADO, Gabriela Neves. *Constituição da República e Direitos Fundamentais – Dignidade da Pessoa Humana, Justiça Social e Direito do Trabalho*. São Paulo: LTr, 2012.

DELGADO, Mauricio Godinho; DELGADO, Gabriela Neves. Direito do Trabalho e Inclusão Social – Estrutura, Evolução e Papel da CLT no Brasil. *In*: DELGADO, Mauricio Godinho; DELGADO, Gabriela Neves. *Constituição da República e Direitos Fundamentais – Dignidade da Pessoa Humana, Justiça Social e Direito do Trabalho*. São Paulo: LTr, 2012.

DELGADO, Mauricio Godinho. *Curso de Direito do Trabalho*. 11. ed. São Paulo: LTr, 2012.

DELGADO, Mauricio Godinho. *Princípios de Direito Individual e Coletivo do Trabalho*. 3. ed. São Paulo: LTr, 2010.

FARIA, Tiago Silveira de. A Persistência da Inconstitucionalidade do Vínculo Desportivo na Lei n. 12.395/2011. *Repertório de Jurisprudência IOB*. 1ª Quinzena de Outubro de 2011. N. 19/2011. Vol. II. p. 562-565.

MARTINS, Sérgio Pinto. Direitos Trabalhistas do Atleta Profissional de Futebol. *In: Revista do Tribunal Regional do Trabalho da 18ª Região*. Ano VII, Dezembro de 2004. Goiânia. p. 11- 20.

SOARES, Jorge Miguel Acosta. *Direito de Imagem e Direito de Arena no Contrato de Trabalho do Atleta Profissional*. São Paulo: LTr, 2008.

SOUZA, Gustavo Lopes Pires de. A Extinção da Cláusula Penal e a Nova Realidade da Rescisão do Contrato de Trabalho do Atleta Profissional ante as Alterações na Lei Pelé. *Repertório de Jurisprudência IOB*. 1ª Quinzena de Janeiro de 2012. N. 1/2012. Vol. II. p. 31-39.

VEIGA, Mauricio de Figueiredo Corrêa da. Jornada de Trabalho, Férias e FGTS do Atleta Profissional de Futebol. *Jornal Trabalhista Consulex*. Ano XXIX. n. 1416. Brasília, 5 de março de 2012. p. 4-8. Brasília, julho de 2012

Capítulo 2

Driblando as Regras: Um Ensaio sobre Fraudes no Futebol(*)

Márcio Túlio Viana
Luís Felipe Lopes Boson
Marcelo Santoro Drummond

1. Introdução

Poucas coisas na vida são como o futebol, pois o futebol, como diria o folclórico Neném Prancha[1], são muitas coisas na vida.

Neném Prancha está para o futebol assim como Sócrates está para a filosofia. Um teorizava sobre a bola; o outro, sobre o mundo. Ambos – bola e mundo – curiosamente redondos, sem começo nem fim.

Jogo e arte, trabalho e esporte, paixão e poder, irreverência e disciplina, o futebol tem sido um pouco de tudo: tema de romance, enredo de filme, letra de música, matéria de jornal, estudo fotográfico, rima de poesia...

Entre mil e outras coisas, é um modo de desabafar as raivas, esquecer as mágoas, encontrar amigos, fazer-se feliz ou infeliz. Para muita gente, é também uma forma de suprir carências; de se realizar simbolicamente através de um gol, de um título ou de um ídolo[2].

Como trabalho, o futebol pode se tornar o único meio de vida para quem joga, ou para quem explora quem joga. E também sob esse aspecto o futebol é um jogo: depende não só das cartas distribuídas aos atores, mas das estratégias usadas por eles.

Aliás, desse jogo também participam – seja ou não por dinheiro – outros incontáveis atores: técnicos, massagistas, médicos, advogados, *cartolas*, roupeiros, gandulas, intermediários, fisioterapeutas, nutricionistas, psicólogos, publicitários, jornalistas, vendedores de picolé, árbitros, locutores, pais-de-santo, *flanelinhas*, olheiros, preparadores físicos... E ainda temos, naturalmente, os torcedores.

O jogo os envolve a todos. Eles fazem suas apostas, traçam os seus planos, realizam os seus sonhos; direta ou indiretamente, são tocados pelos gols do artilheiro, pelos dribles do craque, pelos *milagres* do goleiro. De certo modo – ou cada um ao seu modo – todos jogam. Não é sem razão que às vezes mexemos os nossos pés quando assistimos a um lance de gol...

(*) Os autores estão mencionados segundo a ordem com que contribuíram para o texto. Márcio Túlio Viana, que escreveu os itens de 1 a 4.1. e o item 5, é professor nas Faculdades de Direito da UFMG e da PUC-Minas. Luis Felipe Lopes Boson, que redigiu os itens 4.2. e 4.3., é Juiz do Trabalho na 3ª Região e Professor na Faculdade de Direito da FUMEC (B. Horizonte). Marcelo Santoro Drummond, que escreveu os itens 4.4 e 4.4.1, é advogado, com experiência na área, e professor na Escola Superior Dom Helder Câmara (B. Horizonte). O primeiro dos autores agradece a colaboração de Lucas Fernandes Viana, seu filho, em vários aspectos interessantes ligados ao futebol.

(1) Personagem do período de ouro de nosso futebol, Neném Prancha se notabilizou pelas frases de efeito, como a de que "se macumba ganhasse jogo, campeonato baiano terminaria empatado".

(2) O futebol também consegue ser paz no meio da guerra, como quando conseguiu unir, em 1945, Palmeiras e Corinthians – já um clássico de grande rivalidade no futebol paulista – para um amistoso em benefício da organização operária. O famoso *derby* foi objeto de livro do hoje Ministro Aldo Rebelo (Palmeiras x Corintians 1945).

No caso do atleta, o jogo pode nem ser um prazer:

> *Jogar é um prazer na praia, entre amigos, ou em criança, em terrenos baldios. Jogar no futebol profissional é levar pancada o tempo todo, cumprir ordens de treinadores nem sempre qualificados, é enfrentar torcedores que sabem dos salários astronômicos*[3].

E por ser o futebol todas essas contradições, o Direito, vendo-o passar, percebeu sua relevância e apropriou-se dele; e desde então ele se viu transformado em objeto de pesquisa não apenas de sociólogos, psicólogos, fotógrafos, artistas, jornalistas e historiadores, mas de sóbrios e circunspectos juristas.

Como anunciamos no título, nesse pequeno texto falaremos das fraudes, que compõem uma das múltiplas faces jurídicas do futebol. Antes disso, porém, tentaremos mostrar como as próprias fraudes não se explicam por si mesmas – mas são elementos de uma realidade muito mais rica e complexa.

2. *FUTEBOL E VIDA*

Se tivesse pensado no assunto, Neném Prancha também diria que tudo na vida se mistura – cada elemento potencializando o outro. E no futebol não poderia ser diferente.

Quais seriam os componentes da vida que o futebol nos revela?

Um deles é a velocidade. Se revermos os jogos da seleção brasileira da Copa de 70 – nem tão distante assim no tempo – é possível que uma vez ou outra bocejemos de sono, quase como se assistíssemos a uma partida de golfe.

A partir da seleção holandesa de Cruyff, todos começaram a correr, à semelhança do que acontecia em outros campos da vida. E correr *em todas as direções*, bem ao contrário de quando Jairzinho, que atacava pela direita, nem sonhava em recuar para proteger Everaldo, que defendia pela esquerda.

Esse segundo fenômeno – correr em todas as direções – nos remete a um terceiro: a polivalência. Aliás, entre nós, foi no futebol que esse termo ganhou fama. Cláudio Coutinho, então técnico da seleção, usou-o pela primeira vez numa entrevista, para mostrar que até mesmo Reinaldo – o grande craque atleticano – teria de marcar pernas, além de gols.

(3) Giorgetti, Ugo. O arroz com feijão. Jornal O Estado de São Paulo, São Paulo, Caderno de Esportes, 25-03-12. p. E-6

Essa mesma polivalência está presente na empresa pós-moderna, que exige mais capacidade de mudar do que experiência acumulada; e também pode ser encontrada em tantos outros setores da vida, como nas universidades, que hoje celebram, mais do que nunca, a troca de saberes e a multidisciplinaridade.

E a polivalência nos remete ao pragmatismo. Depois de Chilavert – o primeiro goleiro que ousou fazer gols – surgiu Rogério Ceni, com mais de 100. Depois do 4-2-4 e do 4-3-3, as táticas não só se multiplicaram, mas se combinaram, variando até mesmo durante os jogos.

Na verdade, todos nós somos mais pragmáticos – para o bem ou para o mal. O próprio Direito do Trabalho revela essa tendência: regras se despregam de princípios[4], do mesmo modo que os princípios são usados, abusados[5] ou esquecidos de acordo com as conveniências.

Pragmatismo e polivalência nos lembram a mobilidade, que hoje se acentua não só dentro como fora do campo. São raros os jogadores que fazem carreira num mesmo clube. A maioria ou é logo descartada ou se descarta – como também acontece no mundo do trabalho em geral e (mais uma vez) com a regra jurídica, agora tantas vezes experimental e de curta vida.

Do jogador se exige alta *performance*, o que nos remete às academias de ginástica, aos programas de saúde, às exigências empresariais de qualidade total e até ao *Livro dos Recordes*, que há algum tempo registrava – entre outros casos extravagantes – a história de um homem que comeu um avião![6]

Celeridade, pragmatismo e altas *performances* também são exigidos dos juízes do trabalho, não apenas, ou não tanto, porque sua Justiça seja às vezes morosa, mas porque ela – ou o Estado como um todo – vive uma crise de legitimidade, e precisa dar respostas visíveis (e também rápidas) à sociedade.

Essa aceleração da Justiça – embora, naturalmente, tenha o seu lado bom – lembra-nos um pou-

(4) Como tem acontecido, por exemplo, com o princípio da continuidade, que informa(va) o Direito do Trabalho e vem sendo virtualmente atropelado por regras que priorizam contratações precárias, no nosso e em vários outros países do mundo.

(5) Como acontece com o princípio da proteção, que alguns passam a ler no sentido inverso, sob a alegação de que o melhor modo de se proteger o empregado é manter a sua fonte de trabalho, o que implicaria proteger a empresa.

(6) Em pequenos pedaços, naturalmente.

co o sindicalismo de resultados e às vezes a própria lei, quando ela se desconecta dos princípios. No caso do futebol, o que a obsessão pelo resultado exclui é o culto da arte, do jogo bonito, tão valorizado no passado por Telê Santana – o último *treinador artista* brasileiro, talvez hoje encarnado apenas pelo espanhol Guardiola[7].

Outro elemento importante dos novos tempos é a penetração do mercado até nos lugares mais protegidos. É o que acontece com a camisa do clube: antes sagrada, agora é profanada por marcas de automóveis, bancos, cervejas, planos de saúde, fábricas de biscoitos e até funerárias. Aliás, no vôlei e no basquete, há times que levam apenas os nomes dos patrocinadores... e ainda conseguem ter torcida! [8] A disparidade de forças entre os clubes, acentuada pelos valores desiguais das cotas de TV[9], é outra face desse processo de mercantilização crescente.

Tal como a empresa hoje faz com os seus empregados, o futebol dissemina a competição entre os atletas. Todo jogador sonha em ser estrela, e se possível um único sol. Para isso, não apenas se esforça em jogar bem, como se depila, maquia, pinta, tatua e esculpe os cabelos.

É verdade que a condição de ídolo tende hoje a ser mais fugaz. Repetindo também o mundo, a torcida se esquece em alta velocidade. Aliás, com frequência, nem é preciso que o ídolo a abandone, deixando o clube: basta que entre em má fase para que os aplausos se transformem em apupos.

Mas a competição pode conviver com o seu contrário, quando o treinador ou a própria torcida cobra do atleta um trabalho de equipe: passar a bola, dar cobertura, *não ser fominha*... Um exemplo é o Barcelona, do já citado Guardiola, que consegue a difícil mágica de unir o belo ao produtivo.

Não foi por acaso que a palavra "time" se incorporou ao vocabulário das grandes corporações: cada *time* de empregados disputa o prêmio com o outro, como se fossem empresas rivais. Nesse sentido, a lógica do mercado penetra no interior da fábrica, contaminando corações e mentes, todos perseguindo um desempenho crescente. Afinal, como sentenciou certa vez um *expert* no assunto, *a busca da qualidade total não tem fim*[10].

Assim como as grandes empresas, os grandes clubes selecionam os seus craques, descartando os outros para os clubes e empresas menores, e assim sucessivamente. Também à semelhança dos empregados comuns, os jogadores são descartados quando – em fim de carreira – já não produzem como antes[11].

Com a Lei Pelé, foi-se embora o *passe*, mas a *posse* do jogador cai nas mãos de mega-empresários, que não raras vezes se enriquecem mais do que as estrelas. Esse último fenômeno se relaciona com outro – a coisificação do próprio corpo – que banaliza a prostituição, promove o trabalho escravo e tolera o *marchandage*, e não só no mundo do futebol.

A globalização é outro traço que marca esse outro mundo redondo. Do mesmo modo que há fábricas transnacionais, há times que usam mais jogadores estrangeiros que os do país de origem[12]. Aliás, também o Direito sofre o impacto de fatores externos, vergando sob o peso dos novos atores globais.

Nesses tempos cada vez mais interativos, alguns clubes começam a se organizar em rede, tal como acontece (mais uma vez) com as empresas. Por enquanto, são redes verticalizadas: há sempre um parceiro mais potente, que empresta jogadores a outro mais débil – seja para reduzir custos, seja para contratar eventuais *revelações*. Mas nada impede que no futuro – quem sabe? – as relações se horizontalizem.

Algo parecido acontece com os novos estádios, que misturam futebol e outros usos – de *shoppings* a *shows*. Aliás, o culto aos *shows* é outro ingrediente pós-moderno presente no futebol – e em mais de um sentido. Basta observar, por exemplo, a apresentação à torcida de grandes jogadores, a presença de verdadeiros animadores de auditório em jogos na Europa, as *holas* que os mexicanos inventaram e todos copiam, ou, em grau menor, até as comemorações de gols.

Aliás, as comemorações também nos apontam para outro dado interessante de nossas vidas, que é

(7) O insucesso do próprio Telê Santana na Copa de 1982, em razão de uma única derrota (para a Itália), reforçou a onda do *futebol de resultados*.

(8) Um exemplo é o Sollys, time de Osasco, que faz propaganda de sucos.

(9) Como se sabe, a negociação barata e precoce dos jovens craques revelados pelos pequenos clubes ajuda a perpetuar essa desigualdade.

(10) Salvo engano, Chiavenato.

(11) Como se sabe, a Copa do Brasil tem sido virtualmente a última esperança de um clube menor ser campeão. Num sistema de *mata mata*, em que o gol fora de casa vale mais, a lógica pode se quebrar. No Campeonato Brasileiro e nos certames nacionais, a disputa é tão desigual quanto a de um supermercado e um armazém da esquina...

(12) Recentemente, a Internazionale de Milão foi campeã sem um italiano sequer entre os titulares!

a necessidade de nos mostrar, de revelar aos outros as nossas intimidades, mais ou menos como se fôssemos artistas de TV. No futebol, jogadores mandam beijos para a mulher, outros embalam recém-nascidos, enquanto o próprio torcedor se faz filmar com recados para o locutor, a namorada ou a mãe. Outro pequeno show acontece quando o jogador beija a camisa, como se tivesse por ela um caso de amor e não de interesse; e quando a torcida – agradecida – aplaude aquele gesto, iludindo-se mais do que sendo iludida, esforçando-se para acreditar no inacreditável.

3. *AS FRAUDES EM SENTIDO AMPLO*

Segundo o Caldas Aulete, *fraude* é:

> *Dolo, burla. Engano, logração (...) Contrabando*[13].

No Etimológico de Pedro Machado, temos:

> *Má fé, engano (...), perfídia; ilusão que se faz a si mesmo, erro em que se cai, decepção; dano, prejuízo; ato delituoso, crime por via culta (...)*[14].

No campo do Direito, ensina o nosso Silvio Rodrigues:

> *Age em fraude à lei a pessoa que, para burlar princípio cogente, usa de procedimento aparentemente lícito. Ela altera deliberadamente a situação de fato em que se encontra, para fugir à incidência da norma. O sujeito se coloca simuladamente em uma situação em que a lei não o atinge, procurando livrar-se de seus efeitos*[15].

Sejam grandes ou pequenas, seja em sentido vulgar ou jurídico, as fraudes se multiplicam no mundo do futebol. E não é de se estranhar, tanto mais porque outro elemento do nosso tempo é exatamente a intensificação das trapaças, das falsificações e (curiosamente) até dos clones – seja de bolsas, tênis, relógios, Beatles ou ovelhas.

Basta observar o que se passa no mercado de trabalho. Nunca vimos tantos empregados fantasiados de estagiários, cooperativados, empreiteiros e prestadores de serviços autônomos. Alguns se tornam até *pessoas jurídicas*. Na verdade, a própria lei abre espaço para as fraudes, criando situações a meio caminho, como acontece com os já citados cooperativados e estagiários, e – no Direito estrangeiro, especialmente – com a figura esquizofrênica da parassubordinação.

Ora, como dizíamos, não poderia o futebol – que tão intensamente reflete a vida – ficar imune a esta tendência. Ao contrário. Como ele foi se tornando, com o tempo, muito mais importante para o coração, para o imaginário ou para o bolso de tantos e tão variados personagens, a fraude é hoje – mais do que nunca – sua inseparável companheira.

Já lembramos o beijo na camisa. Se tomarmos o termo *fraude* em sentido vulgar, eis aí um primeiro exemplo. Mas há outros tantos, incontáveis. Um pequeno exemplo se dá quando o atleta recebe uma falta leve e a *descreve*, gestualmente, como se tivesse sido atropelado por um caminhão. Com isso pode ganhar alguns minutos, jogar a torcida contra o adversário ou forçar um *cartão amarelo*, ou tudo isso ao mesmo tempo.

Em 2011, um clube que disputava a série B do campeonato nacional, e podia perder por até três gols de diferença, apelou para a conhecida tática do *cai cai:* um a um, os jogadores foram desabando, para que o árbitro encerrasse a partida com o placar de 1 a 0.[16] Com frequência, a mesma tática é usada pelo jogador que vai ser substituído – seja para ganhar tempo, seja para sugerir à torcida que está saindo por contusão.

Quando o time sofre um gol, os defensores levantam os braços – tentando confundir o árbitro. Aliás, parece que o gesto vai se tornando automático. Ainda nesse sentido bem amplo, pode-se falar em fraude quando o próprio árbitro – já esgotados os *descontos* – permite que o time finalize o último ataque; ou quando o gandula demora a devolver a bola.

Quando jogam em seus domínios, vários times – como há algum tempo fez o Palmeiras – usam a estratégia de cortar a grama bem rente e molhá-la, para que a bola corra mais rápido e haja mais chance de gols. Algumas vezes, clubes pequenos usam a tática contrária, mantendo fofa a grama.

E o que será o drible, senão a arte da fraude? O jogador *diz* com o seu corpo o contrário do que vai

(13) Dicionário Contemporâneo da Língua Portuguesa, vol. III, Delta, Rio, 1980. p. 1663.

(14) Dicionário Etimológico da Língua Portuguesa, Confluência, Lisboa, 1952. p. 1029.

(15) Direito Civil – Parte Geral, vol. I, Max Limonad, S. Paulo, 4. ed.. p. 250.

(16) Uma partida de futebol não pode prosseguir sem o número mínimo de 7 jogadores.

fazer. Algo parecido fazia Tostão, na Copa de 70, *jogando sem bola* – pois corria em várias direções perto da área, insinuando que receberia um passe e assim abrindo espaço para os gols de Pelé ou Jairzinho.

Na final da Copa de 66, os ingleses venceram os alemães, na prorrogação, com um gol em que a bola não entrou. Na Copa de 86, a *mão de Deus,* por Ele emprestada ao genial Maradona[17], marcou um gol para a Argentina. Nas eliminatórias da última Copa, o francês Henry usou a mesma receita para excluir a Irlanda. Há alguns anos, o goleiro Rojas tentou salvar o Chile da derrota fingindo ter sido ferido por um foguete sinalizador, lançado por uma torcedora – que ficou célebre, por alguns meses, sob o apelido de "fogueteira"...

Hoje, todos percebem e comentam quando um jogador *dependurado* com dois cartões amarelos força um terceiro, poupando-se para uma partida mais importante. É como se ele usasse a própria sanção disciplinar (a suspensão antes de um jogo mais fácil) como estratégia contra outra sanção pior (a eventual suspensão às vésperas da partida importante). Em outras ocasiões, o atleta joga a torcida contra o árbitro, e/ou o pressiona para que na jogada seguinte ele se sinta menos à vontade para apitar contra o time ou mais tentado a favorecê-lo num lance duvidoso.

Em geral, essas *microfraudes* não interessam ao Direito. Algumas delas – como as relacionadas com o árbitro – até poderiam, em tese, interessar-lhe, mas acabam escapando de suas malhas, não só pela sua pequenez, como por terem sido incorporadas à moral coletiva como algo normal, desculpável. É como se fizessem parte do jogo. Afinal, trata-se mesmo de um jogo, mistura de coisa séria e brincadeira... Talvez por isso, não foi surpresa para ninguém quando a moça que jogou o foguete sobre Rojas pousou nua na *Playboy*...

A propósito desse último ponto, é interessante notar como diversas trapaças, grandes ou pequenas, podem se apresentar como simples falhas humanas. Como todos sabem que é impossível não errar, e que (por isso mesmo) os árbitros erram, as fraudes se escondem nesse espaço meio ambíguo. Um pênalti não marcado, um gol mal anulado, uma expulsão sem sentido – qualquer lance da partida, mesmo quando manipulado, pode ser visto como um equívoco natural de quem "infelizmente" não pôde revê-lo pela TV[18].

4. A FRAUDE EM SENTIDO JURÍDICO

4.1 Apontamentos gerais

Quando a fraude deixa o campo da simples moral para entrar na esfera do Direito, o legislador trabalhista reage fortemente. Como sabemos, o art. 9º da CLT – que se aplica também à legislação extravagante – considera *nulo* o ato, o que significa não só que a declaração de nulidade independe da existência de prejuízo, mas que o ato ilícito pode e deve ser conhecido de ofício pelo juiz.

A não ser quando o próprio objeto do contrato é ilícito – hipótese quase inimaginável, no caso do futebol – a nulidade não contamina todo o contrato, mas apenas a cláusula que fraudou a lei. Há o que a doutrina chama de *substituição automática* da cláusula nula pela legal, já que a lei – na célebre frase de La Cueva – contém um "contrato mínimo" de trabalho.

Em certos casos, o legislador prevê uma possibilidade específica de fraude ou de violação direta da lei e – antecipando-se – sanciona a conduta do agente. É o que acontece, por exemplo, com as férias. Ao prevê-las depois de 12 meses, o legislador imaginou que pudessem ser obstadas pela despedida do empregado; daí ter criado as proporcionais[19]. Essas e outras disposições análogas servem ao atleta profissional, já que a CLT também lhe é aplicável, onde falta a lei especial.

Por outro lado, sabemos que em Direito Civil a doutrina costuma distinguir a simulação inocente da culposa. A primeira, como o nome indica, não visa prejudicar terceiros; é anódina; por isso, não desperta reações do mundo jurídico. Já a outra, ao contrário, é vedada; também por isso, não pode ser arguida por quem lhe deu causa. No Direito do Trabalho, porém, como ensina Tarso Genro[20], a simulação pode ser *ao mesmo tempo* inocente e culposa. Inocente, no que diz respeito ao empregado, que pode argui-la. Culposa, no tocante ao empregador, que não pode fazê-lo. E também essa regra deve valer para o atleta profissional, embora (como veremos) nem sempre se pense assim.

---

(17) Foi ele quem se referiu assim àquele lance, como que se justificando, ainda que um pouco cinicamente.

(18) Há poucos anos, um árbitro foi afastado e até preso, acusado de manipular resultados no campeonato brasileiro. Com a sua confissão, mais de dez partidas foram anuladas. Curiosamente, nem sempre ele conseguiu fazer o seu "trabalho": numa das gravações registradas, a TV o mostrou desculpando-se por não ter conseguido dar vitória a um dos times, dizendo algo como: "fiz o possível, mas o Edmundo acabou com o jogo!" As partidas foram revistas por uma comissão, que depois de alguns meses concluiu, no entanto, que era impossível identificar os momentos da fraude.

(19) A observação, salvo engano, é do mestre Sussekind.

(20) Direito Individual do Trabalho. São Paulo: LTr, 1985. p. 121.

Tanto quanto as *microfraudes*, as fraudes que tocam o Direito são variadas: quadrilhas que manipulam resultados, como aconteceu há alguns anos no campeonato italiano; dirigentes, treinadores e até jogadores que ganham dinheiro *por fora* nas contratações de estrelas[(21)]; atletas que falsificam a idade; políticos, empreiteiras e *cartolas* que desviam milhões na preparação e na execução de copas do mundo e outros torneios importantes.

Recentemente, circulou a notícia de que um comentarista de TV estaria cultivando o hábito de valorizar jogadores medíocres, ou fora de forma, em troca de dinheiro – o que talvez seja uma prática comum. Aliás, a crônica do rádio nos fala de muitos cantores que virtualmente *compraram* apresentadores de programas.

Os salários estratosféricos de jogadores e de técnicos de ponta não interessam só a eles: com frequência, outros personagens – inclusive presidentes e conselheiros de clubes – recebem percentagens sobre os negócios, como revelam as grandes fortunas que vários deles acumulam da noite para o dia.

Na intimidade dos clubes, pode acontecer que um grupo de jogadores queira afastar o treinador, e então comece a fazer *corpo mole*. O time perde, a torcida vaia, ele é despedido. A rigor, teríamos aqui uma figura de justa causa (mau procedimento[(22)]); mas excepcionalmente poderá haver prática do direito de resistência, caso o treinador tenha extrapolado os limites do poder de comando e estiverem presentes requisitos análogos aos da legítima defesa.

Vejamos alguns exemplos de fraudes mais recorrentes.

4.2 O *Doping*[(23)]

Embora se enquadre melhor, em termos jurídicos, entre os atos que importam violação direta a um preceito de lei, o *doping* contém elementos de fraude. O atleta que se *dopa* também engana, falseia; em sentido amplo, falsifica o seu estado físico normal, fraudando as regras igualitárias do jogo.

O *doping* pode consistir na ingestão de *estimulantes*, que imitam o efeito da adrenalina, aumentando a excitação, potencializando a tolerância ao esforço físico e diminuindo a dor (são exemplos a cafeína, a cocaína e efedrina); de *analgésicos narcóticos*, derivados do ópio, como a morfina, que diminuem a sensação de dor; de *agentes anabolizantes*, que aumentam o tamanho de músculos; de *diuréticos*, que além de favorecer a perda de peso, mascaram a presença de outras substâncias dopantes; e dos chamados *hormônios peptídicos* e análogos, que aceleram o crescimento do corpo e igualmente diminuem a sensação de dor.

O primeiro caso, constatado, de *doping*, a causar sensação no mundo do futebol brasileiro, foi aquele envolvendo o atacante Campos, do Atlético Mineiro, time, aliás, do coração dos dois primeiros autores. No primeiro tempo de um jogo realizado em 18/11/1973, contra o Vasco da Gama, no Mineirão, o craque, que em 199 jogos pelo *Galo* marcou 97 gols, sofreu um pontapé violento do zagueiro Renê, perdendo três dentes. Acudido pelo dentista do Clube, ingeriu o analgésico Dorflex. Ocorre que o médico do Atlético, equipe que sofria à época de crônica desorganização, omitiu o fato na ficha do exame anti-doping. Embora ao Dr. Elias Murad, conhecido toxicólogo, contratado para dar um parecer a respeito, tenha parecido o caso de fácil solução, o atleta foi afinal suspenso por 6 meses, tendo o episódio comprometido definitivamente a sua carreira. Ao Atlético nada ocorreu, nem mesmo a perda dos pontos do jogo em questão, no qual Campos marcara dois gols.

Os casos vêm se repetindo desde então, com frequência cada vez maior, podendo se destacar a suspensão sofrida por Maradona, na Copa do Mundo de 2002, flagrado pela ingestão de efedrina natural e sintética; e de Dodô, então no Botafogo, suspenso, em 2007, por 2 anos, pela ingestão de anfetamina.

Se se trata de *doping* não conhecido pelo clube, a hipótese pode resvalar para a justa causa do atleta. Caso o atleta seja pressionado para que ingira a substância proibida, pode-se configurar justa causa do empregador. Se ambos participam do *doping*, sem que haja coação, parece-nos que não haverá justa causa de um ou de outro – ou seja, o contrato de trabalho não poderá ser rompido sob aquela justificativa. Isso não impedirá, é claro, que o *doping* gere outras implicações.

O Código Brasileiro de Justiça Desportiva, é verdade, no caso de dopagem, prevê a possibilidade, para a entidade desportiva, de perda dos pontos e de sua participação na renda, em favor do adversário,

---

(21) Há quem diga, a propósito, que o fim do passe, com a Lei Pelé, apenas desviou para os empresários (intermediários) o dinheiro que antes os clubes arrecadavam (embora não exatamente da mesma forma).

(22) Não se trataria de desídia, já que o elemento subjetivo seria o dolo, não a culpa em sentido estrito.

(23) Os dados deste item e do próximo constam das seguintes fontes: Artigo 'Doping nos Esportes', capturado em 28.10.2011, no sítio <www.spiner.com.br/modules.php?name=New&file=ar>; e <http:/webgalo.comze.com/casocampos.php>.

além de multa de até R$100.000,00 (art. 244, § 1º); mas exige, para tanto, a comprovação de sua participação direta. No caso do médico que ministre o *doping* está prevista a pena de eliminação, sem prejuízo de comunicação das autoridades administrativas e judiciárias competentes, para efeito de outras punições cabíveis (art .249).

4.3 A figura do gato

Gato, no jargão futebolístico, é o atleta que adultera o registro de sua data de nascimento para que o seu ingresso possa ser admitido nas divisões de base do clube. É o atleta que falsifica o registro para aparentar ter a idade máxima permitida.

Como no caso do *doping*, e aqui com até maior força – já que essa adulteração caracteriza, em tese, o crime de falsidade ideológica – as possibilidades de punições só parecem surgir para o atleta.

Pergunta-se: haveria justa causa?

A nosso ver, a resposta é negativa, já que a fraude teria ocorrido não durante a execução do contrato, mas na sua formação. A hipótese ficaria melhor enquadrada como de nulidade por erro quanto a pessoa.

No entanto, é bom notar que se se trata de atleta menor de 16 anos, e que falsifica a idade para mais, o seu trabalho deverá ser pago, para se evitar enriquecimento sem causa. E os valores serão os expressos no contrato.

Pergunta-se: caso o próprio clube instigue, induza ou auxilie o jogador a fraudar a sua idade, haveria culpa recíproca?

Também aqui, é negativa a resposta. Como se sabe, a culpa recíproca se caracteriza pela justa causa de um, que *provoca* a justa causa do outro, a qual, por fim, dá ensejo à resolução contratual (caso, naturalmente, este *outro* a deseje). Não é o que ocorre aqui.

O mesmo raciocínio serve para a hipótese, já estudada, do *doping*.

4.4 A questão salarial

Nos últimos anos, tornaram-se comuns, na imprensa, notícias de clubes condenados por mascarar parcelas salariais – pagando-as sob outro título aos jogadores. Referida prática, aliás, é hoje corriqueira no Brasil, revelando uma situação de notável despreparo administrativo das entidades de prática desportiva. A fraude no pagamento dos salários incide particularmente sobre parcelas quitadas sob o título de direito de imagem ou mesmo de direito de arena.

4.4.1 O direito de imagem

Assim como ocorre, *mutatis mutandi*, com a cessão de crédito, em que o credor transfere a outrem sua posição na relação obrigacional, a lei viabiliza a transferência a um terceiro – *in casu*, uma pessoa jurídica – os direitos de disposição da imagem do atleta profissional. Surgem, por consequência, empresas especializadas nesse tipo de comercialização. A imagem é veiculada em diversos meios de comunicação, como televisão, *out-doors*, revistas e jornais.

A utilização econômica da imagem se faz mediante a observância de um requisito primordial – o consentimento. Ele implica, em princípio, não apenas que a imagem será utilizada, mas que essa utilização pertencerá com exclusividade ao contratante.

Em princípio, um contrato como esse poderia ser de grande valia para o jogador profissional. Todavia, nem sempre é essa a realidade nas relações entre clubes, atletas e pessoas jurídicas intermediárias. Assim como acontece em outras situações no mercado de trabalho, a fraude penetra, ou tenta penetrar, no domínio reservado à lei

Daí decisões como esta:

> ATLETA PROFISSIONAL DE FUTEBOL – DIREITO DE IMAGEM – INTEGRAÇÃO DO VALOR AO SALÁRIO. O valor fixo e mensal pago ao autor, pelo reclamado, através da empresa constituída, exclusivamente, para esse fim, não pode ser considerado como retribuição pelo "direito de imagem" ou "participação nos lucros", de forma a não integrar a remuneração do autor, para todos os fins de direito. Incide, no caso, o art. 9º da CLT, haja vista que a manobra a que o reclamado recorreu, ardilosamente, não passa de simples "fachada", para reduzir os encargos sociais e o valor dos impostos devidos – impedindo, desvirtuando ou fraudando, portanto, os direitos consolidados. (TRT-RO-4897/02 – 1ª T. – Rel. Juiz Manuel Cândido Rodrigues – MG de 12/07/2002)

Note-se que a ementa não parte da premissa de que o direito de imagem tem natureza salarial e que o clube estaria desconsiderando esse detalhe. Ao contrário. Como tem sido ele tratado como pertencente à esfera dos direitos da personalidade, dotado de caráter eminentemente civil, o pagamento correspondente não se confundiria com a retribuição pecuniária relativa à prestação de serviços mediante subordinação, pessoalidade e não eventualidade – ou seja, o salário. O que a Justiça do Trabalho tenta coibir, por isso, é a prática que consiste em transportar artificialmente parte do salário para aquelas parcelas, fazendo-as assim *escorregar* para fora do espaço da proteção.

Em outras palavras, o clube tenta transformar o verdadeiro salário em parcelas de cunho diverso. Daí ser comum, nos contratos de atletas profissionais de futebol, a quitação muitas vezes astronômica de valores denominados "pagamentos de direito de imagem" ou a título de "cessão do uso da imagem". Na verdade, em boa parte dos casos, não se verifica qualquer cessão do uso da imagem do atleta para o clube, mas tão somente a estipulação de montantes pecuniários a serem quitados mensalmente sob falso título, ao longo do contrato.

Em outras ocasiões, pode-se verificar a utilização real da imagem do atleta pelo clube; mas raramente ela corresponde aos valores pagos a título de cessão de seu uso. Com frequência, o que se nota é a estipulação de salário mensal em quantias muito inferiores àquelas estipuladas pelo direito de imagem. E o atleta se vê compelido a permitir tal situação, para preservar (ou obter) o emprego.

Referidas práticas, naturalmente, entram em conflito com um dos princípios norteadores do Direito do Trabalho: o princípio da *primazia da realidade*, segundo o qual devem prevalecer sobre as formalidades os fatos revelados na execução concreta dos contratos de trabalho.

Naturalmente, em termos substanciais, não há na hipótese dois contratos que se chocam, mas um só. O choque se dá entre esse *único* contrato existente, que é o real, e o *instrumento* desse contrato, que não o expressa corretamente – ou seja, não *corresponde* à realidade, pelo menos por inteiro. É como se a roupa que vestisse o corpo não lhe servisse bem.

Pergunta-se: qual seria a vantagem dos clubes, ao maquiar assim os salários?

A resposta é evidente. Como é curial, as parcelas salariais repercutem no contrato de trabalho, incidindo no pagamento das férias, das gratificações natalinas e de tantas outras verbas salariais – além das contribuições previdenciárias. Já o direito de imagem, que pertence à seara do Direito Civil, livra o empregador desses encargos – lesando não só o empregado, mas o Estado.

Mesmo quando o uso da imagem é efetivo, a grande maioria dos contratos sequer informa o meio, a frequência e a duração da referida utilização – e nesse sentido a contabilidade, ou a falta dela, também contribui para a prática da fraude.

Vale esclarecer que a pessoa jurídica que supostamente administra as questões relativas aos contratos de cessão de uso de imagem muitas vezes é também *fantasiada*. Na prática, existe apenas formalmente, não possuindo existência real – bens, sede física, administração própria.

Normalmente, são empresas constituídas por imposição e iniciativa do próprio clube – que se encarrega de providenciar a documentação, constituindo-a em nome de um atleta, ou conjunto de atletas que atuam ali. O atleta permanece como "sócio-gerente" da empresa somente enquanto perdura o seu contrato de trabalho, o que vale como mais um indício de prática fraudulenta[24].

Na maioria das vezes, as disposições acerca de cessão de licença ou uso da imagem são tratadas em contratos distintos daqueles que versam sobre o pacto laboral especificamente. Assim, normalmente, são elaborados um contrato de trabalho, com a estipulação de um salário mensal, e um contrato de cessão de uso de imagem, com estipulação de valores relativos à citada cessão. Contudo, com a dissociação formal dos pagamentos referidos, o que normalmente se quer é passar a impressão de que apenas o primeiro diz respeito ao salário, disfarçando-se assim a realidade.

Nota-se que tal prática fere em absoluto o disposto no art. 9º da CLT, que dispõe acerca da nulidade de pleno direito dos atos praticados mediante fraude. Tal mandamento, como já se observou, estende-se a toda a legislação especial trabalhista, inclusive a Lei n. 9.615 de 1998 e suas posteriores alterações, face à natureza da matéria e a comunhão dos princípios que informam o Direito do Trabalho.

Recentemente, projeto que dá nova regulamentação à Lei Pelé dispõe, em seu art. 54, § 2º, que

Serão nulos de pleno direito os atos praticados através de contrato civil de cessão da imagem com o

---

(24) As empresas quitam seus tributos com base no lucro presumido, o modo de tributação em que os lucros distribuídos aos sócios, descontados os tributos incidentes, são isentos do imposto de renda. Os montantes angariados mediante a suposta cessão de direitos são imediatamente entregues ao "sócio", por meio de distribuição de lucros. Note-se que a redação dos contratos relativos aos atletas "sócios", perante o clube cessionário, é quase sempre idêntica, sendo este outro indicativo da participação do clube em sua elaboração.

objetivo de desvirtuar, impedir ou fraudar as garantias e direitos trabalhistas do atleta.

Embora seja quase uma cópia do já citado art. 9º da CLT, o artigo revela a preocupação do legislador com o número crescente de fraudes e pode servir para tornar mais efetivo o seu combate. Naturalmente, caso o projeto venha a ser sancionado, fraudes praticadas antes dele também serão punidas, não porque a nova lei deva retroagir, mas porque a antiga lei – no caso, a CLT – já existia, disciplinando de forma suficiente a matéria.

Anote-se, por fim, que – apesar das lições da boa doutrina – alguns acórdãos recentes vêm concluindo pela culpa recíproca no que tange à fraude no contrato de trabalho, quando se percebe a expressa e visível concorrência do atleta para a consecução do ato ilícito.

Ora, como ensina o grande Evaristo, em sua clássica obra[25], a culpa recíproca supõe duas justas causas – a primeira provocando a segunda, e esta dando ensejo à resolução do contrato. E não é este, evidentemente, o caso.

5. VIOLÊNCIA

Em 1955, ao comentar o crime de estelionato, Nelson Hungria falava da fraude como o sucedâneo da violência:

O cangaceiro *do sertão brasileiro, o* brigante *do sul da Itália ou o* outlaw *do oeste norte-americano são anacronismos, resíduos de barbaria (...) Não mais o assalto brutal e cruento, mas a blandícia vulpiana, o enredo sutil, a aracnídea urdidura, a trapaça, a mistificação (...) A mão armada evoluiu para o conto do vigário*[26].

Mal sabia o grande penalista que, sessenta anos depois, não apenas a violência se mostraria muito mais forte do que antes, mas se somaria à fraude, ambas contribuindo para que vivêssemos numa "sociedade de risco"[27].

É o que acontece também no futebol. Como escreve o ex-atleta Tostão[28], a violência está presente nas faltas, ofensas e tantas outras formas de agressão. Antes de ser trocada pela "posse de bola" – influência do modo de jogar do Barcelona – a *tática* da "pegada" era a mais valorizada entre nós. *"Pega! Pega!"* – tornou-se uma espécie de grito de guerra dos técnicos.

Ao lado dessa forma explícita, nascida no interior do jogo, há outras formas menos claras mas não menos graves de violência – como a do astro que acaba na pobreza ou na loucura, casos de Heleno de Freitas ou Garrincha. Mas a violência pode estar também embutida nos gritos de *"raça!"* dos torcedores ou nos cassetetes – mesmo guardados – da polícia.

E assim, mais uma vez, o futebol junta o visível e o oculto, o formal e o informal, a diversão e o crime, o jogo e o anti-jogo...

(25) A Justa Causa na Rescisão do Contrato de Trabalho. Rio de Janeiro: Forense, 1968, *passim*.

(26) Comentários ao Código Penal. Rio de Janeiro: Forense, 1955. p. 159-160.

(27) BECK, Ulrich. La società del rischio: verso una seconda modernità. Roma: Carocci, 2000, *passim*.

(28) Nova palavra mágica. Correio Popular, Campinas, 01.04.2012, Caderno Esportes. p. 6.

Parte II

As Cooperativas de Trabalho e a Redução do Trabalho Subordinado

CAPÍTULO 3

As Relações de Trabalho e a Disciplina Legal das Cooperativas de Trabalho

MARIA DO PERPETUO SOCORRO WANDERLEY DE CASTRO(*)

1. INTRODUÇÃO

A Constituição da República do Brasil enuncia a dignidade da pessoa humana como um dos fundamentos do Estado Democrático de Direito e assim lhe confere o significado de princípio jurídico central do sistema e elemento unificador do ordenamento jurídico.

A dignidade da pessoa humana é o conceito pelo qual se reconhece em cada pessoa o direito ao respeito do Estado, da comunidade e dos seus semelhantes que se reflete em um conjunto de direitos e deveres que constitui obstáculo a todo e qualquer ato que a degrade, ao mesmo tempo, que vem a assegurar as condições existenciais mínimas para uma vida em interação com os demais seres humanos.

Nas relações de trabalho, ela se manifesta na oposição ao movimento de precarização de que resulta a exclusão e inobservância dos direitos sociais. Na específica relação contratual trabalhista que tem como centro o trabalho subordinado e vem sendo alvo de constrição dos direitos por meio da terceirização, o tema faz aflorar a pertinência da análise da situação instaurada mediante o trabalho em cooperativas e se intensifica em vista da recente disciplina legal das cooperativas de trabalho com a ênfase nas cooperativas de serviço.

(*) Desembargadora Federal do Trabalho, TRT 21. Mestre em Direito, Processo e Cidadania, na UNICAP, Recife,PE. 2012.

2. O TRABALHO HUMANO

Inicialmente, o trabalho humano era realizado para o exclusivo atendimento das necessidades pessoais, situação que se alterou quando, com as guerras entre clãs e tribos, foi introduzido o trabalho para outrem, na forma do trabalho escravo[1]. Em um longo caminho, a partir da escravidão patrimonial, definitiva ou temporária, surgiu o trabalho para outrem. Nesse curso, o trabalho passou a ser prestado sob as mais diversas formas e se desdobrou em servil e livre ou autônomo.

Ao longo da Idade Média e na Idade Moderna, o trabalho servil foi marcado pela falta de liberdade do trabalhador e o caráter vitalício do vínculo. O trabalho por conta alheia, a serviço de outrem, era objeto de regulamentação esparsa, pois como se destinava ao trabalho livre ou autônomo, tinha pequena expressão nas relações de produção então existentes. A predominância do regime da escravidão e do sistema das corporações excluía a regulamentação, em que pese ao sistema corporativo medieval ter uma estruturação interna por meio dos estatutos fixados e adotados pelos mestres, por meio da qual, nas corporações de ofício, o mestre exercia poder sobre companheiros e aprendizes[2].

(1) ANTOKOLETZ, Daniel. *Derecho del Trabajo y prevision social*. 2 ed. Buenos Aires: Kraft.s.d., pp. 31-32.

(2) *Idem*, pp. 39-43.

Esse breve registro é bastante para evidenciar a distinção entre trabalho servil e trabalho autônomo, a qual se aprofundou entre o século XVI e o século XVIII, quando as relações industriais surgiram e se fortaleceram[3], passando a cidade e a indústria a oferecerem a oportunidade de trabalho. Desde a abolição das corporações, ato da Revolução Francesa expresso na Lei *Le Chapelier*, em 1791, surgiram incipientes normas de trabalho em esferas específicas[4].

Os traços iniciais do trabalho a serviço de outrem que hoje é a feição predominante do trabalho humano, remetem ao desenvolvimento do processo de produção a partir da Revolução Industrial e do capitalismo, em cujo âmbito surgiram, como cenário, as relações sociais e o Estado, e as empresas e sindicatos como atores sociais. Ao chegar a segunda fase da Revolução Industrial, os recursos tecnológicos se multiplicaram e se acelerou seu aparecimento e desenvolvimento e eles passaram a influir em extensão e intensidade na vida cotidiana, com efeitos graduais e cumulativos que mudaram radicalmente a sociedade humana.

A evolução do modelo de produção capitalista, desencadeada pela Revolução Industrial, se realizou pelo desaparecimento da propriedade comunal e pela consolidação da propriedade privada baseada no direito de propriedade e na liberdade formal. Essa liberdade existia formalmente também para o trabalhador, a quem era assegurada a liberdade de contratar, mas, contraposta pela diferença material, estabelecendo-se o desequilíbrio contratual. Também se modificou a forma de trabalhar, por primeiro com o modelo taylorista de divisão do trabalho e o controle dos tempos e movimentos, seguindo-se o modelo fordista e, atualmente se depara o modelo toyotista.

No momento do Estado de Bem-Estar Social, houve intervenção estatal na economia e à acumulação capitalista foi contraposto o ideário marxista e socialista voltado para o reconhecimento da necessidade da libertação econômica do homem. Com esse acervo social e econômico, estruturou-se a relação empregatícia, como relação jurídica central do sistema de produção capitalista e categoria propiciadora de mudanças nas relações de produção até então consolidadas, já que se mostrava sustentada no elemento distintivo da subordinação jurídica[5].

A precariedade das condições de trabalho formou uma consciência de classe determinante da criação dos movimentos associativos, na primeira fase do capitalismo, caracterizada pelo ideário liberal e o individualismo político. Por meio do associativismo, os trabalhadores descobriram o poder da ação coletiva perante o Estado e o empregador. Surgiu o sujeito coletivo obreiro para se contrapor à força econômica do capitalismo.

Os sindicatos se desenvolveram trazendo ao lado as cooperativas, com a finalidade de fornecer meios aos trabalhadores para a aquisição de bens e melhoria de suas condições de vida. Assim, em ambos se encontra um sentimento solidarista, um no sentido que reúne os membros da categoria profissional para a contraposição à empresa que é sempre sujeito coletivo; outro mediante a reunião de profissionais que estabelecem na autonomia o reforço de seus vínculos para fazer frente ao capitalismo, na mais-valia, recolhendo para o grupo o que é acrescido.

Sobre as cooperativas, é importante atentar para as observações feitas por Véras Neto[6] referindo o pensamento de Marx de que as sociedades cooperativas dentro da sociedade capitalista somente têm valor enquanto forem criações autônomas dos trabalhadores e não forem protegidas nem pelo governo nem pelos burgueses, por apresentarem um caráter contraditório pois a um tempo levam à mudança da propriedade das relações sociais de produção, mas estão inseridas no modo de produção capitalista. O mesmo autor menciona que essa natureza híbrida também é afirmada por Rosa Luxemburgo, apontando que as cooperativas mesclam características socialistas na sua formatação microeconômica em razão de padrões de exploração da força de trabalho determinadas pela concorrência com outros agregados a características capitalistas pela necessidade de ganho de produtividade.

---

(3) OLEA, Manuel Alonso. *Introdução ao Direito do Trabalho*. Curitiba: Genesis. 1997. p. 310.

(4) "Abolidas las corporaciones, la Constituyente creó una 'libreta de trabajo', sin cuya presentación ningún obrero podia ser contratado, y se prohibió a los patrones anotaciones desfavorables a sus tenedores. En 1806 fué creado el Consejo de 'Prud'hommes' formado por delegados patronales y obreros que recibieron el encargo de dirimir los conflictos individuales surgidos del contrato del trabajo. En 1810 se reglamentó el trabajo en las minas francesas." ANTOKOLETZ, Daniel. *Derecho del Trabajo y prevision social*. 2 ed. Buenos Aires: Kraft.s.d, pp. 55-56.

(5) NEVES DELGADO, Gabriela. *Terceirização. Paradoxo do Direito do Trabalho Contemporâneo*. São Paulo: LTr. 2003. p. 37.

(6) VERAS NETO. Francisco Quintanilha. *Análise Crítica da Globalização Neoliberal*. Curitiba: Juruá. 2008, pp. 507-512.

A evolução do tratamento legislativo das cooperativas, no Brasil, evidencia que elas foram consideradas como uma função dentro dos sindicatos e a eles foi atribuído o dever de organizá-las: assim no Decreto n. 979, de 6 de janeiro de 1903 e no Decreto n. 1.637, de 5 de janeiro de 1907[7]. Tal perfil corresponde à enunciação no art. 514 da Consolidação das Leis do Trabalho, do dever dos sindicatos de empregados de promover a fundação de cooperativas de consumo e de crédito.

A força associativa impulsiona o grupo; enquanto o sindicato surgiu como um produto da sociedade industrial capitalista e instância de organização e de representação destinado à defesa do trabalhador, a cooperativa se delineou como um movimento solidário interno, destinado a propiciar melhores condições de vida mediante o acesso aos bens e ao crédito.

A questão social, como o antagonismo entre o capital e o trabalho, teve o papel fundamental de apontar a diferenciação e a desigualdade nas relações sociais e originou um conjunto normativo para incidir sobre elas, em sua formação e desenvolvimento. Com a nova posição do Estado, também um novo papel foi conferido ao sindicalismo para participar da implementação de política do pleno emprego.

O Direito do Trabalho, embora seja resultante da pressão da classe trabalhadora contra a situação em que se davam as relações de produção, foi, contraditoriamente, voltado pela burguesia para o seu serviço e a manutenção das estruturas capitalistas. Essa contradição é apontada por Monereo Pérez[8], ao dizer que o ordenamento laboral é um elemento da ação da classe trabalhadora contra a ordem capitalista e um elemento da luta da classe dominante contra a ação dos trabalhadores. Também Bonavides[9] aponta a elaboração da legislação social, como decorrência de imperativos da sobrevivência burguesa, conforme a teoria marxista.

A combinação entre o crescimento econômico, numa economia capitalista baseada no consumo de massa de uma força de trabalho plenamente empregada, bem paga e protegida, era uma construção política, resultado de consenso entre a direita e a esquerda em países ocidentais, que contou, também, com o consenso tácito ou explícito entre patrões e organizações trabalhistas[10].

Uma nova crise do capitalismo interferiu nesse quadro e o alterou para impor o recuo de conceitos e modo de trabalho então vivenciados. O trabalho e o sindicalismo surgidos com a relação de produção das sociedades industriais encontraram-se diante de uma nova sistemática: a sociedade pós-industrial e suas transformações econômicas e sociais.

Foi nesse contexto que às cooperativas foi atribuído um novo papel que as incentivava a atuar no mercado de trabalho e nas relações de produção, ampliando sua finalidade, originariamente voltada para o crédito e o consumo.

Na Conferência Internacional do Trabalho, de 1966, a Organização Internacional do Trabalho adotou a Recomendação n. 127, sobre o papel das cooperativas no progresso econômico e social dos países em via de desenvolvimento. O campo da aplicação ali descrito é amplo e tem em vista as cooperativas de consumo, cooperativas para a melhoria dos solos, cooperativas agrícolas de produção e transformação, cooperativas rurais de abastecimento, cooperativas agrícolas de venda de produtos, cooperativas de pescadores, cooperativas de serviços, cooperativas de artesãos, cooperativas operárias de produção, cooperativas de saúde, cooperativas de poupança de crédito mútuo, bancos cooperativos, cooperativas de habitação, cooperativas de transporte, cooperativas de seguros e cooperativas de trabalho. Elas foram, então apontadas como meio para melhorar a situação econômica, social e cultural das pessoas com recursos e possibilidades limitadas, bem como das condições sociais completando os serviços sociais em áreas como a da habitação, saúde, educação e comunicações. A norma internacional preconizou uma política pública de ajuda e estímulo econômico, financeiro, técnico e legislativo, que não afetasse a independência das cooperativas e fosse compatível com suas características essenciais. Também enfatizou a necessidade de a legislação a ser editada conter disposições sobre a definição ou descrição da cooperativa com realce à característica essencial de ser uma associação de pessoas agrupadas voluntariamente para alcançar um objetivo comum mediante

(7) PACHECO. Iara Alves Cordeiro. *Cooperativas de Trabalho x Intermediação de mão-de-obra*. Revista LTr agosto de 1996, 60-08, pp.1102-1103.

(8) "El ordenamiento laboral es, asimismo, un elemento y una apuesta de la acción de la classe obrera contra el orden capitalista, y un elemento de lucha de la classe dominante contra la acción de los trabajadores". MONEREO PÉREZ, Jose Luis. *Introducion al nuevo Derecho del Trabajo. Una reflexión crítica sobre el Derecho flexible del Trabajo*. Valencia.Tirant lo blanch, 1996. p. 25.

(9) BONAVIDES, Paulo. *Do Estado Liberal ao Estado Social*. 6. ed. São Paulo: Malheiros. 1996. p. 177.

(10) *Idem*, p.276.

a formação de uma empresa controlada democraticamente e para a qual contribuem com uma quota equitativa do capital e assumem uma justa parte nos riscos e benefícios, e de cujo funcionamento os sócios participam.

Em 2002, a recomendação foi revisada, sendo substituída pela Recomendação número 193. Nesse novo ato, afirmou-se a importância das cooperativas na criação de emprego, além de sua contribuição para a economia e se assinalou que a globalização criara novas e diferentes exigências, problemas, desafios e oportunidades para as cooperativas exigindo modalidades mais fortes de solidariedade humana. Aludiu de forma enfática à Declaração da OIT sobre os princípios e direitos fundamentais no trabalho (1998) e às Convenções sobre trabalho decente e direitos sindicais, destacando "o princípio contido na Declaração de Filadélfia de que 'trabalho não é mercadoria' e que 'em toda parte, a realização de trabalho decente para o trabalhador é objetivo capital da Organização Internacional do Trabalho'."

Nesse instrumento, a OIT ressaltou a observância dos princípios cooperativos atinentes à associação voluntária e acessível, ao controle democrático pelo associado, participação econômica do associado, autonomia e independência, educação, formação e informação, cooperação entre cooperativas e interesse pela comunidade (8.b). Afirmou que o potencial das cooperativas deve ser incentivado para ajudá-las a criar e desenvolver atividades geradoras de renda e emprego decente e sustentável. Adiante apontou que as políticas nacionais devem assegurar que não sejam instituídas, ou usadas cooperativas, como artifícios para escapar a obrigações trabalhistas ou para mascarar relações de emprego, e combater falsas cooperativas que violam direitos trabalhistas, garantindo a aplicação da legislação trabalhista em todas as empresas (8, b).

O conceito e a percepção sobre as cooperativas e seu papel na economia solidária e no mercado de trabalho tem norteamento nessa Recomendação. Embora, como sabido, ela não determine o procedimento a ser adotado pelos Estados-Membros da OIT, fornece-lhes os elementos hauridos das diferentes realidades econômicas, à luz da Constituição da organização, a cuja observância todos os seus membros estão vinculados.

Nela surge como conceito central a economia solidária considera como meio de enfrentamento dos problemas sociais no mundo do trabalho advindos da globalização.

3. AS COOPERATIVAS

A Constituição da República do Brasil ao se referir no art. 3º, inciso I, à construção de uma sociedade livre, justa e solidária, como um dos objetivos fundamentais da República, alberga a economia solidária na qual se integram as cooperativas. No art. 5º, XVIII[(11)] foi assegurada a autonomia dessas sociedades e, adiante, nos princípios gerais da atividade econômica, o texto constitucional do art. 174, § 2º afirma que: A lei apoiará e estimulará o cooperativismo e outras formas de associativismo. Também se refere à organização da atividade garimpeira em cooperativas, levando em conta a proteção do meio ambiente e a promoção econômico-social dos garimpeiros, e a prioridade a elas assegurada na autorização ou concessão para pesquisa e lavra dos recursos e jazidas de minerais garimpáveis, nas áreas onde estejam atuando, e naquelas fixadas de acordo com o art. 21, XXV, na forma da lei.

Esse nível constitucional valoriza o papel das cooperativas na sociedade e instaura um marco constitucional, uma vez que, nas Constituições anteriores, nenhuma norma lhes fazia menção direta ou específica. Assim, ainda surgidas no cenário jurídico brasileiro desde o início do século XX, elas eram associações cuja relevância se fixou no Decreto-lei n. 59, de 21 de novembro de 1966 que definiu a política nacional de cooperativismo, ao qual se seguiu a Lei n. 5.764, de 16 de dezembro de 1971 que atualmente é o fundamento jurídico dessas sociedades.

No Código Civil, elas estão arroladas entre as sociedades personificadas, sendo objeto de disposições próprias com preeminência da legislação especial, a Lei n. 5.764/1971 à qual se acrescenta a recente Lei n. 12.690/2012. Das características enunciadas no Código Civil[(12)], tem-se: variabilidade ou dispensa do capital social; concurso de sócios em número mínimo para compor a administração sem limitação de número máximo; limitação do valor da soma de quotas do capital social que cada sócio poderá tomar; intransferibilidade das quotas do capital a terceiro; quórum para a assembleia geral fundado no número de sócios presentes e não, no capital social; direito de cada sócio a um só voto, qualquer que seja o seu capital e valor de sua participação; distribuição dos resultados proporcionalmente ao valor das

(11) Art. 5º – XVIII – a criação de associações e na forma da lei, a de cooperativas independem de autorização, sendo vedada a interferência estatal em seu funcionamento.

(12) Art. 1.094.

operações efetuadas pelo sócio com a sociedade; e indivisibilidade do fundo de reserva entre os sócios.

Assim, repete as características que constam do art. 4º da Lei n. 5.764/1971, consistentes em adesão voluntária com número ilimitado de associados; variabilidade do capital social representado por quotas-partes; limitação do número de quotas-partes do capital para cada associado, facultado o estabelecimento de critérios de proporcionalidade; inacessibilidade das quotas-partes do capital a terceiros, estranhos à sociedade; singularidade de voto e quórum para o funcionamento e deliberação da Assembleia-geral baseada no número de associados, retorno das sobras líquidas do exercício proporcionalmente às operações realizadas pelo associado, indivisibilidade dos fundos de reserva.

Essas características são destacadas por Bulgarelli[13], e constituem o quadro legal das cooperativas, cuja tônica é a atuação em prol de seus associados, representando uma vertente para enfrentamento do capitalismo e, ao mesmo tempo, um distanciamento do ideário do comunismo.

É de se ter em conta a observação de Veras Neto[14] de que o Estado pode criar articulações e desarticulações de determinados setores de classe, e obstruir a possibilidade de autonomia efetiva que também pode ser quebrada pela inserção de interesses privados externos nas cooperativas mediante a influência de empresas privadas.

Com o tempo e as novas formas das relações de trabalho, as cooperativas foram atraídas para esse campo e nela passaram a atuar por meio das cooperativas de trabalho.

Adverte Neves Delgado que a política trabalhista vigorante na maior parte da década de 1990 e no início do século XXI, incentivou abertamente a redução do preço da força de trabalho por meio da diminuição direta ou indireta dos direitos trabalhistas – em suma, da flexibilização empregatícia do mercado laborativo. Nessa linha, surgiram diplomas legais nitidamente desregulamentadores do mercado de trabalho, entre os quais se destaca a Lei n. 8.949 de dezembro de 1994, que praticamente instigou a criação e generalização das chamadas cooperativas de mão de obra[15].

Assim, a desregulamentação do mercado de trabalho, provocada pela globalização e flexibilização ensejaram novas vistas sobre as cooperativas.

Na Lei n. 5.764, de 16 de dezembro de 1971, que define a Política Nacional de Cooperativismo, institui o regime jurídico das sociedades cooperativas e dá outras providências, destacam-se para o mundo das relações de trabalho: a vedação ao associado de votar e ser votado, quando aceitar e estabelecer relação empregatícia com a cooperativa, até que sejam aprovadas as contas do exercício em que ele deixou o emprego, conforme se lê no art. 31.

De forma direta, seu art. 90 enuncia que qualquer que seja o tipo de cooperativa, não existe vínculo empregatício entre ela e seus associados; de outra parte, estabelece no artigo seguinte, que, no tocante aos seus empregados, as cooperativas têm a mesma condição das demais empresas.

Esse âmbito se distendeu ao influxo da globalização. Neves Delgado afirma que, embora se possa firmar certo marco flexibilizatório das regras heterônomas estatais trabalhistas na própria Constituição de 1988, o processo aprofundou-se nos anos seguintes, pautado em uma filosofia de desregulamentação das políticas públicas em geral e sociais, em especial, a que se tornou hegemônica a partir da década de 1990[16].

Nesse passo, é oportuno lembrar uma observação lançada por Vilhena[17], tanto em vista das cooperativas como dos contratos por elas firmados:

> Cabe advertir, para que não se incorra em lamentáveis deslizes formais, que a cooperativa deve formar-se regularmente, provida de contrato social legitimamente constituído, sob o devido registro no órgão competente (se civil, se comercial). Por outro lado, o ajuste com a empresa cliente deve ser firmado através de um contrato de prestação de serviço, com objeto, preço e as demais condições textual e circunstanciadamente expressas, assim como a forma e o modo de sua execução.

Ao surgir no cenário jurídico brasileiro, a Lei n. 12.690, de 2012 veio dar uma disciplina específica às cooperativas de trabalho, cuja existência legal todavia

(13) BULGARELLI, Waldírio. *As sociedades cooperativas e a sua disciplina jurídica*. Rio de Janeiro: Renovar. 1998.

(14) VERAS NETO, Francisco Quintanilha. *Análise Crítica da globalização Neoliberal*. Curitiba: Juruá. 2008. p. 532.

(15) NEVES DELGADO, Gabriela. *Direito fundamental ao trabalho digno*. São Paulo: LTr, 2006. p.199.

(16) *Idem*, p.198

(17) VILHENA, Paulo Emílio Ribeiro de. *Relação de emprego: estrutura legal e supostos*. 2. ed. São Paulo: LTr, 1999. p. 657

já era afirmada em sede doutrinária[18]. Houve, pois, o encerramento da cizânia quanto à possibilidade de sua criação, pois, se anteriormente, elas decorriam do largo espectro da Lei n. 5.764/1971 que não relacionava ou limitava as espécies de cooperativa, com a Lei n. 12.690/2012 é retomada uma linha legislativa iniciada em 1932 pois o Decreto Federal n. 22.239 de 19 de dezembro desse ano as mencionava entre as categorias principais das sociedades cooperativas cuja regulamentação estabeleceu e lhes dava sua definição[19]. Esse Decreto foi revogado pelo Decreto-Lei n. 59 de 21 de novembro de 1966, cuja ementa explicitava que define a política nacional de cooperativismo; por sua vez, ele foi revogado pela Lei n. 5.764 de 16 de dezembro de 1971 que não ofereceu categorias das sociedades cooperativas, estabelecendo de forma ampla que elas podem adotar por objeto qualquer gênero de serviço, operação ou atividade.

A Lei n. 12.690/2012 vai além, pois inaugura uma legislação específica para as cooperativas de trabalho e lhes confere uma posição distinta entre as demais espécies, resultando em relevância dada a elas.

Entre as características enunciadas na recente lei, merece muita atenção a norma do inciso XI do artigo 4º que diz respeito ao âmbito territorial dessas cooperativas. Essa norma estabelece que a área de admissão de associados é limitada às possibilidades de reunião, controle, operações e prestação de serviços. Depreende-se, a partir da leitura do art. 42 da lei que, a par da ênfase do caráter pessoal da participação e votação nas assembleias sendo vedada a representação por meio de mandatário (§ 1º) e permitidos apenas delegados igualmente associados quanto às cooperativas que tenham associados em número superior a três mil (§ 2º), é estabelecido um limite espacial pois a área de admissão tem como limite 50km (cinquenta quilômetros) da sede (§ 4º). Adianta-se que esse dispositivo se projeta sobre o § 3º do art. 10 da novel Lei n. 12.690/2012 e reflete um dos princípios cooperativistas, isto é, a participação e gestão democrática, que somente pode ser implementado quando os sócios admitidos atendem às efetivas possibilidades de reunião da entidade.

Trata-se de aspecto que remete à realidade já existente e às situações anômalas que ocorreram. Com efeito, verificou-se situação em que a área de atuação da cooperativa para admissão de cooperados era expressamente delimitada e restrita a um Estado, mas o dispositivo estatutário foi reformado de modo a dilatar atuação da cooperativa e possibilitar a associação de novos cooperados fora da circunscrição territorial e da sede. Então, a atuação territorial da cooperativa foi estendida, para conformar interesses e arregimentar mera mão de obra pois os trabalhadores não tinham ligação ou participação na cooperativa ou noção de cooperativismo. Assim, foi fulminado o requisito da espontaneidade associativa e desrespeitado o requisito do objetivo comum que deve unir os associados pela solidariedade. Por esse meio, a admissão de cooperados foi ampliada para abranger, também, todo o território nacional em distonia com a realidade quanto à condição de verdadeiro associado pela constatação da inviabilidade real de participação dos cooperativados com domicílio e trabalho em lugares longínquos poderem participar de assembleias e assim "*decidir os negócios relativos ao objeto da sociedade e tomar as resoluções convenientes ao desenvolvimento e defesa desta, e suas deliberações vinculam a todos, ainda que ausentes ou discordantes*", conforme o disposto no art. 38 da Lei n. 5.764/1991, que rege as sociedades cooperativas.

Ora, a cooperativa é uma sociedade constituída por membros de um grupo determinado econômico ou social, e que objetiva desempenhar, em benefício comum, determinada atividade econômica. Não é visado o lucro nas transações comerciais e nas prestações de serviços entre cooperados, o qual pode ser obtido mediante as relações estabelecidas com terceiros para beneficiar seus associados. Contexto diverso nega o conceito de cooperativa e a sociedade em que a efetiva participação de todos os sócios nas assembleias e portanto, na gestão do interesse econômico-financeiro se acha materialmente inviabilizada passando a atender apenas aos aspectos formais quanto à lei disciplinadora e exigência de prestação de contas, relatório de gestão, balanços e demonstrativo, destinação e rateio das sobras apuradas[20].

(18) (...) as leis que conformam nosso ordenamento jurídico são todas de molde a dar sustentação à existência constitucional e legal das cooperativas de trabalho. FERRARI, Irany. AFFONSO. Georgia Cristina. *Cooperativas de Trabalho. Existência legal*. 2.ed. São Paulo: LTr, 2002, p.24.

(19) "Art. 24. Cooperativas de trabalho são aquelas que, constituídas entre operários de uma determinada profissão ou ofício, ou de ofícios vários de uma mesma classe, têm como finalidade primordial melhorar os salários e as condições de trabalho pessoal dos seus associados e, dispensando a intervenção de um patrão ou empresário, se propõem contratar obras, tarefas, ou serviços públicos ou particulares, coletivamente por todos ou por grupo de alguns." *Idem*, p.21.

(20) Acórdão n. 120.112 – Recurso Ordinário n. 143600 – 68.2011.5.21.0007 – TRT 21 – Divulgado no DEJT n. 1071, em 25.09.2012 (terça-feira) e Publicado em 26.09.2012 (quarta-feira). Traslado n. 00934/2012.

À excessiva dilargação dos limites territoriais que possibilita a fraude do efetivo vínculo, surge a limitação territorial para que se possa verificar se há uma cooperativa regularmente constituida, com a qual o trabalhador celebrou o contrato de sociedade ao aderir a ela.

4. O TRABALHO SUBORDINADO

O trabalho subordinado é a característica central da relação de emprego. Logo, a subordinação não pode figurar na relação cooperativa. Ela é a estrema entre as duas situações, a que a Lei n. 12.690 pretendeu dar solução com a figura do coordenador.

A intromissão das relações cooperativas nas relações de trabalho subordinado ocorreu a partir da Lei n 5.764/1971, cujo art. 90 contém a previsão de que qualquer que seja o tipo de cooperativa, não existe vínculo empregatício entre ela e seus associados.

Em momento posterior, quando já se acentuava o influxo da flexibilização, a Lei n. 8.949, de 9 de dezembro de 1994, acrescentou ao art. 442 da Consolidação das Leis do Trabalho um parágrafo para declarar a inexistência de vínculo empregatício entre as cooperativas e seus associados, conforme a ementa da lei, mas, indo além estabeleceu que "Qualquer que seja o ramo de atividade da sociedade cooperativa, não existe vínculo empregatício entre ela e seus associados, nem entre estes e os tomadores de serviços daquela."

Em face dessa lei, Valentin Carrion argutamente comentou que esse parágrafo perturbara e trouxera enorme desassossego ao mundo do trabalho, por existir, em verdade, pouca diferença entre ele e a norma da lei das cooperativas, expressa no art. 90, uma se referindo a qualquer tipo de cooperativa e a outra a qualquer ramo de atividade da sociedade cooperativa, mas a segunda lei causou grande mal porque "foi posta no coração do Código Brasileiro do Trabalho, o que é, uma última instância, a Consolidação das Leis do Trabalho"[21].

O terceiro momento legislativo de intersecção entre legislação trabalhista e cooperativa ocorre com a Lei n. 12.690, de 19 de julho de 2012, tendo em vista que, por meio dela, foi estabelecido um perfil específico o qual tem em vista e destaque as cooperativas de trabalho. Importa atentar para que, embora a ementa da lei se refira à revogação do parágrafo único do art. 442 da Consolidação das Leis do Trabalho, o dispositivo correspondente foi vetado, sob o fundamento de que ele constitui uma disciplina da matéria de forma ampla e suficiente.

No art. 4º, inciso II é definida a cooperativa de trabalho como aquela destinada à prestação de serviços especializados a terceiros, sem a presença dos pressupostos da relação de emprego. Sendo expressamente vedada a utilização da cooperativa de trabalho para intermediação de mão de obra subordinada, conforme dispõe o art. 5º, encontra-se no art. 17, § 2º há uma presunção de intermediação irregular quando as atividades, sendo prestadas fora do estabelecimento da cooperativa não forem coordenadas por um membro da cooperativa eleito em reunião específica.

No particular, embora o texto legal apenas se refira a uma coordenação com mandato nunca superior a 1 (um) ano ou o prazo de realização da atividade por tempo certo, a eleição desse coordenador que deve ocorrer mediante ato específico e os princípios cooperativistas dos quais novamente se exaltam a autonomia e independência e a gestão democrática que por sua vez têm por objeto as diretrizes para o funcionamento e operações da cooperativa e a forma de execução dos trabalhos, mostram que somente pode ser coordenador o membro da cooperativa.

Nesse percurso, enquanto o parágrafo único do art. 442 da CLT, introduzido pela Lei n. 8.949, de 1994, declarava a inexistência de vínculo empregatício entre as cooperativas e seus associados, e entre estes e os tomadores de serviços daquela, com o que estabeleceu uma presunção em desabono da relação de emprego, ainda que superável por meio de prova suficiente da presença dos requisitos da relação de emprego como afirmado em decisões do Tribunal Superior do Trabalho[22], no art. 17, § 2º da recente Lei

---

(21) CARRION. Valentin. *Cooperativas de Trabalho – autenticidade e falsidade*. Revista LTr, fevereiro de 1999, 63-02, pp. 167-169

(22) **AGRAVO DE INSTRUMENTO. RECURSO DE REVISTA. COOPERATIVISMO X RELAÇÃO DE EMPREGO.** Demonstrado no agravo de instrumento que o recurso de revista preenchia os requisitos do art. 896 da CLT, deve ser admitido o processamento do apelo para melhor análise da arguição de violação do art. 3º da CLT e de contrariedade à Súmula 331-I/TST. **Agravo de instrumento provido. RECURSO DE REVISTA. COOPERATIVISMO X RELAÇÃO DE EMPREGO.** O parágrafo único do artigo 442/CLT assim dispõe: *'Qualquer que seja o ramo de atividade da sociedade cooperativa, não existe vínculo empregatício entre ela e seus associados, nem entre estes e os tomadores de serviços daquela.'* Entretanto, não estabelece o dispositivo acima citado presunção legal de caráter absoluto, mas simples presunção relativa de ausência de vínculo de emprego. O objetivo da regra teria sido o de retirar do rol empregatício relações próprias às cooperativas – desde que não comprovada

n. 12.690, de 2012, surge a presunção de intermediação irregular quando as atividades, sendo prestadas fora do estabelecimento da cooperativa não forem coordenadas por um membro da cooperativa eleito em reunião específica. É importante considerar esse giro: a relação de trabalho fora do estabelecimento da cooperativa aponta para o reconhecimento do vínculo empregatício Ora, a realidade da terceirização mostra um procedimento de controle que fica frequentemente a cargo da empresa contratante, estabelecendo uma hierarquia entre contratante e trabalhadores cooperativados[23].

Assim, um traço do contrato de trabalho tem sido encontrado relação de trabalho cooperativo, chocando-se contra seus elementos de caracterização. De outra parte, apreende-se um movimento no sentido de elas estabelecerem uma linha de confronto com a relação de emprego, concorrendo para a flexibilização das relações de trabalho[24].

a roupagem ou utilização meramente simulatória de tal figura jurídica. Certo é que, se comprovado que as empresas rotuladas de cooperativas não atendem às finalidades e princípios imanentes ao cooperativismo, quais sejam, princípio da dupla qualidade e da retribuição pessoal diferenciada, e a prestação de serviços se caracterizar pela presença dos elementos fático-jurídicos da relação de emprego, esta deverá ser reconhecida, sob pena de se compactuar com a burla à essência da finalidade legal. O fato de estar a intermediadora de mão de obra constituída sob a forma de sociedade cooperativa não afasta o caráter do artifício voltado a transparecer uma situação fático-jurídica de natureza civil, ocultando a relação empregatícia. Em observância ao princípio da primazia da realidade, deve prevalecer o contrato efetivamente existente entre as partes – contrato de emprego diretamente com a cooperativa ou, ainda, com a tomadora de serviços, nos termos da Súmula 331-I/TST. Na hipótese, conforme se extrai das premissas fáticas assentadas pelo Regional, a atividade desempenhada pelo Reclamante como professor estava inserida na atividade-fim da tomadora de serviço (instituição de ensino), encontrando-se o trabalhador efetivamente integrado à sua dinâmica organizativa e operacional, incorporando e se submetendo à sua cultura corporativa dominante, sendo imperioso o reconhecimento de vínculo diretamente com a Reclamada, porquanto resta configurada a terceirização ilícita diante da chamada "subordinação estrutural". Incidência da Súmula 331,I/TST. Recurso de revista provido. RR – 56540-49.2003.5.06.0009 Data de Julgamento: 05.05.2010, Relator Ministro: Mauricio Godinho Delgado.

(23) SILVA. Selma Cristina. *A terceirização via cooperativas de trabalho: precarização ou autonomia*? In: DRUCK, Graça; FRANCO, Tânia. (orgs.) A perda da razão social do trabalho. Terceirização e precarização. São Paulo: Boitempo. 2007, p.159.

(24) (...) Não basta a cooperativa reunir pequenos grupos e apenas atender a necessidades isoladas. Ela tem um papel mais importante em termos sociais, que é o de provocar a flexibilização das relações capital/trabalho, estimulando o debate em torno do conceito do que é emprego. As cooperativas, portanto, devem estar preparadas para o mercado e aptas para disputar espaço no mínimo

Como Araújo[25] ressaltou, a linha distintiva entre as verdadeiras cooperativas e as que só lhe têm o nome, é a observância à qualidade dos sócios, o respeito aos seus interesses, a realização de seus ideais morais e econômicos, como regras éticas inafastáveis das quais decorre que o sócio deve ser protegido em conformidade aos objetivos cooperativos, consagrados por Rochdale.

A desigualdade social, no Brasil, e a assimetria da relação trabalhista, na qual a subordinação estabelece como premissa uma relação de poder privado e a pessoalidade do trabalhador é uma característica contratual, exigem a vinculação aos direitos fundamentais e a proteção à dignidade da pessoa humana como os pilares para o preceito constitucional de uma sociedade igual e solidária. A precarização das relações trabalhistas resulta em afetar a observância da garantia de condições mínimas existenciais. Daí, a necessidade de uma concepção em que, admitidas e reconhecidas as diferentes manifestações do trabalho na sociedade, tenha presente em todos a necessidade de assegurar sua valorização, procedimento que não se compatibiliza com os meios que de forma indireta possam concorrer para o envilecimento da qualidade do emprego. O trabalho deve assegurar a afirmação da pessoa humana como pessoa plena, no que se salienta que os direitos fundamentais também alcançam a relação cooperativa, a partir do enunciado do direito à associação e que se acompanha das demais normas constitucionais sobre cooperativas e o direito à proteção social.

A lei regente das cooperativas de trabalho, produção e serviços, Lei n. 12.690, de 19 de julho de 2012, ao anunciar os princípios regentes dessas sociedades, se refere expressamente à preservação dos direitos sociais, do valor social do trabalho e da livre iniciativa e à não precarização do trabalho e proclama a autonomia e autogestão dos trabalhadores para obterem melhor qualificação, renda, situação socioeconômica e condições gerais de trabalho. Como já foi dito, o marco normativo para uma legislação sobre essas cooperativas é a norma internacional expressa na Recomendação 193, da OIT e ela foi elaborada

de forma igualitária com as tradicionais empresas prestadoras de serviços'(Newton Saratt e Rogério Pires Moraes, ob.cit., pp.14 e 15). FERRARI. Irany. AFFONSO. Georgia Cristina. *Cooperativas de Trabalho. Existência legal*. 2. ed. São Paulo: LTr, 2002. p.53.

(25) ARAÚJO. Eneida Melo Correa de. *Cooperativa de trabalho: em busca de seu papel nas relações de trabalho*". In Manual de Direito de Trabalho – estudos em homenagem ao Professor Cássio Mesquita Barros Filho", organizado por Bento Herculano Duarte. p. 705

considerando também a realidade fática de criação de cooperativas para intermediar mão de obra com redução de direitos trabalhistas; assim, a norma reforçando o sentido do cooperativismo estabeleceu como pilares a autonomia da criação da cooperativa, em que haja propriedade conjunta da sociedade mediante independência e gestão democrática e a liberdade de filiação[26].

5. PRINCÍPIOS DE DIREITO INDIVIDUAL DO TRABALHO E PRINCÍPIOS EXTERNOS APLICÁVEIS AO TRABALHO

5.1.1 Princípios de Direito Individual do Trabalho

O exame do trabalho cooperativado, pelos íntimos laços que mantém com o trabalho subordinado demanda análise a um tempo dos princípios do direito individual do trabalho e dos princípios externos aplicáveis ao direito do trabalho conforme a classificação proposta por Delgado[27].

Na trilha da dignidade da pessoa humana, em sua manifestação nas relações do trabalho, Neves Delgado ressalta a significação ética do trabalho no sentido de permitir à pessoa humana realizar-se e revelar-se em sua identidade social, e ressalta que o direito ao trabalho regulado viabiliza a promoção da dignidade, o que demanda uma releitura de seu conceito em uma reconstrução que privilegie a pluralidade e a segurança jurídica, o trabalho e o trabalhador de forma que todo trabalhador exerça o trabalho digno, e sob condições regulares de seu exercício[28].

Na relação dialógica entre a sociedade e o direito, a reflexão sobre as relações de trabalho em suas revigoradas ou incentivadas formas demanda uma observação sobre o sentido e finalidade do Direito do Trabalho a partir do exame dos seus princípios. Eles foram formulados nos albores do Direito do Trabalho, com o amálgama do pensamento norteador da Organização Internacional do Trabalho e do Tratado de Versalhes e portanto correspondem ao início da fase jurídica das relações de trabalho.

Lembra Plá Rodriguez que esses princípios e normas correspondem a uma concepção do Direito laboral e portanto, em sua unidade, devem apresentar uma harmonia de concepção[29].

Ao influxo das mudanças ocorridas, notadamente a partir dos anos 1970, quando passam a ser concebidas novas formas de trabalho e surgem os contratos atípicos[30], aparecem os questionamentos sobre os princípios próprios do Direito do Trabalho e sua adequação ou subsistência a esses vínculos. Enfrentando essa crítica, Teixeira e Barroso[31], ao tempo em que afirmam a dificuldade na utilização dos princípios do Direito do Trabalho em razão das novas formas contratuais e métodos de utilização das regras contratuais, afirmam sua validade e propõem a adoção do princípio do não retrocesso social, como um novo princípio de Direito do Trabalho que estabelece uma resistência à dinâmica flexível do trabalho.

Aos princípios clássicos do Direito do Trabalho que, como analisa Araújo[32] têm sede no Tratado de Versalhes e surgiram da constatação de que as injustiças do mundo do trabalho comprometiam a paz e a harmonia mundial e da necessidade de dar às relações trabalhistas um equilíbrio e conteúdo ético, outros surgiram como desdobramentos e se mantém presentes e significativos nas vicissitudes da relação de emprego, que continua a ser a noção central do Direito do Trabalho.

Monereo Pérez alerta para os efeitos da complexidade da situação normativa atual, em que o cidadão trabalhador deixa de ser uma categoria tendencialmente unitária para se desdobrar em grupos espe-

(26) MARTINS FILHO. Ives Gandra da Silva. *Trabalho associativo e recomendação n. 193 da OIT*. Painel. MARTINS FILHO. Ives Gandra da Silva. SALABERRY FILHO. Miguel. *Cooperativas de Trabalho. Seminário de Cooperativas de Trabalho*. São Paulo: LTr. 2004, pp. 60-61.

(27) DELGADO. Mauricio Godinho. *Princípios de Direito Individual e Coletivo do Trabalho*. 11. ed. São Paulo: LTr. 2010.

(28) NEVES DELGADO, Gabriela. *Direito Fundamental ao Trabalho Digno. São Paulo*: LTr, 2006. p.27

(29) RODRIGUEZ, Américo Plá. *Princípios de Direito do Trabalho*. Tradução de Wagner D. Giglio. São Paulo: LTr, USP. 1978. p. 19.

(30) Adota-se a expressão contratos atípicos no sentido de contratos de trabalho que, embora haja a aplicação das normas trabalhistas, ocorrem sob regimes particulares de duração, a prazo determinado ou como tempo parcial de trabalho.

(31) TEIXEIRA, Sérgio Torres. BARROSO, Fabio Tulio. *Os princípios do Direito do Trabalho diante da flexibilidade laboral*. Revista do Tribunal Superior do Trabalho 75 n. 3, pp. 57-69, jul/set/2009. Porto Alegre: Magister. 2009.

(32) *A natureza do Direito do Trabalho, banhando-se de uma forte carga ética, pode servir como indicador de que uma concepção lenta e gradual foi se formando ao longo da história. Essa ideia exigia o reconhecimento dos direitos do trabalhador, os quais não seriam tipicamente da idade contemporânea, do Estado Constitucional de Direito, ainda que os pressupostos para sua transformação em regra jurídica mostrem-se recentes*. ARAÚJO, Eneida Melo Correia de. *As relações de trabalho. Uma perspectiva democrática*. São Paulo: LTr. 2003. p. 173.

cíficos o que demanda diferentes graus de proteção do trabalhador, com regulação de mínimos de ordem pública e individualização das relações laborais promovidas pela precarização, levando até mesmo a uma subclasse de trabalhadores[33]. Daí, a fragmentação do trabalho com novas modalidades trazer o mimetismo das situações do trabalhador, mediante mecanismos de extensão de direitos sociais básicos como se verifica na lei de cooperativas de trabalho. Assim, cooperados tocam a normatização dos direitos dos avulsos e uns e outros sob traços distintivos procuram estabelecer uma distância do trabalho subordinado que é a nota do Direito do Trabalho clássico.

Esse contexto não arrefece contudo os princípios da proteção, da irrenunciabilidade de direitos, da continuidade e da primazia da realidade, cuja aplicação se dá novos enfoques para absorver as novas situações.

De outra parte, a índole constitucional do princípio da dignidade da pessoa humana no qual se encarta o princípio da dignidade do trabalhador como pessoa humana, e do princípio do não retrocesso social, os constitui como sobreprincípios, ou princípios constitucionais do trabalho que devem nortear toda reflexão sobre relações de trabalho.

5.1.2 Princípio da proteção

O princípio da proteção é o mais eminente dos princípios do Direito do Trabalho porque envolve a finalidade desse ramo do Direito. Assume o conteúdo de proteção do trabalhador, na perspectiva da promoção da igualdade jurídica diante da desigualdade econômica que marca as relações trabalhistas e coloca em polos opostos empregado e empregador. A preeminência do capital e a superioridade econômica do empregador se acentuaram em nosso tempo por meio da globalização e a decorrente constituição dos grandes conglomerados, e, ao mesmo tempo, trouxeram a revisão do trabalho subordinado para introduzir novas formas de sua obtenção.

Delgado[34] afirma que os princípios especiais do Direito Individual do Trabalho constituem seu núcleo basilar, sem o qual se compromete a própria noção desse direito em uma sociedade histórica e concreta. Destaca o princípio da proteção como um dos primeiros princípios revelados no Direito do Trabalho e assevera que ele vai além das três regras firmadas na doutrina, isto é, *in dubio* pro operário; norma mais favorável; condição mais benéfica, para ser o fator inspirador amplo do complexo de regras, princípios e institutos desse ramo jurídico especializado e a nascente de regras, teorias, presunções e mesmo de outros princípios jurídicos.

Com efeito, o princípio da proteção tem a finalidade de dotar o Direito do Trabalho de mecanismos que conferem ao trabalhador, garantias e compensações de suas desigualdades econômica e jurídica e, assim, tem um significado civilizatório, mormente em face da flexibilização e globalização com seu caráter eminentemente econômico.

Daí por que, ele pode ir além do Direito do Trabalho e de seus destinatários clássicos, os exercentes de uma relação de emprego regular e subordinada, e acolher o trabalho autônomo, quando nele se apresentarem os traços de precariedade, instabilidade da relação e aviltamento dos direitos de seus prestadores

5.1.3 Princípio da irrenunciabilidade de direitos

Pelo princípio da irrenunciabilidade de direitos, no direito do trabalho clássico, tem-se a inderrogabilidade das normas de proteção ao trabalhador e do conjunto de direitos que lhe são conferidos, sob a natureza de direitos indisponíveis. Esse perfil vem sendo matizado, do que é demonstração eloquente a existência de normas constitucionais que possibilitam a redução do salário e o aumento da jornada, mediante negociação coletiva[35].

Afirma Araújo[36] que o trabalho não é um simples ato de sobrevivência do trabalhador, mas a continuidade da vida em sociedade, de forma que a liberdade de contratar vai além da formalidade para, através da percepção de sua materialidade, contemplar a desigualdade existente de modo que a força do mais forte não pudesse anular a vontade do hipossuficiente. É necessário o justo equilíbrio social, que somente pode ser obtido mediante a interferência do Estado ou dos grupos sociais, que não pode ser suplantada pelo ato individual, em que o empregado alija as garantias assim formadas.

---

(33) MONEREO PÉREZ, Jose Luis. *Introducción al nuevo Derecho del Trabajo. Una reflexión crítica sobre el Derecho flexible del Trabajo.* Valencia. Tirant lo blanch. 1996, pp.73-74.

(34) DELGADO, Mauricio Godinho. *Princípios de Direito Individual e Coletivo do Trabalho.* 11. ed. São Paulo: LTr, 2010. p. 73.

(35) Art. 7º, VI, XII e XIV.

(36) ARAÚJO, Eneida Melo Correia de. *As relações de trabalho. Uma perspectiva democrática.* São Paulo: LTr, 2003. p. 187.

5.1.4 Princípio da continuidade

O princípio da continuidade conduz à preferência pelos contratos de trabalho de prazo indeterminado, e, como outro lado da questão, à natureza excepcional dos contratos com determinação de prazo.

Ora, os contratos de prazo indeterminado levam à inserção social do trabalhador e sua profissionalização com importância econômica e jurídica, que converge para a proposição constitucional de uma ordem econômica fundada na valorização do trabalho

5.1.5 Princípio da primazia da realidade

O princípio da primazia da realidade expressa o tratamento do trabalhador dentro do mundo real de sua prestação de serviços. Usualmente identificado como a prevalência dos fatos sobre os documentos, nele se pode encontrar a possibilidade de afastar os véus que velam as circunstâncias relevantes para sua condição e que se tornam mais espessos nas formas de contratação adredemente preparadas para inibir a formação dos contratos de trabalho tutelados pelo Direito do Trabalho.

Assinala Cavalcanti(37) que as transformações no trabalho deram lugar a pessoas ou empresas subcontratadas juridicamente independentes, mas economicamente dependentes e trabalhadores juridicamente dependentes e ressalta a importância do princípio da primazia da realidade para dar uma conformação à oposição entre o mundo real e o mundo formal e conter os mecanismo de formação de empresas unipessoais.

Esse é o princípio seguidamente aplicado para desvelar situações equívocas, afastando os artifícios fáticos e intelectuais com que outras formas de trabalho são apresentadas para negar a existência do contrato de trabalho e o reconhecimento ao trabalhador das garantias inerentes ao Direito do Trabalho. Ora, a natureza da relação jurídica não decorre do nome que lhe é dado ou atribuído aos que dela participam, nem o nome define por si só, a relação existente, mas o modo em que ela se desenvolve, sua execução e duração no tempo como mecanismo, os quais vêm a conotar a formação do vínculo como realidade contratual.

É nesse princípio que está a raiz do reconhecimento do vínculo de emprego e a recomposição dos fatos por sobre os registros formais. É uma realidade que está assinalada na Recomendação n. 193, OIT, 2002 ao dispor sobre a necessidade de evitar que as cooperativas constituam biombos de relações de emprego, o que foi destacado em seminário sobre o tema(38).

Plá Rodriguez aponta a dignidade da atividade humana(39), entre os fundamentos desse princípio, argumentando que a prestação da atividade humana como efeito principal do contrato participa da dignidade procedente da natureza humana e por conseguinte deve considerar a realidade e o que ocorre em cada momento, acrescentando que também o fundamenta a desigualdade das partes, pois a prevalência do que ocorre na prática vem a corrigir a anomalia que separa as partes por meio da desigualdade econômica. Também lhe aponta como fundamento a interpretação racional da vontade das partes que, embora diga respeito a toda a teoria de interpretação dos contratos, tem, para o Direito do Trabalho adquire maior relevância pelo caráter dinâmico do contrato e assim, o modo em que é cumprido o contrato mostra sua verdadeira natureza.

Enquanto esses princípios estão no âmago do Direito do Trabalho e exercem influência direta e imediata em seus institutos e na análise e interpretação da natureza do vínculo, os princípios externos ao Direito do Trabalho, embora sem terem especificidade material refletem valores que confluem para o aprimoramento dessa relação. Nesse passo, considera-se o que princípio do não retrocesso social que incide sobre todas as relações sociais e os princípios da dupla qualidade e da retribuição pessoal diferenciada como incidentes nas relações cooperadas e cuja materialização exclui a relação subordinada de emprego.

5.2 Princípios externos ao Direito do trabalho

5.2.1 Princípio do não retrocesso social

A vedação ao retrocesso social é um princípio externo que se aplica também ao Direito do Trabalho(40), pois, a partir do texto constitucional, ele con-

---

(37) CAVALCANTI, Lygia Maria de Godoy Batista. *A flexibilização do Direito do Trabalho no Brasil. Desregulação ou Regulação Anética do Mercado?* São Paulo: LTr. 2008.

(38) PASTORE, José. Trabalho associativo e recomendação n. 193 da OIT. Painel. MARTINS FILHO, Ives Gandra da Silva. SALABERRY FILHO, Miguel. Cooperativas de Trabalho. Seminário de Cooperativas de Trabalho. São Paulo: LTr. 2004, p.56.

(39) RODRIGUEZ, Américo Plá. *Princípios de Direito do Trabalho*. Tradução Wagner D. Giglio. São Paulo: LTr, USP. 1978. p. 227.

(40) Princípio externo é aquele que não é especial, próprio ou oriundo do Direito do Trabalho, mas tem importância na estrutura e dinâmica do ramo trabalhista, conforme DELGADO, Maurício

fere eficácia ao projeto de criação de uma sociedade justa e solidária e conduz à concretização dos direitos que asseguram a proteção social em situações de vulnerabilidade e desigualdade sociais.

Por essa dicção, os direitos concretizados como expressão das normas de direitos fundamentais que abrangem os direitos sociais passam a constituir direitos subjetivos e devem alcançar progressividade e universalidade. Os direitos sociais têm um sentido vertical e horizontal, pelos quais alargam seu conteúdo e ampliam o rol de seus destinatários. Basta considerar um direito concretizado para um grupo determinado ou classe de pessoas e que lhes assegura uma situação melhor, o qual, por sua repercussão social, pode ser objeto e reivindicações e consequente ampliação de seu âmbito para levar à sua aplicação a outros grupos igualmente vulneráveis ou hipossuficientes. Embora os subsistemas sociais estabeleçam situações específicas, eles são intercomunicantes e dialogam entre si; esse diálogo pode ser frutífero para a construção de melhores condições sociais dentro do sistema jurídico no qual se considera a pessoa humana concreta.

Uma vez que o Direito do Trabalho tem como função central a melhoria das condições de pactuação da força de trabalho, e o princípio da vedação do retrocesso visa à concretização de condições sociais dignas para o cidadão, ambos convergem e se completam de modo a assegurar a permanência de normas que instauram, no direito individual e coletivo do trabalho, um patamar mais elevado de proteção social.

O valor do trabalho é afirmado na ordem constitucional brasileira democrática, como fundamento da República (art. 1º, IV), em normas regentes dos direitos sociais (arts. 6º e 7º) e no tratamento normativo da ordem econômica (art. 170) e da ordem social (art. 193). Logo, o trabalho é princípio, fundamento, valor e direito social, que está presente na Constituição, mas, como diz Delgado "O reconhecimento da estrutura e eficácia jurídica dos direitos fundamentais do trabalho, no caso brasileiro, não significa atestar-se sua efetividade – em síntese, sua eficácia social"[(41)].

Ao constituir princípio, fundamento e valor, o trabalho, que é o objeto do Direito do Trabalho, notadamente como trabalho subordinado, que corresponde ao seu modo típico na sociedade capitalista, entrelaça-se ao objetivo constitucional da construção de uma sociedade livre, justa e solidária o valor da justiça social conformadora de uma existência digna.

A diretriz do não retrocesso converge para a universalidade e progressividade dos direitos sociais afirmados nas normas da Organização Internacional do Trabalho, dentro da concepção de que o trabalho não é mercadoria, e como tal o trabalhador deve encontrar, em seu trabalho, não apenas o meio de prover sua subsistência e suas necessidades mínimas e imediatas, mas também a realização de seu projeto de vida, como pessoa dentro do mundo.

O princípio do não retrocesso social contrapõe ao Direito Flexível do Trabalho[(42)], pois tem o efeito de erigir os direitos sociais já alcançados como barreira à desconstrução da regulação social promovida pelo ideário do modelo neoliberal e resultante da abstenção do Estado frente às relações de trabalho.

Barcellos propõe como teste para verificação de constrangimento de uma nova regulamentação com o princípio da vedação do retrocesso, a verificação da ocorrência de adequada realização do direito fundamental, naquele momento e naquela cultura. Trata-se da análise da aplicabilidade e fruição do direito fundamental, por seus destinatários, o que implica considerar sua extensão e seus limites. O princípio da vedação do retrocesso não tem um sentido absoluto e, conforme esclarece Sarlet[(43)], pode ocorrer a reavaliação dos meios utilizados para a efetivação dos direitos fundamentais com a adoção de outras soluções.

O mandato constitucional de avanço e melhoria dos direitos sociais, como decorrência da centralidade da pessoa humana, no Estado democrático de direito, e da interrelação entre a pessoa, o cidadão e o trabalhador encontra no princípio do não retrocesso social fundamento para que o alcance civilizatório existente nas relações de trabalho não seja derruído. Assim, os dois movimentos intensificam a proteção social, pois o princípio do mínimo (art. 7º, *caput*,

GODINHO. *Princípios de Direito Individual e Coletivo do Trabalho*. São Paulo: LTr, 2001. p. 37.

(41) DELGADO, Mauricio Godinho. *Direitos fundamentais nas relações de trabalho*. Revista LTr Legislação do Trabalho. São Paulo, n. 70-06, jun. 2006. p. 663.

(42) TEIXEIRA, Sérgio Torres. BARROSO, Fabio Tulio. *Os princípios do Direito do Trabalho diante da flexibilidade laboral*. Revista do Tribunal Superior do Trabalho 75 n. 3, pp. 57-69, jul/set/2009. Porto Alegre: Magister. 2009.

(43) SARLET. Ingo Wolfgang. *A eficácia dos direitos fundamentais. Uma teoria geral dos direitos fundamentais na perspectiva constitucional*. 10. ed. Porto Alegre: Livraria do Advogado. 2009. p. 448.

CR) aspira a novas melhorais da condição de trabalho e o princípio do não retrocesso veda que as melhorias obtidas sejam destruídas.

5.2.2 Princípio da dupla qualidade

O princípio da dupla qualidade é próprio da relação cooperativa e destaca a obtenção pelo cooperado e nessa condição específica de vantagens frente ao destinatário dos serviços e em face da própria sociedade que integra. A cooperativa existe para o associado e a ele presta serviços ou lhe propicia melhores condições para aquisição de bens e instrumentos de trabalho e para a contratação de seus serviços. Há, por expressa previsão do art. 7º da Lei n. 5.764/1970 a prestação direta de serviços aos associados. Assim, nessa espécie de sociedade há um duplo movimento: externo, que tem por objeto a prestação de serviços aos seus clientes o qual é realizado por seus associados; e interno, que tem por objeto da prestação de serviços aos seus associados, destinando-se à melhoria de suas condições.

Com efeito, na Recomendação n. 193, 2002, a OIT se refere aos princípios cooperativos de autoajuda, democracia, igualdade, equidade e solidariedade e aos princípios éticos de honestidade, transparência, responsabilidade social e interesse por outros como base para a promoção da identidade das cooperativas e aos princípios cooperativos desenvolvidos pelo movimento internacional e correspondentes a: associação voluntária e acessível, controle democrático pelo associado, participação econômica do associado, autonomia e independência, educação, formação e informação, cooperação entre cooperativas e interesse pela comunidade (art. 3, itens (a) e (b)).

5.2.3 Princípio da retribuição pessoal diferenciada

Explica Delgado(44) que a cooperativa é justificada pela circunstância de potenciar as atividades humanas, de modo a ensejar ao cooperado a obtenção de uma retribuição pessoal em virtude de sua atividade superior àquilo que obteria caso não estivesse associado.

Esse mesmo autor afirma, de forma incisiva, que o complexo de vantagens que deve ser obtido pelo cooperado por estar em patamar muito superior àquele que obteria se atuando de outra forma é que viabiliza o cooperativismo. Assinala que o contraponto da atuação profissional autônoma cooperativa é a atuação profissional autônoma isolada situando como linha distintiva entre ambos a ampliação do potencial de clientela, de obtenção de meios de trabalho como financiamentos, acesso a serviços como os convênios.

Nas palavras de Araújo(45), o preço justo de mercado que enseja sobras as quais retornam ou são destinadas aos associados correspondem à justiça distributiva, pois elas são devolvidas na mesma medida em que os cooperados contribuíram para sua formação. No exemplo de Bulgarelli(46) as cooperativas trabalham pelo preço do mercado ou ligeiramente inferiores e corrigem pelo mecanismo do retorno o excesso de receita, isto é, as sobras permitem à sociedade realizar assistência social e educação consolidando e fazendo crescer a entidade; esse saldo, nas cooperativas de trabalho é distribuído em complementação para o associado, do preço do seu trabalho revertendo para ele o que, sem a cooperativa, ficaria nas mãos do empregador.

Observa-se na nova Lei n. 12.690 que o art. 14 possibilita a deliberação sobre a adoção de diferentes faixas de retirada dos sócios, a qual, diga-se de logo, somente poderá ser conforme aos princípios cooperativos se tiver em vista a proporcionalidade ao trabalho prestado pelo associado isto é, a contribuição por ele dada por meio do trabalho desempenhado pessoalmente para que os ganhos da cooperativa fossem acrescidos. O estudo realizado por Silva(47), em cooperativas na Bahia, é apontado o questionamento sobre o princípio da igualdade entre velhos e novos associados, exemplificando com o depoimento de um trabalhador de que um trabalhador de vinte anos e outro de dois anos recebem igual, o que gera um conflito e leva as pessoas a deixarem a cooperativa.

O art. 14 denota convergência para esse reclamo, mitiga o suporte do princípio da retribuição diferenciada cuja fixação decorre do efetivo trabalho executado e se coloca, por fim, em detrimento do princípio da igualdade que rege a relação cooperativa,

---

(44) DELGADO. Mauricio Godinho. *Princípios de Direito Individual e Coletivo do Trabalho*.3. ed. São Paulo: LTr, 2010. p. 179.

(45) ARAÚJO, Eneida Melo Correia de. *Cooperativa de trabalho: em busca de seu papel nas relações de trabalho*. In:DUARTE, Bento Herculano. Manual de Direito do Trabalho. Estudos em homenagem ao prof. Cássio Mesquita Barros. São Paulo: LTr, 1998. p. 691

(46) BULGARELLI, Waldírio. *As sociedades cooperativas e a sua disciplina jurídica*. Rio de Janeiro: Renovar, 1998. p. 57

(47) SILVA, Selma Cristina. *A terceirização via cooperativas de trabalho: precarização ou autonomia*? In: DRUCK, Graça; FRANCO, Tânia. (orgs.) A perda da razão social do trabalho. Terceirização e precarização. São Paulo: Boitempo. 2007, p.155.

no que tange à participação nos atos societários. Trata-se de uma norma que vem a ter um caráter mais pragmático, do que jurídico, mais capitalista do que solidarista.

6. *AS COOPERATIVAS DE TRABALHO: MOVIMENTO DIASTÓLICO, CONTRAÇÃO E DISTENSÃO DO DIREITO DO TRABALHO*

A primeira norma, no Brasil, sobre as cooperativas do trabalho se encontra no art. 24 do Decreto n. 22.239, de 19.12.1932, em que foram previstas as cooperativas de trabalho e definidas como aquelas constituídas entre operários de uma determinada profissão, ou de ofício, ou de ofícios vários de uma mesma classe, com a finalidade primordial de melhorar os salários e as condições de trabalho pessoal de seus associados e dispensar a intervenção de um patrão ou empresário, contratando obras, tarefas, trabalhos ou serviços, públicos ou particulares, coletivamente por todos ou por grupos de alguns.

É interessante observar que essa definição legal acentuava a finalidade de melhorar os salários e as condições do trabalho pessoal de seus associados. Estava pois em conformidade ao ideário cooperativista. A norma teve vida longa, pois esse diploma legal foi revogado pelo Decreto n. 24.647, de 10 de julho de 1934 mas quatro anos depois, por meio do Decreto-Lei n. 581, de 1º de agosto de 1938, foi revigorado expressamente e só veio a ser definitivamente revogado em 1966, por meio do Decreto-Lei n. 59 que disciplinou as sociedades cooperativas.

A utilidade da existência de uma lei específica para regulamentar a cooperativa de trabalho recua a 1994, quando foi introduzido o parágrafo único no art. 442 da CLT para estabelecer a inexistência de vínculo empregatício entre a entidade e seus associados e entre os associados e os tomadores de serviços o que repetia, com ampliação, o que constava no art. 113 do Decreto n. 60.597, de 19 de abril de 1967, limitado a excluir o vínculo empregatício entre a entidade e seus associados.

A ausência de regulamentação se tornou inquietante após a edição da Recomendação 193, OIT em 2002. Saad[(48)] afirma que a ausência de uma lei regulamentadora facilitava fraudes à lei trabalhista, considerava o dispositivo um retrocesso e preconizava que o diploma legal correspondente previsse a inserção de cláusula assegurando o pagamento pelo tomador de parcelas relativas ao 13º salário, férias, contribuições à Previdência e ao FGTS; g fiscalização do ambiente de trabalho; critério para equitativa distribuição de trabalho entre os cooperados; e processo de solução extrajudicial de conflitos entre a empresa e os cooperados. Também Araújo[(49)] considera haver necessidade de o Estado adotar uma regulamentação jurídica formal e material com meio para proporcionar o crescimento econômico para os múltiplos eixos da comunidade e levar à preeminência da cidadania e valorização do trabalho como dimensões da democracia. Delgado[(50)] salienta que alguns aspectos do fenômeno cooperativo e a relevância dos seus princípios informadores somente vieram a ocorrer com o novo texto do art. 442, parágrafo único da CLT e se acentuou a necessidade de reflexão porque houve uma explosão de entidades cooperativistas que pareciam sugerir a transformação em instrumento de oferta de mão de obra no mercado econômico capitalista. Esse receio perpassa a Recomendação n. 193, 2002, que exorta à adoção de políticas nacionais que assegurem que não sejam instituídas, ou usadas, as cooperativas como artifícios para escapar a obrigações trabalhistas ou mascarar relações de emprego – art. 8 (b) – e combatam falsas cooperativas que violem direitos trabalhistas.

É esse o cenário em que surgiu a Lei n. 12.690/2012. É perceptível o seu desiderato de incentivar a adoção das cooperativas de trabalho, de prestação de serviços, nas quais um dos obstáculos de crescimento era a ausência de verbas nitidamente trabalhistas como 13º salário e FGTS e assim ela enveredа pela extensão dessas vantagens inseridas no Direito do Trabalho à relação cooperativada. Se, de um lado, essa extensão já ocorria, há bastante tempo em relação aos avulsos, de outro ela sugere o apagamento de distinções entre direitos típicos da relação de emprego subordinado, em procedimento que, contudo, não é repudiado por parte da doutrina.

Sob o enfoque de inclusão, registra-se a manifestação de Delgado[(51)]:

(48) SAAD, Eduardo Gabriel. *Temas Trabalhistas*. LTr Suplemento Trabalhista 93/96, pp.542/549

(49) ARAÚJO, Eneida Melo Correa de. *Cooperativa de trabalho: em busca de seu papel nas relações de trabalho*. In Manual de Direito de Trabalho – estudos em homenagem ao Professor Cássio Mesquita Barros Filho, organizado por Bento Herculano Duarte. p. 706

(50) DELGADO, Mauricio Godinho. *Princípios de Direito Individual e Coletivo do Trabalho*. 11. ed. São Paulo: LTr, 2010. p. 180.

(51) DELGADO, Mauricio Godinho. Relação de emprego e relações de trabalho – a retomada do expansionismo do Direito trabalhista. In: DELGADO, Mauricio Godinho. NEVES DELGADO, Gabriela.

> (...) a extensão do Direito do Trabalho a outros segmentos laborativos que não os empregatícios corresponderia a uma política não só de inclusão trabalhista, mas também de inclusão previdenciária.
>
> O legislador pátrio do novo século, de certo modo, evidenciou compartilhar dessa visão includente ao editar novo diploma legal estendendo o Direito do Trabalho a certo grupo de trabalhadores eventuais urbanos e rurais, enquadrando-os como avulsos, por meio da função intermediadora da respectiva entidade sindical. Trata-se de trabalhadores vinculados às atividades de movimentação de mercadorias em geral, no âmbito rural e urbano, por além do setor portuário avulso classicamente abrangido pelas normas justrabalhistas. É o que dispõe a Lei n. 12.023, de 27.08.2009.

Com efeito, direções normativas nesse sentido podem ser extraídas do caput do art. 7º da Constituição da República, com a amplitude de sua expressão ao mencionar '*direitos dos trabalhadores urbanos e rurais*' indo pois além dos 'direitos dos empregados urbanos e rurais'. Também o texto do art. 114, I, da Constituição da República, advindo da Emenda Constitucional n. 45/2004, estabelece a competência judicial trabalhista a partir de um conceito mais largo de 'relação de trabalho', em cotejo ao conceito tradicional e mais restrito de 'relação de emprego', o que fornece elemento de reforço para a interpretação que divisa uma inclinação ampliativa do Direito do Trabalho. Por fim, observa Delgado(52) que, embora isso não tenha sido considerado na prática jurídica dos tribunais do país, deixando os magistrados, em interpretação prudente a entregar a matéria à obra política a ser realizada pelo Parlamento, apresenta-se um desafio a ser maturado por todos os que pensam e atuam no universo social do Direito.

Propugnando pelo reconhecimento do direito ao trabalho digno, Neves Delgado(53) expõe seu entendimento de que as normas trabalhistas garantidoras de vantagens jurídicas tidas como de indisponibilidade absoluta devem ser estendidas a toda prestação de trabalho, sem prejuízo da preservação do modelo jurídico mais complexo e minucioso para a relação de emprego, lembrando que a Constituição da República, no *caput* do art. 7º induz uma ordem jurídica ampla destinada a trabalhadores com o que abre caminho à extensão de, pelo menos, parte do Direito do Trabalho a grupos não empregatícios de trabalhadores.

Em enfrentamento do Direito do Trabalho clássico, a flexibilização, que se insere no Direito Flexível do Trabalho, faz deslizar o conceito de empregado em outras formas de trabalho e, assim, propõe a revisão de conceitos básicos do Direito do Trabalho. Esse é um desafio que se apresenta diante da regulamentação das cooperativas de trabalho. Para enfrentá-lo, deve ser considerado que sua fonte internacional inspiradora e a doutrina brasileira lhe conferem papel preeminente no combate à fraude nas relações de trabalho o que acarreta uma interpretação exigente e severa dos requisitos para sua legalidade e a regularidade das relações que estabeleça com seus associados e os tomadores de serviços, sem perder de vista que ela se inclina favoravelmente à terceirização.

Note-se também que ela expressa uma fluidez conceitual, pois enquanto, inicialmente, a lei apenas versava a relação cooperativa, no momento seguinte e por meio da Lei n. 8.949, de 1994, foi incluído na CLT, ao pé do art. 442 do qual constitui seu parágrafo único, o texto legal que previu a inviabilidade jurídica da relação empregatícia não apenas em frente das cooperativas mas também de suas contratantes, o que possibilitou a disseminação de contratos entre empresas e essas sociedades de pessoas, com o alijamento e restrição do clássico vínculo empregatício.

Se a Lei das Cooperativas explicitava a inviabilidade do vínculo entre associado e cooperativa, a nova redação do art. 442, da CLT penetrou no cerne da relação trabalhista, para acrescentar a inviabilidade do vínculo entre o cooperativado e a empresa que contratar com a cooperativa.

Entre as inúmeras críticas então formuladas ao dispositivo, Pacheco(54) explica de forma contundente que a cooperativa não pode se prestar ao fornecimento ou substituição de mão de obra interna das empresas, pois o cooperativismo visa à reunião de pessoas para um objetivo próprio e que só a elas

---

Constituição da República e Direitos fundamentais. Dignidade da Pessoa Humana, Justiça Social e Direito do Trabalho. São Paulo: LTr, 2012. p.117.

(52) Id. p. 119

(53) NEVES DELGADO, Gabriela. Direito Fundamental ao Trabalho Digno. São Paulo: LTr, 2006. p.217

(54) PACHECO, Iara Alves Cordeiro. Cooperativas de Trabalho x Intermediação de mão-de-obra. Revista LTr agosto de 1996, 60-08, pp.1105.

pertence, não podendo portanto ser utilizado como meio para promover a excelência das empresas, vertendo o trabalho em benefício de terceiros e não, dos cooperados.

Daí, a restrição à participação em licitações, tema que rendeu grande discussão, e que foi enfrentado e solucionado no art. 10 da lei disciplinadora das cooperativas de trabalho que, ao dispor sobre o funcionamento delas, assegurou-lhes a participação em procedimentos de licitação pública que tenham por objeto os mesmos serviços, operações e atividades previstas em seu objeto social.

A realidade do mundo do trabalho aponta a ampliação desmesurada do rol de situações que favorecem a terceirização. Para essa ampliação concorre, visivelmente, a Lei n. 12.690/2012, cambiando a disciplina dos direitos trabalhistas em procedimento que denota exclusão da responsabilidade contratual que é reconhecida em outras situações como a hipótese do trabalho temporário, objeto da Lei n. 6.019/1974. Ora, em que pese não se configurar a falência, o inadimplemento de verbas trabalhistas asseguradas aos cooperados deve receber, também da empresa contratante, o mesmo tratamento de responsabilidade solidária no tocante ao tempo em que o cooperado ali trabalhou pois é instrumento de valorização do trabalho humano, pela garantia que constitui ao efetivo cumprimento dos direitos sociais. Considerado que o art. 9º enuncia quanto às cooperativas de serviço, a responsabilidade solidária do contratante pelo cumprimento das normas de saúde e segurança do trabalho quando os serviços forem prestados no seu estabelecimento ou local por ele determinado, incumbe dar harmonia e coerência internas no sentido de assegurar também a responsabilidade quanto aos direitos sociais de conteúdo econômico, a cujo respeito não há previsão direta.

Ressalta-se, por fim, que não esmorece o entendimento construído na interpretação do art. 442, parágrafo único da CLT pois somente a cooperativa regularmente criada e cujos associados tenham os efetivos direitos dessa condição não poderão ser qualificados como empregados. Mais uma vez, o elemento central da análise é a ocorrência de subordinação. Observe-se que o art. 5º veda de forma incisiva a utilização da cooperativa de trabalho para intermediação de mão de obra subordinada enquanto o art. 17, § 2º enuncia presunção da existência de intermediação quando a relação contratual entre a empresa contratante e as cooperativas de trabalho se desenvolver sem a informação prestada em reunião específica sobre os requisitos do trabalho a ser prestado, os valores contratados e a retribuição pecuniária de cada sócio, bem como um coordenador dos serviços eleito em reunião própria. São requisitos *ad substantiam* atinentes à regularidade do serviço contratado e, como tal, envolvem a própria validade do ato; uma vez desatendidos, ocorre a descaracterização do contrato civil dando lugar à terceirização ilícita com a formação direta do contrato de trabalho com o tomador.

Ao mesmo tempo em que concorre fortemente para ampliar os recursos e modos da terceirização, a Lei n. 12.60/2012 veda que a cooperativa de trabalho seja uma forma de intermediação irregular de mão de obra. Visa pois a promover a terceirização regular, em que os vínculos internos e a contratação externa sejam reais e conformes ao direito.

5. CONCLUSÕES

As cooperativas são sociedades civis marcadas pelo espírito de solidariedade, o que resulta em excluir o lucro como objetivo. Sua real finalidade é a melhoria de condições de vida e trabalho dos seus membros, um lema forte inspirado pela igualdade e solidariedade. Verifica-se que, ao longo do tempo, as cooperativas de trabalho tiveram por primeiro que assentar essa característica, estremando sua personalidade da de seus membros, com o que as normas jurídicas timbravam na afirmação da inexistência de relação de emprego entre elas e seus membros.

A reestruturação produtiva, na qual se integra a noção de terceirização e levou à precarização dos direitos dos trabalhadores subordinados, atraiu para seu âmbito a possibilidade do trabalho em cooperativas. Daí, em 1994, ter surgido norma legal na Consolidação das Leis do Trabalho para então estremar a relação de emprego e a relação cooperativada. Abrindo caminho para que as cooperativas atuassem como terceirizadas, anunciou que não se estabelecia relação de emprego entre os cooperados e as empresas tomadoras dos serviços da cooperativa.

O mais recente passo desse percurso está na Lei 12.690/2012 que se posta pela terceirização enquanto confere aos cooperativados direitos sociais que eram, originariamente, atribuídos aos trabalhadores subordinados, com extensão aos trabalhadores avulsos, por força de norma constitucional(55). Trata-se

(55) CRFB. Art. 7º – XXXIV – igualdade de direitos entre o trabalhador com vínculo empregatício permanente e o trabalhador avulso.

de uma extensão que vem sendo dada e, agora, ingressa no conteúdo da relação cooperativa e a inova. Contudo, há nela prestigia o entendimento sobre a dignidade da pessoa humana na feição do trabalho decente. A regulamentação das cooperativas de trabalho vem a promover a terceirização e lhe conferir requisitos de regularidade, e, com tal, serve a uma redução do trabalho subordinado e da clássica relação de emprego. A lei das cooperativas de trabalho evidencia e valoriza uma forma de trabalho que investe contra as relações subordinadas de trabalho nas quais é mais intensa a proteção social.

REFERÊNCIAS

ARAÚJO, Eneida Melo Correia de. *As relações de trabalho*. Uma perspectiva democrática. São Paulo: LTr. 2003.

ARAÚJO, Eneida Melo Correia de. *Cooperativa de trabalho: em busca de seu papel nas relações de trabalho*. In:DUARTE, Bento Herculano. *Manual de Direito do Trabalho*. Estudos em homenagem ao prof. Cássio Mesquita Barros. São Paulo: LTr, 1998. pp. 689/709.

BRASIL. Constituição da República Federativa do Brasil Brasília: Senado Federal, 2011.

______. Lei n. 12.690, de 19 de julho de 2012. Dispõe sobre a organização e o funcionamento das Cooperativas de Trabalho, institui o Programa Nacional de Fomento às Cooperativas de Trabalho – PRONACOOP; e revoga o parágrafo único do art. 442 da Consolidação das Leis do Trabalho – CLT, aprovada pelo Decreto-Lei n. 5.452, de 1º de maio de 1943. Disponível em: <http://www4.planalto.gov.br> acesso em 04.01.2013.

______. Lei n. 8.949, de 9 de dezembro de 1994. Acrescenta parágrafo ao art. 442 da Consolidação das Leis do Trabalho (CLT), para declarar a inexistência de vínculo empregatício entre as cooperativas e seus associados. Disponível em: http <www4.planalto.gov.br> acesso em 04.01.2013.

______. Lei n. 5.764, de 16 de dezembro de 1971. Define a Política Nacional de Cooperativismo e institui o regime jurídico das sociedades cooperativas e dá outras providências. Disponível em: <http://www4.planalto.gov.br> acesso em 04.01.2013.

______. Decreto n. 60.597, de 19 de abril de 1971. Regulamenta o Decreto-Lei n. 59, de 21 de novembro de 1966. Disponível em: <http://www2.camara.leg.br/legin/fed/decret/1960> acesso em 29.01.2013.

BULGARELLI, Waldírio. *As sociedades cooperativas e a sua disciplina jurídica*. Rio de Janeiro: Renovar. 1998.

CARELLI, Rodrigo de Lacerda. *Formas atípicas de trabalho*. 2. ed. São Paulo: LTr. 2010.

CARRION, Valentin. *Cooperativas de Trabalho – autenticidade e falsidade*. Revista LTr fevereiro de 1999, 63-02 pp.167/169

DELGADO, Mauricio Godinho. *Curso de Direito do Trabalho*. 11. ed. São Paulo: LTr. 2012.

DELGADO, Mauricio Godinho. *Princípios de Direito Individual e Coletivo do Trabalho*. 3. ed. São Paulo: LTr. 2010.

DELGADO, Mauricio Godinho. NEVES DELGADO. Gabriela. *Constituição da República e Direitos fundamentais*. Dignidade da Pessoa Humana, Justiça Social e Direito do Trabalho. São Paulo: LTr. 2012.

FERRARI, Irany. AFFONSO. Georgia Cristina. *Cooperativas de Trabalho*. Existência legal. 2.ed. São Paulo: LTr. 2002.

MARTINS FILHO, Ives Gandra da Silva. SALABERRY FILHO. Miguel. Cooperativas de Trabalho. Seminário de Cooperativas de Trabalho. São Paulo: LTr. 2004.

NEVES DELGADO, Gabriela. *Direito fundamental ao trabalho digno*. São Paulo: LTr. 2006.

ORGANIZAÇÃO INTERNACIONAL DO TRABALHO. Recomendação n. 127, sobre o papel das cooperativas no progresso econômico e social dos países em via de desenvolvimento, 1966. Disponível em: <http://www.oit.org.br> acesso em 30.01.2013.

______. Recomendação n. 193, sobre Promoção de Cooperativas de 2002. Disponível em: <http://www.oit.org.br> acesso em 30.01.2013.

PACHECO, Iara Alves Cordeiro. *Cooperativas de Trabalho x Intermediação de mão-de-obra*. Revista LTr agosto de 1996, 60-08 pp.1102/1107.

SAAD, Eduardo Gabriel. *Temas Trabalhistas*. LTr Suplemento Trabalhista 93/96, pp.542/549

SILVA, Selma Cristina. *A terceirização via cooperativas de trabalho: precarização ou autonomia*? In: DRUCK, Graça; FRANCO, Tânia. (orgs.) *A perda da razão social do trabalho*. Terceirização e precarização. São Paulo: Boitempo. 2007, pp.147/166.

TRIBUNAL SUPERIOR DO TRABALHO. RR-56540-49.2003.5.06.0009. 6ª Turma. Relator Ministro Mauricio Godinho Delgado, in <www.aplicação5.tst.jus.br/consultaunificada2/inteiroteor>. Acesso em 30.01.2013.

VERAS NETO, Francisco Quintanilha. *Análise Crítica da globalização Neoliberal*. Curitiba: Juruá. 2008

VILHENA, Paulo Emílio Ribeiro de. *Relação de emprego: estrutura legal e supostos*. 2. ed. São Paulo: LTr. 1999.

Parte III

O MOTORISTA PROFISSIONAL E A LEI N. 12.619/2012

CAPÍTULO 4

O Motorista Profissional Regido pela Lei n.12.619/2012

ÉRICA FERNANDES TEIXEIRA(*)
GIOVANNI ANTONIO DINIZ GUERRA(**)

1. CONSIDERAÇÕES INICIAIS

A Lei n. 12.619 publicada em 30.04.2012 dispõe sobre o exercício da profissão de motorista profissional empregado, regulando sua jornada de trabalho e seu tempo de direção. Assim, causou alterações na Consolidação das Leis do Trabalho – CLT e, também, nas Leis n. 9.503/1997; 10.233/2001; 11.079/2004 e 12.023/2009.

A lei tem como destinatários os motoristas empregados que atuam no transporte rodoviário de passageiros e em transporte rodoviário de cargas.

Quadra registrar que pela sua importância e reflexos na sociedade o legislador revelou-se tímido quanto aos destinatários da norma. A condição de saúde e a jornada desumana a que se submetem os motorista não é restrita somente aos empregados. Os motoristas autônomos também arriscam a sua vida e a de terceiros ao dirigirem por horas sem intervalos e utilizando drogas para aguentarem as extenuantes jornadas. Vilipendiou-se excelente oportunidade para se tentar mudar o quadro de verdadeira tragédia nacional decorrente do número de acidentes envolvendo trabalhadores do setor.

* Doutora e Mestre em Direito do Trabalho pela PUC Minas. Professora universitária. Advogada.

** Mestre em Direito do Trabalho pela PUC Minas. Juiz do Trabalho substituto no TRTES. Professor universitário.

2. CARACTERÍSTICAS DO MOTORISTA PROFISSIONAL

A recente Lei n. 12.619/2012 destina-se à tutela dos motoristas profissionais de veículos automotores, vinculados a uma relação de emprego. Conforme previsão no parágrafo único no art. 1º da referida lei é também exigido que os motoristas tenham formação profissional para realizar transporte rodoviário de passageiros ou de cargas. Assim, os motoristas profissionais que exerçam o labor na condição de autônomos, tais como os regidos pela Lei n. 11.442/2007 que regulamentou a relação entre o trabalhador autônomo de cargas[1] e a empresa de transporte rodoviários de carga, estão excluídos da referida tutela.

Os arts. 143 e 145 do Código de Trânsito Brasileiro (Lei n. 9.503/1997) estabelecem critérios objetivos para o motorista se habilitar a conduzir veículos automotores. Nas hipóteses prevista na lei em comento os motorista devem ser habilitados nas categorias "c"[2] ou "d"[3].

(1) Desde que ausentes os requisitos da relação de emprego e que não seja hipótese de aplicação do art. 9º da CLT na análise do caso concreto.

(2) Categoria C destinada aos condutores de veículo motorizado de transporte de carga, cujo peso bruto total exceda a três mil e quinhentos quilogramas.

(3) Categoria D para condutores de veículo motorizado para transporte de passageiros, cuja lotação exceda a oito lugares, excluído o do motorista.

Conforme entendimento de Alemão

> [...] não é possível que a habilitação junto ao Detran seja uma formação profissional, pois ela não é 'profissional' já que aberta a qualquer pessoa que preencha as condições e com objetivo de uso não necessariamente profissional (Alemão, 2012, p.526).

Aponte-se que, além dos critérios legais para obtenção da habilitação previstos no Código de Trânsito Brasileiro – CTB, a lei não estabeleceu novas condições para definição da formação profissional. Por isso, pelo menos até que o Conselho Nacional de Trânsito – Contran regulamente a matéria[4], o cumprimento dos requisitos legais concede o direito a qualquer cidadão de obter a habilitação para transporte rodoviário de passageiros ou de cargas, cumprindo a formação profissional exigida pela Lei n. 12.619/2012.

Certo é que a experiência prática atingida individualmente pelo motorista através do tempo de profissão, apresentação de cartas de bons antecedentes, quantidade reduzida de multas recebidas e pontos na carteira e, também, o êxito em cursos de capacitação contribuem para ampliar a formação profissional do candidato. Um motorista com maior e mais sólida formação profissional tende a apresentar menores problemas para o empregador que, inclusive, será responsabilizado civilmente pelos eventuais danos que o referido empregado motorista causar a terceiros, conforme dispõe o art. 186 do Código Civil, que prevê a culpa *in eligendo* e *in vigilando* (OLIVEIRA, 2012, 1040).

Ressalta-se que apesar dos requisitos legais previstos na Lei n. 12.619/2012 para caracterização do motorista profissional é imperioso ressaltar a aplicação do princípio da norma mais favorável. Deste modo, ainda que o trabalhador não cumpra a totalidade dos requisitos legais, mas exerça na prática as correspondentes funções, estará resguardado pela proteção da Lei n. 12.619/2012. Cabe ao intérprete e aplicador do direito "investigar e aferir se a substância da regra protetiva trabalhista foi atendida na prática concreta efetivada entre as partes, ainda que não seguida estritamente a conduta especificada pela legislação" (DELGADO, 2012. p. 203).

Dessa forma, caso verificada a ocorrência prática da relação de emprego com o motorista profissional, deverá ser aplicada a teoria trabalhista das nulidades, com o reconhecimento dos direitos do trabalhador na prestação de trabalho já exaurida e plenamente apropriada pelo tomador. Nesse sentido:

> O Direito do Trabalho é distinto nesse aspecto. Aqui vigora, em contrapartida, como regra geral, o critério da irretroação da nulidade decretada, a regra do efeito *ex nunc* da decretação judicial da nulidade percebida. Verificada a nulidade comprometedora do conjunto do contrato, este, apenas a partir de então, é que deverá ser suprimido do mundo sociojurídico; respeita-se, portanto, a situação fático-jurídica já vivenciada. Segundo a diretriz trabalhista, o contrato tido como nulo ensejará todos os efeitos jurídicos até o instante da decretação de nulidade – que terá, desse modo, o condão apenas de inviabilizar a produção de novas repercussões jurídicas, em face da anulação do pacto viciado (DELGADO, 2012, 519).

A aplicação da teoria trabalhista das nulidades auxilia na preservação do valor-trabalho e enfatiza a imperatividade da tutela justrabalhista.

3. *OS DIREITOS DOS MOTORISTAS PROFISSIONAIS*

Além dos Direitos Sociais (Capítulo II do Título II) e da Seguridade Social (Capítulo II do Título VIII) previstos na Constituição Federal e dos direitos dispostos na CLT, o art. 2º da Lei n. 12.619/2012 também rege direitos dos motoristas profissionais.

O acesso gratuito a programas de formação e aperfeiçoamento profissional, em cooperação com o poder público está previsto no inciso I do referido art. 2º. A participação do empregado em programas de formação e aperfeiçoamento profissional deve ser incentivada pelo empregador. A melhor qualificação do obreiro traz resultados bastante favoráveis para a relação de emprego, pois, dentre outros, tende a aumentar seu interesse pelo trabalho e elevar a remuneração auferida. Além disso, cursos de direção defensiva e outros que possibilitem uma prestação de serviço com maior segurança e responsabilidade podem contribuir para a diminuição de acidentes e sequelas decorrentes.

Por isso, o direito do motorista de ter acesso a tais programas não deve se limitar à atuação do poder público para criá-los e torná-los efetivos. Deve o empregador, precipuamente, assumir os custos da capacitação e qualificação do empregado a fim de obter

(4) Nos termos previstos art. 12 da Lei n. 9.503/97 (CTB) e conforme o Decreto n. 4.711/ 2003.

melhores resultados na atividade laborativa, já que lhe cabe a assunção dos ônus do seu empreendimento.

O inciso II do art. 2º da Lei n. 12.619/2012 reza que é também direito do empregado contar, por intermédio do Sistema Único de Saúde – SUS, com **atendimento profilático, terapêutico e reabilitador**, especialmente em relação às enfermidades mais comuns, conforme dados oficiais, respeitado o previsto no art. 162 da CLT. Trata-se de um direito devido não só aos motoristas, mas a todos os trabalhadores brasileiros, ratificado na novel Lei n. 12.619/2012.

O inciso III traz para o motorista a **garantia de não responder perante o empregador por prejuízo patrimonial gerado por ação de terceiro, ressalvados a desídia ou o dolo**, devidamente comprovados, cometidos pelo próprio motorista no desempenho de suas funções.

A proteção ao salário está prevista no art. 7º da Constituição Federal de 1988 que determina, dentre outras garantias, sua irredutibilidade, salvo o disposto em convenção ou acordo coletivo (inciso VI) e proteção na forma da lei, constituindo crime sua retenção dolosa (inciso X).

O art. 462 da CLT preconiza que:

> Ao empregador é vedado efetuar qualquer desconto nos salários do empregado, salvo quando este resultar de adiantamento, de dispositivos de lei ou de contrato coletivo.
>
> § 1º: Em caso de dano causado pelo empregado, o desconto será lícito, desde que esta possibilidade tenha sido acordada ou na ocorrência de dolo do empregado.

Leciona Martinez:

> No caso de danos provocados pelo empregado, conforme claramente expedido no § 1º do art. 462 da CLT, o desconto será lícito se a possibilidade foi acordada entre as partes ou se o empregado atuou com dolo. Em outras palavras: se o dano for proposital, poderá o empregador descontar o prejuízo do salário do empregado, mesmo que não exista ajuste sobre o assunto. Por outro lado, se o dano tiver sido causado por culpa (negligência, imprudência ou imperícia) do empregado, o desconto do prejuízo somente será possível se, e somente se, existir um acordo prévio (permitindo o desconto) entre o empregado e o empregador. (MARTINEZ, 2012).

Todas essas regras que determinam a intangibilidade salarial justificam-se pelas características inerentes ao salário. Trata-se de parcela com natureza alimentar, já que “atende, regra geral, a um universo de necessidades pessoais e essenciais do indivíduo e sua família” (DELGADO, 2012, p.733).

Conforme Süssekind:

> [...] um dos aspectos de maior relevo da proteção que a legislação dispensa ao salário concerne a sua irredutibilidade, que decorre do princípio da inalterabilidade contratual, assegurada, de forma ampla, pelo art. 468 da CLT” (SÜSSEKIND, 1991. p. 431).

Também possui caráter forfetário[(5)], o que expressa a obrigação absoluta do empregador de pagar o salário, independente do êxito de seu empreendimento. E, ainda, conforme explicitado por Delgado e Viana, também são características do salário a indisponibilidade, a irredutibilidade, a periodicidade; a continuidade e a pós-numeração (DELGADO, 2012. p. 731 e VIANA, 2008, p.112).

A lei apresenta uma novidade em relação aos descontos decorrentes de ato culposo obreiro considerando o previsto na CLT.

A nova previsão normativa vaticina que o empregado responde pelo prejuízo que um terceiro causar ao seu empregador quando agir de forma desidiosa no desempenho de suas funções.

Nestes casos, a ação ou omissão do trabalhador favorece o ato do terceiro que causa prejuízo patrimonial ao empregador.

Oliveira aponta o caso do motorista que estacionou o caminhão na zona meretrícia e lá ficou a noite toda (Oliveira, 2012). Nessas hipóteses, em que a conduta do trabalhador propicia ou contribui para ato de terceiro que lese o empregador, não há necessidade de prévia autorização de descontos (não se aplicaria a regra prevista no art. 462, CLT). Trata-se de comando legal de plena eficácia e sem condicionantes de forma a punir o trabalhador desidioso. No caso em concreto, o julgador deve sopesar como a conduta contribuiu ou foi condicionante para o fato de molde a determinar o quantum da indenização.

O direito à proteção do Estado contra ações criminosas que lhes sejam dirigidas no efetivo exer-

---

(5) O pagamento do salário é uma obrigação absoluta do empregador independente da sua situação econômico-financeira.

cício da profissão está previsto no inciso IV do art. 2º da Lei n. 12.619/2012. Trata-se de um direito a ser efetivado pelo Estado não só para os motoristas no desempenho da profissão, mas para todos os cidadãos em todas as atividades. Por isso, certamente, tal previsão vem reforçar a necessidade de maior segurança para os trabalhadores que estão submetidos a frequentes assaltos e outros atos de violência nas estradas brasileiras, que carecem de infraestrutura para o desempenho digno da referida profissão.

O inciso V prevê o **direito à jornada de trabalho e tempo de direção controlados de maneira fidedigna pelo empregador**, que poderá valer-se de anotação em diário de bordo, papeleta ou ficha de trabalho externo, nos termos do § 3º do art. 74 da CLT, ou de meios eletrônicos idôneos instalados nos veículos, a critério do empregador.

A lei em análise acrescentou o art. 67-C, entre outros, na Lei n. 9.503/1997 – Código de Trânsito Brasileiro. Pela alteração, passa a ser responsabilidade do motorista profissional, na condição de condutor, o controle do seu tempo de direção e intervalos legais, já que é vedada a direção por mais de 4 (quatro) horas ininterruptas e obrigatório intervalo de trinta minutos a cada quatro horas de direção (art. 67-A do CTB).

A inobservância do tempo máximo na direção e dos períodos de descansos legais torna o condutor sujeito às penalidades previstas no próprio Código de Trânsito Brasileiro.

Ao mesmo tempo em que o legislador atribuiu responsabilidade e sanção administrativa ao condutor do veículo, modificou parâmetros e premissas que norteavam a relação de emprego e impôs novas obrigações ao empregador.

Aponte-se que o controle de jornada, como regra imperativa inerente ao Direito do Trabalho, não se vincula à vontade das partes. Como prevê o artigo 62, I, da CLT a computação do tempo efetivo de trabalho deixa de ser exigida apenas quando o labor prestado for realmente incompatível com o controle de horário, ou quando o empregado desenvolver atividade externa, que pela sua natureza, torne inviável a aferição da jornada cumprida.

A aplicação do art. 62, I, CLT aos motoristas profissionais sempre foi alvo de grandes questionamentos, principalmente pela possibilidade de controle indireto da jornada por meio de tacógrafos e rastreadores, entre outros.

Grande parte da jurisprudência adotava o entendimento de que não bastava apenas que o trabalho fosse externo, sendo necessário que a atividade fosse INCOMPATÍVEL com a fixação de horário de trabalho. Nessa linha, defendiam a distinção entre jornada não controlada e jornada incontrolável. Somente na hipótese de ser "incontrolável" a jornada (na acepção legal incompatível com a fixação de horário) é que se enquadraria a situação na norma acima citada.

Por outro lado, o TST e grande parte da jurisprudência mantinham firme entendimento de que os chamados meios indiretos de controle e fiscalização não eram hábeis o suficiente para provar o labor extraordinário dos motoristas.

A remansosa jurisprudência do colendo Tribunal Superior do Trabalho é no sentido de que os discos tacógrafos, unicamente, não são servíveis para efeitos de fiscalização da jornada, já que tinham como objetivo apenas controlar a velocidade do veículo. Esse posicionamento foi consubstanciado na Orientação Jurisprudencial n. 332 da SBDI-1 do TST, aplicando-se o mesmo entendimento ao computador de bordo e rastreador.

Deve-se ainda registrar que até a edição da Lei n. 12.619/2012, a Portaria n. 373/2011 do Ministério do Trabalho e Emprego regulava a possibilidade de adoção, pelos empregadores, de sistemas alternativos de controle de jornada de trabalho, aplicável aos motoristas. Conforme a portaria, os empregadores podiam adotar tais sistemas alternativos de controle da jornada de trabalho, desde que autorizados por convenção ou acordo coletivo de trabalho.

Assim, uma vez que a recente Lei n. 12.619/2012 determina o controle fidedigno da jornada por diversos meios a critério do empregador, o registro e a fiscalização da jornada de trabalho do motorista profissional se fazem imperiosos e a abstenção sujeita o empregador a autuação pela Superintendência Regional do Trabalho.

E, para regulamentar a previsão legal, o Contran formulou a resolução 405, publicada em 12.06.2012, prevendo que a fiscalização do tempo de direção será realizada pelo tacógrafo. Este equipamento, obrigatório em todos os veículos de transporte de passageiros com mais de dez lugares e nos de carga com peso bruto total superior a quatro mil, quinhentos e trinta e seis quilogramas (art. 105, II da Lei n. 9.507/1997), permite o registro instantâneo e inalterável de velocidade e tempo.

Desta feita, a fiscalização do tempo de direção e do intervalo de descanso do motorista profissional se dará prioritariamente pela verificação do disco de tacógrafo e, também, subsidiariamente por outros meios eletrônicos idôneos instalados no veículo; diário de bordo, rastreador via satélite, papeleta ou ficha de trabalho externo, fornecida pelo empregador. Nessa moldura, torna-se plenamente inaplicável o conteúdo da OJ 332[6] da SDI 1 do TST, a qual decerto será providencialmente revista ou cancelada.

Na seara administrativa, o descumprimento dessas normas caracteriza infração grave, estando o condutor sujeito à multa e retenção do veículo para cumprimento do tempo de descanso aplicável, conforme artigo 230, XXIII da Lei n. 9.503/1997. Para o Departamento Nacional de Trânsito (Denatran) [7], com a vigência de tais normas protetivas haverá considerável redução do número de acidentes e óbitos, relacionados à fadiga e ao cansaço de motoristas profissionais nas vias públicas do País.

Por outro giro, no âmbito processual, houve inversão do ônus da prova. Pela alteração legislativa cabe ao empregador juntar a prova documental legal para comprovação da jornada do obreiro. Não o fazendo, deve ser aplicado por analogia o entendimento expresso no item I da súmula 338, TST[8].

O **seguro obrigatório para os motoristas, custeado pelo empregador**, destinado à cobertura dos riscos pessoais inerentes a atividade laborativa, está previsto no parágrafo único do art. 2º, da Lei n. 12.619/2012. O valor mínimo assegurado corresponde a dez vezes o piso salarial da categoria ou valor superior fixado em convenção ou acordo coletivo de trabalho.

O direito ao seguro obrigatório é de grande importância diante das peculiaridades e riscos do labor dos motoristas profissionais, que enfrentam rotinas nas estradas sucateadas, prazos curtos para entrega das mercadorias transportadas e que vivem, rotineiramente, afastados de suas famílias. Oliveira desenvolve interessante crítica sobre a referida previsão legal:

> Entretanto, não podemos deixar de criticar a timidez na fixação do valor. O seguro deveria ser escalonado para caso de acidentes leves, graves, gravíssimos, impossibilitando parcialmente ou definitivamente o trabalho, e nos casos de morte. O legislador normatizou fora da realidade. Espera-se que os sindicatos, por meio de norma coletiva, tenham maior senso de realidade. O salário da categoria não vai além de dois mil reais, o que significa, pelo mínimo, que à vida valerá por volta de 20 mil reais" (Oliveira, 2012, p.1040).

4. *JORNADA DE TRABALHO DO MOTORISTA PROFISSIONAL*

Como verificado, a Lei n. 12.619/2012 instituiu direitos para o motorista profissional, principalmente em relação ao controle de sua jornada de trabalho. A possibilidade do uso de equipamentos mais modernos para controle direto e indireto da jornada externa desempenhada pelo motorista profissional de carga ou de passageiro é fundamental para elevar o patamar de direitos deste obreiro. Até então, estavam submetidos a jornadas descontroladas e, por isso, excessivas e desgastantes, além de serem vítimas de constantes acidentes, cobranças e subtração de direitos cogentes pelo tomador.

A citada Lei acrescentou os arts. 235-A a 235-H na CLT, regulamentando jornada de trabalho e intervalos de forma diferenciada para os motoristas profissionais.

Inicialmente, cabe destacar que o art. 235-C da CLT, prevê que a jornada diária de trabalho do motorista profissional deverá também obedecer ao regramento previsto na Constituição Federal ou vincular-se a acordo ou convenção coletiva de trabalho. Espera-se que, atendendo ao princípio da adequação setorial negociada[9], o acordo ou convenção coletiva estabeleçam regras ainda mais favoráveis à categoria, elevando o patamar setorial de direitos trabalhistas, em comparação com o padrão geral imperativo existente e harmonizando-se com o princípio da indis-

(6) MOTORISTA. HORAS EXTRAS. ATIVIDADE EXTERNA. CONTROLE DE JORNADA POR TACÓGRAFO. RESOLUÇÃO N. 816/86 DO CONTRAN (DJ 09.12.2003) O tacógrafo, por si só, sem a existência de outros elementos, não serve para controlar a jornada de trabalho de empregado que exerce atividade externa.

(7) Disponível em: <http://www.brasil.gov.br/noticias/arquivos/2012/06/14/conama-regulamenta-repouso-obrigatorio-para-motorista-profissional>. Acesso em 05.04.2013, às 18:20 hs.

(8) *JORNADA DE TRABALHO. REGISTRO. ÔNUS DA PROVA*

I – É ônus do empregador que conta com mais de 10 (dez) empregados o registro da jornada de trabalho na forma do art. 74, § 2º, da CLT. A não-apresentação injustificada dos controles de freqüência gera presunção relativa de veracidade da jornada de trabalho, a qual pode ser elidida por prova em contrário.

(9) Maiores esclarecimentos sobre o Princípio da Adequação Setorial Negociada consultar: DELGADO, Mauricio Godinho. *Curso de Direito do Trabalho*. 11. ed. São Paulo: LTr, 2012. p. 1341.

ponibilidade de direitos, inerente ao Direito do Trabalho (DELGADO, 2012. p. 1342).

Lado outro, autorizou a prorrogação da jornada em até duas horas extras por dia. Registre-se que apesar do silêncio do legislador, a extrapolação da jornada legal só pode ser admitida em situações excepcionais, conforme já sedimentado no art. 61 da CLT.

A nova lei estabelece, expressamente, que em caso de força maior, devidamente comprovada, a duração da jornada poderá ser elevada pelo tempo necessário para sair da situação extraordinária e chegar a um local seguro ou ao seu destino. Nesse ponto, fez bem o legislador. É cediço que os problemas de trânsito, estado das estradas, acidentes, etc. podem atrapalhar o andamento de uma viagem, prejudicando o planejamento realizado. Assim, ao permitir a ampliação da jornada de forma a garantir a término da viagem ou a parada em um local seguro pelo mesmo motorista são evitados maiores problemas para os passageiros, condutores e empregadores.

Outro ponto inovador é a previsão contida no parágrafo 10º do artigo 235-E. O dispositivo determina que não será considerada como jornada de trabalho nem ensejará o pagamento de qualquer remuneração o período em que o motorista ou o ajudante ficarem espontaneamente no veículo usufruindo do intervalo de repouso diário ou durante o gozo de seus intervalos intrajornadas. Nada mais justo e correto ao nosso sentir, dada as peculiaridades desta prestação de serviços.

O art. 235-F da CLT permite que seja adotada a jornada especial de trabalho de 12 (doze) horas de trabalho por 36 (trinta e seis) horas de descanso para o trabalho do motorista através de acordo ou convenção coletiva. A lei prevê que tal hipótese é admitida em razão da especificidade do transporte, de sazonalidade ou de característica que a justifique. Nesse ponto entendemos que essa jornada somente deve ser autorizada em situações especiais. Os riscos da profissão, tanto para os motoristas profissionais quanto para terceiros, não podem ser relegados à prevalência de meros interesses financeiros do tomador do serviço. A autorização de jornada tão elástica afronta à condição física do homem médio e deve ser refutada em prol da coletividade.

Quadra registrar, ainda, que a nova lei manteve a regra celetista de prorrogação de jornada sem pagamento de horas extras e fora das hipóteses previstas no art. 61, CLT. Nesse caso, o requisito imperativo é que tal compensação seja previamente estipulada por meio de acordo individual ou acordo coletivo ou convenção coletiva de trabalho e que seja observado o limite máximo diário de dez horas.

O legislador também inovou no tocante aos intervalos. Além de repetir algumas normas de aplicação para os trabalhadores em geral criou novos intervalos e fracionamentos.

Nessa esteira, os intervalos do motorista profissional estão previstos no § 3º do art. 235-C da CLT. É devido a este trabalhador um intervalo mínimo de uma hora para refeição, além do intervalo para repouso diário de 11 (onze) horas a cada 24 (vinte e quatro) horas e descanso semanal de 35 (trinta e cinco) horas. Esta regra deve ser interpretada juntamente com o art. 66 da CLT, para que as onze horas consecutivas mínimas de descanso sejam usufruídas entre duas jornadas de trabalho. O § 5º do art. 67-A da Lei n. 9.503/1997 determina que o condutor somente inicie viagem com duração maior que vinte e quatro horas após o cumprimento integral do intervalo de descanso interjornada. Entende-se como início de viagem a partida do condutor logo após o carregamento do veículo, considerando-se como continuação da viagem as partidas nos dias subsequentes até o destino final.

O § 3º do art. 67-A da Lei n. 9.503/1997 regula a possibilidade de fracionamento do intervalo interjornada de, no mínimo, 11 (onze) horas de descanso, em 9 (nove) horas mais 2 (duas), no mesmo dia.

Nas **viagens de longa distância**, em que o motorista permanece fora da base da empresa, matriz ou filial e de sua residência por mais de vinte e quatro horas, é devido intervalo mínimo de trinta minutos para descanso a cada quatro horas de tempo ininterrupto de direção, podendo ser fracionados o tempo de direção e o de intervalo de descanso, desde que não completadas as quatro horas de labor. Ressalta-se que é permitido que o intervalo para refeição coincida com estes períodos de descanso. Ademais, o motorista tem direito a um repouso diário obrigatoriamente com o veículo estacionado, podendo ser feito em cabine leito do veículo ou em alojamento do empregador, do contratante do transporte, do embarcador ou do destinatário ou em hotel, ressalvada a hipótese da direção em dupla de motoristas, conforme reza o parágrafo 6º do art. 235-E da CLT.

De outro lado, a criação do instituto jurídico do tempo de reserva, no transporte rodoviário de cargas e passageiros em longa distância, quando o empregador adotar o revezamento de motoristas que trabalham em dupla o tempo que exceder a jornada normal de trabalho em que o motorista estiver de repouso com o veículo em movimento trabalho ensejará o pagamento de 30% do valor da hora normal, semelhante à remuneração aplicada no parágrafo 2º do art. 224 da CLT.

Nas **viagens com duração superior a uma semana**, o descanso semanal será de 36 horas por semana trabalhada ou fração semanal trabalhada. Seu gozo ocorrerá no retorno do motorista à base (matriz ou filial) ou em seu domicílio, salvo se a empresa oferecer condições adequadas para o efetivo gozo do referido descanso.

Nas viagens de longa distância e duração, nas operações de carga ou descarga e nas fiscalizações em barreiras fiscais ou aduaneiras de fronteira, o tempo parado que exceder a jornada normal será computado como tempo de espera e será indenizado na forma do § 9º do art. 235-C, isto é, com base no salário-hora normal acrescido de 30%.

O motorista fora da base da empresa que ficar com o veículo parado por tempo superior à jornada normal de trabalho fica dispensado do serviço. Porém, sendo-lhe exigida permanência junto ao veículo excedente à jornada também será considerado de espera.

Toledo Filho e Hiroshi expõem valioso questionamento sobre a remuneração da hora de espera e da hora de reserva, que atende ao princípio da proteção, basilar no ramo jurídico trabalhista. Asseveram que tal fixação, abaixo do patamar mínimo estabelecido pela Constituição Federal no art. 7º, inciso XVI, que determina remuneração do serviço extraordinário superior, no mínimo em 50% da hora normal, afronta a natureza cogente das normas trabalhistas e agride cabalmente os direitos fundamentais do obreiro. Apontam que, indubitavelmente, o tempo de espera e o de reserva são períodos em que a liberdade de ir e vir do obreiro encontra-se limitada, o que lhe impede de se desvincular das responsabilidades inerentes ao seu labor. Nesse sentido:

> Ainda que se queira argumentar que nesse, período o empregado não esteja concretamente laborando, este tem direito à chamada 'desconexão do trabalho', ou seja, direito de se desligar de modo completo e consistente da responsabilidade imanente à prestação de serviços, podendo fazer outras atividades que não faria se estivesse trabalhando. No caso do tempo da espera e de reserva, o empregado, se bem não esteja executando tarefas específicas, tampouco possui mobilidade alguma para se relacionar diretamente no seu meio social, com sua família, seus amigos etc. Portanto, resta prejudicado seu desligamento temporário do trabalho, o que deve ensejar a remuneração extraordinária do referido período com integração completa a todos os demais haveres resultantes da relação contratual de dependência. Em suma, seu tempo será também aí formalmente de serviço e tempo de serviço se remunera com salário, seja ele normal ou extraordinário, nesse último caso com a incidência mínima do adicional de 50% previsto pela Constituição Federal." (TOLEDO FILHO; HIROSHI. 2012. p. 9.)

Em sentido contrário, há parcela da doutrina que defende que as inovações introduzidas pela lei consistem num avanço, já que o legislador observou as peculiaridades da profissão. Afirmam, ainda, que a legislação prevê hipóteses em que a limitação da liberdade do trabalhador enseja o pagamento apenas de parte do salário hora, v.g, tempo de sobreaviso e prontidão, não havendo qualquer inconstitucionalidade na lei em comento. Apesar de tal divergência de entendimentos sobre a recente lei, ainda não se observa uma tendência da jurisprudência.

5. REMUNERAÇÃO E ROL DE DEVERES

Quanto à **remuneração do motorista**, o art. 235-G da CLT, introduzido pela lei, ao proibir a remuneração do motorista em função da distância percorrida, do tempo de viagem e/ou da natureza e quantidade de produtos transportados, mediante oferta de comissão ou outras vantagens e desde que essa prática remuneratória possa comprometer "a segurança rodoviária ou da coletividade" busca desestimular a cobrança de resultados do motorista empregado, como costumeiramente acontece. A restrição intenta impor ao empregador o respeito à jornada fixada e aos limites de velocidade previstos na legislação de trânsito. Trata-se de política legislativa de contenção de riscos, que transborda a questão trabalhista e de interesse de toda a sociedade.

O rigor da nova legislação a esse respeito também sinaliza busca do rompimento com a normatividade anterior (art. 62, I, da CLT) tornando-a praticamente inaplicável à profissão, pela adoção de regras de controle de jornada e vedação de abusos.

Por fim, no mesmo escopo de proteção social, a envolver não somente os motoristas empregados, mas a sociedade usuária das estradas, situa-se a criação jurídica do rol de deveres desse profissional no art. 235-B da CLT. As regras ali contidas revelam o intuito claro de preocupação com a questão da segurança nas vias rodoviárias e seu descumprimento, a teor do parágrafo único, pode ser considerado infração disciplinar "passível de penalização nos termos da lei". Poder-se-ia interpretar daí que houve ampliação do rol das hipóteses celetistas ordinárias para dispensa por justa causa do motorista empregado que se recusa a submeter-se ao teste do "bafômetro" ou outro similar, bem assim a programa de controle de uso de droga e bebida alcoólica. Entretanto, o caráter protetivo da norma trabalhista haverá de nortear a interpretação, eis que, nessa hipótese, o caráter pedagógico das punições trabalhistas deve ser evidenciado, de modo a alcançar plenamente o intuito da norma.

CONCLUSÃO

A Lei n. 12.619/2012 trouxe importantes avanços para a garantia dos direitos do motorista profissional de carga e de passageiros. Tal lei é destinada aos trabalhadores que possuem relação de emprego, sendo-lhe aplicáveis os direitos imperativos inerentes ao ramo jurídico trabalhista. A jornada dos motoristas passou a ser controlada por meios físicos e eletrônicos, com o escopo de cumprir o art. 7º, XIII da Constituição da República. Não há mais dúvidas acerca dos direitos decorrentes do controle de jornada para o motorista profissional regido pela novel lei. A lei inova e representa grande avanço para a categoria e sociedade conforme exposto alhures.

Entretanto, verifica-se intenso movimento no sentido de postergar sua implantação, aos mais diversos e falaciosos argumentos. A alegação de ausência de pontos de apoio nas estradas, o aumento do custo do frete, entre outros, não autoriza qualquer absenteísmo estatal em tema de relevante importância para a sociedade como um todo.

Nesse diapasão, sua implantação efetiva e fiscalização não podem mais ser adiadas. É questão de interesse de toda a sociedade, principalmente dos profissionais e usuários das estradas.

Logo, cabe ao Estado assumir o seu papel e evitar que se torne letra morta...

REFERÊNCIAS BIBLIOGRÁFICAS

ALEMÃO, Ivan. Comentários à Lei do Motorista Profissional (Lei n. 12.619 de 30.4.2012). *Revista da LTr*, v. 76, n. 5, maio de 2012. p. 526.

BRASIL. Portal Brasil. *Contran regulamenta repouso obrigatório para motorista profissional*. Disponível em: http://www.brasil.gov.br/noticias/arquivos/2012/06/14/conama-regulamenta-repouso-obrigatorio-para-motorista-profissional. Acesso em 05.04.2013, às 18:20 hs.

DELGADO, Mauricio Godinho. *Curso de Direito do Trabalho*. 11.ed. São Paulo:LTr. 2012. p.519.

MARTINEZ, Luciano. *Curso de Direito do trabalho*: relações individuais, sindicais e coletivas do trabalho. 3ª ed. – São Paulo: Saraiva, 2012.

OLIVEIRA, Francisco Antônio de. Motorista profissional – acertos e desacertos da lei 12619, de 30 de abril de 2012. *Revista da LTr*, v.76, n. 9, setembro de 2012. p. 1040.

SÜSSEKIND, Arnaldo et al. *Instituições do Direito do Trabalho*. 11. ed. São Paulo: LTr. 1991. v. I. p. 431.

TOLEDO FILHO, Manoel Carlos; HIROSHI, Bruno. Motorista profissional: lei 12619/2012 e jornada de trabalho. *Revista de Direito Trabalhista*. Brasília, v. 18, n. 7. p. 5-9, jul. 2012. p. 9.

VIANA, Márcio Túlio. *Curso de Direito do Trabalho*. SOUTO MAIOR, Jorge Luiz (Coord.). São Paulo: LTr, 2008. v. II. p. 112.

Capítulo 5

Reflexões sobre o Novo Regime Jurídico dos Motoristas Profissionais

Jorge Cavalcanti Boucinhas Filho(*)

1. INTRODUÇÃO

A discussão acerca da regulamentação da categoria dos motoristas profissionais não é recente. No momento da aprovação da Lei n. 12.619, haviam projetos tratando da regulamentação da categoria com data de 1972. Muitas das questões por ela tratadas também vêm sendo objeto de discussão no judiciário há muitos anos.

Embora seja inquestionável que os motoristas profissionais são uma categoria profissional diferenciada, com muitas peculiaridades e necessidades, há que se refletir, inicialmente, sobre o acerto ou erro da opção pela normatização pela via legal e não pela convencional. Com efeito, a prática de disciplinar o tratamento de determinada categoria profissional em lei, como feito no passado com telefonistas, químicos, operadores cinematográficos, estava em desuso. Há muito a própria Organização Internacional do Trabalho vem primando pela autorregulamentação das relações pelas categorias profissional e econômica por diversas razões. Sob esta perspectiva, melhor do que instituir regras legais disciplinando o trabalho dos motoristas profissionais seria deixar as questões para a negociação coletiva entre os sindicatos responsáveis.

Embora não se possa deixar de reconhecer que a solução negociada seria, efetivamente, mais adequada do que a legislada, é forçoso, ainda assim, aplaudir a edição da lei. Primeiramente porque o modelo de sindicalismo brasileiro jamais permitiria uma negociação coletiva que resultasse em uma regulamentação de questões relacionadas, por exemplo, com a duração da jornada de trabalho dos motoristas e suas implicações na segurança das estradas. Essa limitação jamais seria considerada interessante pelos empregadores, como demonstraram as manifestações de preocupação com o encarecimento das operações de transporte feitas por diversas entidades de representação patronal. Ela tampouco seria considerada adequada pelas entidades de representação dos motoristas, categoria que demonstrou, com suas manifestações contrárias a lei, mais preocupação com a manutenção de seu patamar salarial do que com o descanso necessário para uma condução responsável que assegurasse segurança nas estradas.

(*) Graduado pela Universidade Federal do Rio Grande do Norte (UFRN). Especialista em Direito do Trabalho pela Universidade Potiguar (UnP). Mestre e doutor em direito do trabalho pela Universidade de São Paulo (USP). Pós-doutor em Direito do Trabalho pela Universidade de Nantes, França. Professor de direito nos cursos de graduação da Universidade São Judas Tadeu (USJT) e Escola de Administração da Fundação Getúlio Vargas (EAESP-FGV). Professor e Coordenador do Curso de Pós-graduação em Direito do Trabalho e Professo do Trabalho da Escola Superior de Advocacia de São Paulo, onde ocupa também o cargo de membro do Conselho Curador para o triênio (2013/2015). Professor dos Cursos de Pós-graduação da Escola Paulista de Direito – EPD, curso FMB, Núcleo Trabalhista Calvet, GVlaw-FGV. Membro Pesquisador do Instituto Brasileiro de Direito Social Cesarino Júnior. Advogado em São Paulo.

O segundo motivo de aplausos à norma legal consiste justamente na supremacia do interesse público relacionada com a segurança nas estradas. A Lei n. 12.619 evidenciou, ao alterar também o código de trânsito e impor regras também aos motoristas autônomos, que a sua preocupação não se limitava apenas com a melhoria da condição social dos motoristas, mas também com a segurança nas estradas.

O texto legal, contudo, não restou livre de críticas. Algumas relacionadas com o custo criado. Outras com a própria constitucionalidade da norma. Passado mais de um ano da vigência da Lei, pode-se afirmar que a catástrofe financeira prevista não se concretizou. O aumento gerado no preço dos transportes rodoviários não levou a economia brasileira à ruína. Não vem sendo sequer apontado como responsável pela inflação, ora em patamares um pouco superior ao esperado pelas previsões econômicas. O presente texto concentrar-se-á então em apresentar as inovações de forma isenta e pouco apaixonada, preocupando-se em demonstrar as modificações já verificadas e os seus possíveis outros efeitos.

2. CONCEITO LEGAL DE MOTORISTAS PROFISSIONAIS

O art. 1º da Lei n. 12.619 de 2012 esclarece que a categoria de motorista profissional corresponde aos condutores de veículos cuja atividade exija formação profissional e exerçam sua atividade mediante vínculo empregatício nas atividades de transporte rodoviário de passageiros e transporte rodoviário de cargas. A definição legal conduz à precipitada conclusão de que somente empregados poderiam ser considerados motoristas profissionais e, por essa razão, os demais preceitos da lei somente a eles seria aplicável.

Essa conclusão, contudo, não é completamente correta. Os preceitos inseridos na Consolidação das Leis do Trabalho efetivamente só são aplicáveis aos motoristas empregados, afinal trata-se de uma norma dirigida para os trabalhadores que se ativam com pessoalidade, onerosidade, não-eventualidade e subordinação. Os preceitos introduzidos no Novo Código de Trânsito Brasileiro, por outro lado, embora também usem a expressão "motoristas profissionais" são claramente aplicáveis aos autônomos e aos empregados.

É relevante destacar que a definição do motorista profissional passa pelo conceito de transporte rodoviário de passageiros e de cargas. Para os fins legais, portanto, pouco importa o número de passageiros ou a distância percorrida. Relevante apenas é o fato de o veículo transitar, ainda que de forma passageira, por uma rodovia federal ou estadual. Desta feita o motorista que transitar por rodovias entre cidades vizinhas em um percurso curto para transportar passageiros de um ponto a outro estará sujeito aos efeitos e a aplicação da Lei n. 12.609/2012 ao passo que o motorista que fizer um longo trajeto dentro de uma grande metrópole não o estará.

Não se pode olvidar que o termo profissional, para o direito empresarial, não está relacionado apenas com a existência ou não de vínculo de emprego, mas com a habitualidade e com o desejo de fazer da atividade a sua fonte de renda. Sob este prisma os motoristas autônomos também são profissionais, ainda que não estejam subordinados a ninguém.

O projeto aprovado no Congresso Nacional contemplava ainda os " motoristas com categoria diferenciada" e os "operadores de trator de roda, de esteira ou equipamento destinado à movimentação de carga", mas os incisos III e IV do art. 1º da aludida norma foram vetados sob alegação de que a inclusão desses profissionais "causaria interferências na representação sindical de trabalhadores no exercício de atividades distintas". O veto em questão foi criticado pela Confederação Nacional dos Trabalhadores em Transporte Terrestre, que viu nela uma motivação meramente política, sem "preocupação com a regulamentação da profissão, somente defendendo a representação sindical" [(1)].

Uma coisa é certa, o veto do inciso III, do art. 1º da Lei n. 12.690 trouxe um complicador para os motoristas que exercem categoria profissional diferenciada como motoristas em guindastes no porto (Quadro anexo da CLT) e mototaxistas (Lei n. 12.009/2009) e motoristas em transporte escolar com sindicato próprio e representação própria. Ainda que transitem por rodovias para levar passageiros de um ponto a outro ou para levar crianças na escola ele snão estarão sujeitos à incidência das normas da mencionada lei.

Com o veto, continua válido o entendimento consubstanciado na Orientação Jurisprudencial n. 315 da SDI-1 que afirma que o motorista que traba-

(1) http://www.fetropar.org.br/index.php?option=com_content&view=article&id=10021:confederacao-dos-trabalhadores-critica-vetos-mas-ve-grandes-avancos-na-lei--12619&catid=335:regulamentacao-na-imprensa&Itemid=100210.

lha no âmbito de empresa cuja atividade é predominantemente rural é trabalhador rural e não motorista profissional já que, de modo geral, não enfrenta o trânsito das estradas e cidades.

O motorista que transita por rodovias e ambiente rural como, por exemplo, o que conduz um caminhão internamente em uma fazenda e em pequenos trechos de rodovia deverá ser considerado profissional e, portanto, sujeitar-se as regras da Lei 12.690/2012. Se o escopo da norma é reduzir os riscos de acidentes nas estradas provocados pelo cansaço dos motoristas, não há razão para se pensar diferente. O motorista que conduz por longos percursos de uma grande propriedade rural estará desgastado ao deixá-la, colocando em risco a segurança nas rodovias, ainda que por um percurso bem mais reduzido do que o feito internamente na fazenda.

3. DIREITOS E DEVERES DOS MOTORISTAS PROFISSIONAIS

Consta do art. 2º da Lei n. 12.690 um rol de direitos e deveres dos motoristas profissionais. O primeiro direito citado é o de ter acesso gratuito a programas de formação e aperfeiçoamento profissional, em cooperação com o Poder Público. A regra é bastante louvável. A melhor forma de efetivamente melhorar a segurança nas estradas é melhorando a educação e a formação cultural dos motoristas, profissionais ou não. E uma das mais relevantes perguntas sem resposta do direito do trabalho brasileiro é a que questiona a responsabilidade pela formação profissional do empregado. A Constituição assegura a todos uma educação que qualifique para o trabalho. Não esclarece, contudo, se a formação inicial e o aperfeiçoamento profissional deverão ser fornecidos pelo Estado, buscados pelo próprio trabalhador com seus recursos, outorgados pelo Sindicato Profissional ou pelos entes que integram o sistema "S".

A legislação cuidou de encerrar esta dúvida, pelo menos no que diz respeito ao motorista profissional. O art. 2º da nova lei incluiu entre os direitos dos motoristas profissionais o de "ter acesso gratuito a programas de formação e aperfeiçoamento profissional, em cooperação com o poder público". O texto deixa claro duas coisas: a total isenção de custos para o empregado e a responsabilidade, pelo menos parcial do Estado. A responsabilidade do empregador, embora não seja expressa, pode ser facilmente presumida. Estabelecido que os programas em questão serão fornecidos aos empregados, de forma gratuita, *em cooperação* com o Poder Público, que portanto não o instituirá sozinho, a única conclusão possível é a de que a cooperação em questão se dará entre empregador e Governo.

O segundo direito assegurado aos motoristas profissionais é o de "contar, por intermédio do Sistema Único de Saúde – SUS, com atendimento profilático, terapêutico e reabilitador, especialmente em relação às enfermidades que mais os acometam". Essa norma é desnecessária, diante do teor do artigo 196 da Constituição Federal que estatui que "A saúde é direito de todos e dever do Estado, garantido mediante políticas sociais e econômicas que visem à redução do risco de doença e de outros agravos e ao acesso universal e igualitário às ações e serviços para sua promoção, proteção e recuperação" e do art. 7º, XXII, que inclui entre os direitos dos trabalhadores urbanos e rurais "a redução dos riscos inerentes ao trabalho, por meio de normas de saúde, higiene e segurança". Mas, nem por isso deixa de ser bem vinda. Cabe destacar de seu texto a expressão atendimento profilático. Ela enfatiza que a tutela à saúde do trabalhador deve ser muito mais preventiva do que repressiva, regra que a partir do texto Constitucional de 1988 tornou-se aplicável a todos os trabalhadores por força do disposto citado. Como essa regra não vem sendo observada nem pelos empregadores, que continuam a privilegiar a monetização do risco mediante pagamento de adicionais e nem tampouco pelo Estado, que continua a destinar verba superior para o Judiciário, que cuida da tutela repressiva, do que ao Ministério do Trabalho e Emprego, que cuida da tutela preventiva nas relações de trabalho, toda regra que enfatizar o dever de prevenção dos acidentes do trabalho é merecedora de aplausos.

Demais disso, não se pode deixar de reconhecer que o texto legal possibilita que o motorista se dirija aos postos de atendimento do Sistema Único de Saúde regularmente para fazer exames de rotina, independentemente de apresentar sinais ou sintomas de doenças do trabalho. Resta saber se o mandamento legal será cumprido já que o SUS não vem se mostrando capaz de dar vazão sequer aos casos de urgência que surgem diariamente.

Um dos mais interessantes e relevantes direitos criados pela nova lei é o de não responder perante o empregador por prejuízo patrimonial decorrente da ação de terceiro, ressalvada a hipótese de o dolo ou de desídia devidamente comprovadas. Com isso os motoristas não poderão mais sofrer desconto pelos danos causados ao empregador por ação de terceiro, em caso de culpa, nem mesmo se houver previsão contratual nesse sentido. Apenas poderão ver descontado o valor do prejuízo causado por terceiros em caso de dolo ou desídia, ante da previsão expressa do art. 2º, III da Lei 12.690/2012. A solução é bastante salutar. Como praticamente todos os contratos de motorista profissional continham previsão de ressarcimento em caso de culpa, não foram poucos os casos de responsabilização deles por danos decorrentes de ação de terceiro para a qual não concorreram diretamente. Essa situação está, doravante, expressamente vedada.

A legislação também explicitou o direito dos motoristas profissionais de receber proteção do Estado contra ações criminosas que lhes sejam dirigidas no efetivo exercício da profissão. Trata-se de norma programática e, até certo ponto, desnecessária, haja vista o dever geral do estado de oferecer segurança a todos os cidadãos. A sua inclusão na nova legislação apresenta, contudo, um efeito inegável. Tornou mais inquestionável o dever do estado de reparar os danos sofridos pelos motoristas por falta de policiamento nas estradas.

A norma em questão não deve ser entendida como uma transferência da responsabilidade do empregador para o Estado, mas como uma explicitação da natural responsabilidade deste pela segurança nas rodovias e vias públicas. Não poderá, portanto, o empregador se eximir da responsabilidade por eventual dano cometido ao se empregado no exercício de suas funções, por ação criminosa de terceiro, alegando que a responsabilidade é exclusiva do Estado. A lei atribuiu expressamente responsabilidade ao Estado – embora isso nem fosse necessário –, ela não eximiu o empregador de qualquer forma de responsabilidade.

Também foi assegurado aos motoristas profissionais jornada de trabalho e tempo de direção controlados de maneira fidedigna pelo empregador. A regra é salutar para for fim ao injustificável entendimento que ainda subsistia em alguns pretórios de que a atividade do motorista enquadrava-se na hipótese do art. 62, I, não estando, portanto sujeita à limitação de jornada. Aludido entendimento era absurdo, entre outras coisas, porque a lógica do dispositivo em questão era não limitar a jornada dos trabalhadores em serviços externos em razão de uma impossibilidade de ordem prática, relativamente comum em 1943. Em 2013, no entanto, quando aparelhos GPS se tornaram comuns e já é possível localizar qualquer pessoa no mundo com auxílio de um aplicativo de celular, esse entendimento não se justifica. Não faltam meios para controlar a jornada dos motoristas. O que falta/faltava em muitos casos é/era boa vontade.

As obrigações do motorista profissional constam doravante do art. 235-B da Consolidação das Leis do Trabalho. Segundo aludido dispositivo os que se dedicarem a esta atividade deverão se manter atentos às condições de segurança do veículo, o que lhes torna responsável por acompanhar os serviços de revisão e manutenção periódicas, podendo ser responsabilizados por culpa (negligência) quando não o fizerem. Também é dever dos motoristas conduzir o veículo com perícia, prudência, zelo e com observância aos princípios de direção defensiva; respeitar a legislação de trânsito e, em especial, as normas relativas ao tempo de direção e de descanso; zelar pela carga transportada e pelo veículo; colocar-se à disposição dos órgãos públicos de fiscalização na via pública; e, por fim, submeter-se a teste e a programa de controle de uso de droga e de bebida alcoólica, instituído pelo empregador, com ampla ciência do empregado.

Embora o parágrafo único do aludido dispositivo afirme expressamente que apenas a recusa do empregado em submeter-se ao teste e ao programa de controle de uso de droga e de bebida alcoólica será consideradas infração disciplinar, passível de penalização nos termos da lei, é forçoso reconhecer que o descumprimento de qualquer das referidas obrigações é passível de penalização. Há que se observar apenas a proporcionalidade da pena, a gravidade da falta, e o nexo entre ela e a sanção aplicada para se decidir se a punição será uma advertência, uma suspensão ou uma dispensa por justa causa.

As polêmicas em torno da admissibilidade do teste e programa de controle de uso de droga e bebida alcoólica, parece superada pelos Tribunais a corrente mais restritiva que não admitir esses procedimentos em nenhuma hipótese por considera-los invasivos da privacidade e intimidade do trabalhador. Em um Estado Democrático de Direito há que se reconhecer em determinadas hipóteses a supremacia do interesse público sobre os direitos individuais, mesmo aqueles mais sagrados como a intimidade e a privacidade. É o preço a ser pago para viver em sociedade e para esperar dela algum tipo de proteção. Na hipótese em discussão é inegável que o interesse social na segurança das estradas deve se sobrepor ao direito do empregado ao respeito à sua privacidade e intimidade.

4. DISPOSITIVOS DE TRÂNSITO

O art. 5º da Lei n. 12.619/2012 alterou a Lei n. 9.307 e não a Consolidação das Leis do Trabalho. Ele inseriu todo um novo capítulo no Novo Código de Trânsito Brasileiro, o de número III-A, intitulado "Da condução de veículos por motoristas profissionais". O título do capítulo, se cotejado com a definição de motorista profissional do art. 1º, parágrafo único, da primeira das leis referidas acima, que exige para a caracterização da figura do motorista profissional o exercício da atividade "mediante vínculo empregatício" parece conduzir à conclusão de que as regras dos artigos a seguir somente seriam aplicáveis aos empregados.

Essa conclusão, contudo, não é acertada, como aliás já se evidenciou. O art. 67-A veda ao motorista profissional dirigir por mais de 4 (quatro) horas ininterruptas para reduzir o risco de acidentes nas estradas. Para os fins de contagem das horas contínuas de direção e do correspondente intervalo considera-se apenas o período em que o condutor estiver efetivamente ao volante de um veículo em curso entre a origem e o seu destino. A mesma preocupação com acidentes nas estradas fundamentou a obrigatoriedade de intervalo mínimo de 30 para descanso a cada 4 (quatro) horas ininterruptas na condução de veículos.

O tempo de direção acima referido poderá ser fracionado, desde que não completadas as quatro horas contínuas de direção. Em outras palavras, é possível reduzir o tempo de direção com a correspondente redução proporcional do período do intervalo correspondente. Ele somente poderá ser ultrapassado para permitir que o condutor, o veículo e sua carga cheguem a lugar que ofereça a segurança e o atendimento demandados. Trata-se, como o legislador fez questão de evidenciar, de situação excepcional, somente admissível se não gerar comprometimento da segurança rodoviária.

A lei ainda instituiu para todos os condutores, empregados ou autônomos, um intervalo de, no mínimo, onze horas de descanso que poderá ser fracionado em dois períodos de descanso desde que um seja de 9 horas ininterruptas e o outro de duas horas ininterruptas. Se o veículo for dotado de locais apropriados para sua natureza e duração, o descanso poderá ser feito no interior do próprio veículo.

Uma nova viagem com duração superior a vinte e quatro horas somente poderá ser iniciada após o cumprimento integral do intervalo antes referido. Para os fins dessa regra nova viagem é a partida do condutor logo após o carregamento do veículo. As partidas subsequentes até o destino, após cada uma das paradas, é considerada apenas continuação da viagem.

A lei afirma expressamente ser o motorista profissional na condição de condutor responsável por controlar o tempo de condução. A inobservância da limitação e do tempo de descanso é considerada Infração grave e sujeita o infrator a pena de multa e, como medida administrativa, determina a retenção do veículo para cumprimento do tempo de descanso aplicável. De forma bastante interessante a lei afirmou que "nenhum transportador de cargas ou de passageiros, embarcador, consignatário de cargas, operador de terminais de carga, operador de transporte multimodal de cargas ou agente de cargas permitirá ou ordenará a qualquer motorista a seu serviço, ainda que subcontratado, que conduza veículo referido no *caput* sem a observância do disposto". Não cominou, contudo, nenhuma sanção pela não observância da regra o que seguramente reduzirá bastante o seu efeito.

5. CONDIÇÕES SANITÁRIAS

O art. 9º da Lei n. 12.619, de 30 de abril de 2012 destaca que as normas regulamentadoras do Ministério do Trabalho e Emprego deverão ser observadas para assegurar que os motoristas profissionais estarão em condições sanitárias e de conforto adequadas em todos os seus locais de trabalho. A lei fala expressamente que elas deverão ser observadas nos locais de espera dos motoristas de transporte de cargas; nos pátios do transportador de carga, embarcador, consignatário de cargas, operador de terminais de carga, operador intermodal de cargas ou agente de cargas, aduanas, portos marítimos, fluviais e secos e locais para repouso e descanso, para os motoristas de transporte de passageiros em rodoviárias; nos pontos de parada, de apoio, alojamentos, refeitórios das empresas ou de terceiros[(2)].

A uma primeira vista a afirmação parece desnecessária, visto que não seria necessária uma norma

(2) Art. 9º da Lei n. 9.503. As condições sanitárias e de conforto nos locais de espera dos motoristas de transporte de cargas em pátios do transportador de carga, embarcador, consignatário de cargas, operador de terminais de carga, operador intermodal de cargas ou agente de cargas, aduanas, portos marítimos, fluviais e secos e locais para repouso e descanso, para os motoristas de transporte de passageiros em rodoviárias, pontos de parada, de apoio, alojamentos, refeitórios das empresas ou de terceiros terão que obedecer ao disposto nas Normas Regulamentadoras do Ministério do Trabalho e Emprego, dentre outras.

para determinar o cumprimento de uma regra administrativa válida. Analisando com acuidade, contudo, o texto legal, percebe-se ter ele um efeito bem mais amplo do que se poderia imaginar. Ele impõe ao empregador o dever de velar pelo conforto do motorista e pela adequação sanitária dos locais por onde ele passar a seu serviço, ainda que o espaço pertença a outrem. Se, por alguma razão, o empregador contratar com terceiro que não disponha de ambiente com adequadas condições sanitárias e de conforto, poderá responder por eventuais danos decorrentes disso e, a depender das condições do ambiente em que seu empregado se encontrar e do tempo de sua exposição a elas, pelo pagamento dos adicionais de periculosidade ou insalubridade.

Caberá ao empregador, doravante, ser bem mais criterioso na escolha das empresas que contratará para lhe prestar serviços.

6. *JORNADA DE TRABALHO*

O ponto em que a nova legislação mostrou-se mais relevante, tanto do ponto de vista econômico quanto do ponto de vista social, foi o atinente à jornada de trabalho. O seu artigo 4º introduziu substanciais e relevantes modificações no art. 71 da Consolidação das Leis do Trabalho e introduziu no texto legal os arts. 235-C, 235-D, 235-E, 235-F, 235-G, 235-H.

As mudanças foram de diversas ordens. O art. 235-C sepultou o antigo entendimento de que os motoristas realizavam trabalho externo e, por essa razão, enquadravam-se na hipótese do art. 62, I, não se sujeitando, portanto, a limitação de jornada. Ao asseverar que "a jornada diária de trabalho do motorista profissional será a estabelecida na Constituição Federal ou mediante instrumentos de acordos ou convenção coletiva de trabalho" o texto legal deixa claro que o motorista profissional sujeita-se a controle de jornada, cabendo ao seu empregador diligenciar para disciplinar esse controle. A prorrogação da jornada é admitida por até duas horas suplementares que serão pagas com o acréscimo previsto na Constituição Federal ou mediante instrumentos de acordos ou convenção coletiva de trabalho. O texto legal dá a entender que a sobrejornada somente poderá ser elevada em caso de força maior, devidamente comprovado, a duração da jornada de trabalho do motorista profissional e somente pelo tempo necessário para sair da situação extraordinária e chegar a um local seguro ou ao seu destino. Há que se concluir, portanto, que as outras hipóteses de labor em sobrejornada previstas no artigo 61, *caput*, da CLT, quais sejam conclusão de serviços inadiáveis ou cuja inexecução possa acarretar prejuízo manifesto, não se aplicam aos motoristas profissionais, muito embora as figuras sejam efetivamente muito próximas e possam, por vezes, se confundir.

Não obstante o art. 235-C não o assevere expressamente, o adicional mínimo será o de 50% previsto na Constituição, não podendo a norma coletiva referida asno final do texto legal instituir pagamento suplementar menor. Esta conclusão se explica na medida em que o legislador não inseriu na zona de incidência do texto constitucional um tipo de trabalhador que antes dela estava excluída, como ocorreu mais recentemente com a Emenda Constitucional n. 72. Ele apenas explicitou que a regra existente era aplicável aos trabalhadores domésticos. A compensação de jornada é possível, mas apenas mediante instrumento coletivo, como sói ocorrer com as demais categorias de trabalhadores.

A lei instituiu novas formas de permanência vinculada aos afazeres laborais que não são consideradas efetivamente tempo à disposição do empregador, o tempo de espera e o tempo de reserva. O tempo de espera corresponde às horas que em que o motorista de transporte rodoviário permanecer, além da jornada normal, aguardando para carga ou descarga do veículo no embarcador ou destinatário ou para fiscalização da mercadoria transportada em barreiras fiscais ou alfandegárias. Elas são computadas como horas extraordinárias, mas são pagas tendo com base o salário-hora normal acrescido de 30% (trinta por cento). Como a lei fala que elas serão indenizadas, há que se concluir que elas não apresentam o chamado efeito circular e expansivo do salário, ou seja, não geram reflexos em parcelas como 13º salário, férias e aviso-prévio, ainda que sejam consideradas habituais.

Não é demais destacar que a lei não afirma que todo o tempo em que o motorista estiver aguardando para carga ou descarga do veículo no embarcador ou destinatário ou para fiscalização da mercadoria transportada em barreiras fiscais ou alfandegárias deverá ser pago com a aludida majoração indenizatória, mas somente as que excederem à jornada normal de trabalho do motorista de transporte rodoviário de cargas. De modo que se o período em que o motorista aguardar a execução destas atividades se enquadrar dentro da jornada regular, receberá ele apenas o valor-hora normal, sem qualquer acréscimo.

Essa conclusão é reforçada pelo § 4º do art. 235-E que estatui que o motorista fora da base da empresa que ficar com o veículo parado por tempo superior à jornada normal de trabalho fica dispensado do serviço, exceto se for exigida permanência junto ao veículo, hipótese em que o tempo excedente à jornada será considerado de espera. Observe que a lei fala que ele fica dispensado do serviço e não que deverá receber o período em questão com acréscimo de 30%.

A mesma conclusão se extrai do § 5º que assevera que quando se tratar de viagem de longa distância e duração, o tempo dispendido nas operações de carga ou descarga e nas fiscalizações em barreiras fiscais ou aduaneira de fronteira, apenas o tempo parado que exceder a jornada normal será computado como tempo de espera.

A outra figura criada pela nova legislação foi o tempo de repouso do motorista que se reveza com um colega para cumprir determinado trajeto. Trata-se, evidentemente, de uma figura nova. Enquanto a lei assegura a possibilidade de o motorista fazer o seu repouso diário em cabine leito do veículo, desde que com o veículo estacionado, ou em alojamento do empregador, do contratante do transporte, do embarcador ou do destinatário ou em hotel, hipótese em que configurada estaria a suspensão do contrato de trabalho, nada lhe sendo devido pelo empregador, ela disciplina outra regra para a hipótese da direção em dupla de motoristas. Nesse caso o tempo que exceder a jornada normal de trabalho em que o motorista estiver em repouso no veículo em movimento será considerado tempo de reserva e será remunerado na razão de 30% (trinta por cento) da hora normal. Não se trata de um adicional, mas de um pagamento de um percentual inferior a um terço do valor da hora de trabalho em razão de se tratar de um período em que não há efetivo trabalho, mas tampouco se permite que o motorista desfrute de um repouso pleno. É justamente por não permitir um repouso pleno que o aludido regime de revezamento torna necessário também um repouso diário mínimo de 6 (seis) horas consecutivas que deverá ser desfrutado fora do veículo em alojamento externo ou, se na cabine leito, com o veículo estacionado.

O legislador achou por bem deixar claro ainda que não será considerado como jornada de trabalho nem ensejará o pagamento de qualquer remuneração o período em que o motorista ou o ajudante ficarem espontaneamente no veículo usufruindo do intervalo de repouso diário ou durante o gozo de seus intervalos intrajornadas. E não poderia ser diferente. Se ele, por qualquer razão que seja, opta por passar os seus intervalos dentro do veículo em que trabalha não se deve transferir ao empregador os ônus econômicos decorrentes de sua escolha. De igual maneira se o motorista tiver em veículo transportado por qualquer meio onde ele siga embarcado, como nos conhecidos *ferry boats* que fazem a travessia do Canal da Mancha, dispondo a embarcação de alojamento para gozo do intervalo de repouso diário, como, por exemplo, cabines para descanso dos passageiros, esse tempo não será considerado como jornada de trabalho, a não ser o tempo restante, que será considerado de espera.

7. *INTERVALOS INTERJORNADAS*

A lei explicitou ainda que o motorista profissional desfrutará de intervalo interjornadas igual ao dos demais trabalhadores da iniciativa privada, qual seja de 11 (onze) horas a cada 24 (vinte e quatro) horas, mas assegurou-lhes descanso semanal de 35 (trinta e cinco) horas, superior, portanto, à regra geral. Cabe salientar aqui que a legislação não igualou o descanso semanal dos motoristas com o dos demais trabalhadores da iniciativa privada. O entendimento de que os trabalhadores urbanos em geral dispõem de 35 horas de descanso entre a última jornada de uma semana e a primeira da semana seguinte decorre da somatória do intervalo interjornadas decorrente do último dia da semana, 11 horas, com o descanso semanal remunerado de 24 horas. Como a lei afirma expressamente que o descanso semanal do motorista profissional é de 35 e não de 24 horas, há que se concluir que o tempo de descanso entre a última jornada de uma semana e a primeira da semana seguinte deverá ser de 44 horas e não de 35. Engana-se, portanto, quem pensa que o legislador apenas explicitou para o motorista profissional o entendimento já consagrado pela jurisprudência acerca dessa matéria. Ele, em verdade, criou uma nova regra, que se justifica pelas peculiaridades da atividade do motorista tanto no que se refere ao desgaste por ele sofrido quanto no que se refere ao risco que ele impõe aos demais transeuntes das rodovias brasileiras.

Essa circunstância fica ainda mais clara quando o art. 235-E, § 1º estatui que nas viagens com duração superior a 1 (uma) semana, o descanso semanal será de 36 (trinta e seis) horas por semana trabalhada ou fração semanal trabalhada, e seu gozo ocorrerá no retorno do motorista à base (matriz ou filial) ou em seu domicílio, salvo se a empresa oferecer condições adequadas para o efetivo gozo do referido descanso. O § 3º do mesmo dispositivo, por sua vez, permite o fracionamento do descanso semanal em 30 (trinta) horas mais 6 (seis) horas a serem cumpridas na mesma semana e em continuidade de um período de repouso diário. De onde se pode concluir que o descanso semanal remunerado do motorista profissional será de 35 ou 36 horas, conforme o caso, podendo, nessa última hipótese, ser fracionado em uma parcela necessariamente de trinta horas e outra de 6 horas. Não há previsão de parcelamento diferente como, por exemplo, vinte e quatro mais doze horas. Não é demais ressaltar que o cálculo destas horas deverá ser adicionado ao intervalo interjornadas de onze horas.

O intervalo intrajornada é de no mínimo de 1 (uma) hora para refeição, mas ele poderá ser fracionado quando compreendido entre o término da primeira hora trabalhada e o início da última hora trabalhada, desde que previsto em convenção ou acordo coletivo de trabalho e a natureza do serviço e assim o justificarem. Caso se opte pelo fracionamento deverá ser mantida a mesma remuneração e concedidos intervalos para descanso menores e fracionados ao final de cada viagem, não descontados da jornada.

Quando se tratar de viagem de longa distância, assim consideradas aquelas em que o motorista profissional permanece fora da base da empresa, matriz ou filial e de sua residência por mais de 24 (vinte e quatro) horas, fará o motorista jus a intervalo mínimo de 30 (trinta) minutos para descanso a cada 4 (quatro) horas de tempo ininterrupto de direção. Esse intervalo apresenta, há que se ressaltar, certa flexibilidade. A lei permite que sejam fracionados o tempo de direção e o de intervalo de descanso, desde que não completadas as 4 (quatro) horas ininterruptas de direção e permite que ele coincida com o intervalo mínimo de 1 (uma) hora para refeição, já referido.

A lei deixa claro ainda que outros intervalos intrajornadas sejam criados conforme a especificidade da operação de transporte realizada.

8. JORNADA ESPECIAL DE REVEZAMENTO

Embora tenha optado por não adotá-la como regra, o legislador acolheu de certa forma a criticada jornada 12 X 36, permitindo que ela seja instituída por convenção e acordo coletivo, desde que a especificidade do transporte, de sazonalidade ou de característica o justifique. Como a lei não condicionou a validade do aludido regime de trabalho apenas à celebração de uma norma coletiva, mas também à especificidade do transporte, a única conclusão a que se pode chegar é que o judiciário poderá analisar esse requisito em ação anulatória proposta pelo Ministério Público ou por outro legitimado ou mesmo em ações individuais onde o revezamento seja questionado incidentalmente.

9. REMUNERAÇÃO

Também para reduzir o elevado número de acidentes nas estradas brasileiras, o legislador optou por proibir a remuneração do motorista em função da distância percorrida, do tempo de viagem e/ou da natureza e quantidade de produtos transportados, inclusive mediante oferta de comissão ou qualquer outro tipo de vantagem, se essa remuneração ou comissionamento comprometer a segurança rodoviária ou da coletividade ou possibilitar violação das normas da presente legislação. Teria andado melhor se tivesse encerrado a frase após o epíteto vantagem. A oração que o segue deixa em aberto a possibilidade de a remuneração ser assim ajustada quando se entender que não compromete a segurança rodoviária ou da coletividade, conceitos muito subjetivos. Melhor seria se a legislação vedasse taxativa e peremptoriamente qualquer possibilidade de remuneração por produtividade.

10. LIVRE PACTUAÇÃO POR CONVENÇÃO OU ACORDO COLETIVO

O legislador fez questão de ressaltar por fim, embora não fosse necessário, que outras condições específicas de trabalho do motorista profissional, como jornadas especiais, remuneração, benefícios, atividades acessórias e demais elementos integrantes da relação de emprego, poderão ser previstas em convenções e acordos coletivos de trabalho, desde que não contrariem a CLT e não prejudiciais à saúde e à segurança do trabalhador. Observe-se que a conformidade com a CLT e o não prejuízo à saúde e à segurança do trabalhador são os requisitos para que a norma seja considerada válida. A sua presença poderá, portanto, ser objeto de análise judicial em ações anulatórias ou em discussões incidentes em dissídios individuais.

11. CONSIDERAÇÕES FINAIS

Muito se fala sobre as situações em que se mira no alvo errado, mas se acerta o alvo certo. Mais raras, mas talvez por isso mais importantes, são as situações em que se mira em um alvo certo e se atinge dois alvos igualmente importantes com o mesmo disparo. É assim que pode ser descrita a Lei n. 12.619/2012. Embora ela tenha sido elaborada com o escopo de reduzir a segurança nas estradas, é inegável que seus preceitos, se efetivamente cumpridos, também melhorarão e muito a condição social dos motoristas profissionais. O texto legal é, nesse ínterim, merecedor de aplausos. Resta saber se a fiscalização será feita de forma a garantir a sua eficácia prática e o êxito de suas pretensões.

Parte IV

DUMPING SOCIAL NAS RELAÇÕES DE TRABALHO

Capítulo 6

Efeito das Condenações por Dano Social nas Relações de Trabalho

Jorge Luiz Souto Maior(*)

As cada vez mais frequentes condenações por dano social, às vezes denominadas indenização por "dumping social", ou meramente indenização suplementar, têm atraído uma resistência de ordem conceitual. Uns negam que a expressão *dumping* possa ser utilizada no contexto interno das relações comerciais de um único país, visto que estaria reservada às relações internacionais. Outros asseveram que a expressão *dumping* tem natureza estritamente econômica, podendo ser conceituada como a "prática de comércio internacional consistente na venda de mercadorias em praça estrangeira por preço sistematicamente inferior ao do mercado interno ou ao de produtos concorrentes, tendo como fito a eliminação da concorrência"(1), o que tornaria impróprio falar em "dumping social", sendo mais adequado falar em delinquência patronal.

A respeito dessas resistências conceituais (e de tantas outras), é interesse notar que o fenômeno social destacado pela teoria do "*dumping* social" não é desconhecido por ninguém. Em outras palavras, nenhum autor que tenha se posicionado sobre o tema, mesmo apresentando objeções conceituais, negou a existência do fato social e econômico condizente na prática reiterada de descumprimento da legislação trabalhista como forma de obter vantagem econômica sobre a concorrência. Além disso, ninguém disse – nem poderia dizer, por certo – que constitui um direito das empresas buscarem melhorar seu lucro e vencer a concorrência econômica por meio de práticas fraudulentas, notadamente no que se refere aos direitos trabalhistas.

Bem se vê, portanto, que as objeções são muito mais terminológicas do que, propriamente, conceituais, até porque o maior erro que se pode cometer no tema proposto seria o de manter o Direito alheio a uma realidade que passou a receber a necessária problematização jurídico-teórica.

Cumpre ressaltar neste aspecto, que o Direito é um dado cultural que se constrói evolutivamente na medida das valorações que se atribuam aos fatos sociais. A partir de uma problematização específica, o conjunto de normas e princípios existentes, qual seja, o Direito, é chamado a conferir uma resposta corretiva aos efeitos sociais nefastos identificados. Na sociedade capitalista o Direito apresenta-se, ademais, como o instrumento regulador necessário para salvaguardar o próprio sistema, que requer padrões claros de conduta econômica, e para preservar o ser humano diante desses mesmos interesses econômicos tidos como legítimos.

Foi assim, por exemplo, que o tema relativo ao assédio moral nas relações de emprego, uma vez

(*) Juiz do Trabalho. Professor livre docente da Universidade de São Paulo. Associado do Departamento de Direito do Trabalho e da Seguridade Social da USP.

(1) .PINTO, José Augusto Rodrigues. *Dumping social ou delinqüência patronal na relação de emprego? In*: <http://aplicacao.tst.jus.br/dspace/handle/1939/26999>, acesso em 21/04/13.

identificado por pesquisas médicas, atingindo preocupações psicossociais, passou a integrar o rol dos estudos jurídicos trabalhistas. Hoje, mesmo sem o advento de uma lei específica, ao contrário do que ocorria há 10 (dez) anos atrás, o assédio moral nas relações de emprego, entendido como a prática reiterada de rebaixamento da condição humana do trabalhador, levando ao abalo de sua alto estima, é um fato social devidamente reprimido pelo Direito.

Pois bem, o que se passa com o fato social e econômico da prática de algumas empresas de vislumbrarem o descumprimento sistematizado da legislação trabalhista como forma de potencializarem lucros e suprimirem a concorrência é exatamente a mesma coisa. Percebido o fato, ou, problematizada a questão sob o ponto de vista de seus graves efeitos para o próprio propósito constitucional de regulamentar o modo de produção capitalista em consonância com o projeto de consagração do valor social do trabalho e da preservação da dignidade humana, não se pode excluir a incidência do Direito sobre o problema, buscando no seu bojo os meios necessários para as correções necessárias.

O nome que se dê ao fato é relevante como facilitador da compreensão da ideia, mas não é a sua essência. Podemos chamar a justa causa do empregador de "rescisão indireta", mas a essência não muda, muito embora, deve-se reconhecer, a expressão mais amena acabe servindo para dificultar a percepção da delinquência patronal, direcionando-se apenas para o empregado a conotação de ordem moral que a expressão "justa causa" carrega.

De todo modo, a eventual divergência quanto ao nome não pode, de modo algum, ser obstáculo à percepção da ideia e mais ainda à visualização do problema social identificado. Em outras palavras, ainda que se tenham bons argumentos para dizer que a expressão "dumping" é restrita às relações econômicas e que sirva para relações internacionais, não se pode concluir, a partir da objeção terminológica, que o fenômeno social e econômico embutido na problematização que deu origem à nova postura jurisprudencial não existe e que, não existindo, não deva ser uma preocupação do jurista e, consequentemente, do Direito.

O texto referido acima, do Prof. José Augusto Rodrigues Pinto, aliás, tem, exatamente, esse mérito, de apontar uma objeção terminológica, apontada como conceitual, mas que não desconsidera a existência do fato social e econômico e a necessidade da interferência corretiva do Direito.

Reafirmamos que a divergência, muito bem-vinda por sinal, não é conceitual na medida em que os instrumentos jurídicos preconizados como aplicáveis ao caso, visando a sua correção, não são rejeitados.

Em suma, chamemos de "dumping social", de "dano social" ou de "delinquência patronal" o fenômeno referido, o mais importante é que ele não escape das análises jurídicas como uma séria agressão ao Estado Democrático de Direito Social, merecendo, por isso, forte resistência jurisprudencial.

Ainda assim, cumpre reforçar os argumentos em prol da nomenclatura utilizada, "dumping social", sem pretender, como se está expressando, excluir a pertinência de eventuais objeções, desde que se integrem ao mesmo contexto da preocupação de corrigir, pela ação jurisprudencial, o fenômeno identificado e desde que, também, não se permita que o foco central do debate fique restrito à questão terminológica.

Entendo que *dumping* é apenas uma expressão, ou seja, um nome, como são, por exemplo, "carro", "caminhão", "amarelo", "azul" etc. A expressão "dumping", que significa rebaixar algo à condição de lixo, foi aplicada, inicialmente, nas relações de comércio internacional, para designar as práticas de concorrência desleal. Isso não significa que a expressão tenha se tornado dominada pelo próprio fenômeno que por ela se tentou identificar. Não é porque um dia denominamos o Ford T de carro que temos que encontrar outro nome para nos referirmos à *Bugatti Veyron SuperSports*, ademais, para a evolução do raciocínio, que segue acompanhada, naturalmente, da evolução das denominações.

Se, no passado, o problema da concorrência desleal entre as empresas foi uma preocupação que se pôs no nível das relações internacionais e isso tinha o sentido necessário para a construção de uma racionalidade em torno da preservação da paz mundial no contexto do modo de produção capitalista, visto que a concorrência desregrada entre as empresas estava diretamente ligada à postura concorrencial dos próprios países, vez que as empresas preservavam, no geral, a identidade de sua nacionalidade, sendo que a concorrência internacional desregrada conduziu a humanidade a duas guerras mundiais.

No presente, no entanto, constata-se que a sustentabilidade do sistema capitalista passa pela regularidade dos mercados internos, o qual reflete as antigas práticas internacionais, na medida em que, no geral, são impulsionados por capital estrangeiro.

Os mercados internos, dada a globalização econômica, são formados por multinacionais e mesmo por empresas nacionais bancadas por capital estrangeiro. Assim, as práticas concorrenciais em determinado país interferem nos arranjos econômicos mundiais, com influência decisiva sobre a eficácia dos direitos sociais. As práticas abusivas de grandes empresas, tendentes à hegemonia, aniquilam os mercados internos e favorecem o desequilíbrio internacional dos meios de produção e consumo, pondo em risco a paz mundial.

É assim, por exemplo, que as práticas produtivas internas são preocupações da OMC, quando esta preconiza a elaboração de cláusulas sociais.

Da mesma forma, a Organização Internacional do Trabalho (OIT) preocupa-se, desde 1977, com a atuação das empresas multinacionais, tendo fixado na Declaração Tripartite de Princípios sobre as Empresas Multinacionais e a Política Social, que foi reafirmada em novembro de 2000, o reconhecimento da importância das empresas multinacionais para o desenvolvimento econômico, mas destacando que a defesa de seus interesses pode representar um grave risco à efetivação dos direitos trabalhistas.

Estabelece a referida Declaração:

> 1. As empresas multinacionais desempenham um papel muito importante nas economias da maior parte dos países e nas relações econômicas internacionais, que é de interesse crescente para os governos, assim como para os empregadores, os trabalhadores e suas respectivas organizações. Mediante os investimentos diretos internacionais e outros meios, estas empresas podem trazer vantagens substanciais ao país que as acolhe e ao país de origem, contribuindo para uma utilização mais eficaz do capital, da tecnologia e do trabalho. No marco das políticas de desenvolvimento estabelecidas pelos governos, podem trazer também uma contribuição muito importante à promoção do bem-estar econômico e social, à melhora do nível de vida e a satisfação das necessidades básica, à criação de oportunidades de emprego, tanto direta quanto indiretamente, e à promoção dos direitos humanos básicos, incluída a liberdade sindical, em todo o mundo. Por outra parte, os progressos realizados por estas empresas multinacionais na organização de suas operações que transcendem o marco nacional podem dar lugar a uma concentração abusiva de poder econômico e a conflitos objetivos da política nacional e os interesses dos trabalhadores. A complexidade destas empresas e a dificuldade de perceber claramente suas estruturas, operações e planos são também motivo de preocupação no país de acolhida, no país de origem ou em ambos.

A Declaração em questão enuncia princípios em matéria de emprego, formação profissional, condições de trabalho e de vida e relações laborais, cuja aplicação se recomenda em caráter voluntário a governo, a organizações patronais e de trabalhadores e às empresas multinacionais (item 7).

De forma geral, é preconizado que as multinacionais devem respeitar os direitos soberanos dos Estados, observar as leis e regulamentos nacionais e as práticas locais, respeitando as normas internacionais aplicáveis. Mas, deve respeitar, também, a Declaração Universal dos Direitos Humanos e os Pactos Internacionais correspondentes, além da Constituição da OIT e seus princípios, visando um progresso sustentável a partir dos pressupostos essenciais da liberdade de expressão e de associação (item 8).

No item 16 é destacado que "as empresas multinacionais, sobretudo quando realizam suas operações nos países em via de desenvolvimento, devem esforçar-se para aumentar as oportunidades e níveis de emprego, tendo em conta a política e os objetivos dos governos locais a este respeito, assim como a segurança do emprego e o desenvolvimento a longo prazo da empresa".

O item 18 prevê que "as empresas multinacionais deverão dar prioridade de emprego, de desenvolvimento profissional, de promoção e de aperfeiçoamento, aos trabalhadores do país de acolhida em todos os níveis, em cooperação, quando corresponda, com os representantes dos trabalhadores da empresa ou as organizações destes trabalhadores e com autoridades governamentais".

A Declaração traz um título pertinente à Segurança do Emprego, atribuindo às empresas multinacionais, assim como às nacionais, a estabelecer uma planificação "para assegurar um emprego estável a seus trabalhadores e para observar as obrigações livremente negociadas em matéria de estabilidade do emprego e da seguridade social" (itens 24 a 26), devendo evitar os procedimento de dispensa arbitrária (item 27).

No que tange às condições de trabalho e de vida, é fixado no item 33 que "os salários, prestações e condições de trabalho que ofereçam as empresas multinacionais não devem ser menos favoráveis para os trabalhadores que as oferecidas por empregadores no país de acolhida".

Acrescenta o item 34: "Quando as empresas multinacionais operem em países em vias de desenvolvimento, nos quais possam existir empregadores que lhes sejam comparáveis, devem proporcionar os salários, prestações e condições de trabalho melhores possíveis no marco da política governamental."

Por fim, preconiza que as empresas multinacionais devem aplicar normas em matéria de relações de trabalho que não sejam menos favoráveis que as observadas pelos empregadores que lhe sejam comparáveis no país de acolhida (item 41).

Bem se vê, portanto, que aquilo que se passa nas relações internas, sobretudo em se tratando de empresas multinacionais e de uma economia globalizada, interfere, diretamente, na ordem econômica e social no âmbito mundial, o que restou explicitado com maior evidência, em 2008, por intermédio da Declaração sobre a Justiça Social para uma Globalização Eqüitativa, adotada por consenso dos 182 Estados membros na 97ª reunião da Conferência Internacional do Trabalho, da OIT.

Em tal Declaração afirmou-se, sem rodeios, que "em um contexto mundial marcado por uma interdependência e complexidade crescentes, assim como pela internacionalização da produção: – os valores fundamentais de liberdade, dignidade humana, justiça social, seguridade e não discriminação são essenciais para um desenvolvimento e uma eficácia sustentáveis em matéria econômica e social; – o diálogo social e a prática do tripartismo entre os governos e as organizações representativas de trabalhadores e de empregadores, tanto no plano nacional como internacional se tornam ainda mais vigentes para alcançar soluções e fortalecer a coesão social e o Estado de direito, entre outros meios, mediante as normas internacionais do trabalho; – a importância da relação de trabalho deveria ser reconhecida como meio de oferecer proteção jurídica aos trabalhadores; – as empresas produtivas, rentáveis e sustentáveis, junto com uma economia social sólida e um setor público viável, são fundamentais para um desenvolvimento econômico e oportunidades de emprego sustentáveis e; – a Declaração tripartite de princípios sobre as empresas multinacionais e a política social (1977) revisada, que aborda o crescente papel desses atores na consecução dos objetivos da Organização, continua sendo pertinente."

Lembre-se que desde 1966, com a adoção do Pacto Internacional dos Direitos Econômicos, Sociais e Culturais, não se pode desvincular a atuação econômica dos projetos sociais.

É neste sentido, ademais, que no Brasil, por exemplo, o Bovespa criou o "Índice de Sustentabilidade Empresarial", visando selecionar empresas com práticas de responsabilidade social, que se apresenta, assim, como a principal referência para a seleção de papéis de primeira linha.

Como se vê, não há nada mais próprio que falar em "dumping", para se referir a práticas econômicas que visem suprimir a concorrência no mercado interno. E, quando essas práticas estão ligadas ao rebaixamento das bases sociais, ou seja, à desconsideração dos custos necessários para efetivar os direitos trabalhistas e previdenciários, nada mais apropriado que se referir a esse fenômeno como "dumping social". Acredito não se tratar de mera deliquência patronal, vez que envolve uma prática organizada, deliberada, que atinge, reflexamente, o sistema econômico como um todo, com prejuízo difuso para a classe trabalhadora em geral.

O "dumping social", assim identificado, como a prática reincidente, reiterada, de descumprimento da legislação trabalhista, como forma de possibilitar a majoração do lucro e de levar vantagem sobre a concorrência, ainda que tal objetivo não seja atingido, deve repercutir juridicamente, pois causa um grave desajuste em todo o modo de produção, com sérios prejuízos para os trabalhadores e a sociedade em geral.

Lembre-se, a propósito, que nos termos da Lei n. 12.529/2011, que estrutura o Sistema Brasileiro de Defesa da Concorrência e dispõe sobre a prevenção e repressão às infrações contra a ordem econômica, o desrespeito aos direitos trabalhistas pode ser entendido como uma infração à ordem econômica. Nos termos da referida lei, constituem infração da ordem econômica, **independentemente de culpa**, os atos sob qualquer forma manifestados, que **tenham por objeto ou possam produzir os seguintes efeitos, ainda que não sejam alcançados**: I – limitar, falsear ou de qualquer forma prejudicar a livre concorrência ou a livre iniciativa; (....) III – aumentar arbitrariamente os lucros.

Buscando no Direito o instituto jurídico mais próximo para a interseção necessária no sentido corretivo, ao mesmo tempo punitivo e preventivo, encontra-se a figura do dano social.

Assim, o "dumping social" é o fenômeno fático que, atingindo as esferas econômica e social, encontra eco jurídico na figura do "dano social", que tem uma conotação difusa, sendo certo que a reparação do dano social, advinda da prática do "dumping social", não inibe o reconhecimento de outros danos que decorram do mesmo fato.

O trabalhador lesado pela prática supressiva dos seus direitos tem o direito de buscar a configuração do fato como gerador de dano pessoal, nos aspectos material ou imaterial (mal denominado de dano moral). E, também, o conjunto identificado dos empregados da empresa que efetuou a prática lesiva podem visualizar a ocorrência de um dano coletivo (mal denominado de moral coletivo).

Além disso, as formas de reparação são múltiplas, não podendo ser, previamente, enquadradas ou mesmo quantificadas, visto que se inserem na órbita dos atos ilícitos.

De forma mais elucidativa, didática mesmo, cumpre fixar os seguintes enunciados:

a) na esfera trabalhista, o "*dumping social*" é o rebaixamento do nível e da qualidade de vida dos trabalhadores, advindo da prática de conduta socialmente reprovável do empregador, caracterizada pelo desrespeito reiterado e inescusável dos direitos trabalhistas, gerando ao empregador o efeito potencial, atingido, ou não, da obtenção de uma vantagem econômica sobre outros empregadores que cumprem, regularmente, as obrigações jurídicas trabalhistas, incentivando, reflexamente, a concorrência desleal;

b) o "*dumping* social" é uma das manifestações de dano social, vez que contraria, frontalmente, o projeto constitucional que fora destinado à legislação trabalhista no sentido da melhoria da condição social dos trabalhadores;

c) a utilização de institutos jurídicos com vistas a precarizar as condições de trabalho, fraudando a aplicação de preceitos de ordem pública, especialmente no que tange à segurança e a saúde no trabalho, gera o dano social mesmo sem o requisito da reincidência, dada a sua gravidade, por ferir os preceitos do Estado Democrático de Direito Social, notadamente, a função social da propriedade, a função social do contrato, a dignidade humana e o valor social do trabalho;

d) a reparação do dano social é essencial para recuperação da autoridade do ordenamento jurídico trabalhista e para dar eficácia concreta ao compromisso internacional firmado pelo Brasil no contexto da globalização econômica.

Com divergência teórica, ou não, o fato é que as condenações por dano social, que partiram do Enunciado n. 4, da 1ª. Jornada de Direito Material e Processual da Justiça do Trabalho, organizada pela Anamatra e realizada nos dias 21 a 23 de novembro de 2007, no Tribunal Superior do Trabalho, em Brasília, tornaram-se uma realidade nas relações de emprego no Brasil, conforme se pode verificar da enumeração abaixo:

> Decisão da juíza Valdete Souto Severo, em 30.09.09, no Processo n. 00477-2009-005-04-5, da 4ª Vara do Trabalho de Porto Alegre, na qual se condenou a reclamada, CASAS BAHIA COMERCIAL LTDA., pelo reconhecimento da prática de *dumping* social, em função de assédio moral noticiado em inúmeras reclamações trabalhistas, caracterizada pela conduta contumaz de manter um ambiente de trabalho que atenta contra a honra dos empregados e pelo uso de se efetuar pagamentos "por fora", ao pagamento de indenização no valor de R$ 700.000,00 (setecentos mil reais), com reversão para um fundo de execuções;
>
> Decisão do juiz Antônio Arraes Branco Avelino, de 29.09.08, no processo n. 1.304/07, com trâmite na 2ª Vara do Trabalho de Dourados/MS, pela qual se condenou a reclamada, ELEVA ALIMENTOS S/A (PERDIGÃO S/A), pelo reconhecimento da prática reiterada de exposição dos trabalhadores a jornadas exaustivas, de até 14 e 16 horas, longos períodos sem descanso semanal, em atividades rápidas, repetitivas e em ambiente insalubre, condenou-se a reclamada ao pagamento de uma indenização de R$500.000,00 (quinhentos mil reais) em favor de cada um dos reclamantes constantes das diversas reclamações relacionadas na fundamentação;
>
> Decisão do juiz, Ranúlio Mendes Moreira, no processo n. 495-2009-191-18-00-5, com trâmite pela Vara do Trabalho de Mineiros/GO, pela qual se condenou a reclamada, um frigorífico, a pagar indenização por danos sociais no valor de R$ 100.000,00, considerando-se que houve prejuízo social pelo desrespeito reitera-

do do intervalo de descanso relativo aos trabalhadores que exercem suas funções em ambiente artificialmente refrigerado, tendo sido, ainda, fixada multa diária, também em R$ 100.000,00, caso o frigorífico continuasse desrespeitando a norma que visa preservar a saúde do trabalhador submetido habitualmente a baixas temperaturas;

Decisão do juiz, Ranúlio Mendes Moreira, da 2ª Vara do Trabalho de Goiânia, no Processo n. 01035-2005-002-18-00-3, pela qual se considerou a utilização de terceirização ilícita uma prática de "*dumping* social", condenando-se as reclamadas, Construtora MB Engenharia e Cooperativa Mundcoop – Cooperativa de Prestação de Serviços Multidisciplinares do Estado de Goiás, ao pagamento de indenização de R$100.000,00 (cem mil reais), revertidos à entidade Filantrópica, Vila São Cottolengo, de Trindade (GO).

Decisão do juiz, Luiz Eduardo da Silva Paraguassu, titular da Vara do Trabalho de Luziânia, GO, de março de 2009, no Processo n. 00736-2007-131-18-00-0 (Ação Civil Pública movida pelo Ministério Público do Trabalho da 18ª. Região), pela qual se declarou a existência de fraude na formação das empresas, constituídas por "testas de ferro", pessoas inidôneas econômica e financeiramente, com o intuito de mascarar a verdadeira identidade dos donos das empresas Agropecuária Brasília Ltda., Israel da Silva – ME, R.T. Comércio de Carnes Ltda., Agropecuária São Caetano Ltda., Fril – Comercial deAlimentos Ltda., advindo uma condenação por dano moral coletivo na ordem de R$500.000,00 (quinhentos mil reais), revertidos para o Fundo de Amparo ao Trabalhador (FAT);

Decisão da juíza, Alciane de Carvalho, da 2ª Vara do Trabalho de Goiânia, no Processo n. 304/2009, pela qual se condenou uma empresa de prestação de serviços em telefonia ("telemarketing") por dano moral coletivo, também denominado na sentença por "*dumping* social", considerando-o caracterizado pelo fato de ter a empresa adotado condições desumanas de trabalho, como forma de se obter vantagem econômica sobre a concorrência, advindo condenação ao pagamento de uma indenização de R$50.000,00 (cinqüenta mil reais), com reversão em favor do Fundo de Amparo ao Trabalhador (FAT);

Decisão do juiz, Alexandre Chibante Martins, do Posto Avançado ligado à Vara do Trabalho de Ituiutaba, MG, Processo n. 00866-2009-063-03-00-3, pela qual se condenou a reclamada, integrada ao Grupo JBS-Friboi, ao pagamento de indenização por "dumping social", caracterizado pela prática de redução de custos a partir da eliminação de direitos trabalhistas, como o não pagamento de horas extras e a contratação sem registro em carteira de trabalho, resultando na condenação ao pagamento de uma indenização fixada em R$500,00 (quinhentos reais), revertida ao reclamante;

Decisão da juíza Beatriz Helena Miguel Jiacomini, da 4ª Vara do Trabalho de São Paulo, que obrigou a Chambertain Administradora – adquirida pela BHG – Brazil Hospitality Group – a pagar indenização de R$ 50 mil, revertida para a Associação de Apoio a Criança com Câncer (AACC). Segundo consta da decisão, a condenada é "contumaz em contratar empregados sem registrar o contrato de trabalho, submetendo-os a adesões a cooperativas, abertura de empresas, mascarando a relação empregatícia com o objetivo de fraudar e impedir a aplicação do direito social laboral";

Decisão do juiz Jônatas Andrade, da Vara do Trabalho de Parauapebas, Pará, que condenou, no dia 10 de março de 2010, a Companhia Vale do Rio Doce a pagar R$100 milhões por danos morais coletivos e mais R$200 milhões por dumping social, pelo fato de que os trabalhadores diretamente contratados pela Vale ou por empresas que prestam serviço a ela gastam um mínimo de duas horas de deslocamento para ir e voltar às minas, valor este que não era remunerado ou descontado da jornada. A Justiça do Trabalho entendeu que a empresa deve considerar as horas *in itinere* e remunerá-las, respeitando o limite máximo da jornada diária de trabalho legal. A condenação por danos morais e por *dumping* social ficou a cargo da Vale e não das terceirizadas. De acordo com o juiz, a empresa determinava à suas prestadoras de serviço à não computarem as horas para não prejudicar a interpretação da legislação feita pela companhia. Conforme consta da sentença, "A construção do artifício de fraude foi comandada pela Vale, inclusive para o não pagamento dos direitos trabalhistas". Esse procedimento teria resultado em uma economia para a Vale da ordem de duzentos milhões de reais, apenas nos últimos cinco anos, gerando uma prática concorrencial desleal, em detrimento da qualidade de vida dos trabalhadores. A multa por "*dumping* social", fixada em duzentos milhões, fora destinada ao Fundo de Amparo ao Trabalhador. Os 100 milhões relativos ao dano moral coletivo, segundo a sentença, terão que ser revertidos à própria comunidade afetada (o que inclui todos os municípios da província mineral de Carajás e não apenas Parauapebas) através de projetos derivados de políticas públicas de defesa e promoção dos direitos humanos do trabalhador.

Os Tribunais trabalhistas já começam a respaldar as decisões de primeiro grau em tal temática:

REPARAÇÃO EM PECÚNIA – CARÁTER PEDAGÓGICO – *DUMPING* SOCIAL. CARACTERIZAÇÃO: Longas jornadas de trabalho, baixos salários, utilização da mão de obra infantil e condições de labor inadequadas são algumas modalidades exemplificativas do denominado *dumping* social, favorecendo em última análise o lucro pelo incremento de vendas, inclusive de exportações, devido à queda dos custos de produção nos quais encargos trabalhistas e sociais se acham inseridos. "As agressões reincidentes e inescusáveis aos direitos trabalhistas geram um dano à sociedade, pois com tal prática desconsidera-se, propositalmente, a estrutura do Estado Social e do próprio modelo capitalista com a obtenção de vantagem indevida perante a concorrência. A prática, portanto, reflete o conhecido '*dumping* social'" (1ª Jornada de Direito Material e Processual na Justiça do Trabalho, Enunciado n. 4). Nessa ordem de idéias, não deixam as empresas de praticá-lo, notadamente em países subdesenvolvidos ou em desenvolvimento, quando infringem comezinhos direitos trabalhistas na tentativa de elevar a competitividade externa. "Alega-se, sob esse aspecto, que a vantagem derivada da redução do custo de mão-de-obra é injusta, desvirtuando o comércio internacional. Sustenta-se, ainda, que a harmonização do fator trabalho é indispensável para evitar distorções num mercado que se globaliza" (LAFER, Celso – "*Dumping* Social", *in* Direito e Comércio Internacional: Tendências e Perspectivas, Estudos em homenagem ao Prof. Irineu Strenger, LTr, São Paulo, 1994. p. 162). Impossível afastar, nesse viés, a incidência do regramento vertido nos artigos 186, 187 e 927 do Código Civil, a coibir – ainda que pedagogicamente – a utilização, pelo empreendimento econômico, de quaisquer métodos para produção de bens, a coibir – evitando práticas nefastas futuras – o emprego de quaisquer meios necessários para sobrepujar concorrentes em detrimento da dignidade humana. (00866-2009-063-03-00-3 RO – TRT/3ª Região, Desembargador Relator Júlio Bernardo do Carmo)

DANO À SOCIEDADE (*DUMPING* SOCIAL). INDENIZAÇÃO SUPLEMENTAR. JUSTIÇA DO TRABALHO. APLICAÇÃO. As agressões reincidentes e inescusáveis aos direitos trabalhistas geram um dano à sociedade, pois com tal prática desconsidera-se, propositalmente, a estrutura do Estado Social e do próprio modelo capitalista com a obtenção de vantagem indevida perante a concorrência. A prática, portanto, reflete o conhecido "*dumping* social", motivando a necessária reação do Judiciário trabalhista para corrigi-la. O dano à sociedade configura ato ilícito, por exercício abusivo do direito, já que extrapola limites econômicos e sociais, nos exatos termos dos arts. 186, 187 e 927 do Código Civil. Encontra-se no art. 404, parágrafo único do Código Civil, o fundamento de ordem positiva para impingir ao agressor contumaz uma indenização suplementar, como, aliás, já previam os artigos 652, "d", e 832, § 1º, da CLT" (Súmula n. 4, da primeira Jornada de Direito Material e Processual na Justiça do Trabalho, em 23.11.2007) – AC 2ª T – PROC RO 00394-2008-003-16-00-3 – 16ª REGIÃO – Ilka Esdra Silva Araújo – Desembargadora Relatora. DJ/MA de 9.10.2009 – (DT – Abril/2010 – vol. 189. p. 142).

ATOS ANTISSINDICAIS. *DUMPING* SOCIAL. DANO SOCIAL. REPERCUSSÃO ATUAL E FUTURA NA SOCIEDADE. FIXAÇÃO PRUDENTE DE INDENIZAÇÃO ADICIONAL DE OFÍCIO EM DISSÍDIO COLETIVO. A prática de atos antissindicais por intermédio do "*dumping* social", com repercussão em toda a sociedade, não pode ser menosprezada pelo Judiciário Trabalhista. Não se pode ignorar que tal ato prejudica não apenas os trabalhadores, bem como a razoável duração dos demais processos decorrentes da propositura de novas reclamatórias postulando os direitos decorrentes, mas a própria economia, na medida em que provocará a concorrência desleal com os demais empresários. Pior ainda, constitui perigoso precedente, que poderá ser copiado pelos demais concorrentes. Identificado o *dumping*, os prejuízos causados e o risco para a sociedade, pode o Judiciário, para cumprir o dever de estabelecer a justa recomposição, conceder indenização adicional de ofício em favor de estabelecimento local benemerente. Assim, apesar da regra geral insculpida no art. 460 do CPC, a interpretação sistemática da legislação (arts. 461, § 5º, do CPC; 186, 187, 404, 883, 944 e 927 do CC; 81, 84 e 100, do CDC) abre um leque de opções proporcionais à extensão do dano, especialmente nos feitos coletivos, mediante a fixação prudente e equilibrada de indenização adicional. Devida, assim, indenização adicional em favor de entidade benemerente." (TRT15 – SDC – Processo n. 0000385-86.2012.5.15.0000 – DISSÍDIO COLETIVO DE GREVE – Desembargador Relator, SAMUEL HUGO LIMA – DJ 15.05.2012)

DANO SOCIAL. AGRESSÕES REITERADAS E SISTEMÁTICAS AOS DIREITOS DOS TRABALHADORES. REPERCUSSÃO NA SOCIEDADE. CORREÇÃO DA POSTURA PELO JUDICIÁRIO. INDENIZAÇÃO SUPLEMENTAR INDEPENDENTE DE PEDIDO. CONDENAÇÃO *EX OFFICIO*. INEXISTÊNCIA DE JULGAMENTO *EXTRA PETITA*. A constatação, em reclamação individual, de agressões reiteradas às normas trabalhistas atinge, não apenas o reclamante, mas outros trabalhadores e mesmo empresas concorrentes, o que deixa firme que a questão abarca realidade bem maior, em claro e notório dano social, com repercussão em toda a sociedade, obrigando a que o Judiciário atue no intuito de correção de prática tão danosa, por meio de condenação do respectivo empregador ao pagamento de indenização suplementar, de ofício, tendo como destinatária entidade reconhecidamente idônea e de atuação reconhecida e irrepreensível em prol da coletividade, o que não configura decisão *extra petita*, e encontra guarida de ordem positiva no art. 404, parágrafo único, do Código Civil, bem como em caros princípios do ordenamento jurídico pátrio, em especial o da dignidade da pessoa humana, a par de conferir concretude aos valores sociais do trabalho e a justiça social. (TRT15, 3ª. Turma, 6ª. Câmara, Processo n. 0001032-98.2012.5.15.0156 RO, Origem: Vara Itinerante do Trabalho de Morro Agudo, Desembargador Relator, FRANCISCO ALBERTO DA MOTTA PEIXOTO GIORDANI)

INDENIZAÇÃO SUPLEMENTAR. DANO SOCIAL. CABIMENTO. Não obstante já exista eficiente intervenção do Ministério Público do Trabalho na função de guardião do interesse público, não há como deixar de observar e atuar o julgador como fiscal da lei. Neste caso restou evidenciado que as Reclamadas, cada qual com sua razão, participaram de um processo produtivo onde foi explorada mão de obra de trabalhadores que não viram seus direitos trabalhistas reconhecidos. Não é admissível que o desenvolvimento de qualquer atividade econômica se dê ao custo de se ignorar os ditames que regem as relações de trabalho. (5ª Turma, 9ª Câmara, Processo n. 0043200-77.2007.5.15.0096 RO, Origem: 3ª Vara do Trabalho de Jundiaí, Juiz Relator, FÁBIO ALLEGRETTI COOPER)

DANO SOCIAL ("*DUMPING* SOCIAL"). IDENTIFICAÇÃO: DESRESPEITO DELIBERADO E REITERADO DA LEGISLAÇÃO TRABALHISTA. REPARAÇÃO: INDENIZAÇÃO "EX OFFICIO" EM RECLAMAÇÕES INDIVIDUAIS. Importa compreender que os direitos sociais são o fruto do compromisso firmado pela humanidade para que se pudesse produzir, concretamente, justiça social dentro de uma sociedade capitalista. Esse compromisso, fixado em torno da eficácia dos Direitos Sociais, se institucionalizou em diversos documentos internacionais nos períodos pós-guerra, representando, também, um pacto para a preservação da paz mundial. Esse capitalismo socialmente responsável perfaz-se tanto na perspectiva da produção de bens e oferecimento de serviços quanto na ótica do consumo, como faces da mesma moeda. Deve pautar-se, também, por um sentido ético, na medida em que o desrespeito às normas de caráter social traz para o agressor uma vantagem econômica frente aos seus concorrentes, mas que, ao final, conduz todos ao grande risco da instabilidade social. As agressões ao Direito do Trabalho acabam atingindo uma grande quantidade de pessoas, sendo que destas agressões o empregador muitas vezes se vale para obter vantagem na concorrência econômica com relação a vários outros empregadores. Isto implica dano a outros empregadores não identificados que, inadvertidamente, cumprem a legislação trabalhista, ou que, de certo modo, se vêem forçados a agir da mesma forma. Resultado: precarização completa das relações sociais, que se baseiam na lógica do capitalismo de produção. O desrespeito deliberado, inescusável e reiterado da ordem jurídica trabalhista, portanto, representa inegável dano à sociedade. Óbvio que esta prática traduz-se como "*dumping* social", que prejudica a toda a sociedade e óbvio, igualmente, que o aparato Judiciário não será nunca suficiente para dar vazão às inúmeras demandas em que se busca, meramente, a recomposição da ordem jurídica na perspectiva individual, o que representa um desestímulo para o acesso à justiça e um incentivo ao descumprimento da ordem jurídica. Assim, nas reclamações trabalhistas em que tais condutas forem constatadas (agressões reincidentes ou ação deliberada, consciente e economicamente inescusável de não respeitar a ordem jurídica trabalhista), tais como: salários em atraso; salários "por fora"; trabalho em horas extras de forma habitual, sem anotação de cartão de ponto de forma fidedigna e o pagamento correspondente; não recolhimento de FGTS; não pagamento das verbas rescisórias; ausência de anotação da CTPS (muitas vezes com utilização fraudulenta de terceirização, cooperativas de trabalho, estagiários, temporários, pejotização etc.); não concessão de férias; não concessão de intervalo para refeição e descanso; trabalho em condições insalubres ou perigosas, sem eliminação concreta dos riscos à saúde etc., deve-se proferir condenação que vise a reparação específica pertinente ao dano social perpetrado, fixada *ex officio* pelo juiz da causa, pois a perspectiva não é a da mera proteção do patrimônio individual, sendo inegável, na sistemática processual ligada à eficácia dos Direitos Sociais, a extensão dos poderes do juiz, mesmo nas lides individuais, para punir o dano social identificado." (TRT15, 6ª Turma, Processo n. 0001087-74-2010-5-15-0138 RO, Juiz Relator, Jorge Luiz Souto Maior – DJ 2.04.2012)

No mesmo sentido é o teor do julgamento proferido em 24.04.2012 pela 6ª Turma do E. Tribunal Regional do Trabalho da 15ª Região nos autos do processo n. 0049300-51-2009-5-15-0137/RO, Origem: Vara do Trabalho de Piracicaba, Juiz Relator, Jorge Luiz Souto Maior.

O mais importante é perceber o quanto essas condenações refletem na realidade local, pois têm, de fato, o efeito de estimular as mudanças de postura frente aos direitos trabalhistas, pois o risco do advento de um elevado custo a qualquer instante anula a vantagem econômica obtida ao longo de anos.

Até bem pouco tempo atrás a prática do desrespeito deliberado e reincidente da legislação trabalhista não se inseria dentre as preocupações do Direito do Trabalho, sendo, por isso mesmo, quando vista, entendida como normal e até legítima. Presentemente, a consideração dessa prática como ato ilícito é incontestável, tendo se inserido na direção de um caminho sem volta. As reparações por dano social, decorrente da prática, são cada vez mais frequentes e tendem a eliminar por completo as vantagens econômicas de todos aqueles que vislumbrem atuar no mercado sem a plenitude do respeito aos direitos trabalhistas e à dignidade dos trabalhadores.

Ademais, a postura punitiva da prática ilícita em questão é, antes de tudo, uma forma de satisfação essencial para aqueles que respeitam a ordem jurídica, conferindo-lhes a certeza de que não serão prejudicados por terem agido com respeito aos direitos alheios.

Não sendo assim, todas as empresas que agem sob o pressuposto da eficácia dos Direitos trabalhistas poderia ser considerada uma "otária", como na crônica de Carlos Heitor Cony e todas as demais, que praticam ilegalidades reiteradas, buscando obter vantagem na concorrência econômica, passando por cima de direitos fundamentais, seriam as "empresas espertas"

Dada a pertinência, convém, ademais, reproduzir a Crônica referida:

> Amigo meu foi com a namorada passar o Carnaval em Búzios. Pegou um congestionamento de 25 quilômetros na estrada da Manilha e foi assaltado por dois bandidos, que nem usavam capuzes para não chamar a atenção dos outros carros engarrafados. Recebeu ordem de ir em frente, no ritmo lento do tráfego, se desse algum sinal acusando o assalto, seria sacrificado na hora. O jeito foi obedecer. Quando o trânsito melhorasse, os bandidos ficariam com o carro e libertariam os dois. O que realmente aconteceu, hora e meia mais tarde. Da experiência de dirigir com uma arma na nuca, o meu amigo guardou um detalhe que o impressionou. O calor era muito, sol forte. Aproveitando centenas de

carros engarrafados, vendedores de água, de refrigerantes e de biscoitos passavam entre as filas, suando como demônios em fornalhas coletivas. Um dos bandidos sentiu sede, mandou que o outro providenciasse uma Coca-Cola: "Pede a esse otário uma coca geladinha". O meu amigo pensou que o otário em questão fosse ele mesmo: além de estar sendo assaltado, teria de pagar uma Coca para o bandido. O otário era o vendedor, um sujeito forte, com a pele tostada brilhando de suor, ganhando trocados na manhã de sol – se conseguisse vender todo o estoque que trazia nas costas, mal teria dinheiro para o almoço à beira da estrada. Um otário. Com uma arma roubada por aí, ele poderia estar dentro do carro refrigerado, mais um pouco e teria o carro todo para passar o Carnaval. Enquanto houver otários no mundo, é mole trabalhar sem pegar no pesado. Ser apanhado pela polícia é um acidente de percurso, um risco do *metier*. Estatisticamente, ele poderia se refrescar com a Coca, ficar com o carro e ganhar o seu dia.

A questão que se coloca é: devemos continuar premiando os "espertos" e condenando os "otários"?

Pois bem, respeitando-se o critério de impor efeitos jurídicos em conformidade com a gravidade e a extensão do dano provocado pelo ilícito, as empresas que agridem deliberadamente os direitos trabalhistas, com intuito de obter vantagem econômica, devem sofrer as consequências do ilícito que cometem, ao menos na perspectiva da reparação do dano social produzido.

Parte V

SOBREAVISO E TRABALHO A DISTÂNCIA

Capítulo 7

Trabalho a Distância e sua Relação com o Sobreaviso Decorrente do Uso de Instrumentos Telemáticos pelo Empregado

Gustavo Filipe Barbosa Garcia(*)

1. *INTRODUÇÃO*

O rápido avanço da tecnologia tem permitido e ampliado o trabalho fora do estabelecimento do empregador, com a manutenção de vínculos de subordinação por meio de recursos eletrônicos, de informática e de telecomunicação.

Além desse aspecto, nas relações trabalhistas, também é cada vez mais frequente a utilização, pelo empregado, de instrumentos telemáticos ou informatizados fornecidos pelo empregador.

O presente artigo, entre outros aspectos, procura demonstrar que a disciplina jurídica do trabalho a distância (que engloba o *teletrabalho*), a rigor, não se confunde com a questão, específica, relativa ao tempo de sobreaviso, decorrente da utilização, pelo empregado, de instrumentos telemáticos ou informatizados fornecidos pela empresa.

Com esse objetivo, é necessário, primeiramente, compreender o sentido e o alcance do trabalho a distância (englobando o trabalho em domicílio e o *teletrabalho*), objeto da atual redação do art. 6º da CLT bem como, posteriormente, analisar a controvertida questão, diversa e específica, voltada ao uso de instrumentos telemáticos ou informatizados fornecidos pelo empregador ao empregado, tema este que é objeto da Súmula n. 428 do Tribunal Superior do Trabalho, alterada na sessão do Pleno, realizada em 14 de setembro de 2012, conforme Resolução n. 185/2012 (DEJT divulgado em 25, 26 e 27.09.2012).

2. *TRABALHO A DISTÂNCIA, TRABALHO EM DOMICÍLIO E TELETRABALHO*

O *teletrabalho* é modalidade de trabalho a distância, típica dos tempos pós-modernos[(1)].

A utilização cada vez mais intensa da tecnologia permite a frequente realização do trabalho fora do estabelecimento do empregador, por meio de recursos eletrônicos, telemáticos e de informática, com destaque à utilização do computador e da *internet*[(2)].

(*) Procurador do Trabalho do Ministério Público do Trabalho da 2ª Região. Livre-Docente pela Faculdade de Direito da Universidade de São Paulo. Doutor em Direito pela Faculdade de Direito da Universidade de São Paulo. Pós-Doutorado em Direito. Professor Universitário em Cursos de Graduação e Pós-Graduação em Direito. Ex-Juiz do Trabalho das 2ª, 8ª e 24ª Regiões. Ex-Auditor Fiscal do Trabalho.

(1) Cf. GARCIA, Gustavo Filipe Barbosa. *Curso de direito do trabalho*. 6. ed. Rio de Janeiro: Forense, 2012. p. 229-230.

(2) Cf. SANDEN, Ana Francisca Moreira de Souza. O que trouxe a internet para o direito do trabalho? Anotações sobre novos problemas, com base em decisões judiciais. *Trabalho em Revista*: doutrina, Curitiba, Decisório Trabalhista, fascículo n. 167. p. 5.955, jan. 2011: "as facilidades de comunicação proporcionadas pela Internet possibilitaram, em muitos casos, a realização do trabalho longe do centro de produção, ou desvinculando-o de determinado local. Considerando esses avanços tecnológicos, a tendência à

O Código do Trabalho de Portugal, de 2009, no art. 165º, dispõe que *teletrabalho* é "a prestação laboral realizada com subordinação jurídica, habitualmente fora da empresa e através do recurso a tecnologias de informação e de comunicação".

Ainda quanto ao tema, Amauri Mascaro Nascimento leciona que o *trabalho a distância*, no enfoque do *teletrabalho*, "não é realizado no estabelecimento do empregador, e sim fora dele", "com a utilização dos meios de comunicação que o avanço das técnicas modernas põe à disposição do processo produtivo"[(3)].

Embora o trabalho a distância seja normalmente desempenhado na própria residência do empregado, segundo a doutrina, não se restringe a essa hipótese.

Efetivamente, há os chamados *centros de trabalho*, os quais estão situados fora do estabelecimento do empregador, e que também podem ser considerados "unidades de fornecimento de trabalho a distância", podendo haver "centros de atendimento de serviços fora das empresas beneficiadas"[(4)].

Conforme explica Esperanza Macarena Sierra Benítez:

> "En el caso del teletrabajo en telecentro estamos ante un verdadero lugar de trabajo cuando la titularidad del mismo no recaiga sobre el empresario y, por lo tanto, no exista vínculo jurídico entre los trabajadores en ese lugar de trabajo y el titular del telecentro"[(5)].

Na realidade, pode-se dizer que o trabalho a distância é gênero, tendo como espécies o *teletrabalho* e o trabalho em domicílio.

Nesse sentido, Esperanza Macarena Sierra Benítez, ao analisar o trabalho a distância, assim observa:

> "En este tipo de contratos podemos identificar un rasgo común, y es que la realización de la prestación no se lleva a cabo en el lugar convencional – el centro de trabajo – establecido por el empresario. No obstante, el lugar concreto de realización de la prestación laboral va a determinar la modalidad de teletrabajo, por lo que no cabe identificar el teletrabajo sólo con el trabajo a distancia, sino también con aquél que se realiza en lugares distintos al convencional (domicilio, telecentro, itinerante). En el teletrabajo queda clarificada la diferencia tradicional entre centro de trabajo y lugar de trabajo: si se trata de teletrabajo a domicilio estamos ante un lugar de trabajo determinado, y si se trata de teletrabajo móvil habría que hablar de distintos lugares de trabajo itinerantes y no de lugares distintos al centro de trabajo"[(6)].

Logo, em termos doutrinários, o trabalho em domicílio, de certa forma, também é uma modalidade de trabalho a distância.

O *teletrabalho*, por seu turno, como modalidade especial, diferencia-se da figura mais genérica do trabalho a distância, justamente em razão da ênfase na utilização de recursos eletrônicos, de informática e de comunicação[(7)].

Pode-se dizer que incidem ao *teletrabalho* as normas que disciplinam o trabalho em domicílio, seja em face da atual previsão legal (art. 6º da CLT), seja em razão da nítida semelhança entre essas situações.

Não obstante, há entendimento no sentido de que o trabalho em domicílio é mais frequente em atividades manuais, enquanto o *teletrabalho* é normalmente realizado em atividades que exigem conhecimentos mais especializados, como auditoria, gestão de recursos, tradução, jornalismo, digitação[(8)].

O art. 83 da CLT, além de assegurar ao empregado em domicílio o salário mínimo, define essa modalidade de trabalho como aquele "executado na habitação do empregado ou em oficina de família, por conta de empregador que o remunere".

No âmbito da Organização Internacional do Trabalho, a Convenção n. 177, de 1996, dispõe so-

---

descentralização dos processos de trabalho dificilmente pode ser contestada, sendo o teletrabalho uma das suas expressões".

(3) NASCIMENTO, Amauri Mascaro. *Curso de direito do trabalho*. 24. ed. São Paulo: Saraiva, 2009. p. 825.

(4) NASCIMENTO, Amauri Mascaro. *Curso de direito do trabalho*, cit.. p. 825.

(5) SIERRA BENÍTEZ, Esperanza Macarena. *El contenido de la relación laboral en el teletrabajo*. Sevilla: Consejo Económico y Social de Andalucía, 2011. p. 35-36.

(6) SIERRA BENÍTEZ, Esperanza Macarena. *El contenido de la relación laboral en el teletrabajo*, cit.. p. 35.

(7) Cf. SIERRA BENÍTEZ, Esperanza Macarena. *El contenido de la relación laboral en el teletrabajo*, cit.. p. 38: "el uso de las NTIC [Nuevas Tecnologías de la Información y Comunicación] constituye el elemento que no sólo hizo posible el nacimiento del teletrabajo, sino que lo identifica y distingue del simple trabajo a distancia".

(8) Cf. BARROS, Alice Monteiro de. *Curso de direito do trabalho*. 2. ed. São Paulo: LTr, 2006. p. 304.

bre o trabalho em domicílio[9], mas ainda não foi ratificada pelo Brasil.

Nos termos do art. 1º, *a*, dessa norma internacional, "trabalho em domicílio" significa o trabalho que uma pessoa, designada como trabalhador em domicilio, realiza: em seu domicílio ou em outros locais que escolher, mas distintos dos locais de trabalho do empregador; em troca de remuneração; com o fim de elaborar um produto ou prestar um serviço, conforme as especificações do empregador (independentemente de quem proporcione os equipamentos, materiais ou outros elementos utilizados). Excepciona-se dessa condição aquele que tiver nível de autonomia e de independência econômica suficiente para ser considerado trabalhador independente, em virtude da legislação nacional ou de decisões judiciais.

Ademais, uma pessoa que tenha a condição de assalariado não deve ser considerada trabalhador em domicílio, para os fins da Convenção n. 177 da OIT, pelo mero fato de realizar ocasionalmente o seu trabalho (como assalariado) em seu domicílio, em vez de realizá-lo em seu local de trabalho habitual (art. 1º, *b*).

O empregador, por sua vez, é entendido como uma pessoa física ou jurídica que, de modo direto ou por um intermediário (esteja ou não prevista essa figura na legislação nacional), oferece trabalho em domicílio por conta de sua empresa (art. 1º, c).

Tendo em vista a já mencionada semelhança entre o *teletrabalho* e o trabalho em domicílio, cabe ainda ressaltar que, nos termos do art. 4º da referida Convenção da OIT, na medida do possível, a política nacional em matéria de trabalho em domicílio deve promover a *igualdade de tratamento entre os trabalhadores em domicilio e os outros trabalhadores assalariados*, levando em conta as características particulares do trabalho em domicílio e, se for o caso, as condições aplicáveis a um trabalho idêntico ou similar realizado na empresa.

Portanto, quanto ao tema em estudo, quando presentes os requisitos do vínculo de emprego, deve ser observada a igualdade de tratamento entre os trabalhadores à distância e os demais empregados, com fundamento nos arts. 5º, *caput*, e 7º, XXXII, da Constituição da República, e arts. 6º e 83 da Consolidação das Leis do Trabalho.

(9) Cf. MARTINS, Sérgio Pinto. *Direito do trabalho*. 26. ed. São Paulo: Atlas, 2010. p. 143-144.

Em razão da autorização prevista no art. 8º da CLT, no sentido da possibilidade de aplicação subsidiária do Direito comparado, cabe salientar que, em Portugal, o Código do Trabalho de 2009, no art. 169º, n. 1, assim dispõe: "O trabalhador em regime de teletrabalho tem os mesmos direitos e deveres dos demais trabalhadores, nomeadamente no que se refere a formação e promoção ou carreira profissionais, limites do período normal de trabalho e outras condições de trabalho, segurança e saúde no trabalho e reparação de danos emergentes de acidente de trabalho ou doença profissional".

3. *PARTICULARIDADES DO TELETRABALHO*

No *teletrabalho*, justamente em razão das peculiaridades quanto à forma de prestação do serviço, é frequente haver certa *flexibilização* quanto ao horário de trabalho, em especial quando se trata de labor prestado na residência do empregado.

Nessa modalidade de trabalho a distância, assim como no trabalho em domicílio, evita-se a necessidade de deslocamento ate o estabelecimento do empregador, o que economiza tempo, principalmente em grandes centros urbanos, permitindo, em tese, maior período livre ao empregado.

Para a empresa, por seu turno, pode haver redução de gasto quanto à manutenção de local de trabalho e de sua infraestrutura.

No entanto, também podem surgir desvantagens no *teletrabalho*, como a maior dificuldade de integração do empregado no grupo dos demais trabalhadores, bem como na sua participação de atividades coletivas e sindicais.

São possíveis, ainda, prejuízos à vida privada, íntima e familiar do empregado, bem como eventuais situações de cansaço e esgotamento daqueles que apresentem maior dificuldade em delimitar o período de trabalho e o de tempo livre, por estarem constantemente "conectados" com o empregador[10].

Mesmo para o empregador, também podem surgir dificuldades de fiscalização e de efetivo controle

(10) Cf. ALEMÃO, Ivan da Costa; BARROSO, Márcia Regina C. A subordinação simbólica: mecanismos de dominação no mundo do trabalho. *Trabalho em Revista*: doutrina, Curitiba, Decisório Trabalhista, fascículo n. 172. p. 6.190, jun. 2011: "No teletrabalho, na prática, acabam se tornando indefinidas as fronteiras estabelecidas entre os momentos de descanso e os momentos de trabalho. O descanso, que antes era um direito muito bem definido num contrato, passa a ser uma hipótese nem sempre viável".

do trabalho desempenhado, justamente em razão da forma diferenciada da prestação do serviço.

Os instrumentos tecnológicos, no entanto, cada vez mais possibilitam que o poder de direção seja exercido pelo empregador, mesmo à distância, devendo-se cuidar para que os direitos fundamentais e de personalidade do empregado sejam respeitados(11).

Isso também é confirmado pelo já referido Código do Trabalho de Portugal, de 2009, ao prever, no art. 170º, n. 1, que o "empregador deve respeitar a privacidade do trabalhador e os tempos de descanso e de repouso da família deste, bem como proporcionar-lhe boas condições de trabalho, tanto do ponto de vista físico como psíquico".

Além disso, sempre "que o teletrabalho seja realizado no domicílio do trabalhador, a visita ao local de trabalho só deve ter por objecto o controlo da actividade laboral, bem como dos instrumentos de trabalho e apenas pode ser efectuada entre as 9 e as 19 horas, com a assistência do trabalhador ou de pessoa por ele designada" (Código do Trabalho, art. 170º, n. 2).

4. TRABALHO A DISTÂNCIA E VÍNCULO DE EMPREGO

Mesmo que o trabalho seja realizado preponderantemente fora do estabelecimento do empregador, como ocorre no trabalho a distância e, em especial, no *teletrabalho*, se estiverem presentes os requisitos dos arts. 2º e 3º da CLT, tem-se a existência da relação de emprego.

Em razão das peculiaridades quanto ao exercício do referido labor, a subordinação e a pessoalidade podem exigir exame mais cuidadoso, em cada caso concreto.

Havendo o controle e a direção quanto à forma do trabalho, ainda que por meio de instrumentos eletrônicos e de telecomunicação, deve ser reconhecida a presença da subordinação jurídica.

Isso é confirmado pela Lei n. 12.551, de 15 de dezembro de 2011, que alterou o art. 6º da CLT, bem como acrescentou o parágrafo único, passando a assim dispor:

> "Art. 6º Não se distingue entre o trabalho realizado no estabelecimento do empregador, o executado no domicílio do empregado e o realizado a distância, desde que estejam caracterizados os pressupostos da relação de emprego.
>
> Parágrafo único. Os meios telemáticos e informatizados de comando, controle e supervisão se equiparam, para fins de subordinação jurídica, aos meios pessoais e diretos de comando, controle e supervisão do trabalho alheio".

Portanto, há o expresso reconhecimento legislativo de que o *teletrabalho*, como modalidade de trabalho a distância, quando presentes os requisitos da relação de emprego, com destaque à subordinação jurídica, não se diferencia das demais modalidades de vínculo empregatício.

No caso do *teletrabalho*, em razão das peculiaridades quanto à forma da prestação do serviço pelo empregado, e do exercício do poder de direção pelo empregador, a subordinação pode ser decorrente de *meios telemáticos e informatizados de comando, controle e supervisão*, os quais são equiparados aos tradicionais meios pessoais e diretos de comando, controle e supervisão do trabalho alheio.

O poder de controle do empregador, assim, pode ser exercido por meio de recursos da telefonia e da informática, em especial com a utilização da *internet*.

Tendo em vista a possível existência de maior liberdade ou flexibilidade quanto ao horário de trabalho, podem surgir dificuldades quanto à demonstração do direito à remuneração das horas extras, bem como discussões quanto à incidência da exceção prevista no art. 62, inciso I, da CLT, relativo à atividade externa incompatível com a fixação de horário de trabalho(12).

No entanto, se o empregado estiver em conexão permanente com a empresa, com a presença de controle do tempo de labor e da atividade desempe-

---

(11) Cf. ALEMÃO, Ivan da Costa; BARROSO, Márcia Regina C. A subordinação simbólica: mecanismos de dominação no mundo do trabalho, cit.. p. 6.190: "No teletrabalho a privacidade do empregado é exposta mais profundamente. Se na empresa a privacidade do empregado pode ser atingida, por exemplo, num momento em que é revistado, no sistema do teletrabalho o empregador acaba por penetrar, de certa forma, na vida do empregado em sua própria casa".

(12) Cf. DELGADO, Mauricio Godinho. *Curso de direito do trabalho*. 11. ed. São Paulo: LTr, 2012. p. 904-905: "Dentro da situação-tipo aventada pelo art. 62, I, da CLT (labor externo insuscetível de controle de jornada) podem-se inserir três outras possibilidades importantes, do ponto de vista do mundo laborativo: a) o tradicional *trabalho no domicílio*, há tempos existente na vida social, sendo comum a certos segmentos profissionais, como as costureiras, as cerzideiras, os trabalhadores no setor de calçados, as doceiras, etc.; b) o *novo* trabalho no domicílio, chamado *home-office*, à base da informática, dos novos meios de comunicação e de equipamentos convergentes; c) o *teletrabalho*, que pode se jungir ao *home-office*, mas pode também se concretizar em distintos locais de utilização dos equipamentos eletrônicos hoje consagrados (informática, *internet*, telefonia celular, etc.)" (destaques do original).

nhada, as regras sobre a duração do trabalho também devem ser aplicadas normalmente[13].

Uma vez presente o vínculo de emprego, a forma diferenciada de exercício do labor, verificada no *teletrabalho*, não afasta a incidência dos demais direitos trabalhistas assegurados aos empregados.

5. *SOBREAVISO E INSTRUMENTOS TELEMÁTICOS OU INFORMATIZADOS*

Em conformidade com o art. 244 da CLT, as estradas de ferro podem ter *empregados extranumerários, de sobreaviso* e *de prontidão*, para executarem serviços imprevistos ou para substituições de outros empregados que faltem à escala organizada.

Considera-se "extranumerário" o empregado não efetivo, candidato à efetivação, que se apresentar normalmente ao serviço, embora só trabalhe quando for necessário. O extranumerário só recebe os dias de trabalho efetivo (art. 244, § 1º, da CLT).

É considerado de "prontidão" o empregado que fica nas dependências da estrada, aguardando ordens. A escala de prontidão será, no máximo, de doze horas. As horas de prontidão serão, para todos os efeitos, contadas à razão de 2/3 do salário-hora normal (art. 244, § 3º, da CLT).

Por seu turno, considera-se de "sobreaviso" o empregado efetivo que permanecer em sua própria casa, aguardando a qualquer momento o chamado para o serviço.

Cada escala de sobreaviso deve ser, no máximo, de 24 horas.

As horas de sobreaviso, para todos os efeitos, devem ser contadas à razão de 1/3 do salário normal (art. 244, § 2º, da CLT).

Assim, durante o sobreaviso, o empregado não presta serviço efetivamente, e sim permanece em sua casa, mas fica aguardando eventual chamada ao trabalho. Durante esse período, o empregado recebe 1/3 do salário. Entende-se, assim, que se trata de interrupção do contrato de trabalho, pois o período é remunerado, mesmo que com a referida especificidade.

A respeito do tema, a Súmula n. 229 do TST assim dispõe: "Por aplicação analógica do art. 244, § 2º, da CLT, as horas de sobreaviso dos eletricitários são remuneradas à base de 1/3 sobre a totalidade das parcelas de natureza salarial".

(13) Cf. BARROS, Alice Monteiro de. *Curso de direito do trabalho*, cit., p. 310.

No que tange ao tema específico, relativo à caracterização, ou não, de sobreaviso, em razão do uso, pelo empregado, de aparelhos de intercomunicação, a exemplo de BIP, *pager*, aparelho celular, *smartfone*, *tablet*, microcomputador, *notebook*, *netbook*, além de outros instrumentos telemáticos ou informatizados, *anteriormente*, a Súmula n. 428 do Tribunal Superior do Trabalho assim dispunha:

> "Sobreaviso (conversão da Orientação Jurisprudencial 49 da SBDI-1). O uso de aparelho de intercomunicação, a exemplo de BIP, 'pager' ou aparelho celular, pelo empregado, *por si só*, não caracteriza o regime de sobreaviso, uma vez que o empregado não permanece em sua residência aguardando, a qualquer momento, convocação para o serviço" (DEJT 27.05.2011, destaquei).

Entretanto, conforme examinado anteriormente, a Lei n. 12.551/2011 alterou o art. 6º da CLT, e acrescentou o seu parágrafo único, que assim dispõe: "Os meios telemáticos e informatizados de comando, controle e supervisão se equiparam, para fins de subordinação jurídica, aos meios pessoais e diretos de comando, controle e supervisão do trabalho alheio".

Em razão disso, passou-se a verificar o entendimento de que o período em que o empregado está sujeito ao comando, controle e supervisão, por meios telemáticos ou informatizados, portando dispositivos móveis da empresa, instrumentos telemáticos ou informatizados (como telefone celular), deve ser remunerado como horas de sobreaviso (se o trabalhador ficar de plantão, aguardando ser chamado), ou mesmo como horas extras (se o trabalhador estiver laborando a distância, com a utilização dos recursos tecnológicos mencionados).

A rigor, nos termos do art. 4º, *caput*, da CLT: "Considera-se como de serviço efetivo o período em que o empregado esteja à disposição do empregador, aguardando ou executando ordens, salvo disposição especial expressamente consignada"[14].

(14) Quanto ao tema, a Súmula 429 do Tribunal Superior do Trabalho, ao aplicar o referido dispositivo em hipótese na qual o empregado percorre certo trecho entre a portaria e o local efetivo de trabalho, assim dispõe: "Tempo à disposição do empregador. Art. 4º da CLT. Período de deslocamento entre a portaria e o local de trabalho. Considera-se à disposição do empregador, na forma do art. 4º da CLT, o tempo necessário ao deslocamento do trabalhador entre a portaria da empresa e o local de trabalho, desde que supere o limite de 10 (dez) minutos diários" (DEJT 27.05.2011).

Com isso, após o mencionado acréscimo do parágrafo único ao art. 6º da CLT, a Súmula n. 428 do TST foi alterada, passando a assim dispor:

> "SOBREAVISO. APLICAÇÃO ANALÓGICA DO ART. 244, § 2º DA CLT (redação alterada na sessão do Tribunal Pleno realizada em 14.09.2012) – Res. 185/2012, DEJT divulgado em 25, 26 e 27.09.2012.
>
> I – O uso de instrumentos telemáticos ou informatizados fornecidos pela empresa ao empregado, por si só, não caracteriza o regime de sobreaviso.
>
> II – Considera-se em sobreaviso o empregado que, à distância e submetido a controle patronal por instrumentos telemáticos ou informatizados, permanecer em regime de plantão ou equivalente, aguardando a qualquer momento o chamado para o serviço durante o período de descanso".

A rigor, embora a questão possa gerar certa controvérsia, defende-se o entendimento de que a hipótese versada na Súmula n. 428 do TST, acima transcrita, não trata, de forma específica, do trabalho a distância, nem de trabalho em domicílio, nem de *teletrabalho*, nos quais, como já analisado, o empregado presta o serviço, preponderantemente, fora do estabelecimento do empregador.

A Súmula n. 428 do Tribunal Superior do Trabalho, diversamente, na realidade, é aplicada para os casos em que o empregado prestou o serviço no estabelecimento do empregador, *mas utiliza, após o término da jornada de trabalho, nos finais de semana, em feriados, ou mesmo durante as férias, instrumentos telemáticos ou informatizados fornecidos pela empresa.*

Vale dizer, a Súmula n. 428 do TST incide, por exemplo, nos casos de empregado que: após ter realizado o trabalho dentro do estabelecimento do empregador, ao retornar para a sua residência, utiliza aparelho de intercomunicação fornecido pelo empregador; após cessar a sua jornada de trabalho no estabelecimento do empregador, vai para a sua residência, mas fica à distância e submetido a controle do empregador por meio de instrumentos telemáticos ou informatizados, permanecendo em regime de plantão ou equivalente, isto é, aguardando, a qualquer momento, o chamado para o serviço, durante o período de descanso.

De todo modo, segundo a atual jurisprudência sumulada do TST, permaneceu o entendimento de que o uso de instrumentos telemáticos ou informatizados fornecidos pela empresa ao empregado, *por si só*, não caracteriza o regime de sobreaviso.

Não obstante, se o empregado, à distância e submetido a controle patronal por instrumentos telemáticos ou informatizados, permanecer em regime de plantão ou equivalente, aguardando, a qualquer momento, o chamado para o serviço durante o período de descanso, é considerado em sobreaviso.

Nota-se que, mesmo no caso acima, a hipótese não se refere ao *teletrabalho* propriamente, mas sim a caso de empregado que, após ter cumprido a sua jornada de trabalho no estabelecimento, retornando para a sua residência, moradia ou local de repouso, durante o período de descanso, fica de plantão, aguardando ser chamado ao serviço a qualquer momento, tendo em vista estar sujeito ao controle à distância pelo empregador, controle este realizado por instrumentos telemáticos ou informatizados.

Vale dizer, o inciso II da Súmula n. 428 do TST, a rigor, incide ao caso em que o empregado, por exemplo, cumpriu a sua jornada de trabalho (no estabelecimento do empregador), depois vai para a sua residência, com o objetivo de usufruir o seu período de descanso (como o intervalo interjornada ou o descanso semanal remunerado), mas fica à distância (pois já está em sua residência, e não mais no estabelecimento) e submetido ao controle patronal, por meio de instrumentos telemáticos ou informatizados (por exemplo, com a exigência de manter o celular ou com o computador ligado), permanecendo, assim, em regime de plantão ou equivalente, aguardando, a qualquer momento, o chamado para o serviço, mesmo em se tratando de período de descanso.

Presentes essas circunstâncias, o empregado é considerado em sobreaviso, conforme aplicação analógica do art. 244, § 2º, da CLT, autorizada pelo art. 8º, *caput*, do mesmo diploma legal.

Efetivamente, como já mencionado, considera-se de sobreaviso o empregado efetivo, que permanecer em sua própria casa, aguardando a qualquer momento o chamado para o serviço. Cada escala de sobreaviso deve ser, no máximo, de 24 horas (art. 244, § 2º, da CLT).

Logo, no caso acima explicitado, as horas de sobreaviso, para todos os efeitos, devem ser contadas, isto é, remuneradas, à razão (base) de 1/3 do salário normal.

6. *CONCLUSÃO*

A Lei n. 12.551, de 15 de dezembro de 2011, apesar de reconhecer o trabalho a distância, sob o enfoque do *teletrabalho*, não imprimiu alterações de destaque em nosso sistema jurídico, pois essa figura, típica dos tempos atuais, já era amplamente reconhecida pela doutrina e pela jurisprudência.

A rigor, o trabalho a distância é gênero, que se caracteriza pela prestação do serviço preponderantemente em local distinto do estabelecimento do empregador, tendo como espécies o trabalho em domicílio e o *teletrabalho*. Nessa última modalidade, destaca-se a prestação do labor com a utilização de recursos tecnológicos, de informática e de comunicação eletrônica.

No Brasil, ainda não se observa a existência de regulamentação quanto às peculiaridades, direitos e deveres específicos, incidentes ao *teletrabalho*, tornando necessária a aplicação das normas gerais, que regem a relação de emprego, devidamente interpretadas a essa modalidade especial de vínculo de labor.

O "sobreaviso", por seu turno, é previsto na Consolidação das Leis do Trabalho para a hipótese em que o empregado efetivo, da estrada de ferro, deve permanecer em sua própria casa, aguardando a qualquer momento o chamado para o serviço. Cada escala de sobreaviso deve ser, no máximo, de 24 horas. As horas de sobreaviso, para todos os efeitos, devem ser contadas à razão de 1/3 do salário normal (art. 244, § 2º, da CLT).

Atualmente, questiona-se a respeito da aplicação analógica do mencionado dispositivo aos casos de uso, pelo empregado, de aparelhos de intercomunicação, instrumentos telemáticos ou informatizados.

Após o acréscimo do parágrafo único ao art. 6º da CLT, a Súmula n. 428 do TST foi alterada, passando a dispor que o uso de instrumentos telemáticos ou informatizados fornecidos pela empresa ao empregado, *por si só*, não caracteriza o regime de sobreaviso (inciso I).

Entretanto, a Súmula n. 428 do TST, em seu inciso II, estabelece que se considera em sobreaviso o empregado que, à distância e submetido a controle patronal por instrumentos telemáticos ou informatizados, permanece em regime de plantão ou equivalente, aguardando a qualquer momento o chamado para o serviço, durante o período de descanso.

Ainda assim, embora a questão possa ser controvertida, defende-se o entendimento de que a hipótese versada na Súmula n. 428 do TST não trata, de forma específica, de trabalho a distância, nem de trabalho em domicílio, nem de *teletrabalho*, nos quais, como já analisado, o empregado presta o serviço, preponderantemente, fora do estabelecimento do empregador.

Diversamente, a Súmula n. 428 do TST, a rigor, versa sobre hipóteses em que o trabalhador presta seu serviço no estabelecimento do empregador, mas utiliza, após o término da jornada de trabalho, nos finais de semana, em feriados, ou mesmo durante as férias, instrumentos telemáticos ou informatizados fornecidos pela empresa.

O inciso II da Súmula n. 428 do TST, portanto, incide ao caso em que o empregado, após cumprir a sua jornada de trabalho (no estabelecimento do empregador), vai para a sua residência, com o objetivo de usufruir o seu período de descanso, fica à distância (pois já está em sua residência, e não mais no estabelecimento) e submetido ao controle patronal, por meio de instrumentos telemáticos ou informatizados (por exemplo, com a exigência de manter o celular ou o computador ligado), permanecendo, assim, em regime de plantão ou equivalente, aguardando, a qualquer momento, o chamado para o serviço, mesmo sendo período de descanso de descanso.

Presentes as circunstâncias acima, o empregado é considerado, por analogia, em sobreaviso, e as respectivas horas devem, para todos os efeitos, ser contadas à razão de 1/3 do salário normal.

7. *BIBLIOGRAFIA*

ALEMÃO, Ivan da Costa; BARROSO, Márcia Regina C. A subordinação simbólica: mecanismos de dominação no mundo do trabalho. *Trabalho em Revista*: doutrina, Curitiba, Decisório Trabalhista, fascículo n. 172. p. 6.179-6.190, jun. 2011.

BARROS, Alice Monteiro de. *Curso de direito do trabalho*. 2. ed. São Paulo: LTr, 2006.

DELGADO, Mauricio Godinho. *Curso de direito do trabalho*. 11. ed. São Paulo: LTr, 2012.

GARCIA, Gustavo Filipe Barbosa. *Curso de direito do trabalho*. 6. ed. Rio de Janeiro: Forense, 2012.

MARTINS, Sérgio Pinto. *Direito do trabalho*. 26. ed. São Paulo: Atlas, 2010.

NASCIMENTO, Amauri Mascaro. *Curso de direito do trabalho*. 24. ed. São Paulo: Saraiva, 2009.

SANDEN, Ana Francisca Moreira de Souza. O que trouxe a internet para o direito do trabalho? Anotações sobre novos problemas, com base em decisões judiciais. *Trabalho em Revista*: doutrina, Curitiba, Decisório Trabalhista, fascículo n. 167. p. 5.955, jan. 2011.

SIERRA BENÍTEZ, Esperanza Macarena. *El contenido de la relación laboral en el teletrabajo*. Sevilla: Consejo Económico y Social de Andalucía, 2011.

Parte VI

EDUCAÇÃO E TRABALHO

Capítulo 8

Educação, Trabalho e Direito do Trabalho: Instrumentos Eficazes de Inclusão Social

Marcella Pagani(*)

1. INTRODUÇÃO

Atualmente, o mundo do trabalho tem se confrontado com a competitividade do mercado e o avanço do capitalismo atingindo dimensões globais. Verifica-se, como reflexos desse cenário mundial, a elevação do número de desemprego, da informalidade, o surgimento de novas formas precárias de pactuação da força de trabalho, bem como o aumento da criminalidade relacionada à ausência ou precária proteção da força de trabalho.

Os efeitos do avanço do capitalismo, por conseguinte, mitigaram a valorização ética do trabalhador, conduzindo à flexibilização precarizante das relações de trabalho, comprometendo a melhoria qualitativa da situação social do obreiro.

Desse modo, tanto a ausência de proteção, como a proteção precarizada permitem a aproximação do trabalhador a uma realidade de marginalidade social, pois impossibilitam que ele se reconheça pelo trabalho, já que este será apenas veículo de sobrevivência e não de inclusão social.

Por outro lado, a educação e o trabalho protegidos são a base do Estado Democrático de Direito. A Constituição Federal de 1988 os consagrou como direitos fundamentais e, assim, os são, já que estão intimamente ligados ao princípio constitucional da dignidade da pessoa humana.

Diante desse cenário, a garantia e efetividade dos Direitos Sociais constitucionalmente protegidos, notadamente a educação e o trabalho, exigem que se conceba uma nova perspectiva do Direito do Trabalho. Perspectiva essa que deve buscar a realização de um papel inclusivo de desmercantilização e democratização do trabalho humano.

Apoiado no marco constitucional, o Direito do Trabalho deve ser pensado e realizado de modo a alcançar integralmente as relações sociais, buscando proteger outros valores humanos fora do trabalho[(1)].

Não é novidade que a educação e o trabalho constituem um dos principais pilares do desenvolvimento econômico e cultural de uma sociedade. Assim, educação e trabalho protegidos corroboram para um salto qualitativo dos principais indicadores sociais, que determinam a sustentabilidade de qualquer processo de desenvolvimento social.

(*) Mestre e doutoranda em Direito do Trabalho pela PUCMINAS. Professora universitária. Advogada.

(1) TRINDADE, José Damião de Lima. Terá o Direito do Trabalho chegado ao seu esgotamento histórico? *In* SILVA, Alessandro da; SOUTO MAIOR, Jorge Luiz; FELIPPE, Kenarik Boujikian; SEMER, Marcelo (Coords.). *Direitos Humanos:* essência do Direito do Trabalho. São Paulo: LTr, 2007.

2. *A CONSTITUCIONALIZAÇÃO DO DIREITO DO TRABALHO*

O mundo do trabalho tem passado por transformações pontuais na realidade das desigualdades sociais, com o surgimento de relações de trabalho cada vez mais degradantes, gerando um estado de miséria e marginalidade social do trabalhador.

A partir das décadas de 70 e 80, verifica-se que os grandes projetos se encolheram. O homem se fez mais individualista, não só no sentido de pensar somente em si, mas também de *"tomar a si próprio como referência única"*[(2)].

Esse trabalhador, que na era fordista/taylorista desempenhava um trabalho fabril e estável, hoje exerce um trabalho precarizado, sendo detentor de uma condição de exclusão social.

Referindo-se as esses trabalhadores excluídos socialmente, Ricardo Antunes pontua que:

> [...] sua condição de despossuídos e excluídos os coloca potencialmente como um sujeito social capaz de assumir ações mais ousadas, uma vez que esses segmentos sociais não têm mais nada a perder no universo da sociabilidade do capital. Sua subjetividade poderia ser, portanto, mais propensa à rebeldia[(3)].

A exclusão social é campo propício para o aumento da criminalidade, já que o excluído socialmente não se reconhece como cidadão. Tal situação favorece a sua entrada em um mundo caracterizado por um alto nível de exclusão, como é o caso da criminalidade. É como se esse ser humano não tivesse mais nada a perder, pois a sua condição de homem dentro de uma sociedade já não mais existe.

Fazendo uma estreita relação entre trabalho precário e exclusão social, Jorge Luiz Souto Maior explica que:

> O desrespeito deliberado e inescusável de direitos trabalhistas conduz o trabalhador a uma condição de subcidadania, já que o Direito do Trabalho, conforme expressa o ministro Mauricio Godinho Delgado, é o marco regulatório mínimo da cidadania.[(4)]

Pode parecer contraditório com a própria essência do Direito do Trabalho, mas o simples discurso da hipossuficiência o fragiliza, afastando-o do eixo constitucional. Para tanto, ele *"precisa encontrar ecos na solidariedade humana, a fim de que a dignidade da pessoa seja preservada"*[(5)], uma vez que constitui função mater do Direito do Trabalho a *"perseguição da melhoria progressiva da condição econômica e social do trabalhador"*[(6)].

O bem jurídico tutelado pelo Direito do Trabalho não é o trabalho, mas o homem que se utiliza de sua força de trabalho para alcançar a vida digna.

Desse modo, o Direito do Trabalho não pode ser compreendido de forma minimalista, pois trata-se de um ramo jurídico democrático e plural, cujo centro de tutela deve abarcar o maior número de trabalhadores possível. Por ser um ramo autônomo do direito, ligado à raiz do Direito Social, o Direito do Trabalho direciona-se na imposição de limites ao poder econômico e promoção da justiça social.

Nesse contexto, não se pode olvidar que a Constituição Federal de 1988 tem matriz sociotrabalhista, sendo fundamento do Estado Democrático de Direito a dignidade da pessoa humana.

A visão atual sobre a constitucionalização do Direito do Trabalho concebe a pessoa que trabalha não como mero trabalhador, mas como um cidadão.

Ao trabalhador, portanto, não devem ser garantidos somente os direitos constitucionais de ordem trabalhista, mas todos os direitos fundamentais a serem concedidos ao cidadão, pois deve-se buscar a ampliação do leque social de incidência do Direito do Trabalho[(7)].

---

(2) VIANA, Márcio Tulio. Trabalhadores Parassubordinados: Deslizando para Fora do Direito. *In* RENAULT, Luiz Otávio Linhares; CANTELLI, Paula Oliveira; PORTO, Lorena Vasconcelos; NIGRI, Fernanda (Coords.). *Parassubordinação.* São Paulo: LTr, 2011. p. 27.

(3) ANTUNES, Ricardo. *Os sentidos do trabalho*: ensaio sobre a afirmação e a negação do trabalho. São Paulo: Boitempo, 2009. p. 213.

(4) MAIOR, Jorge Luiz Souto. A Supersubordinação. *In* RENAULT, Luiz Otávio Linhares; CANTELLI, Paula Oliveira; PORTO, Lorena Vasconcelos; NIGRI, Fernanda (Coords.). *Parassubordinação.* São Paulo: LTr, 2011. p. 73.

(5) RENAULT, Luiz Otávio Linhares. Parassubordinação: Para Quê? *In* RENAULT, Luiz Otávio Linhares; CANTELLI, Paula Oliveira; PORTO, Lorena Vasconcelos; NIGRI, Fernanda (Coords.). *Parassubordinação.* São Paulo: LTr, 2011. p. 48.

(6) MAIOR, Jorge Luiz Souto. A Supersubordinação. *In* RENAULT, Luiz Otávio Linhares; CANTELLI, Paula Oliveira; PORTO, Lorena Vasconcelos; NIGRI, Fernanda (Coords.). *Parassubordinação.* São Paulo: LTr, 2011. p. 54.

(7) MAIOR, Jorge Luiz Souto. A Supersubordinação. *In* RENAULT, Luiz Otávio Linhares; CANTELLI, Paula Oliveira; PORTO, Lorena

A democracia social contemporânea, portanto, se consubstancia na igualdade dos direitos sociais. Nesse aspecto, José Afonso da Silva esclarece:

> A democracia não pode resignar-se com os *bidonvilles*, os alojamentos insalubres, os salários miseráveis, as condições de trabalho miseráveis. Fundamenta-se na garantia da igualdade, por isso não pode tolerar a extrema desigualdade entre trabalhadores e classe dominante. Por isso, também, é contraditória a tese de uma democracia elitista, que assenta precisamente na existência da desigualdade.
>
> A Constituição estrutura um regime democrático consubstanciando esses objetivos de igualização por via dos direitos sociais e da universalização de prestações sociais (seguridade, saúde, previdência e assistência sociais, educação e cultura)[8].

Sobre esse novo panorama do Direito do Trabalho, Júlio Ricardo de Paula Amaral complementa:

> Na verdade, ocorreu – e ainda está ocorrendo, num processo dinâmico – o fenômeno da *constitucionalização* do Direito do Trabalho, sendo que o trabalhador deixou de ser considerado exclusivamente como um sujeito que, por meio de um contrato de trabalho – negócio jurídico de natureza privada – põe à disposição de outra pessoa a sua força de trabalho, mas, como tal ocorrência, houve uma mudança no foco de proteção, passando-se a proteger também o trabalhador-cidadão, reconhecendo-lhe todos os direitos inerentes aos demais cidadãos, previstos na Constituição, promovendo a dignidade da pessoa humana no âmbito de uma relação trabalhista.
>
> Ao contrário do que aconteceu na 1ª fase da constitucionalização do Direito do Trabalho, em que houve a consagração dos chamados *direitos fundamentais específicos dos trabalhadores*, atualmente, a doutrina caminha noutro sentido, com a finalidade de estabelecer a denominada *cidadania na empresa*, ou seja, com a finalidade de dar ênfase ao que se passou a designar como *direitos fundamentais ou laborais inespecíficos*, consubstanciados naqueles direitos do cidadão de forma geral, exercitados na empresa, como trabalhadores, mas, também, e, sobretudo, como cidadãos[9].

Desse modo, *"a evolução das relações sociais exige novas respostas do direito a cada momento"*[10]. A partir daí, constata-se que a perspectiva proposta pela Constituição Federal de 1988 é em direção à cidadania do trabalhador, reconhecendo-lhe todos os direitos inerentes aos demais cidadãos, de forma a promover a dignidade humana no âmbito da relação trabalhista.

Assim, com fundamento nos arts. 1º, 3º, 6º, 7º e 205 da Constituição Federal de 1988, é necessária uma metamorfose constitucional da compreensão do próprio Direito do Trabalho, permitindo que o ramo juslaboral retorne a sua essência como instrumento retificador da relação capital/trabalho, promovendo a melhoria das condições de vida do trabalhador, realizando a justiça social, porque *"trabalho corresponde à vida, à sobrevivência, ao tratamento igualitário, à dignidade do trabalhador"*[11].

1 EDUCAÇÃO, TRABALHO E A INCLUSÃO SOCIAL DO TRABALHADOR

A efetivação dos direitos sociais, notadamente trabalho e educação, no marco constitucional de 1988, permite a redução significativa da marginalidade social do trabalhador, contribuindo para a garantia e promoção da justiça social.

O eixo referencial dos arts. 6º, 7º e 205, da Constituição Federal de 1988 deve ser, portanto, a melhoria da condição social de todos os trabalhadores. A efetividade dos direitos sociais, como trabalho e educação, permite a humanização do mercado de trabalho e uma melhor distribuição de renda.

A inserção do trabalhador em uma sociedade capitalista organizada, que desempenha um papel de sujeito na formação de políticas públicas, exige que

---

Vasconcelos; NIGRI, Fernanda (Coords.). *Parassubordinação*. São Paulo: LTr, 2011. p. 60.

(8) SILVA, José Afonso da. *Curso de Direito Constitucional Positivo*. 17. ed. São Paulo: Editora Malheiros, 2000.p.132.

(9) AMARAL, Júlio Ricardo de Paula. *Os Direitos Fundamentais e a Constitucionalização do Direito do Trabalho*. *In* Direitos Sociais na Constituição de 1988: uma análise crítica vinte anos depois. Coordenadores: Cláudio José Montesso, Marco Antônio de Freitas, Maria de Fátima Coêlho Borges Stern. São Paulo: LTr, 2008. p. 262.

(10) MAIOR, Jorge Luiz Souto. *O Direito do Trabalho como instrumento de justiça social*. São Paulo: LTr, 2000. p. 245.

(11) GRASSELLI, Odete. Efetividade judicial de Direitos Sociais. *In:* MONTESSO, Cláudio José; FREITAS, Marco Antônio de; STERN, Maria de Fátima Coêlho Borges (Coord.). *Direitos Sociais na Constituição de 1988*: uma análise crítica vinte anos depois. São Paulo: LTr, 2008. p. 350.

o direito à educação seja compreendido e efetivado como um bem permanente capaz de interferir positivamente para a mudança do perfil socioeconômico do trabalhador.

A ausência de uma política social concreta e efetiva que convirja para a eficácia dos direitos sociais impede a construção do *solidarismo social*[12].

Vislumbra-se, no mercado de trabalho, a estreita correlação entre trabalho precário e baixo nível educacional do trabalhador, *"de modo que a falta ou o precário acesso à educação também é fator preponderante para o aumento da marginalidade social e consequente criminalidade"*[13]percebida no mundo do trabalho.

Para tanto, o Direito do Trabalho deve ampliar o raio sobre os atores do mundo do trabalho, promovendo a vida digna do trabalhador por meio da efetividade do trabalho e da educação. Esse papel expansivo e inclusivo do ramo juslaboral contribuirá para a redução da marginalidade social do trabalhador.

O trabalhador com acesso à educação e trabalho dignos é capaz de lidar autonomamente com as conjunturas mercadológicas, atuando como verdadeiro cidadão que participa democraticamente do mercado econômico/produtivo.

Em um contexto de dignidade, o Direito do Trabalho democratizado e plural desempenha papel fundamental de intersecção entre trabalho e cidadania, já que o conhecimento por meio da educação permite o acesso do homem ao trabalho decente.

A educação se mostra fundamental no momento laboral atual, uma vez que a era pós-industrial exige que o trabalhador esteja a serviço do saber. Quando o trabalhador não agrega em seu trabalho o saber, Carlos Alberto Chiarelli esclarece que:

> [...] vê-se a transferência progressiva de trabalhadores para 'tarefas menores' (babá, cuidador de cachorros, teleboy, ascensorista etc.), substitutivas das ocupações tradicionais e sucedâneas (particularmente no Primeiro Mundo), circunstanciais, visando à constituição de rendas mínimas, resultando em nenhuma produtividade econômica e usadas como barreira frágil contra o desemprego formal[14].

Isso mostra que a marginalidade social provocada pelo trabalho precário ou ausente de proteção tem estreita relação com o binômio educação/trabalho. Tais direitos sociais, portanto, se completam de modo que a ausência de um compromete o outro e, consequentemente, leva o homem a uma situação de exclusão social.

A promoção do trabalho e educação dignos afasta o trabalhador dessa marginalidade social e contribui para a melhoria de sua condição de vida. Esse progresso na condição social obreira não ocorrerá somente com a garantia ao trabalho decente, mas também com a garantia ao acesso à educação, devendo o Direito do Trabalho ser compreendido como política pública.

Assim, o Direito do Trabalho não pode se abster dessa cruel realidade. Já que sua função primordial é a melhoria das condições de trabalho, isso só é possível quando o trabalhador estiver efetivamente protegido pelo ordenamento jurídico de maneira a propiciar o acesso a uma educação digna como caminho para um trabalho digno, servindo, ambos, de escudo à marginalidade social da classe trabalhadora.

O ramo juslaboral, aliado ao trabalho e à educação decentes, se torna importante instrumento de combate à marginalidade social do trabalhador capaz de promover a sua inclusão socioeducacional no cenário capitalista.

4. CONSIDERAÇÕES FINAIS

Diante do atual cenário mundial, percebe-se que trabalho e educação são vitais para a emancipação do homem tanto individual quanto socialmente.

Assim, trabalho e educação devem caminhar juntos como instrumento libertador do trabalhador dentro de um sistema produtivo:

> O trabalho deixou para trás as maledicências que o impregnavam para adquirir *status* social, pelo que pode contribuir para melhorar o nível de vida.

Com tal *status* passa a agir politicamente, após exigir uma atenção maior à saúde e à educação[15].

Outro ponto em comum que se pode aferir é o fato de que a solidariedade é fundamental para a reali-

(12) Expressão frequentemente utilizada por Jorge Luiz Souto Maior.

(13) RENAULT, Luiz Otávio Linhares; PAGANI, Marcella. Para uma proteção além do trabalho. *In: Revista LTr*, São Paulo, v. 76, n. 02. p. 170-175, fev. 2012.

(14) CHIARELLI, Carlos Alberto. *Trabalho: do hoje para o amanhã*. São Paulo: LTr, 2006. p. 63.

(15) FERRARI, Irany; NASCIMENTO, Amauri Mascaro; MARTINS FILHO, Ives Gandra. *História do Trabalho, do Direito do Trabalho e da Justiça do Trabalho:* homenagem a Armando Casimiro Costa. São Paulo: LTr, 1998. p. 49.

zação do trabalho e da educação dignos. Desse modo, *"é preciso, contudo, ater-se aos fatos da cooperação e da solidariedade, esta baseada na necessidade mútua e na contribuição de cada homem à construção de uma vida coletiva melhor, tendo o trabalho como epicentro"*[16].

O direito ao trabalho e à educação, portanto, constituem premissas básicas e fundamentais para a melhoria das condições de vida do homem, já que ambos exercem a função de inserção do homem na sociedade.

Ter acesso à educação e ao trabalho dignos permite a participação real e efetiva dos trabalhadores nos processos sociais, já que *"à medida que o conteúdo técnico dos mecanismos de reprodução da nossa sociedade se torna mais complexo, reforça-se a marginalização de quem não tem acesso aos conhecimentos suficientes para dominá-lo"*[17].

Essa marginalização social agrava-se não só em razão da falta de acesso à educação, mas também à ausência de proteção ao trabalho digno, visto que, na maioria das vezes, os trabalhadores marginalizados se submetem a subempregos ou a trabalho sem nenhuma proteção.

Nesse aspecto, complementa Ladislau Dowbor:

> Mas o essencial do problema ainda está, a nosso ver, em como utilizar os recursos, na definição de uma filosofia da educação que tome realmente a peito a luta pela solução do maior problema brasileiro, o da inserção econômica, social e política da grande massa marginalizada dos nossos trabalhadores[18].

A inadequação da educação e do trabalho, por conseguinte, conduz a um aumento das desigualdades dentro do processo de modernização da sociedade, visto que as transformações constantes dos processos produtivos, propiciadas pelo avanço da tecnologia e da globalização, exigem do homem que trabalha um salto qualitativo do seu trabalho e do seu nível de instrução, sob pena de torná-lo periférico à sociedade moderna.

Nesse sentido, disserta Ladislau Dowbor:

> O efeito das profundas insuficiências em termos de educação vai-se refletir diretamente no nível de instrução da população economicamente ativa, afetando a produtividade e a assimilação de novos processos de produção[19].

Percebe-se, pois, que o nível de instrução do trabalhador influencia diretamente sobre a sua condição de trabalho. De um modo geral, quanto mais baixo o nível de instrução, mais precário é o trabalho. Assim, há uma relação direta e estreita entre baixo nível educacional, trabalho precário, salário baixo e nível de produtividade limitado.

Desse modo, para a emancipação material e social do trabalhador, é fundamental que a sociedade seja devidamente instruída, capaz de entender a economia para poder dominá-la a ponto de romper com a opressão sofrida que naturalmente surge dentro de um processo produtivo capitalista[20].

5. BIBLIOGRAFIA

AMARAL, Julio Ricardo de Paula. *Os Direitos Fundamentais e a Constitucionalização do Direito do Trabalho. In* Direitos Sociais na Constituição de 1988: uma análise crítica vinte anos depois. Coordenadores: Cláudio José Montesso, Marco Antônio de Freitas, Maria de Fátima Coêlho Borges Stern. São Paulo: LTr, 2008.

ANTUNES, Ricardo. *Os sentidos do trabalho*: ensaio sobre a afirmação e a negação do trabalho. São Paulo: Boitempo, 2009.

CHIARELLI, Carlos Alberto. *Trabalho: do hoje para o amanhã*. São Paulo: LTr, 2006.

DOWBOR, Ladislau. *Aspectos econômicos da educação*. São Paulo: Editora Ática S/A, 1991.

FERRARI, Irany; NASCIMENTO, Amauri Mascaro; MARTINS FILHO, Ives Gandra. *História do Trabalho, do Direito do Trabalho e da Justiça do Trabalho:* homenagem a Armando Casimiro Costa. São Paulo: LTr, 1998.

GRASSELLI, Odete. Efetividade judicial de Direitos Sociais. *In:* MONTESSO, Cláudio José; FREITAS, Marco Antônio de; STERN, Maria de Fátima Coêlho Borges (Coord.). *Direitos Sociais na Constituição de 1988*: uma análise crítica vinte anos depois. São Paulo: LTr, 2008.

MAIOR, Jorge Luiz Souto. *O Direito do Trabalho como instrumento de justiça social*. São Paulo: LTr, 2000.

(16) FERRARI, Irany; NASCIMENTO, Amauri Mascaro; MARTINS FILHO, Ives Gandra. *História do Trabalho, do Direito do Trabalho e da Justiça do Trabalho:* homenagem a Armando Casimiro Costa. São Paulo: LTr, 1998. p. 21.

(17) DOWBOR, Ladislau. *Aspectos econômicos da educação*. São Paulo: Editora Ática S/A, 1991. p. 6.

(18) DOWBOR, Ladislau. *Aspectos econômicos da educação*. São Paulo: Editora Ática S/A, 1991. p. 65.

(19) DOWBOR, Ladislau. **Aspectos econômicos da educação**. São Paulo: Editora Ática S/A, 1991. p. 30.

(20) DOWBOR, Ladislau. **Aspectos econômicos da educação**. São Paulo: Editora Ática S/A, 1991. p. 87.

MAIOR, Jorge Luiz Souto. A Supersubordinação. *In* RENAULT, Luiz Otávio Linhares; CANTELLI, Paula Oliveira; PORTO, Lorena Vasconcelos; NIGRI, Fernanda (Coords.). *Parassubordinação*. São Paulo: LTr, 2011.

RENAULT, Luiz Otávio Linhares. Parassubordinação: Para Quê? *In* RENAULT, Luiz Otávio Linhares; CANTELLI, Paula Oliveira; PORTO, Lorena Vasconcelos; NIGRI, Fernanda (Coords.). *Parassubordinação*. São Paulo: LTr, 2011.

RENAULT, Luiz Otávio Linhares; PAGANI, Marcella. Para uma proteção além do trabalho. *In: Revista LTr*, São Paulo, v. 76, n. 02. p. 170-175, fev. 2012.

SILVA, José Afonso da. *Curso de Direito Constitucional Positivo*. 17. ed. São Paulo: Editora Malheiros, 2000.

TRINDADE, José Damião de Lima. Terá o Direito do Trabalho chegado ao seu esgotamento histórico? *In* SILVA, Alessandro da; SOUTO MAIOR, Jorge Luiz; FELIPPE, Kenarik Boujikian; SEMER, Marcelo (Coords.). *Direitos Humanos*: essência do Direito do Trabalho. São Paulo: LTr, 2007.

VIANA, Márcio Tulio. Trabalhadores Parassubordinados: Deslizando para Fora do Direito. *In* RENAULT, Luiz Otávio Linhares; CANTELLI, Paula Oliveira; PORTO, Lorena Vasconcelos; NIGRI, Fernanda (Coords.). *Parassubordinação*. São Paulo: LTr, 2011.

Parte VII

O HIV, A AIDS E O DIREITO DO TRABALHO

Capítulo 9

O HIV e a Aids: Preconceito, Discriminação e Estigma no Trabalho – Aplicação da Súmula n. 443 do Tribunal Superior do Trabalho

Luiz Eduardo Gunther(*)

1. *OS VOCÁBULOS DISCRIMINAÇÃO, PRECONCEITO E ESTIGMA*

Quando se deseja conhecer um assunto por inteiro torna-se necessário, em primeiro lugar, examinar o verdadeiro sentido das palavras que o envolvem. Não se pode falar no tema HIV/AIDS sem entender o significado dos vocábulos discriminação, preconceito e estigma, que guardam sentidos distintos.

Quando mencionamos a palavra *discriminação* devemos levar em conta aspectos subjetivos e objetivos. O elemento subjetivo relaciona-se à intenção de discriminar. De outro lado, o elemento objetivo caracteriza-se pela preferência efetiva por alguém em detrimento de outro "sem causa justificada, em especial por motivo evidenciado". Esse comportamento revela "uma escolha de preconceito em razão do sexo, raça, cor, língua, religião, opinião, compleição física ou outros fatores importantes"[(1)].

Quanto ao momento do ato considerado discriminatório, parece hoje não haver mais dúvidas, no âmbito trabalhista, que práticas discriminatórias podem ocorrer na admissão, no curso da relação de emprego e na dispensa, quando configurada ofensa à dignidade do trabalhador e ao princípio da igualdade"[(2)].

A proibição da prática discriminatória no emprego tem fundamento no inciso XXX do art. 7º da CF/1988, nas Convenções n. 111 e 117 da OIT e na Lei n. 9.029/1995. Nesses registros normativos, porém, não se considera como fator de discriminação o estado de saúde. Possível é, no entanto, por interpretação extensiva ou aplicação analógica, aplicar essa normatividade "quando o fator de discriminação é o estado de saúde do empregado"[(3)].

Os casos mais frequentes de discriminação por motivo de saúde ocorrem "nas hipóteses de lesões por esforço repetitivo (LER) e as de síndrome de imunodeficiência adquirida (AIDS, *rectius*: SIDA)"[(4)].

Considera-se possível juridicamente, também, fundamentar pela aplicação da regra proibitiva a tais hipóteses no sentido de que "a enumeração legal é meramente exemplificativa, e não taxativa ou limitativa"[(5)].

(*) Professor do Centro Universitário Curitiba – UNICURITIBA; Desembargador do Trabalho junto ao TRT da 9ª Região; Doutor em Direito do Estado pela UFPR; Membro da Academia Nacional de Direito do Trabalho, do Instituto Histórico e Geográfico do Paraná, do Centro de Letras do Paraná e da Associação Latino-Americana de Juízes do Trabalho – ALJT.

(1) NASCIMENTO, Amauri Mascaro. *Direito contemporâneo do trabalho*. São Paulo: Saraiva, 2011. p. 405.

(2) *Idem*.

(3) ROMITA, Arion Sayão. *Direitos fundamentais nas relações de trabalho*. 4. ed. rev. e aum. São Paulo: LTr, 2012. p. 328.

(4) *Idem*.

(5) *Idem*.

Na fase pré-contratual, vale dizer, no momento do processo de seleção dos candidatos a emprego, pode-se caracterizar o ato discriminatório até mesmo na análise da codificação genética do candidato com o objetivo de averiguar se este é portador do vírus HIV. Embora o ordenamento jurídico brasileiro não possua "norma que vede esta conduta ao empregador", certamente que se pode considerá-la "injurídica por força da vedação discriminatória"[(6)].

O ordenamento jurídico brasileiro possui como uma de suas vigas mestras, em matéria de direitos fundamentais, "a vedação de discriminação injustificada". Nesse sentido, a dispensa discriminatória "do portador de LER ou do vírus HIV deve ser sancionada com a decretação de nulidade do ato patronal, com a consequente reintegração". Essa reintegração determinada judicialmente mais se justifica "na regra interpretativa de máxima eficácia dos preceitos que asseguram os direitos fundamentais"[(7)].

Ao comparar o portador de LER (ou DORT) com o portador do vírus HIV/AIDS, Marcus Aurélio Lopes explicita como o empregado acometido por doença acaba estigmatizado no seu ambiente de trabalho, pois se confunde a vítima de doença com o funcionário inapto, pouco produtivo, ineficiente. Nessas situações, revela-se que o portador de LER/DORT e do vírus HIV/AIDS:

> Sofre de uma patologia oculta, que impede o pleno desenvolvimento da atividade laboral, mas não o incapacita totalmente. De outro lado, implica numa alteração do comportamento do paciente, confundida quase sempre como desídia ou baixo desempenho, resultando invariavelmente no desempenho do trabalhador. Em comum, as doenças revelam-se altamente estigmatizantes para o trabalhador.[(8)]

Consoante explicita Larissa Renata Kloss, a discriminação ilícita, injustificada ou negativa "demonstra o repúdio às diferenças, à diversidade de características existentes na condição humana". Objetiva utilizar as diferenças "para prejuízo de outros indivíduos ou de minorias menos favorecidas", isto é, "de pessoas que não possuem características que correspondem àquelas consideradas fortes ou vantajosas na realidade"[(9)].

A palavra estigma possui um sentido negativo, tratando-se de um fator de diferenciação normalmente injustificado, gerando consequentemente a exclusão social e a invisibilidade em relação às qualidades do indivíduo[(10)].

O estigma, sem dúvida, produz um descrédito relativamente ao indivíduo, reduzindo as suas possibilidades de vida[(11)].

Não é demais insistir na afirmação de que os empregados excluídos do mercado de trabalho suportam duas espécies de doença, sendo uma delas o preconceito com que são tratados:

> Nesse cenário nada animador, dois grupos parecem sofrer os efeitos da falta de ocupação mais que os outros: os trabalhadores sem qualificação, pois o mercado, por força da implantação de novas tecnologias na produção, cada vez menos exige a sua presença, e os que, por diversas razões, pertencem a grupos que são alijados do processo produtivo.

Tratando especificamente desse último grupo, padece ele da falta de trabalho por conta de 'doença' que persegue parte da humanidade desde o início dos tempos: o preconceito[(12)].

Tomando-se por base a Convenção n. 111 da OIT, torna-se possível entender a discriminação como todo "o tratamento injustificavelmente diferenciado dispensado a determinada pessoa ou grupo de indivíduos, atuando como fator de redução de oportunidades no seio social"[(13)].

---

(6) *Ibidem*. p. 329.

(7) *Ibidem*. p. 329.

(8) LOPES, Marcus Aurélio. *Discriminações nas relações de trabalho*. Dissertação (Mestrado em Direito) – Universidade Estadual de Maringá, Maringá, 2002. p. 267-268.

(9) KLOSS, Larissa Renata. A tutela inibitória como meio de evitar a discriminação do trabalho da mulher. In GUNTHER, Luiz Eduardo; SANTOS, Willians Franklin Lira dos; GUNTHER, Noeli Gonçalves da Silva (Coord.). *Jurisdição*: crise, efetividade e plenitude institucional. Curitiba: Juruá, 2010. V. III. p. 324.

(10) BACILA, Carlos Roberto. *Estigma* – um estudo sobre preconceitos. Rio de Janeiro: Lúmen Júris, 2005. p. 28.

(11) GOFFMAN, Erving. *Estigma*: notas sobre a manipulação da identidade deteriorada. 4. ed. Tradução de Márcia Bandeira de Mello Leite Nunes. Rio de Janeiro: Guanabara Koogan, 1998. p. 7.

(12) BRITO FILHO, José Cláudio Monteiro de. *Discriminação no trabalho*. São Paulo: LTr, 2002. p. 15-16.

(13) ATHANASIO, Lídia Clément Figueira Moutinho. Discriminação no trabalho: o caso dos empregados vítimas de acidentes de trabalho ou doenças ocupacionais. In GUNTHER, Luiz Eduardo. SANTOS, Willians Franklin Lira dos; GUNTHER, Noeli Gonçalves da Silva (Coord.). *Tutela dos direitos da personalidade na atividade empresarial*. Curitiba: Juruá, 2010. V. III. p. 223.

Esses empregados, assim, passam a ser estigmatizados, suportando "um sistemático tratamento diferenciado", tornando-se "duplamente vitimizados, tanto pela enfermidade que os acomete, quanto pela discriminação a eles voltada"(14).

A discriminação e o estigma transparecem na atividade empresarial onde o trabalhador é candidato ao emprego ou já desenvolve os seus serviços. Pode a discriminação "se dar no ingresso em um emprego", momento em que algumas empresas "procuram se certificar de que o candidato não possua doença grave ou preexistente, principalmente em se tratando de AIDS"(15). Quando a empresa ou os colegas de trabalho tomam conhecimento "de que o empregado é portador da doença, a situação se agrava". Dessa maneira, sofre, o empregado soropositivo, "a estigmatização das diferenças e a segregação injustificada", o que ocasiona "manifesto prejuízo ao bem-estar e à paz sociais, imprescindíveis à sociedade justa e fraterna preconizada na Constituição brasileira"(16).

Por esses delineamentos pode-se ver o quanto afeta o ser humano a discriminação, o preconceito e o estigma. Essas palavras encontram-se presentes sempre que se examina a questão HIV/AIDS. O pleno conhecimento do sentido que se esconde por trás desses tratamentos é objeto do nosso estudo, não só no sentido linguístico, mas de suas consequências e reflexos na vida humana.

2. *TERMINOLOGIA E METÁFORA: ASPECTOS HISTÓRICOS, SOCIOLÓGICOS, MÉDICOS, BIOLÓGICOS E ESTATÍSTICOS*

Quais as palavras que devem ser usadas para designar quem está sofrendo por ser portador do HIV/AIDS? Qual é a metáfora que se esconde no entendimento do problema da contaminação? E os aspectos biológicos e médicos que devem ser compreendidos? As informações históricas e estatísticas que devem ser examinadas? Como devemos encarar essas questões nos âmbitos sociológico e jurídico?

Durante algum tempo, o medo do contágio levou a uma consideração puritana sobre o tema, nos anos 90, culpando "a tolerância iniciada nos anos 60 pelo problema atual da AIDS". Nesse sentido, por exemplo, não só os moralistas, mas também uma notória defensora da liberdade sexual, como a ensaísta e professora Camille Paglia, que se manifestou, em livro, no seguinte sentido:

> Os anos 60 tentaram um retorno à natureza que acabou em desastre. Tomar banho nu e deslizar na lama de Woodstock por brincadeira foram uma espécie de sonho rousseauniano de vida breve. Minha geração, inspirada pelo espírito de revolta dionisíaca do rock, tentou fazer algo mais radical do que qualquer outra coisa desde a Revolução Francesa. Perguntávamos: por que devemos obedecer a essa lei? E por que não deveríamos seguir nosso impulso sexual? O resultado foi uma queda na barbárie. Descobrimos dolorosamente que uma sociedade justa não consegue realmente funcionar se todos fazem o que bem entendem. E da promiscuidade pagã dos anos 60 veio a AIDS. Todos de minha geração que pregaram o amor livre são responsáveis pela AIDS. A revolução dos anos 60 nos Estados Unidos entrou em colapso em razão de seus próprios excessos.(17)

Indaga o jornalista Gay Talese, sobre essa observação: "Mas entrou mesmo em colapso"? E responde negativamente, pois, na sua ótica, ao contrário da opinião acumulada pelas pesquisas, duvida que os Estados Unidos dos anos 90 (com o devido respeito à ansiedade e ao medo provocados pela AIDS) estejam se submetendo a um novo puritanismo, "capaz de reprimir as tentações e os privilégios que pareciam tão chocantes quando se tornaram públicos, há trinta anos"(18).

Ao precisar manifestar-se sobre a doença e o sofrimento, nem sempre o trabalhador revela tudo o que é necessário. Constata-se, na prática médica e na pesquisa a respeito da saúde, "a reticência maciça em falar da doença e do sofrimento".

Quando se está doente, tenta-se esconder o fato dos outros, mas também da família e dos vizinhos. É somente após longas voltas que se chega, às vezes, a atingir a vivência da doença, que se confirma como vergonhosa: bastou uma doença ser evocada para que, em seguida, venham numerosas justificati-

(14) *Ibidem*. p. 239.

(15) RIBEIRO, Ana Beatriz Ramalho de Oliveira; BARACAT, Eduardo Milléo. HIV e AIDS e o mundo do trabalho: aplicação da Recomendação 200 da OIT no Brasil. In RAMOS FILHO, Wilson (Coord.). *Trabalho e regulação no Estado constitucional*. Curitiba: Juruá, 2011. p. 35.

(16) *Idem*.

(17) PAGLIA, Camille. Sexo, arte e cultura americana. Publicado no início de 1992, sem página. Apud TALESE, Gay. *A mulher do próximo*: uma crônica da permissividade americana antes da era da AIDS. Tradução de Pedro Maia Soares. São Paulo: Companhia das Letras, 2002. p. 8.

(18) TALESE, Gay. *A mulher do próximo*: uma crônica da permissividade americana antes da era da AIDS. Tradução de Pedro Maia Soares. São Paulo: Companhia das Letras, 2002. p. 9.

vas, como se fosse preciso se desculpar. Não se trata de culpa no sentido próprio que refletiria uma vivência individual, e sim de um sentimento coletivo de vergonha: 'Não é de propósito que a gente está doente'.[19]

Segundo Christophe Dejours, emerge, nesse sentido, "uma verdadeira concepção da doença, própria ao meio". Essa concepção resta dominada pela acusação, vale dizer, toda doença seria, de alguma forma, voluntária: "se a gente está doente, é porque é preguiçoso"[20].

A associação que tradicionalmente se apresenta entre doença e vagabundagem seria característica do meio. Desse modo, "um verdadeiro consenso social se depreende assim, que visa condenar a doença e o doente"[21].

Historicamente, no Brasil, a Lei n. 7.670/1988, em seu art. 1º, incluiu a SIDA/AIDS[22] como causa de concessão de licença para tratamento de saúde e consequente auxílio-doença, ou aposentadoria, independentemente de período de carência, para o segurado que, após a filiação à Previdência Social, vier a manifestá-la[23].

Nos períodos de afastamentos o contrato de trabalho ficará suspenso. Na hipótese de falecimento do empregado, assegura-se pensão por morte aos seus dependentes. Na linha desses direitos previdenciários, essa mesma lei, no art. 1º, item II, passou a permitir ao empregado portador da SIDA/AIDS o levantamento do FGTS, independentemente de dissolução do contrato de trabalho[24].

Dois casos jurisprudenciais, de origem estrangeira, citados pela autora mencionada, confirmam a tendência protetiva ao portador do vírus HIV. Nos Estados Unidos, um trabalhador não foi contratado, embora aprovado nos exames físicos e intelectuais pertinentes ao cargo, por haver revelado ao futuro empregador ser portador do vírus HIV. O Tribunal do Distrito de Columbia, em decisão proferida em 1.07.1992, ordenou que o trabalhador fosse admitido com o pagamento dos salários retroativos e que se lhe pagasse uma indenização pelo sentimento de angústia e dano moral, "bem como lhe fornecessem uma declaração assinalando a ilegalidade dessa classe de discriminação"[25].

O Tribunal de Direitos Humanos do Canadá, por outro lado, autorizou a rescisão indireta do contrato de trabalho de um empregado, cozinheiro de cantina, que confessou ser portador do vírus da AIDS. Como essa confidência foi divulgada entre os colegas de trabalho, o capataz recusou-se a provar a comida, advertindo à empresa de serviços de cantina que não seria possível conter os seus empregados se decidissem agredir o cozinheiro. O Tribunal considerou que a empresa deixou de fornecer instruções claras a respeito da AIDS no local de trabalho, o que gerou essa situação por causa dos preconceitos existentes. Condenou, dessa forma, a empresa a pagar ao cozinheiro indenização pela perda de salários e pelo dano à sua reputação, bem como a enviar-lhe uma carta de desculpas[26].

Dentre os relatos sobre portadores de HIV, o filme *Filadélfia* apresenta-se como dos mais importantes. É a contribuição do cinema para o estudo do Direito. A obra se baseia em fatos reais, contando a história de um advogado, associado de um grande escritório, que é demitido em razão de os sócios descobrirem sua homossexualidade e, mais, que estava contaminado pelo vírus HIV. O advogado ingressa com uma ação por perdas e danos e no julgamento do caso em primeira instância recebe uma indenização, ocorrendo sua morte logo depois. A mensagem do filme é a imoralidade e a ilegalidade do preconceito contra os homossexuais, bem como a discriminação contra os pacientes com doença associada ao HIV. A postura das personagens é eficiente, através de um relato muito bem construído. Trata-se de um trabalho extremamente sensível e pedagógico sobre o tema aqui versado[27].

Como designar o portador do HIV? Segundo Mariana Ribeiro Santiago, os profissionais que lidam

(19) DEJOURS, Christophe. *A loucura do trabalho*: estudo de psicopatologia do trabalho. Tradução de Ana Isabel Paraguay e Lúcia Leal Ferreira. 5. ed. ampl. São Paulo: Cortez-Oboré, 1992. p. 29.

(20) *Idem*.

(21) *Ibidem*. p. 29-30.

(22) Segundo a UNAIDS <http://www.unaids.org.br/>, Programa Conjunto das Nações Unidas sobre HIV/AIDS, a terminologia AIDS (Acquired Immunodeficiency Syndrome) é adotada no Brasil, enquanto SIDA (Sindrome da Imunodeficiência Adquirida) é utilizada em outros países de língua portuguesa.

(23) TURNES, Cassiane Terezinha. *Trabalhador portador do vírus HIV*: quem é o responsável? Monografia (Especialização em Direito do Trabalho) – UNICURITIBA, Curitiba, 2003. p. 19.

(24) *Idem*.

(25) *Ibidem*. p. 21.

(26) *Ibidem*. p. 22.

(27) LACERDA, Gabriel. *O direito no cinema*: relato de uma experiência didática no campo do direito. Rio de Janeiro: Editora FGV, 2007. p. 71-82.

com a doença e a literatura especializada "desprezam a utilização do termo 'aidético' por considerar que traduz ideias negativas sobre a doença, reflete o preconceito e determina a exclusão social"(28).

Deve-se observar uma terminologia mais condizente com a dignidade humana do enfermo, segundo a autora mencionada. Nesse sentido devem ser privilegiadas as expressões "pessoas soropositivas", "portadores assintomáticos", "portador do vírus HIV", para pessoas que possuam o vírus, mas ainda não desenvolveram a doença. Para aqueles em que a doença já se manifestou as expressões mais adequadas seriam "doente de AIDS" ou "pessoa com AIDS"(29).

Aristóteles, em sua Poética, proferiu a definição mais antiga e sucinta sobre o sentido da palavra metáfora, dizendo: "a metáfora consiste no transportar para uma coisa o nome de outra"(30).

O termo AIDS – Síndrome de Imunodeficiência Adquirida – não designa uma doença, e sim um estado clínico, "que tem como consequência todo um espectro de doenças"(31). A própria definição de AIDS requer a presença de outras doenças, as chamadas infecções e malignidades oportunistas, ao contrário da sífilis e do câncer, "que fornecem protótipos para a maioria das imagens e metáforas associadas à AIDS"(32).

A AIDS é muitas vezes ocultada, como tantas outras doenças que provocam sentimentos de vergonha, mas não do paciente. No caso do câncer, por exemplo, "a família frequentemente não revelava o diagnóstico; já com a AIDS, o mais comum é o paciente não revelar o fato a seus familiares"(33).

Mas qual seria a metáfora que envolve a AIDS? A "peste" é a principal metáfora através da qual a epidemia da AIDS é compreendida. Por causa da AIDS, a ideia generalizada (embora absurda!) "de que o câncer é uma epidemia, até mesmo uma peste, parece estar desaparecendo", o que parece dar o seguinte significado: "a AIDS banalizou o câncer"(34).

Quando se afirma o alastramento da doença torna-se necessário compreender que "uma coisa é enfatizar a ameaça que a doença representa para todos", outra bem diferente é afirmar "que mais cedo ou mais tarde todos virão a ser afetados por ela, direta ou indiretamente"(35).

No primeiro caso (ameaça) trata-se de incitar o medo e confirmar os preconceitos, enquanto a segunda hipótese (afirmar que todos serão afetados) tem por objetivo diminuir os preconceitos e reduzir a estigmatização(36).

Eduardo Milléo Baracat considera insuficiente a análise da discriminação do trabalhador com HIV/AIDS sob o prisma exclusivamente ético-moral. Para isso revela as estatísticas que, de 1980 até junho de 2010, registraram 592.914 casos de AIDS, mostrando a taxa de incidência em torno de vinte casos por 100 mil habitantes. Também assinala a faixa etária em que a AIDS incide mais, "em ambos os sexos, de 20 a 59 anos de idade, o que demonstra que atinge significativamente a população mais produtiva inserida no mercado de trabalho"(37).

Em outubro de 2012, Luciane Aparecida Conceição, 24 anos, considerada símbolo da luta contra a AIDS, por ter sido a primeira criança a receber o coquetel contra a doença, morreu em Sorocaba-SP. Tendo deixado de tomar os remédios, morreu das complicações decorrentes da ação do vírus HIV. Ela havia tomado uma decisão pessoal de não se tratar mais. Segundo relatos de sua história, adquiriu a AIDS no parto, "sua mãe foi infectada no oitavo mês de gravidez ao receber sangue contaminado"(38).

Sob o título "Vencida pela AIDS", o jornal Folha de São Paulo relata que Luciane Conceição, que nasceu com HIV, foi a primeira criança do Brasil e uma das primeiras do mundo a receber coquetel contra a AIDS. Há cinco anos, segundo a notícia, decidiu que queria morrer e parou de tomar os remédios. Não queria mais viver com AIDS. Após ter sido abandonada pela mãe no parto, foi adotada quando tinha

(28) SANTIAGO, Mariana Ribeiro. A AIDS e o direito fundamental ao trabalho. *Revista de Direito do Trabalho*, ano 29, outubro-dezembro de 2003. São Paulo: Revista dos Tribunais, 2003. p. 211.

(29) *Idem, ibidem*. p. 211.

(30) ARISTÓTELES, *Poética*. Tradução, comentários e índices analítico e onomástico de Eudoro de Souza. São Paulo: Os Pensadores/Abril Cultural. 1973. p. 462, item 128.

(31) SONTAG, Susan. *Doença como metáfora, AIDS e suas metáforas*. Tradução de Rubens Figueiredo e Paulo Henriques Britto. São Paulo: Companhia das Letras, 2007. p. 90.

(32) *Idem*.

(33) *Ibidem*. p. 105.

(34) *Ibidem*. p. 112.

(35) *Ibidem*. p. 127.

(36) *Ibidem*. p. 127.

(37) BARACAT, Eduardo Milléo. A discriminação do trabalhador com HIV/AIDS. *Jornal Gazeta do Povo*. 15.06.2011.

(38) Morre a mulher que foi o 1º bebê a tomar coquetel anti-HIV. *Jornal Gazeta do Povo*. Caderno Vida e Cidadania. 06.10.2012. p. 7.

dois anos. Obteve uma decisão judicial para submeter-se ao tratamento indicado, até então, apenas para adultos. O uso dos remédios reduziu em 98,6% a presença da AIDS e antes de recebê-los já estava em fase terminal. Dezesseis anos após a decisão da Justiça que permitiu a Luciana tomar os antirretrovirais, "a situação das crianças que nascem com HIV é bem diferente". Avanços no cuidado com crianças infectadas pelo HIV levaram a mudanças na progressão da doença e menor mortalidade. Foi Luciane Conceição quem abriu as portas para muitas crianças. Em 2008 Luciana teve uma filha, Vitória, "que nasceu sem o vírus da AIDS"[(39)].

Luiz Otávio Linhares Renault menciona que "algumas atividades poderiam ser preservadas", sujeitas a um cuidado médico-científico maior, "no momento da contratação dos portadores do HIV", mas em hipótese alguma como áreas proibidas ou intocáveis. As situações que poderiam aí enquadrar-se envolveriam "o cozinheiro de um colégio, de um restaurante ou de qualquer empresa, que fornece refeição para os seus empregados ou para terceiros; de enfermeiro; de um padeiro, etc."[(40)].

Um outro aspecto importante a ressaltar é a possibilidade dos doentes trabalharem e serem úteis à sociedade sem perigo de contágio. Como salienta Luiz Otávio Linhares Renault, nem sempre o trabalhador nessa situação de doença fica impossibilitado de prestar os serviços. Por isso é necessário permitir-lhes, sem qualquer risco para os companheiros de trabalho, ou para a sociedade, "a ocupação de um posto de trabalho". Justificável, portanto, a ordem judicial de reintegração, nessas situações de despedida discriminatória do portador do vírus HIV[(41)].

Em entrevista concedida ao Jornal Gazeta do Povo de Curitiba, a médica sanitarista Rita Esmanhoto menciona que, no início dos anos 90, quando foi trabalhar no Ambulatório de DSTs/AIDS do Hospital das Clínicas "ninguém queria atender lá. Havia muito medo e preconceito". Segundo ela, "a AIDS é uma doença extraordinária do ponto de vista social". A própria comunidade científica, quando aconteceram os primeiros casos nos Estados Unidos, rotulou a AIDS como "peste gay", prestando "o maior desserviço ao carregar de preconceito uma questão que era de toda a humanidade"[(42)].

Existe, sim, a possibilidade de o empregado ser contaminado pelo HIV no exercício de suas funções, embora remota a possibilidade. Para que isso não ocorra, há uma Declaração da OMS/OIT recomendando que "se tomem os cuidados necessários para evitar o perigo da transmissão de infecção sanguínea". Tornam-se necessárias, em algumas situações, precauções especiais, concedendo-se roupas e equipamentos de proteção especial, "sem qualquer ônus para o empregado, informando-o sobre os riscos, por meio de dados científicos e ministrando-lhe formação profissional adequada"[(43)].

Quando impossível tomar as precauções especiais, pode o empregado "abster-se de realizar suas atividades no setor, aguardando as medidas cabíveis, ou postular a rescisão indireta do contrato, diante do perigo manifesto de mal considerável (art. 483 da CLT)"[(44)].

Em 2010, só no Estado de São Paulo, "a AIDS matou quase nove pessoas por dia". Há falta de campanhas e banalização da doença, que hoje é crônica. Uma campanha eficaz teria que dizer "que não existe milagre fora da prevenção". Por isso, "o combate à AIDS tem que ser em todos os campos, de todas as formas, se quisermos realmente acabar com essa doença"[(45)].

Uma investigação sobre a AIDS nos Estados Unidos registrou as consequências das reduções nos gastos públicos. Segundo esse estudo, mais de 29.000 crianças nasceram com o vírus HIV, pela eliminação de programas de prevenção na transmissão de mães a filhos; 403.000 enfermos de AIDS deixaram de receber tratamento; 44.000 pessoas deixaram de ser tratadas de tuberculose; 1,1 milhão de crianças deixaram de receber vacinas combinadas; 419.000 crianças deixaram de receber outras ajudas, como educação e comida, que vinham do fundo para a luta contra a AIDS[(46)]. Esses números mostram que, mesmo nos Estados Unidos, o país mais rico do mundo, existem desafios imensos quando se trata desse assunto.

(39) VERSOLATO, Mariana. Vencida pela AIDS. *Jornal Folha de São Paulo*. Caderno Ciência + Saúde. 06.10.2012. p. 7.

(40) RENAULT, Luiz Otávio Linhares. Proteção ao portador do vírus HIV e ao aidético: enfoque trabalhista a um projeto de lei. In VIANA, Márcio Túlio; RENAULT, Luiz Otávio Linhares (Coord.). *Discriminação*: estudos. São Paulo: LTr, 2000. p. 130.

(41) *Ibidem*. p. 129.

(42) ESMANHOTO, Rita. Entrevista. *Jornal Gazeta do Povo*, 04.09.2011. p. 9.

(43) BARROS, Alice Monteiro de. *Curso de direito do trabalho*. 6. ed. São Paulo: LTr, 2010. p. 953.

(44) *Idem*.

(45) SUPLICY, Marta. Prova de amor. *Jornal Folha de São Paulo*. 03.12.2011. p. A-2.

(46) GIACOSA, Guillermo. *Jornal Perú 21*. 23.11.2011. p. 17.

Os médicos Caio Rosenthal (infectologista) e Mário Schefer (sanitarista) afirmam que "é possível derrotar a AIDS", mas alertam: "ou o Brasil elimina o preconceito, para zerar a transmissão, ou se distanciará do sonho possível de vencer a AIDS"(47).

Esses profissionais relatam que "só no Brasil, a cada ano, são mais de 12 mil mortos, 35 mil novos doentes e incontáveis infecções". Mas registram a melhor novidade, a evidência cabal de que o tratamento anti-AIDS, "iniciado no momento certo e seguido corretamente pelo paciente, praticamente impede a transmissão do HIV a um parceiro sexual". Desse modo, além dos benefícios individuais, o tratamento passa a contribuir "decisivamente com a prevenção coletiva"(48).

Notícia de jornal do final de 2011 consigna que "a AIDS é mais mortal no sul do país". Em 2010 morreram 11.965 pessoas em decorrência do vírus HIV. Rio Grande do Sul, Santa Catarina e Paraná, juntos, registraram nove óbitos por HIV a cada 100 mil habitantes em 2010 contra 6,3 no país, segundo o Ministério da Saúde. No Paraná, em 2010, 559 pessoas morreram em decorrência do vírus HIV, o que dá uma média diária de 1,5 pessoa(s). O número foi 2,3% superior ao registrado em 2009, quando 546 doentes de AIDS perderam a vida. De 1980 (quando ocorreram os primeiros registros da doença no Brasil) até o ano de 2010, 9.219 pessoas morreram por causa da doença no Paraná. Mas qual seria a explicação para esses números? Segundo Mário Ângelo Silva, professor da Universidade de Brasília, essa preponderância de casos no sul se explicaria "pelo maior acesso aos testes de detecção do HIV na rede pública"(49). Os Estados das outras regiões estariam menos estruturados para esses exames.

Explicação diferente foi dada pelo Ministério da Saúde, que tem apenas hipóteses para explicar os altos números da infecção no sul, "como a grande presença de drogas injetáveis na região há alguns anos"(50).

De outra parte, caem as mortes por AIDS e os novos casos da doença no mundo. Levando em conta a estimativa de infectados no Brasil, o tratamento atinge entre 69% e 79% do total. São portadores do vírus e não sabem entre 250 mil e 300 mil pessoas. Tendo em conta o aumento da sobrevida, existem 34 milhões de pessoas portadoras do vírus HIV no planeta. No entanto, cada vez menos pessoas morrem de AIDS no mundo, graças ao aumento do acesso a medicamentos e à diminuição dos novos casos. Ocorreu uma queda de 21% em novas infecções pelo HIV desde o pico registrado em 1997. O auge das mortes anuais por AIDS ocorreu em 2005 e, desde então, houve uma queda de 18%(51).

Há um alerta, contudo, do Professor da UNB e psicólogo Mário Ângelo Silva, referindo que o vírus avança entre jovens homossexuais entre 15 e 24 anos. Por isso a campanha lançada em 2011, na luta contra a doença, tinha como mote: "A AIDS não tem preconceito. Previna-se." Os principais alvos dessa campanha foram os jovens e as mulheres com idades entre 13 e 19 anos. Segundo o professor, como há muito preconceito nas escolas, na área de saúde, na família e na sociedade de modo geral, o adolescente e o jovem homossexual tem baixa autoestima, "o que faz com que ele não se cuide". Para a diretora do Centro de Informação em Saúde da Prefeitura de Curitiba Raquel Cubas, "o grande desafio é investir no diagnóstico precoce da AIDS"(52).

Antes de examinar o complexo tema HIV/AIDS sob o ângulo do Direito, foram introduzidas algumas considerações relevantes sobre os aspectos históricos e sociológicos. A análise da melhor terminologia e da apresentação do termo como metáfora, bem como alguns dos seus sentidos biológico e médico foram relatados, apresentando-se indicadores estatísticos reveladores.

Pintou-se um pano de fundo para apresentar a questão jurídica, inicialmente sob o ponto de vista da Organização Internacional do Trabalho.

3. AS CONVENÇÕES N. 111 E 159 DA OIT, A RECOMENDAÇÃO N. 200 E O CÓDIGO DE PRÁTICA SOBRE HIV/AIDS

Criada em 1919, ao final da Primeira Guerra Mundial, pela Parte XIII do Tratado de Versalhes, a Organização Internacional do Trabalho consolidou-se neste século como o organismo internacional

(47) ROSENTHAL, Caio. SCHEFFER, Mário. É possível derrotar a AIDS. *Jornal Folha de São Paulo*. 01.12.2011. p. A-3.

(48) *Idem*.

(49) AIDS é mais mortal no sul do país. *Jornal Gazeta do Povo*. Caderno Vida e Cidadania. 29.11.2011. p. 4.

(50) NUBLAT, Johanna. Sul mantém taxas altas de novos casos e mortes por AIDS. *Jornal Folha de São Paulo*. Caderno Saúde, 29.11.2011. p. C-8.

(51) *Idem*.

(52) AIDS é mais mortal no sul do país. *Jornal Gazeta do Povo*. Caderno Vida e Cidadania. 29.11.2011. p. 4.

mais importante no que diz respeito ao mundo do trabalho. As Convenções n. 111 e 159 da OIT e a Recomendação n. 200 são mencionadas para verificação do problema HIV/AIDS e suas soluções. Também se analisa o Código de Prática sobre HIV/AIDS e suas questões principiológicas. No final do item traz-se um julgado aplicando as regras convencionais da OIT.

A Organização Internacional do Trabalho na 99ª Reunião de sua Conferência anual, realizada em junho de 2010, aprovou a Recomendação n. 200, que trata do vírus HIV e da AIDS. Essa Recomendação considera HIV o Vírus da Imunodeficiência Humana, que danifica o sistema imunológico humano, ressaltando que a infecção pode ser prevenida por medidas adequadas. Quanto à palavra AIDS, designa a Síndrome da Imunodeficiência Adquirida, resultante dos estágios avançados da infecção pelo HIV, caracterizando-se por infecções oportunistas ou cânceres relacionados com o HIV[(53)].

Para a Recomendação n. 200 da OIT, pessoa que vive com o HIV significa pessoa infectada pelo HIV. Nesse documento, o vocábulo discriminação exprime qualquer distinção, exclusão ou preferência que resulte em anular ou reduzir a igualdade de oportunidade ou de tratamento em emprego ou ocupação, como referido na Convenção e na Recomendação sobre a Discriminação no Emprego e na Ocupação, de 1958. A palavra estigma relaciona-se à marca social ligada a uma pessoa, que causa marginalização ou significa obstáculo ao inteiro gozo da vida social pela pessoa infectada ou afetada pelo HIV[(54)].

Dentre os princípios gerais mais importantes, destacam-se aqueles relacionados: à garantia dos direitos humanos; ao local de trabalho; à proibição de discriminação e estigmatização; à prevenção e ao tratamento e proteção à privacidade. Quanto ao <u>primeiro</u> dos princípios, a resposta ao HIV e à AIDS deve ser reconhecida como contribuição à garantia dos direitos humanos, das liberdades fundamentais e da igualdade de gênero para todos, inclusive os trabalhadores, suas famílias e dependentes. Quanto ao <u>segundo</u> dos princípios, o HIV e a AIDS devem ser reconhecidos e tratados como tema pertinente ao local de trabalho, a ser incluído entre os elementos essenciais da resposta nacional, regional e internacional à pandemia, com inteira participação das organizações de empregadores ou trabalhadores. Quanto ao <u>terceiro</u> princípio, não deve haver nenhuma discriminação nem estigmatização de trabalhadores, em particular dos que buscam emprego ou a ele se candidatam, a pretexto de infecção real ou presumida pelo HIV, ou pelo fato de pertencerem a regiões do mundo ou a segmentos da população tidos como de maior risco ou de maior vulnerabilidade à infecção pelo HIV. Quanto ao <u>quarto</u> princípio, os trabalhadores, suas famílias e dependentes devem ter acesso a serviços de prevenção, tratamento, atenção e apoio em relação ao HIV e à AIDS, deles se beneficiando, e o local de trabalho deve contribuir para facilitar esse acesso. Quanto ao <u>quinto</u> princípio, os trabalhadores, suas famílias e dependentes devem usufruir de proteção à sua privacidade, inclusive a relacionada com o HIV e a AIDS, em particular no que diz respeito a sua própria situação quanto ao HIV; e também nenhum trabalhador deve ser obrigado a submeter-se a exame de HIV nem a revelar sua situação sorológica[(55)].

Um aspecto essencial no combate ao preconceito, à discriminação e ao estigma liga-se às medidas de sensibilização, que devem acontecer especialmente no âmbito empresarial. Essas medidas devem enfatizar que o HIV não é transmitido por simples contato físico e que "a presença de uma pessoa que vive com o HIV não deve ser considerada ameaça no local de trabalho"[(56)].

Há que se ter em mira, sem dúvida, medidas práticas de apoio à mudança de comportamento, dentre as quais avultam: educação sensível; diagnóstico e tratamento precoces; e estratégias de suplementação de renda no caso de mulheres trabalhadoras com dificuldades financeiras. Assim, os trabalhadores devem receber <u>educação sensível</u>, precisa e atualizada sobre estratégias de redução de risco e, se possível, preservativos masculinos e femininos devem ser disponibilizados. Deve-se facilitar, sempre que possível, o <u>diagnóstico e tratamento precoces</u> de DSTs e da tuberculose, bem como programas de agulhas esterilizadas e de troca de seringas, ou dar informações sobre os lugares onde esses serviços possam ser prestados. Finalmente, no caso de <u>mulheres trabalhadoras com dificuldades financeiras</u>, a educação deve incluir estratégias de suplementação de renda, por exemplo, oferecendo informações sobre atividades geradoras de renda, benefícios fiscais e subsídio salarial[(57)].

(53) *RECOMENDAÇÃO SOBRE O HIV E A AIDS E O MUNDO DO TRABALHO*. Genebra: OIT, 2010. p. 10.

(54) *Idem*.

(55) *Ibidem*. p. 13-15.

(56) *Ibidem*. p. 28.

(57) *REPERTÓRIO DE RECOMENDAÇÕES PRÁTICAS DA OIT SOBRE O HIV/AIDS E O MUNDO DO TRABALHO*/Organização

Duas diferenças substanciais entre Convenções e Recomendações podem ser, desde logo, anunciadas: a Convenção constitui uma forma de tratado internacional, a Recomendação não; a Convenção pode ser objeto de ratificação pelo correspondente Estado-membro, o que, logicamente, não pode ocorrer com uma Recomendação(58).

O valor da Recomendação, muitas vezes, é intrínseco, quando as normas que contém possuem um caráter técnico detalhado. Isso pode ser útil às administrações nacionais, contribuindo para a elaboração de uma legislação uniforme sobre a matéria, deixando, no entanto, a possibilidade de implementarem-se adaptações conforme a necessidade dos países(59).

A diferença considerada mais importante, no entanto, entre Recomendações e Convenções delineia-se no aspecto relativo à eficácia. Isso quer dizer que uma Recomendação não pode (ao contrário da Convenção) ser objeto de compromissos internacionais e que os Estados dispõem da margem que desejam para dar-lhes o efeito que julguem oportuno(60).

Além da Recomendação n. 200, a OIT elaborou um Código de Prática sobre HIV/AIDS e o mundo do trabalho. Nesse documento registra-se que o HIV/AIDS é uma questão que diz respeito ao local de trabalho, "não só porque afeta a força de trabalho, mas também porque o papel do local de trabalho é chave para a limitação da disseminação e dos efeitos da epidemia"(61).

Esse conjunto de boas práticas estabelece diretrizes para lidar com a epidemia de HIV/AIDS no mundo do trabalho e no contexto da promoção do trabalho decente. Desse modo, alguns princípios fundamentais, definidos nesse código, são especialmente apropriados para "combater a discriminação baseada na situação relativa ao HIV", dentre os quais avultam os seguintes: reconhecimento do HIV/AIDS como questão que diz respeito ao local de trabalho; não-discriminação; igualdade de gênero; ambiente de trabalho saudável; diálogo social; detecção para fins de exclusão do emprego e do trabalho; confidencialidade; continuação da relação de emprego; prevenção; cuidado e apoio(62).

Quanto ao primeiro princípio, o HIV/AIDS é uma questão que diz respeito ao local de trabalho, não só porque afeta a força de trabalho, mas também porque o papel do local de trabalho é chave para a limitação da disseminação e dos efeitos da epidemia. Relativamente ao segundo princípio, os trabalhadores não sofrerão discriminação ou estigmatização baseada na sua situação real ou percebida relativa ao HIV. No que diz respeito ao terceiro princípio, as relações de gênero mais igualitárias e o emponderamento da mulher são vitais para evitar a disseminação da infecção por HIV e permitir que as mulheres lidem com o HIV/AIDS. O quarto princípio estipula que o ambiente de trabalho será saudável e seguro, adaptado ao estado de saúde e capacidades dos trabalhadores. O quinto princípio estipula a necessidade de haver cooperação e confiança entre empregadores, trabalhadores e governo no intuito de assegurar a bem-sucedida implementação das políticas e programas relativos ao HIV e à AIDS. Relativamente ao sexto princípio, não será exigido teste de HIV/AIDS de candidatos a emprego ou pessoas empregadas. Quanto ao sétimo princípio, o acesso a dados pessoais relacionados com a situação dos trabalhadores em termos de HIV será limitado pelas regras de confidencialidade coerentes com o código de prática da OIT. No que diz respeito ao oitavo princípio, a infecção por HIV não é causa para término da relação trabalhista. As pessoas com doenças relacionadas com o HIV poderão trabalhar enquanto estiverem aptas para desempenhar funções apropriadas. Relativamente ao nono princípio, os parceiros sociais se encontram em singular condição para promover esforços de prevenção, particularmente em relação à mudança de atitudes e comportamentos por intermédio de informação e educação. Por fim, o décimo princípio enfatiza que a solidariedade, o cuidado e o apoio devem servir de guia à resposta ao HIV/AIDS no local de trabalho. Nesse sentido, todos os trabalhadores têm direito a serviços de saúde ao seu alcance e a benefícios dos programas obrigatórios de seguridade social e dos mecanismos de previdência social(63).

O Tribunal Regional do Trabalho da 9ª Região reconheceu o direito à reintegração de portador do vírus HIV, amparando-se em duas Convenções da

Internacional do Trabalho. Programa sobre HIV/AIDS e o Mundo do Trabalho. 3. ed. Brasília: OIT, 2010. p. 62.

(58) GUNTHER, Luiz Eduardo. *A OIT e o direito do trabalho no Brasil*. Curitiba: Juruá, 2011. p. 52.

(59) VALTICOS, Nicolas. *Derecho internacional del trabajo*. Tradução de Maria José Triviño. Madrid: Tecnos, 1977. p. 234-236.

(60) *Idem*.

(61) BEAUDONNET, Xavier. *Direito internacional do trabalho e direito interno*: manual de formação para juízes, juristas e docentes em direito. Turim: Centro Internacional de Formação da OIT, 2011. p. 173.

(62) *Ibidem*. p. 173-174.

(63) *Ibidem*. p. 173-174.

OIT, a de número 111 e a de número 159. A ementa desse julgado, de lavra da Desembargadora Marlene T. F. Suguimatsu, possui o seguinte conteúdo:

> REINTEGRAÇÃO. PORTADOR DO VÍRUS HIV. DISCRIMINAÇÃO PRESUMIDA. PRINCÍPIOS CONSTITUCIONAIS. CONVENÇÕES 111 E 159 DA OIT. É discriminatória a dispensa de empregado portador do vírus HIV por empregador que tem ciência dessa circunstância quando comunica a rescisão. Não se exige prova de qualquer outra atitude discriminatória, pois a possibilidade de rever a intenção da dispensa cria a presunção de que houve discriminação no ato da dispensa. A reintegração no emprego é medida que se impõe como forma de assegurar o respeito à dignidade humana e ao valor social do trabalho, fundamentos do Estado Democrático de Direito e princípios constitucionais de observância obrigatória. Da mesma forma, atende-se à Convenção 111 da OIT, ratificada pelo Brasil, que contém o compromisso de abolir qualquer prática tendente a destruir ou alterar a igualdade de oportunidade ou tratamento em matéria de emprego ou profissão. O empregado portador do vírus HIV enquadra-se, ainda, na definição de pessoa deficiente, para efeito de aplicação da Convenção 159 da OIT, também direcionada à eliminação de desigualdades, no que se refere a emprego[64].

Com a análise efetuada, buscou-se traduzir um entendimento analítico de como a OIT compreende o fenômeno HIV/AIDS e as proposições para enfrentá-lo, tal como o fez o julgado neste item transcrito.

4. DISCRIMINAÇÃO NO MOMENTO DA CONTRATAÇÃO E DURANTE O VÍNCULO. ANULAÇÃO DA DISPENSA E RESCISÃO INDIRETA. A PRESUNÇÃO DA DISPENSA DISCRIMINATÓRIA. REINTEGRAÇÃO. JULGADOS

Os trabalhadores que convivem com o problema HIV/AIDS sofrem profunda discriminação. Como essa situação é enfrentada pelo direito brasileiro no momento da admissão ao emprego e durante o curso contratual?

A possibilidade de anular a dispensa, obter a reintegração e a presunção da dispensa discriminatória fazem parte dessa análise, mencionando-se julgados e a recente súmula do TST sobre o tema.

Existem inúmeros julgados examinando a situação do empregado portador do vírus HIV, salientando-se que, já no século XXI, podem ser reproduzidos alguns bem esclarecedores, como o proferido no Tribunal Superior do Trabalho, de lavra do Juiz Convocado André Luis Moraes de Oliveira, com o seguinte teor:

> REINTEGRAÇÃO. EMPREGADO PORTADOR DO VÍRUS DA AIDS. CARACTERIZAÇÃO DE DESPEDIDA ARBITRÁRIA. Muito embora não haja preceito legal que garanta a estabilidade ao emprego da síndrome da imunodeficiência adquirida (*in verbis*), ao magistrado incumbe a tarefa de valer-se dos princípios gerais do direito, da analogia e dos costumes para solucionar os conflitos ou lides a ele submetidas. A simples e mera alegação de que o ordenamento jurídico nacional não assegura ao aidético (*in verbis*) o direito de permanecer no emprego não é suficiente a amparar uma atitude altamente discriminatória e arbitrária que, sem sombra de dúvida, lesiona de maneira frontal o princípio da isonomia insculpido na Constituição da República Federativa do Brasil. Revista conhecida e provida[65].

Uma sentença proferida por Magistrado do Trabalho do Paraná analisa, com percuciência, uma realidade que se dissemina no meio empresarial. No caso concreto, o empregado foi dispensado única e exclusivamente porque acometido de AIDS/SIDA. A empresa defendeu-se alegando que a dispensa ocorreu apenas seis meses depois de ter conhecimento desse fato, o que para o juiz não teria "o condão de elidir a prática discriminatória", rejeitando a tese patronal da impossibilidade de reintegração no emprego para o empregado acometido da AIDS/SIDA. O juiz considerou perverso o argumento de que esse benefício, se concedido ao empregado, poderia estender-se a outras doenças graves como o câncer e a hanseníase, seguindo uma "lógica de seletividade no emprego e de exclusão social de trabalhadores doentes ou deficientes, mas ainda com capacidade para o trabalho".

(64) PARANÁ. Tribunal Regional do Trabalho da 9ª Região. Acórdão 2ª Turma, s.n. Rel. Des. Marlene T. Fuverki Suguimatsu. *Revista Tribunal Regional do Trabalho da 9ª Região*. Curitiba, a. 29, n. 53, jul.-dez. 2004. p. 327-328.

(65) BRASIL. Tribunal Superior do Trabalho. Ac. 2ª T. Proc. RR 217791/95.3, j. 10.9.2003, Rel. Juiz Conv. André Luis Moraes de Oliveira, *Revista LTr*, São Paulo, 67-10/1249, out. 2003.

Argumentou que se violam, aí, princípios constitucionais, "invertendo a lógica de proteção a todos os trabalhadores que forem discriminados por doença ou deficiência". Concluiu a decisão, assim, que a reintegração do empregado discriminado no emprego "não decorreu da estabilidade concedida por lei, mas de nulidade da dispensa discriminatória"[(66)].

Em dissertação que apresentou ao Programa de Pós-Graduação *stricto sensu* – Mestrado em Direito Empresarial e Cidadania do Centro Universitário Curitiba – UNICURITIBA, Fábio Luiz de Queiroz Telles assinala que as hipóteses mais enfrentadas pelo Judiciário, sobre esse tema, dizem respeito "à análise de ser nula toda dispensa que tiver por fundamento o fato de o empregado ser portador do HIV e que determinam a reintegração ao emprego". Outra hipótese vincula-se à vedação de dispensa do empregado soropositivo, por considerá-la obstativa do direito "de acesso aos benefícios previdenciários, ao tratamento médico de saúde e à aposentadoria, determinando a reintegração do empregado às suas funções"[(67)].

Torna-se indispensável, como raciocínio jurídico, atentando-se ao princípio da dignidade humana, considerar que "a AIDS não pode ser vista como um flagelo, um castigo divino devido à iniquidade humana". Por isso, os Tribunais do Trabalho, "ao inibir o preconceito e a discriminação, anulando as dispensas arbitrárias e sem justa causa", direcionam para a população um entendimento de que a AIDS não é um mito, "mas uma doença como qualquer outra e que apesar de a medicina não ter encontrado a cura até então, não transforma seus portadores em párias e nem os condena imediatamente à morte"[(68)].

Nesse sentido humano da compreensão do problema HIV/AIDS, verifica-se que "o portador de HIV tem toda capacidade de desenvolver projetos e realizar suas funções como qualquer outro trabalhador". Por isso, não se pode admitir o afastamento das funções e do trabalho, "pois mantê-lo trabalhando pode favorecer no tratamento, podendo significar-lhe a vida". Para o soropositivo, o trabalho representa não só o estímulo para continuar lutando contra o vírus, "como também representa o único meio de sobrevivência e custeio para adquirir medicamentos necessários para o tratamento e manutenção diária de sua carga viral"[(69)].

A análise da temática que envolve os portadores do vírus da AIDS mereceu comentário de Vólia Bomfim Cassar no sentido de que a pedra de toque é a discriminação e não uma suposta estabilidade, "assim, quando o empregador demite um portador do vírus HIV, segundo o TST, ele deve provar (ônus do patrão) que o procedimento não foi discriminatório"[(70)].

Na opinião dessa autora, seria possível "a norma coletiva ou interna do empregador criar este direito aos empregados portadores de AIDS ou outras doenças"[(71)].

Quanto ao paciente com doença associada ao HIV, que Sérgio Pinto Martins denomina "doente de AIDS", possuiria, segundo este autor, direito a auxílio-doença ou aposentadoria, desde que a doença se manifeste após a filiação à Previdência Social. Registra, no entanto, que enquanto a doença não se manifestar, não haverá direito a qualquer benefício previdenciário[(72)].

Considera o autor referido haver prejuízo ao soropositivo, apenas, se a empresa o impedir de fazer jus ao benefício previdenciário. Não seria, no entanto, abusivo o ato do empregador que dispensa o empregado doente de AIDS, pois estaria exercendo seu direito constitucional de dispensar o empregado, devendo apenas pagar as verbas rescisórias[(73)].

No sentir desse doutrinador, a Convenção n. 111 da OIT, ratificada pelo Brasil, veda atos de discriminação no acesso à formação profissional, à admissão no emprego e às condições de trabalho por motivo de raça, cor, sexo, religião, opinião política, ascendência nacional ou origem social (art. 1º). Mas não trataria, especificamente, da reintegração de empregado em decorrência de doença, especialmente de AIDS[(74)].

(66) PARANÁ. Tribunal Regional do Trabalho da 9ª Região. RT 3511/2002, Sentença prolatada pelo Juiz Maurício Mazur. *Revista do Tribunal Regional do Trabalho da 9ª Região*, Curitiba, a. 29, n. 53, jul.-dez. 2004. p. 486-487.

(67) TELLES, Fábio Luiz de Queiroz. *O portador do vírus da síndrome da imunodeficiência adquirida (HIV) como trabalhador e sua relação com a empresa*: uma análise sob a perspectiva da Organização Internacional do Trabalho (OIT) e dos direitos da personalidade. 25.10.2012. Dissertação (Mestrado em Direito Empresarial e Cidadania), Centro Universitário Curitiba, Curitiba, 2012. p. 90-91.

(68) *Ibidem*. p. 92.

(69) *Ibidem*. p. 93.

(70) CASSAR, Vólia Bomfim. *Direito do trabalho*. 3. ed. rev. e atual. Niterói: Impetus, 2009. p. 357.

(71) *Idem, ibidem*. p. 357.

(72) MARTINS, Sérgio Pinto. *Direito do trabalho*. 28. ed. São Paulo: Atlas, 2012. p. 443.

(73) *Ibidem*. p. 443-444.

(74) *Ibidem*. p. 444.

A Diretora do Departamento de Normas Internacionais da Organização Internacional do Trabalho (OIT), Cleopatra Doumbia-Henry, asseverou que "as pessoas devem usar os direitos que têm para se proteger, como não contar (ao empregador) que tem AIDS"[(75)].

Segundo a Diretora da OIT mencionada, o objetivo é "lidar com o estigma, lutar contra ele. Esse estigma está na sociedade e até no governo. É preciso mudar o pensamento, mudar a mente". Em sua ótica, quem decide falar sobre o assunto contribui para a mudança. O problema da discriminação tem aparecido com frequência porque o silêncio está acabando: "a AIDS é uma doença qualquer e não deve ser usada para discriminar qualquer pessoa"[(76)].

A advogada trabalhista Leandra Campagnolo pondera que "a lei não obriga ninguém a fazer nada, especialmente quando se trata de uma questão discriminatória". Nesse sentido, não é possível determinar a realização de "um exame de AIDS tanto quanto não se pode obrigar a um de gravidez". Essas determinações podem "gerar dano moral no caso de haver demissão pode ser tornada sem efeito com a readmissão por ordem judicial[(77)].

Segundo a advogada mencionada, o entendimento atual da Justiça no Brasil vai no sentido de caber "à empresa denunciada a comprovação de que uma demissão, por exemplo, não foi motivada por discriminação". Isso quer dizer que, se um funcionário que se sentiu discriminado denunciar a empresa, cabe "a esse empregador comprovar a legalidade da demissão, e não ao funcionário, como estabelece o direito para a maioria dos outros casos"[(78)]. Quando se argumenta pela existência ou não de segurança jurídica, inexistiria essa situação para quem demite ou para quem é demitido, havendo trabalhos da OIT, entretanto, direcionados a proteger os portadores de HIV.

O trabalhador soropositivo, na dicção de Mariana Ribeiro Santiago, não deve ser discriminado nem na admissão nem no exercício da atividade laborativa, pois não perde os direitos de personalidade em virtude da doença. Pode ocorrer, sim que o trabalho não seja recomendável quando, pelo estágio da doença, "o indivíduo não apresentar mais capacidade técnica de exercer a função, caso em que, se empregado, lhe competem os benefícios previdenciários"[(79)].

Quanto à higidez do vínculo laboral, Alice Monteiro de Barros esclarece que "a infecção pelo HIV não constitui justa causa, tampouco motivo justificado para a ruptura do contrato de trabalho"[(80)].

Relembra essa autora, também, que a Recomendação n. 169, de 1984, complementadora da Convenção n. 122/1964 da OIT, a respeito da política de emprego, após recomendar seja eliminada toda forma de discriminação, sugere, ainda, medidas que satisfaçam "às necessidades de pessoas que tenham, frequentemente, dificuldade para encontrar emprego duradouro, podendo ser incluídos aí os portadores de HIV/AIDS"[(81)].

O TRT de São Paulo, o maior do Brasil em número de processos judiciais trabalhistas, relativamente ao tema da dispensa de empregado portador de vírus HIV, considerou o ato fundado em atitude discriminatória, pois o "poder do empregador" de encerrar a relação empregatícia, em tais hipóteses, "é limitado em razão das garantias do emprego e, especialmente, no princípio constitucional da dignidade da pessoa humana"[(82)].

O ato da empresa não só teria violado princípios constitucionais, como teria obstado ao empregado o direito a receber tratamento previdenciário conferido aos soropositivos pela Lei n. 7.670/1988, "primeira luz a brilhar no ordenamento jurídico, em proteção a esses trabalhadores"[(83)], incidindo, assim, na hipótese preconizada pela Lei n. 9.029/1995.

O Tribunal Superior do Trabalho editou agora, em 2012, a Súmula n. 443 de sua jurisprudência predominante, com o seguinte teor:

> DISPENSA DISCRIMINATÓRIA. PRESUNÇÃO. EMPREGADO PORTADOR DE DOENÇA GRAVE. ESTIGMA OU PRECONCEITO. DIREITO À REINTEGRAÇÃO. Presume-se

(75) SGARBE, Vinícius. *Veículo G1*, circulação nacional. p. 30.06.2011.

(76) *Idem*.

(77) *Idem*.

(78) *Idem*.

(79) SANTIAGO, Mariana Ribeiro. A AIDS e o direito fundamental ao trabalho. *Revista de Direito do Trabalho*, a. 29, out.-dez.2003. São Paulo: Revista dos Tribunais, 2003. p. 218.

(80) BARROS, Alice Monteiro de. *Curso de direito do trabalho*. 6. ed. São Paulo: LTr, 2010. p. 1202.

(81) *Idem*.

(82) SÃO PAULO. *Tribunal Regional do Trabalho da 2ª Região*. RO 01760200000702006-SP, AC. 20050408851, 9ª Turma, j. 22.06.2005, v. u., Rel. Juíza Jane Granzoto Torres da Silva. Disponível em: <www.trt2.jus.br >. Acesso em: 12.out.2012.

(83) *Idem*.

discriminatória a despedida de empregado portador do vírus HIV ou de outra doença grave que suscite estigma ou preconceito. Inválido o ato, o empregado tem direito à reintegração no emprego.[(84)]

Já de há muito tempo vinha o C. TST firmando o entendimento de que "a dispensa imotivada de empregado soropositivo é presumidamente discriminatória, salvo comprovação de que o ato decorreu de motivo diverso"[(85)].

No corpo desse acórdão registra-se que "mesmo na ausência de prova de nexo causal", a Corte reconhece a presunção de ato discriminatório na dispensa imotivada de empregado soropositivo, "admitindo, contudo, prova em contrário". No caso dos autos não existiria evidência do fato que motivou a dispensa do empregado, mas apenas a constatação de que se deu seis anos após a descoberta do quadro clínico do empregado e que teriam ocorrido outras dispensas no mesmo período, o que seria muito pouco "para afastar a presunção de discriminação na dispensa imotivada do reclamante". Insiste o julgado no princípio da dignidade da pessoa humana, somado ao valor social do trabalho (art. 1º, III e IV da CF/1988), que imporia "a proteção do mercado de trabalho desse segmento extremamente discriminado na sociedade". Não fosse assim, diz o acórdão, "não seria proibida a realização de exames admissionais que investiguem a sorologia do HIV nos candidatos a postos de trabalho"[(86)].

Há um acórdão paradigma do C. TST, de lavra do Ministro Lélio Bentes Corrêa, que assevera a significativa contribuição da OIT para esse entendimento:

> EMPREGADO PORTADOR DO VÍRUS HIV. DISPENSA IMOTIVADA. ATITUDE DISCRIMINATÓRIA PRESUMIDA. REINTEGRAÇÃO. 1. A jurisprudência desta Corte firmou-se no sentido de que se presume discriminatória a dispensa do empregado portador do vírus HIV. Desse modo, recai sobre o empregador o ônus de comprovar que não tinha ciência da condição do empregado ou que o ato de dispensa tinha outra motivação – lícita. 2. Entendimento consentâneo com a normativa internacional, especialmente a Convenção n. 111, de 1958, sobre Discriminação em Matéria de Emprego e Ocupação (ratificada pelo Brasil em 26.11.1965 e promulgada mediante o Decreto n. 62.150, de 19.01.1968), e a Recomendação n. 200, de 2010, sobre HIV e AIDS e o Mundo do Trabalho. 3. Nesse contexto, afigura-se indevida a inversão do ônus da prova levada a cabo pelo Tribunal Regional, ao atribuir ao empregado o encargo de demonstrar o caráter discriminatório do ato de dispensa promovido pelo empregador. 4. Recurso de revista conhecido e provido.[(87)]

A igualdade de oportunidades e tratamento, para ser garantida, não se basta na proteção jurídica oferecida, mas depende, sempre, da existência de procedimentos judiciais efetivos, "que possam ser invocados pelas pessoas que acreditam ter sido alvo de discriminação". Muitas vezes, as regras de procedimento aplicáveis exigem que o discriminado prove a existência de discriminação, constituindo obstáculo a resolver esses casos. Com o objetivo de superar essas dificuldades, muitos países introduzem regras de procedimento que invertem o ônus da prova para permitir que as vítimas de discriminação afirmem efetivamente seus direitos. Para alguns sistemas jurídicos, a regra consiste em verificar se o demandante é capaz de provar *prima facie*. Se isso não for possível, o ônus da prova deve ser transferido ao demandado, "que então terá de demonstrar que a diferença de tratamento baseara-se em considerações objetivas não relacionadas com qualquer motivo de discriminação"[(88)].

Quanto aos instrumentos da OIT que tratam do ônus da prova, tanto a Comissão de Peritos quanto o Comitê de Liberdade Sindical consideram a inversão em casos de discriminação "como uma medida importante para assegurar-se a efetiva proteção contra a discriminação no emprego e na profissão, como requerem as Convenções da OIT sobre igualdade e liberdade sindical"[(89)].

---

(84) BRASIL. *Tribunal Superior do Trabalho*. Resolução n. 185 de 14.09.2012. DEJT – TST n. 1.071, de 25.09.2012. p. 132-133.

(85) BRASIL. *Tribunal Superior do Trabalho*. RR-124.400-43.2004.5.02.0074. Relator José Pedro de Camargo Rodrigues de Souza, julgado em 25.04.2012. Disponível em: <www.tst.gov.br>. Acesso em: 28.out.2012.

(86) *Idem*.

(87) BRASIL. *Tribunal Superior do Trabalho*. RR-104900-64.2002.5.04.0022. Rel. Ministro Lélio Bentes Corrêa, 1ª T, DEJT de 02.09.2011.

(88) BEAUDONNET, Xavier. *Direito internacional do trabalho e direito interno*: manual de formação para juízes, juristas e docentes em direito. Turim: Centro Internacional de Formação da OIT, 2011. p. 161.

(89) *Ibidem*. p. 162.

Nessa área, há quase um consenso de que, na ausência de legislação específica, os Tribunais devem tomar a iniciativa de "inverter o ônus da prova em casos de alegada discriminação no emprego e na profissão"[(90)].

Consoante referido, a análise do item prendeu-se à compreensão do tema HIV/AIDS pelo Poder Judiciário brasileiro, especificamente na Justiça do Trabalho.

A recente súmula editada pelo TST parece ter solucionado a grave questão do ônus da prova, direcionando-se pela presunção discriminatória da dispensa do empregado portador do vírus HIV, que suscita estigma ou preconceito. Uma vez invalidado o ato da dispensa, naturalmente deve o empregado ser reintegrado ao emprego.

5. REFERÊNCIAS

AIDS é mais mortal no sul do país. Jornal *Gazeta do Povo*. Caderno Vida e Cidadania. 29.11.2011. p. 4.

ARISTÓTELES, *Poética*. Tradução, comentários e índices analítico e onomástico de Eudoro de Souza. São Paulo: *Os Pensadores*/Abril Cultural. 1973. p. 462, item 128. p. 439-533.

ATHANASIO, Lídia Clément Figueira Moutinho. Discriminação no trabalho: o caso dos empregados vítimas de acidentes de trabalho ou doenças ocupacionais. *In* GUNTHER, Luiz Eduardo. SANTOS, Willians Franklin Lira dos; GUNTHER, Noeli Gonçalves da Silva (Coord.). *Tutela dos direitos da personalidade na atividade empresarial*. Curitiba: Juruá, 2010. v. III. p. 213-251.

BACILA, Carlos Roberto. *Estigma – um estudo sobre preconceitos*. Rio de Janeiro: Lúmen Júris, 2005.

BARACAT, Eduardo Milléo. A discriminação do trabalhador com HIV/AIDS. *Jornal Gazeta do Povo*. 15.06.2011.

BARROS, Alice Monteiro de. *Curso de direito do trabalho*. 6. ed. São Paulo: LTr, 2010.

BEAUDONNET, Xavier. *Direito internacional do trabalho e direito interno*: manual de formação para juízes, juristas e docentes em direito. Turim: Centro Internacional de Formação da OIT, 2011.

BRASIL. *Tribunal Superior do Trabalho*. Ac. 2ª T. Proc. RR 217791/95.3, j. 10.9.2003, Rel. Juiz Conv. André Luis Moraes de Oliveira, *Revista LTr*, São Paulo, 67-10/1249, out. 2003. p.1249-1252.

BRASIL. *Tribunal Superior do Trabalho*. Resolução n. 185 de 14.09.2012. DEJT – TST n. 1.071, de 25.09.2012.

BRASIL. *Tribunal Superior do Trabalho*. RR-104900-64.2002.5.04.0022. Rel. Ministro Lélio Bentes Corrêa, 1ª T, DEJT de 02.09.2011.

(90) *Ibidem*. p. 163.

BRASIL. *Tribunal Superior do Trabalho*. RR-124.400-43.2004.5.02.0074. Relator José Pedro de Camargo Rodrigues de Souza, julgado em 25.04.2012. Disponível em: <www.tst.gov.br>. Acesso em: 28.out.2012.

BRITO FILHO, José Cláudio Monteiro de. *Discriminação no trabalho*. São Paulo: LTr, 2002.

CASSAR, Vólia Bomfim. *Direito do trabalho*. 3. ed. rev. e atual. Niterói: Impetus, 2009.

DEJOURS, Christophe. *A loucura do trabalho*: estudo de psicopatologia do trabalho. Tradução de Ana Isabel Paraguay e Lúcia Leal Ferreira. 5. ed. ampl. São Paulo: Cortez-Oboré, 1992.

ESMANHOTO, Rita. Entrevista. *Jornal Gazeta do Povo*, 04.09.2011. p. 9.

GIACOSA, Guillermo. *Jornal Perú 21*. 23.11.2011. p. 17.

GOFFMAN, Erving. *Estigma*: notas sobre a manipulação da identidade deteriorada. 4. ed. Tradução de Márcia Bandeira de Mello Leite Nunes. Rio de Janeiro: Guanabara Koogan, 1998.

GUNTHER, Luiz Eduardo. *A OIT e o direito do trabalho no Brasil*. Curitiba: Juruá, 2011.

KLOSS, Larissa Renata. A tutela inibitória como meio de evitar a discriminação do trabalho da mulher. *In* GUNTHER, Luiz Eduardo; SANTOS, Willians Franklin Lira dos; GUNTHER, Noeli Gonçalves da Silva (Coord.). *Jurisdição*: crise, efetividade e plenitude institucional. Curitiba: Juruá, 2010. v. III. p. 319-353.

LACERDA, Gabriel. *O direito no cinema*: relato de uma experiência didática no campo do direito. Rio de Janeiro: Editora FGV, 2007.

LOPES, Marcus Aurélio. *Discriminações nas relações de trabalho*. Dissertação (Mestrado em Direito) – Universidade Estadual de Maringá, Maringá, 2002

MARTINS, Sérgio Pinto. *Direito do trabalho*. 28. ed. São Paulo: Atlas, 2012.

Morre a mulher que foi o 1º bebê a tomar coquetel anti-HIV. *Jornal Gazeta do Povo*. Caderno Vida e Cidadania. 06.10.2012. p. 7.

NASCIMENTO, Amauri Mascaro. *Direito contemporâneo do trabalho*. São Paulo: Saraiva, 2011.

NUBLAT, Johanna. Sul mantém taxas altas de novos casos e mortes por AIDS. *Jornal Folha de São Paulo*. Caderno Saúde, 29.11.2011. p. C-8.

PAGLIA, Camille. Sexo, arte e cultura americana. Publicado no início de 1992, sem página. *Apud* TALESE, Gay. *A mulher do próximo*: uma crônica da permissividade americana antes da era da AIDS. Tradução de Pedro Maia Soares. São Paulo: Companhia das Letras, 2002.

PARANÁ. Tribunal Regional do Trabalho da 9ª Região. Acórdão 2ª Turma, s.n. Rel. Des. Marlene T. Fuverki Suguimatsu. *Revista Tribunal Regional do Trabalho da 9ª Região*. Curitiba, a. 29, n. 53, jul.-dez. 2004. p. 327-376.

PARANÁ. Tribunal Regional do Trabalho da 9ª Região. RT 3511/2002, Juiz Maurício Mazur. *Revista do Tribunal Regional do Trabalho da 9ª Região*. Curitiba, a. 29, n. 53, jul.-dez. 2004. p. 479-495.

RECOMENDAÇÃO SOBRE O HIV E A AIDS E O MUNDO DO TRABALHO. Genebra: OIT, 2010.

RENAULT, Luiz Otávio Linhares. Proteção ao portador do vírus HIV e ao aidético: enfoque trabalhista a um projeto de lei. *In* VIANA, Márcio Túlio; RENAULT, Luiz Otávio Linhares (Coord.). *Discriminação*: estudos. São Paulo: LTr, 2000. p. 127-138.

REPERTÓRIO DE RECOMENDAÇÕES PRÁTICAS DA OIT SOBRE O HIV/AIDS E O MUNDO DO TRABALHO/Organização Internacional do Trabalho. Programa sobre HIV/AIDS e o Mundo do Trabalho. 3. ed. Brasília: OIT, 2010.

RIBEIRO, Ana Beatriz Ramalho de Oliveira. BARACAT, Eduardo Milléo. HIV e AIDS e o mundo do trabalho: aplicação da Recomendação 200 da OIT no Brasil. *In* RAMOS FILHO, Wilson (Coord.). *Trabalho e regulação no Estado constitucional*. Curitiba: Juruá, 2011. p. 15-37.

ROMITA, Arion Sayão. *Direitos fundamentais nas relações de trabalho*. 4. ed. rev. e aum. São Paulo: LTr, 2012.

ROSENTHAL, Caio. SCHEFFER, Mário. É possível derrotar a AIDS. Jornal *Folha de São Paulo*. 01.12.2011. p. A-3.

SANTIAGO, Mariana Ribeiro. A AIDS e o direito fundamental ao trabalho. *Revista de Direito do Trabalho*, ano 29, outubro-dezembro de 2003. São Paulo: Revista dos Tribunais, 2003. p. 211-219.

SÃO PAULO. *Tribunal Regional do Trabalho da 2ª Região*. RO 01760200000702006-SP, AC. 2005040851, 9ª Turma, j. 22.06.2005, v. u., Rel. Juíza Jane Granzoto Torres da Silva. Disponível em: <www.trt2.jus.br>. Acesso em: 12.out.2012.

SGARBE, Vinícius. *Veículo G1*, circulação nacional. p. 30.06.2011.

SONTAG, Susan. *Doença como metáfora, AIDS e suas metáforas*. Tradução de Rubens Figueiredo e Paulo Henriques Britto. São Paulo: Companhia das Letras, 2007.

SUPLICY, Marta. Prova de amor. Jornal *Folha de São Paulo*. 03.12.2011. p. A-2.

TALESE, Gay. *A mulher do próximo*: uma crônica da permissividade americana antes da era da AIDS. Tradução de Pedro Maia Soares. São Paulo: Companhia das Letras, 2002. p. 9.

TELLES, Fábio Luiz de Queiroz. O portador do vírus da síndrome da imunodeficiência adquirida (HIV) como trabalhador e sua relação com a empresa: uma análise sob a perspectiva da Organização Internacional do Trabalho (OIT) e dos direitos da personalidade. 25.10.2012. Dissertação (Mestrado em Direito Empresarial e Cidadania), Centro Universitário Curitiba, Curitiba, 2012.

TURNES, Cassiane Terezinha. *Trabalhador portador do vírus HIV*: quem é o responsável? Monografia (Especialização em Direito do Trabalho). UNICURITIBA, Curitiba, 2003

VALTICOS, Nicolas. *Derecho internacional del trabajo*. Tradução de Maria José Triviño. Madrid: Tecnos, 1977.

VERSOLATO, Mariana. Vencida pela AIDS. *Jornal Folha de São Paulo*. Caderno Ciência + Saúde. 06.10.2012. p. 7.

Capítulo 10

A Súmula n. 443 do TST e a Reintegração do Empregado Portador do Vírus HIV ou de Outra Doença Grave

Raquel Betty de Castro Pimenta(*)

1. INTRODUÇÃO

A proteção jurídica contra a discriminação em matéria de emprego advém não apenas de normas legais, mas é concretizada também através de entendimentos jurisprudenciais que, a partir da teleologia traçada pelos preceitos constitucionais e por tratados internacionais, aplicam em casos submetidos à apreciação do Poder Judiciário o princípio da não discriminação. Desse modo, a partir dos preceitos gerais que vedam qualquer forma de discriminação para efeitos de acesso ou manutenção da relação de emprego, situações específicas relativas à discriminação contra portadores de doenças graves, entre elas o HIV e a AIDS, passaram a ser disciplinadas pela via jurisprudencial. Registre-se, a este respeito, que a jurisprudência é fonte do Direito do Trabalho, nos termos do art. 8º da Consolidação das Leis do Trabalho (CLT).

Sobre o tema, o Tribunal Superior do Trabalho (TST), por meio da Resolução n. 185/2012, editou a Súmula 443, que dispõe acerca da presunção de discriminação na dispensa de empregado portador de doença grave, afirmando o seu direito à reintegração ao posto de trabalho ante a nulidade do ato. Eis o seu inteiro teor:

> **Súmula n. 443 do TST**
>
> **DISPENSA DISCRIMINATÓRIA. PRESUNÇÃO. EMPREGADO PORTADOR DE DOENÇA GRAVE. ESTIGMA OU PRECONCEITO. DIREITO À REINTEGRAÇÃO – Res. 185/2012, DEJT divulgado em 25, 26 e 27.09.2012**
>
> Presume-se discriminatória a despedida de empregado portador do vírus HIV ou de outra doença grave que suscite estigma ou preconceito. Inválido o ato, o empregado tem direito à reintegração no emprego.

O presente trabalho aborda o tema contido no novo entendimento jurisprudencial consolidado, que reflete tendência jurisprudencial de se presumir discriminatória a dispensa imotivada de trabalhadores portadores de doenças graves.

2. DISCRIMINAÇÃO DO PORTADOR DE HIV E OUTRAS DOENÇAS GRAVES

"Doenças sempre *serviram* para práticas discriminatórias", como ensina Luiz Otávio Linhares Renault (2010. p. 118). A condição de ser portador de uma doença grave, muitas vezes incurável, acarreta um tratamento diferenciado, podendo provocar a segregação do doente do corpo social.

(*) Mestre em Direito do Trabalho pela PUC-MG. Especialista em Direito do Trabalho Ítalo-Brasileiro pela UFMG e pela Università di Roma TOR VERGATA. Bacharel em Direito pela UFMG, recebeu, na ocasião de sua formatura, o Prêmio Messias Pereira Donato, por destaque em Direito e Processo do Trabalho, e o Prêmio José Carlos da Mata Machado, por destaque na Divisão de Assistência Judiciária da UFMG. Servidora do Tribunal Regional do Trabalho da 3ª Região.

A Síndrome da Imunodeficiência Adquirida (identificada pela sigla AIDS, do inglês *Acquired Immunodeficiency Syndrome*) é uma doença crônica, que ataca o sistema imunológico, possibilitando o desenvolvimento de infecções oportunistas, que podem levar a diversos distúrbios de saúde graves e à morte. A AIDS é o estágio avançado da doença causada pelo vírus da imunodeficiência humana, o HIV (do inglês *Human Immunodeficiency Virus*)[(1)].

Ser portador do vírus HIV não é sinônimo de ter a AIDS. Conforme informações do Ministério da Saúde (BRASIL, 2013), há muitos soropositivos (portadores de HIV) que vivem anos sem apresentar sintomas ou desenvolver a doença.

Neste ponto, cabe ressaltar que, de acordo com o estágio de desenvolvimento da doença provocada pelo vírus HIV, decorrem diferentes graus de capacidade laborativa, que correspondem a tratamentos jurídicos diversos.

Quando já está plenamente instalado o quadro infecto-contagioso da AIDS, isto é, no estágio avançado da doença provocada pelo vírus HIV, o paciente é acometido por diversas infecções e doenças oportunistas, o que acarreta a necessidade de afastamentos para tratamento de saúde, ou até mesmo sua aposentadoria por invalidez. Neste sentido, a Lei n. 8.213/1991, que trata dos Planos de Benefícios da Previdência Social, menciona expressamente a AIDS como motivo para concessão de auxílio-doença ou aposentadoria por invalidez independentemente de carência, quando contraída após a filiação ao Regime Geral de Previdência Social[(2)].

Assim, o empregado aidético faz jus à proteção das normas previdenciárias, nos casos em que a doença, já instalada, provoca incapacidade para o trabalho de forma permanente – possibilitando sua aposentadoria por invalidez – ou temporária, por período superior a 15 dias – caso em que há a concessão do auxílio-doença.

Nos períodos de afastamento para tratamento inferiores a 15 dias, aplicam-se as normas trabalhistas atinentes aos afastamentos por motivo de saúde, configurando hipótese de interrupção do contrato de trabalho (uma vez que, nos termos do art. 60, § 3º, da Lei n. 8.213/1991, incumbe ao empregador o pagamento dos salários durante os primeiros 15 dias de afastamento por motivo de doença).

No entanto, quando o empregado é portador do vírus HIV de forma assintomática, não tendo desenvolvido a AIDS, esta condição não influencia de forma contundente na sua capacidade laborativa.

Luiz Otávio Linhares Renault ressalta que a condição de soropositivo nem sempre acarreta a impossibilidade de prestação de serviços, podendo o paciente continuar a exercer seu trabalho sem riscos para os companheiros de trabalho e para a sociedade em uma vasta gama de atividades.

A Organização Mundial de Saúde, em associação com a Organização Internacional do Trabalho, em 1988, através da Declaração Conjunta da Reunião Consultiva sobre a AIDS e o Local de Trabalho, deixou claro que, na grande maioria dos ofícios e profissões e das situações laborais, o trabalho não acarreta nenhum risco de contaminação ou transmissão do vírus HIV, seja de um empregado para o outro, seja de um empregado para um cliente (BARROS, 2007. p. 10).

De acordo com Luiz Otávio Linhares Renault, "É obvio que algumas atividades poderiam ser preservadas, não como áreas proibidas ou intocáveis, porém sujeitas a um maior cuidado médico-científico" (2010. p. 119). Nestas áreas em que o próprio trabalhador doente pode estar sujeito a maiores riscos de agravamento de sua condição de saúde, ou em que, pela natureza da atividade, possa haver algum risco de contaminação de terceiros – como em atividades da área da saúde em que haja o manuseio de materiais perfurocortantes – é caso não de rescisão do contrato, mas sim de se promover a readaptação funcional do trabalhador para outras funções ou tarefas em que os riscos sejam afastados ou minimizados[(3)].

(1) Assim como ocorre com o HIV e a AIDS, os portadores de outras doenças graves, como hepatites, hanseníase, tuberculose, herpes e tantas outras, também sofrem discriminação em virtude de suas doenças. O presente trabalho se concentrará no exame das questões que envolvem o HIV e a AIDS, sem deixar de mencionar as situações em que se pode dar aos portadores de outras doenças graves o mesmo tratamento jurídico.

(2) Lei n. 8.213/1991: "*Art. 151. Até que seja elaborada a lista de doenças mencionadas no inciso II do art. 26, independe de carência a concessão de auxílio-doença e aposentadoria por invalidez ao segurado que, após filiar-se ao Regime Geral de Previdência Social, for acometido das seguintes doenças: tuberculose ativa; hanseníase; alienação mental; neoplasia maligna; cegueira; paralisia irreversível e incapacitante; cardiopatia grave; doença de Parkinson; espondiloartrose anquilosante; nefropatia grave; estado avançado da doença de Paget (osteíte deformante);* ***síndrome da deficiência imunológica adquirida-Aids****; e contaminação por radiação, com base em conclusão da medicina especializada*" [grifos nossos].

(3) Por readaptação funcional deve-se entender a alteração de tarefas a serem desempenhadas pelo trabalhador ou de seu posto de trabalho, afastando-o de atividades insalubres ou daquelas que possam acarretar risco de contaminação pelos colegas de

Assim, com base nas lições de Oscar Ermida Uriarte (1993. p. 49), o princípio de não discriminação impõe que os trabalhadores que já desenvolveram a AIDS e enfermidades conexas devem ser tratados como quaisquer outros trabalhadores enfermos, ao passo que os trabalhadores soropositivos assintomáticos devem ser tratados como qualquer outro trabalhador saudável.

No entanto, mesmo inexistindo risco de contágio ou qualquer incapacidade laborativa, a mera condição de ser portador da doença estigmatizante já submete o trabalhador soropositivo a tratamentos diferenciados e a segregação no ambiente de trabalho por parte do empregador, e até mesmo pelos próprios colegas.

Isto decorre principalmente pelo desconhecimento acerca das formas de transmissão do vírus e pelo estigma moral que reveste a contaminação, já que há a identificação do soropositivo com uma vida sexual desregrada ou como usuário de drogas, por exemplo. Assim, a mera condição de ser portador da doença, mesmo de forma assintomática, já pode provocar a discriminação. Como explica Renato de Almeida Oliveira Muçouçah (2007):

> A AIDS, por seu desenvolvimento ligado à decomposição física, dores abjetas e fatalidade repentina, provocou um verdadeiro pavor social – e conseqüente repressão a quem trazia a peste à humanidade. As técnicas de exclusão da sociedade, utilizadas à época dos leprosos – de cortar do "corpo social" sadio os corpos infectados – foram substituídas por técnicas que poderíamos denominar panópticas. Trata-se da inserção social perenemente controlada dos "pestilentos". E esta vigilância moral dos considerados seres desviantes das corretas condutas, como os já aludidos homossexuais, os usuários de drogas injetáveis, as pessoas de vida sexual desregrada e com múltiplos parceiros, etc., permitiu a disseminação de que o reprimir do vírus deveria centrar-se no condenar de quem, ao menos em tese, estivesse apto a transmiti-lo.

trabalho ou pelo público usuário dos serviços prestados. Há que se diferenciar da "reabilitação profissional" prevista na Lei n. 8.213/91 (art. 89 e seguintes), que consiste na atividade de (re)capacitação promovida pela Previdência Social, destinada aos trabalhadores incapacitados parcial ou totalmente para o trabalho e às pessoas portadoras de deficiência.

É importante ressaltar que a contaminação pelo vírus HIV pode se dar sem que a ela se associe a prática de qualquer ato inerente aos denominados "grupos de risco" (RENAULT, 2010. p. 121). Entretanto, a condenação social dos soropositivos, também de caráter moral, se espraia aos locais de trabalho, acarretando tratamentos discriminatórios referentes, principalmente, à manutenção da relação de emprego.

Contudo, afastar os portadores de HIV e AIDS de suas atividades laborativas, mais do que lhes negar o direito fundamental ao trabalho, pode consistir em uma ofensa ao próprio direito à vida e à saúde, já que representa um retorno à época de segregação dos doentes, com a tentativa de sua eliminação do corpo social.

Renato de Almeida Oliveira Muçouçah afirma que a sociabilização do paciente soropositivo alcançada pelo trabalho tem diversos efeitos benéficos, seja por desconstruir a representação social que se faz do portador ou doente, seja por reconstruir sua auto-identidade, através do trabalho. E completa que o trabalho "torna-se tão vital quanto a função de gerir a própria sobrevivência física. É o real, único e possível conceito de saúde" (MUÇOUÇAH, 2007).

Ressalta Alice Monteiro de Barros que, para as pessoas infectadas pelo HIV, continuar trabalhando não apenas pode melhorar seu bem-estar físico e mental, pelo caráter de laborterapia, como tem consequências econômicas, consistentes nas repercussões do tempo de serviço nos benefícios previdenciários (BARROS, 2007. p. 22 e 24).

Assim, imperioso o combate aos tratamentos discriminatórios despendidos em relação a portadores de doenças graves, o que pode ser feito aplicando-se todas as normas que vedam, em todos os níveis, a discriminação.

3. NORMAS PROTETIVAS CONTRA DISCRIMINAÇÃO

No Brasil, a proteção dos portadores do HIV contra a discriminação em matéria de emprego não advém de um diploma legal único, mas pode ser extraída a partir de um arcabouço normativo composto por tratados internacionais, normais constitucionais e leis que tutelam, de forma geral, os trabalhadores contra todas as formas de discriminação.

A nível internacional, são importantes as previsões da Declaração Universal dos Direitos Humanos de 1948[(4)], que já em seu preâmbulo menciona que

(4) Assinada pelo Brasil em 1948, como Estado-membro da Organização das Nações Unidas.

o reconhecimento da dignidade inerente a todos os membros da família humana e de seus direitos iguais e inalienáveis é o fundamento da liberdade, da justiça e da paz no mundo. Destaque-se, no tocante à proteção contra a discriminação, seu artigo II, que proíbe distinções de qualquer espécie, e seu artigo VII, que consagra o princípio da isonomia ao consignar que:

> Artigo VII. Todos são iguais perante a lei e têm direito, sem qualquer distinção, a igual proteção da lei. Todos têm direito a igual proteção contra qualquer discriminação que viole a presente Declaração e contra qualquer incitamento a tal discriminação.

Na área trabalhista, a Organização Internacional do Trabalho (OIT) considera a proteção contra a discriminação um de seus eixos fundamentais de atuação. Em 1998, sua Declaração sobre os Princípios e Liberdades Fundamentais no Trabalho, em seu art. 2º, deixou claro que todos os seus membros têm um compromisso, derivado do fato de pertencer à organização, de observar e promover os princípios relativos aos quatro eixos fundamentais de atuação, sendo um deles a "eliminação da discriminação em matéria de emprego e ocupação" (item d). Em relação a este eixo, foram erigidas à condição de Convenções Fundamentais da OIT as Convenções n. 100, sobre igualdade de remuneração para a mão de obra masculina e feminina por um trabalho de igual valor, e a n. 111, sobre discriminação em matéria de emprego e profissão.

A Convenção n. 111 da OIT sobre discriminação em matéria de emprego e profissão[5] prevê em seu art. 2º, de maneira ampla, a obrigação de se promover, por métodos adequados às circunstâncias e aos usos nacionais, a igualdade de oportunidade e de tratamento em matéria de emprego e profissão, com o objetivo de eliminar toda discriminação nessa matéria.

A Constituição Brasileira de 1988, por sua vez, já em seu preâmbulo afirma que, por seu intermédio, se institui um Estado Democrático destinado a assegurar, dentre outros direitos fundamentais, a igualdade como um dos valores supremos de uma sociedade fraterna, pluralista e sem preconceitos, fundada na harmonia social.

Além disso, o seu art. 3º, IV, situa entre os objetivos fundamentais da República Federativa do Brasil promover o bem de todos, sem preconceitos de origem, raça, sexo, cor, idade, e quaisquer outras formas de discriminação.

De acordo com o seu art. 5º, *caput*, "Todos são iguais perante a lei, sem distinção de qualquer natureza" – é a consagração formal do princípio da isonomia (VIANA, PIMENTA, 2010. p. 135), que se espraia para todas as esferas da vida dos cidadãos brasileiros.

O inciso XLI do mesmo art. 5º estabelece que a lei punirá qualquer discriminação atentatória dos direitos e liberdades fundamentais.

No art. 7º do texto constitucional, concernente aos direitos dos trabalhadores urbanos e rurais, o inciso XXX proíbe a diferença de salário, de exercício de funções ou de critério de admissão por motivo de sexo, idade, cor ou estado civil; o inciso XXXI proíbe a discriminação no tocante a salário e critérios de admissão em relação ao trabalhador portador de deficiência; o inciso XXXII proíbe a distinção entre trabalho manual, técnico e intelectual ou entre os profissionais respectivos; e o inciso XXXIV assegura a igualdade de direitos entre o trabalhador com vínculo empregatício permanente e o trabalhador avulso. São todas normas que vedam a discriminação em matéria de emprego ou profissão.

Em âmbito infraconstitucional, o art. 461 da Consolidação das Leis do Trabalho (CLT) concretiza o direito à não discriminação em matéria salarial, ao dispor que, em idêntica função, a todo trabalho de igual valor, prestado ao mesmo empregador, na mesma localidade, corresponderá igual salário.

De forma mais ampla, a Lei n. 9.029/1995 proíbe a adoção de toda e qualquer prática discriminatória e limitativa para efeito de acesso a relação de emprego, ou sua manutenção, listando, em seu art. 1º, a discriminação por motivo de sexo, origem, raça, cor, estado civil, situação familiar ou idade. O rol apresentado, entretanto, não é taxativo, já que decorre diretamente do princípio da isonomia, previsto constitucionalmente (VIANA; PIMENTA, 2010), de forma que esta proteção trabalhista pode ser estendida às hipóteses de discriminação contra o portador do HIV e da AIDS[6].

(5) Incorporada formalmente ao ordenamento jurídico brasileiro, tendo sido promulgada pelo Decreto n. 62.150/1968.

(6) O art. 2º da Lei n. 9.029/95, com enfoque específico na discriminação contra a mulher, criou um tipo penal relacionado à exigência de atestados de gravidez e esterilização ou à indução desta prática. Ao contrário do afirmado em relação à proteção trabalhista, este ponto da lei em comento não pode ser aplicado a outras hipóteses de discriminação, já que o direito penal não comporta analogia (VIANA; PIMENTA, 2010. p. 139).

A partir, portanto, de todas estas normas que tutelam os trabalhadores contra qualquer discriminação em matéria de emprego, pode-se depreender a proteção contra a discriminação dos trabalhadores portadores de doenças graves. Nas palavras de Oscar Ermida Uriarte (1993. p. 56): "no âmbito estritamente laboral, o tratamento do trabalhador portador do HIV, da AIDS, ou de uma enfermidade conexa deve estar presidido pelo princípio da não discriminação" [tradução livre[7]].

No tocante ao caso específico dos portadores do vírus do HIV e da AIDS, o ordenamento jurídico brasileiro possui normas específicas, não diretamente relacionadas à proteção do trabalho, mas concernentes a benefícios concedidos a estes pacientes com o intuito de facilitar seu tratamento.

Como exemplo, o já referido art. 151 da Lei n. 8.213/1991, que menciona expressamente a AIDS como uma das doenças que permite a concessão do auxílio-doença ou da aposentadoria por invalidez independentemente do período de carência.

A Lei n. 7.670/1988 estende alguns benefícios especificamente para os portadores da AIDS, incluindo, nos termos do seu art. 1º, II, a possibilidade de levantamento dos valores correspondentes ao Fundo de Garantia do Tempo de Serviço (FGTS), independentemente da rescisão do contrato de trabalho ou de qualquer outro tipo de pecúlio a que tenha direito.

Em termos de política pública para o tratamento da AIDS, a Lei n. 9.313/1996 estabelece, em seu art. 1º, que "Os portadores do HIV (vírus da imunodeficiência humana) e doentes de AIDS (Síndrome da Imunodeficiência Adquirida) receberão, gratuitamente, do Sistema Único de Saúde, toda a medicação necessária a seu tratamento". Segundo Magno Luiz Barbosa (2007. p. 37):

> Os programas desenvolvidos a partir da promulgação desta lei tiveram reconhecimento mundial pelo efetivo controle da epidemia e melhoria na qualidade de vida dos pacientes, agora indistintamente assistidos.

Apesar dos dispositivos legais que concedem ao portador de HIV e ao aidético alguns benefícios, não há nenhuma menção legal expressa relacionada aos locais de trabalho e a necessária proteção contra a discriminação em matéria de emprego.

3.1. Recomendação n. 200 da Organização Internacional do Trabalho sobre HIV e AIDS e o mundo do trabalho

Atenta às alarmantes situações de discriminação no trabalho aos portadores destas enfermidades, a Organização Internacional do Trabalho (OIT) editou, em 2010, a Recomendação[8] n. 200 sobre HIV e AIDS e o mundo do trabalho, que consiste no primeiro instrumento internacional concernente a esta doença e suas relações com o trabalho.

De acordo com a Diretora do Departamento de Normas da OIT, Cleopatra Doumbia-Henry, esta Recomendação dá preeminência ao local do trabalho como mecanismo importante por meio do qual a pandemia pode ser tratada (DOUMBIA-HENRY, 2010).

Em palestra proferida no Fórum Internacional sobre Direitos Sociais promovido pelo Tribunal Superior do Trabalho em 2010, Cleopatra Doumbia-Henry ressaltou o fato de a Recomendação n. 200 ter sido aprovada de forma unânime por todos os 143 Estados-membros, afirmando, ainda a esperança de que a Recomendação consiga enfrentar "o que acreditamos ser um dos piores tipos de discriminação atualmente existente no mundo do trabalho" (DOUMBIA-HENRY, 2010).

Esta Recomendação estabelece especificamente que o HIV e a AIDS devem ser tratados como uma questão que afeta o local de trabalho.

Em seu art. 3º, o item "c" estabelece que não deverá haver discriminação ou estigmatização de qualquer tipo contra trabalhadores, especialmente aqueles que estão buscando emprego ou a eles estão se candidatando, com base no *status* real ou percebido de soropositividade.

Os arts. 9º e seguintes da Recomendação, que tratam da discriminação e promoção da igualdade

(7) No original: "*... en el ámbito estrictamente laboral, el tratamiento del trabajador afectado del VIH, del Sida, o de una enfermedad conexa debe estar presidido por el principio de no discriminación*" (URIARTE, 1993. p. 56).

(8) A Recomendação é um tipo de instrumento normativo internacional de natureza diversa dos Tratados e Convenções Internacionais, já que não é sujeita a ratificação pelos Estados participantes das conferências ou instituições que a adotam. No entanto, as Recomendações editadas pela OIT servem para complementar suas Convenções Internacionais, com normas regulamentares, de cunho programático, que criam para os Estados membros da Organização uma obrigação de natureza formal: a de submetê-la ao Poder Legislativo para legislar ou adotar outras medidas referentes à matéria versada (SÜSSEKIND, 2000. p. 186).

de tratamento, dispõem que o *status* de soropositividade, real ou percebido, não pode impedir o acesso igualitário ao emprego, nem influenciar negativamente as condições de trabalho, a remuneração, ou o acesso a benefícios por parte do trabalhador. O art. 11 estipula especificamente que o *status* de soropositividade não pode ser usado como razão para a demissão de determinado trabalhador que tenha doenças relacionadas ao HIV, ao passo que o art. 13 prevê, ainda, que o portador do HIV deve desfrutar de acomodações apropriadas ou adaptadas em seu local de trabalho.

Esta Recomendação sinaliza o caminho que deve ser traçado para o combate à discriminação, no local de trabalho, aos portadores do HIV e da AIDS, e demonstra a preocupação internacional com a matéria.

4. DISPENSA DISCRIMINATÓRIA DO PORTADOR DE HIV OU OUTRA DOENÇA GRAVE E A SÚMULA N. 443 DO TRIBUNAL SUPERIOR DO TRABALHO

Como visto, a ordem jurídica brasileira já proíbe, de maneira geral, qualquer forma de discriminação contra os portadores de doenças graves, o que é aplicável também no contexto da relação de emprego.

No entanto, não existe norma legal específica protegendo os trabalhadores em geral e os empregados, em particular, portadores de HIV, AIDS e outras doenças graves contra tratamentos discriminatórios, que podem culminar até com a rescisão do contrato de trabalho por iniciativa do empregador. Entretanto, como ensina Alice Monteiro de Barros, "A infecção pelo HIV não constitui justa causa, tampouco motivo justificado para a ruptura do contrato de trabalho" (2007. p. 20).

A partir de diversos casos submetidos a sua apreciação em que se discutia a licitude da dispensa do empregado portador do vírus HIV ou de outra doença grave, o Tribunal Superior do Trabalho, através da Resolução n. 185 de setembro de 2012, editou a já mencionada Súmula 443, cujo teor merece ser transcrito novamente:

> **Súmula n. 443 do TST**
>
> **DISPENSA DISCRIMINATÓRIA. PRESUNÇÃO. EMPREGADO PORTADOR DE DOENÇA GRAVE. ESTIGMA OU PRECONCEITO. DIREITO À REINTEGRAÇÃO – Res. 185/2012, DEJT divulgado em 25, 26 e 27.09.2012**
>
> Presume-se discriminatória a despedida de empregado portador do vírus HIV ou de outra doença grave que suscite estigma ou preconceito. Inválido o ato, o empregado tem direito à reintegração no emprego.

Em consulta aos precedentes que deram origem a esta Súmula, observa-se que, em diversos casos, restou comprovada a prática de atos discriminatórios contra trabalhadores portadores do vírus HIV, que posteriormente tiveram seus contratos de trabalho rescindidos.

É bastante ilustrativo o processo n. E-RR-36600--18.2000.5.15.0021[9]. No acórdão proferido pela Subseção 1 Especializada em Dissídios Individuais (SbDI-1) do TST, ficou consignado expressamente que o empregador informou a seus funcionários sobre o fato de ser o reclamante portador do vírus da AIDS, recomendando para que evitassem contato com ele. A segunda testemunha ouvida afirmou que chegou a ouvir encarregados se referirem ao reclamante como uma coisa e que não viam a hora de se verem livres dela.

Em outros processos – como os de n. RR-61600-92.2005.5.04.0201[10], RR-1400-20.2004.5.02.0037[11] e E-ED-RR-7608900-33.2003.5.02.0900[12] – restou registrado que a empresa tinha conhecimento do estado de saúde do trabalhador, não tendo demonstrado que a rescisão contratual foi orientada por outra causa, tornando a dispensa presumidamente discriminatória e arbitrária.

Os precedentes da Súmula n. 443 não se restringem a hipóteses de dispensa de portadores do HIV e AIDS, mas também abarcam situações de trabalhadores portadores de outras doenças graves que foram discriminados e tiveram seus contratos de trabalho rescindidos. Citem-se os processos n. RR-

---

(9) Acórdão TST E-RR-36600-18.2000.5.15.0021, Relator Ministro: Horácio Raymundo de Senna Pires, Data de Julgamento: 06.11.2008, Subseção I Especializada em Dissídios Individuais, Data de Publicação: 14.11.2008. Disponível em: <http://aplicacao5.tst.jus.br/consultaunificada2/>. Acesso em 12.04.2013.

(10) Acórdão TST RR-61600-92.2005.5.04.0201, Relator Ministro: Lelio Bentes Corrêa, Data de Julgamento: 22.06.2011, 1ª Turma, Data de Publicação: 01.07.2011. Disponível em: <http:// aplicacao5.tst.jus.br/consultaunificada2/>. Acesso em 12.04.2013.

(11) Acórdão TST E-RR-1400-20.2004.5.02.0037, Relatora Ministra: Dora Maria da Costa, Data de Julgamento: 07.11.2007, 1ª Turma, Data de Publicação: 07.12.2007. Disponível em: <http:// aplica cao5.tst.jus.br/consultaunificada2/>. Acesso em 12.04.2013.

(12) Acórdão TST E-ED-RR-7608900-33.2003.5.02.0900, Relatora Ministra: Rosa Maria Weber Candiota da Rosa, Data de Julgamento: 06.08.2007, Subseção I Especializada em Dissídios Individuais, Data de Publicação: 30.11.2007. Disponível em: <http://aplicacao5.tst.jus.br/ consultaunificada2/>. Acesso em 12.04.2013.

18900-65.2003.5.15.0072[13], em que foi deferida a reintegração de trabalhador portador de cardiopatia grave; n. RR-105500-32.2008.5.04.0101[14], que trata de situação de trabalhador com esquizofrenia; e n. RR-119500-97.2002.5.09.0007[15], concernente a dispensa discriminatória de trabalhador acometido por neoplasia.

Assim, em todos estes casos julgados pelo TST, constatou-se que os portadores de doenças graves, em que pese a ausência de incapacidade laborativa, ao invés de terem preservado seu direito ao trabalho, eram recorrentemente vítimas de dispensas discriminatórias que se revestiam de aparente legalidade, sob a roupagem da dispensa sem justa causa.

A Súmula n. 443 do TST consagra, portanto, um importante entendimento: considera presumidamente discriminatória a dispensa sem justa causa dos empregados portadores de HIV, AIDS e outras doenças graves.

No contexto brasileiro em que, como em geral se entende[16], não há, em princípio, proteção contra a despedida arbitrária ou sem justa causa, a rescisão do contrato de trabalho pode ser feita pelo empregador sem qualquer justificativa, mediante o pagamento das verbas rescisórias correspondentes a esta modalidade de dispensa.

Entretanto, como ressalta Luís Felipe Lopes Boson: "Fica, com efeito, difícil para o empregado demonstrar que sua doença foi a causa (encoberta) da dispensa. Já o empregador sempre pode justificar eventual outro motivo para a rescisão" (2010. p. 273).

Assim, a presunção estabelecida serve para atribuir ao empregador o ônus da prova da licitude da dispensa. Dessa forma, no bojo de reclamação trabalhista em que se discuta o caráter discriminatório da dispensa, cabe ao empregador demonstrar os motivos – lícitos – que levaram à rescisão do contrato de trabalho. Cumpre ressaltar que não há que se falar de hipóteses de justa causa previstas no art. 482 da CLT, mas sim de razões objetivas de caráter disciplinar, técnico, econômico ou financeiro[17] que tornaram necessária a dispensa do trabalhador.

Nestes termos, incumbe ao empregador o ônus de alegar e provar, no curso da instrução processual, a ocorrência de fatos e de circunstâncias que permitam ao juiz da causa concluir que a doença do empregado não foi o motivo determinante da rescisão de seu contrato de trabalho sem justo motivo e, sim, outras razões consideradas razoáveis, plausíveis e socialmente aceitáveis.

Caso contrário, presume-se a ocorrência de discriminação, pois terá havido a diferenciação do trabalhador para fins de manutenção da relação de emprego sem qualquer base em razões objetivas e não arbitrárias. Trata-se de hipótese de abuso de direito, visto que o exercício do direito de rescisão contratual imotivada, em princípio autorizado por lei, torna-se ilegítimo, por não haver se dado em conformidade com sua finalidade social, sendo maculado pela ilicitude da discriminação.

Ressalte-se que não se trata, aqui, da instituição, pela via jurisprudencial, de estabilidade ou garantia de emprego para os trabalhadores portadores de doenças graves.

Como explica Renato de Almeida Oliveira Muçouçah (2007):

> Não sendo confundida com o instituto da estabilidade, a reintegração ao emprego é uma garantia no sentido de não obstar que o trabalhador tocado pelo HIV interrompa suas atividades e continue a perceber sua remuneração, a conviver em sociedade, enquanto tiver condições físicas para fazê-lo. Assim garante-se também a continuidade da contribuição à Previdência Social, para que, no momento em que não seja mais possível ao doente de AIDS prosseguir, seja-lhe garantido o direito à aposentadoria. E, frise-se, este limite ao direito po-

---

(13) Acórdão TST RR-18900-65.2003.5.15.0072, Relator Ministro: Luiz Philippe Vieira de Mello Filho, Data de Julgamento: 17.03.2010, 1ª Turma, Data de Publicação: 06.08.2010. Disponível em: <http://aplicacao5.tst.jus.br/consultaunificada2/>. Acesso em 12.04.2013.

(14) Acórdão TST RR-105500-32.2008.5.04.0101, Redatora Ministra: Rosa Maria Weber, Data de Julgamento: 29.06.2011, 3ª Turma, Data de Publicação: 05.08.2011. Disponível em: <http://aplicacao5.tst.jus.br/consultaunificada2/>. Acesso em 12.04.2013.

(15) Acórdão TST RR-119500-97.2002.5.09.0007, Relator Ministro: Lelio Bentes Corrêa, Data de Julgamento: 03.08.2011, 1ª Turma, Data de Publicação: 23.03.2012. Disponível em: <http://aplicacao5.tst.jus.br/consultaunificada2/>. Acesso em 12.04.2013.

(16) Pela literalidade do artigo 10, inciso I, do Ato das Disposições Constitucionais Transitórias da Constituição de 1988, até a promulgação da lei complementar a que se refere o seu artigo 7º, inciso I, a proteção contra dispensa arbitrária ou sem justa causa prevista neste dispositivo fica limitada à multa de 40% do Fundo de Garantia por Tempo de Serviço.

(17) Para se utilizar da definição de dispensa arbitrária contida no art. 165 da CLT.

testativo do empregador vem sendo considerado uma presunção discriminatória, quando não comprovado motivo justo para dispensa.

Nas decisões que serviram como precedentes da Súmula n. 443, foi diretamente enfrentada e rejeitada a alegação defensiva de ausência de estabilidade legal destes trabalhadores. Nos acórdãos, os Ministros do TST deixaram claro que não é apenas a existência de estabilidade legal que permite a concessão de reintegração ao trabalho, visto que esta pode ser deferida com base em outras normas que vedam, em todas as esferas, a discriminação. É o que se pode depreender do seguinte trecho, extraído de um daqueles acórdãos:

> ...a inexistência de texto de lei prevendo a estabilidade do trabalhador infectado pelo vírus HIV não impede a sua reintegração no serviço, já que comprovado que a rescisão foi motivada por atos de discriminação, em evidente afronta aos princípios gerais do direito, especialmente no que se refere às garantias constitucionais do direito à vida, ao trabalho, à dignidade da pessoa humana e à igualdade (artigos 1º, III e IV; 3º, IV; 5º, *caput* e XLI, 7º, I, 170 e 193 da Constituição Federal). (BRASIL, Tribunal Superior do Trabalho, E-RR-36600-18.2000.5.15.0021, Relator Ministro: Horácio Raymundo de Senna Pires, Data de Julgamento: 06.11.2008, Subseção I Especializada em Dissídios Individuais, Data de Publicação: 14.11.2008).

Neste mesmo sentido, o Desembargador Luiz Otávio Linhares Renault (2010. p. 126-128) cita acórdão de sua própria lavra, proferido no Tribunal Regional do Trabalho da 3ª Região, em que identificou a dispensa de empregada aidética com o abuso do direito de rescisão contratual, conforme pode-se depreender do seguinte trecho da ementa:

> Definitivamente, não pode a empregadora discriminar a empregada aidética, nem abusar do exercício de determinado direito, como o potestativo de resilição contratual, que também se sujeita às regras da razoabilidade e da ponderação. Com efeito, a proteção à empregada portadora do vírus da AIDS está entranhada na C.F., nas leis ordinárias e nos princípios de Direito do Trabalho, caracterizando-se a despedida anti-social, discriminatória e arbitrária, quando a empregadora age desproporcionalmente, com o ímpeto de aniquilar o contrato de trabalho. (BRASIL, Tribunal Regional do Trabalho da 3ª Região, Processo: 00119-2008-091-03-00-3 RO; Data de Publicação: 18.12.2009; Órgão Julgador: Quarta Turma; Relator: Luiz Otavio Linhares Renault; Divulgação: 17.12.2009. DEJT. Página 155).

Assim, não há mais dúvida de que, no âmbito da jurisprudência trabalhista de nosso país, já está definitivamente pacificado o entendimento de que o exercício do direito de rescisão contratual não pode se dar de forma a violar todo o arcabouço jurídico (formado por normas internacionais, constitucionais e legais) que veda a discriminação em matéria de emprego.

5. A ORIENTAÇÃO JURISPRUDENCIAL N. 142 DA SBDI-2 DO TST E A REINTEGRAÇÃO LIMINAR DO EMPREGADO ALVO DE DISPENSA DISCRIMINATÓRIA

A possibilidade de reintegração do trabalhador portador do vírus do HIV alvo de dispensa discriminatória não é novidade na jurisprudência consolidada do TST, pois tal possibilidade já foi consagrada, desde 2004, pela Orientação Jurisprudencial n. 142 da Subseção 3 Especializada em Dissídios Individuais (SbDI-2) do TST:

> **OJ 142 SBDI-2. MANDADO DE SEGURANÇA. REINTEGRAÇÃO LIMINARMENTE CONCEDIDA (DJ 04.05.2004)**
>
> Inexiste direito líquido e certo a ser oposto contra ato de Juiz que, antecipando a tutela jurisdicional, determina a reintegração do empregado até a decisão final do processo, quando demonstrada a razoabilidade do direito subjetivo material, como nos casos de anistiado pela Lei n. 8.878/94, aposentado, integrante de comissão de fábrica, dirigente sindical, portador de doença profissional, portador de vírus HIV ou detentor de estabilidade provisória prevista em norma coletiva.

Este entendimento jurisprudencial consolidado trata dos casos em que, em processos em que se discute a licitude da dispensa de empregado portador do HIV, é concedida antecipação de tutela determinando-se, liminarmente, a reintegração do trabalhador ao seu posto de trabalho.

A Orientação Jurisprudencial em questão não se restringe aos casos dos portadores do vírus HIV, mas diz respeito também à reintegração, via antecipação de tutela, de empregados portadores de doenças profissionais – ou seja, doenças produzidas ou desencadeadas pelo exercício do trabalho peculiar a determinada atividade(18) – ou de empregados especialmente protegidos em outras situações específicas, como a de anistiado pela Lei n. 8.878/1994(19), aposentado, integrante de comissão de fábrica, dirigente sindical ou detentor de estabilidade provisória prevista em norma coletiva.

Em todos estes casos, nos processos em que se discute a legalidade da dispensa do trabalhador, existindo prova inequívoca e verossimilhança de sua alegação, bem como fundado receio de dano irreparável ou de difícil reparação ou fique caracterizado o abuso de direito de defesa ou o manifesto propósito protelatório do réu(20), o magistrado pode antecipar os efeitos da tutela jurisdicional de mérito por ele postulada, determinando a imediata reintegração do trabalhador ao posto de trabalho. Impetrado mandado de segurança contra este ato do magistrado, a jurisprudência consolidada da SBDI-2 do TST deixou clara a inexistência de direito líquido e certo do impetrante a ser oposto ao ato do juiz que determinou aquela imediata reintegração.

Desse modo, a jurisprudência trabalhista já há muito consagrou a possibilidade da reintegração liminar ou antecipada do empregado portador do vírus HIV dispensado por motivos discriminatórios, tendo servido a Súmula n. 443 para afirmar de forma ainda mais ampla o direito à reintegração do trabalhador discriminado em virtude de sua grave condição de saúde.

6. CONCLUSÃO

A condição de portador de doenças graves, entre elas a AIDS, infelizmente ainda hoje acarreta uma série de práticas discriminatórias na relação de trabalho, que podem culminar na rescisão do contrato.

A nova Súmula n. 443 do TST consolidou o entendimento jurisprudencial de que a dispensa arbitrária ou sem justa causa do empregado portador de doença grave é presumidamente discriminatória, assegurando ao empregado, nos casos em que o empregador não houver demonstrado a ocorrência de outros motivos que justifiquem a rescisão contratual, a declaração de sua invalidade e o consequente direito à reintegração ao posto de trabalho.

Tal entendimento está de acordo com as normas internacionais, constitucionais e infraconstitucionais que vedam todas as formas de discriminação, e com a ideia de que a inserção social do portador do HIV através de sua manutenção no trabalho é essencial para o tratamento e enfrentamento da doença e para a realização de sua dignidade humana.

REFERÊNCIAS BIBLIOGRÁFICAS

BARBOSA, Magno Luiz. *AIDS: O direito e algumas reflexões sobre o seu impacto nas relações de emprego*. Curitiba: Juruá, 2007.

BARROS, Alice Monteiro de. *AIDS no local de trabalho – um enfoque de direito internacional e comparado*. In: Revista IOB Trabalhista e Previdenciária, v. 19, n. 220. p. 7-28, outubro de 2007.

BOSON, Luís Felipe Lopes. *A discriminação na jurisprudência*. In: RENAULT, Luiz Otávio Linhares; VIANA, Márcio Túlio; CANTELLI, Paula Oliveira (Coord.). *Discriminação*. 2. ed. São Paulo: LTr, 2010. p. 268-278.

BRASIL. Ministério da Saúde. *Portal sobre aids, doenças sexualmente transmissíveis e hepatites virais*. 2013. Disponível em: <www.aids.gov.br>. Acesso em 07 abril 2013.

BRASIL. Tribunal Regional do Trabalho da 3ª Região. *Processo: 00119-2008-091-03-00-3 RO*. Órgão Julgador: Quarta Turma; Relator: Luiz Otavio Linhares Renault. Data de Divulgação: 17.12.2009. DEJT. Página 155. Disponível em: <http ://as1.trt3.jus.br/juris/consultaBaseSelecionada.htm>. Acesso em 12.04.2013.

BRASIL. Tribunal Superior do Trabalho. *E-RR-36600-18.2000.5.15.0021*, Relator Ministro: Horácio Raymundo de Senna Pires, Data de Julgamento: 06.11.2008, Subseção I Especializada em Dissídios Individuais, Data de Publicação: 14.11.2008. Disponível em: <http://aplicacao5.tst.jus.br/consultaunificada2/>. Acesso em 12.04.2013.

BRASIL. Tribunal Superior do Trabalho. *RR-61600-92.2005.5.04.0201*, Relator Ministro: Lelio Bentes Corrêa, Data de Julgamento: 22.06.2011, 1ª Turma, Data de Publicação: 01.07.2011. Disponível em: <http://aplicacao5.tst.jus.br/consulta unificada2/>. Acesso em 12.04.2013.

---

(18) Conforme definição constante no art. 20, I, da Lei n. 8.213/1991.

(19) Lei n. 8.878/94: "*Art. 1º É concedida anistia aos servidores públicos civis e empregados da Administração Pública Federal direta, autárquica e fundacional, bem como aos empregados de empresas públicas e sociedades de economia mista sob controle da União que, no período compreendido entre 16 de março de 1990 e 30 de setembro de 1992, tenham sido: I – exonerados ou demitidos com violação de dispositivo constitucional ou legal; II – despedidos ou dispensados dos seus empregos com violação de dispositivo constitucional, legal, regulamentar ou de cláusula constante de acordo, convenção ou sentença normativa; III – exonerados, demitidos ou dispensados por motivação política, devidamente caracterizado, ou por interrupção de atividade profissional em decorrência de movimentação grevista.*"

(20) Conforme prevê o art. 273 do Código de Processo Civil, aplicável subsidiariamente ao processo do trabalho, nos termos do art. 769 da CLT.

BRASIL. Tribunal Superior do Trabalho. *E-RR-1400-20.2004.5.02.0037*, Relatora Ministra: Dora Maria da Costa, Data de Julgamento: 07.11.2007, 1ª Turma, Data de Publicação: 07.12.2007. Disponível em: <http://aplicacao5.tst.jus.br/consulta unificada2/>. Acesso em 12.04.2013.

BRASIL. Tribunal Superior do Trabalho. *E-ED--RR-7608900-33.2003.5.02.0900*, Relatora Ministra: Rosa Maria Weber Candiota da Rosa, Data de Julgamento: 06.08.2007, Subseção I Especializada em Dissídios Individuais, Data de Publicação: 30.11.2007. Disponível em: <http://aplicacao5.tst.jus.br/consulta unificada2/>. Acesso em 12.04.2013.

BRASIL. Tribunal Superior do Trabalho. *RR-18900-65.2003.5.15.0072*, Relator Ministro: Luiz Philippe Vieira de Mello Filho, Data de Julgamento: 17.03.2010, 1ª Turma, Data de Publicação: 06.08.2010. Disponível em: <http://aplicacao5.tst. jus.br/consultaunificada2/>. Acesso em 12.04.2013.

BRASIL. Tribunal Superior do Trabalho. *RR-105500-32.2008.5.04.0101*, Redatora Ministra: Rosa Maria Weber, Data de Julgamento: 29.06.2011, 3ª Turma, Data de Publicação: 05.08.2011. Disponível em: <http://aplicacao5.tst.jus.br/consulta unificada2/>. Acesso em 12.04.2013.

BRASIL. Tribunal Superior do Trabalho. *RR-119500-97.2002.5.09.0007*, Relator Ministro: Lelio Bentes Corrêa, Data de Julgamento: 03.08.2011, 1ª Turma, Data de Publicação: 23.03.2012. Disponível em: <http://aplicacao5.tst.jus.br/consulta unificada2/>. Acesso em 12.04.2013.

DELGADO, Mauricio Godinho. *Proteções contra discriminação na relação de emprego*. In: RENAULT, Luiz Otávio Linhares; VIANA, Márcio Túlio; CANTELLI, Paula Oliveira (Coord.). *Discriminação*. 2. ed. São Paulo: LTr, 2010. p. 108-117.

DOUMBIA-HENRY, Cleopatra. *Discriminação de gênero, pessoas com necessidades especiais e portadores do hiv-aids: a perspectiva da OIT*. In: Revista do Tribunal Superior do Trabalho, Brasília, vol. 76, n. 4. p. 144-148, out/dez 2010.

INTERNATIONAL LABOUR ORGANIZATION. *Reccommendation concerning HIV and AIDS and the World of Work*. 2010. Disponível em: < http://www.ilo.org/wcmsp5/groups/public/---ed_protect/---protrav/---ilo_aids/documents/normativeinstrument/wcms_194088.pdf>. Acesso em 07 abril 2013.

LORENTZ, Lutiana Nacur. *A norma da igualdade e o trabalho das pessoas portadoras de deficiência*. São Paulo: LTr, 2006.

MUÇOUÇAH, Renato de Almeida Oliveira. *A educação em direitos humanos pelo direito ao trabalho: o reconstruir do signo de estar soropositivo*. In: Revista LTr. Legislação do Trabalho, v. 71. p. 588-597, 2007.

OLIVEIRA, Sebastião Geraldo de. *Proteção jurídica ao trabalho das pessoas com deficiência*. In: RENAULT, Luiz Otávio Linhares; VIANA, Márcio Túlio; CANTELLI, Paula Oliveira (Coord.). *Discriminação*. 2. ed. São Paulo: LTr, 2010. p. 84-107.

RENAULT, Luiz Otávio Linhares. *Esperando o legisla(Deus) – por que o portador do vírus do HIV e o aidético necessitam de proteção trabalhista especial*. In: RENAULT, Luiz Otávio Linhares; VIANA, Márcio Túlio; CANTELLI, Paula Oliveira (Coord.). *Discriminação*. 2. ed. São Paulo: LTr, 2010. p. 118-134.

RENAULT, Luiz Otávio Linhares; VIANA, Márcio Túlio; CANTELLI, Paula Oliveira (Coord.). *Discriminação*. 2. ed. São Paulo: LTr, 2010.

SÜSSEKIND, Arnaldo. *Direito Internacional do Trabalho*. 3 ed. atual. e com novos textos. São Paulo: LTr, 2000.

URIARTE, Oscar Ermida. *AIDS e o direito do trabalho*. In: Revista de Direito do Trabalho, v. 83. p. 48-56, setembro de 1993.

VIANA, Márcio Túlio; PIMENTA, Raquel Betty de Castro. *A proteção trabalhista contra os atos discriminatórios (análise da Lei n. 9.029/95)*. In: RENAULT, Luiz Otávio Linhares; VIANA, Márcio Túlio; CANTELLI, Paula Oliveira (Coord.). *Discriminação*. 2. ed. São Paulo: LTr, 2010. p. 135-142.

Parte VIII

ASSÉDIO MORAL, SAÚDE MENTAL DO TRABALHADOR E DANO EXISTENCIAL NO DIREITO DO TRABALHO

Capítulo 11

Noções Conceituais Sobre o Assédio Moral na Relação de Emprego

Rodolfo Pamplona Filho(*)

1. INTRODUÇÃO

Falar sobre assédio moral é, em verdade, dissertar sobre um tema que remonta a tempos imemoriais e que, há bem pouco tempo, poderia ser encarado como um exagero ou uma suscetibilidade exacerbada.

De fato, encarar seriamente o assédio moral como um problema da modernidade é assumir que os valores de hoje não podem ser colocados na mesma barema de outrora, uma vez que a sociedade mudou muito a visão da tutela dos direitos da personalidade.

E é disso mesmo que se trata o assédio moral: uma violação ao um interesse juridicamente tutelado, sem conteúdo pecuniário, mas que deve ser preservado como um dos direitos mais importantes da humanidade: o direito à dignidade.

2. CONCEITO E DENOMINAÇÃO

O assédio moral pode ser conceituado como uma conduta abusiva, de natureza psicológica, que atenta contra a dignidade psíquica do indivíduo, de forma reiterada, tendo por efeito a sensação de exclusão do ambiente e do convívio social.

Este nosso conceito busca um sentido de generalidade, pois o assédio moral não é um "privilégio" da relação de emprego, podendo ser praticado em qualquer ambiente onde haja uma coletividade, como, por exemplo, em escolas, comunidades eclesiásticas, corporações militares, entre outros.

Na relação de trabalho subordinado, porém, este "cerco" recebe tons mais dramáticos, por força da própria hipossuficiência de um dos seus sujeitos, em que a possibilidade de perda do posto de trabalho que lhe dá a subsistência faz com que o empregado acabe se submetendo aos mais terríveis caprichos e desvarios, não somente de seu empregador, mas até mesmo de seus próprios colegas de trabalho.

Por isso mesmo, os autores que têm se debruçado sobre a questão acabam sempre conceituando o fenômeno dentro do campo das relações de trabalho.

Neste sentido, Marie-France Hirigoyen entende o assédio moral como sendo "toda e qualquer conduta abusiva manifestando-se sobretudo por comportamentos, palavras, atos, gestos, escritos que possam trazer dano à personalidade, à dignidade ou à integridade física ou psíquica de uma pessoa, por em perigo seu emprego ou degradar o ambiente de trabalho"[1].

(*) Professor Titular de Direito Processual do Trabalho da Universidade Salvador – UNIFACS. Professor Adjunto da Faculdade de Direito da UFBA – Universidade Federal da Bahia. Mestre e Doutor em Direito do Trabalho pela Pontifícia Universidade Católica de São Paulo. Membro da Academia Nacional de Direito do Trabalho e da Academia de Letras Jurídicas da Bahia. Juiz Titular da 1ª Vara do Trabalho de Salvador (Tribunal Regional do Trabalho da Quinta Região).

(1) HIRIGOYEN, Marie France. *A violência perversa do cotidiano*. Tradução: Maria Helen Huhner. Rio de Janeiro: Bertrand Brasil, 2001. p. 65.

No mesmo diapasão, é o conceito elaborado por Sônia Aparecida Costa Mascaro Nascimento, que afirma que o "assédio moral se caracteriza por ser uma conduta abusiva, de natureza psicológica, que atenta contra a dignidade psíquica, de forma repetitiva e prolongada, e que expõe o trabalhador a situações humilhantes e constrangedoras, capazes de causar ofensa à personalidade, à dignidade ou à integridade psíquica, e que tenha por efeito excluir a posição do empregado no emprego ou deteriorar o ambiente de trabalho, durante a jornada de trabalho e no exercício de suas funções"(2).

Por fim, vale registrar que a expressão "assédio moral" é, sem sombra de dúvida, a mais conhecida. Todavia, a título de informação, saliente-se que tal fenômeno é também denominado como *mobbing*(3) (Itália, Alemanha e países escandinavos), *bullying* (Inglaterra), *harassment* (Estados Unidos), *harcèlement moral* (França), *ijime* (Japão), *psicoterror laboral ou acoso moral* (em países de língua espanhola), terror psicológico, tortura psicológica ou humilhações no trabalho (em países de língua portuguesa).

3. IMPORTÂNCIA DO TEMA

O tema do assédio moral se encontra na "crista da onda".

De fato, o enorme interesse despertado sobre o tema, na contemporaneidade, se revela na imensa quantidade de publicações destinadas ao esclarecimento e estudo da matéria.

A própria Organização Internacional do Trabalho, em seus periódicos mais recentes, tem reservado grande espaço para a análise deste complexo fenômeno que pulula em diversos países.

Independentemente disso, vale salientar que a própria preocupação mundial com o problema é, por si só, um grande sinal de sua importância, uma vez que mostra que a atenção dos juslaboralistas modernos não se resume ao conteúdo patrimonializado da relação trabalhista, mas sim a uma efetiva tutela dos interesses das pessoas envolvidas nesta "elétrica" relação jurídica.

(2) NASCIMENTO, Sônia A. C. Mascaro. Assédio moral no ambiente do trabalho. *Revista LTr*, São Paulo, v. 68, n. 08. p. 922-930, ago. 2004.

(3) Vocábulo derivado do verbo *to mob* que significa cercar, assediar, agredir, atacar. "Collana" Mobbing é uma experiência dirigida pelo pequisador alemão *Herald Ege* que reúne obras de estudiosos do assédio moral e argumentos conexos ao fenômeno.

4. DISTINÇÃO DO ASSÉDIO MORAL PARA O ASSÉDIO SEXUAL E O DANO MORAL

Um ponto extremamente relevante, na visão introdutória sobre o assédio moral, é a sua distinção para o assédio sexual e para o dano moral.

De fato, qualquer uma das formas de assédio (tanto sexual, quanto moral) traz, em seu conteúdo, a ideia de cerco.

Todavia, a diferença essencial entre as duas modalidades reside na esfera de interesses tutelados, uma vez que o assédio sexual atenta contra a liberdade sexual do indivíduo, enquanto o assédio moral fere a dignidade psíquica do ser humano.

Embora ambos os interesses violados sejam direitos da personalidade, não há que se confundir as duas condutas lesivas, embora seja possível visualizar, na conduta reiterada do assédio sexual, a prática de atos que também atentam contra a integridade psicológica da vítima.

Já a noção de dano moral, definitivamente, não pode ser confundida com o assédio.

De fato, o assédio, seja sexual ou moral, é uma conduta humana, como elemento caracterizador indispensável da responsabilidade civil, que gera potencialmente danos, que podem ser tanto materializados, quanto extrapatrimoniais.

O dano moral é justamente este dano extrapatrimonial que pode ser gerado pelo assédio, ou seja, a violação de um direito da personalidade, causada pela conduta reprovável ora analisada.

5. CLASSIFICAÇÃO

Toda classificação varia de acordo com a visão metodológica de cada autor.

Todavia, no campo do assédio moral, é possível se visualizar três modalidades básicas, a saber o assédio moral vertical, horizontal ou misto.

O assédio vertical é aquele praticado entre sujeitos de diferentes níveis hierárquicos, envolvidos em uma relação jurídica de subordinação.

Trata-se da modalidade mais comumemente admitida de assédio moral, dada a desigualdade entre os sujeitos envolvidos.

Quando praticado pelo hierarquicamente superior, com intuito de atingir o seu subordinado, denomina-se vertical descendente, em razão do sentido adotado pela conduta.

Por sua vez, vertical ascendente será, quando o hierarquicamente inferior agir com intuito de assediar o seu superior. Esta violência de "baixo para cima" não é tão rara como se possa imaginar, a primeira vista. Como exemplos, podemos citar situações em que alguém é designado para um cargo de confiança, sem a ciência de seus novos subordinados (que, muitas vezes, esperavam a promoção de um colega para tal posto). No serviço público, em especial, em que os trabalhadores, em muitos casos, gozam de estabilidade no posto de trabalho, esta modalidade se dá com maior freqüência do que na iniciativa privada.

Já o assédio horizontal é aquele praticado entre sujeitos que estejam no mesmo nível hierárquico, sem nenhuma relação de subordinação entre si.

Frise-se que, assim como no vertical, a conduta assediadora pode ser exercida por uma ou mais pessoas contra um trabalhador ou um grupo destes, desde que, seja este grupo determinado ou determinável, não se admitindo a indeterminabilidade subjetiva (exemplo: toda a coletividade). Afinal, a conduta hostil e excludente do assédio moral, diante de sua característica danosa, será sempre dirigida a um funcionário específico ou a um grupo determinado para atingir sua finalidade.

Já o assédio moral misto exige a presença de pelo menos três sujeitos: o assediador vertical, o assediador horizontal e a vítima. Pode-se dizer que o assediado é atingido por "todos os lados", situação esta que, por certo, em condições normais, se torna insustentável em tempo reduzido.

6. ELEMENTOS CARACTERIZADORES

Na falta de uma previsão legal genérica sobre assédio moral no ordenamento jurídico brasileiro, uma adequada visão metodológica da matéria impõe, para a fixação de claros limites para a sua caracterização, o destrinchar do conceito doutrinário propugnado, de forma a permitir uma efetiva compreensão do instituto.

Como conceituamos assédio moral como "uma conduta abusiva, de natureza psicológica, que atenta contra a dignidade psíquica do indivíduo, de forma reiterada, tendo por efeito a sensação de exclusão do ambiente e do convívio social", podemos extrair quatro elementos, a saber:

a) Conduta abusiva;

b) Natureza psicológica do atentado à dignidade psíquica do indivíduo;

c) Reiteração da Conduta;

d) Finalidade de exclusão.

Alguns autores insistem em colocar a necessidade de um dano psíquico-emocional como imprescindível para a caracterização do assédio moral. Embora não concordemos com tal concepção, faremos algumas breves observações sobre a necessidade ou não de tal demonstração.

6.1. Conduta abusiva

A concepção de conduta abusiva aqui utilizada se refere ao abuso de direito como ato ilícito, na forma propugnada pelo art. 187 do vigente Código Civil brasileiro.

Isto porque o convívio humano enseja o estabelecimento de laços de amizade e camaradagem, em que brincadeiras podem ser feitas de forma livre.

Todavia, quando tais gracejos extrapolam os limites do aceitável, adentra-se ao campo do abuso de direito, que deve ser duramente reprimido, como ato ilícito que efetivamente é.

6.2. Natureza Psicológica do Atentado à Dignidade Psíquica do Indivíduo

O campo de investigação do assédio moral reside na violação a direitos da personalidade do indivíduo, com prática de atos atentatórios à sua dignidade psíquica.

Quando a conduta afeta também aspectos corpóreos do ser humano, pode-se verificar a ocorrência de algum outro tipo de ato ilícito, qual seja, a agressão física ou o esbulho patrimonial, entre outros.

Este é um elemento bastante relevante, pois poderá delimitar o campo de alcance da eventual reparação que se pretender em juízo.

6.3. Reiteração da Conduta

O assédio moral se caracteriza, visivelmente, através da prática de condutas repetitivas e prolongadas, de conteúdo ofensivo e/ou humilhante.

Como regra geral, tanto o assédio moral, quanto o sexual depende, para a sua configuração, de que a conduta do assediante seja reiterada.

É sempre importante mencionar que a idéia de assédio lembra "cerco", o que, normalmente, não é algo tópico ou esporádico...

Um ato isolado geralmente não tem o condão de caracterizar, doutrinariamente, tal doença social.

Na situação do assédio sexual, há, de fato, precedentes jurisprudenciais no Direito Comparado que entendem que se a conduta de conotação sexual do assediante se revestir de uma gravidade insuperável (como, por exemplo, em casos de contatos físicos de intensa intimidade não aceitável socialmente), é possível o afastamento deste requisito.

Como nos informa, com sua autoridade peculiar, Alice Monteiro de Barros, "o Tribunal do Reino Unido, no caso *Bracebridge Engineering Ltd. x Darby*, entendeu que um só incidente é suficientemente grave para se aplicar a lei contra discriminação sexual. A propósito, a legislação da Costa Rica assegura a possibilidade do assédio sexual configurar-se pela prática de uma única conduta, desde que seja grave"(4).

Apesar deste "desprezo jurisprudencial" por este requisito, a sua menção nos parece fundamental, uma vez que, salvo eventual divergência fundamentada em direito positivo (em que valerá o brocardo *dura lex, sede lex*), é sintomática a observação de que o afastamento deste requisito se dá sempre como exceção.

Isto não implica, por certo, que o dano decorrente de único ato ofensivo não venha a ser reparado. O que se quer dizer é que, em síntese, tal conduta danosa não deve ser tida como assédio moral.

6.4. *Finalidade de Exclusão*

O elemento anímico, no assédio moral, não pode ser desprezado.

Com efeito, a conduta abusiva e reiterada, atentatória à dignidade psíquica do indivíduo, deve ter por finalidade a exclusão da vítima do ambiente.

Ressalte-se que essa finalidade pode ser implícita ou explícita, pois, em verdade, se a manifestação é expressa no sentido de afastar a vítima do ambiente social, nenhuma dificuldade se tem na verificação da ocorrência do assédio moral.

Todavia, a questão é muito mais profunda do que se possa imaginar, à primeira vista, uma vez que tal finalidade pode ser extraída dos fatos postos em juízo, mesmo quando a intenção declarada ao público é diametralmente oposta.

É o caso, por exemplo, das campanhas motivacionais tão incensatas no meio empresarial, notadamente nos ramos destinados a vendas.

Se há a intenção de motivar o trabalhador para o alcance de metas, que se estimule ou premie os melhores, de forma a fazer com que aqueles, que não tiveram o mesmo êxito, busquem lograr tal galardão. Contudo, é inaceitável a imposição de "brincadeiras" que exponham a vítima ao ridículo.

Algumas dessas situações serão abordadas no tópico de casuística deste artigo.

6.5. *Algumas palavras sobre a Necessidade ou não de Dano Psíquico-Emocional*

Sendo o assédio moral a conduta lesiva; o dano psíquico-emocional deve ser entendido como a conseqüência natural da violação aos direitos da personalidade da vítima.

Note-se, portanto, que a necessidade do dano não é um elemento da caracterização do assédio moral, mas, sim, da responsabilidade civil decorrente de tal conduta.

Neste ponto, discordamos da ilustre e culta colega Sônia A. C. Mascaro Nascimento, ao afirmar que "a configuração do assédio moral depende de prévia constatação da existência do dano, no caso, a doença psíquico-emocional. Para tanto, necessária a perícia feita por psiquiatra ou outro especialista da área para que, por meio de um laudo técnico, informe o magistrado, que não poderia chegar a tal conclusão sem uma opinião profissional, sobre a existência desse dano, inclusive fazendo a aferição do nexo causal"(5).

De fato, a doença psíquico-emocional, como patologia, pode advir do assédio, mas não necessariamente ocorrerá, nem é elemento indispensável, pois o que é relevante, na caracterização do *mobbing*, é a violação do direito da personalidade, cuja materialização ou prova dependerá do caso concreto.

7. *CASUÍSTICA*

Nossa atuação profissional tem nos permitido conhecer situações de assédio moral nos mais diversos rincões do país.

Embora tenhamos, em nossos arquivos, cópias de sentenças e de outras peças processuais compro-

(4) BARROS, Alice Monteiro de, "*O assédio sexual no Direito do Trabalho Comparado*" *in* "*Genesis – Revista de Direito do Trabalho*", vol. 70, Curitiba, Genesis Editora, outubro/98. p. 503. Maiores informações podem ser obtidas no minucioso artigo de Jane Aeberhard-Hodges ("*Womem Workers and the Courts*" *in* "*International Labour Review*", v. 135, n. 5, 1996).

(5) NASCIMENTO, Sônia A. C. Mascaro. Assédio moral no ambiente do trabalho. *Revista LTr*, São Paulo, v. 68, n. 08. p. 922-930, ago. 2004.

vadores dos fatos que a seguir serão relacionados, optamos por omitir as fontes, preservando a intimidade dos envolvidos.

O elemento comum, porém, em todos os processos, que pululam em pontos diversos da jurisdição nacional, é que a finalidade de exclusão era apenas implicitamente reconhecida, pois todas se travestiam de campanhas motivacionais de alcance de metas empresariais.

No Estado da Bahia, por exemplo, em diversos processos judiciais, foi constatada a ocorrência de uma campanha motivacional em que os empregados que não alcançavam a meta tinham de ficar, em um auditório, posicionados nas últimas cadeiras, sendo taxados de "morcegões", "vampiros" ou "sanguessugas", pois estariam, supostamente, "tirando o sangue da equipe", ao não alcançar a meta pretendida.

Ainda no mesmo Estado, o Ministério Público do Trabalho ajuizou uma ação civil pública em face de uma indústria local de bebidas, pois a conduta assediadora do seu gerente de vendas, em relação a seus colegas do trabalho chegou ao cúmulo de [illegible] de nádegas de uma funcionária, que foi – pasmem! – oferecida como "prêmio" aos vendedores que a atingissem determinada cota mensal de vendas ou a clientes que adquirissem os produtos da empresa.

No Estado de Sergipe, uma conhecida empresa fazia pequenos quadros do seus vendedores menos produtivos, segurando um "excremento de brinquedo", para destacá-los como os funcionários que foram uma "m...", como consta no depoimento do próprio preposto da empresa reclamada.

No Estado de Santa Catarina, a "brincadeira" era mais "ingênua"... Os vendedores que não alcançassem a meta deveriam dançar a conhecida canção "Na Boquinha da Garrafa" perante todos os seus colegas...

Em São Paulo, a exposição ao ridículo, em determinada empresa, variava entre desfilar de saias (para os vendedores do sexo masculino) até mesmo se submeter à "brincadeira" (brincadeira só tem graça quando todos se divertem...) do "corredor polonês" (todos os vendedores se posicionavam em duas filas e as vítimas passavam correndo entre eles, sob pauladas...)

Definitivamente, não há limites para a criatividade humana quando quer violentar direitos...

8. CONSEQUÊNCIAS DO ASSÉDIO MORAL

O estudo das consequências do assédio moral, assim como do sexual, na relação de emprego deve ser procedido de forma sistemática, de acordo com o protagonista envolvido.

Isto porque, sem sombra de dúvida, as conseqüências serão diferenciadas para a vítima (empregado assediado), para o assediador (caso este não seja o empregador pessoa física) e para a empresa envolvida com o assédio moral.

Neste tópico, esclarecemos que estamos abordando as conseqüências genéricas da ocorrência do assédio, tomando como base a idéia de ser um empregado assediado por um colega de trabalho, o que acarretará conseqüências também para a empresa empregadora.

Vale destacar, porém, que é possível uma variação dessas conseqüências nas hipóteses do assediador ser o próprio empregador ou, em situação excepcional extrema, o assédio partir do empregado contra o empregador.

Vejamos, portanto, estas consequências, de acordo com as peculiaridades de cada ator desta tragédia social, que é o assédio moral.

8.1. Do ponto de vista da vítima

As conseqüências mais dramáticas do assédio são reservadas, sem sombra de qualquer dúvida, para a vítima da conduta abusiva reiterada (e rejeitada) de natureza psicológica.

De fato, em primeiro lugar, a própria interferência na relação de trabalho em si gera, quase sempre, um evidente prejuízo no rendimento do(a) trabalhador(a), pois cria um ambiente laboral inadequado, com extrema pressão psicológica.

Além disso, a divulgação do fato, ainda que de forma restrita ao âmbito da empresa, não deixa de afetar a intimidade da vítima, seja pelos comentários dos colegas de trabalho, seja através das próprias investigações internas sobre o caso. Isto sem falar em eventuais represálias (também caracterizadoras de reparação de danos morais e materiais), como, por exemplo, recusa de promoções, transferência de função ou de locais de trabalho ou, até mesmo, a despedida direta.

É preciso ter em mente, portanto, que o assédio é, em qualquer uma de suas espécies, uma ofensa para a vítima, na sua dignidade como pessoa.

8.1.1. Sequelas Físicas e Psicológicas

O assédio pode ser encarado como um trauma na vida do indivíduo.

Isto porque gera, muitas vezes, seqüelas físicas e psicológicas de tal ordem na vítima, que lembram cicatrizes, pois podem até não doer tanto no futuro, mas ficarão indelevelmente marcadas na história daqueles indivíduos.

Dentre estas seqüelas, tem-se observado que a maioria das pessoas ofendidas passou a padecer das formas mais graves de tensão, ansiedade, cansaço e depressão, com a necessidade médica de tratamentos, particularmente de natureza psicológica.

Uma investigação realizada pela Confederação Internacional de Organizações Sindicais Livres (CIOSL) concluiu, em relação ao assédio sexual, que o mesmo produzia um meio de trabalho tenso e hostil, observando-se nas vítimas, por meio dos estudos médicos realizados, dores de cabeça, pescoço, estômago e costas, com uma diminuição considerável da concentração e um manifesto desinteresse pelo trabalho, com o surgimento/aprofundamento de sintomas como insônia, indiferença e depressão[6], o que demonstra a correlação desta figura com a segurança, saúde, integridade física e moral das pessoas.

8.1.2. Caracterização da despedida indireta

O assédio também caracteriza, do ponto de vista do direito positivo brasileiro, uma hipótese de despedida indireta (ou demissão forçada, como prefere denominá-la José Martins Catharino) do(a) trabalhador(a).

Seu enquadramento se dará, em regra, na alínea "e" ("praticar o empregador ou seus prepostos, contra ele ou pessoas de sua família, ato lesivo da honra e boa fama") do art. 483 da Consolidação das Leis do Trabalho.

A depender, porém, da situação fática correspondente, o enquadramento poderá se dar na alínea "c" ("correr perigo manifesto de mal considerável"), caso seja admitida, pelo direito positivo brasileiro, a hipótese de tentativa de assédio moral.

Ressalte-se, porém, que a despedida indireta é sempre uma situação de extrema delicadeza, pois significa, em última análise, que a situação laboral se deteriorou de tal forma que o trabalhador prefere abrir mão de seu posto de trabalho – fonte normalmente única de sua subsistência – a continuar se submetendo às condutas que lhe são impostas pelo empregador ou seus prepostos.

8.1.3. O dano moral e sua reparação

A esfera extra patrimonial dos indivíduos é profundamente violentada com a prática do assédio.

De fato, o cerceamento dos valores da dignidade e da liberdade fere profundamente um âmbito da personalidade do ser humano que não pode ser reduzido pecuniariamente.

A fórmula encontrada pelo ordenamento jurídico para reparar tal dano foi a possibilidade jurídica de estipulação de uma compensação, não necessariamente pecuniária (apesar de ser, frequentemente, a mais adotada), para tentar amenizar a dor sofrida pela vítima. Esta sanção pelo dano moral poderá, inclusive, consistir em uma retratação ou desagravo público, o que, de certa forma, também compensa a dor sentida pela vítima.

Assim sendo, a reparação civil por danos morais é constantemente invocada quando se fala em assédio moral, havendo, inclusive, quem denuncie a existência de uma "indústria" de milionárias indenizações por danos morais.

Vale destacar, porém, que o pleito poderá versar tanto pelo dano moral, quanto o material, com fundamento em violação do direito à intimidade, assegurado no art. 5º, X, da Constituição Federal de 1988[7].

Destacamos o sub-tópico do dano moral em relação aos itens anteriores, pelo fato de que o mesmo pode decorrer não somente do assédio moral em si, mas também das eventuais represálias perpetradas pela recusa da vítima (tais como recusa de promoções, transferências de função ou local de trabalho, despedida etc.), o que é ainda mais agravado quando, em que pese ser denunciada a conduta indesejada e reiterada de natureza psicológica, não são adotadas, em troca, quaisquer medidas, durante a vigência da relação de direito material, contra o ofensor.

(6) CALVO, Maria del Mar Serna, "*Acoso Sexual en las relaciones laborales*" *in* "*Relasur – Revista de Relaciones Laborales en America Latina – Cono Sur*", n. 2, España, OIT/Ministerio de Trabajo y Seguridad Social, s/d... p. 34

(7) Alice Monteiro de Barros destaca que uma "hipótese de dano material ou patrimonial, decorrente do assédio, seria a impossibilidade de permanecer a trabalhadora no emprego ou de conseguir outro em razão de má reputação conseqüente ao assédio" (BARROS, Alice Monteiro de, *ob. cit.*, p. 510).

8.2. Do ponto de vista do assediante

O ordenamento jurídico não pode, nem deve deixar que o assediante, violentador da dignidade da vítima, fique impune pelos atos praticados.

As consequências para o assediante podem ser analisadas sob três ordens: trabalhista (caracterização de justa causa para a extinção do vínculo empregatício), civil (responsabilidade patrimonial direta pelo dano causado) e criminal (aplicação de sanções penais, caso os atos praticados se enquadrem em tipo previamente existente).

Vejamos, pois, estas conseqüências.

8.2.1. Justa causa

No assédio moral praticado por empregado contra colega de trabalho, a hipótese é, visivelmente, de justa causa para a extinção do contrato de trabalho, com fundamento no art. 482, alínea "j" ("*ato lesivo da honra ou da boa fama praticado no serviço contra qualquer pessoa, ou ofensas físicas, nas mesmas condições, salvo em legítima defesa, própria ou de outrem*") da Consolidação das Leis do Trabalho.

8.2.2. Responsabilidade patrimonial

Em matéria de assédio (tanto sexual, quanto moral), alguns ordenamentos jurídicos, no Direito Comparado, albergam previsões de responsabilidade patrimonial do empregado assediador, independentemente da responsabilidade patrimonial da empresa(8).

Esta é uma medida das mais louváveis, uma vez que o efetivo violador da moralidade média foi o empregado, e não diretamente a empresa empregadora.

Todavia, tal disciplina muitas vezes impossibilita a efetiva reparação dos danos, por falta de condições financeiras do agente assediante.

No Brasil, a sistemática do direito positivo trouxe previsão de responsabilidade civil objetiva do empregador pelos atos dos seus prepostos, independentemente e sem prejuízo da possibilidade de responsabilização direta do agente causador do dano, conforme verificaremos em tópico posterior, em que esmiuçaremos a matéria.

Todavia, isto não exclui, a possibilidade de uma ação própria, ainda que regressiva, do empregador contra o empregado assediante/assediador, para ressarcimento dos gastos que teve pelo ato imputável a este empregado.

Acreditamos que é possível, inclusive, a denunciação da lide do empregado assediante, na ação ajuizada pelo empregado assediado contra a empresa, de forma a verificar especificamente a delimitação de responsabilidades pelo ato discutido em juízo.

Este nosso posicionamento, inclusive, nos parece respaldado pela previsão do §1º do art. 462 consolidado – que traz a regra geral sobre a possibilidade de descontos no salário do trabalhador ("*Ao empregador é vedado efetuar qualquer desconto nos salários do empregado, salvo quando este resultar de adiantamentos, de dispositvos de lei ou de contrato coletivo.*") – que expressamente preceitua: "*Em caso de dano causado pelo empregado, o desconto será lícito, desde que esta possibilidade tenha sido acordada ou na ocorrência de dolo do empregado.*"

Não se deve erigir a grau absoluto a responsabilidade objetiva do empregador quanto ao assédio praticado nas relações de trabalho por seus agentes ou prepostos, pois isto seria instituir um enorme risco à atividade empresarial, estimulando uma verdadeira febre de indenizações, sem responsabilizar os autores diretos do atos considerados ilícitos, sob a perspectiva da dignidade psíquica.

Estas ideias serão melhor trabalhadas em tópico posterior.

8.2.3. Consequências criminais

Além das consequências trabalhistas (justa causa) e civil (responsabilidade patrimonial) do empregado assediador, é possível existir, ainda, uma responsabilização criminal, caso a conduta ou os atos praticados se enquadrem em alguma das previsões tipificadas no vigente Código Penal brasileiro.

8.3. Do ponto de vista do empregador

O assédio prejudica também, e de vários modos, a empresa empregadora, ocasionando absenteísmo, queda de produtividade e substituição de pessoal, além da possibilidade concreta de responsabilização patrimonial – em condenações judiciais por danos morais e materiais – por força dos atos de seus empregados (assediadores).

---

(8) "Na hipótese de o **assédio sexual por chantagem** ser praticado **por prepostos (gerente, supervisor, etc.) do empregador**, a legislação de alguns países (Austrália, Canadá, EUA, Reino Unido e Nova Zelândia) considera este último responsável solidário, por ter delegado poderes para aquele tomar decisões que afetem a situação do empregado no ambiente de trabalho, com efeitos tangíveis" (BARROS, Alice Monteiro de, "O assédio sexual no Direito do Trabalho Comparado" *in* "*Genesis – Revista de Direito do Trabalho*", vol. 70, Curitiba, Genesis Editora, outubro/98. p. 509).

8.3.1. Consequências pecuniárias diretas

Em termos de organização empresarial, o assédio gera, normalmente, diversas conseqüências peculiares diretas, a saber, o custo do absenteísmo, a queda de produtividade e a rotatividade da mão de obra.

Analisemos, ainda que rapidamente, estas três conseqüências.

a) Custo do absenteísmo

Os empregados assediados tendem a faltar ao serviço, ainda que muitas vezes formalmente sem justificação, como uma forma de "escapar" do comportamento assediador de seus algozes.

De fato, não é raro também o afastamento, com a suspensão do contrato de trabalho, mediante a apresentação de atestados médicos, demonstrando/comprovando situações em que o os empregados (assediados) necessitam de afastamento do local de trabalho.

Ressalte-se que não se trata aqui de falsificação de atestados médicos, mas sim a manifestação direta das seqüelas físicas e psicológicas a que os assediados estão sujeitos, levando-os à somatização de suas apreensões, com o surgimento de doenças que justificam o afastamento do trabalho.

Esta ausência dos trabalhadores é bastante grave para a empresa, principalmente se o trabalhador for especializado na sua atividade, não havendo como substituí-lo imediatamente, o que leva a uma conclusão apriorística de que o assédio moral de empregados que exercem funções com conhecimento especializado é muito mais danoso à empresa do que o relativo a outras situações.

b) Queda de produtividade

Ainda que o trabalhador permaneça laborando no seu local habitual de trabalho, apesar do assédio, é perfeitamente natural – e, por isso, dentro das expectativas médias sobre o problema – que a sua produtividade caia visivelmente.

Isto porque não há como se exigir, razoavelmente, que um empregado, vítima de assédio, possa ter a tranquilidade e a paz de espírito necessárias para o regular desempenho de suas atividades laborais.

Desta forma, novamente, o assédio gera uma consequência pecuniária danosa direta ao empregador, pois a queda da produtividade do empregado diminuirá, certamente, sua expectativa de ganho, o que é ainda mais dramático em uma economia globalizada como a contemporânea.

Como se isso não bastasse, o conhecimento, pelos demais empregados, da existência de um caso de assédio não apurado ou não punido gera uma insegurança e intranqüilidade no ambiente de trabalho, notadamente naqueles operários que estejam em situação pessoal e funcional semelhante à da vítima, levando também a uma queda geral de produtividade, onerando excessivamente a organização empresarial.

c) Rotatividade da mão de obra

Chegando à situação limite dramática de impossibilidade da continuidade do vínculo empregatício, mais uma conseqüência pecuniária terrível surgirá para o empregador.

De fato, além do pagamento das verbas rescisórias devidas pela extinção do vínculo empregatício (o que, segundo os apóstolos do combate ao denunciado "custo Brasil", já é um valor elevado para a maioria dos pequenos e médios empresários), o trabalho decorrente em da rotatividade da mão de obra também gera custos.

Com efeito, ter que treinar novos trabalhadores para a função outrora exercida pelo empregado assediado afastado, gerará um custo financeiro não previsto, originalmente, na programação orçamentária de qualquer empresa.

Além disso, uma grande rotatividade da mão de obra gera insegurança dentro da organização (notadamente para aqueles que desconhecem os fatos geradores desta dispensa), pelo temor de dispensas em massa, o que afeta também a produtividade, como tópico anterior.

Como se isto não bastasse, vale lembrar que esta rotatividade não ocorre somente em função de extinções de vínculos empregatícios, mas também em função de transferências de local de trabalho ocorridas para evitar novos contatos entre assediante e assediado no ambiente laboral.

8.3.2. Responsabilidade civil

De acordo com o novo ordenamento jurídico, a responsabilidade civil do empregador por ato causado por empregado, no exercício do trabalho que lhes competir, ou em razão dele, deixou de ser uma hipótese de responsabilidade civil subjetiva, com presunção de culpa (Súmula n. 341 do Supremo Tribunal Federal), para se transformar em uma hipótese legal de responsabilidade civil objetiva.

A ideia de culpa, na modalidade *in eligendo*, tornou-se legalmente irrelevante para se aferir a responsabilização civil do empregador, propugnando-se pela mais ampla ressarcibilidade da vítima, o que se mostra perfeitamente compatível com a vocação de que o empregador deve responder pelos riscos econômicos da atividade exercida.

E essa responsabilidade é objetiva, independentemente de quem seja o sujeito vitimado pela conduta do empregado, pouco importando que seja um outro empregado[9] ou um terceiro ao ambiente laboral (fornecedor, cliente, transeunte etc).

Todavia, essa responsabilização civil do empregador, de forma objetiva, pode ensejar quem sustente que isso poderia estimular conluios entre o empregado e a vítima, com o intuito de lesionar o empregador.

Se a tentação para o mal é uma marca humana, o Direito não deve se quedar inerte diante de tal condição.

E demonstraremos isso nos próximos dois tópicos.

a) Responsabilidade Civil do Empregado em Face do Empregador

A redação do art 934 do Código Civil brasileiro de 2002 (art. 1.524, CC-16) enseja o direito de regresso daquele que ressarciu o dano causado por outrem[10].

No campo das relações de trabalho, contudo, o dispositivo deve ser interpretado em consonância com o já mencionado art. 462 da Consolidação das Leis do Trabalho, que dispõe, *in verbis*:

> *"Art. 462. Ao empregador é vedado efetuar qualquer desconto nos salários do empregado, salvo quando este resultar de adiantamentos, de dispositivos de lei ou de contrato coletivo.*
>
> *§ 1º Em caso de dano causado pelo empregado, o desconto será lícito, desde que esta possibilidade tenha sido acordada ou na ocorrência de dolo do empregado."*

Assim, para que o empregador possa descontar valores referentes a danos causados **culposamente** pelo empregado, será necessária a pactuação específica, seja prévia, seja quando da ocorrência do evento danoso, o que é dispensável, por medida da mais lidima justiça, no caso de **dolo**, o que é evidente no caso de assédio moral.

Da mesma forma, o elemento anímico deverá ser comprovado pelo empregador, evitando abusos que importariam na transferência do risco da atividade econômica para o empregado.

Mais importante, porém, é o fato de que essa regra compatibiliza o caráter tuitivo que deve disciplinar toda norma trabalhista com a rígida regra de direito de que a ninguém se deve lesar, não se chancelando, pela via estatal, a irresponsabilidade de trabalhadores, enquanto cidadãos, pelos atos danosos eventualmente praticados.

E se o dano causado pelo empregado seja justamente o resultado patrimonial de um ato, praticado por ele, lesando direitos de terceiros, que o empregador teve de responder objetivamente?

É o que enfrentaremos no próximo tópico.

b) O Litisconsórcio Facultativo e a Denunciação da Lide

Se decorre da novel regra legal que o empregador responde objetivamente pelos danos causados pelo empregado, não há óbice para que a pretensão indenizatória seja direcionada em face do empregado, fulcrada na ideia de responsabilidade civil subjetiva, ou, melhor ainda, diretamente contra os dois sujeitos, propugnando por uma solução integral da lide.

Trata-se de medida de economia processual, pois permite verificar, desde já, todos os campos de

---

(9) "RESPONSABILIDADE CIVIL. ACIDENTE DO TRABALHO. EMPREGADOR. PERDA DO OLHO ESQUERDO. BRINCADEIRA DE ESTILINGUE DURANTE O ALMOÇO. PENSIONAMENTO. DANO MORAL. 1) Ato ilícito: empregado atingido no olho esquerdo, durante o horário do almoço no estabelecimento industrial, por bucha de papelão atirada com estilingue feito com a borracha de luva. Perda da visão do olho esquerdo. 2) Culpa da empresa demandada: presença da culpa da empresa requerida "in vigilando" (falta de controle dos funcionários a sua disposição) e "in omittendo" (omissão nos cuidados devidos). 3) Culpa concorrente da vítima: não reconhecimento da culpa concorrente da vítima no caso concreto. 4) Pensionamento: redução da capacidade laborativa caracterizada pela necessidade de dispendio de maior esforço, em função da visão monocular (art-1539 do cc). Fixação do percentual da pensão com base na perícia do dmj (30%) a incidir sobre a remuneração do empregado acidentado na data da ocorrência do acidente. Redução do valor arbitrado na sentença. 5) Dano moral: caracterização do dano moral pela grave ofensa a integridade física do empregado acidentado. Manutenção do valor da indenização arbitrado na sentença, que abrangeu os danos morais e estéticos. Sentença de procedência modificada. Apelação parcialmente provida." (TRIBUNAL DE JUSTIÇA DO RS, APELAÇÃO CÍVEL N. 70003335924, NONA CÂMARA CÍVEL, RELATOR: DES. PAULO DE TARSO VIEIRA SANSEVERINO, JULGADO EM 12.12.01)

(10) "Art. 934. Aquele que ressarcir o dano causado por outrem pode reaver o que houver pago daquele por quem pagou, salvo se o causador do dano for descendente seu, absoluta ou relativamente incapaz."

responsabilização em uma única lide, evitando sentenças contraditórias.

E se a pretensão for deduzida somente contra o empregador, caberia a intervenção de terceiros conhecida por denunciação da lide?

A denunciação da lide, conforme ensina Manoel Antonio Teixeira Filho, "traduz a ação incidental, ajuizada pelo autor ou pelo réu, em caráter obrigatório, perante terceiro, com o objetivo de fazer com que este seja condenado a ressarcir os prejuízos que o denunciante vier a sofrer, em decorrência da sentença, pela evicção, ou para evitar posterior exercício da ação regressiva, que lhe assegura a norma legal ou disposição do contrato"(11).

Esta forma de intervenção de terceiros está prevista no art. 70 do vigente Código de Processo Civil brasileiro, que dispõe, *in verbis*:

> "**Art.** 70 – A denunciação da lide é obrigatória:
>
> **I** – ao alienante, na ação em que terceiro reivindica a coisa, cujo domínio foi transferido à parte, a fim de que esta possa exercer o direito que da evicção lhe resulta;
>
> **II** – ao proprietário ou ao possuidor indireto quando, por força de obrigação ou direito, em casos como o do usufrutuário, do credor pignoratício, do locatário, o réu, citado em nome próprio, exerça a posse direta da coisa demandada;
>
> **III** – àquele que estiver obrigado, pela lei ou pelo contrato, a indenizar, em ação regressiva, o prejuízo do que perder a demanda."

As duas primeiras previsões não interessam, por certo, ao campo das relações de trabalho, uma vez que é muito pouco provável que o direito material discutido em um processo de tal natureza se refira aos temas ali tratados.

Todavia, a terceira hipótese (obrigação, pela lei ou pelo contrato, de indenizar, em ação regressiva, o prejuízo do que perder a demanda) pode ser perfeitamente aplicável em um litígio dessa natureza.

Imagine-se, por exemplo, que o empregador esteja sendo acionado, sob a alegação de que uma empregada tenha sido assediada sexual ou moralmente por um colega de trabalho(12).

(11) TEIXEIRA FILHO, Manoel Antonio, *Litisconsórcio, Assistência e Intervenção de Terceiros no Processo do Trabalho*, 2. ed., São Paulo: LTr, 1993. p. 196.

(12) Sobre o tema, confira-se PAMPLONA FILHO, Rodolfo. *Assédio Sexual na Relação de Emprego*, São Paulo: LTr, 2001.

Em função dos danos materiais e morais causados por tal empregado, na sua atividade laboral, deve a empresa empregadora responder objetivamente, se provados todos os três elementos indispensáveis para a caracterização da responsabilidade civil, sem quebra do nexo causal.

Nesse caso, baseando-se no já mencionado art. 462 da Consolidação das Leis do Trabalho, é plenamente cabível a responsabilização regressiva do empregado.

Por que não fazê-la nos mesmos autos da ação principal?

Poder-se-ia argumentar que isso faria demorar o ressarcimento da vítima, por ser gerada uma nova lide entre dois sujeitos, não tendo ela interesse jurídico em discutir a culpa, pela previsão legal de responsabilização objetiva.

Essa não nos parece, porém, a melhor solução.

Imagine, por exemplo, que não seja deferida a denunciação da lide, sob tal fundamento – muito comum, inclusive, em ações de responsabilidade civil do Estado – mas, na ação regressiva, o suposto assediador NEGA a autoria e materialidade do fato.

Haveria, sem sombra de dúvida, a possibilidade jurídica de sentenças contraditórias, que desprestigiariam a atividade jurisdicional.

Assim sendo, consideramos não somente possível a formação do litisconsórcio passivo, mas principalmente recomendável o eventual deferimento da denunciação da lide, garantindo-se, assim, uma resolução integral da demanda, possibilitando uma maior celeridade na efetiva solução do litígio e uma economia processual no sentido macro da expressão.

Até mesmo se tal ação foi ajuizada na Justiça do Trabalho, não haverá motivo razoável para se afastar a intervenção de terceiros, pois a regra de competência material do art. 114 da Constituição Federal de 1988 estará sendo estritamente observada, uma vez que teremos, sempre, demandas entre trabalhadores e empregadores (no exemplo dado, *empregada assediada* **X** *empregadora responsabilizada* e *empregadora responsabilizada* **X** *empregado assediador*).

c) Responsabilidade Civil do Empregador por Dano ao Empregado

Uma questão interessante sobre o tema da Responsabilidade civil nas relações de trabalho se refere não aos danos causados pelo empregado, mas sim aos danos causados ao empregado.

Trata-se de uma diferença relevante.

No primeiro caso, como visto, o sistema positivado adotou a teoria da responsabilidade civil objetiva.

No segundo, porém, não há uma norma expressa a disciplinar o problema, pelo que a resposta deve ser encontrada dentro do sistema normativo.

E, sendo assim, a resposta dependerá das circunstâncias em que esse dano for causado.

Se esse dano decorrer de ato de outro empregado, a responsabilização, como já explicitado, será objetiva, cabendo ação regressiva contra o agente, nos casos de dolo ou culpa.

E se o dano, porém, for causado por um terceiro, ainda que no ambiente de trabalho?

Não temos dúvida em afirmar que, na regra geral, a responsabilidade civil continua a ser subjetiva.

E isso somente quando não houver a quebra do nexo causal!

Exemplifiquemos, para que nos tornemos mais claros.

Imagine-se, por exemplo, que um cliente do empregador, ao manobrar seu próprio carro, colida com o carro estacionado do empregado, no estacionamento da empresa.

É óbvio que esse dano patrimonial não deve ser exigido do empregador, ainda que o trabalhador esteja em seu horário de trabalho, à disposição da empresa, pois, nesse caso, o ato é imputável somente ao cliente.

Diferente é a situação em que o próprio empregador colide o seu carro com o automóvel do empregado, nas mesmas circunstâncias. Nesse caso, embora razoavelmente fácil de provar, o elemento anímico (dolo ou culpa) deve ser demonstrado em juízo.

Com isso, queremos dizer que a responsabilidade civil do empregador por danos causados ao empregado será sempre subjetiva?

Não foi isso que dissemos.

Em verdade, acreditamos que, em condições normais, a responsabilidade civil, nesses casos, é, sim, subjetiva, salvo alguma previsão legal específica de objetivação da responsabilidade, como a do Estado ou decorrente de ato de empregado.

Todavia, não podemos descurar da nova regra da parte final do parágrafo único do art. 927 do CC-2002, que estabelece uma responsabilidade civil objetiva, ***quando a atividade normalmente desenvolvida pelo autor do dano implicar, por sua natureza, risco para os direitos de outrem.***

A regra parece ser feita sob medida para relações empregatícias, pois, como já exposto, é o empregador que deve assumir os riscos da atividade econômica. É lógico que o risco a que se refere a disposição celetista é o risco/proveito, ou seja, a potencial ruína pelo insucesso da atividade econômica com que se pretendeu obter lucro.

Mas e quando essa própria atividade econômica pode, por si só, gerar um risco maior de dano aos direitos do empregado?

Aí, sim, como uma situação supostamente excepcional, é possível, sim, responsabilizar objetivamente o empregador.

Note-se, inclusive, que, por força de normas regulamentares, há uma série de atividades ***lícitas*** que são consideradas de risco para a higidez física dos trabalhadores, parecendo-nos despiciendo imaginar que, provados os três elementos essenciais para a responsabilidade civil – e ausente qualquer excludente de responsabilidade – ainda tenha o empregado lesionado de provar a culpa do empregador, quando aquele dano já era potencialmente esperado...

O [illegible], aqui desenvolvido genericamente, pode ser aplicado, *mutatis mutandi*, para o assédio moral, a depender da atividade exercida pelo empregador.

9. *COMBATE*

Apenas a título de arremate, fica a pergunta que não quer calar: como combater o assédio moral?

A melhor forma, respondemos nós, somente pode ser uma: prevenção.

Sem sombra de dúvida, "é melhor prevenir do que remediar".

Esta máxima, fruto da sabedoria popular, é perfeitamente adequada para o problema do assédio moral.

O ideal é que haja uma política – pública e/ou privada – de combate ao assédio moral, política esta de caráter, obviamente, preventivo, o que evitará, por certo, muita "dor de cabeça" de empregadores e trabalhadores.

A importância da atividade de prevenção é evidente, não somente pelas altas quantias arbitradas comumente a título de indenizações por danos morais e materiais decorrentes do assédio moral, mas também pelo fato de o próprio tempo despendido, bem como o pessoal dedicado à investigação de condutas já tornadas públicas, terem um valor econômico não desprezível, sendo conveniente adotar medidas de precaução.

O mais importante a destacar, porém, no que toca à atividade de prevenção ao assédio moral, não exclusivamente em relação ao vínculo trabalhista, é que ela passa necessariamente por dois enfoques básicos, a saber, **educação** e **fiscalização**.

No que diz respeito à educação, a organização de campanhas esclarecedoras, seja por organismos públicos, seja por entidades não governamentais, é uma iniciativa extremamente válida na prevenção desta doença social.

De fato, a informação prévia evidencia que determinados comportamentos, às vezes comuns em certos meios sociais – como, por exemplo, certas "liberdades" no trato entre amigos – não podem ser tolerados no ambiente de trabalho.

Esta atividade de educação possibilita, também, o afastamento de eventuais alegações dos assediadores de desconhecimento às restrições da conduta adotada, o que é um aspecto de grande relevância.

O exercício diuturno da liberdade, por incrível que pareça, deve ser ensinado, pois o convívio social é, em última análise, como já observado, a disciplina das restrições à liberdade individual.

Exemplificando de forma simplista, mas didática, as regras de comportamento social em um campo de nudismo são e devem ser obviamente diferentes das regras a ser adotadas em um convento ou em uma academia de ginástica (para utilizar paradigmas bem distintos).

Já a atividade de fiscalização deve ser exercida pelo empregador diretamente (ainda que, subjetivamente, possa ser feita pelo Estado), uma vez que implica necessariamente em uma atuação mais efetiva na própria relação de direito material.

Como o assédio moral deteriora o relacionamento entre as pessoas e a imagem da empresa e dos protagonistas do caso, comprometendo a atividade empresarial (o que afeta a produção, custos, vendas, despesas etc), não há a menor sombra pálida de dúvida de que o interesse primordial do combate ao assédio é do próprio empregador, sendo, inclusive, uma prerrogativa do seu poder de direção.

No desenvolvimento da fiscalização do assédio, a própria vítima pode ter um papel ativo, na advertência (e – por que não dizer? – confronto) ao assediador de que determinadas atitudes não são bem recebidas no caso concreto.

As atividades de fiscalização, porém, podem ser atribuídas, inclusive, aos prepostos da empresa. Recomendamos, porém, que esta atividade de fiscalização não seja exercida por um único preposto, pela circunstância óbvia de que este indivíduo pode ser, eventualmente, o próprio agente violador da liberdade e dignidade dos demais empregados, o que lhe retiraria a isenção de ânimo para atuar como fiscal do empregador.

10. CONSIDERAÇÕES FINAIS

Estas são algumas rápidas considerações que consideramos conveniente trazer à baila, tendo em vista as atuais discussões doutrinárias sobre o problema do assédio moral.

Sem qualquer pretensão de que sejam encaradas como verdade absoluta, colocamo-nos à inteira disposição de todos aqueles que se propuserem a enfrentar (e combater) o assédio moral na sociedade brasileira.

Para um eventual aprofundamento no estudo do tema, elencamos, ao final, uma pequena bibliografia, onde o leitor poderá encontrar outros subsídios para o debate, bem como as principais fontes de consulta para o desenvolvimento deste artigo.

11. REFERÊNCIAS

AEBERHARD-HODGES, Jane. "*Womem Workers and the Courts*" in "*International Labour Review*", v. 135, n. 5, 1996.

AGUIAR, André Luiz Souza. *Assédio moral: o direito à indenização pelos maus-tratos e humilhações sofridos no ambiente do trabalho*. São Paulo: LTr, 2005.

ALKIMIN, Maria Aparecida. *Assédio moral na relação de emprego*. Curitiba: Juruá, 2005.

BARRETO, Margarida Maria Silveira. *Violência, saúde e trabalho: uma jornada de humilhações*. São Paulo: EDUC, 2003.

BARROS, Alice Monteiro de. "O assédio sexual no Direito do Trabalho Comparado" *in* "*Genesis – Revista de Direito do Trabalho*", vol. 70, Curitiba, Genesis Editora, outubro/98, p.503.

BARROS, Renato da Costa Lino de Góes. *Assédio Moral: caracterização de prova*. Monografia (inédita) apresentada sob a orientação do Prof. Dr. Rodolfo Pamplona Filho no curso de Direito da UNIFACS, 2005.

CALVO, Maria del Mar Serna. "*Acoso Sexual en las relaciones laborales*" in "*Relasur – Revista de Relaciones Laborales en America Latina – Cono Sur*", n. 2, España, OIT/Ministerio de Trabajo y Seguridad Social, s/d... p. 34.

GAGLIANO, Pablo Stolze; PAMPLONA FILHO, Rodolfo. *Novo Curso de Direito Civil*. V. 3. 3. ed. São Paulo: Saraiva, 2004.

GUEDES, Márcia Novaes. *Terror psicológico no trabalho*. São Paulo: LTr, 2003.

HIRIGOYEN, Marie France. *A violência perversa do cotidiano*. Tradução: Maria Helen Huhner. Rio de Janeiro: Bertrand Brasil, 2000.

______. *Mal estar no trabalho: redefinindo o assédio moral*. Tradução: Rejane Janowitzer. Rio de Janeiro: Bertrand Brasil, 2002.

MENEZES, Claudio Armando C. Assédio Moral e seus Efeitos Jurídicos *in "Revista de direito trabalhista"*. São Paulo, ano 8, n. 10. p. 12-14, out. 2002.

NASCIMENTO, Sônia A. C. Mascaro. Assédio moral no ambiente do trabalho *in "Revista LTr"*, São Paulo, v. 68, n. 08. p. 922-930, ago. 2004.

PAMPLONA FILHO, Rodolfo. Orientação Sexual e Discriminação no Emprego *in "Discriminação"* (coordenação de Márcio Túlio Viana e Luiz Otávio Linhares Renault), São Paulo: LTr, 2000.

______, *O Assédio Sexual na Relação de Emprego*, São Paulo, LTr, 2001.

______, *O Dano Moral na Relação de Emprego*, 2. ed., São Paulo: LTr, 1999.

______, *"Responsabilidade Civil nas Relações de Trabalho e o Novo Código Civil Brasileiro"* in *"Revista LTr"*, São Paulo/SP, ano 67, edição de maio/2003. p. 556/564; *Repertório IOB de Jurisprudência*, n. 10, 2º quinzena de maio/2003, volume II. p. 259/268, RTDC – Revista Trimestral de Direito Civil, ano 4, vol. 13, jan/mar/2003, p.177/197; *Revista de Direito do Trabalho*, São Paulo/SP, Editora Revista dos Tribunais, n. 111, ano 29, julho-setembro/2003, págs. 158/176; *"Revista da Academia Nacional de Direito do Trabalho"*, ano XI, n. 11, São Paulo: LTr, 2003, p.78/92; *"Revista do Tribunal Superior do Trabalho"*, ano 70, n. 1, jan a jun/2004. p. 101/118; e *"Revista Trabalhista Direito e Processo"*, vol. XII, Rio de Janeiro/RJ: Forense, outubro/novembro/dezembro/2004. p. 183/202;

TEIXEIRA FILHO, Manoel Antonio, *Litisconsórcio, Assistência e Intervenção de Terceiros no Processo do Trabalho*, 2ª ed., São Paulo: LTr, 1993. p. 196.

CAPÍTULO 12

Assédio Moral Organizacional

RÚBIA ZANOTELLI DE ALVARENGA(*)

INTRODUÇÃO

Este artigo traz à baila algumas práticas impróprias e ilegais adotadas por empresas na sua relação de poder com os empregados que configuram o assédio moral organizacional, além de estabelecer as distinções pertinentes relativas aos tipos ou formas de assédio moral e a Síndrome de Burnout.

Ressalta-se, no presente trabalho, o caráter abusivo e violador da dignidade do empregado pelo empregador e o estabelecimento de proibições ou de limitações para o tempo de uso do banheiro. Questiona-se, por óbvio, a validade e a legalidade de tais práticas erigidas pelo empregador no que tange ao respeito e à inviolabilidade dos direitos básicos do empregado com base na proteção à dignidade humana resguardada pela Constituição Federal de 1988.

Defende-se, ainda, nesta oportunidade, o instituto da inversão do ônus da prova quando o trabalhador se encontrar em real dificuldade para demonstrar o dano moral sofrido em decorrência da prática de assédio moral, seja ele individual ou organizacional.

(*) Mestre e Doutora em Direito do Trabalho pela PUC Minas. Professora de Direito e Processo do Trabalho da Faculdade Casa do Estudante em Aracruz, ES. Professora de Direito do Trabalho e Previdenciário de cursos de Pós-Graduação em Vitória, ES. Membro Pesquisadora do Instituto Brasileiro de Direito Social Cesarino Júnior. Advogada.

1 ASSÉDIO MORAL ORGANIZACIONAL

Além do assédio moral individual, que tem como objetivo a exclusão da vítima do mundo do trabalho, discriminando-a perante o grupo, há também o assédio moral denominado organizacional. Este último tem por objetivo a sujeição de um grupo de trabalhadores às agressivas políticas mercantilistas da empresa por meio do estabelecimento abusivo de metas.

A moderna organização do trabalho tem como objetivo a instauração do mercado globalizado, através da competitividade e de grandes resultados a baixos custos. A reestruturação e reorganização do trabalho fizeram com que o trabalhador se adequasse a novas características, ou seja: qualificação, polivalência funcional, visão sistêmica do processo produtivo, autonomia e flexibilização, entre outras. Nessa nova perspectiva filha da globalização, exigem-se do trabalhador maior escolaridade, competência, eficiência, competitividade, criatividade, tudo com o objetivo de produzir mais e com o menor custo possível.

Dessa forma, o trabalhador atual está submetido a um ambiente laboral com características completamente competitivas, obrigando-os a também se tornarem muito competitivos, sob pena de não se desenvolverem no local de trabalho.

De acordo com Alkimin (2011):

> No interior das organizações do trabalho, constantemente, são implantadas novas políticas de gestão dos fatores produção-trabalho, para ajustamento ao mercado competitivo que demanda maior produtividade, com grande qualidade, rapidez, pronto atendimento e baixo custo, exigindo do trabalhador, nem mercado de escassez de trabalho formal e pleno emprego, capacidade técnico-profissional e grande empenho para adaptação às reestruturações produtivas e organizativas, inclusive no que tange às mudanças e inovações introduzidas por medidas flexibilizadoras das condições de trabalho (ALKIMIN, 2011. p. 69).

O assédio moral organizacional compreende, assim, um conjunto sistemático de práticas reiteradas, provindas dos métodos de gestão empresarial, que tem por finalidade atingir determinados objetivos empresariais relativos ao aumento de produtividade e à diminuição do custo do trabalho, por meio de pressões, humilhações e constrangimentos aos trabalhadores na empresa.

Diante das novas formas de gestão administrativa ou de reestruturação produtiva advindas dos efeitos da globalização na organização produtiva e do trabalho, as empresas precisam se reestruturar para adotarem padrões internacionais de qualidade a fim de enfrentar a competitividade e a lucratividade. Por isso, vivencia-se hodiernamente a era do controle da qualidade total. E o resultado disso é a busca cada vez mais desordenada de obtenção do lucro, que acontece através do estabelecimento de metas, por sua vez, abusivas.

Conforme as palavras de Cavalcante e Jorge Neto (2011): "A globalização, com base em novas técnicas de seleção, inserção e avaliação do indivíduo no trabalho, fez uma reestruturação nas relações do trabalho".

Também concorde Cavalcante e Jorge Neto (2011): "O novo paradigma é o 'sujeito produtivo', ou seja, o trabalhador que ultrapassa metas, deixando de lado a sua dor ou a de terceiro. É a valorização do individualismo em detrimento do grupo de trabalho". E mais:

> A valorização do trabalho em equipe assume um valor secundário, já que a premiação pelo desempenho é só para alguns trabalhadores, ou seja, os que atingem as metas estabelecidas, esquecendo-se que o grupo também é o responsável pelos resultados da empresa. O individualismo exacerbado reduz as relações afetivas e sociais no local de trabalho, gerando uma série de atritos, não só entre as chefias e os subordinados, como também entre os próprios subordinados. O implemento de metas, sem critérios de bom-senso ou de razoabilidade, gera uma constante opressão no ambiente de trabalho, com a sua transmissão para os gerentes, líderes, encarregados e os demais trabalhadores que compõem um determinado grupo de trabalho (CAVALCANTE; JORGE NETO, 2011).

Não obstante a opinião de Cavalcante e Jorge Neto (2011), é sabido que o mundo do trabalho hoje também valoriza ações e dinâmicas coletivas criando grupos de trabalho nas empresas para a realização de tarefas específicas. Entretanto, mesmo nesses grupos de trabalho, ou entre eles, podem surgir práticas de assédio moral organizacional dirigidas a uma única pessoa ou a um grupo de pessoas.

Vale registrar a decisão proferida pelo Tribunal Regional do Trabalho da 5ª Região sobre assédio moral organizativo, veja-se:

> ASSÉDIO MORAL ORGANIZACIONAL. CARACTERIZAÇÃO. POSSIBILIDADE DE RESSARCIMENTO DE DANO CAUSADO AO EMPREGADO. O assédio moral organizacional caracteriza-se pelo emprego de "condutas abusivas, de qualquer natureza, exercida de forma sistemática durante certo tempo, em decorrência de uma relação de trabalho, e que resulte no vexame, humilhação, constrangimento de uma ou mais vítimas com a finalidade de se obter o engajamento subjetivo de todo o grupo às políticas e metas da administração, por meio de ofensa aos seus direitos fundamentais, podendo resultar em danos morais, físicos e psíquicos", os quais podem ser objeto de reparação em virtude da responsabilidade social atribuída às empresas, a partir da função social ostentada no art. 170 da Constituição. A desumanização das relações de trabalho está impregnada dos valores organizacionais brasileiros. ESTRATÉGIAS DE VENDAS. PARTICIPAÇÃO DO EMPREGADO EM COMPETIÇÃO DE PAINT BALL E USO DE BÓTONS COLORIDOS PARA IDENTIFICAR O ATINGIMENTO DE METAS ESTABELECIDAS NA EMPRESA. LIMITES AO

PODER DIRETIVO DO EMPREGADOR. AUSÊNCIA DE POSSIBILIDADE DE RECUSA. DANO MORAL CARACTERIZADO. As modernas estratégias de venda adotadas pelas empresas com a finalidade de identificar as reações das pessoas diante de imprevistos não podem deixar de lado as individualidades de cada um e até mesmo as fobias que podem decorrer da participação compulsória, capaz de produzir lesões psíquicas de natureza grave. Atualmente, estudos na área de Psicologia e Neurociências comprovam a possibilidade de ocorrência de lesão física produzida por agentes psíquicos, sobretudo no que toca ao estresse crônico, capaz de produzir danos irreversíveis no sistema imunológico do indivíduo (BAHIA, 2009).

De acordo com Gênova (2009), os velhos processos produtivos (fordismo/toyotismo) estão sendo substituídos por outros processos de produção (neofordismo/neotoyotismo), em que novas sistemáticas de trabalho emergem, no cronômetro e na produção em série e de massa, constando uma substituição pela flexibilização na produção, pela especialização flexível, por novos padrões de busca de produtividade, por formas de adequação da produção à lógica do mercado.

Em razão disso, as empresas procuram se intensificar, no âmbito organizacional, por meio da terceirização, da redução de encargos trabalhistas e previdenciários e pela busca incessante da produtividade através da mão de obra que vem se tornando cada vez mais barata e exigente. Não basta que as empresas de grande porte fiquem mais enxutas e que aumentem a sua produtividade, é necessário que o operário seja qualificado, executor de inúmeras tarefas e integrado ao núcleo de pessoas.

Para Gênova (2009), como consequência dessas novas formas de gestão:

> O polivalente operário defronta em pleno século XXI com o intenso ritmo de trabalho gerado pelos novos sistemas ou novas formas de gestões. Essa intensidade de trabalho, as grandes mudanças e a forte pressão são fatores determinantes para o esgotamento físico e psicológico (GÊNOVA, 2009. p. 40).

Ainda consoante Gênova (2009), em razão disso, a reestruturação produtiva reduz emprego e ainda causa inúmeras doenças em virtude do excesso de trabalho exigido pelas empresas.

Consoante ensina Alkimin (2009), a moderna organização do trabalho centrada no ideário capitalista e liberal aliada à nova política de concorrência e de competitividade que norteia o mundo globalizado impõe a busca da produtividade à custa do sacrifício da mão de obra humana, exigindo do trabalhador alta produtividade, resistência às mudanças, polivalência e multifuncionalidade. Esses fatores tornam o ambiente de trabalho propenso às práticas degradantes, humilhantes e exploradoras. Portanto, com o novo modo de produção capitalista, cobram-se maior produção, melhores resultados, maior eficiência, mais comprometimento, maiores responsabilidades, mesmo que a saúde física e mental no ambiente de trabalho não seja respeitada.

Segundo Candido (2011):

> O trabalhador passou a ser um instrumento de uso. Ficou relegado a um segundo plano o caráter humano. Sem maiores óbices, construiu-se uma postura de exigências excessivas, por parte daquele que detém o poder e o capital, instalando-se uma permissividade de desmandos imoderados. Logo, o assédio moral rompeu as barreiras da moralidade em vista das condições do mercado de trabalho, onde manda quem pode, obedece quem necessita (CANDIDO, 2011. p. 33).

De acordo com Franco Filho (2001), os padrões do fordismo, taytismo e até mesmo do toyotismo já estão sendo superados, fala-se em uma era na qual se vive uma ordenação econômica caracterizada pela rapidez e pela eficiência obtidas mediante o uso dos computadores e de programas inteligentes alcunhada por *gatismo* – termo derivado de Gates (Bill), dono da Microsoft, maior empresa de informática do mundo – que significa a nova ordem econômica mundial orientada pelo uso da informática. Nesta nova era, tudo acontece em uma velocidade alucinante, e o tempo de resposta e as oportunidades diminuem cada vez mais.

Assim, conforme Candido (2011), é possível observar que:

> A política neoliberal provocou uma mudança radical nas relações interpessoais, estabelecendo um novo paradigma; os conflitos hoje fazem parte de um novo ambiente organizacional, em que se instituíram metas, resultados, produção dirigida de acordo com a balança co-

mercial e a busca pela estabilização financeira. As propostas produzidas pela globalização por si só favorecem o enraizamento do assédio moral. As novas técnicas de gestão vinculando o caráter da pessoa ao perfil da empresa é uma evidente demonstração do dirigismo neoliberal, no qual prevalecerão os mais fortes. Os empregados com menos condições de competição serão esfacelados de imediato, ou então serão futuras vítimas de assédio moral pela falta de características impostas pela organização (CANDIDO, 2011. p. 44).

Também para Candido (2011), como consequência desse processo, vê-se:

> O estímulo à produção mediante a competitividade gera um contexto profissional perfeito para o aparecimento do assédio moral. Num sistema em que as pessoas são instigadas todo o tempo, a defenderem o que é seu – seu emprego, sua produção, sua promoção, sua premiação – a todo o custo, as demais pessoas que as rodeiam deixam de ser consideradas colegas de trabalho e passam a ser encaradas como inimigos em potencial. Daí nasce o tratamento hostil, que muitas vezes desencadeia um processo tão grave como o assédio moral, produzindo profissionais infelizes (CANDIDO, 2011. p. 51).

Emerick (2009) assegura que, para absorverem eficazmente os postulados da "Qualidade Total":

> As empresas precisam racionalizar todas as suas forças componentes, de modo que tudo e todos aspirem ao resultado desejável: aumento da produtividade e redução dos custos. Entre estas forças/elementos componentes da empresa, encontram-se os trabalhadores, que precisam, pois, ser seduzidos, conquistados e convencidos a deixar de lado seus interesses particulares em nome de um bem maior: o bem da empresa. (EMERICK, 2009. p. 110).

No assédio moral organizacional, tem-se como finalidade, assim, o aumento da produtividade, a diminuição dos custos e a exclusão de trabalhadores que a empresa não deseja manter em seus quadros.

Neste sentido, destaca Emerick (2009):

> Os programas de metas são uma consequência da reinvenção do capitalismo, e conduzem o ritmo de trabalho a níveis intoleráveis. Os trabalhadores são implantados em uma organização do trabalho dominada pela busca do rendimento máximo, absolutamente despreocupada com os problemas humanos (EMERICK, 2009. p. 20).

E, ainda concorde Emerick (2009), nos tempos atuais de forte competitividade:

> A predominância da ideia de lucro e a prevalência de interesses econômicos criaram ambiente propício para a disseminação da estratégia empresarial de busca agressiva por resultados, não sendo tão raras as situações em que o empregador pressiona desmedidamente o empregado para alcançar as metas estabelecidas, em evidente extrapolação dos limites do poder diretivo (EMERICK, 2009. p. 93).

Eberle e outros (2009), ao discorrerem sobre o assédio moral organizacional, assinalam tratar-se de:

> Processo contínuo de hostilidades, estruturado via política organizacional ou gerencial. Que tem como objetivo imediato aumentar a produtividade, diminuir custos, reforçar os espaços de controle, ou excluir trabalhadores que a empresa não deseja manter em seus quadros. Pode ser direcionado para todo o grupo indiscriminadamente, ou para alvos em seus quadros determinados a partir de um perfil (ex. todas as gestantes da empresa, ou todos os trabalhadores que a empresa deseja despedir, mas não quer arcar com os custos da dispensa sem justa causa) (EBERLE et al., 2009. p. 19).

Ainda, para Eberle e outros (2009), nos casos de assédio moral organizacional:

> Os abusos são, geralmente, envoltos de um discurso organizacional capaz de justificar tais práticas como necessárias e úteis, em nome dos valores relevantes na empresa e da sobrevivência organizacional, com tendência à naturalização da violência (EBERLE et al., 2009. p. 23).

Adriane Araújo (2012), ao discorrer sobre o assédio moral organizacional, assevera:

> Compreende o conjunto de condutas abusivas, de qualquer natureza, exercido de forma

sistemática durante certo tempo, em decorrência de uma relação de trabalho, e que resulte no vexame, humilhação ou constrangimento de uma ou mais vítimas com a finalidade de se obter o engajamento subjetivo de todo o grupo às políticas e metas da administração, por meio da ofensa a seus direitos fundamentais, podendo resultar em danos morais, físicos e/ou psíquicos (ARAÚJO, 2012. p. 7).

O assédio moral organizacional tem como finalidade o engajamento subjetivo do grupo de trabalhadores (seu controle e disciplina) às metas de produção e regras de administração. Tanto o assédio moral individual quanto o organizacional violam os direitos da personalidade do trabalhador.

Conforme Araújo (2012), no que tange, especificamente, ao assédio moral organizacional:

> Pelo fato de envolver um feixe de indivíduos, ele prescinde da comprovação de dano físico ou psíquico das vítimas ou mesmo da situação de estresse. A relevância jurídica dessa prática se expressa no simples desrespeito reiterado e sistemático aos direitos fundamentais dos trabalhadores assediados, de maneira a gerar-lhes situações de vexame, humilhação e constrangimento (ARAÚJO, 2012. p. 61).

De acordo com Araújo (2012), o assédio moral organizacional não se restringe à modalidade de assédio moral vertical descendente, ele também pode se apresentar na forma de assédio moral horizontal e vertical ascendente. Relata a autora que essa situação decorre da pulverização do exercício do poder em todos os níveis da empresa. Os colaboradores, se colocados diante de um membro da equipe improdutivo ou de baixa produtividade, podem assumir condutas abusivas com a finalidade de pressionar o dissidente a atingir níveis de produção e de qualidade exigidos pela administração. Esse é o grande êxito dos círculos de Qualidade Total e da divisão do trabalho em equipes. O grupo de trabalhadores é levado a se colocar na posição do verdadeiro empreendedor, crendo-se realmente participante das decisões da empresa. Pelo mesmo motivo, pode-se originar um assédio moral vertical ascendente, em que a empresa omissa em relação ao problema nada mais faz do que se aliar aos subordinados agressores e pressionar o chefe imediato para que assuma o comprometimento por ela exigido, demonstrando liderança, mesmo que não tenha recebido qualquer treinamento para esse fim, e atingindo as metas da administração.

Um das moléstias que afetam o trabalhador como resultado desse assédio moral organizacional, que se dá através da exigência desequilibrada de metas no ambiente de trabalho é a *Síndrome de Burnout*. Por meio do assédio moral organizacional, cria-se um terror psicológico capaz de gerar um esgotamento físico e mental ao empregado, influenciando, ainda, no aparecimento de outras enfermidades que poderão se cronificar.

A Síndrome de Burnout compreende uma espécie de exaustão emocional ou estresse, que pode ser considerada como doença do trabalho, capaz de acarretar a incapacidade temporária ou definitiva para a prestação de serviços.

De acordo com Candido (2011. p. 233), o termo Burnout deriva de uma composição gramatical originada de duas palavras inglesas, *burn* e *out* (*to burn out*), que significa "queimar por completo" e por justaposição *"burnout"*, que passou a ter uma interpretação como expressão idiomática por "não mais funcionar" ou "combustão completa". Nesse sentido:

> O Burnout é uma reação psíquica de caráter depressivo, precedida de esgotamento físico e mental crônico, resultante de dedicação excessiva e estressante ao trabalho. Suas principais características são a ausência de motivação e a insatisfação profissional. O perfil dessa síndrome é marcado por condutas negativas como, por exemplo, a perda de responsabilidade com as tarefas desenvolvidas e perda de motivação para realizar as atividades profissionais, ou, traduzindo de outra maneira, é uma reação ao estresse ocupacional crônico. O trabalhador perde o interesse pelo trabalho, não mais se sente realizado por intermédio do mesmo. É comum surgir um hábito de se ausentar do trabalho sem haver importância com o mesmo e uma inconstância nos empregos. São respostas diretas de esgotamento emocional, autoavaliação negativa, depressão e falta de sensibilidade para com as pessoas de um modo geral (CANDIDO, 2011. p. 235).

Para melhor compreensão, apresenta-se a seguir o Quadro Sintomatológico concernente à Síndrome de Burnout (Quadro 1), proposto por Adilson Bassalho Pereira (2010. p. 44):

Quadro 1 – Sintomatologia do Burnout

ASPECTOS FÍSICOS	ASPECTOS COMPORTAMENTAIS
Fadiga constante e progressiva	Negligência ou excesso de escrúpulos
Distúrbios do sono	Irritabilidade
Cefaleias, enxaquecas	Incapacidade para relaxar
Perturbações gastrointestinais	Dificuldade na aceitação de mudanças
Imunodeficiências	Perda de iniciativa
Transtornos cardiovasculares	Aumento do consumo de substâncias
Distúrbios respiratórios	Comportamento de alto risco
Disfunções sexuais	Suicídio
Alterações menstruais	
ASPECTOS PSÍQUICOS	**ASPECTOS DEFENSIVOS**
Falta de atenção e concentração	Tendências ao isolamento
Alterações de memória	Sentimento de onipotência
Lentidão do pensamento	Perda do interesse pelo trabalho
Sentimento de alienação	Absenteísmo
Impaciência	Ironia, cinismo
Sentimento de insuficiência	
Redução da autoestima	
Labilidade emocional	
Dificuldade de autoaceitação	
Astenia, desânimo, depressão	
Desconfiança, paranoia	

Fonte: PEREIRA, A. B., 2010.

Segundo Candido (2001), o Burnout está dissociado do assédio moral, pois:

> O primeiro é resultante de estresse crônico proveniente da sobrecarga de responsabilidades do trabalho enquanto o segundo é resultante de um estresse causado por perseguição, por ofensas reiteradas. Ainda que completamente divergente do assédio moral, o Burnout também é uma doença psicológica resultante do estresse, porém, pelo grande esforço no trabalho, pelo acúmulo de tarefas, ou seja, pelo desgaste em função de se dedicar ao extremo à profissão (CANDIDO, 2011. p. 234).

De acordo com Candido (2001), a Síndrome de Burnout tem uma estreita relação com os profissionais dos quais é exigido um alto grau de responsabilidades. Em face disso, os profissionais tendem a se "esvaziar" com facilidade pelo esgotamento em vista do excesso de exigências.

Consoante ensina Dallegrave Neto (2009), a expressão "burn-out" vem do inglês e significa "combustão completa", sinalizando para a sensação de explosão ou exaustão da pessoa acometida pelo estresse no ambiente de trabalho. Representa, portanto, esgotamento profissional provocado por constante tensão emocional no ambiente de trabalho.

Maslach citada por Dallegrave Neto (2009) também assinala que a Síndrome de Bournout:

> É uma reação cumulativa a estresses ocupacionais contínuos e se caracteriza por cronicidade, ruptura de adaptação, desenvolvimento de atitudes negativas e comportamentos de redução da realização pessoal no trabalho (MASLACH apud DALLEGRAVE NETO, 2009. p. 212).

Por sua vez, relata Minardi (2008) que a lista de profissionais propensos a desenvolver o Burnout é extensa e inclui médicos, fisioterapeutas, assistentes sociais, professores, controladores de tráfego aéreo e agentes penitenciários. Essa síndrome, não obstante, pode atingir qualquer pessoa, de qualquer profissão, principalmente aqueles trabalhadores muito dedicados, exigentes e com mania de perfeição, e é considerada uma reação ao estresse ocupacional crônico.

Consoante ensina Cataldi (2002), Burnout é uma síndrome caracterizada por três aspectos básicos:

> a) a exaustão emocional, quando o profissional está diante de uma intensa carga emocional. O profissional sente-se esgotado, com pouca energia para fazer frente ao dia seguinte de trabalho e a impressão que ele tem é que não terá como recuperar (reabastecer) as suas energias. Os profissionais passam a ser pessoas pouco tolerantes, facilmente irritáveis, e as suas relações com o trabalho e com a vida ficam insatisfatórias e pessimistas; b) a despersonalização também está presente. É o desenvolvimento do distanciamento emocional que se exacerba. Manifesta-se através da frieza, insensibilidade e postura desumanizada. Nessa fase, o profissional perde a capacidade de identificação e empatia com as outras pessoas, passando a ver cada questão relacionada ao trabalho como um transtorno; c) a redução da realização pessoal e profissional fica extremamente comprometida. Pode-se entender que surgiu outro tipo de pessoa, diferente, bem mais fria e descuidada, podendo acarretar a queda da autoestima, que às vezes chega à depressão (CATALDI, 2002. p. 50).

Para Dallegrave Neto (2009. p. 212), não resta dúvida, portanto, de que o assédio: "seja ele moral, organizacional ou sexual, constitui-se na principal causa da contração da síndrome de *burnout*, uma enfermidade que vem afetando milhares de trabalhadores anualmente em nosso país".

Segundo Candido (2011):

> O resultado de uma síndrome de *burnout* no trabalhador se caracteriza por agressividade, irritabilidade, desinteresse, desmotivação, angústia pela autodesvalorização e depressão. O trabalhador com essa síndrome perde a noção de sua rentabilidade profissional e tal como uma vítima de assédio moral tem uma série de sensações como dores generalizadas, fibromialgias, insônia, dores de cabeça, falta de ar, etc. Quando identificado quadro de *Burnout* é hora de reestruturar o ambiente de trabalho, remanejar as atividades a fim de prevenir o desgaste emocional e priorizar a saúde do trabalhador. Quando uma depressão se manifesta pela Síndrome de *Burnout*, a mesma não será por motivos relacionados à via pessoal do trabalhador, e, sim, a situações ligadas diretamente ao trabalho (CANDIDO, 2011. p. 234).

Neste sentido, a Síndrome de *Burnout* não está vinculada ao trabalhador, e, sim, ao local de trabalho. Em se tratando, então, de assédio moral organizacional, tratar-se-á de um problema do ambiente laboral que deve ser readequado para que se consiga reverter o quadro de *Burnout*.

Para Benevides (2002), importante observar que fogem do assédio moral organizacional determinadas atividades que acarretam certo desgaste emocional, como, por exemplo, os serviços médicos. Estes não guardam nenhuma relação com as práticas de assédio moral, mas com as condições específicas de tais atividades, ou, ainda, com a forma de organização de trabalho.

No âmbito previdenciário, o Regulamento da Previdência Social, Decreto n. 3.048/99, em seu Anexo II, lista a Síndrome de *Burnout* como acidente do trabalho. Conforme se infere deste Anexo, no Quadro Transtornos Mentais e do Comportamento, estão relacionados com o trabalho (Grupo V da CID-10), *verbis*:

> Anexo II.
>
> XII. Sensação de estar acabado (Síndrome de Burn-Out, Síndrome do Esgotamento profissional) (Z73.0)
>
> 1. Ritmo de trabalho penoso (Z56.3)
>
> 2. Outras dificuldades físicas e mentais relacionadas com o trabalho (Z56.6)

Enquanto o art. 118, da Lei n. 8.213/1991, dispõe sobre a estabilidade em caso de acidente do trabalho, sendo aplicada à incidência da Síndrome de Burnout, *verbis*:

> Art. 118. O segurado que sofreu acidente do trabalho tem garantida, pelo prazo mínimo de doze meses, a manutenção do seu contrato de trabalho na empresa, após a cessação do auxílio-doença acidentário, independentemente de percepção de auxílio-acidente.

Já decidiu o Tribunal Regional do Trabalho da 2ª Região, veja-se:

> SÍNDROME DE BURNOUT. ESTRESSE PROFISSIONAL COM EXAUSTÃO EMOCIONAL. AVALIAÇÃO NEGATIVA DE SI MESMA. DEPRESSÃO. NEXO COM O TRABALHO. CABIMENTO DA ESTABILIDADE DO ART. 118 DA LEI N. 8213/91. Verificado que a depressão causa incapacidade laborativa e foi impulsionada pelas condições adversas de trabalho, faz jus a trabalhadora à estabilidade provisória do art. 118 da Lei n. 8.213/91. Mesmo que se considere uma tendência fisiológica da pessoa à depressão, nesta hipótese, há ao menos concausa, que está expressamente prevista no art. 21, I da Lei n. 8.213/91, no art. 133, I do Decreto n. 2.172 de 05.03.97 e no art. 141, I, do Decreto 357 de 17.12.91. Ao invés de dispensar a empregada, cabe ao empregador encaminhá-la para tratamento médico, providenciar seu afastamento junto ao INSS e transferi-la para setor que exija menos pressão psicológica. Nesse sentido, decisão do C. TST: AIRR-1214/2003-010-01-40.0, Min. Relator: Aloysio Corrêa da Veiga. AFASTAMENTO. DESNECESSIDADE. A concessão do benefício de auxílio-doença previdenciário não constitui requisito para a estabilidade provisória prevista no art. 118 da Lei n. 8.213/91, conforme já pacificado com a Súmula n. 378, II, do C. TST. Ademais, cabe ao empregador comunicar ao INSS a existência de doença profissional, nos termos dos artigos 20 e 22 da Lei n. 8.213/91, não podendo beneficiar-se com a sua omissão (art. 129 do Código Civil). Verificada, em perícia judicial, a existência de moléstia profissional, que tenha nexo causal com o trabalho e cause a incapacidade laborativa, faz jus o trabalhador à estabilidade provisória em questão. (SÃO PAULO, 2010).

Nota-se, por meio da jurisprudência colacionada, que a responsabilidade do empregador vai além de pagar o salário para o trabalhador. O empregador possui a responsabilidade de absorver os riscos inerentes ao seu negócio e de zelar pela integridade física e psíquica do trabalhador no ambiente de trabalho.

Neste sentido, cabe às empresas concentrarem maior atenção nos ambientes onde são executados os trabalhos, de forma a buscar melhor adequação às novas tendências mundiais de desenvolvimento e de qualidade de vida.

Mesmo o empregador tendo o direito de estabelecer metas e estratégias para atingir seus resultados, ele não tem o direito de agir com desrespeito ao empregado em busca exclusiva de lucros e resultados, pois o seu direito de gerir a empresa não lhe dá o direito de lesar a dignidade da pessoa humana.

Ferem, portanto, a dignidade do trabalhador, as cobranças excessivas e humilhantes impostas pelo empregador, com o intuito de alcançar suas metas e resultados. O poder diretivo limita-se pelo princípio central da ordem jurídica hodierna, fundamento de validade de toda ação e de toda conduta com repercussões jurídicas – a dignidade da pessoa humana.

Concorde Engel (2003. p. 39), imperioso observar que o princípio da dignidade da pessoa humana "constitui o fundamento da humanização do trabalho, envolvendo o respeito à pessoa do trabalhador no ambiente de trabalho, com evidentes reflexos fora dele, sobretudo na vida familiar". Em razão disso:

> O princípio da dignidade da pessoa humana constitui limite eminentemente ético, impondo ao empregador o dever de respeitar e considerar o empregado nas suas qualidades de pessoa humana, dotada de vontade, sentimentos, necessidades, objetivos, valores, entre outros atributos, e não como mercadoria ou mero elemento de produção (ENGEL, 2003. p. 137).

Como bem expressa Barbosa Júnior (2008. p. 107): "Sem dignidade não pode haver paz e sem paz jamais haverá bem-estar. Este estado de espírito é o objetivo natural da vida humana saudável".

É neste contexto que também assinala Engel (2008) com assaz exatidão:

> O Direito do Trabalho destina ao empregador o dever de tratar o empregado com a devida consideração a sua dignidade humana. Trata-se o princípio da dignidade da pessoa humana de um dos deveres ético-morais de maior expressão no combate a uma concepção materialista do fenômeno laboral. A referida concepção associa-se à política neoliberal e globalizante que, desde o final do século passado, vem colocando em xeque aspectos da doutrina humanista que se formou ao longo dos anos, em torno das condições de vida e trabalho das pessoas (ENGEL, 2003. p. 38).

De acordo com Emerick (2009), é somente por meio de uma gestão democrática da mão de obra, preocupada com a valorização da dignidade da pessoa humana e atenta ao valor social do trabalho que as metas poderão ser utilizadas com a razoabilidade adequada e desejável, fazendo com que representem um efetivo incentivo e não firam os bens jurídicos mais caros do trabalhador.

Assim, impõe-se ao empregador, na visão de Salvador citado por Dallegrave Neto (2009):

> A obrigação de assegurar ao empregado um ambiente de trabalho sadio, hígido e livre de qualquer abuso ou infortúnio. Vale dizer: o trabalhador, quando é despedido, deve estar em perfeito estado de saúde física, psíquica e emocional para o seu retorno ao mercado de trabalho, devendo ser indenizado quando tal não ocorrer (SALVADOR *apud* DALLEGRAVE NETO, 2009. p. 213).

A ANAMATRA, o TST e a ENAMAT promoveram, em novembro de 2007, a 1ª Jornada de Direito Material e Processual na Justiça do Trabalho. Entre os 79 enunciados aprovados acerca de temas relevantes em Direito Material e Processual do Trabalho, destaca-se o enunciado n. 39, que possui a seguinte redação.

> Súmula n. 39: Meio Ambiente de Trabalho. Saúde Mental. Dever do empregador. É dever do empregador e do tomador dos serviços zelar por um ambiente de trabalho saudável também do ponto de vista da saúde mental, coibindo práticas tendentes ou aptas a gerar danos de natureza moral ou emocional aos seus trabalhadores, passíveis de indenização.

Neste contexto, considerando-se a Síndrome de Burnout uma doença do trabalho, os casos de sua incidência deverão ser tratados de forma preventiva e repressiva igualmente a qualquer outra doença ocupacional que venha a denegrir o direito fundamental à saúde.

E umas das formas usuais do Estado de garantir a saúde do trabalhador é a fiscalização dos ambientes laborais, de forma a evitar os excessos por parte dos empregadores. Esta se caracteriza como uma forma preventiva de atuação Estatal, realizada pelos diversos órgãos ligados ao Ministério do Trabalho.

Outra forma de o Estado garantir a saúde no ambiente trabalhista é exercida por intermédio do Poder Judiciário, que julga as supostas ilegalidades a si trazidas pelo trabalhador, pelo Ministério Público do Trabalho ou até mesmos pelos Sindicatos.

1.1 Controle da utilização e do tempo de uso do toalete

O ato do empregador de proibir ou de limitar o tempo do uso do banheiro revela-se abusivo e violador da dignidade do empregado. Ir ao banheiro representa uma necessidade fisiológica de todo ser humano decorrente de seu metabolismo, que não possui hora certa e determinada para ocorrer.

Trata-se, portanto, de uma busca agressiva pelos resultados, que faz o empregador pressionar de forma desmedida o tempo do banheiro para que o empregado alcance as metas estabelecidas pela empresa, em flagrante desrespeito aos limites ao poder empregatício.

A limitação ao uso do banheiro é muito adotada por empresas que desenvolvem atividade de teleatendimento ou *telemarketing*. Nelas, os trabalhadores precisam atingir metas exageradas, tendo, com isso, o tempo de banheiro controlado, geralmente em 5 (cinco) minutos.

Ademais, consoante Eberle e outros (2009):

> Precisam seguir o manual quanto ao que deve ser dito ao cliente, normalmente com o oferecimento de produtos e serviços, sob pena de frequentes advertências e outras sanções disciplinares; não podem apresentar atestados médicos para não ficarem visados ou serem despedidos (EBERLE et al., 2009. p. 37).

Revelam Eberle e outros (2009. p. 37) que o assédio moral organizacional, nas empresas de *telemarketing*, "é utilizado como estratégia para controle dos empregados, coibição da formação de demandas individuais e coletivas e, especialmente, aumento da produtividade, com controle do tempo de trabalho e do conteúdo das conversas com o cliente".

Sendo assim, o ato patronal que limita a quantidade de vezes que o trabalhador poderá ir ao banheiro, bem como o período máximo que lá poderá permanecer além de ser considerado rigor excessivo, caracteriza-se em abuso do direito e prática de assédio moral organizacional.

O empregador que nega, portanto, a possibilidade de seus trabalhadores frequentarem o banheiro durante a jornada viola não só norma de proteção à saúde do empregado, mas também o dever de preservar a sua integridade física.

Mister registrar trecho da decisão proferida pelo Juiz do Trabalho da 3ª Região Anemar Pereira Amaral:

Não obstante seja compreensível que o empresário vise ao lucro, isso não lhe dá o direito de impor aos seus empregados limitações de ordem fisiológica, como no caso da utilização de sanitários, violando normas de proteção à saúde e impondo-lhe uma situação degradante e vexatória com o escopo de alcançar maior produtividade e, assim, deixando de respeitar os limites de cada um daqueles que coloca sob o seu comando hierárquico. Efetivamente, tanto a higidez física como a mental do ser humano são bens fundamentais de sua vida privada e pública, de sua intimidade, de sua autoestima e afirmação social, inquestionavelmente tutelados pela Lei Maior (art. 5, incs. V e X). A violência psicológica sofrida implica lesão de um interesse extrapatrimonial, juridicamente protegido, gerando direito à reparação do dano moral (MINAS GERAIS, 2005).

Esse tipo de restrição imposta pelo empregador, como bem demonstra Pavelski (2009. p. 86), "não só atenta contra os fins econômicos do contrato como também contra os bons costumes e fere o dever de proteção (integridade física do empregado), decorrente da boa-fé".

Insta registrar as seguintes decisões a título de exemplificação, vejam-se:

> DANO MORAL. RESTRIÇÕES DE IR AO BANHEIRO E TOMAR ÁGUA. DEMORA NO AJUIZAMENTO DA AÇÃO. 1. O empregador, que detém o poder de dirigir a força de trabalho que lhe é colocada à disposição em face do contrato de trabalho, do qual deriva os poderes diretivo, regulamentar e disciplinar, deve exercê-lo nos limites da lei e sempre preservando o patrimônio moral do empregado. 2. Impondo regra no sentido de que o empregado não pode mais ir ao banheiro ou beber água e depois fazer mais os 15 minutos de lanche, determinando que "tudo deve ser realizado dentro dos 15 minutos ou dividir os 15 minutos durante o dia", extrapola o empregador o seu poder diretivo, gerando constrangimentos e ferindo o direito à intimidade e à dignidade do empregado. Impedir ou constranger o trabalhador no atendimento de suas necessidades fisiológicas básicas, bem como pressupor que irá se valer delas para reduzir a produção, é reduzi-lo à condição de mero objeto, de instrumento, descaracterizando e desconsiderando a sua condição de ser humano. 3. O fato de o Reclamante ter ajuizado a ação mais de um ano após sua dispensa não tem o condão de afastar o dano moral, pois lhe é assegurado constitucionalmente buscar todo e qualquer direito que reputar violado no prazo prescricional previsto. Logo, uma vez observado esse prazo legal, o que no caso é incontroverso, não se pode reduzir, limitar ou excluir o direito apenas pelo tempo despendido até o exercício do direito de ação (PARANÁ, 2009).
>
> DANO MORAL. CONSTRANGIMENTO. ABUSO. A limitação do tempo para uso de banheiros, inclusive com rígida fiscalização sobre o tempo gasto pelo empregado causa inegável constrangimento. Trata-se de excessivo e rigoroso controle que constitui flagrante abuso do poder de direção do empreendimento. Também não se justifica que, ao final da jornada, os empregados devessem permanecer em serviço pelo tempo que despenderam nas idas ao banheiro. A situação ganha contornos ainda mais graves quando se constata que, além de fiscalizar e limitar a utilização dos banheiros, a empregadora elaborava e tornava públicas planilhas com anotações de horários e duração das idas ao banheiro de cada empregado, em atitude claramente abusiva que causou abalo moral passível de indenização. Recurso a que se dá provimento para condenar a ré ao pagamento de indenização por danos morais (PARANÁ, 2008).

Mauricio Godinho Delgado, Ministro do TST, também já proferiu decisão a respeito da limitação do uso de banheiro, veja-se:

> RECURSO DE REVISTA. DANOS MORAIS. LIMITAÇÃO DE USO DE BANHEIRO. A higidez física, mental e emocional do ser humano são bens fundamentais de sua vida privada e pública, de sua intimidade, de sua autoestima e afirmação social e, nessa medida, também de sua honra. São bens, portanto, inquestionavelmente tutelados, regra geral, pela Constituição Federal (artigo 5º, V e X). Agredidos em face de circunstância laborativa, passam a merecer tutela ainda mais forte e específica da Carta Magna, que se agrega à genérica anterior (artigo 7º, XXVIII, da CF/88). A empregadora, ao adotar um sistema de fiscalização que engloba inclusive a ida dos empregados ao banheiro, ultrapassa os limites de atuação do seu poder diretivo para atingir a liberdade do trabalhador de satisfazer suas necessidades fisiológicas, afrontando normas de proteção à saúde e impondo-lhe uma situação degradante e vexatória. Essa política de disciplina interna revela uma opressão despropositada, autorizando a condenação no pagamento de indenização por danos morais. Recurso de revista conhecido e provido no aspecto para restabelecer a sentença (BRASIL, 2009).

Sendo assim, ao empregador é vedado efetuar qualquer limitação de idas, bem como de tempo para o uso de banheiro por seus empregados, com nítido e único propósito de obtenção de lucratividade, por representar violação à saúde do trabalhador e, por consequência, à sua dignidade. Caso contrário restará configurada a prática de assédio moral organizacional.

1.2. A aplicação da inversão do ônus da prova no processo do trabalho

A inversão do ônus da prova consiste na possibilidade de o Juiz do Trabalho transferir o encargo probatório para a parte que se encontra em melhores condições para produzi-la em juízo. Sua finalidade é minimizar o desequilíbrio existente entre as partes na relação jurídica processual entre reclamante e reclamado.

Ensina Leite (2010. p. 80) que a desigualdade econômica, o desequilíbrio para a produção de provas, a ausência de um sistema de proteção contra a despedida imotivada, o desemprego estrutural e o desnível cultural entre empregador e empregado representam realidades que devem ser trasladadas para o processo do trabalho.

Levando-se em consideração as dificuldades suportadas pelo reclamante durante a produção da prova para fins de demonstração do assédio moral, defende-se, no presente artigo, o instituto da inversão do ônus da prova quando o trabalhador se encontrar em real dificuldade para demonstrar o dano moral sofrido em decorrência da prática de assédio moral, seja ele individual ou organizacional.

De acordo com Schiavi (2009):

> No processo do trabalho, tem grande pertinência a regra da inversão do ônus da prova, pois, muitas vezes o estado de hipossuficiência do empregado reclamante o impede de produzir comprovação e suas alegações em juízo, ou esta prova se torna excessivamente onerosa, podendo inviabilizar a efetividade do próprio direito postulado (SCHIAVI, 2009. p. 523).

Schiavi (2009) também apresenta os requisitos para a inversão do ônus da prova no processo do trabalho, vejam-se:

> a) Faculdade do Juiz: A inversão do ônus da prova é faculdade do Juiz que pode ser levada a efeito de ofício, independentemente de requerimento das partes. Segundo melhor doutrina, só haverá a necessidade de inversão do ônus da prova se não houver provas nos autos, ou seja, as partes não se desincumbiram do encargo probatório que lhes competia (*non liquet*); b) Hipossuficiência do reclamante: a hipossuficiência não é necessariamente a econômica, mas a dificuldade excessiva de se produzir a prova; c) Verossimilhança da alegação: a alegação verossímil é que tem aparência de verdade. Na avaliação da verossimilhança, deve o juiz sopesar se há mais motivos para crer do que para não crer na veracidade da afirmação do autor. Também o Juiz do Trabalho se pautará pelas regras de experiência do que ordinariamente acontece (art. 335 do CPC) (SCHIAVI, 2009. p. 524).

Desse modo, havendo dificuldade de o trabalhador produzir a prova dos atos lesivos oriundos da prática do assédio moral, será possível ao Juiz do Trabalho inverter o ônus da prova para a empresa, para que esta prove que em seu ambiente de trabalho não foram praticadas condutas que caracterizaram a prática do assédio moral.

Ademais, trata-se de um critério que se encontra perfeitamente compatível com a regra de inversão do ônus da prova prevista no Código de Defesa do Consumidor, em decorrência "da omissão da CLT e compatibilidade com os princípios que regem o Processo do Trabalho (art. 769, da CLT), máxime o princípio do acesso à justiça do trabalhador" (SCHIAVI, 2009. p. 524).

Quanto ao momento da inversão do ônus da prova, seguimos a visão sempre muito bem oportuna de Schiavi (2009. p. 525), ao defender a possibilidade de inversão do ônus da prova pelo Juiz do Trabalho antes do início da audiência de instrução, em decisão fundamentada (art. 93, IX, da CF/1988), a fim de que a parte contra a qual o ônus foi invertido não seja pega de surpresa e produza as provas que entende pertinentes, durante o momento processual oportuno.

Em se tratando de procedimento sumaríssimo, no qual a audiência se processa, regra geral, de forma una, defende-se a possibilidade de o Juiz do Trabalho designar nova audiência de instrução, a fim de que sejam resguardados o contraditório e a ampla defesa (art. 5º, LV, CF/1988).

CONCLUSÃO

Face ao exposto, avaliadas e delimitadas as noções de assédio moral e suas implicações, ressaltam-se a importância e a necessidade de se resguardar o princípio da integridade da pessoa humana acima de quaisquer interesses da empresa ou do empregador.

Logo, serão consideradas impertinentes as práticas e intoleráveis os controles do empregador relativos ao uso ou ao tempo de uso do banheiro pelo empregado, assim como inadmissível que o empregador o submeta à situação que desrespeite ou afronte a sua dignidade humana ou que traga algum prejuízo à sua saúde física e mental no ambiente de trabalho.

Trata-se, portanto, de se pôr freio nessa busca agressiva pelos resultados, que faz o empregador pressionar tanto o empregado a fim de alcançar as metas estabelecidas pela empresa em flagrante desrespeito aos limites ao poder empregatício.

REFERÊNCIAS BIBLIOGRÁFICAS

ALKIMIN, Maria Aparecida. *Assédio moral na relação de trabalho*. 2. ed. Curitiba: Juruá, 2011.

______. *Violência na relação de trabalho e a proteção à personalidade do trabalhador*. Curitiba: Juruá, 2009.

ARAÚJO, Adriane Reis de. *O assédio moral organizacional*. São Paulo: LTr, 2012.

BAHIA, Tribunal Regional do Trabalho. RO: 00730.2007.463.05.00.3. Relator: Des. Claudio Brandão, 2ª Turma, DEJT, *Bahia*, Salvador, 7 dez. 2009.

BARBOSA JÚNIOR, Floriano. *Direito à intimidade*: direito fundamental e humano na relação de emprego. São Paulo: LTr, 2008.

BENEVIDES, Ana Maria T. *O estado da arte do burnout no Brasil*. Trabalho apresentado no Seminário internacional sobre estresse e bunout. Realizado em Curitiba, em 30-31 de agosto de 2002.

BRASIL, Tribunal Superior do Trabalho, RR 224700.65.2007.5.18.0008, Relator: Ministro Mauricio Godinho Delgado, 6ª Turma, DEJT, *Brasília*, 20 nov. 2009.

CANDIDO, Tchilla Helena. *Assédio moral*: acidente laboral. São Paulo: LTr, 2011.

CATALDI, Maria José Giannella. *O stress no meio ambiente de trabalho*. São Paulo: LTr, 2002.

CAVALCANTE, Jouberto de Quadros Pessoa; JORGE NETO, Francisco Ferreira. *O direito do trabalho e o assédio moral*. Disponível em: <www.calvo.pro.br>. Acesso em: 18 dez. 2011.

DALLEGRAVE NETO, José Affonso. *Responsabilidade civil no direito do trabalho*. 3. ed. São Paulo: LTr, 2009.

EBERLE, André Davi et al. Assédio moral organizacional: esclarecimentos conceituais e repercussões. In: GOSDAL, Thereza Cristina; SOBOLL, Lis Andrea Pereira (Org.). *Assédio moral interpessoal e organizacional*. São Paulo: LTr, 2009.

EMERICK, Paula Cristina Hott. *Metas. Estratégia empresarial de busca agressiva por resultados. Incentivo ou constrangimento?*. São Paulo: LTr, 2009.

ENGEL, Ricardo José. *O jus variandi no contrato individual de trabalho*. São Paulo: LTr, 2003.

FRANCO FILHO, Georgenor de Sousa. *Globalização do trabalho*: rua sem saída. São Paulo: LTr, 2001.

GÊNOVA, Leonardo de. *O princípio da proteção no século XXI*. São Paulo: LTr, 2009.

LEITE, Carlos Henrique Bezerra. *Curso de direito processual do trabalho*. 8. ed. São Paulo: LTr, 2010.

MINARDI, Fábio Freitas. A síndrome de burnout e os limites do poder do empregador na sociedade pós-moderna. In: BARACAT, Eduardo Milléo (Coord.). *Controle do empregado pelo empregador. Procedimentos lícitos e ilícitos*. Curitiba: Juruá, 2008.

MINAS GERAIS, Tribunal Regional do Trabalho. RO 01068.2005.016.03.00.8. Relator: Des. Anemar Pereira Amaral, 2ª Turma, DEJT, *Minas Gerais*, Belo Horizonte, 09 set. 2005.

PARANÁ, Tribunal Regional do Trabalho. RO 04496.2006.673.09.00.4. Relator: Des. Arion Mazurkevic, 5ª Turma, DEJT, *Paraná*, Curitiba, 17 fev. 2009.

PARANÁ, Tribunal Regional do Trabalho. RO 17023.2006.652.09.00.6. Relatora: Des. Marlene T. Fuverki Suguimatsu, 2ª Turma, DEJT, *Paraná*, Curitiba, 10 jun. 2008.

PAVELSKI, Ana Paula. *Os direitos da personalidade do empregado*. Curitiba: Juruá, 2009.

PEREIRA, Adilson Bassalho. *A subordinação como objeto do contrato de emprego*. São Paulo: LTr, 1991.

SÃO PAULO, Tribunal Regional do Trabalho, RO 1318/2009.104.03.00-1. Relator: Juiz Jales Valadão Cardoso, 2ª Turma, DEJT, *São Paulo*, São Paulo,19 fev. 2010.

SCHIAVI, Mauro. *Manual de direito processual do trabalho*. 2. ed. São Paulo: LTr, 2009.

Capítulo 13

Saúde Mental e Qualidade de Vida no Trabalho

Rúbia Zanotelli de Alvarenga(*)
Flávia Moreira Marchiori(**)

INTRODUÇÃO

Este artigo objetiva expor uma análise das situações que provocam sofrimento e adoecimento, afetando a saúde física e mental dos trabalhadores e, por consequência, a sua produtividade relacionada ao trabalho. À luz de estudos jurídicos e psicológicos, abordam-se aqui a saúde mental no trabalho e as consequências do adoecimento psíquico para os trabalhadores, listando-se algumas das principais manifestações contemporâneas de sofrimentos provocados por violência, estresse e assédio nas relações de trabalho.

(*) Mestre e Doutora em Direito do Trabalho pela PUC Minas. Professora de Direito e Processo do Trabalho da Faculdade Casa do Estudante em Aracruz, ES. Professora de Direito do Trabalho e Previdenciário de cursos de Pós-Graduação em Vitória, ES. Membro Pesquisadora do Instituto Brasileiro de Direito Social Cesarino Júnior. Advogada.

(**) Mestre em Saúde do Trabalhador e Ecologia Humana (CESTEH) pela Escola Nacional de Saúde Pública Sergio Arouca (ENSP/Fiocruz). Professora da Faculdade Casa do Estudante em Aracruz, ES e da Faculdade Pitágoras – Campus Linhares, ES. Psicóloga.

1 OS SENTIDOS DO TRABALHO

Um homem se humilha
Se castram seu sonho
Seu sonho é sua vida
E vida é trabalho...

E sem o seu trabalho
O homem não tem honra
E sem a sua honra
Se morre, se mata...
Não dá prá ser feliz
Não dá prá ser feliz..

(Gonzaguinha).

Sonho, vida, honra, morte, felicidade... Na música de Gonzaguinha, os múltiplos sentidos do trabalho para o ser humano são apresentados. A noção de sofrimento está presente na origem da palavra "trabalho", que se associa aos termos latinos *tripalium* e *trabicula*, cujos significados estão ligados à tortura, a algo penoso e, até mesmo, indesejado. Por outro lado, como pensar a vida sem o trabalho, atividade que constroi o homem e a sociedade e que tem um papel fundamental para a saúde e para a qualidade de vida das pessoas. Esta atividade que caracteriza a vida humana, identificando o homem e fazendo o elo com a vida social, é sempre uma mistura entre prazer e sofrimento.

O sofrimento do trabalho e suas consequências para a saúde mental dos trabalhadores foi narrado pelo clássico filme *"Tempos Modernos"*, de Charlie Chaplin (1936). Na obra, a brilhante interpretação e a sensibilidade do artista traduziram uma crítica à modernidade e ao capitalismo, denunciando a violência produzida pelas transformações impostas pelo taylorismo e pelo *fordismo* sobre a organização do trabalho na linha de montagem.

O estudo das relações entre o trabalho, a saúde e a doença mental foi bastante desenvolvido pelo psiquiatra e psicanalista francês Christophe Dejours, fundador da psicodinâmica do trabalho. Estudando os impactos do trabalho para a saúde mental, Dejours distinguiu dois tipos de sofrimento: o sofrimento criador e o sofrimento patogênico.

Para Dejours (1994. p. 137), o sofrimento patogênico aparece, quando

> [...] todas as margens de liberdade na transformação, gestão e aperfeiçoamento da organização do trabalho já foram utilizadas. Isto é, quando não há nada além das pressões fixas, rígidas, incontornáveis, inaugurando a repetição e a frustração, o aborrecimento, o medo ou o sentimento de impotência.

Ressalte-se que a saúde mental dos trabalhadores está diretamente relacionada a um trabalho que propicie ações criativas transformadoras do sofrimento presente nas ações laborativas que contribuam para uma estruturação positiva da identidade do homem no trabalho. Neste sentido, Dejours aponta a outra noção de sofrimento, o criador, ligado à superação da paralisia e da destruição das relações de trabalho. É criador,

> [...] quando o sofrimento pode ser transformado em criatividade, ele traz uma contribuição que beneficia a identidade. Ele aumenta a resistência do sujeito ao risco de desestabilização psíquica e somática. O trabalho funciona então como um mediador para a saúde (DEJOURS, 1994. p. 137).

A dinâmica entre o prazer e o sofrimento no trabalho tem origem nas situações vivenciadas entre os indivíduos e as organizações.

2. *SAÚDE MENTAL NO TRABALHO*

O Direito do Trabalho, desde o seu nascedouro, tem a função de promover a dignidade humana do trabalhador por meio de instrumentos normativos de tutela à saúde do trabalhador.

Para Oliveira, S. G. (2011. p. 73): "o homem não busca apenas a saúde no sentido estrito, anseia por qualidade de vida; como profissional não deseja só condições higiênicas para desempenhar sua atividade, pretende qualidade de vida no trabalho".

Neste aspecto, assinala Silva, J. A. (1997. p. 54) que o objeto de tutela jurídica do direito ambiental "não é tanto o meio ambiente considerado nos seus elementos constitutivos. O que o direito visa proteger (*sic*) é a qualidade do meio ambiente em função da qualidade de vida [...]".

A proteção à saúde é um direito fundamental do trabalhador e foi incorporada à Constituição Federal de 1988 em diversos dispositivos constitucionais, a saber: a) art. 1º; b) art. 6º; c) art. 7º, XXII; d) art. 194; e) art. 196; f) art. 200, II e VIII; g) art. 154; h) art. 225. É cediço ainda que esta mesma Constituição dedicou um capítulo exclusivo, dentro do Título VIII – Da ordem social, sobre o meio ambiente do trabalho. Aprofundando-se, a assertiva, Capítulo VI – Do Meio Ambiente, expressa, por meio do *caput* do art. 225, que todos têm direito ao meio ambiente ecologicamente equilibrado. Trata, assim, a CR/88 do meio ambiente como um todo, e, por sua extensão, também abrange o meio ambiente laboral hígido e saudável.

De acordo com Minardi (2010. p. 2), a saúde mental é o bem-estar da saúde psíquica, que corresponde à saúde da mente, assim considerada a parte do cérebro ligada aos processos psicológicos superiores, chamados de cognição, como o intelecto, o pensamento, o entendimento, a concepção e a imaginação.

Conforme assegura Navarro González (*apud* MINARDI, 2010. p. 2): "o que é a saúde mental senão a saúde da mente, a saúde psíquica, a saúde da alma?". Para o jurista espanhol, a proteção à saúde se refere, assim, não só à saúde física, que é a saúde do corpo, mas também à saúde mental, à saúde psíquica, à saúde anímica, à saúde da alma.

Registre-se que a Convenção n. 155 da OIT, em seu art. 3º, estabelece: a expressão "local de trabalho" abrange todos os lugares onde os trabalhadores devem permanecer ou aonde têm que comparecer e que estejam sob o controle, direto ou indireto, do empregador; e o termo "saúde", com relação ao trabalho, abrange não só a ausência de afecção ou de doenças, mas também os elementos físicos e mentais que afetam a saúde e que estão diretamente relacionados com a segurança e com a higiene no trabalho.

Oliveira, S. G. (2011. p. 531), ao discorrer sobre a Convenção n.155 da OIT, assinala que o conceito de saúde, adotado oficialmente pela OMS, "abre vasto campo de progresso, pois visualiza o ser humano numa dimensão abrangente (biopsicossocial)".

Em razão disso, "a tutela jurídica do hodierno meio ambiente do trabalho vai desde a qualidade do ambiente físico interno e externo do local de trabalho até as manutenções da boa saúde física e mental do trabalhador" (MINARDI, 2010. p. 39).

O direito fundamental à saúde mental está, assim, diretamente relacionado à qualidade de vida dos trabalhadores no ambiente de trabalho e visa a promover a incolumidade psicológica e física destes durante o desenvolvimento da sua atividade profissional, de modo que o trabalho possa ser desenvolvido de forma saudável e equilibrado, já que "sem saúde não há vida digna e sem meio ambiente equilibrado não há saúde" (SILVA, J. A. R. O., 2008. p. 8).

Neste aspecto,

> Não há falar em dignidade da pessoa humana sem que haja trabalho e que este apresente (*sic*) em condições dignas ao cidadão, sob pena de jamais se alcançarem a paz e a justiça sociais (art. 193 da Constituição Federal de 1988), além da redução das desigualdades sociais e da busca do pleno emprego (art. 170, VII e VIII, da Constituição Federal de 1988). (MINARDI, 2010. p. 13).

Em todo este contexto insofismável de defesa ao direito fundamental à saúde, em especial, à saúde mental, o trabalhador encontra guarida para a tutela de sua vida e dos direitos da personalidade, nestes incluído o direito à integridade psicofísica.

Para melhor qualidade de vida, o trabalhador, assim, necessita conviver em um meio ambiente de trabalho saudável e equilibrado, a fim de que o exercício do trabalho não prejudique a sua saúde mental e, por consequência, à sua integridade física. Os danos de ordem psíquica e física são distintos entre si e podem atuar tanto de forma isolada como cumulativamente.

A esse respeito, destaca Simm (2008. p. 135) que devem ser protegidos tanto o físico, quanto o anímico, tendo em vista que, quando se fala em proteção à saúde, quer-se referir tanto à saúde física quanto à mental, assegurando-se ao indivíduo a sua integridade física ou mental. Além disso, há agressões que são dirigidas contra a mente da pessoa e outras que atingem diretamente seu corpo físico, mas atacando-se a parte estar-se-á igualmente atacando o todo, uma vez que os danos físicos sofridos acarretam transtornos mentais e que os danos mentais acabam produzindo também lesões físicas. Neste aspecto, há de ser respeitada e tutelada a integridade psicofísica do indivíduo.

Por conseguinte, há uma profunda relação entre o ambiente de trabalho e a saúde mental, tendo-se em vista que, pelo fenômeno da somatização, muitas perturbações de ordem psíquica acabam se refletindo ou se transferindo para a saúde física do indivíduo. A medicina psicossomática tem demonstrado a influência dos transtornos emocionais sobre o corpo, sendo frequentes os casos de pacientes que reclamam de algum mal físico para o qual, todavia, não há uma causa orgânica (SIMM, 2008. p. 54).

Sob tal aspecto, "para a preservação da saúde (tanto psíquica quanto física) do empregado, é preciso que as condições e o ambiente de trabalho sejam psicologicamente sadios" (SIMM, 2008. p. 54).

> O acosso psíquico não só arruína a vida mental ou psíquica do ser humano como destroi a sua própria existência física, seja em decorrência das enfermidades corporais que causa, seja pela indução à atitude desesperada do suicídio. Portanto, com a repressão ao acosso psíquico visa-se, primeiramente, a preservar a vida do trabalhador (SIMM, 2008. p. 135).

Resta claro, assim, que "a eliminação de qualquer modalidade de acosso psíquico significa, da mesma forma, assegurar ao trabalhador uma existência digna além de física e mentalmente saudável, cumprindo-se a proteção que a ordem jurídica dedica à dignidade da pessoa e à sua saúde" (SIMM, 2008. p. 136).

O local de trabalho é o lugar onde o trabalhador passa a maior parte do seu tempo. Por este aspecto, dependendo da política administrativa e gestacional adotada pelo empregador, a sua conduta abusiva e ilícita poderá afetar a integridade psíquica do trabalhador. No local de trabalho, então, determinado pelo empregador, o empregado pode ser vítima de violências psíquicas enquanto desenvolve a sua atividade laboral, sendo que esta pode ocasionar prejuízo à saúde mental do empregado de modo a tornar o trabalho "adoecedor", contribuindo para a formação de transtornos mentais relacionados ao trabalho, tais como o estresse e a Síndrome de *Burnout*.

De acordo com Simm (2008. p. 58), a realidade do Brasil demonstra que há muitas ocasiões em que o ambiente de trabalho, ao contrário de promover a dignificação da pessoa pelo exercício de uma atividade e de ser um local de bem-estar e de crescimento, transforma-se em espaço favorável à aquisição de enfermidades de toda ordem, inclusive, e especialmente, as que afetam a saúde mental do indivíduo. Desse modo, a subordinação do empregado ao empregador não pode levar à situação na qual os poderes que este exerce sobre aquele culminem por afetar a higidez física e psíquica do trabalhador.

Nesta linha de raciocínio, assinala Silva, E. S. (2011. p. 35) que o trabalho "tanto poderá fortalecer a saúde mental quanto vulnerabilizá-la e mesmo gerar distúrbios que se expressarão coletivamente e no plano individual".

2.1. *Consequências do adoecimento mental no trabalho*

Nesta oportunidade, podem ser citados alguns exemplos de consequências do adoecimento mental relacionado ao trabalho, tais como: redução da produtividade com o aumento da taxa de erros em procedimentos e a quebra do ritmo de produção – e, consequentemente, da rentabilidade; conflitos interpessoais, entre pessoas da organização (empresa) ou com clientes, originando um número incalculável de ações trabalhistas e também de naturezas outras – como as ligadas aos direitos do consumidor; acidentes de trabalho, com envolvimento do profissional, da empresa e de terceiros – muitas vezes com reflexos de longo prazo; aumento do custo de vida por diversos motivos, como aquisição de medicamentos e consultas médicas – com sensibilização para outros tipos de transtornos, etc. (SILVA, E. S., 2011. p. 267).

Percebe-se, ainda, que o surgimento de transtornos mentais oriundos do ambiente de trabalho pode ser capaz de afetar o relacionamento interpessoal dos trabalhadores, conduzindo-os aos mais diversos tipos de conflitos, tais como: transtornos relacionados ao estresse; transtorno de estresse pós-traumático; transtornos depressivos; transtornos não orgânicos de sono; transtornos mentais e de comportamento decorrentes do uso de álcool; transtorno obsessivo-compulsivo e alterações e transtornos de personalidade (SILVA, E. S., 2011. p. 269).

Sob este aspecto, assinala Silva, E. S. (2011. p. 47) que o estudo sobre os desdobramentos psíquicos da fadiga, da servidão e da humilhação são precursores notáveis das atuais constatações sobre esgotamento profissional – *burnout*, depressões e suicídios decorrentes de pressões organizacionais e de assédio moral.

De acordo ainda com a autora em comento, têm sido "vastas e variadas, no Brasil, as situações de exploração da vida mental dos trabalhadores e dos sentimentos e valores que habitam suas mentalidades" (SILVA, E. S. 2011. p. 198).

Para Simm (2008. p. 185-194), o acosso psíquico no trabalho atinge, em um primeiro momento, a mente do empregado, causando-lhe danos de ordem moral e psíquica de variada intensidade e sob diversas modalidades; já em um segundo momento, as agressões morais se refletem no corpo do trabalhador, causando-lhe danos físicos. Além disso, podem provocar-lhe também danos materiais ou patrimoniais, seja sob a forma de prejuízos financeiros, seja por outras lesões como o lucro cessante e a perda de oportunidades. E, finalmente, essas lesões ainda podem refletir nos relacionamentos sociais do trabalhador, afetando diretamente sua convivência familiar e, não raras vezes, produzindo danos reflexos nos membros da família, seja em razão das alterações de seu comportamento, seja em função dos danos físicos sofridos – em face da situação de desemprego – ou mesmo pelo efeito extremo do suicídio. Assinala o autor que resulta clara, assim, a possibilidade de o acosso psíquico causar, simultânea ou sucessivamente, as duas modalidades de dano (o moral e o material), propiciando a cumulação das duas indenizações, desde que provenientes do mesmo ato ilícito. Simm (2008. p. 138), ao citar João Oreste Dalazen, assevera que não se pode baralhar o dano moral propriamente dito, ou puro, do reflexo patrimonial do dano moral, hipótese em que o dano moral simultaneamente pode acarretar também dano material (diminuição do patrimônio do ofendido). Dessa maneira, a afronta aos direitos da personalidade nem sempre terá conteúdo exclusivamente moral, ou extrapatrimonial, podendo ou não o dano moral, propriamente dito, cumular com o dano material.

Silva, E. S. (2011. p. 140) também destaca os distúrbios mentais vinculados aos efeitos de vários produtos químicos. Para a autora, agentes biológicos e físicos poderão afetar o sistema nervoso do empregado. A ação de produtos tóxicos pode exercer ação destrutiva ou prejudicar os processos bioquímicos do sistema nervoso, ocasionando, assim, déficits intelectuais ou transtornos de ordem psicoafetiva. Têm-se, como exemplos, as atividades em que os trabalhadores ficam expostos ao chumbo, ao mercúrio ou a outros metais pesados; ao estireno, ao tolueno e a outros solventes; e ao metanol ou a outros produtos, cujas ações neurotóxicas são, há muito tempo, conhecidas.

A autora ainda adverte que os ruídos no ambiente de trabalho e o calor podem ser responsáveis pelo desencadeamento de surtos psicóticos, quando é constatado o aumento das jornadas de trabalho do empregado (SILVA, E. S., 2011. p. 289).

3. ORGANIZAÇÃO DO TRABALHO E VIOLÊNCIA PSÍQUICA

Os impactos da globalização nos modos de produção e de organização das empresas, a transformação tecnológica e a busca de maior produtividade com menor custo de mão de obra interferem na saúde dos trabalhadores, acarretando a estes o desgaste físico e mental, além de interferir na qualidade do meio ambiente de trabalho.

Como bem esclarece Silva, E. S. (2011. p. 76-304), a crise econômica surge sempre ligada a uma crise social. Por isso, ambas determinam, conjuntamente, profundas repercussões sobre a saúde geral e mental do trabalhador. Assim, sofrimento social, sofrimento físico e sofrimento mental são geralmente indissociáveis, embora frequentemente sejam estudados de maneira reducionista. Alerta a autora que mediante as pressões da ideologia de excelência, o cansaço se torna um verdadeiro tabu, pois, muitas vezes, mencionar a fadiga pode ser perigoso para a carreira e até para a manutenção do emprego. O silenciamento de quaisquer queixas de mal-estar é assim imposto, contribuindo para a escalada do presenteísmo que tanto incomoda os gestores. Presenteísmo significa que pessoas adoecidas estão trabalhando sem manifestar queixas e, em geral, sem procurar tratamento, ao mesmo tempo em que seus quadros clínicos se agravam e se cronificam, enquanto, inevitavelmente, o desgaste atinge também seu desempenho. À medida que ficam prejudicadas funções como a atenção e o raciocínio, entre outros, o presenteísmo pode se constituir um importante fator de risco no que diz respeito a acidentes de trabalho.

A competitividade do atual sistema capitalista globalizado – renovado por uma nova ideologia que resgata o liberalismo econômico – tem exigido dos trabalhadores um esforço para o aumento de produtividade aliado à cobrança de aperfeiçoamento e de resultados, mediante o poder empregatício do empregador. Tudo isso acarreta ao trabalhador euforia, ansiedade, irritação, angústia e, nos casos mais graves, problemas de saúde, como a Síndrome de *Burnout*, que é responsável pela incapacidade ao trabalho (MINARDI, 2010. p. 76).

Como bem assinala Minardi (2010. p. 196), o empregado de hoje trabalha muito e descansa pouco. Sendo que o descanso a que o autor se refere não é o mero descanso para dormir e relaxar, mas, sim, o tempo livre para viajar, ler, brincar, assistir a filmes e a peças de teatro, praticar esportes, etc.

O tempo livre passa a ser entendido como tempo não produtivo, não capital; e, neste sentido, outros aspectos da vida humana como os encontros sociais, os cuidados com a família e os momentos de lazer tão importantes para a saúde mental deixam de ser vividos, o que gera ainda mais a ocorrência de sofrimento.

No mesmo sentido é também o magistério de Leiter e Maslach (2012. p. 56).

> Isso decorre da competitividade da atividade econômica que levou o empresário a buscar resultados mais eficientes nos empreendimentos, mesmo que esse quadro reflita negativamente na saúde mental dos trabalhadores, acarretando consequentemente problemas de ansiedade, angústia, crises de choro, nervosismo, irritabilidade, depressão, medo, frustração, autoestima baixa, entre outras doenças psicossomáticas. Por isso, são as pressões no ambiente de trabalho o fator capaz de desorganizar o equilíbrio psicofisiológico e/ou mental do empregado.

A nova ordem mundial vem impondo profundas mudanças na organização dos processos de trabalho, visando ao aumento da produtividade e à redução dos custos em um contexto responsável por acarretar uma nova dimensão à relação entre trabalho e as condições de vida dos trabalhadores. Tais fatores têm implicado a degradação do ambiente em que se desenvolvem as atividades laborativas, ainda que paradoxalmente, ressalte-se a mundial preocupação generalizada com a preservação e com a recuperação do meio ambiente (GROTT, 2012. p. 181).

No mesmo viés, assinala Silva, E. S. (2011) que a precarização trabalhista impõe intensificação do trabalho, polivalência, grande rotatividade interna, insuficiência de pausas e intervalos interjornadas. De acordo com a autora, o estímulo à competição excessiva tem levado à quebra dos laços de companheirismo e tem prejudicado a cooperação e a comunicação entre escalões hierárquicos e entre companheiros. O que aumenta os riscos, muitas vezes em momentos críticos, nos quais cooperação e comunicação são essenciais para impedir acidentes e catástrofes. Sendo assim,

> Entre as invectivas de maximizar o desempenho e o temor ao desemprego tem sido gerada a submissão a condições de trabalho que levam ao acúmulo da fadiga geral e mental sob injunções de velocidade no "trabalho que não pode parar". O medo do desamparo preside aos esforços e sustenta a escalada da desestabilização psicológica que pode facilitar o acidente de trabalho (SILVA, E. S., 2011. p. 305).

As técnicas de gerenciamento atuais predominantes, dentro dos paradigmas voltados à acumulação flexível e à maximização de lucros, ao estimularem a exacerbação da competição entre os empregados, concorrem, simultaneamente, para reforçar o individualismo e promover o aumento do cansaço (SILVA, E. S., 2011. p. 468).

Em razão disso,

> Onde reina a ideologia da excelência e uma cultura norteada por seus paradigmas, estes se tornam determinantes de peso no direcionamento dos processos que conduzem ao adoecimento mental e ao desequilíbrio psicossomático, entre outras formas de patologias relacionadas ao trabalho contemporâneo (SILVA, E. S., 2011. p. 499).

Desse modo, o aumento da produtividade decorrente da exigência excessiva de metas no cotidiano das relações de trabalho tem ocasionado mudanças comportamentais nos trabalhadores, provocando a formação de novos transtornos mentais no ambiente de trabalho. Tem-se, como consequência dessa política estratégica organizacional de lucros no trabalho, uma série de modos de violência organizacional responsáveis pelo adoecimento mental no trabalho. Dentre eles se destacam o estresse, a Síndrome de *Burnout* e o assédio moral.

3.1. Estresse e Síndrome de Burnout

De acordo com Eric Albert e Gilbert Ururahr (apud FIORELLI & MALHADAS JUNIOR, 2003. p. 269), estresse "são perturbações que causem distúrbios agudos ou crônicos no bem-estar das pessoas e podem surgir em função de estímulos físicos e/ou emocionais".

Fiorelli e Malhadas Junior (2003. p. 269) assinalam que "a palavra-chave para a identificação da presença do estresse é 'distúrbio', agudo ou crônico. A perturbação torna-se indesejada quando a maneira de o indivíduo responder a ela não contribui para o seu bem-estar".

Dessa maneira,

> [...] em lugar de promover desenvolvimento e melhor qualidade de vida, ela desencadeia reações (comportamentais, físicas e emocionais) percebidas como indesejáveis, crônicas ou agudas, acompanhas de efeitos negativos no organismo (na esfera física ou psíquica). Tem-se, então, a instalação do quadro conhecido como "estresse" (FIORELLI; MALHADAS JUNIOR, 2003. p. 269).

Oliveira, S. G. (2011. p. 219) lista, de forma exemplificativa, os agentes responsáveis pela caracterização do estresse. De acordo com o autor, os agentes são identificados conforme o ambiente de trabalho, como as condições de segurança e de higiene em que o serviço é prestado, a política administrativa implementada, o ramo de atividade, o maior ou o menor grau de flexibilização das relações trabalhistas, a estrutura organizacional, a rotatividade de pessoal e, até mesmo, o momento histórico da empresa – que pode estar em fase de crescimento, criando oportunidade, ou de retração, reduzindo custos e promovendo dispensas. Ao discorrer sobre o estresse de sobrecarga, o autor em tela assinala que "ocorrerá quando o grau de exigência estiver acima das possibilidades físicas ou mentais do trabalhador". Afirma também que, atualmente, os trabalhadores, sobretudo os que ocupam postos de comando, tomam várias decisões em curto espaço de tempo, aumentando o desgaste pela densidade da carga laborativa. Muitas vezes, ainda, o ambiente de trabalho se torna tenso, em decorrência da competição acelerada e pela busca da excelência e da qualidade total a qualquer custo.

A médica Margarida Barreto (*apud* SIMM, 2008. p. 103), ao discorrer sobre a diferenciação entre o estresse e o *burn out*, assinala que, no estresse, a pessoa tem sintomas como suor em excesso e taquicardia, mas pode superar sozinho, com o afastamento temporário e algo relaxante, como terapia, ginástica e dança; ao passo que, na fase do *burn out*, é frequente a pessoa ter problemas de memória, mal-estar generalizado, problemas de pele como psoríase, perda do senso de humor, podendo ocorrer ainda distúrbios gastrointestinais, úlcera, sono irregular, sensibilidade emotiva, falta de apetite sexual, sendo imprescindível o afastamento do trabalho e a busca de ajuda médica. Ensina a médica que, no caso da Síndrome de Burnout, é comum o trabalhador ter pensamentos repetitivos, culpa que o desestrutura emocionalmente, transformando-se em um fóbico, ansioso, depressivo, além de perder o rendimento, a responsabilidade, passando a ter atitudes que não tinha e se despersonalizando, além do que, se não toma alguma providência, entra na fase de exaustão, tornando-se insuportável.

Para Abreu, K. L. *et al* (*apud* FIORELLI; MALHADAS JUNIOR, 2003. p. 275), a Síndrome de Burnout apresenta três dimensões. A primeira acarreta ao trabalhador exaustão emocional. Nela, o profissional se sente incapacitado para enfrentar as demandas ocupacionais, sociais e afetivas; ocorre sensação de esgotamento, de falta de energia e de recursos emocionais próprios para lidar com as rotina da prática profissional. A segunda dimensão ocasiona despersonalização. Nesta, a pessoa tende a se afastar das ocupações profissionais (manifestando absenteísmo, diminuição do ritmo, desleixo), dos colegas de trabalho e das pessoas em geral (mostrando-se fria – impessoal e adotando comportamentos que estimulam o afastamento); pode representar um risco de desumanização e constitui a dimensão interpessoal. Por último, na terceira dimensão, há a falta de realização pessoal no trabalho; o profissional passa a ter percepção de ineficácia; o trabalhador perde o sentido da sua relação com o trabalho; as coisas não mais lhe importam; qualquer esforço lhe parece inútil.

Nassif (2005. p. 108) ao discorrer sobre a Síndrome de Burnout, esclarece:

> Trata-se de um processo no qual um profissional, anteriormente empenhado, se desinteressa do trabalho em resposta ao *stress* (*sic*) e à alta tensão experimentada no trabalho. É caracterizada pelo exaurimento emotivo, pela despersonalização, pela reduzida realização pessoal. É uma síndrome em que há uma progressiva perda de idealismo, de energia, de objetivos; uma perda de motivação e de expectativas para ser eficiente no fazer o bem; um estado de cansaço ou frustração originário da devoção a uma causa. Nesse sentido o Burnout é considerado como o último passo de uma progressão de tentativas sem sucesso para enfrentar uma série de condições negativas e estressantes. Esse processo dinâmico de acomodação, entretanto, é um sinal de alarme que solicita maior atenção da organização, podendo revelar-se uma ocasião para melhorar a performance laborativa.

Imperioso observar que o assédio moral organizacional consiste, exatamente, na sobrecarga de trabalho imposta pelo empregador, resultante de estratégia organizacional para que o empregado se submeta às imposições de sobrecarga de trabalho voltada à maximização da produtividade.

Percebe-se, assim, que o esgotamento profissional (*burn-out*) incide amplamente em empresas nas quais o assédio organizacional tem sido caracterizado. A trajetória de alguém submetido a assédio organizacional pode, entretanto, derivar para um assédio pessoal, se o desgaste afetar de forma visível o desempenho individual ou mesmo os resultados alcançados pelo grupo de trabalho. Uma vez percebido como *estorvo*, pode surgir o interesse do chefe em forçar um pedido de demissão do trabalhador improdutivo por meio de constrangimentos especificamente a ele direcionados. A autora destaca ser possível também que os colegas se sintam ainda mais sobrecarregados por terem de compensar o baixo desempenho do empregado desgastado. Este talvez se torne alvo, então, de um assédio horizontal (NASSIF, 2011. p. 510)

Segundo Minardi (2010. p. 144), o Burnout é um estado de estresse crônico, no qual o organismo humano reage aos primeiros sintomas prejudiciais e busca meios de combate ou de compensação. Entretanto, quando, em certos casos, não se oferece a resistência necessária, o estresse se torna crônico, transformando-se, assim, em uma síndrome que poderá desembocar em doenças físicas, psicossomáticas, psíquicas (depressão) ou sociais (psicopatias).

O vocábulo "burnout" é de origem inglesa e significa "perder o fogo" ou "queimar para fora" (*burn-out*), representando um estado físico de esgotamento no qual o sujeito perde o sentido da sua relação com o trabalho de forma que as coisas já não importam mais (MINARDI, 2010. p. 145).

Destaca Minardi (2010. p. 147) que o Burnout se apresenta como uma síndrome complexa que acarreta consequências muito variáveis, atingindo a integridade físico-psicológica e comportamental. Sendo assim, entre os sintomas mais comuns relatados pela literatura médica, em nível individual, estão: problemas psicossomáticos, diminuição do rendimento, atitudes negativas frente à vida em geral, exaustão física e emocional, baixa autoestima, alterações no sono e no apetite, dores musculares constantes, problemas gastrointestinais, ansiedade e falta de concentração.

Assinala ainda Minardi (2010. p. 146) que a lista de profissionais propensos a desenvolver o Burnout é extensa e inclui médicos, fisioterapeutas, assistentes sociais, professores, controladores de tráfego aéreo e agentes penitenciários. Essa síndrome, não obstante, pode atingir qualquer pessoa, de qualquer profissão – principalmente aqueles trabalhadores muito dedicados, exigentes e com mania de perfeição – e é considerada uma reação ao estresse ocupacional crônico.

A iniciativa privada não pode se desenvolver de modos que lesem a saúde mental do trabalhador. Assim sendo, é necessário prevenir doenças de maneira que a proteção dos trabalhadores no meio ambiente do trabalho não seja substituída pelo pagamento de indenização aos trabalhadores, "[...] haja vista que o direito à saúde é condição de uma vida digna e para tanto (*sic*) carece de uma proteção eficaz ao meio ambiente". Então, "a proteção à saúde abrange sua promoção e prevenção e, caso haja doença, seu diagnóstico, tratamento e recuperação" (SILVA, J. A. R. O., 2008. p. 47).

Como bem ensina Minardi (2010. p. 156), o limite de atuação do poder empregatício do empregador deve atender aos preceitos constitucionais da dignidade da pessoa humana, do solidarismo, da função social da propriedade, com o intuito de se evitarem atitudes patronais que possam causar prejuízos ao trabalhador, tal qual a Síndrome de Burnout.

Imperioso observar que a Síndrome de Burnout é hipótese de acidente do trabalho, conforme assegura o Anexo II do Decreto n. 3.048/9 no quadro transtornos mentais e do comportamento relacionados com o trabalho (Grupo V da CID-10):

> XII – Sensação de Estar Acabado ("Síndrome de Burn-Out", "Síndrome do Esgotamento Profissional") (Z73.0)
>
> 1.Ritmo de trabalho penoso (Z56.3)
>
> 2.Outras dificuldades físicas e mentais relacionadas com o trabalho (Z56.6).

O Ministério da Saúde também tem aprovada a lista de doenças relacionadas com o trabalho, editada pela Portaria 1.339/GM, de 18.11.1999, na qual consta a Síndrome de Burnout como umas das hipóteses equiparáveis a acidentes de trabalho.

Neste aspecto, a Síndrome de Burnout ocasiona a incapacidade para o trabalho, fazendo jus o trabalhador ao benefício previdenciário auxílio-doença acidentário, bem como à estabilidade provisória prevista no art. 118 da Lei n. 8.213/1991. Assim já decidiu o Tribunal Superior do Trabalho. Veja-se:

> EMBARGOS DE DECLARAÇÃO EM RECURSO DE REVISTA DO RECLAMANTE. DOENÇA PROFISSIONAL. REINTEGRAÇÃO. ESTABILIDADE. Embargos acolhidos, com efeito modificativo, para sanar omissão constatada no julgamento do recurso de revista. RECURSO DE REVISTA. DOENÇA PROFISSIONAL. REINTEGRAÇÃO. ESTABILIDADE. A Súmula n. 378, II, do Tribunal Superior do Trabalho permite o deferimento do direito à estabilidade provisória, também na hipótese de haver relação de causalidade da enfermidade, com as condições laborais; exatamente essa é a situação do reclamante. Mesmo sem a percepção do auxílio-doença acidentário, mantém-se a decisão regional , em face do contido em referido verbete e da moldura fática descrita pelo TRT, quanto à existência de prova pericial e testemunhal demonstrando o liame entre a enfermidade (quadro depressivo severo – Síndrome de Burnout) e o assédio moral ocorrido no curso da contratualidade. Recurso de revista do reclamado de que não se conhece. (TST – RR – ED-RR 7731004720065090652 773100-47.2006.5.09.0652 – 7ª Turma – Rel. Ministro Pedro Paulo Teixeira Manus – DEJT – 17.08.2012).

Insta destacar, contudo, a existência de determinadas categorias que já apresentam grau de estresse elevado em virtude da função exercida. São exemplos: telefonistas, bancários, médicos, professores, enfermeiros que atuam em Pronto Socorro e UTI, entre outros.

3.2. *Assédio moral individual*

Consoante ensina Hirigoyen (2002. p. 65), o assédio moral pode ser compreendido

> [...] como toda e qualquer conduta abusiva manifestando-se sobretudo (*sic*) por comportamento, palavras, atos, gestos, escritos que possam trazer dano à personalidade, à dignidade ou à integridade física ou psíquica de uma pessoa, por em perigo seu emprego ou degradar o ambiente de trabalho.

O assédio moral afronta diversos princípios constitucionais, a saber: a) dignidade da pessoa humana (art. 1º, III, CF/1988); b) valorização social do trabalho (art. 1º, IV, CF/1988); c) objetivo fundamental da promoção do bem de todos, sem preconceitos de origem, raça, sexo, cor, idade e quaisquer outras formas de discriminação (art. 3º, IV, CF/1988); d) direito de ninguém ser submetido a tortura nem a tratamento desumano ou degradante (art. 5º, III, CF/1988); e) direito à inviolabilidade da intimidade, da vida privada, da honra e da imagem das pessoas (art. 5º, X, CF/1988) (GARCIA, 2011. p. 95).

Assinala Minardi (2010. p. 165) que, nas relações trabalhistas, em especial no meio ambiente de trabalho, é evidente a necessidade da estrita observância dos deveres anexos, como a obrigação de o empregador adotar medidas de segurança e medicina do trabalho, de modo que o meio ambiente de trabalho se torne sadio e agradável. Entretanto, o assédio moral já se tornou um fenômeno comum nos dias atuais e decorre da violação do dever de cuidado, proteção e lealdade com o empregado, tendo-se em vista que, de tal descumprimento, podem-se ocasionar doenças ocupacionais como a Síndrome de Burnout.

Logo, "o terror psicológico, o assédio moral, o *mobbing* são formas de violência psíquica cada vez mais presentes nas relações de emprego, tornando o meio ambiente de trabalho nocivo à saúde mental do trabalhador" (SIMM, 2008. p. 10).

3.3. Assédio sexual

O assédio sexual pode ser definido como a conduta reiterada de caráter lascivo que tenha como objetivo cercear, direta ou indiretamente, a liberdade sexual da pessoa que está sendo constrangida. Tal cerceamento pode ocorrer tanto a partir de um superior hierárquico quanto entre trabalhadores do mesmo nível hierárquico.

O assédio sexual compreende, assim, uma violência psíquica praticada na relação de trabalho que denigre a personalidade e a dignidade da pessoa humana, atingindo "em cheio" os direitos fundamentais do trabalhador e vários direitos da personalidade da vítima, como à liberdade sexual, à intimidade e à privacidade, à honra e à integridade psíquica da vítima (ALKIMIN, 2009. p. 86).

Destarte, o assédio sexual viola a preservação da dignidade da pessoa humana nas relações de trabalho e, por conseguinte, os direitos da personalidade do empregado, por gerar danos à integridade física e psíquica do empregado.

CONCLUSÃO

Na presente oportunidade, destacaram-se, em linhas gerais, ou por assim dizer "linhas mestras", alguns aspectos fundamentais não do adoecimento, mas, antes, para a garantia da saúde do trabalhador em seu ambiente laboral. Objetiva-se, ora, prestar-se um serviço de esclarecimento básico e suscitar-se a urgência, ou a emergência, pela busca do conhecimento de alguns problemas acarretados a serem evitados na esteira da necessidade de se reconhecerem e de se reafirmarem os direitos do trabalhador em respeito à plenitude da sua dignidade humana no exercício diário do seu labor. Por assim ser, pretende-se a saúde mental deste com vistas a assegurar-lhe, efetivamente, a tão almejada (e propalada) qualidade de vida.

REFERÊNCIAS BIBLIOGRÁFICAS

ALKIMIN, Maria Aparecida. *Violência na relação de trabalho e a proteção à personalidade do trabalhador.* Curitiba: Juruá, 2009.

DEJOURS, Christophe. *Psicodinâmica do Trabalho.* São Paulo, Atlas, 1994.

FIORELLI, José Osmir; MALHADAS JUNIOR, Marcos Julio Olivé Malhadas. *Psicologia nas relações de trabalho.* São Paulo: LTr, 2003.

GARCIA, Gustavo Filipe. Meio ambiente do trabalho: direito, segurança e medicina do trabalho. São Paulo: Método, 2011.

GROTT, João Manoel. *Meio ambiente do trabalho: proteção jurídica à saúde mental.* Curitiba: Juruá, 2012.

HIRIGOYEN, Marie-Frande. *Mal-estar no trabalho: redefinindo o assédio moral.* Rio de Janeiro: Bertrand, 2002.

LEITER, Michael P; MASLACH, Christina. *Trabalho: fonte de prazer ou desgaste?* São Paulo: Papiros, 1999.

MINARDI, Fabio Freitas. *Meio ambiente do trabalho: proteção jurídica à saúde mental.* Curitiba: Juruá, 2010.

NASSIF, Elaine Noronha. *Boletim Cientinfico.* ESMPU, Brasília, a. 4 – n.15, abril/junho, 2005.

OLIVEIRA, Sebastião Geraldo de. *Proteção jurídica à saúde do trabalhador.* 6 ed. São Paulo: LTr, 2011.

SILVA, Edith Seligmann. *Trabalho e desgaste mental: o direito de ser dono de si mesmo.* São Paulo: Cortez, 2011.

SILVA, José Afonso da. *Direito ambiental constitucional.* 2 ed. São Paulo: Malheiros, 1997.

SILVA, José Antônio Ribeiro de Oliveira. *A saúde do trabalhador como um direito humano.* São Paulo: LTr, 2008.

SIMM, Zeno. *Acosso psíquico no ambiente de trabalho.* São Paulo: LTr, 2008.

TOLEDO, Tallita Massucci. *A saúde mental do empregado como direito fundamental e sua eficácia na relação empregatícia.* São Paulo: LTr, 2011.

Capítulo 14

O Dano Existencial no Direito do Trabalho

Rúbia Zanotelli de Alvarenga(*)
Jorge Cavalcanti Boucinhas Filho(**)

INTRODUÇÃO

Ao prefaciar uma de suas mais conhecidas obras, o professor Alain Supiot destacou que a razão humana não é jamais um dado imediato da consciência, sendo antes um produto de instituições que permitem que cada homem assegure sentido à sua existência, encontrem um lugar na sociedade e lá possam expressar seu próprio talento[1]. O papel das instituições e institutos de direito do trabalho, que cuidam da relação empregado/empregador nos países capitalistas, é inegável.

Dentre os institutos de direito do trabalho destinados a viabilizar a plena busca de equilíbrio entre vida e trabalho especial menção deve ser feita aos chamados períodos de descanso, como o repouso semanal e as férias; às diversas formas de interrupção e suspensão do contrato de trabalho, como as licenças para tratamento médico e para formação profissional, e, finalmente às situações que os italianos convencionaram chamar de *tempo libero destinato*[2], a saber, as atividades de voluntariado, doação de sangue, e, poderíamos acrescer, a interrupção do contrato de trabalho para prestar exame vestibular.

Esses períodos de descanso, contudo, não são sempre respeitados por aqueles que detêm o poder econômico, causando aos trabalhadores prejuízos biológicos, sociais e econômicos. Há situações de descumprimento pontual, motivado por alguma contingência momentânea, e situações, muito mais graves, de violação contumaz da norma, motivada pela expectativa de ganho com o descumprimento da norma, e facilitada pelo frágil sistema brasileiro de fiscalização governamental das relações de trabalho, que carece de servidores suficientes para fiscalizar todas as empresas existentes nesse país[3].

(*) Mestre e Doutora em Direito do Trabalho pela PUC Minas. Professora de Direito e Processo do Trabalho da Faculdade Casa do Estudante em Aracruz, ES. Professora de Direito do Trabalho e Previdenciário de cursos de Pós-Graduação em Vitória, ES. Membro Pesquisadora do Instituto Brasileiro de Direito Social Cesarino Júnior. Advogada.

(**) Graduado em Direito pela Universidade Federal do Rio Grande do Norte. Mestre e doutor pela Universidade de São Paulo – USP. Professor de direito nos cursos de graduação da USJT e da EAESP FGV/SP e em diversos cursos de pós-graduação. Membro Pesquisador do Instituto Brasileiro de Direito Social Cesarino Júnior. Advogado.

(1) La raison humaine n'est jamais une donnée immediate de la conscience: elle est le produit des institutions qui permettent à chaque homme de donner sens à son existence, qui lui reconnaissent une place dans la société et lui permettent d'y exprimer son talent proper (SUPIOR, Alain. Critique du droit du travail. Paris: Presses universitaires de France, 2002. p. XX).

(2) NICCOLAI, Alberto. Orario di lavoro e resto della vita. *Lavoro e diritto*, anno XXIII, n.2, primavera 2009, pp. 243-253.

(3) O modelo de tutela das relações de trabalho no Brasil infelizmente privilegiou mecanismos de tutela repressiva da relação de emprego em detrimento de mecanismos de tutela preventiva. A dotação orçamentária da Justiça do Trabalho, normalmente acionada individualmente após o rompimento do vínculo empregatício de

O descumprimento estratégico das normas trabalhistas por determinadas empresas que se sujeitam às sanções legais por constatarem que a eventual aplicação delas acaba sendo menos onerosa do que o fiel cumprimento do ordenamento jurídico (política conhecida pela expressão "risco calculado") é facilmente visualizado no exemplo da instituição financeira que exige o labor em sobrejornada e não o remunera corretamente. Se em determinada agência cem trabalhadores estiverem nessa situação e apenas cinquenta ajuizarem a ação, a empresa auferiu um lucro significativo. Ganho aumentado pelo fato de vinte e cinco dos cinquenta que propuseram a ação aceitarem, para outorgar quitação plena dos débitos, cinquenta por cento ou menos do valor que efetivamente lhe é devido. Por fim, quinze dos vinte e cinco trabalhadores recebem menos do que deveriam em razão de seu contrato de trabalho ter se prolongado por mais de cinco anos, deixando, portanto, de receber algumas parcelas alcançadas pela prescrição. De sorte que somente dez dos 100 trabalhadores que se ativaram em regime de sobrejornada efetivamente recebem o que lhes é devido. E ainda assim o empregador em questão lucra com a demora processual vez que durante o trâmite da ação o débito da empresa esteve sujeito a juros de 1% ao mês e o valor contingenciado correspondente a ele estava sendo emprestado no cheque especial ou no cartão de crédito a um percentual superior à 10% ao mês.

O exemplo é hipotético, mas situações de descumprimento deliberado e contumaz da legislação trabalhista, como a narrada, são verificadas na prática com triste regularidade. Ele ilustra como alguns empregadores efetivamente auferem grandes ganhos mediante a exploração da mão de obra de seus trabalhadores em regime de sobrejornada, usando estratégias gerenciais próprias de um momento histórico em que, como bem enfatiza Alain Supiot, "ao invés de indexarmos a economia às necessidades dos homens e as finanças às necessidades da economia, nós indexamos a economia às exigências das finanças e tratamos os homens como capital humano à serviço da economia"[4]. Mecanismos próprios de uma sociedade dita moderna que, como observou Alberto Niccolai, acompanhou a inversão da relação entre ritmo de trabalho e ritmo de existência, com aquele ditando inexoravelmente este[5].

É preciso, contudo, ressaltar, e de forma enfática, que não é apenas a inadimplência das parcelas correspondentes à sobrejornada que torna o seu uso indiscriminado e abusivo, como uma estratégia gerencial, um mal para o empregado. Ainda que as horas suplementares sejam corretamente quitadas, o prejuízo que essa política causa ao trabalhador, impedindo-o de desfrutar do convívio com seus amigos, fazendo-lhe perder a oportunidade de ver seus filhos crescer e, por vezes, privando-o até mesmo do direito de exercer seu credo religioso, subsistirá.

É possível perceber prejuízo ao desfrute pelo trabalhador dos prazeres de sua própria existência tanto quando dele se exige a realização de horas extras em tempo superior ao determinado pela Lei, como quando dele se exige um número tão grande de atribuições que precise permanecer em atividade durante seus períodos de descanso, ainda que longe da empresa, ou fique esgotado ao ponto de não encontrar forças para desfrutar de seu tempo livre.

A constatação se torna ainda mais grave quando se tem claro que essa forma de exploração da mão de obra do trabalhador ocorre, por vezes, à revelia da vontade do empregado, seja por precisar do acréscimo salarial correspondente, seja por temer sua demissão. Seja qual for a hipótese, o trabalhador estará abdicando de seu lazer, do deleite que poderia ter, para aumentar os ganhos do empregador.

Essa hiperexploração da mão de obra humana, acompanhada ou não de contraprestação em pecúnia, causa ao trabalhador um tipo de prejuízo que vem sendo doutrinariamente chamado de dano existencial. Este artigo objetiva analisar a figura em questão cuidando, dentre outras coisas, da sua distinção em relação à figura do dano moral (também previsto no arcabouço do Direito do Trabalho).

---

determinado empregado e que, portanto, destina-se muito mais à reprimir às irregularidades cometidas pelos empregadores do que a preveni-las, é bastante superior à do Ministério do Trabalho e Emprego, cuja função compreende autorizar a instalação e o início de atividades das empresas e fiscalizar periodicamente o seu funcionamento, atuando, portanto, de forma preventiva.

(4) Au lieu d'indexer l'économie sur les besoins des hommes, et la finance sur les besoins de l'économie, on indexe l'économie sur les exigences de la finance et on traite les hommes comme du <<capital humain>> au service de l'économie (SUPIOT, Alain. *L'esprit de Philadelphie*: la justice sociale face au marché total. Paris: Seuil, 2010, pp. 24/25).

(5) E parassoalmente può si dirsi che tale approccio metodológico, inadeguato nell'epoca fordista, há trovato fertile terreno nella moderna società, che há visto invertirsi il rapporto fra ritmi di lavoro e ritmi dell'esistenza, com i primi a dettare inesorabilmente i seccondi (NICCOLAI, Alberto. *Orario di lavoro e resto della vita*. Lavoro e diritto, anno XXIII, n.2, primavera 2009, pp. 243-253).

1. O DANO EXISTENCIAL NAS RELAÇÕES DE TRABALHO

O dano existencial no Direito do Trabalho, também chamado de dano à existência do trabalhador, decorre da conduta patronal que impossibilita o empregado de se relacionar e de conviver em sociedade por meio de atividades recreativas, afetivas, espirituais, culturais, esportivas, sociais e de descanso, que lhe trarão bem-estar físico e psíquico e, por consequência, felicidade; ou que o impede de executar, de prosseguir ou mesmo de recomeçar os seus projetos de vida, que serão, por sua vez, responsáveis pelo seu crescimento ou realização profissional, social e pessoal.

Júlio César Bebber, um dos autores a adotar essa expressão para designar as lesões que comprometem a liberdade de escolha e frustram o projeto de vida que a pessoa elaborou para sua realização como ser humano, esclarece haver optado por qualificar esse dano com o epíteto já transcrito justamente porque o impacto por ele gerado "provoca um vazio existencial na pessoa que perde a fonte de gratificação vital"[(6)].

Nos danos desse gênero o ofendido se vê privado do direito fundamental, constitucionalmente assegurado, de, respeitando o direito alheio, livre dispor de seu tempo fazendo ou deixando de fazer o que bem entender. Em última análise, ele se vê despojado de seu direito à liberdade e à sua dignidade humana[(7)].

Giuseppe Cassano, citado por Amaro Alves de Almeida Neto, esclarece que por dano existencial "se entende qualquer dano que o indivíduo venha a sofrer nas suas atividades realizadoras [...]".[(8)] Flaviane Rampazzo Soares, por sua vez, considera que ele "abrange todo acontecimento que incide, negativamente, sobre o complexo de afazeres da pessoa, sendo suscetível de repercutir-se, de maneira consistente – temporária ou permanentemente – sobre a sua existência"[(9)].

Dessa maneira, estatui Amaro Alves de Almeida Neto:

> [...] toda pessoa tem o direito de não ser molestada por quem quer que seja, em qualquer aspecto da vida, seja físico, psíquico ou social. Submetido ao regramento social, o indivíduo tem o dever de respeitar e o direito de ser respeitado, porque ontologicamente livre, apenas sujeito às normas legais e de conduta. O ser humano tem o direito de programar o transcorrer da sua vida da melhor forma que lhe pareça, sem a interferência nociva de ninguém. Tem a pessoa o direito às suas expectativas, aos seus anseios, aos seus projetos, aos seus ideais, desde os mais singelos até os mais grandiosos: tem o direito a uma infância feliz, a constituir uma família, estudar e adquirir capacitação técnica, obter o seu sustento e o seu lazer, ter saúde física e mental, ler, praticar esporte, divertir-se, conviver com os amigos, praticar sua crença, seu culto, descansar na velhice, enfim, gozar a vida com dignidade. Essa é a agenda do ser humano: caminhar com tranqüilidade, no ambiente em que sua vida se manifesta rumo ao seu projeto de vida[(10)].

No âmbito das relações de trabalho, verifica-se a existência de dano existencial quando o empregador impõe um volume excessivo de trabalho ao empregado, impossibilitando-o de estabelecer a prática de um conjunto de atividades culturais, sociais, recreativas, esportivas, afetivas, familiares, etc., ou de desenvolver seus projetos de vida nos âmbitos *profissional, social e pessoal*.

O tipo de dano ora em estudo, segundo Flaviana Rampazzo Soares, é capaz de atingir distintos setores da vida do indivíduo, como: a) atividades biológicas de subsistência; b) relações afetivo-familiares; c) relações sociais; d) atividades culturais e religiosas; e) atividades recreativas e outras atividades realizadoras, tendo em vista que qualquer pessoa possui o direito à serenidade familiar, à salubridade do ambiente, à tranquilidade no desenvolvimento das tarefas profissionais, ou ao lazer, etc.[(11)].

(6) BEBBER, Júlio César. Danos extrapatrimoniais (estético, biológico e existencial): breves considerações. *Revista LTr*, São Paulo, v. 73, n. 1, jan. 2009. p. 28.

(7) ALMEIDA NETO, Amaro Alves de. Dano existencial: a tutela da dignidade da pessoa humana. *Revista dos Tribunais*, São Paulo, v. 6, n. 24, mês out/dez, 2005. p. 48.

(8) *Idem*. p. 46.

(9) SOARES, Flaviana Rampazzo. *Responsabilidade civil por dano existencial*. Porto Alegre: Livraria do advogado, 2009. p. 44.

(10) ALMEIDA NETO, Amaro Alves de. Dano existencial: a tutela da dignidade da pessoa humana. *Revista dos Tribunais*, São Paulo, v. 6, n. 24, mês out/dez, 2005. p. 49.

(11) Quanto à atividade biológica de subsistência, assinala Flaviana Rampazzo Soares, que é aquela em que "a pessoa sofreu uma lesão física que a impediu de realizar atividades de subsistência que,

Outra forma inquestionável de dano existencial consiste em submeter determinado trabalhador à condição degradante ou análoga à de escravo. Como bem pondera a autora citada por último, "as condições de vida aviltantes que, normalmente, são impostas a tais trabalhadores também integram o dano existencial, pois não há como alguém manter uma rotina digna sob tais circunstâncias"(12).

A impossibilidade de autodeterminação que o trabalho "escravizado" acarreta bem como as restrições severas e as privações que ele impõe, modificam, de forma prejudicial, a rotina dos trabalhadores a ele submetido, principalmente, no horário em que estão diretamente envolvidos na atividade laboral para a qual foram incumbidos(13).

2. *ELEMENTOS DO DANO EXISTENCIAL*

Além dos elementos inerentes à qualquer forma de dano, como a existência de prejuízo, o ato ilícito do agressor e o nexo de causalidade entre as duas figuras, o conceito de dano à existência é integrado por dois elementos, quais sejam: a) o projeto de vida; e b) a vida de relações(14).

O primeiro deles Júlio César Bebber associa a tudo aquilo que determinada pessoa decidiu fazer com a sua vida. Como bem pondera o aludido autor, o ser humano, por natureza, busca sempre extrair o máximo das suas potencialidades, o que o leva a permanentemente projetar o futuro e realizar escolhas visando à realização do projeto de vida. Por isso afirma que qualquer fato injusto que frustre esse destino, impedindo a sua plena realização e obrigando a pessoa a resignar-se com o seu futuro, deve ser considerado um dano existencial(15).

Ainda sobre o mesmo elemento, Hidemberg Alves da Frota, observa que o direito ao projeto de vida somente é efetivamente exercido quando o indivíduo se volta à própria *autorrealização integral*, direcionando sua *liberdade de escolha* para proporcionar concretude, no contexto espaço-temporal em que se insere, às metas, aos objetivos e às ideias que dão *sentido* à sua existência(16).

Quanto à vida de relação, o dano resta caracterizado, na sua essência, por ofensas físicas ou psíquicas que impeçam alguém de desfrutar total ou parcialmente, dos prazeres propiciados pelas diversas formas de atividades recreativas e extralaborativas tais quais a prática de esportes, o turismo, a pesca, o mergulho, o cinema, o teatro, as agremiações recreativas, entre tantas outras. Essa vedação interfere decisivamente no estado de ânimo do trabalhador atingindo, consequentemente, o seu relacionamento social e profissional. Reduz com isso suas chances de adaptação ou ascensão no trabalho o que reflete negativamente no seu desenvolvimento patrimonial(17).

Em suma, o dano à vida de relação, ou dano à vida em sociedade, com bem observa Amaro Alves de Almeida Neto: "indica a ofensa física ou psíquica a uma pessoa que determina uma dificuldade ou mesmo a impossibilidade do seu relacionamento com terceiros, o que causa uma alteração indireta na sua capacidade de obter rendimentos"(18).

Hidemberg Alves da Frota, por sua vez, pondera que o prejuízo à *vida de relação*, diz respeito ao conjunto de *relações interpessoais*, nos mais diversos ambientes e contextos, que permite ao ser humano estabelecer a sua *história vivencial* e se *desenvolver* de forma ampla e saudável, ao comungar com seus pares a experiência humana, compartilhando pensamentos, sentimentos, emoções, hábitos, reflexões, aspirações, atividades e afinidades, e crescendo, por meio do contato contínuo (processo de diálogo e

---

em condições normais anteriores, seriam plenamente possíveis, tais como as relacionadas à alimentação, higiene ou locomoção". Veja-se: SOARES, Flaviana Rampazzo. *Responsabilidade civil por dano existencial*. Porto Alegre: Livraria do advogado, 2009. p. 47.

(12) SOARES, Flaviana Rampazzo. *Responsabilidade civil por dano existencial*. Porto Alegre: Livraria do advogado, 2009. p. 76.

(13) *Idem*. p. 75.

(14) Essa classificação é feita por Hidemberg Alves da Frota em artigo doutrinário que aborda as noções fundamentais sobre o dano existencial. Veja-se: FROTA, Hidemberg Alves da. Noções fundamentais sobre o dano existencial. *Revista Ciência Jurídica*, Belo Horizonte, v. 24, 2010. p. 275.

(15) BEBBER, Júlio César. Danos extrapatrimoniais (estético, biológico e existencial): breves considerações. *Revista LTr*, São Paulo, v. 73, n. 1, jan. 2009. p. 28.

(16) FROTA, Hidemberg Alves da. Noções fundamentais sobre o dano existencial. *Revista Ciência Jurídica*, Belo Horizonte, v. 24, 2010. p. 276.

(17) ALMEIDA NETO, Amaro Alves de. Dano existencial: a tutela da dignidade da pessoa humana. *Revista dos Tribunais*, São Paulo, v. 6, n. 24, mês out/dez, 2005. p. 52.

(18) *Idem*. p. 52. O autor cita alguns exemplos de dano à vida de relação, que são os seguintes: a) procedimentos imperitos médicos que acarretam à pessoa problemas ortopédicos e a impossibilidade de praticar esportes como correr, jogar bola, tênis, etc; b) a divulgação de notícias difamatórias infundadas que acarretam humilhação e depressão; c) acidentes que causam a síndrome do pânico ou problemas na fala, como tartamudez etc.

de dialética) em torno da diversidade de ideologias, opiniões, mentalidades, comportamentos, culturas e valores ínsitos à humanidade[19].

É fácil imaginar o dano causado à "vida de relação" de determinado empregado em decorrência de condutas ilícitas regulares do empregador, como a constante utilização de mão de obra em sobrejornada, impedindo o empregado de desenvolver regularmente outras atividades em seu meio social. Não se pode, contudo, descuidar da hipótese de o dano à vida da relação poder ser causado por um único ato. Um bom exemplo seria o do empregador que compele determinado empregado a terminar determinada tarefa, que não era tão urgente ou que poderia ser concluída por outro colega, no dia, por exemplo, da solenidade de formatura ou de primeira eucaristia de um de seus filhos, impedindo-o de comparecer à cerimônia.

No tocante às relações familiares não é demasiado ressaltar que a Constituição de 1988 expressamente estatui que "a entidade familiar, base da sociedade, tem especial proteção do estado"(art. 226, *caput*) e que "É dever da família, da sociedade e do Estado assegurar à criança, ao adolescente e ao jovem, com absoluta prioridade, o direito à vida, à saúde, à alimentação, à educação, ao lazer, à profissionalização, à cultura, à dignidade, ao respeito, à liberdade e à convivência familiar" (art. 227). E como bem observa Maria Vittoria Ballestrero, a tutela da família não pode prescindir das normas que impõe ao tomador dos serviços o sacrifício de reconhecer ao trabalhador direitos cujo exercício pressupõe que ele saia do trabalho com tempo e energia para se dedicar ao seio de sua família. Em outras palavras, a ideia de proteção da família passa pela conciliação entre interesse do empregador de usar o trabalhador da forma que lhe for mais profícua e o interesse do trabalhador a satisfazer as exigências de sua vida privada e familiar[20].

E as atividades recreativas, como bem observa Eugênio Bonvicini, citado por Hidemberg Alves da Frota, representam "uma fonte de equilíbrio físico e psíquico, tal a compensar o intenso desgaste peculiar à vida agitada do mundo moderno"[21]. Ao discorrer sobre tais atividades, Guido Gentile, citado pelo mesmo autor nacional, assinala que "o incremento delas facilita o desenvolvimento da própria labuta profissional"[22].

Os tribunais vêm, ainda timidamente, reconhecendo essa nova figura. O Tribunal Regional do Trabalho do Rio Grande do Sul, em decisão relatada pelo Desembargador Federal do Trabalho José Felipe Ledur, estabeleceu o pagamento de indenização à trabalhadora que fora vítima de dano existencial, por ter trabalhado sobre jornada excedente ao limite de tolerância, veja-se:

> DANO EXISTENCIAL. JORNADA EXTRA EXCEDENTE DO LIMITE LEGAL DE TOLERÂNCIA. DIREITOS FUNDAMENTAIS. O dano existencial é uma espécie de dano imaterial, mediante o qual, no caso das relações de trabalho, o trabalhador sofre danos/limitações em relação à sua vida fora do ambiente de trabalho em razão de condutas ilícitas praticadas pelo tomador do trabalho. Havendo a prestação habitual de trabalho em jornadas extras excedentes do limite legal relativo à quantidade de horas extras, resta configurado dano à existência, dada a violação de direitos fundamentais do trabalho que integram decisão jurídico-objetiva adotada pela Constituição. Do princípio fundamental da dignidade da pessoa humana decorre o direito ao livre desenvolvimento da personalidade do trabalhador, nele integrado o direito ao desenvolvimento profissional, o que exige condições dignas de trabalho e observância dos direitos fundamentais também pelos empregadores (eficácia horizontal dos direitos fundamentais). Recurso provido[23].

---

(19) FROTA, Hidemberg Alves da. Noções fundamentais sobre o dano existencial. *Revista Ciência Jurídica*, Belo Horizonte, v. 24, 2010. p. 277.

(20) A valle della tutela (nella Costituzione e nelle leggi) del "bene" famiglia, e dunque nel diritto del lavoro in senso stretto, il contemperamento prende corpo nelle norme che impongono un sacrifício dell'interesse del datore di lavoro (sacrifício "ragionevole", cioè proporzionato alla salvaguardia del bene tutelato), attibuendo al lavoratore diritti (congedi, permessi, flessibilità e riduzioni di orario), il cui esercizio consente di "liberare" dal lavoro tempo ed energie da dedicare alle cure familiar. In altri termini, parliamo del contemperamento tra l'interesse del datore di lavoro all'utilizzazione massimamente proficua del lavoro e dunque anche della singola prestazione di lavoro che retibuische, e l'interesse del lavoratore a soddisfare le esigenze della sua vita privata e familiare. (BALLESTRERO, Maria Vittoria. La Conciliazione tra lavoro e famiglia. Brevi Considerazioni introduttive. *Lavoro e diritto*, anno XXIII, n.2, primavera 2009. p. 163).

(21) ALMEIDA NETO, Amaro Alves de. Dano existencial: a tutela da dignidade da pessoa humana. *Revista dos Tribunais*, São Paulo, v. 6, n. 24, mês out/dez, 2005. p. 58.

(22) *Idem*. p. 60.

(23) RIO GRANDE DO SUL, Tribunal Regional do Trabalho, RO 105-14.2011.5.04.0241. Relator Des. José Felipe Ledur, 1ª Turma, Diário eletrônico da Justiça do Trabalho, Porto Alegre, 3 jun. 2011.

No referido processo, o Desembargador relator José Felipe Ledur ainda aduz que a prestação de horas extras não representa, em regra, dano imaterial/existencial. Na verdade, é o trabalho prestado em jornadas que excedem habitualmente o limite legal de duas horas extras diárias, tido como parâmetro tolerável, é que representa afronta aos direitos fundamentais do trabalhador e uma forma de aviltamento do mesmo. Portanto, é o trabalho prestado em jornadas extenuantes que autorizam a conclusão de ocorrência do dano *in re ipsa*(24). Extrai-se ainda do aludido julgado essa relevante passagem:

> Os direitos fundamentais previstos no art. 7º da Constituição de 1988, dentre eles o disposto no inciso XIII (duração do trabalho normal não superior a oito horas diárias e quarenta e quatro semanais, facultada a compensação de horários e a redução da jornada, mediante acordo ou convenção coletiva de trabalho) e no inciso XXII (redução dos riscos inerentes ao trabalho, por meio de normas de saúde, higiene e segurança) são concreções de valores e normas de caráter princípiológico e correspondem a uma decisão jurídico-objetiva de valor adotada pela Constituição. Esta prevê valores e princípios, dentre outros, no Preâmbulo (*e.g.*, a asseguração do exercício dos direitos sociais, da liberdade e do bem-estar), no art. 1º, III e IV (dignidade da pessoa humana os valores sociais do trabalho e da livre iniciativa) e no rol dos direitos sociais elencados no art. 6º (*e.g.*, o direito à saúde, ao trabalho, ao lazer e à segurança). Do princípio da dignidade da pessoa humana, núcleo dos direitos fundamentais em geral, decorre o direito ao livre desenvolvimento da personalidade do trabalhador, nele abarcado o desenvolvimento profissional mencionado no art. 5º, XIII, da Constituição, o que exige condições dignas de trabalho e observância dos direitos fundamentais assegurados aos trabalhadores. Finalmente, esses valores e princípios vinculam não só o Estado (eficácia vertical dos direitos fundamentais), mas também o empregador/organização econômica (eficácia horizontal dos direitos fundamentais ou eficácia em face dos particulares)(25).

(24) *Idem*.

(25) *Idem*.

3. *O PROJETO DE VIDA E A VIDA DE RELAÇÃO COMO DIREITOS DA PERSONALIDADE DO TRABALHADOR*

Enquanto protetores da dignidade da pessoa humana, os direitos da personalidade têm por objeto assegurar os elementos constitutivos da personalidade do ser humano, tomada nos aspectos da integridade física, psíquica, moral e intelectual da pessoa humana. Ademais, são direitos que jamais desaparecem no tempo e nunca se separam do seu titular.

Acentua Flaviana Rampazzo Soares que a tutela à existência da pessoa resulta na valorização de todas as atividades que a pessoa realiza, ou pode realizar, tendo em vista que tais atividades são capazes de fazer com que o indivíduo atinja a felicidade, exercendo, plenamente, todas as faculdades físicas e psíquicas. Além disso, a felicidade é, em última análise, a razão de ser da existência humana(26).

Sendo assim, o bem-estar e a qualidade de vida "são a exteriorização de toda a potencialidade da personalidade da pessoa, representam a ação do ser humano, destinada a atingir a felicidade, a realização, a busca da razão de ser da existência"(27).

O dano à existência do trabalhador acarreta, assim, em violação aos direitos da personalidade do trabalhador. A lesão ao projeto de vida e à vida de relação afronta as seguintes espécies de direitos da personalidade: direito à integridade física e à psíquica, direito à integridade intelectual, bem como o direito à integração social(28).

(26) SOARES, Flaviana Rampazzo. *Responsabilidade civil por dano existencial*. Porto Alegre: Livraria do advogado, 2009. p. 37.

(27) *Idem*. p. 39.

(28) Paulo Oliveira trata do direito à integração como uma 4 (quarta) espécie de direito da personalidade do trabalhador. Para o autor, o direito da personalidade à integração social visa assegurar ao trabalhador o direito de "ser essencialmente político, essencialmente social, a pessoa humana tem direito ao convívio familiar, ao convívio com grupos intermediários existentes entre o indivíduo e o Estado, grupos a que se associa pelas mais diversas razões (recreação, defesa de interesses corporativos, por convicção religiosa, por opção político-partidária, etc), direito do exercício da cidadania (esta tomada no sentido estrito [*status* ligado ao regime político] e no sentido lato: direito de usufruir de todos os bens de que a sociedade dispõe ou deve dispor para todos e não só para eupátridas, tais como, educação escolar nos diversos níveis, seguridade social (saúde pública, da previdência ou da assistência social)". Veja-se: OLIVEIRA, Paulo Eduardo V. *O dano pessoal no direito do trabalho*. 2. ed. São Paulo: LTr, 2010. p. 30.

O dano existencial impede a efetiva integração do trabalhador à sociedade, impedindo o seu pleno desenvolvimento enquanto ser humano. A efetiva utilização de todas as suas potencialidades somente seria possível, com o desfrute de todas as esferas de sua vida, a saber: *cultural, afetiva, social, esportiva, recreativa, profissional, artística*, entre outras.

No que tange ao direito ao lazer, assinala Márcio Batista de Oliveira que a sua aplicação e eficácia traduz-se na garantia da efetividade da dignidade da pessoa humana do trabalhador, pois, além de esse direito assegurar o desenvolvimento cultural, pessoal e social do trabalhador, tem ainda por objetivo a melhoria da qualidade de vida do trabalhador, o resguardo de sua incolumidade física, intimidade e privacidade fora do ambiente do trabalho[(29)].

É por meio, ainda, do direito ao lazer, que o trabalhador adquire o direito à desconexão. Tal direito relaciona-se com os direitos fundamentais relativos às normas de saúde, higiene e segurança do trabalho descritas na Constituição Federal quanto à limitação da jornada, ao direito ao descanso, às férias, e à redução de riscos de doenças e acidentes de trabalho (art. 7º, incisos XIII, XV, XVII e XXII da CF), pois demonstram a preocupação com a incolumidade física e psíquica, bem como com a restauração da energia do trabalhador[(30)].

Nesse aspecto, "o reconhecimento da figura do dano existencial na tipologia da responsabilidade civil exsurge como a consagração jurídica da defesa plena da dignidade da pessoa humana"[(31)], tendo em vista que

> O dano existencial, em suma, causa uma frustração no projeto de vida do ser humano, colocando-o em uma situação de manifesta inferioridade – no aspecto de felicidade e bem-estar – comparada àquela antes de sofrer o dano, sem necessariamente importar em um prejuízo econômico. Mais do que isso, ofende diretamente a dignidade da pessoa, dela retirando, anulando, uma aspiração legítima [...][(32)].

Em razão disso, ensina Bruno Lewicki que a personalidade, em todos os seus aspectos e desdobramentos, encontra sua garantia na cláusula geral de tutela da pessoa humana, cujo ponto de confluência é a dignidade da pessoa humana, por encontrar-se no ápice do ordenamento jurídico e funcionar como um valor reunificador da personalidade a ser tutelada[(33)].

4. O DANO EXISTENCIAL E A SAÚDE DO TRABALHADOR

Como visto, a submissão de determinado trabalhador a exaustivo regime de trabalho, culmina na formação do dano ao projeto de vida e à sua existência, pois priva-lhe de tempo para o lazer, para a família e para o seu próprio desenvolvimento pessoal, cultural, artístico e intelectual, afetivo, entre outros. Pode também resultar em prejuízo para a saúde do trabalhador, motivo pelo qual deverá ser duplamente combatido.

No que tange à proteção à saúde do trabalhador, Mauricio Godinho Delgado, em debate já realizado sobre a redução da duração do trabalho para 40 horas semanais no Brasil, assinala que a extensão do tempo de disponibilidade humana em decorrência do contrato laboral implica repercussões em vários planos da vida do trabalhador. Destaca o autor que essa extensão do tempo de disponibilidade humana oriunda do contrato laboral acarreta repercussões no plano da sua saúde e da sua educação, além de influenciar no plano de suas relações com a família e correspondentes crianças e adolescentes envolvidos. Nesse aspecto, assegura que a ampliação da jornada, inclusive com a prestação de horas extras, acentua, drasticamente, as possibilidades de ocorrência de doenças profissionais, ocupacionais ou acidentes do trabalho, ao passo que sua redução diminui de maneira significativa tais probabilidades da denominada infortunística do trabalho[(34)].

Portanto, é esse quadro oriundo da violação à existência do trabalhador, enquanto ser humano dotado de projetos de cunho pessoal, profissional e pessoal, que traz como consequência o comprometimento da sua saúde, que será responsável pelo aparecimento de doenças do trabalho que poderão

---

(29) BATISTA, Márcio Oliveira. A regulação do direito ao lazer no resgate da dignidade humana do trabalhador e sua formação social. In: ALMEIDA, Roberto Ribeiro de; CRUZ, Priscila Aparecida Silva; ALVES, Marianny (Org.). *Direitos Humanos em um contexto de desigualdades*. São Paulo: Boreal, 2012. p. 182.

(30) OLIVEIRA, Christiana D'arc Damasceno. *O direito do trabalho contemporâneo*. São Paulo: LTr, 2012. p. 52.

(31) ALMEIDA NETO, Amaro Alves de. Dano existencial: a tutela da dignidade da pessoa humana. *Revista dos Tribunais*, São Paulo, v. 6, n. 24, mês out/dez, 2005. p. 62.

(32) *Idem*. p. 62.

(33) LEWICKI, Bruno. *A privacidade da pessoa humana no ambiente de trabalho*. Rio de Janeiro: Renovar, 2003. p. 77.

(34) DELGADO, Mauricio Godinho. Duração do trabalho: o debate sobre a redução para 40 horas semanais. *Revista Síntese Trabalhista e Previdenciária*, São Paulo, Ano XXII, n. 256, outubro, 2010. p. 8.

colocar em risco a saúde física e mental do empregado. Quanto maior a agressão à saúde do trabalhador no ambiente de trabalho, maior também será a agressão ao seu sistema imunológico, ficando este cada vez mais vulnerável a doenças decorrentes do trabalho.

Quando o trabalhador é vítima de lesão por esforços repetitivos, ele não padece apenas de um dano à sua saúde, mas também de um consequente dano existencial. A razão é a seguinte: a lesão por esforços repetitivos atinge o sistema músculo-esquelético da pessoa, principalmente os membros superiores, sendo assim, pode, em estágio avançado, gerar a incapacidade para diversas atividades. A lesão por esforços repetitivos decorre de uma exposição descontrolada aos fatores que a desencadeiam, exposição essa geralmente determinada por iníquas condições de trabalho às quais o trabalhador pode ser submetido[35].

Nesse aspecto, "a dor intensa, o formigamento, a dormência, etc, ocasionados pela lesão por esforços repetitivos é dano à saúde e atinge, negativamente, a pessoa que, em função de tais sintomas, não consegue manter a rotina de atividades mantida no período anterior à lesão"[36].

Em razão disso,

> A L.E.R., em estágio avançado, impede a pessoa de realizar não apenas atividades profissionais habituais, como obsta o exercício de tarefas singelas do dia-a-dia, como varrer a casa, tomar banho, cozinhar, ou atividades de lazer, como tocar violão. Uma alteração prejudicial nos hábitos de vida, transitória ou permanente: eis o dano existencial[37].

O direito fundamental à saúde está diretamente relacionado à qualidade de vida dos trabalhadores no ambiente de trabalho e visa promover a sua incolumidade física e psíquica durante o desenvolvimento da sua atividade profissional, de modo que o trabalho possa ser executado de forma saudável e equilibrada e que o trabalhador possa de lá sair em condições de desenvolver outras atividades, desfrutando assim dos prazeres de sua existência enquanto ser humano.

(35) SOARES, Flaviana Rampazo. *Responsabilidade civil por dano existencial*. Porto Alegre: Livraria do advogado, 2009. p. 76.

(36) *Idem*. p. 76.

(37) *Idem*. p. 76.

5. *DANO MORAL E DANO EXISTENCIAL: DISTINÇÃO E CUMULAÇÃO*

De acordo com De Plácido Silva, a expressão dano deriva do latim *damnum* e significa todo mal ou ofensa que tenha uma pessoa causado a *outrem*, da qual possa resultar uma deterioração ou destruição a alguma coisa dele ou gerar um prejuízo a seu patrimônio[38].

Para Sérgio Martins, em sentido amplo, dano

> É um prejuízo, ofensa, deterioração, estrago, perda. É o mal que se faz a uma pessoa. É a lesão ao bem jurídico de uma pessoa. O patrimônio jurídico da pessoa compreende bens materiais e imateriais (intimidade, honra, etc.)[39].

Os danos podem ser classificados, assim, em patrimoniais (materiais) e extrapatrimonais.

Quanto à proteção aos danos não patrimoniais, observa Flaviana Rampazzo Soares que a tendência mundial é a de aumento da proteção aos interesses imateriais da pessoa, não abrangendo apenas os danos morais propriamente ditos, mas todo e qualquer dano não patrimonial que seja juridicamente relevante ao livre desenvolvimento da personalidade, tal como é o direito à integridade física, à estética e às atividades realizadoras da pessoa, que tornam plena a sua existência[40].

Conquanto sejam espécies do gênero dano de natureza extrapatrimonial, dano moral e dano existencial não devem ser confundidos. Não são expressões sinônimas, como se poderia equivocadamente acreditar. O dano moral consiste na lesão sofrida pela pessoa no tocante à sua personalidade. Envolve, portanto, um aspecto não econômico, não patrimonial, que atinge a pessoa no seu âmago. Para Mauricio Godinho Delgado, o dano moral lesiona a esfera subjetiva de um indivíduo, atingindo os valores personalíssimos inerentes a sua qualidade de pessoa humana, tal qual a honra, a imagem, a integridade física e psíquica, a saúde, etc, e provoca dor, angústia, sofrimento, vergonha[41].

(38) SILVA, De Plácido e. *Vocabulário jurídico*. 28. ed. Rio de Janeiro: Forense, 2009. p. 238.

(39) MARTINS, Sérgio Pinto. *Dano moral decorrente do contrato de trabalho*. 2. ed. São Paulo: LTr, 2008. p. 18.

(40) SOARES, Flaviana Rampazzo. *Responsabilidade civil por dano existencial*. Porto Alegre: Livraria do advogado, 2009. p. 39.

(41) BRASIL, Tribunal Superior do Trabalho, RR- 217600-28.2009.5.09.0303. Relator Ministro Mauricio Godinho Delgado,

A reparação por dano moral visa, por conseguinte, "compensar, ainda que por meio de prestação pecuniária, o desapreço psíquico representado pela violação do direito à honra, liberdade, integridade física, saúde, imagem, intimidade e vida privada"[(42)].

O dano existencial, por sua vez, independe de repercussão financeira ou econômica, e não diz respeito à esfera íntima do ofendido (dor e sofrimento, características do dano moral). Trata-se de um dano que decorre de uma frustração ou de uma projeção que impedem a realização pessoal do trabalhador (com perda da qualidade de vida e, por conseguinte, modificação *in pejus* da personalidade)[(43)].

Nesse aspecto, o dano existencial impõe a reprogramação e obriga um relacionar-se de modo diferente no contexto social. O que o distingue do dano moral é que este tem repercussão íntima (padecimento da alma, dor, angústia, mágoa, sofrimento, etc.) e a sua dimensão é subjetiva e não exige prova; ao passo que o dano existencial é passível de constatação objetiva[(44)].

Para Flaviana Rampazzo Soares, a distinção entre dano existencial e o dano moral reside no fato de este ser essencialmente um [illegible], e aquele um não mais poder fazer, um dever de agir de outra forma, um relacionar-se diversamente em que ocorre uma limitação do desenvolvimento normal da vida da pessoa[(45)]. Nesse sentido,

> enquanto o dano moral incide sobre o ofendido, de maneira, muitas vezes, simultânea à consumação do ato lesivo, o dano existencial, geralmente, manifesta-se e é sentido pelo lesado em momento posterior, porque ele é uma sequência de alterações prejudiciais no cotidiano, sequência essa que só o tempo é capaz de caracterizar[(46)].

Havendo, no contexto da relação de emprego, a ocorrência de dano existencial e de dano moral, poderá haver a cumulação entre ambos, desde que sejam provenientes do mesmo fato. Do mesmo modo que é possível cumular o dano moral com o dano material[(47)] e, por consequência, com o dano estético, também será possível cumular o dano moral, pela lesão à saúde do trabalhador, com o dano existencial[(48)].

Desse modo, quando são afetadas as atividades realizadoras do trabalhador, em virtude do dano a sua saúde física ou mental, que se deu pelo excesso de trabalho, poderá haver a fixação de forma cumulada tanto do dano moral quanto do dano existencial. Essa cumulação acontece não só pelo prejuízo ocasionado aos prazeres de vida e ao desenvolvimento dos hábitos de vida diária do empregado – *pessoal, social e profissional*, mas também pelo dano à sua saúde, mesmo que a sequela oriunda do acidente do trabalho não seja responsável pela redução da sua capacidade para o trabalho.

Conclui-se, portanto, que "o reconhecimento do dano existencial, para figurar ao lado do dano moral, revela-se imprescindível para a completa reparação

---

3ª Turma, Diário eletrônico da Justiça do Trabalho, Brasília, 3 out. 2012.

(42) *Idem*.

(43) BEBBER, Júlio César. Danos extrapatrimoniais (estético, biológico e existencial): breves considerações. Revista LTr, São Paulo, n. 1, Jan., 2009. p. 30.

(44) *Idem*. p. 31.

(45) SOARES, Flaviana Rampazo. Responsabilidade civil por dano existencial. Porto Alegre: Livraria do advogado, 2009. p. 46.

(46) *Idem*. p. 46.

(47) Com relação à cumulação do dano material com o dano moral, aduz a súmula 37 do STJ: São cumuláveis as indenizações por dano material e dano moral oriundos do mesmo fato.

(48) Mauricio Godinho Delgado, Ministro do TST, já se pronunciou de forma favorável quanto à cumulação do dano moral e do dano estético, veja-se: RECURSO DE REVISTA. ACIDENTE DE TRABALHO. INDENIZAÇÃO POR DANO MORAL E ESTÉTICO. CUMULAÇÃO POSSÍVEL. PENSÃO. MATÉRIA FÁTICA. O Tribunal Regional, ao analisar o conjunto probatório produzido, concluiu pela ocorrência de acidente de trabalho e dos elementos suficientes a caracterizar a culpa dos Reclamados, em face de sua atitude omissiva e negligente, o que justificou a condenação em indenização por dano moral e estético e em pensão. Fixadas tais premissas pelo Tribunal Regional, instância soberana no exame do quadro fático-probatório carreado aos autos, adotar entendimento em sentido oposto implicaria o revolvimento de fatos e provas, inadmissível nesta seara recursal de natureza extraordinária, conforme o teor da Súmula 126/TST. Cumpre frisar que a lesão acidentária também pode causar dano estético à pessoa humana atingida. Embora o dano moral seja conceito amplo, é possível, juridicamente, identificar-se específica e grave lesão estética, passível de indenização, no contexto de gravame mais largo, de cunho nitidamente moral. Nesses casos de acentuada, especial e destacada lesão estética, é pertinente a fixação de indenização própria para este dano, sem prejuízo do montante indenizatório específico para o dano moral. Ou seja, a ordem jurídica acolhe a possibilidade de cumulação de indenizações por dano material, dano moral e dano estético, ainda que a lesão acidentária tenha sido a mesma. O fundamental é que as perdas a serem ressarcidas tenham sido, de fato, diferentes (perda patrimonial, perda moral e, além dessa, perda estética). Recurso de revista não conhecido" (TST-RR-35600-25.2006.5.15.0036, 6ª Turma, Rel. Min. Mauricio Godinho Delgado, DEJT de 05.08.2011).

do dano injusto extrapatrimonial cometido contra a pessoa"[49] e "para a proteção total do ser humano contra as ofensas aos seus direitos fundamentais"[50].

6. *DANO EXISTENCIAL E PERDA DE UMA CHANCE: DISTINÇÕES*

Além do dano emergente e do lucro cessante, tradicionais hipóteses de dano patrimonial ressarcível, a doutrina de diversos países vem reconhecendo o direito à reparação pela perda de uma chance, quando esta for séria e real. O seu diferencial seria justamente a probabilidade e não a certeza do resultado aguardado. Esta situação não pode ser confundida com a dos lucros cessantes na qual o juízo quanto ao dano é um juízo de certeza. O evento danoso existiu. O juízo de probabilidade adstringe-se à quantificação de quanto a vítima deixará de perceber em decorrência dele. No caso da indenização por perda de uma chance há incerteza quanto ao fato supostamente danoso em si. O juízo de probabilidade diz respeito ao evento em si. O mesmo argumento pode ser utilizado para distingui-la da hipótese de dano emergente, em que o dano é real e quantificado.

Como salienta Raimundo Simão de Melo, se a perda de uma chance for enquadrada como dano emergente ou lucro cessante, terá o autor da ação que comprovar de forma inequívoca que, não fosse a existência do ato danoso, o resultado teria se consumado, com a obtenção da chance pretendida, o que é impossível. Se a vitória não pode ser provada e confirmada cabalmente, o mesmo ocorre em relação ao insucesso da obtenção do resultado esperado[51].

A indenização por perda de uma chance tampouco pode ser confundida com uma indenização de natureza exclusivamente moral[52], embora seja possível que a perda de uma chance também gere um dano desta natureza. A perda de uma oportunidade concreta prejudica o próprio patrimônio da vítima e não apenas os seus atributos da personalidade[53]. É possível afirmar que a perda de uma chance situa-se em uma zona intermediária entre o dano patrimonial, facilmente mensurável, e o extrapatrimonial, que precisa ser arbitrado por atingir bens valiosos, mas não comercializáveis. Embora a chance não possua valor econômico preciso, é possível chegar ao seu valor a partir do que seria auferido se a oportunidade não houvesse sido prejudicada por outrem e o objetivo fosse plenamente alcançado.

Bastante interessante para ilustrar essa assertiva, assim como para bem compreender a teoria da responsabilidade civil pela perda de uma chace, é a decisão proferida pelo STJ, que reduziu a indeniza-

(49) ALMEIDA NETO, Amaro Alves de. Dano existencial: a tutela da dignidade da pessoa humana. *Revista dos Tribunais*, São Paulo, v. 6, n. 24, mês out/dez, 2005. p. 68.

(50) *Idem*. p. 68.

(51) MELO, Raimundo Simão de. Indenização pela perda de uma chance. *Revista da Academia Nacional de Direito do Trabalho*, ano XV, n. 15, 2007. p. 71.

(52) Não se mostra correta, por conseguinte, a seguinte decisão emanada do TRT da 3ª Região que reconheceu o direito de um trabalhador que fora deslocado pela empresa de sua Cidade para Cidade a uma indenização por dano moral pela Perda de uma Chance:EMENTA: TRABALHO/EMPREGO. PROCESSO SELETIVO. PERDA DE UMA CHANCE. NOVA MODALIDADE DE DANO MORAL. FIXAÇÃO DO "QUANTUM". Um dos fundamentos da Constituição da República é o trabalho, artigo 1o. da CRF/1988 e artigo 170, "caput", também da Constituição que dispõe que a Ordem Econômica funda-se na valorização do trabalho humano. Há de ser salientado, inclusive, que o trabalho é tão importante para o homem que a partir do momento em que se trava qualquer relacionamento, uma das primeiras perguntas que se faz é: em que você trabalha? Estando desempregado o homem deixa de responder a tal questionamento, sentindo que não contribui para os meios de produção, o que lhe retira sua dignidade enquanto ser humano, princípio, hoje, que norteia todo o Ordenamento Jurídico. In casu, embora a expectativa criada no reclamante, ao ser deslocado pela reclamada de sua Cidade para Cidade diversa e de ser contratado mediante carteira assinada atraia o pagamento de indenização por dano moral, pela Perda de uma Chance, ou seja, subtração de uma oportunidade, o valor da indenização deve observar determinados parâmetros. Como nos ensina Raimundo Simão de Melo, Procurador Regional do Trabalho, em Artigo da LTr – 71-04/439, Abril/2007, "A Solução para se aferir o dano e fixar a indenização, dependendo da situação, não é tarefa fácil para o Juiz, que não pode confundir uma mera hipotética probabilidade com uma séria e real chance de atingimento da meta esperada. Mas, é claro, a reparação da perda de uma chance não pode repousar na certeza de que a chance seria realizada e que a vantagem pretendida resultaria em prejuízo. Trabalha-se no campo da probabilidade. Nesta linha, consagrou o Código Civil (art. 402), o princípio da razoabilidade, caracterizando, no caso, o lucro cessante como aquilo que a vítima razoavelmente deixou de lucrar, o que se aplica a essa terceira espécie de dano, que para aquilatá-lo deve o Juiz agir com bom-senso, segundo um juízo de probabilidade, embasado nas experiências normais da vida e em circunstâncias especiais do caso concreto. A probabilidade deve ser séria e objetiva em relação ao futuro da vítima, em face da diminuição do benefício patrimonial legitimamente esperado", critérios que foram observados pela r. sentença. (TRT 3ª Região, 10ª Turma. RO – 00709-2008-033-03-00-5. Decisão proferida em 08 07 2009 e publicada no DEJT DATA: 15.07.2009 PG: 121. Relatora Convocada Taísa Maria Macena de Lima)

(53) BOUCINHAS FILHO, Jorge Cavalcanti. Aplicação da teoria da responsabilidade civil por perda de uma chance às relações de trabalho. *Revista Justiça do Trabalho*, Porto Alegre, ano 27, n 318, jun. 2010. p. 25-33.

ção devida pelo SBT por frustrar a chance de uma candidata do "Show do Milhão" de vencer o prêmio máximo de R$ 1 milhão apresentando uma pergunta mal formulada. A decisão final fixou a indenização em R$ 125 mil partindo do pressuposto de que não havia como se afirmar categoricamente que a mulher acertaria o questionamento final de R$ 1 milhão caso ele fosse formulado corretamente, fixou quantia com base numa "probabilidade matemática" de acerto de uma questão que continha quatro itens. Fosse uma hipótese de dano material, o valor da indenização teria que corresponder ao do prejuízo. Fosse uma hipótese de dano extrapatrimonial, o valor em questão seria imensurável e seria arbitrado pelo julgador a partir de critérios que não podem se afastar dos mais comezinhos princípios do bom senso.

Não se pode deixar de ter em mente, contudo, que, a vítima pode sofrer, dano moral e prejuízos materiais por dano emergente propriamente dito cumulados com o prejuízo pela chance perdida. O exemplo apresentado por Raimundo Simão de Melo é o do atleta corredor que está a poucos metros da linha de chegada e do lugar mais alto do pódio quando é agarrado por alguém que o impede de continuar na disputa, perdendo, assim, a oportunidade de sagrar-se vitorioso. Além do inequívoco prejuízo pela perda de uma chance e o abalo psíquico que, com quase toda certeza o abaterá, esse atleta pode ainda ficar traumatizado e doente, necessitando, por conseguinte de sério tratamento médico e psicológico para voltar a correr[54]. Neste exemplo o autor do dano deverá indenizá-lo pela chance perdida, pela violação aos seus atributos morais e ressarci-los por todas as despesas médicas.

No contexto do contrato de trabalho, são inúmeros os exemplos de indenização por perda de uma chance passíveis de identificação. Poderíamos mencionar, para ficar em apenas alguns exemplos, as de exclusão do empregado do mercado de trabalho em razão de incapacidade provocada por acidente de trabalho ou do fornecimento de informações desabonadoras pelo ex-empregador; impossibilidade de conclusão de concurso público em razão de acidente por culpa do empregador; e perda da oportunidade de o empregador potencializar seus ganhos em razão de empregado em posição de destaque haver se desligado sem cumprir aviso-prévio.

A distinção a ser feita entre o dano existencial e a perda de uma chance parte da premissa de que, nesta se perdeu uma oportunidade concreta e se sofreu um prejuízo quantificável, a partir da probabilidade de êxito no desiderato frustrado, e naquele o que deixou de existir em decorrência foi direito a exercer uma determinada atividade e participar de uma forma de convívio inerente à sua existência, que não pode ser quantificado, nem por aproximação, mas apenas arbitrado.

As duas figuras podem, eventualmente, ser cumuladas. Imaginemos o exemplo de um maratonista de alto nível que sofre um acidente de trabalho que o impossibilita de correr para o resto de sua vida às vésperas de uma corrida cuja premiação era de R$ 50.000,00 (cinquenta mil reais). Nesse caso se está diante de hipóteses de dano moral, existencial e perda de uma chance. O dano moral pela frustração, pelo dissabor e pela dor provocada pelo ocorrido, a perda da chance de aumentar o patrimônio em R$ 50.000,00 (cinquenta mil reais), decorrente da não participação da corrida, o dano existencial por não mais poder se dedicar a essa atividade esportiva.

7 *QUANTIFICAÇÃO DA INDENIZAÇÃO POR DANO EXISTENCIAL*

Com relação à fixação do *quantum* indenizatório do dano existencial, José Felipe Ledur sugere certos parâmetros, veja-se:

> A condenação em reparação de dano existencial deve ser fixada considerando-se a dimensão do dano e a capacidade patrimonial do lesante. Para surtir um efeito pedagógico e econômico, o valor fixado deve representar um acréscimo considerável nas despesas da empresa, desestimulando a reincidência, mas que preserve a sua saúde econômica[55].

Júlio César Bebber também destaca determinados elementos que devem ser observados pelo julgador quanto à aferição do dano existencial. Segundo o autor, deve-se levar como análise para fins de aferição do dano existencial:

> a) a injustiça do dano. Somente dano injusto poderá ser considerado ilícito; b) a situação presente, os atos realizados (passado) rumo à consecução do projeto de vida e a situação futu-

(54) *Idem*. p. 71/72.

(55) RIO GRANDE DO SUL, Tribunal Regional do Trabalho, RO 105-14.2011.5.04.0241. Relator Des. José Felipe Ledur, 1ª Turma, Diário eletrônico da Justiça do Trabalho, Porto Alegre, 3 jun. 2011.

ra com a qual deverá resignar-se a pessoa; c) a razoabilidade do projeto de vida. Somente a frustração injusta de projetos razoáveis (dentro de uma lógica do presente e perspectiva de futuro) caracteriza dano existencial. Em outras palavras: é necessário haver possibilidade ou probabilidade de realização do projeto de vida; d) o alcance do dano. É indispensável que o dano injusto tenha frustrado (comprometido) a realização do projeto de vida (importando em renúncias diárias) que, agora, tem de ser reprogramado com as limitações que o dano impôs[(56)].

8. CONSIDERAÇÕES FINAIS

É perceptível que o dano existencial gerado ao trabalhador pela inobservância das leis trabalhistas constitui graves consequências cumulativas à vítima. O exemplo do trabalhador afetado por Lesão de Esforço Repetitivo (LER) é irrepreensível. Os empregados constrangidos pela exigência compulsória de horas extras, por acúmulo de ação laboral superior à suportável, por falta de equipamentos que lhes facilitem ou lhes tornem menos sofríveis o desempenho físico são candidatos potenciais aos sintomas de irrealização dos sonhos comuns a todos, além de sofrerem a impossibilidade de renderem o que rendiam antes da(s) lesão (ões). Isso sem falar das perdas materiais decorrentes da invalidez parcial – às vezes até total – e do dano estético de que podem vir a ser vítimas. Ainda devem ser adidos, nesse quadro, a instabilidade psíquica, a vergonha, a humilhação, a dor existencial, fatores que configuram o dano moral decorrente da exploração geradora do dano existencial.

A convergência das sequelas do dano existencial ao dano moral e aos demais danos, dependendo do caso e da(s) pessoa(a) envolvida(s) é concreta. Não se pode conceber que, na conjuntura de crescimento e respeitabilidade adquiridos pelo Brasil, continuem a ocorrer desrespeitos aos trabalhadores da nação. A Justiça do Trabalho, por meio de suas decisões, tem, em certa medida, tentado coibir essas aberrações que tanto ofendem os que laboram. É, porém, preciso mais. Insta que os órgãos responsáveis pela defesa do direito dos trabalhadores se empenhem mais na defesa dos direitos dos que produzem neste país. Cabe aos representantes da Justiça do Trabalho ser ícones de uma nova era, verdade seja dita, como vêm tentando ser. Cabe aos órgãos fiscalizadores o papel de impedir os abusos. Cabe aos responsáveis pela Educação esclarecer aos trabalhadores atuais e aos futuros trabalhadores os direitos que lhes são constitucionais. É preciso que se avance nas relações trabalhistas, que se punam os exploradores, que se ressarçam os vitimados pela exploração do poder econômico. Assim, talvez, o desrespeito de poucos seja inibido, possibilitando, a muitos, o direito de realizar o mais simples objetivo da maioria dos seres humanos: viver com dignidade, lutar em igualdade de condições, concretizar sonhos. É direito. Não é favor.

(56) BEBBER, Júlio César. Danos extrapatrimoniais (estético, biológico e existencial): breves considerações. *Revista LTr*, São Paulo, n. 1, Jan., 2009. p. 29.

REFERÊNCIAS BIBLIOGRÁFICAS

ALMEIDA NETO, Amaro Alves de. *Dano existencial:* a tutela da dignidade da pessoa humana. Revista dos Tribunais, São Paulo, v. 6, n. 24, mês out/dez, 2005.

BALLESTRERO, Maria Vittoria. *La Conciliazione tra lavoro e famiglia. Brevi Considerazioni introduttive.* Lavoro e diritto, anno XXIII, n.2, primavera 2009.

BATISTA, Márcio Oliveira. A regulação do direito ao lazer no resgate da dignidade humana do trabalhador e sua formação social. In: ALMEIDA, Roberto Ribeiro de; CRUZ, Priscila Aparecida Silva; ALVES, Marianny (Org.). *Direitos Humanos em um contexto de desigualdades.* São Paulo: Boreal, 2012.

BEBBER, Júlio César. Danos extrapatrimoniais (estético, biológico e existencial): breves considerações. *Revista LTr*, São Paulo, v. 73, n. 1, jan. 2009.

BOUCINHAS FILHO, Jorge Cavalcanti. Aplicação da teoria da responsabilidade civil por perda de uma chance às relações de trabalho. *Revista Justiça do Trabalho*, Porto Alegre, ano 27, n. 318, jun. 2010.

BRASIL, Tribunal Superior do Trabalho, RR- 217600-28.2009.5.09.0303. Relator Ministro Mauricio Godinho Delgado, 3ª Turma, *Diário eletrônico da Justiça do Trabalho*, Brasília, 3 out. 2012.

BRASIL, Tribunal Superior do Trabalho, RR-35600-25.2006.5.15.0036. Relator Ministro Mauricio Godinho Delgado, 6ª Turma, *Diário eletrônico da Justiça do Trabalho*, Brasília, 5 ago. 2011.

DELGADO, Mauricio Godinho. Duração do trabalho: o debate sobre a redução para 40 horas semanais. *Revista Síntese Trabalhista e Previdenciária*, São Paulo, Ano XXII, n. 256, outubro, 2010.

FROTA, Hidemberg Alves da. Noções fundamentais sobre o dano existencial. *Revista Ciência Jurídica*, Belo Horizonte, v. 24, 2010.

LEWICKI, Bruno. *A privacidade da pessoa humana no ambiente de trabalho.* Rio de Janeiro: Renovar, 2003.

MARTINS, Sérgio Pinto. *Dano moral decorrente do contrato de trabalho*. 2. ed. São Paulo: LTr, 2008.

MELO, Raimundo Simão de. Indenização pela perda de uma chance. *Revista da Academia Nacional de Direito do Trabalho*, ano XV, n. 15, 2007.

MINAS GERAIS, Tribunal Regional do Trabalho, RO – 00709-2008-033-03-00-5. Relatora Convocada Taísa Maria Macena de Lima, 10ª Turma, *Diário eletrônico da Justiça do Trabalho*, Belo Horizonte, 15 jul. 2009.

NICCOLAI, Alberto. *Orario di lavoro e resto della vita*. Lavoro e diritto, anno XXIII, n.2, primavera 2009.

OLIVEIRA, Christiana D'arc Damasceno. *O direito do trabalho contemporâneo*. São Paulo: LTr, 2012.

OLIVEIRA, Paulo Eduardo V. *O dano pessoal no direito do trabalho*. 2. ed. São Paulo: LTr, 2010.

RIO GRANDE DO SUL, Tribunal Regional do Trabalho, RO 105-14.2011.5.04.0241. Relator Des. José Felipe Ledur, 1ª Turma, *Diário eletrônico da Justiça do Trabalho*, Porto Alegre, 3 jun. 2011.

SILVA, De Plácido e. *Vocabulário jurídico*. 28. ed. Rio de Janeiro: Forense, 2009.

SOARES, Flaviana Rampazzo. *Responsabilidade civil por dano existencial*. Porto Alegre: Livraria do advogado, 2009.

SUPIOT, Alain. *Critique du droit du travail*. Paris: Presses universitaires de France, 2002.

______. *L'esprit de Philadelphie:* la justice sociale face au marché total. Paris: Seuil, 2010.

Parte IX

RESPONSABILIDADE PELA PERDA DE UMA CHANCE

Capítulo 15

Responsabilidade Civil pela Perda de uma Chance no Direito do Trabalho

Érica Fernandes Teixeira(*)
Maria Cecília Máximo Teodoro(**)

1. INTRODUÇÃO

A sociedade está em constante transformação, é um organismo mutante, em ebulição. Todos os dias novas formas de lesão surgem, bem como novos bens jurídicos protegidos. O Direito, enquanto mecanismo de pacificação social, está sempre aquém dos fatos sociais, tentando regulamentá-los e gerar a harmonia das relações.

Para tanto, o ordenamento jurídico precisa diariamente ser revisto, reinterpretado, objeto de um novo olhar da hermenêutica, sob pena de tornar-se obsoleto e incapaz de regrar as relações sociais.

Na seara da responsabilidade civil não é diferente. Este instituto do Direito Civil vem se desenvolvendo no sentido de alargar seu âmbito de reparação ao dano causado injustamente. Nesse sentido, o Novo Código Civil Brasileiro, por exemplo, rompe com seus pressupostos anteriores, de proteção do devedor (neste incluído o autor da lesão), rumo a um novo modelo, de proteção integral ao credor (neste incluída a vítima).

Afinada a esta tendência ganha relevo a teoria da reparação da perda de uma chance, que se exprime pela possibilidade de condenação pela reparação daquele que retirou de outrem uma oportunidade de obter uma vantagem ou de evitar um prejuízo.

Defende-se aqui, portanto, sua atualidade, necessidade e viabilidade no ordenamento jurídico brasileiro, extrapolando, inclusive, as fronteiras do Direito Civil e fazendo surtir efeitos nas relações de trabalho, seara profícua para a existência de danos dessa ordem.

2. A EVOLUÇÃO DA RESPONSABILIDADE CIVIL: A INDENIZAÇÃO PELA PERDA DE UMA CHANCE

A perda de uma chance, por se tratar de algo estritamente hipotético, sempre foi considerada como irreparável, não compondo o objeto de proteção e regulamentação do Direito.

O princípio-guia da responsabilidade civil outrora informava à ordem jurídica que aquele que causasse dano a outrem seria compelido a reparar os prejuízos causados em razão de seu ato, e de maneira integral. Nestes prejuízos incluíam-se os danos emergentes e os lucros cessantes resultantes do ato ilícito ou injusto praticado por alguém.

(*) Doutora e Mestre em Direito do Trabalho pela PUC Minas. Professora de Direito e Processo do Trabalho da Graduação e Pós-graduação *lato sensu* da PUC Minas. Advogada.

(**) Pós-Doutora em Direito do Trabalho pela Universidade de Castilla-La Mancha com bolsa de pesquisa da CAPES; Doutora em Direito do Trabalho e da Seguridade Social pela USP - Universidade de São Paulo; Mestre em Direito do Trabalho pela Pontifícia Universidade Católica de Minas Gerais; Graduada em Direito pela PUC/MG; Professora de Direito do Trabalho do Mestrado e da Graduação e membro eleita do Colegiado do Programa de Pós-Graduação em Direito da PUC/MG; Professora da Faculdade Estácio de Sá; Pesquisadora; Autora de livros e artigos.

De fato, o ato danoso gera sequelas sociais, comprometendo a funcionalidade dos meios e modos de produção e a legitimidade do Estado como garantidor da ordem social[1].

Portanto, o Código Civil lança as linhas necessárias ao harmonioso convívio social, por meio do art. 927, que dispõe:

> Art. 927. "Aquele que, por ato ilícito (arts. 186 e 187), causar dano a outrem, fica obrigado a repará-lo".

Por seu turno, o artigo 186 conceitua o ato ilícito, e o artigo 187 vai além conceituando o exercício indevido de um direito.

> Art. 186. Aquele que, por ação ou omissão voluntária, negligência ou imprudência, violar direito e causar dano a outrem, ainda que exclusivamente moral, comete ato ilícito.
>
> Art. 187. Também comete ato ilícito o titular de um direito que, ao exercê-lo, excede manifestamente os limites impostos pelo seu fim econômico ou social, pela boa-fé ou pelos bons costumes.

A reparação do dano deve ser total, de maneira a não só ressarcir a vítima do ato ilícito, mas também de alcançar o efeito pedagógico de educar o autor do ato.

Raimundo Simão de Melo explica como se posicionava a hermenêutica jurídica no que dizia respeito à responsabilização civil:

> Por muito tempo o direito ignorou a possibilidade de se responsabilizar o autor do dano decorrente da perda de alguém obter uma oportunidade de chances ou de evitar um prejuízo, argumentando que aquilo que não aconteceu não pode nunca ser objeto de certeza, a propiciar uma reparação. Igualmente à postura da doutrina, os tribunais costumavam exigir, por parte da vítima que alegava a perda de uma chance, prova inequívoca de que, não fora a ocorrência do fato, teria conseguido o resultado que se diz interrompido[2].

Anteriormente à entrada em vigor do Código Civil de 2002, prevalecia, na vigência do regramento de 1916, uma previsão restrita acerca da abrangência da tutela da responsabilidade civil. [3] [4]

Mas o Direito lançou um novo olhar sobre a álea dos contratos, encampando-a e passando a considerá-la no momento de aplicação das normas relativas à reparação de danos, absorvendo assim a indenização pela perda de uma chance. As reais e sérias chances obstadas devem ser reparadas, quando comprovado o nexo de causalidade entre o ato do ofensor e a oportunidade perdida pela vítima.

Nesse sentido, a realidade passou a demonstrar e a trazer à tona outras possibilidades, como a de um ato ilícito ou injusto praticado por alguém acabar por privar outrem de uma chance, fazendo-o perder a oportunidade de se obter uma vantagem ou de evitar um prejuízo.

O artigo 402 do Código Civil tratou de explicitar a indenização pela perda de uma chance, a teor do que prevê a cláusula geral de responsabilidade disposta no artigo 5º, V, da Constituição Federal. Assim:

> Art. 402. Salvo as exceções expressamente previstas em lei, as perdas e danos devidas ao credor abrangem, além do que ele efetivamente perdeu, o que razoavelmente deixou de lucrar.

Também, o artigo 949 do referido Código Civil reconhece o direito ao recebimento de indenização nas demais hipóteses de dano, de forma abrangente:

> Art. 949. No caso de lesão ou outra ofensa à saúde, o ofensor indenizará o ofendido das despesas do tratamento e dos lucros cessantes até ao fim da convalescença, além de algum outro prejuízo que o ofendido prove haver sofrido.

A evolução da legislação sobre responsabilidade civil, que se absteve de prever especificamente os da-

(1) SOBRINHO, Zéu Palmeira. Tendências da Responsabilidade Acidentária. *Revista LTr*, vol. 75, 10 de out. de 2011.

(2) MELO, Raimundo Simão de. *Direito ambiental do trabalho e a saúde do trabalhador*: responsabilidades legais, dano material, dano moral, dano estético, indenização pela perda de uma chance, prescrição. 4. ed. São Paulo: LTr, 2010. p. 425.

(3) Art. 159 (Cód. Civil 1916): "Aquele que, por ação ou omissão voluntária, negligência, ou imprudência, violar direito, ou causar prejuízo a outrem, fica obrigado a reparar o dano. A verificação da culpa e a avaliação da responsabilidade regulam-se pelo disposto neste Código, arts. 1.518 a 1.532 e 1.537 a 1.553."

(4) Art. 1.538 (Cód. Civil 1916): "No caso de ferimento ou outra ofensa à saúde, o ofensor indenizará o ofendido das despesas do tratamento e dos lucros cessantes até o fim da convalescença, além de lhe pagar a importância da multa no grau médio da pena criminal correspondente. (Redação dada pelo Decreto do Poder Legislativo n. 3.725 , de 15.1.1919) § 1º Esta soma será duplicada, se do ferimento resultar aleijão ou deformidade. § 2º Se o ofendido, aleijado ou deformado, for mulher solteira ou viúva, ainda capaz de casar, a indenização consistirá em dotá-la, segundo as posses do ofensor, as circunstâncias do ofendido e a gravidade do defeito."

nos suscetíveis de reparação, propicia, atualmente, a aplicação deste instituto de forma mais ampla e global, para diversas lesões sofridas a fim de tutelar os interesses relevantes da vítima. Nesse sentido:

> É a chamada erosão dos filtros tradicionais da responsabilidade civil, que por meio da relativização desses elementos, caracteriza a responsabilidade em tantas hipóteses que até então estavam sem proteção da dogmática existente, principalmente a responsabilidade civil pela perda de uma chance.[5]

Atualmente, diante das novas situações desafiadoras da releitura do instituto da responsabilidade civil, vêm também os Tribunais absorvendo a possibilidade de reparação de quem perdeu uma chance que possuía de ganhar uma vantagem ou de evitar um prejuízo, diante de um dano definitivo que poderia ter sido evitado não fosse a conduta de outrem. Em tais casos, uma concepção literal da legislação vigente e dos pressupostos da responsabilidade civil não daria conta de reparar o dano em prol da vítima"[6].

Assim, mesmo aquele prejuízo que não poderia ser objeto de certeza, posto que, dentro da esfera das possibilidades, passou a ser tutelado pelo Direito ao ampliar a hipótese de responsabilização do autor de um ato ilícito ou injusto que levasse alguém a perder uma chance.

Segundo Sérgio Savi[7], a indenização pela perda de uma chance surgiu por meio da jurisprudência da Corte de Cassação Francesa, que firmou entendimento no sentido de que o dano poderia ocorrer não pelo resultado final ou pela perda da própria vantagem esperada, mas também pela perda da possibilidade de se alcançar a vantagem. A tese surgiu inicialmente em querelas envolvendo a atividade médica, sendo que a Corte de Cassação passou a condenar pela perda da chance do paciente sobreviver.

Nos estudos de Rafael Peteffi da Silva, o caso mais remoto narrado sobre a teoria da perda de uma chance é datado do século XIX, também por meio da Corte de Cassação Francesa, especificamente em 17 de julho de 1889, quando esta indenizou "um demandante pela atuação culposa do auxiliar da justiça, que, por mau procedimento, obliterou todas as suas possibilidades de lograr êxito na demanda"[8].

O primeiro caso relatado no Direito Italiano interessa ao presente estudo de maneira peculiar, pois se tratou da perda de uma chance relacionada a uma oportunidade de emprego. Este caso é datado de 1983 e ocorreu na Corte de Cassação Italiana. A demanda envolvia o processo de seleção de motoristas, e após o início da recrutamento, a empresa impediu que alguns dos participantes realizassem as provas de direção e de cultura elementar, mesmo tendo se submetido a todos os exames médicos como os demais candidatos. O juiz de primeiro grau entendeu devido o direito dos autores de realizarem as provas, condenando a empresa ao pagamento de indenização pelo atraso no processo de recrutamento. A decisão foi reformada pelo Tribunal de Roma, que entendeu que a perda da chance não seria objeto de indenização, em razão de sua realização hipotética, ou seja, não se tratava de uma mera possibilidade. Mas a Corte de Cassação reformou a decisão do Tribunal de Roma, esclarecendo que o que se indenizava não era a não ocorrência do resultado favorável, mas sim a perda da possibilidade de os autores conseguirem êxito no processo seletivo, caso não tivessem sido obstados de concluí-lo.

A perda de uma chance é algo mais sublime do que a demonstração inequívoca de um resultado danoso, consequência de um ato ilícito ou injusto.

Se considerarmos que a chance é "um processo que oportuniza a determinada pessoa a obtenção, no futuro, de algo que lhe seja proveitoso"[9], a perda da chance, então, é a interrupção ou eliminação dessa possibilidade, ou seja a oportunidade de se alcançar a vantagem foi frustrada, porque ela não mais ocorrerá.

Sergio Cavalieri elucida que a chance perdida para ser reparável deve caracterizar um prejuízo material ou imaterial resultante de um ato ou um fato consumado, não podendo este ser hipotético ou eventual. E continua:

---

(5) SILVA, Cássia Bertassone da. Responsabilidade civil pela perda de uma chance no direito do trabalho. *Revista Síntese Trabalhista e Previdenciária*. n. 277, julho de 2012. p. 13.

(6) VIEGAS, Cláudia Mara de Almeida Rabelo; SILVA, Carlos Brandão Ildefonso; RABELO, Cesar Leandro de Almeida. A reparação civil pela perda de uma chance nas relações jurídicas civis e do trabalho. *In: Âmbito Jurídico*, Rio Grande, XIV, n. 95, dez 2011. Disponível em: < http://www.ambito-juridico.com.br/site/index.php?n_link=revista_artigos_leitura&artigo_id=10769>. Acesso em abr 2013.

(7) SAVI, Sérgio. *Responsabilidade civil por perda de uma chance*. São Paulo: Atlas. 2009. p. 3.

(8) SILVA, Rafael Peteffi. *Responsabilidade civil pela perda de uma chance*. São Paulo: Atlas, 2006. p. 10.

(9) NETO, José Afonso. A responsabilidade civil: a teoria da perda de uma chance. *Revista do CAAP* – 1º semestre, 2009. p. 349.

Em outras palavras, é preciso verificar em cada caso se o resultado favorável seria razoável ou se não passaria de mera possibilidade aleatória. A vantagem esperada pelo lesado não pode consistir numa mera eventualidade, suposição ou desejo, do contrário estar-se-ia premiando os oportunismos, e não reparando as oportunidades perdidas".[(10)]

Sérgio Savi[(11)] defende que a indenização será devida quando comprovado no caso concreto uma probabilidade real de no mínimo 50% de êxito. Explicita também a necessidade de existência de elevada proporção de certeza a doutrina de Hector Iribarne:

> La otra postura considera indemnizables las chances cuyo coeficiente de certidumbre no sea muy débil, pues en tal caso desecha la reparación. Se indemnizarán entonces las que representem tal coeficiente de certidumbre elevado em grado suficiente.[(12)]

Já o prejuízo pode ser compreendido como um resultado danoso, indesejado. Desse modo, a perda da possibilidade de evitar um prejuízo seria a frustração da oportunidade de evitá-lo, situação em que o prejuízo ocorrerá.

3. O PARADIGMÁTICO CASO BRASILEIRO DO SHOW DO MILHÃO

No Brasil o caso mais emblemático a respeito da aplicação da Teoria da Perda de uma Chance se deu em decorrência do Programa Show do Milhão, do canal SBT do empresário Silvio Santos.

A questão chegou no âmbito dos Tribunais Superiores, obtendo destaque nacional e foi relatada no julgamento do RESP 788.458/BA, realizado pela 4ª Turma do STJ, em 08.11.2005, ficando conhecido como "O Caso do Show do Milhão".

> RECURSO ESPECIAL. INDENIZAÇÃO. IMPROPRIEDADE DE PERGUNTA FORMULADA EM PROGRAMA DE TELEVISÃO. PERDA DA OPORTUNIDADE.
>
> 1. O questionamento, em programa de perguntas e respostas, pela televisão, sem viabilidade lógica, uma vez que a Constituição Federal não indica percentual relativo às terras reservadas aos índios, acarreta, como decidido pelas instâncias ordinárias, a impossibilidade da prestação por culpa do devedor, impondo o dever de ressarcir o participante pelo que razoavelmente haja deixado de lucrar, pela perda da oportunidade. 2. Recurso conhecido e, em parte, provido. (REsp 788459/BA, Rel. Min. Fernando Gonçalves, 4ª Turma, julgado em 08.11.2005, DJ 13.03.2006. p. 334).

A partir deste paradigmático caso, algumas considerações puderam ser desenvolvidas e a Teoria da Perda de uma Chance passou a ser tratada mais de perto pela esfera trabalhista, que começou a vislumbrar sua aplicação nas relações de trabalho.

Assim, para que seja configurada a perda de uma chance, a conduta do agente deve ser culposa (ou não, nas hipóteses de responsabilidade objetiva), conduta esta que pode implicar em uma ação ou omissão, tal como ordena a Teoria Geral da Responsabilidade Civil. Nos ensinamentos de Fernando Noronha, a perda de uma chance:

> ...caracteriza um dano, que será reparável quando estiverem reunidos os demais pressupostos da responsabilidade civil; em especial, será exigida culpa do agente quando a hipótese for de responsabilidade subjetiva e prescindir-se-á dela quando a responsabilidade for objetiva.[(13)]

Deve-se comprovar a existência de um dano e o nexo causal entre este e a conduta do agente.

O grande diferencial na perda de uma chance diz respeito exatamente ao dano. Este não pode, definitivamente, se configurar como danos emergentes ou lucros cessantes, sob pena de se confundir com o instituto da responsabilidade civil.

O dano deve ser verificado sob a roupagem da perda da possibilidade de obtenção de uma situação jurídica mais favorável ou da perda da possibilidade de se evitar um prejuízo. E mais, a chance perdida ou prejuízo não evitado devem ser sérios e reais.

Ou seja, caso a ação ou omissão do agente gere danos emergentes ou inviabilize o ganho de vantagem determinada ou determinável, não se estará diante da

(10) FILHO, Sérgio Cavaliere. *Programa de responsabilidade civil*. São Paulo: Atlas. 9. ed., rev. e atual. 2010. p. 77.

(11) SAVI, Sérgio. *Responsabilidade Civil por Perda de uma Chance*. 2. ed. São Paulo: Atlas, 2009. p. 61.

(12) IRIBARNE, Hector. *De los danõs a la persona*. Buenos Aires: Sociedad Anónima Editora, Comercial, Industria, Financeira, 1995. p. 133.

(13) NORONHA, Fernando. *Direito das obrigações*. 3.ed. São Paulo: Saraiva. 2010. p. 670.

perda de uma chance, mas diante de um dano típico, que desafia a responsabilização civil geral.

No caso do Show do Milhão, o juiz de primeiro grau entendeu que a pergunta, sem uma resposta possível, fez com que a participante do programa perdesse a chance de ganhar um milhão. Mas ao fixar a condenação, ordenou o pagamento do "um milhão" para a candidata, como se fosse certa a vitória dela no programa, caso houvesse uma resposta correta. Dessa forma, o juiz de primeiro grau confundiu a perda de uma chance de ganhar o milhão com a perda da vantagem integral, ou seja, o um milhão.

Este foi, inclusive, o fundamento para a reforma da decisão do Show do Milhão na instância superior. A argumentação foi justamente no sentido de que se a pergunta comportava quatro possibilidades de respostas, caso houvesse uma resposta correta, a candidata teria 25% de chance de acertar e, assim, fixou a condenação em duzentos e cinquenta mil reais.

Nesse caso, a condenação responsabilizou o agente pelo ato que fez com que a candidata perdesse a chance de obter uma vantagem, na proporção de suas chances de êxito.

4. NATUREZA JURÍDICA DA INDENIZAÇÃO PELA PERDA DE UMA CHANCE: POSIÇÕES DOUTRINÁRIAS

O enquadramento da natureza jurídica da indenização pela perda de uma chance não apresenta uniformidade na doutrina.

Conforme expõe Glenda Gonçalves Gondim, em razão da admissão da indenização por dano material e moral, oriundos do mesmo fato, consoante dispõe a Súmula n. 37 do STJ, é possível entender pela lesão patrimonial e moral advinda da perda de uma chance. Ainda, será extrapatrimonial ou patrimonial, conforme a verificação do resultado final (almejado ou que se pretendia obstar). "Assim, se o dano era extrapatrimonial, extrapatrimonial será a chance e se patrimonial, assim também será a reparação pela chance."(14)

No que se refere ao dano patrimonial, é necessário distinguir se a chance será reparada como dano emergente ou lucros cessantes.

(14) GONDIM, Glenda Gonçalves. A teoria da perda de uma chance: breves considerações sobre a sua aplicação nas demandas Trabalhistas. *Revista trabalhista de Direito e Processo*. Ano 8, n. 32. out, nov e dez de 2009. p. 128.

Como a perda de uma chance guarda forte relação com a interrupção de um resultado final que poderia ter sido alcançado, sua reparação pode ser caracterizada como lucros cessantes, o que destoa da doutrina italiana.(15) Assim:

> A teoria da perda de uma chance (*perte d'une chance*) guarda certa relação com o lucro cessante uma vez que a doutrina francesa, onde a teoria teve origem na década de 60 do século passado, dela se utiliza nos casos em que o ato ilícito tira da vítima a oportunidade de obter uma situação futura melhor.(16)

Sérgio Savi, mencionando Bocchiola, destaca que, conforme posicionamento majoritário italiano e, também, francês, a reparação da chance está ligada à reparação por danos emergentes e "... não por lucro cessante ou dano moral."(17)

Nesse sentido, Cavalieri Filho destaca a ideia defendida por Sérgio Savi, fundado no entendimento de Adriano De Cupis. Conclui que a perda de uma chance deve ser considerada em nosso ordenamento jurídico como uma subespécie de dano emergente. Para tanto, a chance deve ser considerada uma espécie de propriedade anterior do sujeito que sofre a lesão e que, ao alocar a perda de uma chance no conceito de dano emergente, elimina-se o problema da certeza do dano, já que, ao contrário de se pretender reparar o prejuízo decorrente da perda do resultado útil esperado, indeniza-se a perda da chance de obter o resultado útil esperado. A indenização não é concedida pela vantagem perdida, mas em razão da perda da possibilidade de conseguir a referida vantagem. É, pois, estabelecida uma distinção entre o resultado perdido e a chance de alcançá-lo. Dessa forma, a indenização pela perda de uma chance não se afasta da regra de certeza do dano, já que a possibilidade perdida, propriamente dita, era efetivamente existente. Perdida a chance, o dano é, portanto, certo.(18)

Porém, há forte corrente doutrinária que acertadamente entende que o dano pela perda de uma chance constitui uma espécie intermediária de dano, que transita entre o dano emergente e o lucro

(15) GONDIM, Glenda Gonçalves. ob. cit. p. 128.

(16) CAVALIERI FILHO, Sergio. *Programa de responsabilidade civil*. 9. ed. São Paulo: Atlas, 2010. p. 77.

(17) SAVI, Sérgio. *Responsabilidade civil por perda de uma chance*. 2. ed. São Paulo: Atlas, 2009. p. 53.

(18) CAVALIERI FILHO, Sergio. Ob. cit. p.80.

cessante. Trata-se, pois, de um terceiro gênero de indenização. Raimundo Simão de Melo esclarece:

> Se a perda de uma chance for enquadrada como dano emergente ou lucro cessante, terá o autor da ação que comprovar de forma inequívoca que, não fosse a existência do ato danoso, o resultado teria se consumado, com a obtenção da chance pretendida, o que é impossível. Ora, se a vitória não pode ser provada e confirmada, o mesmo ocorre em relação ao insucesso da obtenção do resultado esperado. (...) Assim, o enquadramento desse dano não cabe exatamente no dano emergente nem nos lucros cessantes, ante a probabilidade e não certeza de obtenção do resultado aguardado. Entendo que se trata de uma terceira espécie intermediária de dano, entre o dano emergente e o lucro cessante.(19)

O fundamento desta terceira corrente consiste exatamente na aferição da responsabilidade do resultado esperado. A incerteza repousa sobre o fato danoso em si; a probabilidade refere-se ao próprio evento. Nesse sentido:

> ... a indenização deve corresponder à própria chance, que o juiz apreciará *in concreto*, e não ao lucro ou perda que dela era objeto, uma vez que o que falhou foi a chance, cuja natureza é sempre problemática na sua realização.

Ressalta-se que o dano gerado pela perda de uma chance não se configura dano moral. Neste, ocorre agressão extrapatrimonial aos direitos de personalidade, o que não se verifica no caso da chance, em que há frustração de uma probabilidade séria e real. O dano moral pode, pois, ser utilizado como elemento para balizar a reparação da chance, majorando ou reduzindo o valor do montante indenizatório.

5. RESPONSABILIZAÇÃO PELA PERDA DE UMA CHANCE NAS RELAÇÕES DE EMPREGO

As regras que disciplinam a responsabilidade civil, inclusive a ampliação dos danos reparáveis, incluindo a teoria da perda de uma chance, são aplicáveis ao Direito do Trabalho, em caráter subsidiário, conforme prevê o artigo 8º, parágrafo único da CLT.(20)

O ramo jurídico trabalhista possui fundamental intento democrático e inclusivo no sistema socioeconômico capitalista, visando desmercantilizar a força de trabalho e restringir o livre império das forças de mercado na regência da oferta e da administração do trabalho humano.(21) Seus institutos, características, funções e princípios admitidos, em especial, o da dignidade da pessoa humana, o valor social do trabalho e a livre iniciativa, assim como o princípio basilar da proteção, compatibilizam-se com a teoria da perda de uma chance. Esta teoria pode contribuir para atenuar os conflitos entre capital e trabalho, ao permitir a reparação das oportunidades perdidas pelas partes envolvidas numa relação de emprego, além de contribuir para promover de uma sociedade mais justa e democrática.

Conforme elucida Raimundo Simão de Melo a teoria da responsabilidade pela perda de uma chance possui campo fértil de aplicação nas relações de trabalho, em especial nos casos de doenças e acidentes de trabalho. E exemplifica:

> "Imagine-se a situação de um trabalhador que, em perfeitas condições de higidez física e psíquica, na busca de melhoria profissional, está se preparando e ao mesmo tempo prestando concurso público, mas, em razão de um evento acidentário, perde a oportunidade de concluir um certame de que está participando, quando, para conseguir o seu desiderato, precisava apenas de submeter à última das fases eliminatórias do concurso."(22)

Conforme destaca o autor, a citada hipótese não ilustra um caso de lucro cessante, tampouco de dano emergente, pois o trabalhador ainda não havia completado todos os requisitos para ser investido em nova função, não tendo garantida sua aprovação e posse.

Em outra hipótese, expõe:

> "Outra hipótese pode ocorrer em relação ao funcionário que, conforme as normas inter-

(19) MELO, Raimundo Simão. Indenização pela perda de uma chance. *Revista LTr.* v. 71, n. 4, abril de 2007. p. 439.

(20) **Art. 8º CLT:** As autoridades administrativas e a Justiça do Trabalho, na falta de disposições legais ou contratuais, decidirão, conforme o caso, pela jurisprudência, por analogia, por equidade e outros princípios e normas gerais de direito, principalmente do direito de trabalho, e, ainda, de acordo com os usos e costumes, o direto comparado, mas sempre de maneira que nenhum interesse de classe ou particular prevaleça sobre o interesse público. **Parágrafo único**. O direto comum será fonte subsidiária do direito do trabalho, naquilo em que não for incompatível com os princípios fundamentais deste.

(21) DELGADO, Mauricio Godinho. *Curso de direito do trabalho*. 12. ed. São Paulo: LTr. p. 54.

(22) MELO, Raimundo Simão. Indenização pela perda de uma chance. *Revista LTr.* v. 71, n. 4, abril de 2007. p. 441.

nas da empresa, estava prestes a obter uma promoção, a qual não se concretizou por conta de perseguições e de assédio moral praticados pelo chefe do mesmo. A pessoa assediada pode ter sido demitida ou pedido demissão do emprego porque não suportou o assédio. Nesse caso, há possibilidade de se discutir o pagamento de indenização pela perda de oportunidade de obtenção da promoção, que poderia ser efetivada não fosse aquele injusto dano contra ele assacado.(23)

O tema ainda desafia posicionamentos divergentes na seara juslaborativa, por ora confundindo os institutos da responsabilidade civil geral com a perda de uma chance, como pode-se destacar das ementas abaixo. A primeira conceitua a perda de uma chance mas não a distingue do dano comum, enquanto a segunda ressalta bem a distinção.

> PERDA DE UMA CHANCE - DANOS MATERIAIS E MORAIS. A perda de uma chance, conquanto venha sendo admitida como nova modalidade de dano, comporta, para sua reparação, o preenchimento dos [illegible] É necessária a coexistência, em regra, de um ato ilícito, um erro de conduta ou abuso de direito do agente, além do prejuízo suportado pelo trabalhador e do nexo de causalidade entre a conduta injurídica do primeiro e o dano experimentado pelo último (artigo 7º, inciso XXVIII, da Constituição da República e artigo 186 do Código Civil de 2002). Preenchidos todos os requisitos, impõe-se a reparação do dano. (TRT 3, 00002-2011-157-03-00-2-RO, Oitava Turma; Rel. Juiz Convocado Carlos Roberto Barbosa, DEJT de 27.04.2012).

> DANO MORAL. INDENIZAÇÃO PELA PERDA DE UMA CHANCE. A indenização pela perda de uma chance ou de uma oportunidade vem sendo entendida pela doutrina como um **tertium genus** na teoria da responsabilidade civil. Constitui o ressarcimento pela privação da chance de se obter um lucro ou de se evitar um determinado prejuízo. (TRT 1, 0017100-96.2008.5.01.040, Rel. Marcos Cavalcante, DOERJ de 12.08.2010).

Nas causas envolvendo acidente de trabalho, a teoria da perda de uma chance possui grande aplicação. No caso abaixo, o TRT da 4ª Região manteve a condenação da empresa reclamada no pagamento de pensão à reclamante, vítima de acidente de trabalho, cujo vínculo laborativo foi mantido. Tal indenização foi deferida cumulativamente ao salário da obreira, já que foi constatada que a perda de sua capacidade laborativa reduziu as oportunidades de galgar melhores condições de trabalho e salário na mesma empresa ou oportunidades distintas. Eis o acórdão:

> ACIDENTE DE TRABALHO. RESPONSABILIDADE CIVIL. PENSÃO MENSAL VITALÍCIA. COMPENSAÇÕES. IDADE LIMITE. 1. Demonstrado que a reclamada não ofereceu treinamento adequado ao reclamante e deixou de instalar equipamentos de proteção na serra circular que o feriu, resta configurada sua culpa e responsabilidade pelos danos materiais e morais resultantes do acidente de trabalho; 2. Mesmo que o trabalhador mantenha-se no emprego sem redução de salário, ou obtenha outro posto de trabalho com remuneração idêntica, é certo que a perda parcial da capacidade laborativa reduz suas chances de buscar melhores condições e remuneração na mesma empresa ou no mercado de trabalho. Por isso, a indenização sob a forma de pensão não é compensável com as quantias pagas em retribuição ao trabalho; 3. Verificada a redução da capacidade laboral de forma permanente, é devido o deferimento da pensão mensal de modo vitalício, sobretudo quando se considera que tal medida resguarda o trabalhador de perder a pensão justamente na velhice, quando ela se torna ainda mais necessária. Recurso da reclamada a que se nega provimento. (TRT 4, 00007-2006-721-04-00-1 RO; Relatora: Ana Rosa Pereira Z. Sagrilo. Julgamento: 23.04.2009)

A Justiça do Trabalho vem sendo frequentemente desafiada a analisar casos envolvendo a aplicação da Teoria da Perda de uma Chance, normalmente envolvendo tratativas pré-contratuais, processos seletivos de emprego e questões atinentes a critérios de promoção empresariais.

Sobre o tema, o seguinte precedente do TST expressa:

> I – Recurso de revista da reclamada. 1. Incompetência da Justiça do Trabalho. (...) 3. Teoria da chance perdida. Probabilidade séria e real de auferir vantagem. Subtração abrupta da oportunidade de obter ganho futuro. Intensa sensação de perda. Enquadramento na modalidade de dano moral. Possibilidade. 3.1. A dinâmica da sociedade moderna, a despeito de promover integração e crescimento, imprescinde de mecanismo capaz de atuar tanto na prevenção de lesões, quanto na restauração integral de prejuízos já consumados. 3.2. O impulso dessa estrutura contemporânea, ao fomentar o aparecimento de novos danos à pessoa, promove a edificação de diferentes

(23) MELO, Raimundo Simão. Ob. cit. p. 441.

propostas de reparação, dentre elas: a teoria da perda da oportunidade de obter vantagem certa e determinada (*-perte d'une chance-*), sob a perspectiva da ação ou omissão responsável pela interrupção do curso natural do processo, antes, portanto, da realização de seu objeto. 3.3. Sobreleva notar que somente a chance séria e real, aqui compreendida como a probabilidade de auferir ganho futuro, é que admite a configuração dessa espécie de dano, pois, do contrário, ter-se-ia o ressarcimento indiscriminado de esperanças aleatórias ou hipotéticas. 3.4. Nesse contexto, não se admite a reparação da perda da própria vantagem, mas do prejuízo decorrente da subtração da chance de obter o resultado esperado, realidade que repercute, inclusive, no valor da indenização. 3.5. A presença dos requisitos que dão alento à configuração da responsabilidade pela perda da chance recomenda a apreciação da causa, sob o enfoque de prejuízos materiais ou imateriais. Recurso de revista não conhecido." (...) (RR: 93100-69.2003.5.07.0006, Relator Ministro: Alberto Luiz Bresciani de Fontan Pereira, Data de Julgamento: 05.09.12, 3ª Turma, Data de Publicação: 14.09.12).

Na fase pré-contratual, a teoria também é aplicável na seara trabalhista. A seguir, um caso em que após aprovação na seleção curricular promovida pela reclamada, que envolvia diversos testes, o reclamante foi contratado para trabalhar na função de motorista. Porém, às vésperas de iniciar suas atividades, foi informado que o contrato de trabalho anotado em sua CTPS havia sido cancelado. Diante da séria e real expectativa de assumir o novo posto de trabalho, o obreiro se desligou de relação de emprego anterior, estando desempregado em razão de tal situação. Segue acórdão:

> RESPONSABILIDADE PRÉ-CONTRATUAL. INDENIZAÇÃO PELA PERDA DE UMA CHANCE. DANO MORAL. Demonstrada a existência de clara promessa de emprego por parte da reclamada, em razão da participação do autor de processo seletivo prévio e de exame admissional, cuja contratação restou frustrada pela conduta ilícita praticada pela reclamada, em afronta ao princípio da boa-fé objetiva que norteia também a fase pré-contratual, à luz do artigo 422 do Código Civil, e em claro prejuízo ao reclamante, resta devida a indenização pleiteada pelo autor. (TRT 4ª Região; 0000729-59.2011.5.04.0016 RO; JUIZ CONVOCADO JOÃO BATISTA DE MATOS DANDA (RELATOR); Data de Julgamento: 25.10.2012)

O que se observa, no entanto, como já alertado nas linhas pretéritas, é que muito se confunde ainda a perda da chance com a perda da vantagem em si, no momento de arbitrar o valor da condenação. A aferição do dano e definição do montante indenizatório, em muitos casos, mostra-se tarefa difícil para o magistrado, que não deve confundir uma mera e hipotética chance com uma séria e verdadeira probabilidade de êxito do resultado esperado. Indispensável, pois, a utilização do princípio da razoabilidade, já que a mensuração da chance perdida deverá necessariamente ser menor que a vantagem esperada. Por isso:

> A reparação da perda de uma chance não pode repousar na certeza de que a chance seria realizada e que a vantagem perdida resultaria em prejuízo. Trabalha-se no campo das probabilidades. Nessa linha, consagrou o o Código Civil (art. 402), o princípio da razoabilidade, caracterizando, no caso, o lucro cessante como aquilo que razoavelmente a vítima deixou de lucrar, o que se aplica a essa terceira espécie de dano, que para aquilatá-lo deve o juiz agir com bom-senso, segundo um juízo de aplicabilidade, embasado nas experiências normais da vida e em circunstâncias especiais do caso concreto. A probabilidade deve ser séria e objetiva em relação ao futuro da vítima, em face da diminuição do benefício patrimonial legitimamente esperado.

No caso abaixo, o empregado foi aprovado em processo seletivo interno, mas foi impedido de ocupar o cargo de maior destaque na empresa e, consequentemente, de perceber maior salário, em razão de ter sido dispensado por justa causa, cuja ocorrência não restou comprovada nos autos, configurando-se o ato de dispensa da empregadora como ilícito.

O juízo entendeu que o ato ilícito da dispensa por justa causa não comprovada retirou a chance de êxito profissional do empregado, já aprovado no processo seletivo interno, razão pela qual condenou a empresa ao pagamento das verbas rescisórias com base no salário que o empregado perceberia caso tivesse ocupado o cargo superior.

> E assim se estabelece essa reparação material, considerando que o provável (e o provável, como exposto, consiste no elemento certeza), era que o reclamante fosse guindado ao cargo de supervisor (porque vencedor de todas as etapas do processo de seleção e até comunicado dessa sua esperada promoção), com salário mensal de R$ 1.090,00, não se tendo a certeza,

por outro lado (elemento incerto), de que permaneceria nesse cargo por este ou aquele período de tempo. Trabalhando, pois, nesta linha de considerações, tem-se que, **a chance real e séria perdida consiste, então, no valor de seu salário para fins de rescisão contratual, e nada mais do que isto** (salário por certo período, por exemplo), considerando, nesta seara, nosso ordenamento jurídico." (TRT 3, 01533-2007-112-03-00-5-RO, 7ª Turma, Rel. Des. Emerson José Alves Lage, julgamento em 25.09.2008, DJMG de 02.10.2008).

Poder-se-ia questionar se realmente se tratou de um caso que desafiasse a aplicação confiável da Teoria da Perda de um Chance. A indagação é no sentido de que o ato ilícito, combinado à já aprovação no processo seletivo, se trataria de um dano emergente propriamente dito e não da perda de uma chance. A vantagem era certa, o empregado já havia logrado êxito na seleção interna e teve seu direito efetivamente obstado pelo dispensa. O Poder Judiciário foi acionado para que o candidato obtivesse a indenização da vantagem perdida

Já no caso seguinte parece mais crível a hipótese de aplicaçao da Teoria da Perda de uma Chance. O empregado foi impedido de participar de um processo seletivo em que poderia ter a chance de ser aprovado. Ou seja, não há a concessão da vantagem propriamente dita, mas, em razão de um ato ilícito, ele teve as chances de participar ceifadas. Participando do processo seletivo ele poderia lograr a vantagem ou não, o que insere o caso na esfera das possibilidades, critério determinante para aplicação da referida teoria.

> INDENIZAÇÃO POR DANOS MATERIAIS – PERDA DE UMA CHANCE. Demonstrado que a exclusão do reclamante de processo seletivo para emprego decorreu única e exclusivamente da ausência de baixa na CTPS pela antiga empregadora, inegável o enquadramento da conduta da ré no conceito de ato ilícito constante do art. 186 do CC/02, qual seja, a "ação ou omissão voluntária, negligência ou imprudência", por meio da qual se viola direito de outrem, causando-lhe dano. Sendo assim, há de se imputar à reclamada a responsabilidade por tal chance perdida, uma vez estarem presentes os pressupostos comuns da responsabilidade civil e os específicos requisitos dessa espécie de responsabilização (a probabilidade séria e concreta de efetivação do resultado esperado e a verificação da perda de uma chance). (TRT 3, 00628-2011-028-03-00-5-RO, 1ª Turma, Rel. Juiz Convocado Paulo Maurício R. Pires, julgamento em 14.05.2012, DEJT de 17.05.2012).

No caso em tela, o candidato a emprego teve prejudicada sua oportunidade de participar do processo seletivo em razão de ato ilícito da antiga empregadora, que não procedeu à baixa em sua CTPS. Pela análise dos termos do processo não resta claro se houve a retenção da CTPS por parte da ex-empregadora ou se esta se recusou a registrar o término do contrato de trabalho. Mas não obstante a ocorrência de uma ou outra hipótese, configura-se ato ilícito obstativo da participação do empregado no processo seletivo. Caso participasse, teria a chance de ser aprovado para o novo emprego, mas apenas uma chance, justamente a chance que ele perdeu.

Lado outro, com especial prestígio ao princípio da boa-fé contratual e, considerando a bilateralidade do contrato de emprego, acreditamos ser devida a indenização nas hipóteses em que o causador do dano é o empregado. Porém, em tais hipóteses, torna-se ainda mais relevante a adequação da Teoria da Perda de uma Chance às especificidades do ramo justrabalhista, em que o empregado é hipossuficiente em relação ao empregador. Por isso, imperioso destacar o princípio da assunção dos riscos, que exprime a característica da alteridade, inerente à figura do empregador. Esta parte da relação empregatícia, potencialmente mais forte, deve assumir os riscos pelos custos e resultados do trabalho prestado pelo obreiro, além de se responsabilizar pela sorte de seu próprio empreendimento, sendo vedado distribuir reais prejuízos ou perdas aos empregados. A regra da assunção dos riscos pelo empregador direciona para a vedação de descontos nos salários do empregado, limitados às hipóteses autorizativas previstas no artigo 462 da CLT[24], conferindo considerável intangibilidade ao salário recebido pelo empregado.[25]

---

(24) **Art. 462** – Ao empregador é vedado efetuar qualquer desconto nos salários do empregado, salvo quando este resultar de adiantamentos, de dispositivos de lei ou de contrato coletivo. § 1º – Em caso de dano causado pelo empregado, o desconto será lícito, desde que esta possibilidade tenha sido acordada ou na ocorrência de dolo do empregado. § 2º – É vedado à empresa que mantiver armazém para venda de mercadorias aos empregados ou serviços destinados a proporcionar-lhes prestações *in natura* exercer qualquer coação ou induzimento no sentido de que os empregados se utilizem do armazém ou dos serviços. § 3º – Sempre que não for possível o acesso dos empregados a armazéns ou serviços não mantidos pela empresa, é lícito à autoridade competente determinar a adoção de medidas adequadas, visando a que as mercadorias sejam vendidas e os serviços prestados a preços razoáveis, sem intuito de lucro e sempre em benefícios dos empregados. § 4º – Observado o disposto neste Capítulo, é vedado às empresas limitar, por qualquer forma, a liberdade dos empregados de dispor do seu salário.

(25) DELGADO, Mauricio Godinho. Ob. cit. p. 404.

Por fim, resta destacar que uma vez comprovada a hipótese de sério e real dano causado pelo empregado ao seu empregador e sendo cabível a indenização pela perda de uma chance, caberá ao magistrado trabalhista atentar-se à regra prevista no artigo 477, § 5º, da CLT, o que atende às especificidades do Direito do Trabalho, além de corresponder à justiça social. Por isso, o grau de probabilidade, que determina o valor da indenização, deve se compatibilizar aos ditames imperativos do ramo justrabalhista.

Jorge Cavalcanti Boucinhas Filho menciona julgado do TRT da 23ª Região[26] que indeferiu pedido de indenização por perda de uma chance formulado por empregado que após ser aprovado em disputado concurso público foi dispensado por não ter sido aprovado na avaliação feita durante seu contrato de experiência. Entendeu-se que no caso houve apenas extinção do contrato de experiência, cuja finalidade também abrange avaliação das aptidões do empregado. Assim, o réu apenas exerceu seu direito potestativo de dispensar o demandante, após o seu insucesso no procedimento avaliatório do período de experiência.[27]

6. *CONSIDERAÇÕES FINAIS*

A responsabilidade civil pela perda de uma chance encontra campo fértil de aplicação na seara trabalhista. A ampliação da abrangência do dano reparável para reparar a chance perdida nas relações de trabalho deve sempre atender aos princípios, regras e institutos aplicáveis ao ramo justrabalhista. Assim, doutrina e jurisprudência não mais questionam a difusão da reparabilidade da chance perdida.

Atendendo às regras da teoria geral da responsabilidade civil, é necessário que sejam verificados os requisitos da reparação. Nesse sentido, são afastadas as hipóteses de meras expectativas incertas ou com baixa probabilidade de êxito, assim como os danos eventuais ou hipotéticos. Trata-se de uma chance real e séria, que pode se referir à frustração tanto de uma oportunidade de obtenção de vantagem, quanto da oportunidade de se obstar um dano.

São diversas as hipóteses de aplicação da indenização da perda de uma chance no Direito do Trabalho, desde a fase pré-contratual, até as hipóteses de doenças e acidentes do trabalho; perda da oportunidade de participar do processo seletivo em razão de ato ilícito da antiga empregadora; prejuízo do obreiro ao obter uma promoção, não concretizada em razão de perseguições e de assédio moral praticados pelo superior hierárquico; impedimento de ocupar cargo de maior destaque na empresa e, consequentemente, de perceber maior salário, em razão de ter sido dispensado por justa causa, cuja ocorrência não foi comprovada; dentre outras. A fim de proteger a boa-fé contratual, o direto à indenização também deve ocorrer quando o empregado cometer ato danoso ao seu empregador, nos moldes aqui tratados.

A natureza jurídica da indenização pela perda de uma chance, porém, é bastante controversa, sendo tratada ora como lucro cessante, ora como dano emergente ou mesmo como uma terceira hipótese, intermediária. Verificamos que, por diversas vezes, tal consideração é feita de forma indevida pelos nossos tribunais. Ainda assim, deverá o magistrado valer-se da razoabilidade para aplicar um montante indenizatório proporcional, conforme um juízo de probabilidade na análise minuciosa do caso concreto.

---

(26) "*(...)INDENIZAÇÃO PELA PERDA DE UMA CHANCE. CONTRATO DE EXPERIÊNCIA. A reparação civil pela perda de uma chance é devida quando provados os seguintes requisitos: conduta (ação ou omissão); dano, caracterizado pela perda da oportunidade de obter uma vantagem ou de evitar um prejuízo; e nexo de causalidade entre a conduta e o dano. No caso dos autos, o mencionado dano não se verificou, muito embora o Obreiro tenha se submetido a concorrido concurso público, porquanto houve apenas a extinção do contrato de experiência, que atendeu a uma de suas finalidades, qual seja, avaliar as aptidões do Reclamante. Como o Obreiro, por sua própria culpa, não atendeu às expectativas patronais, por óbvio, não tem qualquer direito à reparação civil no particular. Apelo obreiro improvido. APELO OBREIRO. DANO MORAL. DISPENSA ILEGAL. INOCORRÊNCIA. Não se vislumbra no particular qualquer ilegalidade na dispensa do Autor a ensejar dano moral, na medida em que o Réu apenas exerceu o seu direito potestativo, assegurado por lei, de dispensar o Demandante, após o seu insucesso no procedimento avaliatório do período de experiência, o que fez sem praticar qualquer ato ofensivo à moral do trabalhador, não merecendo reforma a r. sentença que indeferiu o pedido de condenação do Demandado ao pagamento de indenização por danos morais. Recurso Ordinário do Autor ao qual se nega provimento. APELO PATRONAL. RECONVENÇÃO. DANO MORAL. PESSOA JURÍDICA. A assertiva, realizada intra-autos, não é capaz de afetar a credibilidade da instituição bancária, a sua imagem, o seu bom nome, e a sua probidade comercial, pois certamente não há qualquer repercussão do referido ato perante a sociedade. O reconhecimento de eventual dano à moral da pessoa jurídica, diz respeito a sua posição e atributos perante o público, que no caso não restou afetada, não se podendo falar em abalo de sua reputação, como pretende o Reconvinte. Recurso não provido." (TRT 23. RO – 01196.2007.001.23.00-5.* Relator: Luiz Alcântara. Julgado em: 04.06.2008, publicação em: 06.06.08).

(27) BOUCINHAS FILHO, Jorge Cavalcanti. Aplicação da teoria da responsabilidade civil por perda de uma chance às relações de trabalho. *Revista Justiça do Trabalho*. Ano 27, n. 318. Junho de 2010. p. 32.

REFERÊNCIAS BIBLIOGRÁFICAS

BOUCINHAS FILHO, Jorge Cavalcanti. Aplicação da teoria da responsabilidade civil por perda de uma chance às relações de trabalho. *Revista Justiça do Trabalho*. Ano 27, n. 318. Junho de 2010.

CAVALIERI FILHO, Sergio. *Programa de responsabilidade civil*. 9. ed. São Paulo: Atlas. 2010.

DELGADO, Mauricio Godinho. *Curso de direito do trabalho*. 12. ed. São Paulo: LTr, 2013.

GONDIM, Glenda Gonçalves. A teoria da perda de uma chance: breves considerações sobre a sua aplicação nas demandas trabalhistas. *Revista Trabalhista de Direito e Processo*. Ano 8, n. 32. out, nov e dez de 2009.

IRIBARNE, Hector. *De los danõs a la persona*. Buenos Aires: Sociedad Anônima Editora, Comercial, Industria, Financeira, 1995.

MELO, Raimundo Simão de. *Direito Ambiental do Trabalho e a Saúde do Trabalhador*: responsabilidades legais, dano material, dano moral, dano estético, indenização pela perda de uma chance, prescrição. 4. ed. São Paulo: LTr, 2010.

MELO, Raimundo Simão. *Indenização pela perda de uma chance*. Revista LTr. v. 71, n. 4, abril de 2007.

SILVA, Cássia Bertassone da. *Responsabilidade civil pela perda de uma chance no direito do trabalho*. *Revista Síntese Trabalhista e Previdenciária*. n. 277. Julho de 2012.

NETO, José Afonso. A responsabilidade civil: a teoria da perda de uma chance. *Revista do CAAP* – 1º semestre, 2009.

NORONHA, Fernando. *Direito das obrigações*. 3. ed. São Paulo: Saraiva. 2010.

SAVI, Sérgio. *Responsabilidade civil por perda de uma chance*. São Paulo: Atlas, 2009.

SILVA, Rafael Peteffi. *Responsabilidade civil pela perda de uma chance*. São Paulo: Atlas, 2006.

VIEGAS, Cláudia Mara de Almeida Rabelo; SILVA, Carlos Brandão Ildefonso; RABELO, Cesar Leandro de Almeida. A reparação civil pela perda de uma chance nas relações jurídicas civis e do trabalho. In: *Âmbito Jurídico*, Rio Grande, XIV, n. 95, dez 2011. Disponível em: < http://www.ambito-juridico.com.br/site/index.php?n_link=revista_artigos_leitura&artigo_id=10769>. Acesso em abr 2013.

SOBRINHO, Zéu Palmeira. Tendências da Responsabilidade Acidentária. *Revista LTr*, vol. 75, 10 de out. de 2011.

Parte X

TERCEIRIZAÇÃO: CRÍTICAS E SUGESTÕES

Capítulo 16

A Terceirização Revisitada: Algumas Críticas e Sugestões para um Novo Tratamento da Matéria

Márcio Túlio Viana(*)

1. A TERCEIRIZAÇÃO EM GERAL

Uma mesma palavra pode ter mais de um sentido. A palavra "terceirização" é assim. Pode-se terceirizar, de um lado, como faz a indústria de automóveis; de outro, como faz uma empresa de conservação e asseio.

No primeiro caso, a fábrica externaliza etapas do processo produtivo. Ao invés de fabricar um automóvel inteiro, divide a produção com suas *parceiras*. No segundo caso, a empresa internaliza empregados de outras. Ao invés de contratar pessoal de limpeza, ela contrata ... quem os contratou.

O que há de comum nas duas formas é que em ambas a empresa externaliza custos e internaliza a lógica da precarização. No mesmo instante em que cobra mais responsabilidades dos que lhe prestam serviços, tenta crescentemente se desresponsabilizar.

A precariedade se liga com o desemprego, e o desemprego é sempre uma tragédia. Ele tensiona e enfraquece os laços familiares e ajuda (por isso mesmo) a isolar os indivíduos. Há alguns anos, por exemplo, as curvas das dispensas e do suicídio entre os trabalhadores franceses de 25 a 49 anos caminhavam lado a lado. Entre os precários em geral, o consumo de psicotrópicos era três vezes maior que o normal[1].

Quando perde o emprego, o trabalhador perde também a auto-estima. De um lado, porque – mesmo sem ter consciência disso – deixa de se sentir parte de um todo, homem útil na construção (ou recriação) do mundo. De outro, porque o mesmo discurso que lhe exige adaptações e mobilidades também lhe cobra *performances* e sucesso na vida, atribuindo-lhe culpas e responsabilidades. Assim, o gesto do patrão que o despede é sentido pelo empregado como um "fracasso pessoal"[2].

Por outro lado, em ambos os casos – e como veremos melhor adiante – a terceirização fragmenta a coletividade operária[3]. Ora, ao contrário do que acontece com o Direito Comum, o Direito do Trabalho está sempre questionado; vive sob tensão. Por envolver um embate constante entre trabalho e capital, exige um acúmulo maior de forças não só para se construir formalmente, como para se efetivar na realidade. Nem mesmo a existência de um forte aparato estatal – auditores fiscais, uma Justiça e um Ministério Público especializados, como acontece no Brasil – garante o equilíbrio de forças. Assim, a ação coletiva deve estar sempre presente, ainda que em

(*) Professor nas Faculdades de Direito da UFMG e PUC-Minas. Desembargador aposentado do TRT-3ª Região.

(1) BOLTANSKI, L.; CHIAPELLO, E. *O novo espírito do capitalismo*. São Paulo: Martins Fontes, 1999. p. 466.

(2) *Idem*.

(3) Observam Boltanski e Chiapello, a propósito da nova realidade empresarial, que "o fato de todos pertencerem à mesma comunidade de trabalho é modificado pelas novas formas de organização" (*Op. cit.*, p. 297).

potência. Quando o sindicato se enfraquece, é *o próprio Direito* que entra em crise.

Desse modo, para além de suas (reais ou falsas) justificações técnicas, a terceirização se insere numa estratégia de largo espectro, não apenas sob o prisma econômico, mas na dimensão política. É uma das formas mais potentes – e ao mesmo tempo mais sutis – de semear o caos no Direito do Trabalho, subvertendo os seus princípios e corroendo seus alicerces[4]. Além disso, num mundo em que tudo se move, ela oferece à empresa uma rota de fuga, não só confundindo responsabilidades como tornando menos visível a exploração da mão de obra. Assim, de certo modo, a terceirização não apenas pode conter fraudes, mas é *em si mesma* uma fraude.

1.1 Para diferençar as duas formas

Vimos que numa das formas de terceirização a empresa *leva para fora* etapas de seu ciclo produtivo; ao passo que na outra *traz para dentro* trabalhadores alheios.

Se atentarmos para o *lugar* onde essas duas formas de terceirização em geral se desenvolvem, podemos chamar a primeira de *externa* e a segunda de *interna*. Mas ainda que adotemos essa terminologia – como faremos nesse trabalho – é preciso admitir que a diferença relacionada com o lugar é relativa.

De fato, pode acontecer – mesmo por exceção – que a empresa externalize etapas de seu ciclo produtivo, mas suas parceiras atuem na mesma planta, num único ambiente – como ocorre em algumas fábricas de automóveis. Outras vezes, inversamente, a empresa internaliza empregados de outra, mas esses trabalhadores permanecem fora dela – como é o caso de alguns *call-centers*.

Assim, para entender melhor a diferença e o significado das duas formas de terceirização, talvez seja interessante voltarmos a uma velha e sábia lição de OLEA, que compara o trabalho por conta própria com o trabalho por conta alheia[5].

No trabalho por conta própria, o produto pertence ao trabalhador do início ao fim do processo produtivo. O artesão faz o seu balaio e só num segundo momento o transfere – se quiser – para as mãos do comprador.

Já no trabalho por conta alheia, o produto vai passando automaticamente para o empresário, *em tempo real*, na medida em que vai sendo fabricado. É como se, pouco a pouco, o balaio do artesão fosse escorrendo de suas mãos.

A terceirização externa, como dizíamos, lembra o trabalho por conta própria. Uma empresa contrata a outra, mas o que lhe interessa é o produto final. Por isso, só ao término da produção passa a ter propriedade sobre ele.

Ora, essa forma de terceirização, por si mesma, não afeta de forma negativa as subjetividades. Trabalhar numa fábrica que fornece peças não é substancialmente diferente do que trabalhar numa montadora. Estar aqui, ao invés de estar ali, não fere a dignidade de ninguém. Em última análise, trata-se do mesmo fenômeno que faz nascerem, de um lado, fábricas de relógios, e de outro, de doces de leite.

Naturalmente, nessa hipótese, não se pode dizer que o operário da fábrica de autopeças exerça uma atividade meio, já que o fim da fábrica será exatamente produzir peças – ainda que, num segundo momento, sejam estas vendidas para a montadora. Na verdade, na terceirização externa, a discussão sobre atividade meio ou fim *simplesmente não se coloca*

Já a terceirização interna nos remete ao trabalho por conta alheia. Uma empresa se serve dos empregados contratados por outra, e o que lhe interessa, diretamente, é a própria prestação de serviços. Assim, à medida que o produto é construído, vai passando automaticamente para as suas mãos.

A terceirização interna desloca o empregador para fora da relação jurídica de emprego, como se ele fosse uma peça de xadrez[6]. Aliás, no fundo, o novo modelo produtivo tem feito muito esse jogo, embora quase sempre prefira deslocar não o *rei*, mas o *peão*, ou seja, o empregado – como acontece, por exemplo, nos contratos de estágio ou nas cooperativas de mão de obra. Mas isso em nada altera o resultado final, já que a relação jurídica, de um modo ou de outro, se desmonta. Assim, quando a Súmula 331 do TST taxa uma terceirização de ilícita, e reconhece o tomador

(4) Esse caráter estratégico fica ainda mais claro quando se percebe que, no mundo globalizado de hoje, a política dos que detêm o poder "é projetada basicamene para reduzir o preço do trabalho... algo semelhante a um processo de acumulação primitiva, um processo de reproletarização" (HARDT, Michael; NEGRI, Antonio. *Império*. Rio de Janeiro: Record, 2011. p. 47).

(5) Olea, Alonso. *Introdução ao Direito do Trabalho*. Coimbra: Alamedina, 1965, *passim*.

(6) Num tempo em que se valorizam a realização pessoal e a autonomia, o corte nos projetos de vida e nas relações humanas tende a ser visto (e sentido) como um fracasso pessoal, com abstração de suas causas reais (Boltanski e Chiapello, cit.. p. 421)

como empregador, não faz mais do que recolocar as peças no lugar de onde nunca deveriam ter saído.

Quanto ao trabalhador terceirizado, não é diferente, sob alguns aspectos, do burro de carga ou do trator que o fazendeiro abastado aluga aos sitiantes vizinhos. Jogado daqui para ali, de lá para cá, é *ele próprio* – e não apenas sua força de trabalho – que se torna objeto do contrato, ainda que dentro de certos limites. Num passe de mágica, e sem perder de todo sua condição humana, o trabalhador se vê transformado em mercadoria(7). Seu corpo está exposto na vitrine: a empresa tomadora *vai às compras* para obtê-lo, e de certo modo o pesa, mede e escolhe.

Falando do homem dos tempos modernos, Bauman o retrata como o peregrino – que segue firme o seu percurso, *procrastinando* sua felicidade, sua realização pessoal. Para esse homem, "o significado do presente está no futuro".(8) E é esse futuro planejado, esperado, que "dá forma ao informe, transforma o fragmentado num inteiro, dá continuidade ao que é episódico"(9). Já o homem pós-moderno está mais para o vagabundo ou para o turista. Ele se mexe, se move, mas com os olhos postos no presente. Sua vida é uma sucessão de recortes, de retalhos descosturados.

Mas o vagabundo e o turista, embora tenham aquele traço em comum, também são diferentes: o primeiro não tem um lugar, o segundo tem mil lugares. E a mesma diferença podemos encontrar entre o terceirizado e o seu oposto extremo – o trabalhador com vínculo direto, bem qualificado, que distribui currículos pela Internet e se desloca por sua própria conveniência. Tanto um quanto o outro são como folhas ao vento. Mas – no limite – o terceirizado (ou o vagabundo) pode se tornar a sombra do trabalhador com vínculo direto (ou o turista), que hoje ainda consegue escolher onde ficar, mas no futuro corre o risco de ser apenas *escolhido*. Como naquelas tétricas mensagens de alguns cemitérios, um sussurra para o outro: *"eu sou você amanhã..."*

(7) É verdade que (pelo menos formalmente) o terceirizado expressa a sua vontade; mas também o faziam certos escravos e servos antigos, que contratavam (também formalmente) sua condição, em troca da proteção do senhor. Do mesmo modo, é verdade que há limites para o uso de seu corpo pelo capitalista; mas também não haverá limites (formalmente, mais uma vez) para a utilização de qualquer forma de propriedade (e por extensão, da própria empresa), à qual se atribui hoje uma "função social"?

(8) BAUMAN, Zigmunt. *Modernità liquida*. Bari: Laterza, 2008. p. 181.

(9) BAUMAN, Zigmunt. *La società dell'incertezza*. Bologna: Il Mulino, 1999. p. 33.

Um caso à parte é a empreitada. Uma empresa se desloca com seus homens, suas ferramentas e (às vezes) todo o material necessário para montar uma máquina, construir uma casa ou prestar serviços de manutenção em elevadores. Em relação ao tomador, a atividade lembra o trabalho eventual. Além disso, não há subordinação, nem pessoalidade (hipóteses em que a própria figura se desnaturaria). Mas o que realmente importa é que os trabalhadores se ligam efetivamente – até mesmo em termos psicológicos – à empresa prestadora de serviços . É como se toda a empresa se deslocasse junto com eles.

A terceirização *externa* quebra a classe operária em termos objetivos, na medida em que viabiliza a produção em pequenas unidades, na forma de rede; a *interna* a divide sobretudo em termos subjetivos, pois mistura num mesmo lugar trabalhadores efetivos da tomadora com uma categoria de empregados oscilantes, flutuantes, *ciganos*.

Somadas, ambas as formas servem para que o sistema capitalista supere a contradição histórica a que desde o início se viu submetido: ter de reunir para produzir, e não poder evitar os efeitos dessa união. Agora, torna-se possível *produzir sem reunir* (exemplo da indústria de automóveis), e até mesmo *reunir sem unir* (caso da empresa de asseio e conservação).

O que tem sido dito para justificá-las?

A primeira forma se explicaria, dentre outras razões, por ser a tecnologia cada vez mais complexa, o que exige especialidades sempre mais refinadas. Mas se é verdade que ela serve para isso, pode também se revelar um hábil instrumento para degradar as condições de salário e trabalho.

De fato, quanto mais se avança para as últimas malhas da rede, mais frágeis tendem a ser as empresas. Elas fazem aquele "serviço sujo" que a empresa principal – mais visível – não quer ou não pode fazer. E é também desse modo que as empresas menores lidam com a concorrência, cada qual tentando oferecer um contrato menos oneroso (e assim, mais apetitoso) para a grande. Na verdade, precarizar pode ser até mesmo uma questão de sobrevivência para a contratada, pois a contratante desvia para ela as pressões que recebe (para inovar, melhorar a qualidade e vencer a concorrência).

Quanto ao outro tipo de terceirização, o discurso é quase o mesmo. Ela serviria para que a empresa principal se liberasse de suas atividades acessórias, concentrando-se no foco de suas atividades. No entanto – pelo menos em princípio – não se trata, como no primeiro caso, de uma possível necessidade técnica. E as consequências sobre os trabalhadores são bem mais graves.

1.2 A terceirização como parte de um processo

Quando falamos em terceirização, nem sempre percebemos sua real complexidade. Ao contrário do que às vezes parece, não se trata de um fenômeno isolado, muito menos de simples questão jurídica. Há todo um conjunto de tendências que pressionam em sua direção.

Hoje, tanto quanto os objetos que ela produz, a empresa quer ser volátil, inconstante, versátil. Quer se apresentar magra, ágil, leve, livre – reproduzindo, curiosamente, o ideal contemporâneo do corpo feminino. Isso lhe permite reduzir não só os custos, mas os riscos, reagindo mais facilmente às variações do mercado.

No novo modelo de produção, a forma animal que melhor representa a empresa já não é a do elefante, nem exatamente a do camundongo – mas a do camaleão, animal pequeno, ágil e ao mesmo tempo imprevisível e mutante. E a terceirização corresponde a essa imagem. Afinal, o que ela promete é exatamente a fuga, a máscara, a ambiguidade, a liberdade de movimentos. Aliás, nós mesmos estamos assim, ágeis, móveis, pragmáticos, flexíveis, em rede.

Mas a terceirização também entra em sintonia com uma paisagem cada vez mais fugaz, veloz, picotada. Os noticiários da TV nos dão um bom exemplo: o mundo chega à nossa casa em recortes, sequência de cenas sem ligação. Ao mesmo tempo, vários fatores – como a globalização, o pragmatismo, a relativização de tudo – têm multiplicado as misturas, colagens, composições, a ponto de se falar numa verdadeira *estética* do híbrido[(10)]. As redes que nos cercam são um bom exemplo – e nelas se insere a terceirização, que *em si mesma* é também um hibridismo, uma colagem.

Alguns autores, tratando das recentes transformações sociais[(11)], observam a tendência de se trocar a propriedade pela posse. Se viajamos para um lugar distante, às vezes preferimos alugar um carro. Nas *lan-houses*, pagamos pelo uso de computadores. Nossa filha ou namorada aluga o vestido de noiva. Em cidades como Paris, pedalamos bicicletas públicas. Do mesmo modo, em grau crescente, as empresas utilizam coisas alheias – dentre as quais se incluem os trabalhadores coisificados, com todo o seu potencial (paradoxalmente) humano.

Talvez esse último fenômeno também possa ser explicado pelo velho Marx. Quem possui alguma coisa – diz ele – é igualmente possuído. Ora, quando a empresa terceiriza, de certo modo deixa de ser *dona*. Já não tem as máquinas, as instalações, os contratos de trabalho. Livra-se do peso do domínio.

Por fim, se dermos à palavra um sentido bem amplo, veremos que a terceirização invade cada vez mais as nossas vidas: são as babás da creche que cuidam de nossos filhos, os agentes de viagem que compram as nossas passagens, os cambistas do futebol que nos vendem os ingressos. De certo modo, o próprio empregador *terceiriza-se* no empregado, quando projeta dentro dele não só o desejo (ou a necessidade) de obedecer, mas *o próprio comando* – como se o transformasse também num híbrido, empregado e empregador de si mesmo[(12)].

No caso da terceirização interna, a própria descontinuidade (usual, embora nem sempre presente) dos contratos de trabalho pode encontrar suporte na ideia de que hoje tudo é fugaz e rápido. Nesse sentido, ele, terceirizado, é visto como o modelo (ou talvez o protótipo) do trabalhador do século XXI. Em sentido maior, seria a metáfora viva do homem pós-moderno, e isso faz sua condição ser mais aceita, mais *naturalizada*.

Tudo isso não significa, é claro, que a terceirização seja algo natural, e muito menos positivo. Ao contrário, ela se insere num movimento recorrente do sistema capitalista, que é capaz de absorver e metabolizar o ambiente – inclusive as críticas que lhe são feitas – em seu próprio benefício. Outros exemplos acontecem quando a empresa reduz suas hierarquias, promove a concorrência entre as equipes ou chama os empregados de "colaboradores": em todos esses casos, e em muitos outros, ela acompanha tendências ou aspirações do homem pós-moderno, como as de maior igualdade e mais competitividade. E é assim, travestindo-se de novo, que o capitalismo se (re)legitima, confunde e neutraliza os seus adver-

(10) É este, por exemplo, o título de uma interessante obra sobre o cinema na pós-modernidade, de autoria de Barbara Maio e Christian Uva (Bulzoni, Roma, 2003)

(11) Como Ferrarese, Maria Rosaria. *Le istituzioni della globalizzazione*: diritto e diritti nella società transnazionale – Il Mulino, Bologna, 2000, *passim*.

(12) Também nesse sentido mais amplo, pode-se dizer que o próprio empresário é um terceiro, por se colocar entre quem produz (o trabalhador) e quem compra (o consumidor).

sários e chega a ponto de conquistar a adesão inconsciente do próprio trabalhador[(13)].

Até mesmo as exigências de liberdade, que hoje parecem ainda mais fortes e disseminadas, ajudam a legitimar tudo o que a *livre* iniciativa inventa – não só fortalecendo os acordos de vontade, em detrimento da lei, como abrindo espaços para novas práticas empresariais, do *just in time* ao trabalho escravo, da robotização às terceirizações (ou tudo isso de uma vez).

Por outro lado, também o trabalhador sofre os efeitos das mudanças econômicas, políticas, sociais e culturais. Mais individualista e pragmático, vivendo um presente quase sem futuro[(14)], e sentindo-se muito mais inseguro, ele simplesmente agarra o que lhe aparece pela frente. Muito mais do que antes, *conforma-se* – ou seja, acompanha as formas da empresa e do produto que fabrica – e nesse sentido também se deforma.

Nas terceirizações internas, pode até acontecer, vez por outra, que ele se sinta exatamente como o tratam: objeto ou animal. No limite, porém, é também possível que nem mesmo o fato de se ver convertido – já agora, sem disfarces – em trator ou burro de carga consiga realmente tocá-lo Sua nova qualidade de mercadoria se espalha de tal maneira em seu corpo e em sua alma que ele já não percebe sua verdadeira condição humana. E, nesse caso, *não sentir nada* talvez seja ainda pior do que sentir-se coisa. É mais ou menos essa a situação de Joseph K., o personagem de Kafka, em sua mesa de trabalho: "como o homem que estivesse condenado a se ver sempre num espelho côncavo, ele só se reconhece a si mesmo quando vê sua imagem deformada".[(15)]

1.2.1 O Direito nesse mesmo processo

Pergunta-se: como o Direito se coloca diante dos novos tempos?

Segundo alguns autores[(16)], ele hoje tende a aderir – bem mais do que antes – à realidade subjacente. Quando intervém, é mais reativo que ativo. Dá respostas pontuais, casuísticas, de superfície. Não obedece a um projeto. Justifica-se, pura e simplesmente, por atender às contingências. Na verdade, é a própria incerteza que o legitima[(17)]. E é um Direito que concorre com outros Direitos, crescentemente sintonizados com os interesses das grandes corporações – elas próprias, direta ou indiretamente, produtoras de normas.

Em outras palavras: as regras jurídicas se mostram desafiadas umas pelas outras[(18)]. E entre essas regras em conflito se encontram exatamente as que viabilizam a terceirização. Vista como "vantagem comparativa" de um ordenamento sobre o outro, ela surge como uma suposta necessidade da economia, que por sua vez seria obra do destino: uma espécie de *tsunami* que afoga em suas vagas as normas de proteção. E a concorrência também se dá no plano interno. O Direito do Trabalho entra em choque com o Direito Civil e o Empresarial – e a tendência é perder terreno

É verdade que esse último embate nem sempre tem resultados negativos. As normas *civilistas* que o Direito do Trabalho incorporou – como o combate às discriminações e aos assédios – avançaram a todo vapor, embora em descompasso com as regras intrinsecamente *trabalhistas* – que importam distribuição de renda[(19)].

Além disso, o mesmo Direito que hoje parece tão precário também valoriza os princípios, em detrimento das regras; e, exatamente por ser mais pragmático, tende a se tornar mais "judicial", à semelhança do que acontece nos países da *common law*.[(20)] Desse modo, apesar da multiplicação de Súmulas e OJs, é cada vez mais amplo o papel criador do intérprete.

---

(13) Nesse sentido, cf. BOLTANSKI, Luc; CHIAPELLO, Eve. *O novo espírito do capitalismo*. São Paulo: Martins Fontes, 1999, *passim*.

(14) Fala-se em "hipertrofia do presente" (Nassif, Elaine N. Conciliação judicial e indisponibilidade de direitos: paradoxos da "justiça menor" no processo civil e trabalhista. São Paulo: LTr, 2000, *passim*)

(15) VAZQUEZ, Adolfo Sanches. *As idéias estéticas de Marx*. São Paulo: Expressão Popular, 2011. p. 139. Acrescenta o autor, comentando ainda "O Processo", de Kafka, que "a existência de Joseph K. só se torna problemática quando é abalada por um fato singular, que o afeta não em seu ser burocrático, abstrato, mas em seu ser concreto real, individual" (*idem*. p. 140). Transportando essa imagem para o terceirizado, pode-se pensar esse "fato individual" como o desemprego.

(16) São exemplos os já citados Ferrarese e Boltanski, além do nosso José Eduardo Faria.

(17) MONGARDINI, Carlo. Prefazione. In: Mongardini, Carlo (org.) L´epoca della contingenza. Milano: FrancoAngeli. 2009. p. 20.

(18) FERRARESE, Maria Rosário. *Le instituzioni della globalizzazione*. Il Mulino, Bologna, 2000. p. 51. Mais adiante, acrescenta a autora que "a inovação jurídica se faz ela própria instrumento de concorrência. A contratação e a concorrência em torno dos institutos jurídicos se tornam em tal senso imprescindíveis elementos de dinamização dos mercados" (*op. cit.*. p. 95)

(19) A propósito, tecemos breves anotações no texto : "Direito Civil x Direito do Trabalho: caminhos que se cruzam", *mimeo*.

(20) *Idem*.

No entanto, mesmo esses aspectos positivos apresentam seus limites.

De um lado, a ênfase anti-discriminatória pouco nos aproveita, na medida em que a terceirização, em geral, não costuma ser vista como prática de discriminação.

De outro lado, a mesma liberdade que induz a aplicação dos princípios abre espaço para sua releitura – e aqui, mais uma vez, pode entrar em cena a justificativa da contingência, da emergência. Assim, ao decidir pró-empresa – numa causa que em outros tempos seria decidida pró-empregado – um juiz menos crítico pode invocar até mesmo o princípio da proteção, alegando que dessa forma estará defendendo postos de trabalho. Aliás, esse argumento – com raízes, talvez, em Adam Smith – tem sido usado com frequência por alguns economistas e juristas neoliberais, que matreiramente transferem para os seus próprios leitores e ouvintes a conclusão de que o melhor, então, seria acabar com *toda* a legislação trabalhista...

Seja como for, se os riscos existem, não são maiores que as oportunidades. A própria imagem do juiz – cada vez mais visível e questionada – conspira a favor do *bom direito*. Afinal, em razão mesmo de sua maior liberdade, já não lhe é tão fácil se esconder – seja por excesso de comodismo ou falta de idealismo – por detrás das palavras do legislador. No momento em que a letra da lei perde espaço em favor da alma do direito, o juiz (ou o procurador do trabalho, o auditor, o advogado) passa a ser visto pela sociedade não apenas como alguém que *sabe*, mas como alguém que *quer*.

É também verdade, por outro lado, que a norma jurídica não pode se abstrair da realidade; e a realidade, como estamos vendo, tem mudado profundamente. Mas até que ponto, e em qual sentido, essa correspondência deve acontecer? Se a norma jurídica se limitasse a registrar o fato, só nos restaria o triste papel de lamentar, rezando ou torcendo para que as coisas mudassem. Por essas e outras razões, o melhor é acreditar que – apesar de sua própria crise – o Direito pode e deve interagir positivamente com o contexto, transformando o que for possível transformar. E o Direito, nós sabemos, não é apenas o código; hoje, talvez mais do que ontem, é *cada um de nós*.

Sendo assim – pergunta-se – como enfrentar as duas formas de terceirização?

É a questão que analisaremos a seguir.

2. A REGULAÇÃO DA TERCEIRIZAÇÃO EXTERNA

A terceirização externa pode ser inserida no art. 2º, § 2º da CLT, que responsabiliza solidariamente as empresas do mesmo grupo econômico. Mas para isso é preciso que se pense no grupo *de forma ampla*.

De um lado, porque nem sempre haverá uma empresa mãe, como a letra da lei exige. É preciso que se desconsidere essa limitação, já que o tráfico de influência pode ser recíproco e horizontal, como pondera a melhor doutrina; e onde há a mesma razão, a mesma disposição há de haver. A interpretação gramatical deve ceder espaço à teleológica.

De outro lado, porque o grupo empresarial se constitui hoje de forma bem mais difusa, opaca e sutil do que antes. Desse modo, é preciso que haja – digamos assim – mais boa vontade ou mais sensibilidade para percebê-lo. O ideal será considerá-lo existente *sempre que houver organização em rede para produzir*.

Além disso, seria interessante concluir que a solidariedade é ativa e passiva, independentemente do que o contrato disser, para que se garantam direitos importantes aos trabalhadores – como a contagem do tempo de serviço, a hora extra e a equiparação salarial e até mesmo o enquadramento sindical, só para citar alguns exemplos.

Ampliar o conceito de grupo significa garantir o pagamento dos créditos trabalhistas. Ampliar a ideia de solidariedade significa preservar a isonomia.

3. A REGULAÇÃO DA TERCEIRIZAÇÃO INTERNA

Como sabemos, parte dessa matéria está regulada em lei; mas como a lei não diz tudo, a jurisprudência a completa, através da Sumula n. 331 do TST. Diz ela:

> *CONTRATO DE PRESTAÇÃO DE SERVIÇOS. LEGALIDADE (nova redação do item IV e inseridos os itens V e VI à redação) – Res. 174/2011, DEJT divulgado em 27, 30 e 31.05.2011*
>
> *I – A contratação de trabalhadores por empresa interposta é ilegal, formando-se o vínculo diretamente com o tomador dos serviços, salvo no caso de trabalho temporário (Lei n. 6.019, de 03.01.1974).*
>
> *II – A contratação irregular de trabalhador, mediante empresa interposta, não gera vínculo de emprego com os órgãos da Administração Pública direta, indireta ou fundacional (art. 37, II, da CF/1988).*
>
> *III – Não forma vínculo de emprego com o tomador a contratação de serviços de vigilância (Lei n. 7.102,*

de 20.06.1983) e de conservação e limpeza, bem como a de serviços especializados ligados à atividade-meio do tomador, desde que inexistente a pessoalidade e a subordinação direta.

IV – O inadimplemento das obrigações trabalhistas, por parte do empregador, implica a responsabilidade subsidiária do tomador dos serviços quanto àquelas obrigações, desde que haja participado da relação processual e conste também do título executivo judicial.

V – Os entes integrantes da Administração Pública direta e indireta respondem subsidiariamente, nas mesmas condições do item IV, caso evidenciada a sua conduta culposa no cumprimento das obrigações da Lei n. 8.666, de 21.06.1993, especialmente na fiscalização do cumprimento das obrigações contratuais e legais da prestadora de serviço como empregadora. A aludida responsabilidade não decorre de mero inadimplemento das obrigações trabalhistas assumidas pela empresa regularmente contratada.

VI – A responsabilidade subsidiária do tomador de serviços abrange todas as verbas decorrentes da condenação referentes ao período da prestação laboral.

A propósito dessa Súmula, abordaremos a seguir os seguintes pontos: a) a necessidade de conter a terceirização interna; b) dentro desse tópico, os vários critérios possíveis; c) a questão da responsabilidade; d) a isonomia salarial; e) o enquadramento sindical.

3.1. A necessidade de se contê-la

Não há dúvida de que essa forma de terceirização (tanto quanto a outra) é não apenas um fator de precarização, como uma tendência forte atual. Assim, a Súmula 331 a um só tempo a restringe e a reforça – aceitando-a mesmo em hipóteses não previstas em lei, desde que atendidos alguns requisitos.

Na verdade, toda forma de terceirização interna deveria ser proibida. Trata-se de uma das mais claras violações à dignidade humana. Afronta os tão *badalados* direitos humanos. Sem meias palavras, trata-se de um tráfico de pessoas. Não parece haver qualquer diferença entre essa prática e a velha *marchandage*, contra a qual o Direito do Trabalho sempre lutou. Sua admissão implica verdadeira ruptura de paradigma, um episódio de *destruição criativa* tão profundo, no campo jurídico, quanto o que atingiu os meios de transportes ou as telecomunicações, no mundo tecnológico.

Além disso, pode-se muito bem concluir que essa terceirização, *por si só*, discrimina. Cria uma subespécie de trabalhadores, cujos corpos, como dizíamos, são virtualmente negociados por um intermediário, que os aluga ou arrenda, nua e cruamente, como se fossem animais ou coisas[21].

Ao mesmo tempo em que reduz salários e degrada as condições de saúde e segurança, a terceirização acelera os ritmos do trabalho. E isso acontece muitas vezes de forma oculta, pelas mãos do próprio trabalhador. Pressionado pelo medo, ele responde, aflito, com o que parece ser coragem. Para usar um verbo da moda, *turbina-se*.

Assim, paradoxalmente, enquanto reduz os custos do controle, a terceirização intensifica a exploração. E isso significa, em última análise, que quanto mais instável é o ambiente para o empregado, mais estável ele se torna para o empregador. E o que é pior: a instabilidade se naturaliza, como se fosse algo inevitável. O próprio trabalhador corre o risco de se acostumar com esse jogo – o que não significa, naturalmente, que o resultado lhe seja favorável.

Como dizíamos, a terceirização também fragmenta por fora e por dentro a classe trabalhadora, neutralizando os conflitos coletivos. A própria dissociação entre quem paga e quem dirige "tende a separar a reivindicação salarial (...) da contestação da organização do trabalho"[22]. De resto, como já notamos, o terceirizado de hoje pode se tornar o empregado direto amanhã, e vice e versa, o que leva cada um a ambicionar ou a temer o destino do outro.

Mas pode também acontecer um fenômeno inverso:

> *Houve tempo nem tão distante em que os temporários eram vistos como fura greves. Agora os*

(21) Ressalve-se, mais uma vez, apenas a hipótese da empreitada, que toca as fronteiras desse tipo de terceirização, mas não se confunde com ela. Nesse caso, o importante não é atividade em si, mas o seu resultado; por isso, as pessoas não são objeto do negócio. A propósito, diz o art. 455 da CLT: "Nos contratos de subempreitada responderá o subempreiteiro pelas obrigações derivadas do contrato de trabalho que celebrar, cabendo, todavia, aos empregados, o direito de reclamação contra o empreiteiro principal pelo inadimplemento daquelas obrigações por parte do primeiro. § único. Ao empreiteiro pricipa fica ressalvada, nos termos da lei civil, ação regressiva contra o subempreiteiro principal pelo inadimplemento daquelas obrigações por parte do primeiro." Em relação ao dono da obra, completa a OJ n. 191 do TST: "CONTRATO DE EMPREITADA. DONO DA OBRA DE CONSTRUÇÃO CIVIL. RESPONSABILIDADE.Diante da inexistência de previsão legal específica, o contrato de empreitada de construção civil entre o dono da obra e o empreiteiro não enseja responsabilidade solidária ou subsidiária nas obrigações trabalhistas contraídas pelo empreiteiro, salvo sendo o dono da obra uma empresa construtora ou incorporadora."

(22) *Idem*. p. 298.

operários vêem seus filhos tornar-se temporários e ser submetidos a condições tão difíceis em seu ingresso na vida ativa que os perdoam até pelo fato de trabalharem enquanto eles mesmos estão em greve[23].

Aliás, este é mais um exemplo de como a terceirização produz novas subjetividades, a um só tempo precárias e precarizantes. De quebra, pressiona para baixo as condições de trabalho não só dos terceirizados, mas dos empregados da tomadora e – em sentido mais amplo – do mercado de trabalho em geral[24]. E de forma análoga envolve não apenas um aspecto ou uma parte do Direito do Trabalho, mas todo ele, na medida em que – potencializando as diferenças e enfraquecendo as solidariedades – subtrai sua efetividade e dificulta sua vocação histórica de avançar sempre, reduzindo de forma crescente as desigualdades sociais.

Por tudo isso, em termos ideais, andaria bem o nosso o legislador se simplesmente *proibisse* terceirizar. Mas seria isso factível? Às vezes, sem força ou vontade para enfrentar a realidade, mas sentindo-se insatisfeito ou constrangido diante dela, o Direito busca soluções de meio termo – que podem expressar uma composição.

Ora, se este parece ser o caso da terceirização interna, vejamos o que o Direito está fazendo e o que pode fazer ainda para restringi-la[25]. É claro que essa opção menor não inviabiliza a outra. É possível defender a tese que nega radicalmente a terceirização, e ao mesmo tempo, de forma alternativa, propor novas formas de minimizá-la.

Sob esse último aspecto, não existe uma solução perfeita, e nem mesmo, talvez, uma resposta tecnicamente correta, no sentido de ser a única juridicamente possível. O que pode haver é uma solução *ótima*, no sentido de ser a mais conveniente ou estratégica para trazer maior dose de justiça.

Desse modo – e apesar de todo o relativismo que a palavra encerra – a justiça é a luz que nos deve guiar. Como observa Delgado[26], se nas ciências exatas inventamos ou descobrimos, no Direito fazemos principalmente escolhas.

Abstraindo-nos da luta maior pelo fim das terceirizações, quais escolhas podemos fazer?

3.1.1 A falta de um critério geral

Uma primeira possibilidade teórica seria a de eliminar, pura e simplesmente, o critério adotado pela Súmula, que proíbe as terceirizações nas atividades fim (salvo o caso do trabalho temporário, previsto em lei). Em consequência, toda e qualquer terceirização se tornaria possível. Os abusos seriam resolvidos caso a caso.

Ora, essa escolha não seria reprovável apenas em termos políticos ou de conveniência, mas no sentido jurídico – pois romperia com princípios elementares do Direito do Trabalho e do Direito em geral, transformando em regra as exceções hoje admitidas[27].

As razões, já as mencionamos.

3.1.2 O critério da precarização

Como uma espécie de desdobramento da posição anterior, parte da doutrina defende a ideia de que toda terceirização deve ser permitida, desde que não precarize as condições de trabalho e salário. Seria um critério alternativo ao da Súmula.

Ora, se o terceirizado é um homem que a empresa aluga ou arrenda, é evidente que a terceirização *sempre* precariza. Ela rouba a sua dignidade. Trata-o como um animal ou um objeto. E isso sem falar na instabilidade que esse modelo semeia – o que,

(23) BOLTANSKI, L.; CHIAPELLO, E. *O novo espírito do capitaoismo*. São Paulo: Martins Fontes, 2009. p. 294

(24) No limite, a terceirização pode afetar, às vezes, *a própria empresa tomadora*, que além de lidar com o embate histórico entre capital e trabalho, vê-se a braços com um conflito inédito entre trabalho e trabalho.

(25) Note-se que a terceirização, mesmo quando interna, não é um fenômeno unívoco; conforme cada setor, apresenta peculiaridades. No setor bancário, por exemplo, temos hoje um interessante livro, escrito pelo amigo Grijalbo Coutinho (*A terceirização no setor bancário*. São Paulo: LTr, 2011).

(26) Delgado, Mauricio Godinho. *Curso de Direito do Trabalho*. São Paulo: LTr, 2010.

(27) Alguns autores, como Garcia Martinez, constroem analogias interessantes que nos permitem entender bem a importância dos princípios. Eles funcionam como "teia", suportando impactos e praticando ajustes; como "filtros", depurando conceitos e facilitando a aplicação da norma; como "diques", impedindo a invasão de normas estranhas, inclusive de princípios de outros ramos jurídicos; como "cunha", alavancando a interpretação do Direito num sentido sempre mais atual e progressista. Por outro lado, no entanto, é importante notar que a mesma liberdade que hoje o juiz reivindica e exerce, no plano dos princípios, pode levá-lo a inverter o sentido dos mesmos princípios – ou mais precisamente o sentido que corresponde à sua construção histórica e à sua teleologia. Aliás, o próprio valor liberdade pode levá-lo a ser mais tolerante com as inovações promovidas pelas empresas, dentre as quais a terceirização. Assim, os riscos são tão grandes quanto as oportunidades.

naturalmente, é outro fator de precarização. Ao contrário do trabalhador qualificado, que se desloca de uma empresa a outra, fazendo-se tanto mais móvel quanto "empregável", o terceirizado é movido – é semovente. Assim, terceirização que não precariza *é uma contradição em seus próprios termos*[28].

É verdade que a degradação das condições materiais de trabalho – como um baixo salário, ou más condições de saúde e segurança – também encerra uma dimensão subjetiva. No entanto, mesmo sem aquelas formas de precarização, a indignidade persiste.

Aliás, de certo modo, a pobreza visível pode ser vista como o retrato – ou a expressão concreta – daquelas outras pobrezas. Cada uma se revela na outra, denuncia a outra, *aponta o dedo* para a outra.

Mas ainda que usemos a palavra "precarização" em sentido reduzido, de degradação material apenas, como iríamos medi-la? Comparando-se o terceirizado ao empregado comum? Mas e se não houver parâmetro de comparação? Aliás, se não distinguirmos atividade meio e atividade fim, uma empresa poderá terceirizar *toda* a sua mão de obra, o que dificultaria ainda mais a solução do impasse[29].

De toda forma, quando assumir o caráter de trabalho indigno em termos materiais[30], a precarização pode (e deve) servir como um critério a mais, cumulativo, sempre que se conseguir aferi-la. Em outras palavras: ainda que se trate de atividade meio, e sem pessoalidade ou subordinação direta, o vínculo se fará diretamente com o tomador, sem prejuízo da responsabilidade solidária do fornecedor.

Sabemos que na atividade pública o problema é um pouco diferente, pois na prática o terceirizado (quase sempre indicado pelo gestor amigo) tende a se eternizar no posto; as empresas fornecedoras é que se sucedem ou se alternam. Mas isso apenas atenua – sem eliminar – a distorção. E ao mesmo tempo provoca outras, diferente, na medida em que permite o clientelismo e até mesmo inviabiliza, na prática, alguns direitos[31].

3.1.3 O critério da especialização

Alguns entendem que o melhor critério para definir a licitude seria o da especialização. Nesse sentido, a empresa tomadora poderia sempre tomar emprestada a mão de obra que lhe fosse difícil obter. Trata-se, no fundo, de uma tentativa – consciente ou não – de dar mais legitimidade à própria terceirização, que aparentemente decorreria de uma situação de verdadeira *necessidade*.

Note-se que uma das hipóteses admitidas pela Súmula 331 é exatamente a dos "serviços especializados ligados à atividade-meio do tomador". No entanto, em geral, quem exerce um serviço especializado tende a se encaixar mais numa atividade fim do que numa atividade meio. Desse modo, se admitirmos sempre a terceirização de serviços especializados, sem distinguir meio e fim, estaremos, na prática, apenas invertendo os termos da equação, ou seja, permitindo a terceirização na atividade fim. Qual seria a utilidade dessa inversão?

É certo que a Lei do Trabalho Temporário também exige que o trabalhador seja qualificado[32] – mas se o faz é exatamente porque permite a terceirização em atividade fim. E essa permissão é um pouco atenuada pelo fato de que se trata de algo temporário, emergencial.

Não custa ponderar, também, que o fato de uma empresa precisar, em caráter permanente, de um *expert* num tipo de solda altamente refinada não justifica a contratação de uma empresa especialista em fornecer – ou *fabricar* – soldadores, do mesmo modo que o fato de uma empresa necessitar de um advogado ou engenheiro não impede que ela o faça diretamente.

---

(28) Como tem observado Jorge Luiz Souto Maior, em artigos e conferências, a terceirização desumaniza o trabalhador; e o que o Direito lhe oferece em troca é apenas uma compensação financeira, como se fosse este o preço de sua dignidade.

(29) A observação nos foi feita pelo já citado juiz Lamartino França de Oliveira.

É verdade que sempre se poderia imaginar uma saída, como, por exemplo, a de se estender à hipótese, por via interpretativa, o art. 460 da CLT. Em outras palavras, o juiz aplicaria ao terceirizado o salário pago em outras empresas para trabalho semelhante. Mas além da dificuldade de se aceitar essa interpretação, a regra se tornaria virtualmente inaplicável antes que houvesse (se houvesse) um processo judicial.

(30) Já que a nosso ver, como dizíamos, a terceirização é sempre indigna, no sentido mais amplo.

(31) A propósito, o colega e amigo Jorge Luiz Souto Maior tem contado, em palestras, o caso de uma servidora terceirizada que lhe confessou estar há oito anos sem férias – já que, com a sucessão de empresas fornecedoras, a cada novo contrato ela as recebe apenas em dinheiro, proporcionalmente.

(32) Note-se que alguns entendem que a palavra indica apenas que o trabalhador deva ser individuado, identificado – o que seria, em nossa opinião, concluir que a lei diz o óbvio. Já o Decreto n. 73.841, que regulamenta a Lei n. 6.019, esclarece bem a questão ao se referir a trabalhador "especializado".

3.1.4 *Os critérios da Súmula: atividades meio e fim*

Como lembramos, a Súmula n. 331 elege como critério básico a divisão entre os exercentes de atividade meio e os de atividade fim. Muitos a criticam nesse aspecto, não só sob o argumento de que estaria havendo tratamento discriminatório, mas também porque a distinção seria artificial, provocando por isso dúvidas invencíveis.

De fato, o argumento da discriminação é forte, embora talvez se possa objetar que situações diferentes pedem regulações diferentes. No entanto, se concluirmos que há discriminação, a mesma linha de pensamento deveria ser usada, com razão maior, para eliminar *toda hipótese* de terceirização – seja em atividade meio ou fim. Na verdade, também aqui, parece que o Direito faz o que pode, diante da relação de forças presente.

Quanto às dúvidas sobre o que será *meio* ou *fim*, não parecem ser tão frequentes. Afinal, a atividade é fim quando se relaciona em linha reta não só com o objeto da atividade empresarial, mas com a própria causa que deu origem à empresa – seja ela fabricar relógios ou divulgar conhecimento. Pode-se dizer, por exemplo, que o fim principal de uma escola é o ensino; que o ensino depende basicamente dos professores; e que a atividade da secretaria viabiliza a atividade dos professores.

Lembre-se que o fato de uma atividade ser utilizada como simples meio não significa, evidentemente, que seja irrelevante para a consecução dos fins. Mas sua relevância maior pode fazê-la transpor seus limites, caindo no campo da atividade fim. O serviço de limpeza de uma fábrica de parafusos, por exemplo, é indiscutivelmente atividade meio; já não se pode dizer o mesmo (pelo menos com igual certeza) se ali se constrói um hospital.

De todo modo, para os casos de fronteira, há uma solução bem simples. Basta aplicar o princípio da interpretação mais favorável ao trabalhador, o que significará concluir – sempre ou quase sempre – que a atividade é *fim*. Aliás, talvez fosse o caso de se positivar esse princípio, inserindo-o explicitamente na Súmula.

A hipótese dos *call-centers* pode se encaixar aí. Como sabemos, a lei permite a terceirização "inerente" a esta atividade. Mas como já fez notar a Ministra Rosa Maria, hoje abrilhantando o STF, os dicionários dão àquela palavra vários sentidos, que vão do *essencial* ao *pertinente*. Se adotarmos, como devemos, o benefício da dúvida, teremos de concluir que "inerente", no caso, significa apenas "pertinente".

Ora, sendo assim, devemos inferir também que a lei mantém o critério da Súmula. Ou seja: só pode haver terceirização na atividade meio. Aliás, é o que também recomenda um princípio ainda mais importante, e que não é apenas do Direito do Trabalho – o princípio da dignidade humana.

Pois bem. A atividade da operadora de *call center* é fim, e não meio. Como certa vez ponderou a Ministra Maria Calsing, do TST, o atendimento ao cliente é previsto enquanto obrigação da empresa até pelo Código do Consumidor. No mínimo, teremos aqui, mais uma vez, dúvida razoável, que atrai o princípio do *in dubio pro operario*.

Na verdade, a importância de se restringir a terceirização em atividade fim pode ser percebida até pela forte pressão contrária exercida pelas empresas que terceirizam.

Trataremos dessa questão a seguir.

3.1.5 *Ainda os critérios da Súmula: inexistência de pessoalidade e subordinação direta*

A Súmula exige ainda, para que a terceirização seja lícita, a inexistência de pessoalidade e subordinação direta. Com isso, sinaliza que – fora da hipótese do trabalho temporário – só pode haver terceirização quando a única relação jurídica que envolve a tomadora for a que esta mantém com a fornecedora. Um exemplo seria a empreitada: uma empresa contrata outra para executar uma obra, pagando-lhe em função do resultado.

Se houver subordinação ou pessoalidade, os pressupostos de *outra* relação – já agora, entre a tomadora e o trabalhador – estarão presentes. E é exatamente por isso que a Súmula conclui pelo vínculo jurídico de emprego, unindo o trabalhador não à empresa fornecedora, que o contratou, mas à empresa tomadora, que utilizou os seus serviços. Só não será assim com o trabalho temporário, pois nesse caso a lei elegeu como critério, para definir o empregador, não tanto o direito de dirigir o trabalho, mas a obrigação de pagar o salário – abstraindo-se do também do fato de que, em última análise, o valor que paga a mão de obra *sai dos cofres do tomador*[33].

---

(33) Essa forma de terceirização, talvez mais que as outras, permite que a empresa – que tudo vê e tudo sabe – disfarce seu verdadeiro papel. Pois no fundo, em *substância*, quem dirige o trabalho alheio com o fim de produzir riquezas deveria logicamente ser

Ora, a pessoalidade é um dado muito relativo, quando se trata de grande empresa e trabalho desqualificado. A não ser em termos formais, muitas vezes ela será tão tênue no trabalho comum quanto na terceirização.

No tocante à subordinação, se a entendermos de forma objetiva ou estrutural – como sugere a melhor doutrina, para definir a relação de emprego[(34)] – em poucos casos estará ausente, mesmo nas atividades-meio.

O ideal seria, então, aplicar os critérios da Súmula sem tirar os olhos da melhor doutrina, ou seja, sem reduzir os conceitos de pessoalidade e subordinação.

4. A QUESTÃO DA RESPONSABILIDADE[(35)]

Deve ser solidária.

É verdade que, pela lei civil, a solidariedade não se presume; vem da lei ou do contrato. Mas a palavra "lei", a nosso ver, pode e deve ser entendida em sentido amplo, de "direito". E os princípios do Direito do Trabalho podem ser invocados muito bem para justificá-la.

Mas ainda que se pensássemos apenas em termos de lei, e não de Direito, o argumento de que "a solidariedade não se presume" não valeria também para a subsidiariedade? Em ambos os casos, quem paga a conta é um terceiro – e essa é a razão daquela regra[(36)].

Lembre-se que o Direito Comparado é uma das fontes do nosso Direito (art. 8º da CLT). E vários países, como França, Itália e Portugal, prevêem a solidariedade. Aliás, a lei francesa de trabalho temporário – que nos serviu de modelo – estende-a para todos os casos de "inadimplemento" (*défaillance*). Mas o legislador brasileiro, como nota Catharino, parece ter-se enganado, traduzindo aquela palavra como "falência" (*faillite*)[(37)]. Veio a Súmula e optou por uma solução de meio termo, compondo o fato do *inadimplemento* com o efeito da *subsidiariedade* para as terceirizações em geral.

A nosso ver, a opção por uma responsabilidade solidária, e não apenas subsidiária, teria dois aspectos positivos. De um lado, talvez inibisse um pouco mais a terceirização, ou levasse a empresa-cliente a escolher com mais cuidado o fornecedor. De outro, poderia simplificar e agilizar as execuções[(38)].

Parece-nos também interessante explicitar a responsabilidade (solidária, igualmente) da empresa fornecedora, no caso de terceirização ilícita. Nesse caso, a posição dos atores se inverteria, mantendo-se o mesmo resultado.

5. A QUESTÃO DA ISONOMIA

Por outro lado, como também já notamos certa vez, é hora de garantir expressamente a *todos* os terceirizados os mesmos salários (em sentido amplo) dos empregados comuns. Trata-se de simples questão de isonomia. Afinal, o que importa ao Direito do Trabalho é a realidade, e eles trabalham, efetivamente, *na mesma empresa*.

Aliás, se trocarmos a forma pelo fundo, notaremos que – em última análise – quem desembolsa o valor que vai custear os salários é o tomador, embora quem os pague seja o fornecedor, depois de descontada a sua parte. De resto, como indaga o Ministro Freire Pimenta, do TST, se até os temporários têm essa garantia, como negá-la aos permanentes[(39)]?

Mas a isonomia não se deve deter na questão dos salários. Num contexto em que parcelas de natureza salarial cada vez mais se *dessalarizam*, será preciso estender aos terceirizados os benefícios concedidos aos empregados da tomadora, desde que compatíveis. Naturalmente, e não só pela razão isonômica, os terceirizados deverão fruir de condições dignas de saúde e segurança no trabalho.

considerado empregador. Assim, pode-se dizer que as sombras ocultam já não apenas a mais valia, como diria o velho Marx, mas *o próprio sujeito* que dela se apropria.

(34) A propósito, cf. especialmente os estudos de Ribeiro de Vilhena, Mauricio Godinho Delgado, Jorge Luiz Souto Maior, José Eduardo Chaves e Lorena Vasconcelos Porto, que – entre nós, mais ou menos nessa sequência – aprofundaram-se no tema

(35) Alguns dos parágrafos desse item foram extraídos de texto por nós anteriormente publicado.

(36) A propósito, observa Jorge Luiz Souto Maior, valendo-se de Caio Mário, que "tem ganhado força entre os doutrinadores a noção que admite a presunção da solidariedade, para satisfação mais eficiente da obrigação, como se dá em outros países"; na Bélgica e na França, fala-se em "solidariedade jurisprudencial ou costumeira" (MAIOR, Jorge Luiz Souto. A terceirização sob uma perspectiva humanista. *Terceirização no Direito do Trabalho*. coord. Carlos Henrique Junqueira e Gabriela Neves Delgado. Belo Horizonte: Mandamentos, 2004. p. 63.

(37) CATHARINO, José Martins. *Trabalho Temporário*. Rio de Janeiro: Edições Trabalhistas, 1984. p. 142.

(38) O argumento tem sido usado recorrentemente por alguns doutrinadores, como Jorge Luiz Souto Maior.

(39) Ac. TRT 3ª Reg., 3ª T., RO n. 08157/94.

6. A QUESTÃO DO SINDICATO

Como já notamos, o Direito do Trabalho vive uma luta bem mais intensa que o Direito Comum. Ao contrário do que acontece em outras áreas, suas normas tendem a *não* se cumprir espontaneamente – pelo menos por inteiro. Se é raro o freguês de um bar não pagar a conta, muitos sonegam o salário ou parte dele. Por ser assim, tal como uma pessoa frágil de corpo, e que se apóia numa bengala, a norma trabalhista reclama suportes originais – dentre os quais se sobressai o sindicato.

Sem um sindicato forte, os terceirizados precisarão sempre – muito mais do que os outros trabalhadores – do apoio do Estado, ou seja, de uma solução que dependerá da vontade política de cada Governo ou Congresso que vier. Mesmo que eventualmente os seus salários não estiverem precarizados, essa ameaça estará sempre presente. Aliás, essa é exatamente uma das razões que explicam o fato de que os seus salários são quase sempre mais baixos.

O problema é que existe aqui um círculo vicioso – pois a terceirização, como dizíamos, conspira sempre contra o movimento sindical. Além de não reunir um coletivo estável e homogêneo, ela opõe terceirizados a trabalhadores comuns, introduzindo o princípio da concorrência no interior da própria força de trabalho.

É verdade que há uma possibilidade de se reduzir esse impacto, se os terceirizados puderem se organizar no mesmo sindicato dos empregados da tomadora – o que nos parece uma proposta interessante. Mas mesmo nesse caso pode ser que surjam entre eles interesses destoantes. Além disso, como construir aderências no caso de terceirizados que pulam incessantemente de uma empresa para outra, ou mesmo de uma categoria para a outra? Talvez o ideal fosse abrir espaço para que o trabalhador optasse, caso a caso, por um ou outro sindicato.

Sabemos que o nosso Direito limita a liberdade sindical. Mas a Convenção n. 87 da OIT, que a garante, só não pode servir de parâmetro nas hipóteses de choque frontal com a nossa Constituição. No mais, deve ser aplicada, mesmo não ratificada, já que *fundamental*. E os seus princípios terão de ser lembrados pelo menos no momento da interpretação.

Ainda que fosse diferente, o princípio da isonomia do salário e das condições de trabalho não deveria sofrer restrições pelo fato de os empregados da tomadora terem uma convenção coletiva diferente da que abrange os terceirizados. Ou seja: o valor fixado na convenção lhes será aplicável de todo modo, integrem ou não o sindicato[40].

Por fim, é sempre bom lembrar que a solidariedade tem duas mãos. De um lado, produz a norma coletiva. De outro, é produzida por ela. Sem lutas comuns, sem interesses semelhantes, não há coesão possível – pelo menos no mundo do trabalho.

7. OUTRAS POSSIBILIDADES

Poderia a jurisprudência criar pelo menos dois outros critérios para reprimir as terceirizações. Ambos têm apoio no Direito Comparado.

O primeiro seria a proibição explícita de se valer do trabalho terceirizado no curso de uma greve – a não ser na hipótese do art. 9º, § 1º, da Lei n. 7.783. De outra forma estaríamos permitindo que o empregador contornasse a proibição de contratar empregados, traindo o espírito da norma.

O segundo seria a proibição de terceirizar nos seis meses[41] posteriores a despedidas coletivas. Com isso se evitaria que a empresa criasse artificialmente um ambiente para aquelas despedidas, para em seguida reduzir custos através de terceirizações.

Souto Maior[42] aventa ainda a possibilidade de se condenar a empresa por dano social – de modo que ela reponha à sociedade o dano que provocou.

8. PARA ALÉM DO DIREITO

Para além do Direito, talvez seja hora de nos tornarmos *consumidores solidários*, privilegiando não só os produtos elaborados com respeito à natureza, como aqueles fabricados sem ferir a dignidade do trabalhador. Nesse sentido, a utilização, pelas próprias empresas, de certificações (como a AS 8000[43], por exemplo) pode ao mesmo tempo orientar o consumidor e lhe garantir uma boa imagem. Contra as empresas que descumprem o mínimo que a lei garante, a solução poderá ser a velha prática do boicote.

Por outro lado, exatamente porque parece em sintonia com tantas coisas desse mundo, a tercei-

(40) Na Itália, há uma situação um tanto parecida: como inexiste lei fixando o salário mínimo, mas a Constituição prescreve um salário digno, a jurisprudência considera mínimo o salário fixado na convenção coletiva aplicável ao trabalhador; não havendo nenhuma aplicável a ele, o juiz recorre a uma convenção pública análoga.

(41) Esse número de meses é a solução italiana.

(42) Em artigos e conferências.

(43) Social Accountability 8000.

rização merece uma crítica de fundo – para que se perceba que nem todas as coisas desse mundo são inevitáveis ou positivas.

9. A TERCEIRIZAÇÃO NO SETOR PÚBLICO

9.1. Aspectos gerais

No setor público, a terceirização ganha alguns contornos diferentes. Em geral, tem servido não tanto para agilizar os serviços ou baixar salários, mas para burlar a exigência do concurso[(44)]. Além disso, o próprio trabalhador, quase sempre, eterniza-se no posto, enquanto as fornecedoras se vão sucedendo. E isso, é claro, muda bastante – e de forma positiva – a sua condição.

Mas a própria permanência do trabalhador no emprego pode ser sinal de uma distorção – o apadrinhamento político, que, naturalmente, implica pessoalidade. Quanto à subordinação, costuma ser mais evidente ainda que na atividade privada.

Ora, havendo pessoalidade e subordinação, a terceirização se torna ilícita – mas, como se sabe, sem produzir a consequência normal, ou seja, sem que se forme o vínculo de emprego com a Administração Pública, já que falta o requisito do concurso.

É preciso acrescentar, no entanto, que podem haver outras ilicitudes. Em geral, os autores de Direito Administrativo costumam mencionar – além da subordinação e da pessoalidade – uma série de indícios, como a utilização de equipamentos da Administração, por parte do trabalhador, ou a sua transferência ou dispensa, também pelo Poder Público, ou ainda a existência de cargo público correspondente à função que ele desempenha[(45)].

O mais interessante é observar como essa doutrina interpreta o § 1º, do art. 71 da Lei n. 8.666/1993, que motivou a recente decisão do STF, sobre a qual falaremos adiante. Como se sabe, aquela norma dispõe que *"a inadimplência do contratado, com referência aos encargos estabelecidos neste artigo (comerciais, trabalhistas e fiscais), não transfere a Administração Pública a responsabilidade de pagamento"*.

A interpretação daqueles administrativistas caminha no sentido de entender que: a) se a terceirização é lícita, aplica-se a norma em sua literalidade, ou seja, o Poder Público se exime de responsabilidade, mesmo porque o contrato se faz entre pessoas jurídicas autônomas, ambas capazes de responder por seus atos; b) se a terceirização é ilícita, o extremo oposto acontece, pois não só a Administração responde *solidariamente*, como o administrador paga por improbidade administrativa [(46)].

9.2. A decisão do STF e as possibilidades que se abrem[(47)]

Como sabemos, o STF declarou constitucional o já citado § 1º do art. 71 da Lei n. 8 666, mas ao mesmo tempo deixou claro que a Administração poderá vir a ser responsabilizada, desde que fique provada a sua culpa pelo inadimplemento de verbas trabalhistas por parte da empresa fornecedora. Assim, basicamente, o que mudou foi apenas o fato de que o Estado já não pode ser condenado pelo simples fato daquele inadimplemento. A responsabilidade, que em geral se tinha por objetiva, passou a ser considerada subjetiva.

Nesse sentido, a nova redação da Súmula n. 331 diz que só é responsável a Administração *"caso evidenciada a sua conduta culposa no cumprimento das obrigações da Lei n. 8.666/1993, especialmente na fiscalização do cumprimento das obrigações contratuais e legais da prestadora de serviço como empregadora"*.

Note-se que tanto a decisão do STF como a Súmula do TST falam em culpa, mas não se referem ao ônus da prova. Seria possível, no caso, considerar uma presunção de culpa da Administração?

Dir-se-á que, sendo assim, tudo voltaria a ser como antes da decisão do STF. Mas também se pode responder que antes o que havia não era presunção de culpa, mas – como dizíamos – responsabilidade objetiva, que afastava a possibilidade de prova contrária.

---

(44) Pelo menos na cidade de Brasília, sabe-se que as convenções coletivas do pessoal terceirizado lhes asseguram, em geral, salários melhores que os efetivos na mesma função.

(45) Nesse sentido, DI PIETRO, Maria Sylvia Zanella. Terceirização municipal em face da Lei de Responsabilidade Fiscal. *A Terceirização na Administração: estudos em homenagem ao Professor Pedro Paulo de Almeida Dutra*. coord. Cristiana Fortini. Belo Horizonte: Fórum, 2009. p. 74.

(46) Nesse sentido, por ex., José dos Santos Carvalho Filho, para quem, no caso, "o contratante não tem qualquer tipo de ingerência nas relações trabalhistas derivadas do contrato de trabalho celebrado entre a empresa terceirizada e seus empregados". *A Terceirização na Administração: estudos em homenagem ao Professor Pedro Paulo de Almeida Dutra*, coord. Cristiana Fortini. Belo Horizonte, Fórum, 2009. p. 51.

(47) A propósito da terceirização no setor público e da decisão do STF, *vide* o seguinte artigo: DELGADO, Gabriela Neves, AMORIM, Helder Santos, VIANA, Márcio Túlio, Terceirização. Aspectos gerais. A última decisão do STF e a Súmula 331 do TST. Novos Enfoques. *Revista do Tribunal Superior do Trabalho*, Brasília, TST, v. 77. p. 54-84, 2011.

Sabemos que atualmente, pelo menos, essa solução seria inviável. Aliás, pelo que se sabe, numerosas condenações do Estado já foram cassadas em reclamações perante o STF, em decisões monocráticas, mesmo com fortes indícios de culpa – embora a maioria dos ministros não aja assim.

Seja como for, a inversão do ônus da prova pode vir a ser uma ideia com mais possibilidades de êxito no futuro. Por ora, é possível entender, pelo menos, que haverá culpa sempre que a Administração deixar de cumprir à risca o seu duplo papel de *escolher bem* e de *fiscalizar com eficiência* a empresa contratada, nos termos da Lei de Licitações e das sucessivas instruções normativas que vêm sendo (e que vierem a ser) editadas a respeito do assunto[48].

10. CONCLUSÕES

Em termos sintéticos, concluímos que:

1. A terceirização externa (de atividades empresariais) se rege pelo art. 2º, § 2º, da CLT;
2. A norma acima referida deve ter leitura expansiva, de modo a abarcar os grupos de formação horizontal e a abranger formas mais sutis ou disfarçadas de agregação empresarial;
3. A terceirização interna (de serviços) está disciplinada em parte pela legislação extravagante e completada pela Súmula n. 331, do TST, que a ela também se refere;
4. O ideal seria proibir qualquer forma de terceirização interna que fugisse aos termos precisos daquela legislação;
5. Não sendo isso possível, os critérios daquela Súmula devem prevalecer como regra geral, mas podem ser aperfeiçoados;
6. Para aperfeiçoá-los, parece-nos importante:
    - 6.1. Adicionar ao critério que separa as atividades meio das atividades fim o critério da precarização das condições de trabalho e/ou salário, de tal modo que, mesmo em se tratando de atividade meio, a relação, no caso, formar-se-ia com o tomador;
    - 6.2. Em casos de dúvida, aplicar o princípio da norma mais favorável (*in dubio pro operario*);
    - 6.3. Evitar a redução dos conceitos de subordinação e pessoalidade, para concluir se a terceirização é lícita ou não;
    - 6.4. Estender a todos os terceirizados o princípio da isonomia das condições de trabalho e salário;
    - 6.5. Reforçar as normas existentes, garantindo explicitamente aos terceirizados o grau necessário de segurança e higiene no trabalho;
    - 6.6. Substituir o critério da responsabilidade subsidiária pelo da responsabilidade solidária;
    - 6.7 Aplicar o critério da solidariedade entre contratante e contratada não só no caso da terceirização lícita, mas na hipótese de terceirização ilícita, independentemente do reconhecimento do vínculo de emprego com o tomador;
    - 6.8. No caso de uma cadeia de tomadores e fornecedores, aplicar o critério de solidariedade entre todos;
    - 6.9. Proibir a terceirização no curso da greve, salvo na hipótese do art. 9º. § 1º, da Lei n. 7.783;
    - 6.10. Proibir a terceirização nos seis meses que se sucederem a despedidas coletivas.
7. No plano coletivo:
    - 7.1. Construir uma interpretação que permita que o sindicato representativo dos terceirizados possa ser, indistintamente, tanto o que tem como correspondente o sindicato das empresas fornecedoras de mão de obra, como o que tem como correspondente o das empresas tomadoras de serviço;

(48) Uma postura pró-ativa do juiz pode minimizar esses problemas. Uma ideia seria requisitar – mesmo de ofício – documentos que comprovassem a diligência da Administração. Na falta dessa prova, haveria uma justificativa mais forte para a condenação (assim como acontecia, *mutatis mutandi,* quando se exigia, para a inversão do ônus da prova, que a empresa fosse intimada a apresentar controle de ponto. Mas há outras medidas possíveis. A juíza Ana Freitas, da 6ª Região, relatou-nos informalmente que vem exigindo o depósito judicial das parcelas incontroversas, sempre que a Administração retém faturas pendentes do contrato rompido com a fornecedora. Ela ressalva em ata que o cumprimento da ordem judicial não decorre de qualquer entendimento acerca da existência ou não de responsabilidade patrimonial, mas em face de reter um crédito da devedora principal – o que a equipararia a qualquer devedor trabalhista.

7.2. Não se considerando isso possível, que se procure construir uma interpretação que insira os terceirizados em sindicatos dos trabalhadores nas empresas tomadoras de serviço;

7.3. Não se considerando nenhuma das hipóteses como viáveis, que se assegure de todo modo aos terceirizados, ainda que sejam abrangidos por convenção ou acordo coletivo diferente, as mesmas condições de trabalho e de salário dos trabalhadores da tomadora, caso estas se lhe revelem mais benéficas.

8. No plano da administração pública:

8.1. Tentar construir, no futuro, a ideia da presunção relativa de culpa da Administração, na hipótese de inadimplemento das verbas trabalhistas por parte da empresa contratada;

8.2. No presente, adotar como critério, para aferir sua responsabilidade, a perfeita adequação do órgão público às normas que disciplinam o processo de licitação e à fiscalização que deve acompanhá-lo, no tocante ao cumprimento das obrigações trabalhistas e previdenciárias.

9. Como princípio geral:

Manter uma postura sempre restritiva no tocante às terceirizações internas (de serviços), sejam elas quais forem, e um olhar sempre crítico e vigilante em relação às terceirizações externas (de atividade empresarial).

10. Para além do Direito:

Estender a luta contra a precarização para o circuito do consumo, através de práticas como o boicote.

Parte XI

INCIDÊNCIA RETROATIVA DA PROPORCIONALIDADE DO AVISO-PRÉVIO

Capítulo 17

Proporcionalidade do Aviso-Prévio e a Polêmica Questão da Possível Incidência Retroativa da Lei n. 12.506/2011

Jorge Boucinhas Filho(*)
Ney Maranhão(**)

A Constituição Federal de 1988 prevê, em seu art. 7º, inciso XXI, que constitui direito dos trabalhadores urbanos e rurais, além de outros que visem à melhoria de sua condição social (*caput*), o "aviso-prévio proporcional ao tempo de serviço, sendo no mínimo de trinta dias, nos termos da lei". Mais à frente, em seu parágrafo único, o mesmo dispositivo constitucional, expressamente, assegura à categoria dos trabalhadores domésticos esse especial direito trabalhista.

Perceba-se, inicialmente, que essa alvissareira proporcionalidade do aviso-prévio, ventilada pela Magna Carta, ficou na dependência direta de uma intervenção do legislador, que recebeu o específico encargo de elaborar lei que regulamentaria a forma como essa proporcionalidade, em concreto, deveria ser implantada. Na esteira da clássica doutrina de José Afonso da Silva, o inciso XXI do art. 7º da Constituição Federal, no tocante à regra da proporcionalidade, constituía uma típica hipótese de norma constitucional de eficácia *limitada*, na medida em que sua efetiva aplicação prática ficara mesmo por completo dependente da atuação do legislador infraconstitucional.

Eis que, agora, após longos 23 anos de silêncio legiferante, exsurge, enfim, em 11 de outubro de 2011, a Lei n. 12.506/2011, que, segundo sua ementa, "dispõe sobre o aviso-prévio e dá outras providências". Seu texto, publicado no DOU de 13 de outubro de 2011, é formado por apenas dois artigos, *in verbis*:

> "Art. 1º. O aviso-prévio, de que trata o Capítulo VI do Título IV da Consolidação das Leis do Trabalho – CLT, aprovada pelo Decreto-Lei n. 5.452, de 1º de maio de 1943, será concedido na proporção de 30 (trinta) dias aos empregados que contem até 1 (um) ano de serviço na mesma empresa. Parágrafo único. Ao aviso-prévio previsto neste artigo serão acrescidos 3 (três) dias por ano de serviço prestado na mesma empresa, até o máximo de 60 (sessenta)

(*) Advogado. Mestre e Doutor em Direito do Trabalho pela Universidade de São Paulo. Professor do curso de graduação em Direito da Universidade São Judas Tadeu e dos cursos de pós-graduação em Direito do Trabalho da Escola Superior de Advocacia de São Paulo, Escola Paulista de Direito, GVLaw – Fundação Getúlio Vargas, Escola Superior da Magistratura da 21ª Região, Universidade Potiguar, curso FMB, FAAP Ribeirão Preto, entre outras instituições localizadas em diversos Estados da Federação. Membro Pesquisador do Instituto Brasileiro de Direito Social Cesarino Júnior. Autor de dezenas de artigos e diversas obras jurídicas. E-mail: jorgeboucinhasfilho@yahoo.com.br.

(**) Juiz do Trabalho (TRT da 8ª Região – PA/AP). Mestre em Direito pela Universidade Federal do Pará (UFPA). Especialista em Direito Material e Processual do Trabalho pela Università di Roma – La Sapienza (Itália). Doutorando em Direito do Trabalho pela Universidade de São Paulo (USP). Professor convidado da Universidade da Amazônia (UNAMA) (em nível de pós-graduação) e das Escolas Judiciais dos Tribunais Regionais do Trabalho da 8ª (PA/AP), 14ª (RO/AC) e 19ª Regiões (AL). Membro do Instituto Goiano de Direito do Trabalho (IGT), do Instituto de Pesquisas e Estudos Avançados da Magistratura e do Ministério Público do Trabalho (IPEATRA) e do Instituto Brasileiro de Direito Social Cesarino Junior (IBDSCJ). E-mail: ney.maranhao@gmail.com.

dias, perfazendo um total de até 90 (noventa) dias. Art. 2º. Esta Lei entra em vigor na data de sua publicação."

É certo que a Lei n. 12.506/2011 veio à lume com o claro propósito de suprir aquela inquietante omissão do legislador, quanto ao seu dever de regulamentar a proporcionalidade do aviso-prévio, tal qual disposta no inciso XXI do art. 7º da Constituição Federal. Por consequência, representa importante fator de melhoria da condição social dos trabalhadores brasileiros.

Levando em conta que, regra geral, o contrato de trabalho é de trato sucessivo, natural que sofra maiores influxos decorrentes de alterações legislativas. O pacto de labor empregatício, pois, exatamente porque voltado, a rigor, para se prolongar no tempo, é vítima corriqueira das mutações do ambiente jurídico que o circunda, o que nos leva a concluir que a questão do direito intertemporal, nos domínios do Direito do Trabalho, ganha especial relevância[(1)] – como se dá no presente caso.

Com efeito, surge a questão: **a proporcionalidade trazida à tona na Lei n. 12.506/2011 incide seus efeitos também sobre o aviso-prévio que já estava em curso quando da data de sua publicação? Ou somente se aplicam para as concessões de aviso-prévio posteriores à sua vigência? E o aviso-prévio concedido antes de sua vigência, poderia ser alcançado por seus termos?**

Existem pelo menos cinco correntes no enfrentamento deste assunto.

É preciso registrar a existência de uma **primeira corrente** que, na verdade, sempre frisou a própria desnecessidade de se aguardar regulamentação legislativa do inciso XXI, do art. 7º, da Carta Constitucional, sendo que sua efetiva concretude poderia ser alcançada pelo juiz através de simples manuseio de mecanismo normativo de colmatação de lacunas. Constitui tese há muito defendida por Jorge Luiz Souto Maior, como segue:

> "Costuma-se dizer que a proporcionalidade prevista no referido inciso não tem valor jurídico porque a lei que o regularia, conforme prevê o próprio dispositivo constitucional, ainda não foi editada. Aqui, no entanto, repete-se o fenômeno da impossibilidade de se negar eficácia à norma constitucional. O preceito não deixa margem à dúvida quanto ao seu conteúdo. A inexistência da regra infraconstitucional não é suficiente para negar eficácia ao preceito constitucional. Assim, enquanto não vier a lei, há de se utilizar da equidade, ou da analogia, para o preenchimento da lacuna regulatória, como, aliás, prevê o próprio art. 8º, da CLT"[(2)].

A **segunda corrente**, já levando em conta a existência da Lei n. 12.506/2011, embora negando qualquer eficácia retroativa aos seus termos, defende a possibilidade de seu manuseio para a busca judicial de diferenças de aviso-prévio, mesmo para aqueles já cumpridos e, por consequência, com contratos laborais plenamente finalizados. Esse é o pensamento de Antônio Álvares da Silva, consoante argumentação que segue:

> "O titular do direito estabelecido pelo art. 7º, XXI, é o reclamante que nunca pôde exercê-lo neste longo passado que vai da vigência da Constituição de 88 até a sanção da Lei n. 12.506 em 2011. Isto porque a norma que o concedia era de eficácia contida, conforme a classificação de José Afonso da Silva (...) o que houve foi a mera regulação de um direito já existente anteriormente. A Lei n. 12.506 não o criou, apenas tornou possível o seu exercício (...) que passou a ser processualmente possível a partir da data de sua vigência: 13.10.11, quando houve uma pretensão acionável para os titulares do direito previsto no item XXI da CF. (...) Vê-se que não se pode falar em retroação, mas em exercício de um direito através da ação competente. Como esta ação – a *actio nata* – se deu na data da vigência da lei, ela se estende pelo prazo estabe-

(1) MALLET, Estêvão. Aplicação no tempo da nova lei sobre aviso-prévio proporcional. *Revista LTr*. Ano 75, n. 11, novembro de 2011. p. 1.313.

(2) MAIOR, Jorge Luiz Souto. Proteções jurídicas em face da cessação da relação de emprego. In: SOUTO MAIOR, Jorge Luiz; CORREIA, Marcus Orione Gonçalves (org.). *Curso de direito do trabalho*. Vol. II. Coleção Pedro Vidal Neto. São Paulo : LTr, 2008. p. 252-253. Também defendendo a aplicação da analogia, em casos como tais: RAMOS FILHO, Wilson. *Direito capitalista do trabalho: história, mitos e perspectivas no Brasil*. São Paulo : LTr, 2012. p. 449. Nesse particular, interessante registrar que o Tribunal Regional do Trabalho da 4ª Região (RS), operando no campo do poder normativo, certa feita editou a respeito o Precedente Normativo n. 13, cujo teor segue: "Fica assegurado aos integrantes da categoria profissional uma viso prévio de 30 (trinta) dias acrescido de mais 5 (cinco) dias por ano ou fração igual ou superior a seis meses de serviço na mesma empresa". Esse precedente foi cancelado no ano de 2002.

lecido na própria Constituição, ou seja, dois anos para reclamar direitos compreendidos nos cinco anos anteriores – art. 7º, XIX, da CF. (...) As homologações de rescisão se verificaram sob o pálio da lei anterior. (...) Acontece que surgiu um direito novo, do qual o reclamante não poderia dar quitação, pois, na época da rescisão, não existia ainda. (...) Portanto, não se há de falar em direito adquirido, ato jurídico perfeito e coisa julgada – art. 6º da Lei de Introdução de Normas do Direito Brasileiro e art. 5º, XXXVI da CF. Não seria justo atribuir ao reclamante a perda de um direito constitucional para a qual não deu causa. Não pode ele pagar pela omissão do legislador. Evidentemente, não é esta uma hipótese sensata"[3].

O presidente da Força Sindical, Deputado Paulo Pereira da Silva (PDT-SP), vem afirmando que a lei tem efeito retroativo, já que dois anos é o prazo permitido para pleitear qualquer direito trabalhista[4]. Mas José Pastore demonstra temor em relação a isso, destacando que "*se todos os empregados despedidos nos últimos anos vierem a acionar as empresas para reclamar a diferença de aviso-prévio, estaremos diante de uma cifra incalculável*"[5].

Contudo, vale registrar, de início, que, ao contrário do que defendido pelo nobre professor mineiro, o inciso XXI do art. 7º da Carta da República, na parte que trata da proporcionalidade do aviso--prévio, enquadra-se não como uma norma de eficácia *contida*, mas sim **limitada**. Como ressalta José Afonso da Silva, "*normas constitucionais de eficácia limitada ou reduzida, são todas as que não produzem, com a simples entrada em vigor, todos os seus efeitos essenciais, porque o legislador constituinte, por qualquer motivo, não estabeleceu, sobre a matéria, uma normatividade para isso bastante, deixando essa tarefa ao legislador ordinário ou a outro órgão do Estado*", ao passo que as normas de eficácia contida "*o apelo ao legislador ordinário visa a restringir-lhes a plenitude da eficácia*"[6]. Assim também se manifestou majoritariamente a doutrina, conforme, por todos, Gustavo Filipe Barbosa Garcia[7].

Apontando para a mesma direção seguiu também ampla jurisprudência[8], a exemplo do que consta da OJ n. 84 da SBDI-1 do TST, cujo teor vai transcrito: "*Aviso-prévio proporcional. A proporcionalidade do aviso-prévio, com base no tempo de serviço, depende da legislação regulamentadora, posto que o art. 7º, inciso XXI, da CF/1988 não é autoaplicável*"[9] – hoje cancelada pela Resolução n. 186/2012 (DEJT divulgado em 25, 26 e 27.09.2012).

Há ainda um importante aspecto a ser ponderado nessa tese.

A se admitir que se busque no Poder Judiciário a complementação de aviso-prévio para contratos já extintos quando do advento da Lei n. 12.506/2011 – desde que, claro, o lapso prescricional bienal seja observado –, **o fator insegurança jurídica se erige a um patamar perigosíssimo, na medida em que um tal reconhecimento pode vir a suscitar discussões que vão para bem além do mero aspecto pecuniário.**

É que reconhecer a existência do direito a pro-

(3) SILVA, Antônio Álvares da. A nova lei do aviso-prévio. *Revista LTr*. Ano 76, n. 01, janeiro de 2012. p. 31, 32-33.

(4) *Folha de São Paulo* , quarta-feira, 12 de outubro de 2011, B1.

(5) PASTORE, José. Decisões atrasadas aumentam a insegurança. *Folha de São Paulo*, quarta-feira, 12 de outubro de 2011. p. B3.

(6) SILVA, José Afonso da. *Aplicabilidade das normas constitucionais*. 7. ed. São Paulo : Malheiros, 2007. p. 82-83 e 114.

(7) GARCIA, Gustavo Filipe Barbosa. *Curso de direito do trabalho*. 4. ed. Rio de Janeiro : Forense, 2010. p. 673.

(8) "Aviso-prévio proporcional ao tempo de serviço. Hipótese em que enquanto não for editada norma infraconstitucional quanto à matéria, não há parâmetros para o deferimento do aviso-prévio proporcional, já que o direito a esta parcela encontra-se estatuído em norma constitucional de eficácia limitada, carente ainda de regulamentação" (TRT – 4ª Região, 2ª Turma, RO n. 01981-2007-512-04-00-6, Relatora: Juíza Maria Beatriz Condessa Ferreira. Julgamento em: 12.05.2010).

(9) Registre-se, de todo modo, por um dever de lealdade científica, a existência de abalizada doutrina defendendo que o referido preceito constitucional seria, de fato, uma norma de eficácia *contida*. Confira-se, por exemplo, a lição de Rubens Fernando Clamer dos Santos Júnior, *verbis*: "Entendemos, ao contrário da jurisprudência majoritária, ser de eficácia contida e não de eficácia limitada a norma que assegura o direito ao aviso-prévio proporcional. Normas de eficácia limitada são aquelas que carecem de uma ação do legislador para gerarem efeitos; são normas declaratórias de princípios institutivos ou organizativos e declaratórias de princípio programático. O inciso XXI do art. 7º da Constituição Federal não está declarando princípios a serem observados na criação de uma norma futura, nem mesmo possui cunho programático. Na verdade, apenas aumenta um direito já previsto em lei (no Capítulo VI da Consolidação das Leis do Trabalho), assegurando uma proporcionalidade de no mínimo 30 dias. Trata-se de uma norma dotada de suficiente normatividade, que possui eficácia plena enquanto não tiver seus efeitos restringidos por lei a respeito da proporcionalidade a ser observada, sendo, portanto, de eficácia contida" (SANTOS JÚNIOR, Rubens Fernando Clamer dos. *A eficácia dos direitos fundamentais dos trabalhadores*. São Paulo : LTr, 2010. p. 94). No mesmo sentido: CAMINO, Carmen. *Direito individual do trabalho*. Porto Alegre : Síntese, 1999. p. 262.

porcionalidades, nessa específica hipótese de pactos laborais encerrados antes mesmo do novo regramento do aviso-prévio, pode exercer também uma indigesta força atrativa no tocante a toda uma gama de discussões outras envolvendo direitos diversos, como, por exemplo, no caso de empregada que comprove ter ficado grávida no preciso período judicialmente reconhecido a título de proporcionalidade de aviso-prévio[10]. E cremos que essa instabilidade não seria sadia para o sistema, bem como para quem quer que seja, tampouco para a própria Constituição Federal, que expressamente protege de possíveis investidas legislativas os atos jurídicos perfeitos (CF, art. 5º, XXXVI), assim considerados os já consumados segundo a lei vigente ao tempo em que se efetuou (Lei de Introdução, art. 6º, § 1º).

Já a **terceira corrente** assevera que a proporcionalidade do aviso-prévio, na forma como fixada pela Lei n. 12.506/2011, não gera efeitos retroativos, porém incide seus termos sobre aquele aviso-prévio que já estava em curso quando da publicação dessa novel legislação. Essa é a linha defendida por Mauricio Godinho Delgado. Confira-se sua exposição sobre esse particular da questão:

> "No tocante à proporcionalidade (...), ela tem, naturalmente, *efeito estritamente imediato*, a contar de 13 de outubro de 2011, em respeito ao princípio e regra do *efeito jurídico meramente imediato das leis* no Brasil, segundo direito fundamental estabelecido na própria Constituição (art. 5º, XXXVI, CF/88). O efeito imediato captura as situações posteriores a 13.10.2011 (avisos dados depois da publicação da lei) e também as situações em andamento, não inteiramente concluídas (ou seja, avisos prévio em fluência no dia 13.10.2011); porém, a proporcionalidade jamais abrangerá avisos prévios já inteiramente consumados na data de publicação da lei nova, pois não há efeito retroativo de regra jurídica ou de lei de direito material no país (art. 5º, XXXVI, CF/88)"[11].

A **quarta corrente**, de sua parte, destaca a total ausência de efeitos retroativos, bem como a sua não incidência sobre o aviso-prévio que estava em curso quando da publicação da lei, levantando a tese de que seus termos só valem para o aviso-prévio efetivamente concedido a partir de 13 de outubro de 2011, ou seja, a contar da exata data de publicação e início de vigência da lei. Essa parece ser a linha Deputado Federal Marco Maia (PT-RS), que vem afirmando que o pagamento não deve ser estendido para aquelas pessoas que foram demitidas antes de as novas regras entrarem em vigor[12].

Por fim, uma **quinta corrente**, profundamente restritiva, pontua que a contagem de tempo de serviço, para os fins da proporcionalidade de aviso-prévio prevista na novidadeira legislação, há de partir precisamente da data da vigência da Lei n. 12.506/2011. Ou seja, somente o tempo que for computado a partir da existência da lei deverá ser levando com consideração para a proporcionalidade de um futuro aviso-prévio. Nessa perspectiva, portanto, o tempo de serviço anterior à novidade legal deve ser totalmente desprezado.

É a tese defendida por Amauri Mascaro Nascimento e Túlio de Oliveira Massoni, que aduzem, *in verbis*:

> "Está claro que a referida norma comporta, em si, um direito material, a saber, um *direito ao cômputo do tempo* de serviço para fins de um lapso legal de pré-aviso, variável e proporcional. Não por outro motivo é que este direito, como tal – e não como mero critério de cálculo – encontra-se, ao lado de outros, no rol consagrado no art. 7º do texto constitucional. Carece de fundamento a tese de que o direito já existia no mundo jurídico antes da promulgação da norma regulamentar que o embasasse e lhe desse fundamento de validade. (...) Houve demasiada inércia do Parlamento em regular este direito? Sim. Mas isto não é fundamento para se descumprir o princípio constitucional da irretroatividade das normas, garantia jurídico-política fundamental da vida em sociedade. Dessa forma, essa contagem só começará com a data de início de vigência da lei (11.10.2011), porque antes disso não existia norma, a menos que negociada, determinando a contagem deste período"[13].

---

(10) CARDOSO, Jair Aparecido. Aviso-prévio e os reflexos da Lei 12506/2011. *Revista Justiça do Trabalho*. Ano 28, n. 336, dezembro de 2011. p. 57.

(11) DELGADO, Mauricio Godinho. *Curso de direito do trabalho*. 11. ed. São Paulo : LTr, 2012. p. 1.202.

(12) CABRAL, Maria Clara e OLIVEIRA, Ana Carolina. Aviso-prévio de até 90 dias é aprovado pelos deputados. *Folha de São Paulo*, quinta-feira, 22 de setembro de 2011, A12.

(13) NASCIMENTO, Amauri Mascaro; MASSONI, Túlio de Oliveira. O aviso-prévio proporcional. *Revista LTr*. Ano 76, n. 01, janeiro de 2012. p. 08.

Parece não haver qualquer dúvida no sentido de que a Lei n. 12.506/2011 não só *pode*, como efetivamente *deve* incidir sobre os contratos de trabalho em curso. Eis uma dos poucos consensos que se pode pinçar em tão acirrada discussão. A questão está, porém, na forma como a lei incidiria seus efeitos nesses contratos em curso.

Como é cediço, a ordem jurídica brasileira tem como regra a *irretroatividade* das leis, sendo a *retroatividade*, pois, uma genuína exceção. Isso se dá porque, a princípio, uma lei é criada para reger o futuro, não o passado, havendo que se respeitar situações jurídicas já sedimentadas e praticadas sob a égide da lei anterior, enquanto fator de *estabilidade* das relações sociais e *segurança* jurídica das pessoas (físicas e jurídicas).

Como ensina Canotilho, "o homem necessita de *segurança* para conduzir, planificar e conformar autónoma e responsavelmente a sua vida. Por isso, desde cedo se consideram os princípios da *segurança jurídica* e da *proteção da confiança* como elementos constitutivos do Estado de direito" (grifos no original)[(14)]. Carlos Maximiliano, não à toa, já destacava que:

> "a irretroatividade é um princípio fundamental do Direito; constitui um preceito para o legislador; uma obrigação para o juiz; uma garantia para os cidadãos (...) a irretroatividade constitui a *regra*. A retroatividade a *exceção*. Como tal, cumpre entendê-la e aplicá-la; deve achar-se expressamente imposta; na dúvida, não se observa o retrocesso, e quando exigida, prefere-se da mesma a mais branda forma"[(15)].

Ainda a respeito do princípio da *segurança jurídica* e sua inarredável imbricação com a questão da *proteção da confiança*, vale a pena transcrever as lúcidas e profundas lições de Humberto Ávila, como segue:

> "... pode-se conceituar a segurança jurídica como sendo uma norma-princípio que exige, dos Poderes Legislativo, Executivo e Judiciário, a adoção de comportamentos que contribuam mais para a existência, em benefício dos cidadãos e na sua perspectiva, de um estado de confiabilidade e de calculabilidade jurídica, com base na sua cognoscibilidade, por meio da controlabilidade jurídico-racional das estruturas argumentativas reconstrutivas de normas gerais e individuais, como instrumento garantidor do respeito à sua capacidade de – sem engano, frustração, surpresa e arbitrariedade – plasmar digna e responsavelmente o seu presente e fazer um planejamento estratégico juridicamente informado do seu futuro. (...) a segurança jurídica é segurança *do* e *pelo* Direito, e segurança *dos direitos frente ao* Direito. (...) Intenta-se, com isso, ultrapassar a compreensão da segurança jurídica como *garantia de conteúdo*, baseada no paradigma da determinação, para uma segurança jurídica como *garantia de respeito*, fundada no paradigma da controlabilidade semântico-argumentativa e cuja realização depende de elementos, de dimensões e de aspectos a serem conjunta, sintética e equilibradamente avaliados. (...) os direitos e as garantias expressos, em virtude da cláusula final do § 2º do art. 5º, 'não excluem outros decorrentes do regime e dos princípios por ela adotados'. Ora, uma das outras garantias é, precisamente, a proteção da confiança, 'decorrente' do princípio da segurança jurídica e qualificada, justamente, de 'garantia' em virtude do seu caráter instrumental" (grifos no original)[(16)].

Por isso, a solução para estes impasses encontra-se, de início, na Lei de Introdução às Normas do Direito Brasileiro, antigamente chamada "Lei de Introdução ao Código Civil", mais precisamente nos dispositivos que tratam da aplicação da lei no tempo.

O seu art. 1º reza que, salvo disposição em sentido contrário, a lei começa a vigorar em todo o país 45 (quarenta e cinco) dias depois de oficialmente publicada. Mas esse preceito não se aplica à Lei n. 12.506/2011, vez que esta tem vigência imediata[(17)]. O que, vale dizer, não causa nenhum tipo de estranheza, porquanto, como bem observou Octávio Bueno Magano, "*na área trabalhista não é comum a ocorrência da* vacatio legis, *dada a premência do fato social a ser regulado*"[(18)].

(14) CANOTILHO, J. J. Gomes. *Direito constitucional e teoria da Constituição*. 7. Edição. Coimbra : Edições Almedina, 2004. p. 257.

(15) MAXIMILIANO, Carlos. *Direito intertemporal ou teoria da retroatividade das leis*. 2. Edição. São Paulo/Rio de Janeiro : Livraria Freitas Bastos, 1955. p. 50-51.

(16) ÁVILA, Humberto. *Segurança jurídica: entre permanência, mudança e realização no direito tributário*. 2. Edição. São Paulo: Malheiros Editores, 2012. p. 274, 278 e 421.

(17) Assim dispõe o artigo 2º da Lei n. 12.506/2011: "Esta Lei entra em vigor na data de sua publicação."

(18) MAGANO, Octavio Bueno. *Manual de direito do trabalho*. São Paulo: LTr, 1980. p. 112.

Deveras, o fato da Lei n. 12.506/2011 ter entrado em vigor na exata data de sua publicação, ou seja, em 13 de outubro de 2011, conforme texto expresso constante de seu art. 2º, há de ser visto como fator que bem demonstra **a enorme relevância social e jurídica desse direito fundamental para a realidade juslaboral brasileira**.

Demais disso, a concessão de uma *vacatio legis*, ainda que mínima, poderia render um efeito drástico no mundo do trabalho: **o possível desencadear imediato de toda uma miríade de rescisões contratuais com o único intuito de se evitar a incidência da novel legislação, reconhecidamente mais onerosa à classe empregadora**.

Ou seja, se a norma não viesse com essa sábia cláusula de vigência imediata, haveria sério risco de que seus efeitos protetivos restassem frustrados. A lei, se surgisse como uma tal conformação, incutida de algum lapso de *vacatio legis*, certamente passaria de instrumento de *proteção* para instrumento de *desproteção*. Alvíssaras, portanto, para a opção política de fazer coincidir a vigência da lei com a própria data de sua publicação!

Urge destacar, ainda, nessa discussão, o *caput* os parágrafos do artigo 6º da Lei de Introdução às Normas do Direito Brasileiro. O *caput* dispõe que a Lei em vigor terá efeito imediato e geral, respeitados o ato jurídico perfeito, o direito adquirido e a coisa julgada. O § 1º conceitua ato jurídico perfeito como o já consumado segundo a lei vigente ao tempo em que se efetuou. E o § 2º considera adquiridos os direitos que o seu titular, ou alguém por ele, possa exercer, como aqueles cujo começo do exercício tenha termo pré-fixo, ou condição pré-estabelecida inalterável, a arbítrio de outrem. Também a Constituição Federal boa referência de solução para a temática. De fato, a Carta Magna preceitua em seu art. 5º, XXXVI, que "*a lei não prejudicará o direito adquirido, o* ***ato jurídico perfeito*** *e a coisa julgada*" (grifamos).

Logo, em prestígio ao princípio da estabilidade das relações sociais e da proteção da confiança, importa garantir um mínimo de segurança jurídica no seio social, proporcionando, neste caso, serena proteção dos direitos adquiridos, da coisa julgada e, claro, também, dos atos jurídicos perfeitos. Note-se que no ordenamento jurídico brasileiro o resguardo da segurança jurídica é muito mais que um vetor subjacente ao *Estado de Direito*; cuida-se também de uma diretriz constitucionalmente erigida ao valioso patamar de *direito fundamental*.

Sob tal perspectiva, é possível mesmo afirmar que **aquele aviso-prévio concedido no bojo de contratos de trabalho já encerrados aquando da publicação da Lei n. 12.506/2011 constitui verdadeiro *ato jurídico perfeito*, não sendo afetado, pois, pela nova norma**.

Mas poder-se-ia questionar: o fato da nova lei configurar *status* de ordem pública e ter caráter benéfico ao trabalhador legitimaria, só por isso, sua retroação em face dos contratos já extintos? Evidentemente que não.

Interpretação desse jaez confrontaria de modo grotesco a expressa literalidade da legislação, como se vê do art. 2º da Lei n. 12.506/2011, ao estatuir, expressamente, que "*esta Lei entra em vigor na data de sua publicação*".

Além disso – e como já vimos –, mesmo que se revestindo de interesse público e advindo em benefício da classe obreira, a novel legislação em momento nenhum pode confrontar cristalino ditame constitucional, que, reiteramos, atribui às pessoas verdadeiro *direito fundamental* à segurança jurídica, consoante comando estampado no referido art. 5º, XXXVI, da Magna Carta, sendo que tal *proteção da confiança* não faz qualquer distinção apta a legitimar distinções de sua incidência, a depender ou não do caráter de direito público da norma.

Como bem acentua Estêvão Mallet, *in verbis*:

> "retroatividade de norma mais benéfica a Constituição somente tolerou para a lei penal (...). Os motivos para a retroação e o próprio teor literal do disposto no inciso XL, do art. 5º, da Constituição, mostram-se excepcionais e somente se justificam no campo punitivo, afastada hipótese de interpretação ampliativa, que faria ruir todo o sistema de direito transitório adotado pelo ordenamento jurídico brasileiro"(19).

Concluímos, portanto, nesse particular, tranquilamente, que **os vínculos empregatícios extintos antes da vigência da Lei n. 12.506/2011 devem ser considerados como imunes à nova influência normativa**, porque esse recente tratamento legal, de vigor jurídico imediato, não previu qualquer retroação – como, aliás, de ordinário ocorre –, bem assim porque, a se pensar de maneira diferente, afrontar-

(19) MALLET, Estêvão. Aplicação no tempo da nova lei sobre aviso-prévio proporcional. *Revista LTr*. Ano 75, n. 11, novembro de 2011. p. 1.318.

-se-ia comando constitucional acolhedor do *direito fundamental* à segurança jurídica, mercê da fixação de clara regra de intangibilidade de atos jurídicos perfeitos, assim compreendidos, em apertada síntese, como aqueles já plenamente consumados perante a lei de seu tempo[(20)].

Nessa mesma trilha, vale colacionar os seguintes julgados:

"(...) **Aviso-prévio Proporcional** (OJ 84/SDI-I/TST). A proporcionalidade do aviso-prévio, fixada pelo art. 7º, XXI, CF, segundo a jurisprudência dominante (OJ 84, SDI-1, TST), dependia de especificação normativa por lei federal. O advento da Lei n. 12.506/2011 supriu essa omissão legislativa, fixando a proporcionalidade como direito dos empregados (art.1º, Lei n. 12.506/2011), inclusive rurícolas, domésticos e terceirizados, a partir de um ano completo de serviço (art. 1º, citado), à base de três dias por ano de serviço prestado na mesma entidade empregadora (parágrafo único do art. 1º, citado) até o máximo de 60 dias de proporcionalidade, perfazendo um total de 90 dias. A proporcionalidade agregada pelo art. 7º, XXI, CF e Lei n. 12.506/2011 não prejudica a regência normativa do instituto do pré-aviso fixada pelos artigos 487 a 491 da CLT, que preservam plena efetividade. Contudo, tratando-se de vantagem econômica fixada pela lei nova, publicada em 13.10.2011, a proporcionalidade não pode ter efeito retroativo, em face da regra geral do efeito normativo estritamente imediato fixado pela Constituição para as leis do País (art. 5º, XXXVI, CF)" (TST, 6ª Turma, RR 145200-46.2007.5.12.0030, Relator: Ministro Mauricio Godinho Delgado, publicado em 02.12.2011).

"**Proporcionalidade do aviso-prévio com base no tempo de serviço. Ausência de legislação regulamentadora. Orientação jurisprudencial 84 da SBDI-1 do TST.** O Regional, ao condenar a Reclamada ao pagamento de aviso-prévio proporcional, na ausência de lei que regulamentasse tal instituto, previsto no art. 7º, XXI, da Constituição Federal, decidiu em desarmonia com o entendimento desta Corte, sedimentado na Orientação Jurisprudencial 84 da SBDI-1. Registre-se, porque oportuno que, em 11 de outubro de 2011, entrou em vigor a Lei n. 12.506/2011, a qual, suprimindo omissão legislativa, disciplina o aviso-prévio de que trata o Capítulo VI do Título IV da CLT, atendendo, assim, à disposição expressa no artigo 7º, XXI, da Constituição Federal, quanto ao direito à proporcionalidade. Entretanto, não há como se aplicar ao presente caso as disposições legais contidas no referido diploma legal, diante do princípio da irretroatividade das leis, albergado pelo nosso ordenamento jurídico, em respeito ao ato jurídico perfeito, o direito adquirido e à coisa julgada, conforme previsão expressa do artigo 5º, XXXVI, da Constituição Federal. Recurso de Revista conhecido e provido" (TST, 8ª Turma, RR 160100-38.2005.5.04.0382, Relator: Ministro Márcio Eurico Vitral Amaro, publicado em 19.12.2011).

"(...) No caso, apenas em 13.10.2011 foi editada lei regulamentando o aviso-prévio proporcional ao tempo de serviço (Lei n. 12.506/2011), enquanto que o contrato de trabalho em exame vigorou de 18/01/2002 a 25.11.2009 e a presente ação foi ajuizada em 21.02.2011. Considerando que a lei nova não retroage, atingindo situações já constituídas, não adquiriu o autor direito ao aviso-prévio proporcional ao tempo de serviço porquanto, quando de sua regulamentação, o contrato de trabalho não mais estava em vigor" (TRT da 4ª Região (RS), 9ª Turma, RO 0000143-18.2011.5.04.0373, Relator: Juiz Convocado Fernando Luiz de Moura Cassal, julgamento em 26-04-2012).

"(...) **Aviso-prévio proporcional. Regulamentação. Afronta ao art. 7º, XXI, da Constituição Federal não configurada.** (...) conquanto tenha sido editada a Lei n. 12.506/2011, de 11 de outubro de 2011, regulamentando o aviso-prévio proporcional, não se pode conferir efeitos retroativos à referida espécie normativa, de forma a alcançar contrato de trabalho que já tenha sido extinto antes da sua entrada em vigor, sob pena de violação do ato jurídico perfeito. No caso dos autos, tendo sido o contrato de trabalho extinto

---

(20) De qualquer forma, é pertinente o alerta de Gustavo Filipe Barbosa Garcia, para quem, "ainda assim, no âmbito de julgamento de mandados de injunção, envolvendo vínculos de emprego já extintos, e que questionam a ausência de regulamentação legal quanto ao aviso-prévio proporcional, pode ser possível, ao menos em tese, a aplicação (analógica) do mesmo critério (com fundamento no art. 8º da CLT), qual seja, de se acrescer três dias por ano de serviço prestado na mesma empresa, até o máximo de 60 dias, perfazendo um total de até 90 dias de aviso-prévio" (GARCIA, Gustavo Filipe Barbosa. Lei n. 12.506/2011 e aviso-prévio proporcional. *Revista dos Tribunais*. Ano 100, vol. 913, novembro de 2011. p. 361).

em 20.2.2009, antes, portanto, da entrada em vigor da Lei n. 12.506/2011 não há como se deferir o aviso-prévio proporcional, visto que, antes da edição da lei, havia efetivamente a omissão legislativa que impedia a aplicação imediata da norma inserta no art. 7º, XXI, da Constituição Federal. Precedentes da Corte. Recurso de Revista não conhecido, no tópico" (TST, 4ª Turma, RR 95600-58.2009.5.04.0014, Relator: Ministra Maria de Assis Calsing, publicado em 11.05.2012).

"(...) **Aviso-prévio Proporcional.** (...) A proporcionalidade agregada pelo art. 7º, XXI, CF e Lei n. 12.506/2011 não prejudica a regência normativa do instituto do pré-aviso fixada pelos artigos 487 a 491 da CLT, que preservam plena efetividade. Contudo, tratando-se de vantagem econômica fixada pela lei nova, publicada em 13.10.2011, a proporcionalidade não pode ter efeito retroativo, em face da regra geral do efeito normativo estritamente imediato fixado pela Constituição para as leis do País (art. 5º, XXXVI, CF). Recurso de revista não conhecido, no aspecto" (TST, 3ª Turma, RR 862-96.2010.5.04.0029, Relator: Ministro Mauricio Godinho Delgado, publicado em 22.06.2012).

"**Aviso-prévio proporcional previsto na Lei 12.506/2011.** (...) O inciso XXI, do artigo 7º, da Carta Magna, reporta-se textualmente ao aviso-prévio proporcional ao tempo de serviço, de no mínimo 30 (trinta) dias, nos termos da lei (grifei), não pairando dúvidas de que o preceito constitucional ora em exame, ainda que inserido no rol dos direitos fundamentais, encerra norma de ordem programática, vale dizer, de aplicabilidade limitada ou mediata. Nesse contexto, a Lei 12.506/2011, regulamentando a previsão contida no artigo 7º, inciso XXI, da Constituição Federal, entrou em vigor na data da sua publicação (13.10.2011), resultando claro que as diretrizes ali externadas somente se mostram aplicáveis aos contratos de trabalho extintos a partir dessa data, sob pena de violação ao ato jurídico perfeito, garantia igualmente inserida entre os direitos e garantias fundamentais (artigo 5º, inciso XXXVI)" (TRT da 2ª Região (SP), 9ª Turma, RO 0002672-24.2011.5.02.0063, Relatora: Desembargadora Jane Granzoto Torres da Silva, julgamento em setembro de 2012)[21].

Por via de consequência, há que se reputar inviável qualquer pleito judicial de complementação pecuniária de aviso-prévio, que, invocando as benesses de proporcionalidade instauradas com a Lei n. 12.506/2011, pretenda vê-las aplicadas a contratos de trabalho encerrados antes mesmo de sua publicação[22].

De todo modo, há jurisprudência sinalizando em sentido contrário, como se vê da seguinte ementa:

"**Aviso-prévio proporcional. Aplicação.** Dispõe o art. 1º da Lei n. 12.506/11 que ao empregado que já tem um ano de empresa será concedido aviso-prévio na proporção de 30 (trinta) dias. Após o primeiro ano deverá ser acrescido 3 (três) dias por ano de serviço prestado na mesma empresa, até o máximo de 60 (sessenta) dias. O reclamante laborou por 15

(21) Do conteúdo desse acórdão extrai-se a seguinte argumentação: "Na hipótese versada nos autos, a reclamante foi injustamente dispensada aos 21.07.2010 e, em referida data a reclamada procedeu ao integral pagamento dos haveres rescisórios, inclusive do aviso-prévio indenizado correspondente a 30 (trinta) dias (fl. 67), considerados os ditames legais vigentes à época – e tal circunstância remanesceu indiscutível. Assim, a ré cumpriu a obrigação que lhe era imposta pelo ordenamento jurídico, formalizando com o obreiro ato jurídico perfeito e acabado. Não se concebe, diante da Carta Constitucional em vigor (artigo 5º, inciso XXXVI), que legislação posterior venha atingir situação jurídica já consumada – e de forma lícita . E nem a Lei n. 12.506/2011 assim o fez, porquanto nada menciona acerca dos contratos de trabalho extintos anteriormente à sua publicação, sendo certo que a atenta análise das alegações recursais induz à conclusão de que a autora, embora pela via oblíqua, tem em mira afastar o preceito constitucional ora em epígrafe – ato jurídico perfeito –, o que se revela de todo inadmissível, ainda mais por se tratar de garantia igualmente inserida entre os direitos e garantias fundamentais. Fere até mesmo o princípio da razoabilidade, norteador de todo Estado Democrático de Direito, ser o empregador penalizado pela omissão legislativa, sanada após a extinção do contrato de trabalho do empregado e para a qual efetivamente não deu causa. Do contrário, aí sim resultaria na total desestabilização das relações jurídicas, com o que não pode ser conivente o Poder Judiciário".

(22) Nesse mesmo sentido pensa Jorge Luiz Souto Maior, que declara "ter havido um movimento, patrocinado pelo Sindicato dos Metalúrgicos de São Paulo, para promoção de reclamações trabalhistas, visando o recebimento da proporcionalidade no que se refere a relações de emprego já cessadas nos últimos dois anos. Foram propostas, nas Varas do Trabalho de São Paulo, mais de 400 reclamações trabalhistas, em evento com visualização midiática. Os sindicatos, assim, atolaram mais um pouco o Judiciário Trabalhista, dificultando a sua já complexa tarefa da efetiva entrega da prestação jurisdicional, para, em ato de natureza política, dizerem que estavam, de fato, defendendo os interesses dos trabalhadores, assumindo, de certo modo, a paternidade da nova lei. Mas (...) a tese jurídica é insustentável, pois a lei, bem se sabe, não retroage" (MAIOR, Jorge Luiz Souto. Aviso-prévio desproporcional. *O Trabalho – Suplemento*. Encarte n. 186, agosto/2012. p. 6.866).

anos para a empresa reclamada. Neste contexto, acolhe-se o recurso ordinário do reclamante para determinar o pagamento de mais 45 dias de aviso-prévio proporcional, além dos 30 já indenizados. Por fim, ainda que se interprete que a lei em questão tenha efeitos somente a partir da data de sua publicação, há de se entender que a norma estabelece o parâmetro a ser adotado na aplicação direta da norma constitucional, em acatamento do contido no art. 5º, § 2º, da Constituição Federal" (TRT da 4ª Região (RS), 3ª Turma, RO 0001313-29.2010.5.04.0383, Relator: Desembargador Luiz Alberto de Vargas, julgamento em 06.06.2012).

Nesse caso, apreciado junto ao Tribunal Regional do Trabalho da 4ª Região (RS), o contrato de trabalho do reclamante se findou em 1.10.2010, portanto, mais de um ano antes da publicação da Lei n. 12.506/2011 e, ainda assim, entenderam os nobres Desembargadores componentes da 3ª Turma daquele regional que os efeitos dessa lei deveriam ser aplicados ao caso concreto, já que, em síntese, a norma em questão apenas regulamentou um direito que já era existente.

Em outro julgado, lavrado perante o mesmo Tribunal, destacou o Desembargador José Felipe Ledur que:

> "a partir da vigência da Lei n. 12.506/2011 (...) considera-se adequado tomar como parâmetro de proporcionalidade o critério nela própria definido, com o que se pretende atenuar, inclusive, os efeitos da quebra de isonomia estabelecida entre empregados despedidos antes ou depois de outubro de 2011. Não se trata, nesses termos, de aplicação retroativa da legislação infraconstitucional, e sim de mero aproveitamento do critério que estabelece a extensão do direito" (TRT da 4ª Região (RS), 6ª Turma, RO 0031800-06.2009.5.04.0451, Relator: Desembargador José Felipe Ledur, julgamento em 21.03.2012 – grifo no original).

Semelhante defesa fez o Juiz Convocado, Dr. André Reverbel Fernandes, em voto divergente, *verbis*:

> "Diverge-se do entendimento esposado pelo nobre relator. O art. 7º, XXI, da Constituição Federal assegura aos trabalhadores o direito ao aviso-prévio proporcional ao tempo de serviço, de no mínimo de trinta dias. Trata-se de uma norma definidora de um direito fundamental, a qual segundo o § 1º do artigo 5º da Constituição tem aplicação imediata. Não obstante, por mais de duas décadas, o direito ao aviso-prévio proporcional foi negligenciado pelo legislador, que se omitiu quanto à regulamentação do seu exercício. Frise-se que a inatividade do Poder Legislativo não tem o condão de esvaziar este direito fundamental positivado. Nos termos do artigo 126 do Código de Processo Civil, o juiz não se exime de sentenciar ou despachar alegando lacuna ou obscuridade da lei. (...) Com a edição da Lei n.. 12.506/11, é preenchido o conteúdo do termo proporcional. O legislador ordinário apenas definiu os critérios para o exercício deste direito fundamental previsto desde 1988. Entende-se que não há qualquer óbice para a utilização da proporção prevista no parágrafo único do artigo 1º do diploma legal antes mencionado para os casos anteriores a sua vigência. Cumpre ressaltar que isto não configura aplicação retroativa da Lei n.. 12.506/11" (TRT da 4ª Região (RS), 9ª Turma, RO 0000143-18.2011.5.04.0373, Relator: Juiz Convocado Fernando Luiz de Moura Cassal, julgamento em 26.04.2012).

A tese, todavia, não merece vingar, já que a utilização dos termos da Lei n. 12.506/2011, mesmo que a título de simples parâmetro para proporcionalidade de aviso-prévio aplicado em contrato extinto antes mesmo do advento da lei, constitui artifício que, ao fim e ao cabo, implica nítida retroação de efeitos, circunstância essa expressamente vedada na espécie, seja por força de previsão específica contida no art. 2º da Lei n. 12.506/2011, seja em razão da própria regra que vigora no sistema jurídico pátrio (CF, art. 5º, XXXVI, e Lei de Introdução, art. 6º).

A tese da irretroatividade da Lei n. 12.506/2011, na vertente aqui tratada, foi expressamente acolhida pelo Tribunal Superior do Trabalho, que, para aplacar a discussão, apressou-se em lançar a **Súmula n. 441**, que assim dispõe: "*Aviso-prévio. Proporcionalidade. O direito ao aviso-prévio proporcional ao tempo de serviço somente é assegurado nas rescisões de contrato de trabalho ocorridas a partir da publicação da Lei n. 12.506, em 13 de outubro de 2011*" (Res. 185/2012, DEJT divulgado em 25, 26 e 27.09.2012).

Foi essa linha que, de certa forma, também acabou vingando perante o Supremo Tribunal Federal. É que em fevereiro de 2013 os autos do Mandado de Injunção n. 943 retornaram a julgamento, ocasão em que o STF acabou decidindo por aplicar os parâmetros da Lei n. 12.506/2011 aos mandados de injunção ajuizados antes de sua edição. Ou seja, a retroação concedida beneficiou apenas aqueles poucos que detinham mandados de injunção pendentes de julgamento perante a Suprema Corte brasileira, não devendo se estender indiscriminadamente a disputas outras estabelecidas anteriormente à edição da Lei n. 12.506/2011.

E quanto ao aviso-prévio que estava em pleno curso quando do advento da nova lei? Aplica-se o regramento anterior ou já hão de incidir os ditames normativos mais recentes?

Mauricio Godinho Delgado defende que esse efeito imediato da lei "*captura as situações posteriores a 13.10.2011 (avisos dados depois da publicação da lei) e também as situações em andamento, não inteiramente concluídas (ou seja, avisos prévios em fluência no dia 13.10.2011)*"(23). Igualmente, Luciano Martinez, para quem, nesses casos, "*parece razoável admitir a aplicação da novel disposição legislativa, uma vez que aviso-prévio em curso não poderá ser reputado como um ato jurídico perfeito e acabado*"(24).

Cleber Martins Sales compartilha da mesma opinião, ocasião em que também lança interessantes argumentos, *in verbis*:

> "A regra geral de que os contratos submetem-se, quanto ao seu estatuto de regência, ao ordenamento normativo vigente à época de sua celebração, merece temperamento na seara laboral por tratar-se de pactuação continuada, com sujeição típica a alterações negociais e legislativas que veiculem, principalmente, parcelas irrenunciáveis, como é o caso do aviso-prévio. (...) Os contratos de trabalho, por serem de trato sucessivo e norteados por diversas regras de ordem pública que veiculam parcelas irrenunciáveis pelos trabalhadores, sujeitam-se às mutações legislativas, estando salvaguardados tão somente de efeitos retroativos sobre direitos quitados segundo a lei vigente. (...) A propósito, dispõe a CLT, art. 912, que os dispositivos de caráter imperativo terão aplicação imediata às relações iniciadas, mas não consumadas, antes da vigência desta Consolidação, regra de transição esta que, por corolário lógico, também deve ser observada quanto às modificações e acréscimos realizados no texto consolidado. Nessa linha de raciocínio, os contratos extintos, mesmo quanto aos quais a pretensão ainda não esteja fulminada pela prescrição bienal (...), não são alcançados pela lei do aviso-prévio proporcional, de sorte que esta alcança apenas as novas relações de emprego e os vínculos empregatícios em curso quando da sua entrada em vigor em 13 de outubro de 2011. E por contratos vigentes quando da publicação da Lei n. 12.506/2011 entendam-se, também, aqueles cujo aviso-prévio ainda estava em curso naquela ocasião, eis que o tempo deste, como decorre da exegese da CLT, arts. 487, § 1º, parte final, e 489, deve ser incluído na duração do contrato de labor para obtenção das vantagens legais, inclusive para definir o direito aplicável, mesmo na hipótese de indenização"(25).

Parece-nos, todavia, que não se pode perder de vista os escopos sociais da Lei n. 12.506/2011. A regulamentação da proporcionalidade do aviso-prévio tem o objetivo precípuo de conferir maior segurança ao trabalhador no momento de sua dispensa, buscando, se não evitar, pelo menos encarecer denúncias vazias do contrato de trabalho. Com isso, almeja alcançar alguma repercussão social, mais precisamente no que respeita à criação de maiores obstáculos à ocorrência de dispensas imotivadas(26).

Entretanto, tal desiderato social já nasce frustrado quanto àquela resilições já anunciadas, mesmo aquelas cujo aviso-prévio já estava em curso em 13 de outubro de 2011, sendo que **alterar as coisas no meio do jogo, além de um golpe na estabilidade das relações jurídicas e no princípio da proteção da confiança, só servirá para estimular o recrudescimento da já preocupante enxurrada de processos que diuturnamente vem às barras da Justiça**. Não custa rememorar: na aplicação da lei, o juiz deve atentar para os fins sociais a que ela se dirige e às exigências do bem comum (Lei de Introdução, art. 5º).

(23) DELGADO, Mauricio Godinho. *Curso de direito do trabalho*. 11. edição. São Paulo: LTr, 2012. p. 1.202.

(24) MARTINEZ, Luciano. *Curso de direito do trabalho*. 3. edição. São Paulo: Saraiva, 2012. p. 524.

(25) SALES, Cleber Martins. Aviso-prévio proporcional: implicações práticas. *Suplemento Trabalhista – LTr*. Ano 47, n. 137/11. p. 685. Nesse mesmo sentido: OLIVEIRA JÚNIOR, Ulysses Bueno de. O novo aviso-prévio: questões acerca de sua aplicabilidade. *Jornal Trabalhista Consulex*. Ano 28, n. 1398, outubro de 2011. p. 9.

(26) DUARTE, Ariela Ribera; ALOUCHE, Luiz Fernando. O novo prazo do aviso-prévio e o aumento de custo para os empregadores. *Jornal Trabalhista Consulex*. Ano 28, n. 1402, novembro de 2011. p. 11.

Digno de nota, ainda, é a menção de que "*ninguém será obrigado a fazer ou deixar de fazer alguma coisa senão em virtude de lei*", a teor do art. 5º, II, da Carta Constitucional, enunciado que consagra o *princípio da legalidade* e que, na hipótese em estudo, convalida o pensamento de que **o comunicado de aviso-prévio tem o condão de obrigar o empregador tão-só quanto às diretrizes fixadas pela legislação vigente à época de sua concessão, não lhe sendo razoável impor obrigações que só viriam nascer em momento posterior**.

Vale trazer à tona, neste momento, as sábias palavras de Caio Mário da Silva Pereira, ao refletir sobre a eficácia das leis no tempo, *verbis*:

> "Não seria compreensível que o legislador, instituindo uma qualquer normação, criando um novo instituto, ou alterando a disciplina da conduta social, fizesse-o com os olhos voltados para o tempo pretérito, e pretendesse ordenar o comportamento para o decorrido. Com este sentido, afirma-se que a lei tem efeito, além de geral, *imediato* (Lei de Introdução, art. 6º), o que compreende o enunciado de uma posição político-legislativa e traduz a harmonia entre a legislação e a lógica. A lei velha, até o momento em que se extingue a sua eficácia, regulava todas as ações humanas, e sob o seu império tiveram nascimento direitos subjetivos individuais, criaram-se situações legais, constituíram-se posições jurídicas, regulou-se, em suma, pelos seus preceitos a vida civil. Instituída uma nova norma, por ela passaram a ter origem os direitos, dela surgiram outras situações e, numa palavra, a vida social entrou a pautar-se pelos seus ditames"[27].

Tomamos como razoável, portanto, o argumento desenvolvido, na questão, por Sérgio Pinto Martins, *verbis*:

> "Ninguém poderia adivinhar na data da dispensa do empregado que no futuro seria aprovada uma lei que aumentaria o prazo do aviso-prévio, instituindo o aviso-prévio proporcional ao tempo de serviço. Deve-se observar a lei que estiver em vigor na data da concessão do aviso-prévio. Este será regulado pela referida lei e não pela nova. Do contrário, haverá efeito retroativo da norma"[28].

Desse modo, em nossa opinião, **a Lei n. 12.506/2011 não incide sobre o aviso-prévio (trabalhado ou indenizado) que estava em curso quando do seu advento**, pena de, uma vez mais, afrontar-se o direito fundamental à segurança jurídica e o resguardo constitucional dos atos jurídicos perfeitos – salvo na hipótese de despedida abusiva ou obstativa, com a demonstração do claro intuito patronal de burlar a aplicação da nova legislação (CLT, art. 9º).

Em termos mais diretos: nada obstante a elevada carga de valia social impressa à recente regulamentação da proporcionalidade do aviso-prévio, dando concretude a um indiscutível direito fundamental da classe trabalhadora, o certo é que sua implementação não pode se dar ao custo da insegurança jurídica da classe patronal, no que concerne àqueles comunicados de aviso-prévio emitidos de plena boa-fé alguns dias antes do avento da lei em estudo, regulares e perfeitos à luz do regime jurídico vigente à época.

Confira-se, nesse mesmo sentido, os seguintes julgados:

> "**Aviso-prévio proporcional. Lei n. 12.506/2011. Publicação da lei durante transcurso da projeção do aviso-prévio.** A Lei n. 12.506/2011 entrou em vigor em 13.10.2011, data da sua publicação, sendo que a rescisão do contrato de trabalho da autora ocorreu em 30.09.2011, mediante aviso-prévio indenizado. Ainda que o período do aviso-prévio indenizado integre o integre para todos os efeitos legais (OJ n. 82 da SDI-1 do TST), considerando que a referida lei não é aplicável a processos que envolvam fatos precedentes à sua edição, haja vista o princípio da irretroatividade das leis, consubstanciado no art. 5º, XXXVI, da Constituição Federal, e no art. 6º da Lei de Introdução ao Código Civil – LICC, impende confirmar a sentença que reputou não fazer jus a autora ao aviso-prévio proporcional ao tempo de serviço. Como a lei não retroage, indevido o pagamento" (TRT da 12ª Região (SC), 2ª Turma, RO 0000584-96.2012.5.12.0031, Relator: Desembargador Amarildo Carlos de Lima, julgamento em 18.07.2012).

---

(27) PEREIRA, Caio Mário da Silva. *Instituições de direito civil*. Vol. 1 (Introdução ao Direito Civil e Teoria Geral do Direito Civil). 24. Edição. Revista e atualizada por Maria Celina Bodin de Moraes. Rio de Janeiro : Editora Forense, 2011. p. 115.

(28) MARTINS, Sérgio Pinto. Aviso-prévio proporcional ao tempo de serviço. *Revista LTr*. Ano 76, n. 01, janeiro de 2012. p. 62.

"(...) No caso, resta incontroverso que a reclamante foi despedida imotivadamente em 05.10.2011, quando recebeu oficialmente o pré-aviso da sua despedida, sendo dispensada de prestar trabalho durante o período, ou seja, recebendo os haveres salariais respectivos de forma indenizada na mesma data (termo de rescisão da fl. 06). Por outro lado, como referido, a Lei n. 12.506/11 entrou em vigor em 13.10.2011. Assim, considerando-se que a regra em vigor ao tempo em que realizado o ato demissional era o art. 7º, inciso XXI, da Constituição Federal, que, como dito, possui eficácia limitada, fazia jus a autora apenas ao aviso-prévio de trinta dias, sendo inaplicável a Lei n. 12.506/11, em face da irretroatividade da lei e do ato jurídico perfeito decorrente da intenção manifestada pela reclamada de romper o pacto laboral. Embora a efetiva extinção do contrato de trabalho, pela projeção do aviso-prévio indenizado tenha ocorrido após a vigência da Lei 12.506/11, o ato da concessão do aviso-prévio se deu em momento anterior à mesma, quando em vigor a norma prevendo a concessão de aviso-prévio apenas de 30 dias. Neste sentido, está a interpretação do Ministério do Trabalho e Emprego, conforme o Memorando Circular juntado pela reclamada às fls. 30-4, onde orienta aos servidores das Seções de Relações do Trabalho que exercem atividades relativas à assistência a homologação das rescisões de contrato de trabalho, em face da publicação da Lei n. 12.506 em 13.10.2011, prevendo, expressamente, no seu item 10 (fl. 32): "O art. 2º da lei informa que a mesma entrará em vigor na data de sua publicação, ou seja, a partir de 13 de outubro do corrente ano. Dessa forma, os seus efeitos serão percebidos a partir de tal data, não havendo a possibilidade de se aplicar o conteúdo da norma para avisos prévios já iniciados. Desta feita, segue-se a regra de que é do recebimento do aviso que se estabelece os seus efeitos jurídicos." Dessa forma, nego provimento ao recurso ordinário do reclamante" (TRT da 4ª Região (RS), 7ª Turma, RO 0001406-19.2011.5.04.0007, Relatora: Desembargadora Maria da Graça Ribeiro Centeno, julgamento em 25.07.2012).

Logo, a referência temporal para o deflagrar da nova sistemática jurídica é o preciso momento da comunicação do interesse em resilir o contrato, de sorte que os novos ditames legais em estudo só devem ser aplicados para os casos de aviso-prévio concedido ou indenizado de 13 de outubro de 2011 para a frente. **Por conta disso, a nosso sentir, o aviso-prévio concedido ou indenizado de 12 de outubro para trás fica regido pelo regramento jurídico vigorante à época de sua concessão.** Incidência do princípio *tempus regit actum*[29].

Essa também é a visão encampada pela Secretaria das Relações do Trabalho do Ministério do Trabalho e Emprego, seja através do Circular n. 10/2011, de 27 de outubro de 2011, seja através da Nota Técnica n. 184/2012, de 07 de maio de 2012.

Todavia, como destacamos alhures, o Tribunal Superior do Trabalho editou a **Súmula n. 441**, que assim dispõe: "*Aviso-prévio. Proporcionalidade. O direito ao aviso-prévio proporcional ao tempo de serviço somente é assegurado nas rescisões de contrato de trabalho ocorridas a partir da publicação da Lei n. 12.506, em 13 de outubro de 2011*" (Res. 185/2012, DEJT divulgado em 25, 26 e 27.09.2012).

Como se vê, o texto da nova súmula, no particular, admite ainda alguma discussão. Entretanto, tudo indica que, verdadeiramente, a Suprema Corte Trabalhista parece mesmo ter tomado como referência, para aplicação da Lei n. 12.506/2011, não o momento da comunicação do interesse em resilir o contrato, mas o momento do próprio acerto rescisório. **Logo, ao que parece, à luz da posição firmada pelo TST e materializada em sua recente súmula, ficou reforçada a tese de que os termos da Lei n. 12.506/2011 devam ser aplicados inclusive para aqueles casos em que existia aviso-prévio em pleno curso aquando de seu advento.**

Aqui, cabe o destaque à arguta – e profética – percepção de Homero Batista Mateus da Silva, como segue:

> "Aplicando-se conceitos simples da boa-fé objetiva e do ato jurídico perfeito, é bastante segura a afirmação de que o dia da comunicação da rescisão é o determinante para nortear o caminho: quando uma pessoa é dispensada em 15 de setembro de 2011, surge naquela data seu direito adquirido ao recebimento das verbas rescisórias em geral e do aviso-prévio em particular tal como regido pelas leis daquele dia, ainda que o pagamento seja feito semanas após e ainda que uma lei superveniente venha a alterar a forma de cálculo. (...) **Todavia, este artigo prevê que assim não caminhará a jurisprudência, sobretudo aquela do Tribunal Superior do Trabalho, que detém a palavra final**

(29) Nesse mesmo sentido: FATTINI, Fernanda Carolina. Lei n. 12.506/2011: o aviso-prévio proporcional. In: VIANA, Márcio Túlio; RENAULT, Luiz Otávio Linhares; FATTINI, Fernanda Carolina; FABIANO, Isabela Márcia de Alcântara; BENEVIDES, Sara Costa (coord.). *O que há de novo em direito do trabalho.* Homenagem a Alice Monteiro de Barros e Antônio Álvares da Silva. 2. edição. São Paulo: LTr, 2012. p. 671-672.

sobre lei ordinária trabalhista: em diversos casos análogos (ampliação da indenização sobre o fundo de garantia, acréscimo de um terço das férias etc.) prevaleceu o entendimento de que a data do pagamento é mandatória, e não a data da ciência de que o ato será praticado. Essa modalidade de interpretação é influenciada pela complexidade do ato trabalhista, que raramente é instantâneo: numa rescisão contratual, são mais de dez atos praticados em torno de uma só figura" (grifamos)[(30)].

Nota-se, portanto, o acerto do quanto previsto por esse ilustre jurista.

---

(30) SILVA, Homero Batista Mateus da. *Em busca do tempo perdido: o aviso-prévio proporcional ao tempo de serviço e a Lei 12.506/2011. O Trabalho – Suplemento.* Encarte n. 185, julho/2012. p. 6.779.

Parte XII

AMPLIAÇÃO DE DIREITOS DOS TRABALHORES DOMÉSTICOS

Capítulo 18

A Convenção n. 189 da OIT, a Emenda Constitucional n. 72/2013 e o Trabalho Doméstico no Brasil – Análise Socioeconomica

Alessandra Barichello Boskovic(*)
Marco Antônio César Villatore(**)

1. O TRABALHO DOMÉSTICO NO BRASIL

Historicamente o tratamento jurídico conferido aos empregados domésticos[1] pelo ordenamento jurídico brasileiro é diferenciado daquele dado aos demais trabalhadores empregados[2].

Datado de 06 de outubro de 1886, o *Código de Posturas do Município de São Paulo* foi a primeira norma jurídica relativa aos trabalhos domésticos. Tal diploma determinou, dentre outros pontos, as regras para as atividades dos então chamados *criados e amas-de-leite*[3]. Dentre as disposições contidas em referido documento estavam, quando da rescisão do contrato de trabalho a prazo indeterminado, o direito a aviso-prévio de cinco dias, pelo empregador, ou de oito dias, pelo empregado. Além disso, era hipótese de dispensa por justa causa a ocorrência de doença que impossibilitasse a prestação de serviços pelo empregado. Em caso de inadimplemento do contrato, por qualquer das partes, estabeleciam-se multas que, caso não quitadas, poderiam ser convertidas em prisão simples.

No âmbito do Distrito Federal, o Decreto n. 16.107, de 30 de julho de 1923, também regulamentou o trabalho doméstico. Estabelecia, referido diploma, que sempre que deixasse o emprego, o trabalhador doméstico deveria apresentar à delegacia do respectivo distrito policial, em quarenta e oito horas, sua carteira de identificação profissional. O

(*) Mestre e Doutoranda em Direito Econômico e Socioambiental pela Pontifícia Universidade Católica do Paraná (PUCPR). Especialista em Direito material e processual do Trabalho pelo Centro Universitário Curitiba (UNICURITIBA). Coordenadora adjunta da Especialização em Direito material e processual do Trabalho na Pontifícia Universidade Católica do Paraná (PUCPR). Professora de Direito do Trabalho e Advogada.

(**) Pós-Doutorando em Direito pela Universidade de Roma II, "Tor Vergata", Doutor pela Universidade de Roma I, "La Sapienza" e revalidado pela Universidade Federal de Stanta Catarina (UFSC) e Mestre pela Pontifícia Universidade Católica de São Paulo (PUC/SP). Professor Titular do Curso de Mestrado e do Doutorado em Direito da Pontifícia Universidade Católica do Paraná (PUCPR). Líder do Grupo de Pesquisa "Desregulamentação do Direito, do Estado e Atividade Econômica: Enfoque Laboral". Professor da Graduação da Facinter. Professor Adjunto da Universidade Federal de Santa Catarina (UFSC). Advogado (disponível em <http://www.villatore.com.br>).

(1) São considerados empregados domésticos, de acordo com a legislação trabalhista, os trabalhadores (pessoas físicas) que prestam serviços com subordinação, onerosidade, continuidade e pessoalidade à pessoa ou à família, no âmbito residencial destas, sem finalidade lucrativa (artigos 2º e 3º da CLT, combinados com o artigo 1º da Lei n. 5.859/72).

(2) Considera-se empregado a pessoa física que presta serviços a empregador, com subordinação, onerosidade, habitualidade e pessoalidade (artigos 2º e 3º da CLT).

(3) De acordo com o artigo 263 do Código de Posturas do Município de São Paulo, "criado de servir" era "toda pessoa de condição livre que, mediante salário convencionado, tiver ou quiser ter ocupação de moço de hotel, hospedaria ou casa de pasto, cozinheiro, copeiro, cocheiro, hortelão, de ama-de-leite, ama-seca, engomadeira ou costureira e, em geral, a de qualquer serviço doméstico".

trabalhador que tivesse maus antecedentes ou que estivesse respondendo a processo criminal inafiançável poderia ter negado seu pedido de emissão da carteira profissional. Ademais, o trabalhador que fosse dispensado por falta grave poderia ser detido.

Em 27 de fevereiro de 1941 foi editado o Decreto-lei n. 3.078, que considerava domésticos "todos aqueles que, de qualquer profissão ou mister, mediante remuneração, prestem serviços em residências particulares ou a benefício destas". De acordo com este Decreto-lei, os empregados domésticos possuíam direito a um aviso-prévio de oito dias, após um período probatório de seis meses. Exigia-se de todos os empregados domésticos Carteira de Trabalho e Previdência Social (CTPS), e para sua expedição faziam-se necessários, dentre outros documentos, atestado de boa conduta emitido pela autoridade policial e atestado de vacina e de saúde. Um avanço esculpido neste dispositivo normativo foi a possibilidade conferida ao empregado para rescindir o contrato em caso de atraso salarial, descumprimento da obrigação patronal de lhe proporcionar ambiente adequado para alimentação e habitação, ou afronta a sua honra ou integridade física, tendo direito, em qualquer das hipóteses, à indenização de oito dias.

Datada de 01 de maio de 1943, a Consolidação das Leis do Trabalho – CLT (Decreto-lei n. 5.452) expressamente afastou os empregados domésticos do manto de sua proteção[(4)]. Com isso, os trabalhadores domésticos se tornaram marginalizados no que tange à proteção trabalhista.

Foi com a Lei n. 5.859, de 11 de dezembro de 1972, que o trabalho doméstico encontrou razoável regulamentação. Tratou-se, contudo, de bastante modesto diploma normativo, na medida em que criou apenas um restrito leque de direitos a tais empregados, a saber: anotação em Carteira de Trabalho e Previdência Social (CTPS), férias anuais de vinte dias úteis e proteção pela Previdência Social.

O grande marco na consolidação de direitos sociais em nosso ordenamento jurídico foi, certamente, a Constituição de 1988. Paulo Bonavides (2009. p. 374) resume muito bem, no seguinte argumento:

> Tocante aos direitos sociais básicos, a Constituição define princípios fundamentais, como os valores sociais do trabalho e a livre iniciativa; estabelece objetivos fundamentais para a república como o desenvolvimento nacional, a erradicação da pobreza e da marginalização e a redução das desigualdades sociais e regionais e, de ultimo, em capítulo próprio, enuncia os direitos sociais, abrangendo genericamente a educação, a saúde, o trabalho, o lazer, a segurança, a previdência social, a proteção à maternidade e à infância, a assistência aos desempregados. [...] Como se vê, o novo texto constitucional imprime uma latitude sem precedentes aos direitos sociais básicos, dotados agora de uma substantividade nunca antes conhecida nas Constituições anteriores, a partir de 1934.

O art. 7º da Constituição de 1988 apresenta um rol de trinta e quatro direitos assegurados aos trabalhadores urbanos e rurais, sem prejuízo de outros que visem à melhoria de suas condições sociais[(5)].

---

(4) CLT, artigo 7º, alínea 'a'. "Os preceitos constantes da presente Consolidação, salvo quando for, em cada caso, expressamente determinado em contrário, não se aplicam: aos empregados domésticos, assim considerados, de um modo geral, os que prestam serviços de natureza não-econômica à pessoa ou à família, no âmbito residencial destas".

(5) Constituição de 1988, art. 7º: "São direitos dos trabalhadores urbanos e rurais, além de outros que visem à melhoria de sua condição social: I – relação de emprego protegida contra despedida arbitrária ou sem justa causa, nos termos de lei complementar, que preverá indenização compensatória, dentre outros direitos; II – seguro-desemprego, em caso de desemprego involuntário; III – fundo de garantia do tempo de serviço; IV – salário mínimo, fixado em lei, nacionalmente unificado, capaz de atender a suas necessidades vitais básicas e às de sua família com moradia, alimentação, educação, saúde, lazer, vestuário, higiene, transporte e previdência social, com reajustes periódicos que lhe preservem o poder aquisitivo, sendo vedada sua vinculação para qualquer fim; V – piso salarial proporcional à extensão e à complexidade do trabalho; VI – irredutibilidade do salário, salvo o disposto em convenção ou acordo coletivo; VII – garantia de salário, nunca inferior ao mínimo, para os que percebem remuneração variável; VIII – décimo terceiro salário com base na remuneração integral ou no valor da aposentadoria; IX – remuneração do trabalho noturno superior à do diurno; X – proteção do salário na forma da lei, constituindo crime sua retenção dolosa; XI – participação nos lucros, ou resultados, desvinculada da remuneração, e, excepcionalmente, participação na gestão da empresa, conforme definido em lei; XII – salário-família pago em razão do dependente do trabalhador de baixa renda nos termos da lei (Redação dada pela Emenda Constitucional n. 20, de 1998); XIII – duração do trabalho normal não superior a oito horas diárias e quarenta e quatro semanais, facultada a compensação de horários e a redução da jornada, mediante acordo ou convenção coletiva de trabalho; XIV – jornada de seis horas para o trabalho realizado em turnos ininterruptos de revezamento, salvo negociação coletiva; XV – repouso semanal remunerado, preferencialmente aos domingos; XVI – remuneração do serviço extraordinário superior, no mínimo, em cinquenta por cento à do normal; XVII – gozo de férias anuais remuneradas com, pelo menos, um terço a mais do

No que tange aos empregados domésticos, contudo, seguiu-se aos incisos do referido art. 7º um peculiar parágrafo único: "São assegurados à categoria dos trabalhadores domésticos os direitos previstos nos incisos IV, VI, VIII, XV, XVII, XVIII, XIX, XXI e XXIV, bem como sua integração à previdência social"[(6)].

Não se pode deixar de reconhecer o grande avanço perpetrado pela Constituição Cidadã[(7)], que ampliou o restrito leque de três direitos previstos na Lei n. 5.859/1972 para conferir aos domésticos as seguintes garantias: direito à percepção de, ao menos, um salário mínimo, garantindo inclusive a irredutibilidade salarial (art. 7º, incisos IV e VI); décimo terceiro salário (inciso VIII); repouso semanal remunerado (inciso XV); férias anuais remuneradas com um terço a mais do que o salário normal (inciso XVII); licença maternidade e licença paternidade (incisos XVIII e XIX, respectivamente); aviso-prévio (inciso XXI); e aposentadoria (inciso XXIV).

Por outro lado, a proteção oferecida pela Constituição de 1988 aos empregados domésticos ainda não pode ser considerada isonômica, se comparada aos empregados em geral. Amauri Mascaro Nascimento (1991. p. 76) comenta que o objetivo inicial da Assembleia Nacional Constituinte seria equiparar integralmente os direitos conferidos aos trabalhadores domésticos e aos demais, mas que ao longo dos trabalhos constataram-se 'incompatibilidades', razão pela qual se restringiu a gama de garantias dos domésticos. Observe-se:

> Desde o início dos trabalhos da Assembleia Nacional Constituinte, através das primeiras propostas, notou-se uma tendência no sentido da inclusão do empregado doméstico dentre aqueles que mereciam uma atenção especial, e, nos primeiros projetos que foram apresentados, pretendia-se a total equiparação de direitos entre domésticos, trabalhadores de empresas rurais, urbanos e funcionários públicos.
>
> Na medida em que as discussões parlamentares se desenvolveram nas diversas comissões, foram modificadas as propostas, com a exclusão de direitos que realmente eram incompatíveis com a natureza desse trabalho, até que se chegou a uma formula aprovada pela Comissão de Sistematização e que assegurou ao doméstico alguns dos direitos previstos na Constituição para o trabalhador urbano em geral e que são os indicados no art. 7º., § 2º. [...]. (NASCIMENTO, 1991. p. 76).

Concorde-se ou não com as tais incompatibilidades alegadas pelo Constituinte, fato é que o cenário jurídico que acomodou a realidade dos empregados domésticos até o início do ano de 2013 pode ser classificado como precário, especialmente se comparado com os empregados em geral – os chamados celetistas. Se, de um lado, a Constituição de 1988 ampliou consideravelmente a proteção conferida aos domésticos, de outro vértice muitos dos direitos atribuídos aos empregados em geral foram a eles denegados por quase vinte e cinco anos.

2. *A CONVENÇÃO N. 189 DA ORGANIZAÇÃO INTERNACIONAL DO TRABALHO E A EMENDA CONSTITUCIONAL N. 72/2013*

Não é recente a atenção despendida pela Organização Internacional do Trabalho (OIT) para com

---

que o salário normal; XVIII – licença à gestante, sem prejuízo do emprego e do salário, com a duração de cento e vinte dias; XIX – licença-paternidade, nos termos fixados em lei; XX – proteção do mercado de trabalho da mulher, mediante incentivos específicos, nos termos da lei; XXI – aviso-prévio proporcional ao tempo de serviço, sendo no mínimo de trinta dias, nos termos da lei; XXII – redução dos riscos inerentes ao trabalho, por meio de normas de saúde, higiene e segurança; XXIII – adicional de remuneração para as atividades penosas, insalubres ou perigosas, na forma da lei; XXIV – aposentadoria; XXV – assistência gratuita aos filhos e dependentes desde o nascimento até 5 (cinco) anos de idade em creches e pré-escolas (Redação dada pela Emenda Constitucional n. 53, de 2006); XXVI – reconhecimento das convenções e acordos coletivos de trabalho; XXVII – proteção em face da automação, na forma da lei; XXVIII – seguro contra acidentes de trabalho, a cargo do empregador, sem excluir a indenização a que este está obrigado, quando incorrer em dolo ou culpa; XXIX – ação, quanto aos créditos resultantes das relações de trabalho, com prazo prescricional de cinco anos para os trabalhadores urbanos e rurais, até o limite de dois anos após a extinção do contrato de trabalho (Redação dada pela Emenda Constitucional n. 28, de 25.05.2000); XXX – proibição de diferença de salários, de exercício de funções e de critério de admissão por motivo de sexo, idade, cor ou estado civil; XXXI – proibição de qualquer discriminação no tocante a salário e critérios de admissão do trabalhador portador de deficiência; XXXII – proibição de distinção entre trabalho manual, técnico e intelectual ou entre os profissionais respectivos; XXXIII – proibição de trabalho noturno, perigoso ou insalubre a menores de dezoito e de qualquer trabalho a menores de dezesseis anos, salvo na condição de aprendiz, a partir de quatorze anos (Redação dada pela Emenda Constitucional n. 20, de 1998); XXXIV – igualdade de direitos entre o trabalhador com vínculo empregatício permanente e o trabalhador avulso."

(6) Redação original do dispositivo. Atualmente o texto encontra-se modificado pela Emenda Constitucional n. 72, publicada em 03 de abril de 2013.

(7) A expressão "Constituição Cidadã" é atribuída à Constituição de 1988 em virtude da larga tutela conferida aos direitos sociais, assim como aos direitos e garantias individuais.

os trabalhadores domésticos. Verônica Altef Barros (2011. p. 7) destaca que as primeiras resoluções internacionais versando sobre as condições de trabalho doméstico datam da década de 1940.

Até o final da primeira década do século XXI, contudo, nenhum instrumento internacional que se aplicasse exclusivamente ao trabalho doméstico havia sido instituído.

Nesse contexto, em 01 de junho de 2011, na 100ª reunião da Conferência Internacional do Trabalho, a OIT adotou a Convenção n. 189, que versa sobre o Trabalho Doméstico. Na mesma ocasião foi adotada a Recomendação n. 201 sobre o mesmo tema.

Dentre os aspectos abordados pela Convenção, pode-se mencionar, a título ilustrativo, o dever dos Estados signatários de estabelecer uma idade mínima para os trabalhadores domésticos, consonante o já disposto nas Convenções n. 138, de 1973[(8)], e n. 182, de 1999[(9)] (art. 4º, item 1).

Este diploma internacional, contudo, encontrou resistência jurídica para implementação no Brasil. A grande divergência existente entre o ordenamento jurídico trabalhista brasileiro e a orientação estabelecida pela OIT resta evidenciada quando da análise do artigo 10 do diploma internacional: a obrigação atribuída aos Estados Membros de garantir igual tratamento jurídico aos empregados domésticos e aos empregados em geral. Observe-se:

> Artigo 10.
>
> 1. Todo Membro deverá adotar medidas para assegurar igualdade de tratamento entre os trabalhadores domésticos e trabalhadores em geral em relação à duração normal de trabalho, remuneração de horas extras, períodos de descanso diário e semanal e férias anuais remuneradas de acordo com as leis nacionais, regulamentos ou negociações coletivas, tendo em conta as características especiais do trabalho doméstico.
>
> 2. Repouso semanal deve ser de pelo menos 24 horas consecutivas.
>
> 3. Períodos durante os quais os trabalhadores domésticos não são livres para dispor de seu tempo da forma como quiserem e permanecem à disposição da família para responder a possíveis solicitações, serão considerados como horas de trabalho, na medida determinada pelas leis nacionais, regulamentos ou negociações coletivas, ou quaisquer outros meios compatíveis com a prática nacional. (tradução dos autores)[(10)].

Sob o aspecto jurídico, o grande entrave à ratificação da Convenção n. 189 pelo Brasil se encontrou, portanto, no parágrafo único do art. 7º da Constituição Cidadã de 1988, que restringia os direitos trabalhistas da categoria. Além disso, a já mencionada alínea 'a' do art. 7º da CLT afasta expressamente a aplicação deste diploma aos empregados domésticos.

Neste sentido, imperiosa seriam (i) a alteração do texto do parágrafo único do art. 7º da Constituição; (ii) a revogação da alínea 'a' do art. 7º. da CLT; e (iii) a elaboração de legislação específica, regulamentando aspectos peculiares estabelecidos pela Convenção n. 189 da OIT, que vão além do já previsto na Consolidação[(11)].

Foi neste contexto que, em 14 de dezembro de 2012, foi apresentada no Congresso Nacional brasi-

(8) A Convenção n. 138, que versa sobre a idade mínima para admissão em emprego, foi aprovada na 58ª reunião da Conferência Internacional do Trabalho e entrou em vigor no plano internacional em 19 de junho de 1976. No Brasil, foi promulgada pelo Decreto n. 4.134, de 15 de fevereiro de 2002. Estabelece referido documento que "a idade [...] não será inferior à idade de conclusão da escolaridade compulsória ou, em qualquer hipótese, não inferior a quinze anos" (artigo 2º, item 3).

(9) A Convenção n. 182, aprovada pela 87ª reunião da Conferência Internacional do Trabalho (realizada em 01 de junho de 1999), versa sobre a "proibição das piores formas de trabalho infantil e ação imediata para sua eliminação". Sua promulgação no Brasil deu-se em 12 de setembro de 2000, por meio do Decreto n. 3.597.

(10) Article 10. 1. Each Member shall take measures towards ensuring equal treatment between domestic workers and workers generally in relation to normal hours of work, overtime compensation, periods of daily and weekly rest and paid annual leave in accordance with national laws, regulations or collective agreements, taking into account the special characteristics of domestic work. 2. Weekly rest shall be at least 24 consecutive hours. 3. Periods during which domestic workers are not free to dispose of their time as they please and remain at the disposal of the household in order to respond to possible calls shall be regarded as hours of work to the extent determined by national laws, regulations or collective agreements, or any other means consistent with national practice.

(11) O Direito do Trabalho no Brasil prima pela valorização da realidade em detrimento da forma (princípio da primazia da realidade sobre a forma). Nesta esteira, admitem-se contratos de trabalho na forma escrita, verbal e até mesmo tácita. No que tange aos empregados domésticos, a atual disciplina jurídica não diverge da regra geral. A Convenção n. 189 da OIT, de outro vértice, impõe a necessidade de um contrato de trabalho escrito para os trabalhadores domésticos (artigo 7º, *caput*). Neste sentido, na hipótese de internalização de tal diploma internacional, não basta que se estenda aos trabalhadores domésticos no Brasil o já disposto na CLT – far-se-á necessária a regulamentação específica de determinados pontos, tais como a questão do contrato de trabalho escrito.

leiro a Proposta de Emenda Constitucional (PEC) n. 66, conhecida como a "*PEC das domésticas*", que "altera a redação do parágrafo único do art. 7º da Constituição Federal (*sic*) para estabelecer a igualdade de direitos trabalhistas entre os trabalhadores domésticos e demais trabalhadores urbanos e rurais" (BRASIL, 2012).

Na exposição de motivos da PEC n. 66/2012 restou consignado que "as mudanças pretendidas no regime jurídico dos domésticos beneficiarão 6,8 milhões de trabalhadores [...]". (BRASIL, 2012)

Os estudos destinados a elaborar uma proposta de Emenda Constitucional que visasse a isonomia entre os trabalhadores urbanos, rurais e domésticos iniciaram já no ano de 2008, mas apenas em 2012 foram concluídos. A principal dificuldade encontrada pelos técnicos para a conclusão dos trabalhos, segundo a exposição de motivos da PEC, foi o aumento dos encargos financeiros para os empregadores domésticos (BRASIL, 2012).

> Sabemos que, seguramente, equalizar o tratamento jurídico entre os empregados domésticos e os demais trabalhadores elevará os encargos sociais e trabalhistas. Todavia, o sistema hoje em vigor, que permite a existência de trabalhadores de segunda categoria, é uma verdadeira nódoa na Constituição democrática de 1988 e deve ser extinto, pois não há justificativa ética para que possamos conviver por mais tempo com essa iniquidade. A limitação dos direitos dos empregados domésticos, permitida pelo já citado parágrafo único do art. 7º, é uma excrescência e deve ser extirpada (BRASIL, 2012)

Em 26 de março de 2013 o Senado Federal aprovou a PEC n. 66 e no dia 03 de abril do mesmo ano foi publicada a Emenda Constitucional (EC) n. 72 no Diário Oficial da União (DOU).

3. *O QUE MUDA NO TRATAMENTO JURÍDICO CONFERIDO AOS TRABALHADORES DOMÉSTICOS*

Com a Emenda Constitucional n. 72/2013, o parágrafo único do art. 7º. da Constituição de 1988 passou a vigorar com a seguinte redação:

> CRFB, art. 7º, parágrafo único. São assegurados à categoria dos trabalhadores domésticos os direitos previstos nos incisos IV, VI, VII, VIII, X, XIII, XV, XVI, XVII, XVIII, XIX, XXI, XXII, XXIV, XXVI, XXX, XXXI e XXXIII e, atendidas as condições estabelecidas em lei e observada a simplificação do cumprimento das obrigações tributárias, principais e acessórias, decorrentes da relação de trabalho e suas peculiaridades, os previstos nos incisos I, II, III, IX, XII, XXV e XXVIII, bem como a sua integração à previdência social".

De acordo com a nova redação, além dos direitos já anteriormente garantidos, os empregados domésticos passaram a fazer jus também às seguintes garantias: garantia de salário, nunca inferior ao mínimo, para os que percebem remuneração variável (inciso VII); proteção do salário na forma da lei, constituindo crime sua retenção dolosa (inciso X); duração do trabalho normal não superior a oito horas diárias e quarenta e quatro semanais, facultada a compensação de horários e a redução da jornada, mediante acordo ou convenção coletiva de trabalho (inciso XIII); remuneração do serviço extraordinário superior, no mínimo, em cinquenta por cento à do normal (inciso XVI); redução dos riscos inerentes ao trabalho, por meio de normas de saúde, higiene e segurança (inciso XXII); reconhecimento das convenções e acordos coletivos de trabalho (inciso XXVI); proibição de diferença de salários, de exercício de funções e de critério de admissão por motivo de sexo, idade, cor ou estado civil (inciso XXX); proibição de qualquer discriminação no tocante a salário e critérios de admissão do trabalhador portador de deficiência (inciso XXXI); proibição de trabalho noturno, perigoso ou insalubre a menores de dezoito e de qualquer trabalho a menores de dezesseis anos, salvo na condição de aprendiz, a partir de quatorze anos (inciso XXXIII).

Além disso, atendidas as condições estabelecidas em lei e observada a simplificação do cumprimento das obrigações tributárias, principais e acessórias, decorrentes da relação de trabalho, bem como suas peculiaridades, estenderam-se aos empregados domésticos também os seguintes direitos: relação de emprego protegida contra despedida arbitrária ou sem justa causa (inciso I); seguro-desemprego, em caso de desemprego involuntário (inciso II); fundo de garantia do tempo de serviço (inciso III); remuneração do trabalho noturno superior à do diurno (inciso IX); salário-família pago em razão do dependente do trabalhador de baixa renda nos termos da lei (inciso XII); assistência gratuita aos filhos e dependentes desde o nascimento até cinco anos de idade em creches e pré-escolas (inciso XXV); seguro contra acidentes de trabalho, a cargo do empregador, sem excluir a indenização a que este está obrigado, quando incorrer em dolo ou culpa (inciso XXVIII).

Observa-se, contudo, quem em que pese grandioso tenha sido o avanço da categoria doméstica na persecução de seus direitos, a igualdade pretendida pela OIT ainda não foi alcançada. Isso porque, considerando o disposto no já mencionado art. 7º, alínea 'a', da CLT, aqueles direitos que não constaram expressamente da nova redação do parágrafo único do art. 7º, da Constituição de 1988 (tais como os intervalos intra e interjornadas, por exemplo) não foram estendidos aos empregados domésticos.

Ademais, alguns incisos dependerão de regulamentação especial. É o caso do peculiar inciso XII, pois em anteriores tentativas de estender tal direito aos domésticos, esbarrou-se no problema de geração de valores para este fim(12).

Sob um aspecto mais prático, questionamentos como "de que forma fiscalizar o efetivo cumprimento da jornada limite de oito horas?" e "como produzir provas neste sentido em eventual ação trabalhista?" não podem ser ignorados pelo Direito.

Não é incomum que o empregado doméstico chegue ao seu local de trabalho quando todos os membros da família já saíram para seus afazeres cotidianos, e que ao término de suas atividades a família ainda não tenha retornado ao lar.

Se, por um lado, o empregado doméstico deve, sim, receber tratamento igualitário ao dos demais empregados, não se pode olvidar que o empregador doméstico é bastante peculiar em relação aos empregadores em geral.

Uma série de questionamentos, portanto, aguardam posicionamentos doutrinários e, especialmente, jurisprudenciais.

4. *CONSIDERAÇÕES FINAIS*

Gostaríamos muito de afirmar que tão especial relação de trabalho finalmente se encontra em situação de total igualdade com os demais empregados protegidos pelas regras da Consolidação das Leis do Trabalho, assim como ocorreu com os trabalhadores rurais, cuja legislação especial atual (Lei n. 5.889/1973), em seu art. 1º, revogou a alínea "b" do art. 7º, que também o excluía de tal regra.

Importante lembrar, porém, que a relação empregatícia doméstica possui uma interação familiar absurdamente maior em relação a qualquer outro trabalhador, pois se trata de uma pessoa que normalmente acompanha a vida da pessoa física ou da família para quem presta serviços, muitas vezes sendo orientada ou orientando outras pessoas, como se participasse daquele núcleo familiar, o que em várias oportunidades realmente ocorre.

Infelizmente há situação de verdadeira adoção por afinidade, de ambas as partes, e em outros casos, de utilização de serviços análogos à escravidão, e para estes últimos se deve aplicar a punição que normalmente ocorre em uma Reclamatória Trabalhista.

Na questão econômica, muitos empregados domésticos perceberão que terão seus salários aumentados, mas infelizmente outros tantos serão dispensados, e o mais triste será verificar que em muitas das vezes, tais resilições contratuais ocorrerão por impossibilidade de a família pagar tais direitos que, frisamos, são o mínimo que a digna atividade, assim como um Professor ou um Presidente, deveriam receber.

REFERÊNCIAS

BARROS, Verônica Altef. Os projetos de Convenção e Recomendação da OIT para trabalhadores domésticos: discussão nas reuniões da Conferência Internacional do Trabalho de 2010 e 2011. *Revista Justiça do Trabalho*. Ano 28, n. 330. p. 7-18. Jun. 2011.

BONAVIDES, Paulo. *Curso de Direito Constitucional*. 24. ed. São Paulo: Malheiros, 2009.

BRASIL. *Consolidação das Leis do Trabalho*. 1943. Disponível em: <http://www.planalto.gov.br/ccivil_03/Decreto-Lei/Del5452compilado.htm>. Acesso em: 20 dez. 2012.

______. *Constituição da República Federativa do Brasil*. 1988. Disponível em: <http://www.planalto.gov.br/ccivil_03/Constituicao/Constituicao.htm>. Acesso em: 20 dez. 2012.

______. *Emenda Constitucional n. 72*. 2013. Disponível em: <http://www.planalto.gov.br/ccivil_03/Constituicao/Emendas/Emc/emc72.htm> Acesso em: 03 abr. 2013.

______. *Proposta de Emenda à Constituição n. 66*. 2012. Disponível em: <http://www.senado.gov.br/atividade/materia/getPDF.asp?t=120984&tp=1>. Acesso em: 20 fev. 2013.

CASTRO, José Fernando de. *A origem do direito de solidariedade*. Rio de Janeiro: Renovar, 1998.

CLASTRES, Pierre. *A sociedade contra o Estado: pesquisas de antropologia política*. Tradução de Théo Santiago. São Paulo: Cosac Naify, 2003.

---

(12) O Regime Geral de Previdência Social (RGPS) brasileiro, por se tratar de sistema de repartição, possui especial zelo por seu equilíbrio atuarial. Neste sentido, o artigo 195, § 5º, da Constituição Federal apresenta o princípio da preexistência do custeio em relação ao benefício ou serviço, estabelecendo que "nenhum benefício ou serviço da seguridade social poderá ser criado, majorado ou estendido sem a correspondente fonte de custeio total".

COLLOR, Lindolfo. *Origens da legislação trabalhista brasileira*. Porto Alegre: Fundação Paulo do Couto e Silva, 1991.

NASCIMENTO, Amauri Mascaro. *Direito do Trabalho na Constituição de 1988*. 2. ed. São Paulo: Saraiva, 1991.

PAMPLONA FILHO, Rodolfo; VILLATORE, Marco Antônio César. *Direito do Trabalho Doméstico*. 4. ed. São Paulo: LTr, 2011.

POLANYI, Karl. *A grande transformação*: as origens da nossa época. Rio de Janeiro: Campus, 1980.

RUSSOMANO, Gilda Maciel Corrêa Meyer. *Direito Internacional Privado do Trabalho*. 2. ed. Rio de Janeiro: Forense, 1979.

SILVER, Beverly. *Forças do Trabalho: movimentos de trabalhadores e globalização desde 1870*. São Paulo: Boitempo, 2005.

SÜSSEKIND, Arnaldo. *Direito Internacional do Trabalho*. 2. ed. São Paulo: LTr, 1987.

TEIXEIRA, João Régis Fassbender. *Trabalho Doméstico*. Curitiba: Juruá, 1994.

CAPÍTULO 19

PEC das Empregadas Domésticas: Impecável

"A coisa mais fina do mundo é o sentimento."
(Adélia Prado)

LUIZ OTÁVIO LINHARES RENAULT(*)
MARIA ISABEL FRANCO RIOS(**)

1. INTRODUÇÃO

Em 1938, L. de Litala, em sua obra *"Il Contratto di Servizio Domestico e il Contratto Portierato"*, ponderou: "com o contrato de serviço doméstico, o trabalhador não se obriga a prestar, de regra, uma determinada obra, mas um complexo de serviços materiais, seja à pessoa do empregador, como à sua família, e ao governo da sua casa".[1]

No Brasil, o trabalho doméstico foi disciplinado, pela primeira vez, nas Ordenações do Reino, como sendo "aquele realizado no âmbito familiar".

A palavra "doméstico" possui origem latina, e tem suas raízes no vocábulo latino *domus*, que significa "casa". Daí a delimitação da esfera de prestação de serviços da profissão do doméstico, característica essa que erigiu dois dos principais pressupostos para a configuração dessa espécie de contrato de trabalho – âmbito residencial e atividade sem fins lucrativos.

No Direito Romano, o *aluguel*, vale dizer, a *locação* ocupava posição de destaque entre os institutos jurídicos, pois se tratava de uma categoria utilizada nas mais variadas situações. Havia a expressão latina – *locatio conductio-* que permitia indicar as obrigações das duas partes, como acontecia no caso da compra e venda. O contrato de arrendamento – *locatio conductio rei* –, o contrato de trabalho – *locatio conductio operarum*– e o aluguel de obra – *locatio operis faciendi* – em que o empresário se comprometia a fazer, mediante remuneração, determinado trabalho. Nas três categorias, a cada vez, figuravam, um *locator* e um *conductor*. No contrato de trabalho – *locatio operarum* – era o trabalhador, o *locator*, que alugava de algum modo a sua força de trabalho.

Trabalho doméstico, trabalho a domicílio e trabalho familiar representam três categorias perfeitamente distintas de prestação de serviços, arregimentando, por conseguinte, os elementos indispensáveis à configuração de três espécies de contratos de trabalho.

Trabalhador doméstico é a cozinheira, a governanta, a babá, a faxineira, a lavadeira, a passadeira, o motorista, o jardineiro, o vigia, o acompanhante de idoso, o caseiro e tantas outras atividades típicas do domínio doméstico, sempre sem finalidade lucrativa.

(*)Professor dos cursos de graduação e de pós-graduação, mestrado e doutorado, da Pontifícia Universidade Católica de Minas Gerais, com admissão por concurso externo; aprovado em primeiro lugar no concurso público de provas e títulos para o cargo de professor adjunto da Faculdade de Direito da UFMG, área de conhecimento: Direito do Trabalho e Direito Processual do Trabalho; Desembargador do TRT/3ª Região; 2º Vice-Presidente; Diretor da Escola Judicial e Ouvidor do TRT 3ª Região.

(**)Advogada, mestra em Direito do Trabalho pela Pontifícia Universidade Católica de Minas Gerais – PUCMINAS.

(1) DE LITALA apud MORAES FILHO, Evaristo de. *Introdução ao Direito do Trabalho*. 9. ed. São Paulo: LTr, 2003. p.283

O trabalho doméstico é aquele realizado no âmbito residencial da pessoa ou da família, destituído de caráter econômico, e, que foi excluído da proteção do Direito Social, no Brasil, pelo art. 7º, alínea "a", quando da aprovação da CLT, pelo Decreto-lei n. 5.452, de 1º de Maio de 1943, e que completará 70 anos de vigência, no dia 10 de Novembro deste ano de 2013. O empregado doméstico não desenvolve trabalho que o empregador aproveitará com fim lucrativo. Esse o *wishfull thinking* do legislador, que não o disse com a propriedade e a intensidade adequada, mas que foi construído pela doutrina e pela jurisprudência. Embora o trabalho utilizado para a produção de bens e de serviços destinados à satisfação das necessidades humanas tenha um conteúdo econômico, o trabalho do empregado e do trabalhador doméstico possui laivos diferenciados, porque a sua atividade é de consumo e não de produção. Logo, a finalidade lucrativa não pode estar presente no *iter* jurídico.

Alguns autores que cuidaram do assunto – Barassi, Juan Hinojosa, Sermonti, Cesarino Junior, este último entre nós – apontam como característico essencial do trabalho doméstico essa nota de *serviço pessoal*, regulado mais pela amizade e pela benevolência, em que o empregado participa diretamente da vida familiar, da hospitalidade do grupo doméstico, no interior do próprio lar. Em pleno âmbito residencial.

O segundo elemento é que o serviço seja prestado no círculo de residência dos patrões, pouco importando seja sob o teto ou nas adjacências. O que quis a lei significar é que a realização do trabalho se revista dessa característica de benevolência e boa vontade, vivendo o empregado no ambiente da própria vida familiar.[2]

Por seu turno, o trabalho a domicílio está disciplinado no art. 6º da CLT, como aquele prestado fora do âmbito da empresa, na casa do próprio empregado.

Já o trabalho familiar é aquele executado dentro de oficinas preferencialmente ou exclusivamente formadas por pessoas ligadas por laços de parentesco.

2. *BREVE ESCORÇO HISTÓRICO ACERCA DO TRABALHO DOMÉSTICO*

Logo após a proclamação da República, curiosamente, ocorreu uma das primeiras tentativas de regulação legislativa do trabalho doméstico. Não logrou êxito por causa de um parecer contrário do Consultor Tristão de Alencar Araripe, em 4.06.1891, afirmando ser o projeto inconstitucional. Em 30.07.1923, o Decreto n. 116.107, regulamentou a matéria no Distrito Federal, porém não passou de letra morta. No Recenseamento do Rio de Janeiro, realizado em 1906, citado por Sidney Chalhoub[3], a tabela de profissões apresentadas indica que do total de 117.904 pessoas que se declararam empregadas em serviço doméstico, 94.730 eram mulheres e apenas 23.174 eram homens. Acrescenta que algumas mulheres podiam ser encontradas em casa de comércio ou como operárias, mas o serviço doméstico era o principal reduto das mulheres pobres. O Código Civil de 1916 tratou do tema no capítulo referente à locação de serviços, art. 1.216 e seguintes, aplicado às relações de trabalho em geral.

Em 1941 com a edição do Decreto-lei n. 3.078, a locação dos serviços domésticos foi disciplinado. Dentre outras disposições, este diploma estabeleceu que o contrato de emprego doméstico ou residencial era rescindível, pela simples deliberação das partes, a qualquer tempo. Tendo o empregado prestado serviços ao empregador durante mais de seis meses, a rescisão deveria ser antecedida de um aviso-prévio de oito dias, concedido pela parte que decidisse por fim ao contrato. Não concedendo o aviso, o empregador pagaria o salário a ele correspondente. Se o empregado não o fizesse, poderia ter seus salários retidos até o limite do valor do aviso (art. 3º). Quando o empregador dispensasse o empregado por motivo justo, não haveria pagamento do aviso-prévio. Isto aconteceria quando o empregado não fosse obediente e respeitoso com o empregador ou pessoa de sua família, polido com aqueles que utilizassem seus serviços, não fosse diligente e honesto, zeloso e responsável pelos danos causados, consoante dispunham os arts. 7º e 8º. Se o trabalhador não fosse tratado com urbanidade, quando seus salários não fossem pago pontualmente; quando não lhe fossem dadas condições higiênicas de moradia, alimentação, quando tivessem sido tais utilidades ajustadas, o trabalhador poderia considerar-se despedido por via indireta, exigindo o pagamento do valor do aviso-prévio (arts, 6º e 8º). A grande discussão naquela década foi se o Decreto-lei n. 3.078 havia ou não sido revogado pela Consolidação das Leis do Trabalho – CLT.

(2) MORAES FILHO, Evaristo. Conceito de trabalho doméstico. In: Rev. Trab., Rio de Janeiro. p. 225, maio/junho, 1952.

(3) *Trabalho, lar e botequim*: o cotidiano dos trabalhadores no Rio de Janeiro da *belle époque*. São Paulo: editor UNICAMP, 2008. p. 204.

Segadas Vianna, parlamentar que foi Ministro do Trabalho, apresentou um projeto de Código do Trabalho à Câmara dos Deputados, no qual regulamentava o trabalho doméstico. E como a legislação regulamentadora do trabalho doméstico para produzir bons efeitos necessitava de fiscalização administrativa, esta fiscalização esbarrava no princípio constitucional da inviolabilidade do domicílio. O argumento da inviolabilidade de domicilio também preocupa o Ministério do Trabalho nos dias de hoje, com o surgimento da PEC n. 66/2012, quando for necessária fiscalização por parte do órgão.

Em 11 de dezembro de 1972[(4)], foi editada a Lei n. 5.859, sobre o trabalho doméstico, cujos direitos foram ampliados no parágrafo único do art. 7º da Constituição da República de 1988.

O art. 1º da Lei n. 5.859 conceitua o empregado doméstico como "aquele que presta serviços de natureza contínua e de finalidade não lucrativa à pessoa ou à família, no âmbito residencial destas." Anteriormente a CLT conceituara- no art. 7º, "a", – o doméstico, definindo-o como aquele que presta serviços de natureza não econômica à pessoa ou à família, no âmbito residencial destas.

Evaristo de Moraes Filho, em seu Projeto de Código do Trabalho, art. 4º, assim definiu o empregado doméstico:

> Art. 4º. Considera-se empregado doméstico aquele que presta serviços de natureza não lucrativa para o empregador, à pessoa ou família, no âmbito residencial destas.
>
> Art. 5º Não se considerem domésticos:
>
> I – os motoristas particulares, quando remunerados por pessoa jurídica ou prestarem serviços, direta ou indiretamente, vinculados à atividade profissional do empregador;
>
> II- os porteiros, zeladores, faxineiros e serventes de prédios de apartamentos residenciais, a serviço da administração do edifício e não de cada condomínio em particular.[(5)]

Várias tentativas ocorreram para a regulamentação do trabalho doméstico, inclusive um projeto do Presidente Castelo Branco que, foi enviado ao Congresso, e retirado mais tarde pelo próprio Presidente Castelo Branco. Somente pela Lei n. 5.859 de 11.12.1972, composta de oito artigos, ele foi regulamentado. O Regulamento, Decreto n. 71.885, de 9.03.1973, entrou em contradição com a lei no que se refere ao regime de férias.

3. A PEC N. 66/2012 (LEI ÁUREA DO SÉCULO XXI)

Recentemente, no dia 26 de março último, o Plenário do Senado Federal aprovou por unanimidade a PEC (Proposta de Emenda à Constituição) 66/2012, que foi promulgada em 2.04.2013. Essa PEC foi proposta pelo deputado Carlos Bezerra e ampliou os direitos trabalhistas dos empregados domésticos. O *site* do Senado Federal trouxe a notícia da seguinte maneira: "Aprovada a Lei Áurea do Século 21". Esta proposta não necessitou de sanção presidencial para entrar em vigor. Mais de 7 milhões de trabalhadores, no Brasil, são empregados domésticos, dentre os quais 97% são mulheres. O maior

---

(4) Em 1977, *Carmem Barroso*, no livro intitulado "A situação da Mulher Trabalhadora no Brasil", depoimento apresentado à Comissão Parlamentar Mista de Inquérito sobre a atuação da mulher, observou que enorme parte das empregadas domésticas eram sequer registradas no MTPS. Afirmou que o Censo de 1970 revelou uma verdadeira segregação em guetos ocupacionais, pois, a maioria, 80% das mulheres que trabalhavam no Brasil, concentravam-se em apenas dez ocupações: empregadas domésticas, trabalhadoras rurais, professoras primárias, enfermeiras não diplomadas e tecelãs; aí não incluídas as prostitutas, cujo número o Censo não registra. Ponderou ainda a autora que, analisando a situação nas três primeiras atividades, são elas as que oferecem as piores condições de trabalho. Enfatizou ainda a autora que entre todas as categorias dos trabalhadores urbanos, a empregada doméstica era a mais desprotegida pela legislação, sujeitando-se a condições de trabalho aviltantes. Sofriam discriminações gritantes, em prédios de apartamentos, não podendo utilizar-se do elevador social e das áreas de lazer. As condições de habitação, muitas vezes péssimas; um cômodo classificado na planta da residência, como "dispensa", como forma de burlar o Código de Obras, pois dotado de proporções tão reduzidas que não poderia ser classificado como "dormitório". As condições salariais mostraram quadro ainda pior. O Censo de 1970 revelou que, entre o grupo de empregado em "ocupações domésticas e serviços de alimentação", três quartos ganhavam menos de 60% do salário mínimo vigente àquela época. A Lei n. 5.859, de 1972, concedeu-lhes, apenas, o direito a vinte dias de férias anuais, à anotação na Carteira de Trabalho e à contribuição para o INPS. Mas, a maioria das empregadas domésticas ainda não eram filiadas ao sistema previdenciário. Em 1972, Carmem Barroso, clamava pela urgência de estender às domésticas, os benefícios trabalhistas garantidos às outras categorias de trabalhadores pela CLT.

Àqueles que repetem os argumentos de que no Brasil, agem sem reflexão, por impulsos emocionais, sem a mínima leitura crítica do problema, será que o tempo que passou de 1970 não foi suficiente? Lendo os relatos de Carmem Barroso, percebemos que não diferem do que ainda ocorre nos dias atuais. E, já se passaram 43 anos... Isto sem falar que a escravidão foi abolida no Brasil no final do século XIX.

CARDOSO, Irede A. *As mulheres & Trabalho:* as discriminações e as barreiras no mercado de trabalho. São Paulo: Cortez Editora, 1980. p. 62-65.

(5) MORAES FILHO, Evaristo. *Introdução ao Direito do Trabalho*, 9. ed. São Paulo: LTr, 2003. p. 282.

acesso a ensino em anos recentes facilitou a profissionalização e muitos domésticos migraram para outras modalidades de prestação de serviços, como por exemplo, os de diaristas. Isto fez com que o número de domésticos tornasse menor. Mesmo assim, o avanço nos direitos pelos domésticos acontece no momento em que o país ostenta o maior contingente de profissionais, do mundo, que atuam nesta área. Segundo cálculos da Organização Internacional do Trabalho – OIT – o Brasil detém 13,7% do total de 52,6 milhões em atividade no planeta. Dentre todas as categorias de trabalhadores existentes, e apesar das conquistas recentes, os domésticos se incluem entre os que possuem menos direitos mínimos respeitados e se deparam, no cotidiano, com péssimas condições de trabalho. Alguns direitos entraram em vigor com a publicação no Diário Oficial, mas outros necessitam de regulamentação específica.

A emenda já havia sido aprovada por unanimidade em primeiro turno, no dia 19.03.2013, com 70 votos favoráveis e nenhum contrário. Apenas uma emenda de redação foi aprovada, portanto, conservou-se o texto enviado pela Câmara dos Deputados.

São direitos ampliados pela PEC das Domésticas, com aplicação imediata: jornada de trabalho de até 08 horas diárias e 44 horas semanais, horas extras com adicional de pelo menos 50% sobre o valor da hora normal.

Todavia, desafiam regulamentação os seguintes direitos: o seguro-desemprego; a remuneração do trabalho noturno superior à do diurno; a contratação de seguro contra acidentes de trabalho. Quanto ao FGTS – Fundo de Garantia do Tempo de Serviço – mesmo constando do texto a previsão de sua regulamentação, há entendimento de que a aplicação seria imediata, uma vez que já existe lei sobre o assunto.

A Constituição da República de 1988 já garante parte dos direitos ao trabalhador doméstico como é o caso do salário mínimo, décimo – terceiro salário, repouso semanal remunerado, férias, licença-maternidade e licença paternidade, aviso-prévio e aposentadoria.

Eis o rol de direitos com aplicação imediata:

- Garantia de salário, nunca inferior ao mínimo;
- Proteção do salário na forma da lei, constituindo crime sua retenção;
- Jornada de trabalho de até oito horas diárias e 44 semanais;
- Hora extra de, no mínimo, 50% acima da hora normal;
- Redução dos riscos inerentes ao trabalho, por meio de normas de saúde, higiene e segurança;
- Reconhecimento dos acordos coletivos de trabalho;
- Proibição de diferença de salários, de exercício de funções e de critério de admissão por motivo de sexo, idade, cor ou estado civil;
- Proibição de qualquer discriminação do trabalhador deficiente;
- Proibição de trabalho noturno, perigoso ou insalubre a menores de 18 anos e de qualquer trabalho e a menores de 16 anos, exceto aprendizes (14 anos).

Veja o rol de direitos que dependem de regulamentação:

- Proteção contra demissão arbitrária ou sem justa causa;
- Seguro-desemprego;
- FGTS (Fundo de Garantia do Tempo de Serviço);
- Adicional por trabalho noturno;
- Salário-família;
- Assistência gratuita a dependentes desde o nascimento até cinco anos em creches e pré-escolas;
- Seguro contra acidentes de trabalho, a cargo do empregador, sem excluir a indenização a que este está obrigado, quando incorrer em dolo ou culpa – varia entre 1% e 3% do valor do salário de acordo com o risco. Ainda precisa ser regulamentado pelo governo. Quanto à indenização, na prática, já era devida.

O relator da proposta da PEC das domésticas, senador Romero Jucá solicitou, dia 17.04.2013, a colaboração das equipes do Tribunal Superior do Trabalho – TST, e do Ministério Público do Trabalho para a elaboração de um projeto de regulamentação que deverá ser analisado pelo Congresso Nacional até maio deste ano.

Alguns esclarecimentos decorrentes da vigência da PEC foram prestados pelo Desembargador Fernando Gonçalves Rios Neto[6], que participou da Comissão Especial da Igualdade de Direitos que tratou da PEC n. 66/12 no Congresso Nacional, no site do TRT da 3ª Região, que resumidamente, serão transcritos abaixo.

Dentre estes novos direitos encontram-se a jornada máxima de 8 horas, limite de 44 horas semanais de trabalho e o intervalo de, no mínimo, 11 horas entre uma jornada e outra; pagamento de horas extras, com adicional de no mínimo de 50% do salário hora normal; adicional noturno de 20% sobre o trabalho prestado entre 22 horas de um dia e às 5 horas do dia seguinte.

O contrato de trabalho poderá ser tácito ou expresso, não existindo a obrigação de que tenha a forma escrita. Para quem já trabalhava antes de 03 de abril de 2013, já havia um contrato em curso entre o empregador e o empregado doméstico, portanto, seria incoerente fazer um contrato escrito após esta data, pois o contrato já existia. Há sim, a necessidade de um acordo tratando dos pontos específicos relacionados às novidades que a Emenda Constitucional trouxe. Como exemplo, podemos citar a jornada de trabalho a ser cumprida, podendo estabelecer ajuste de horas semanais a serem compensadas.

O fato de o empregado dormir na residência onde trabalha não configura, a princípio, sobrejornada de trabalho a conferir o direito a percepção de horas extras, conforme explicação do Desembargador do TRT da 3ª Região. Somente se houver exigência de trabalho após a jornada de trabalho será devido o pagamento de horas extras. Isto não acontecendo, indevidas serão as horas extras. A jornada compreende o tempo à disposição do empregador ou aguardando ordens do mesmo. Portanto, o tempo de trabalho na residência tem de ser definido como sendo aquele tempo que o empregado fica exclusivamente à disposição do empregador. No tempo restante o empregado terá a liberdade de fazer o que quiser. Poderá caracterizar horas de sobreaviso ou prontidão, ampliando por analogia o art. 244, §§ 2º e 3º da CLT com o pagamento do sobretempo às razões de 1/3 ou de 2/3 do salário-hora normal, respectivamente, quando houver o hábito ou a possibilidade de requisitar do empregado, a todo instante ou a qualquer momento, tarefas ao empregado, fora da jornada normal de trabalho.

A Emenda Constitucional em questão determinou o regime de duração de trabalho, igualando-o com os demais empregados sob a égide da Consolidação das Leis do Trabalho – CLT. Assim, o quadro de horário não se apresenta adequado às residências uma vez que trata-se de documento específico das empresas com a finalidade de verificação e fiscalização. A solução para o caso seria documento escrito, constando a aceitação do empregado, que deverá assinar o documento como prova de sua concordância, delimitando os horários a serem cumpridos na semana, dispondo ainda sobre a compensação semanal, quando for o caso, e assinalando, previamente, o intervalo.

O cuidador de idoso, mesmo sendo enfermeiro ou fisioterapeuta, prestando serviços no âmbito residencial, em atividade não lucrativa, deve ter sua carteira assinada como empregado doméstico, pois o que caracteriza essa categoria não é a função exercida e nem o grau de escolaridade ou de profissionalização. O empregado doméstico é todo o profissional que presta serviços para a pessoa ou família, na residência e em atividade não lucrativa, com remuneração e de forma contínua.

Viajando com a família, a babá ou a empregada, terá direito a horas extras, em tese, se a jornada normal de trabalho for extrapolada. O exame deverá ser feito analisando-se cada caso, admitindo-se o entendimento de que a empregada está à disposição do empregador durante o período de viagem. Existe, ainda, a possibilidade de a empregada trabalhar somente o tempo normal de duração da jornada, permanecendo de prontidão o restante das horas, caso em que seria aplicado o disposto no art. 244, § 3º da CLT, por analogia, sendo devido o pagamento de 2/3 do salário-hora normal.

Ao que parece, segundo veiculado na imprensa, não haverá necessidade de convenção coletiva de trabalho para o *banco de horas* de empregados domésticos. O "banco de horas" consiste em uma forma de compensação de horas de trabalho com reduções correspondentes ou folgas, dentro de um determinado espaço de tempo que pode ser mensal ou até anual, mas dependente de autorização prevista em norma coletiva, que, ao que tudo indica, será dispensada no caso dos domésticos. Somente poderá ser utilizada a compensação dentro da semana, com a exigência de um acordo individual escrito – acordo direto e expresso entre as partes.

Quanto ao intervalo para almoço, no horário ajustado pelas partes para fruição do intervalo intra-

(6) Disponível em: http://as1.trt3.jus.br/noticias/no_noticias.Exibe_Noticia?p_cod_noticia=8534&p_cod_area_noticia=ACS, acessado em 11/04/2013.

jornada, destinado ao almoço e descanso, pré-assinalado, não há a obrigatoriedade do respectivo registro diário ou anotação no livro de ponto, prevalecendo, no caso, o bom senso, a razoabilidade, tendo em vista a natureza da prestação de serviços. O importante é que a empregada efetivamente usufrua deste intervalo, de acordo com o previsto em lei. A jornada com duração inferior a quatro horas não gera a obrigatoriedade de intervalo; ultrapassando estas quatro horas até atingir seis horas, o intervalo obrigatório será de 15 (quinze) minutos. Jornada superior a seis horas (sete ou mais horas), o intervalo mínimo obrigatório será acrescido de uma hora de duração, conforme disposto no art. 71 da CLT.

As horas extras devem ser limitadas a duas por dia, conforme disposto no art. 59 da CLT, exceto em caso de necessidade imperiosa ou na ocorrência de força maior, aplicando-se o art. 61 da CLT.

Em caso de viagem da família, ficando sozinha a empregada doméstica, não há como controlar a jornada de trabalho, dificultando a certeza quanto a ocorrência de horas extras. Deverá prevalecer o entendimento de que a jornada cumprida foi a normal, exceto se ficar comprovada alguma incumbência destinada a ser realizada fora da jornada normal. Isto acontecendo, as horas extras a serem pagas deverão ser feitas por estimativa.

A doméstica já tinha direito a licença-maternidade, de 120 dias, conforme consta do art. 7º, item XVIII, da Constituição da República de 1988, portanto nada mudou com relação a este tema.

As despesas com alimentação, transporte e produtos de higiene, por regra não podem ser descontados do salário da empregada (o). Determina o parágrafo único do art. 4º da Lei n. 7.418/1985, do vale-transporte, que é aplicável ao doméstico e o empregador(a) pode descontar o percentual de 6% do salário básico do empregado, suportando apenas o excedente disso. A alimentação não pode ser descontada, mas também não configura salário *in natura*, pois entende-se que é fornecida para o trabalho. Os produtos de higiene pessoal fornecidos são considerados como parcela de salário *in natura*, a menos que seja demonstrada a absoluta necessidade para o trabalho, o que é de difícil aceitabilidade.

Menores com idade entre 16 e 18 anos podem ser contratados como empregados domésticos, exceto em trabalho noturno, perigoso ou insalubre. Diante da inexistência de classificação de trabalho doméstico insalubre ou perigoso, segundo Fernando Gonçalves Rios Neto, deve ser evitada a contratação de menores na função de cozinheiro, por lidar com fogo, proveniente de combustível inflamável ou eletricidade e pela utilização de instrumentos cortantes, como por exemplo, facas.

O auxílio-creche para empregados domésticos ainda depende de regulamentação legal.

Também o salário-família para os domésticos necessita de regulamentação legal. Sendo um benefício de natureza previdenciária, de obrigação direta do empregador que atualmente recolhe apenas a contribuição normal na GPS.

Necessita, ainda, de regulamentação legal a proteção acidentária do empregado doméstico, inclusive o seguro contra acidente de trabalho, conforme disposto na Emenda Constitucional.

Em caso de dispensa do empregado doméstico a indenização não sofreu alteração. Exigível o aviso-prévio proporcional ao tempo de serviço, com relação ao FGTS e a multa de 40 % sobre seu saldo, ainda depende de regulamentação legal, nos temos da Emenda Constitucional. O empregado doméstico já possuidor de conta-vinculada de FGTS com recolhimentos mensais feitos pelo empregador, por ocasião do acerto rescisório, em caso de dispensa sem justa causa terá direito à multa rescisória, a ser fixada em regulamentação específica.

O FGTS para o empregado doméstico já existia, de forma opcional, e ainda permanece a alíquota de 8% sobre a remuneração mensal, para recolhimento, pelo empregado (a). A imprensa já cogita que, com a regulamentação legal do FGTS obrigatório, surja uma alíquota diferenciada.

O recolhimento do INSS permanece inalterado, por enquanto, feito por meio de GPS e com alíquota de 20% – 12% de contribuição do empregador e 8% de contribuição do empregado, – que deverá ser descontado no pagamento do salário. O empregador que nunca descontou a parcela devida pelo empregador não poderá fazê-lo a partir de agora, enquanto vigorar o atual sistema de recolhimento, por representar alteração contratual lesiva ao empregado, conforme disposto no art. 468 da CLT.

As contribuições previdenciárias podem ser deduzidas em parte na declaração individual do empregador (a) do imposto de renda, mas apenas por um empregado doméstico como incentivo. Não há encargo para o empregador (a) doméstico quanto ao imposto de renda, há apenas o incentivo mencionado.

Com a Emenda Constitucional e a igualdade por ela estabelecida, os empregados domésticos passam a ter os mesmos direitos, deveres e obrigações dos demais empregados urbanos e rurais, decorrentes da CLT.

Os novos direitos abrangem todos os contratos de trabalho de domésticos em curso, devendo os respectivos ajustes se adequar às novas regras e exigências. Somente os atos já praticados anteriormente não serão alcançados pelas novas regras, assim como os contratos que se findaram antes da entrada em vigor da emenda constitucional, uma vez que a regra da irretroatividade das normas – art. 5º item XXXVI da Constituição da República – não o permite. Com relação aos contratos em curso, esta regra só é aplicada sobre os atos praticados anteriormente, pois em se tratando de contrato de execução continuada e de trato sucessivo, não se pode falar em direito adquirido ou de ato jurídico perfeito em razão da lei nova para os atos vindouros. Os acertos e pagamentos mensais anteriores, assim como as condições de trabalho estabelecidas são considerados atos jurídicos perfeitos, o mesmo não acontecendo com os novos, porque as obrigações e condições contratuais renovam-se mensalmente – trato sucessivo a condição continuada de natureza sinalagmática, que é a relação de obrigação estabelecida entre duas partes, de comum acordo.

Para que ocorra relação de emprego doméstico é necessário que a relação de emprego se enquadre no art. 1º da Lei n. 5.859/1972. Exige o dispositivo legal que o trabalho seja prestado continuamente para que caracterize trabalho doméstico, além dos demais pressupostos ou características contidas na Lei, já mencionados anteriormente. O *diarista* presta serviços no âmbito residencial, mas como autônomo. São exemplo de diaristas: a faxineira que presta serviços uma vez por semana; a passadeira; o jardineiro, e outros trabalhadores domésticos. Não existe dispositivo legal especificando o número mínimo de dias que uma pessoa física deva trabalhar para a tipificação da *continuidade da prestação de serviços*. A jurisprudência tende a considerar que o trabalho prestado para a mesma pessoa ou família por mais de dois dias na semana, o trabalho deve ser considerado como de natureza contínua.

O seguro desemprego, em caso de desemprego involuntário é pago com recursos do FAT, sendo devido aos inscritos, no FGTS e não gera ônus ao empregador.

Tramita pela Câmara um projeto, PL 5.359/2013[7], apresentado em 10.04.2013, pelo líder do PSDB, Carlos Sampaio, PSDB/SP, e Eduardo Barbosa do PSDB/MG, para implementação dos direitos assegurados pela Emenda Constitucional 72. Propõem acrescentar um parágrafo único ao art. 30 da Lei n. 9.394 de 20 de dezembro de 1996, que estabelece as diretrizes e bases da educação nacional, assegurando a matrícula em creches dos filhos e dependentes dos empregados domésticos e empregados cuidadores de pessoa idosa ou com deficiência, em cada Município brasileiro.

> Art. 30...
>
> ....
>
> Parágrafo único: Deverá ser assegurada a matrícula em creches para atendimento aos filhos e dependentes dos empregados domésticos e cuidadores de pessoa idosa, doente ou com deficiência, em cada Município brasileiro.

A Constituição da República em seu inciso XXV, art. 7º, assegura o direito da assistência gratuita aos filhos e dependentes desde o nascimento até 5 (cinco) anos de idade em creches e pré-escolas, conforme redação dada pela Emenda Constitucional n. 53 de 2006.

A figura do empregador é distinta, apesar da Emenda Constitucional 72, de 2013 assegurar a categoria dos trabalhadores domésticos os mesmos direitos dos trabalhadores urbanos e rurais. Sendo o empregador uma empresa, aplica-se o art. 389, § 1º da Consolidação das Leis do Trabalho – CLT, que poderá oferecer o atendimento em creche ou adotar o sistema do Reembolso-Creche. A relação empresa/funcionário visa também o lucro. O mesmo não ocorre com relação ao empregador doméstico/empregado, que visa somente o bem estar da família, conforme justificação trazida na PL. n. 5.359/2013.

Informa ainda a PL que, segundo o estudo "sobre trabalho decente" em 2009, havia 6,93 milhões de empregados domésticos, sendo que 19,2% era ocupado por mulheres. Isto significa que uma entre 5 mulheres eram trabalhadoras domésticas, entre 16 a 64 anos de idade, segundo levantamento da OIT. Segundo a Organização Internacional do Trabalho, esta categoria é composta, em sua ampla maioria, por mulheres – 93% do total – e negras – 62%.

Tramita a PL, de n. 5.380[8], apresentada, também, por Carlos Sampaio em 11.04.2013, que pre-

(7) Disponível em <http://www.camara.gov.br/proposicoesWeb/fichadetramitacao?idProposicao=571546>, acessada em 21.04.2013.

(8) Disponível em <http://www.camara.gov.br/proposicoesWeb/fichadetramitacao?idProposicao=571825>, acessada em 21.04.2013.

tende estabelecer regras para compensação de horas suplementares – banco de horas – ao empregado doméstico, mediante acordo bilateral escrito entre empregado e empregador doméstico.

PL n. 5.322/2013[9], de autoria de Carlos Sampaio, apresentada em 4/04/2013. Neste projeto de regulamentação da Emenda Constitucional das domésticas pretende a criação do microempregador doméstico e um regime especial para pagamento dos encargos trabalhistas, INSS e FGTS. Cria ainda a possibilidade de contrato temporário nos casos de licença-maternidade da empregada ou por afastamento decorrente de acidente de trabalho. Por este projeto a licença maternidade passará de quatro para seis meses. Iguala o cuidador de pessoa idosa, doente ou com deficiência, que é profissão não regulamentada, ao empregado doméstico. Segundo Sampaio, o projeto trata do aspecto tributário, não abordando outros itens. A preocupação com o aspecto tributário é para evitar a demissão do empregado doméstico pelo empregador, por receio de pagar os encargos com a vigência da emenda constitucional. Pela proposta, o recolhimento do INSS é reduzido dos atuais 20% para 8% – 5% devidos pelo empregador e 3% a serem pagos pelo empregado. A alíquota do FGTS é reduzida de 8% para 4%, segundo o projeto apresentado.

Tramitam os seguintes projetos que pretendem a desoneração do empregador doméstico:

PL n. 6.465/2009[10] – Autor: Rodolpho Tourinho do PFL/BA, apresentada em 20.11.2009 – Pretende a eliminação da multa de 40% sobre o saldo do FGTS.

PL n. 2.738/2011[11] – Autor: Vanessa Grazziotin PCdo B/ AM, apresentada em 18.11.2011. Propõe a redução de 20% para 10% da alíquota da contribuição previdenciária a ser paga pelos patrões (5%) e trabalhadores domésticos (5%).

PLs n. 7.082/2010[12] e 6.030/2009[13]– A PL 6.030/2009 é de autoria da Comissão de Legislação Participativa, apresentada em 10.09.2009 e a PL 7.082/2010 – Senado Federal – tem como autora Serys Slhessarenko do PT/MT, apresentada em 07.04.2010. Pretendem a redução de 20% para 12% da alíquota de contribuição previdenciária a ser paga pelos empregadores – (6%) – e trabalhadores domésticos – (6%).

PL n. 6.707/2009 [14] – Autor: Garibaldi Alves Filho PMDB/RN, apresentada em 22.11.2009. Anistia o empregador das dívidas junto ao INSS referentes ao seu empregado doméstico. Altera a Lei n. 8.213/1991.

PL n. 2.388/2011[15]- Senado Federal – Autor: Paulo Paim PT/RS, apresentada em 22.09.2011 – Simplifica o pagamento do FGTS pelo empregador ao seu empregado doméstico.

PL n. 7.279/2010[16] – Senado Federal – Autor: Serys Slhessarenko PT/MT, apresentada em 10.05.2010. Regulamenta a profissão de diarista como aquela que trabalha até duas vezes por semana.

A PEC das domésticas deve ser considerada como um importante passo para a dignidade do trabalho humano, e um significativo avanço para toda a sociedade. Não há como o Estado brasileiro, do ponto de vista moral, tratar um contingente tão grande de trabalhadores de maneira diferenciada dos demais. As ameaças de dispensa sempre surgem como surgiram quando se tratou de ampliação de direitos, assim como assistimos agora com a PEC dos domésticos. Isto já ocorreu quando da elaboração da Lei em 1972. Em 1988, quando das conquistas de direitos, na Constituição da República aconteceu a mesma ameaça e a o número de domésticos aumentou, quase dobrando. Situação semelhante ocorreu com a ampliação dos direitos da mulher pelo art. 7º, da Constituição de 1988.

4. CONCLUSÃO

Gallart Folch, em sua obra *Derecho Español del Trabajo*, afirma que o Direito do Trabalho procura compensar com superioridade jurídica a inferioridade econômica do trabalhador. Um dos autores da Constituição de Weimar, de 1919, Gustavo Radbruch dizia que o "o Direito do Trabalho difere do Direito comum por tratar de seres desiguais". É

(9) Disponível em <http://www.camara.gov.br/proposicoesWeb/fichadetramitacao?idProposicao=570495>, acesso em 21.04.2013.

(10) Disponível em <http://www.camara.gov.br/proposicoesWeb/fichadetramitacao?idProposicao=460882>, acesso em 21.04.2013.

(11) Disponível em <http://www.camara.gov.br/proposicoesWeb/fichadetramitacao?idProposicao=527779>, acesso em 21.04.2013.

(12) Disponível em <http://www.camara.gov.br/proposicoesWeb/fichadetramitacao?idProposicao=472406>, acesso em 21.04.2013.

(13) Disponível em <http://www.camara.gov.br/proposicoesWeb/fichadetramitacao?idProposicao=449445>, acesso em 21.04.2013.

(14) Disponível em <http://www.camara.gov.br/proposicoesWeb/fichadetramitacao?idProposicao=465295>, acesso em 21.04.2013.

(15) Disponível em <http://www.camara.gov.br/proposicoesWeb/fichadetramitacao?idProposicao=520967>, acesso em 21.04.2013,

(16) Disponível em <http://www.camara.gov.br/proposicoesWeb/fichadetramitacao?idProposicao=476055>, acesso em 21.04.2013.

sua a frase: "Da propriedade das coisas passa-se à propriedade das pessoas".

Segundo Evaristo de Moraes Filho: "O Direito do Trabalho privilegia aqueles que não detém os meios de produção, pois os homens compõem-se de carne e osso, são portadores de culturas diferentes e são também diferentes em suas posses"(17).

Assim, dúvida não há de que a PEC n. 66 de 2012, ao disciplinar o contrato de trabalho dos empregados domésticos, resgata direitos adormecidos, por décadas e décadas, de uma categoria profissional, que muito contribuiu e contribui para o desenvolvimento sócio-econômico-cultural de nosso país.

A PEC veio com atraso, e esperamos que esses direitos adquiram plena efetivação, isto é, absoluta e integral concretude, pois se inserem no rol dos direitos fundamentais da pessoa humana.

(17) MOREL Regina Lúcia de Moraes, GOMES, Ângela Maria de Castro; PESSANHA, Elina Gonçalves da Fonte. *Sem Medo da Utopia:* Evaristo de Moraes Filho: Arquiteto da Sociologia e do Direito do Trabalho no Brasil.São Paulo: LTr, 2007. p. 90.

BIBLIOGRAFIA

CARDOSO, Irede A. *As mulheres & Trabalho:* as discriminações e as barreiras no mercado de trabalho. São Paulo: Cortez Editora, 1980.

CHALHOUB, Sidney. *Trabalho, lar e botequim:* o cotidiano dos trabalhadores no Rio de Janeiro da *belle époque*. São Paulo: editor UNICAMP, 2008.

MORAES FILHO. Evaristo. Introdução ao Direito do Trabalho, 9. ed. São Paulo: LTr, 2003.

DE LITALA *apud* MORAES FILHO, Evaristo de. *Introdução ao Direito do Trabalho*. 9. ed. São Paulo: LTr, 2003

MORAES FILHO, Evaristo. Conceito de trabalho doméstico. In: Rev. Trab., Rio de Janeiro. p. 225, maio/junho, 1952

MOREL, Regina Lúcia de Moraes, GOMES, Ângela Maria de Castro; PESSANHA, Elina Gonçalves da Fonte. *Sem Medo da Utopia:* Evaristo de Moraes Filho: Arquiteto da Sociologia e do Direito do Trabalho no Brasil.São Paulo: LTr, 2007

RIOS NETO, Fernando Gonçalves. Disponível em: http://as1.trt3.jus.br/noticias/no_noticias.Exibe_Noticia?p_cod_noticia=8534&p_cod_area_noticia=ACS, acessado em 11/04/2013

Capítulo 20

A ampliação da Proteção Jurídica dos Empregados Domésticos

Jorge Cavalcanti Boucinhas Filho(*)
Rúbia Zanotelli de Alvarenga(**)

1. CONSIDERAÇÕES INICIAIS

A recém-publicada Emenda Constitucional n. 72 de 2 de abril de 2013 dispõe de um único artigo que se limita a alterar o parágrafo único do art. 7º da Constituição brasileira. A sua repercussão econômica e social, está sendo, contudo, gigantesca. Ela representou, ao fim e ao cabo, o mais importante passo, dado até aqui, em direção ao fim de uma das mais injustificáveis discriminações positivadas em textos legais do ordenamento jurídico brasileiro, a desigualdade de tratamento entre os empregados domésticos e as demais formas de empregados urbanos. Um resquício cultural que guardamos desde a época colonial em que os senhores de engenho e suas sinhás mantinham *mucamas* para cuidar dos afazeres domésticos das "Casas Grandes".

Nada, além do apego a essa malfadada tradição histórica, justificava o fato de os empregados domésticos não disporem, no Brasil, dos mesmos direitos assegurados aos demais trabalhadores urbanos. Esse costume poderia ter sido facilmente abandonado em 1943. Era preciso apenas o legislador ter excluído do texto da Consolidação das Leis do Trabalho a regra do art. 7º, "a"[(1)] ou, melhor ainda, ter estatuído expressamente que todas as regras ali dispostas seriam sim aplicáveis às domésticas. Optou, no entanto, por respeitar a tradição. As casas e apartamentos brasileiros continuaram a ser construídas e vendidas com "dependência de empregada"...

(*) Mestre e doutor em Direito do Trabalho pela Universidade de São Paulo. Pós-doutor pela Universidade de Nantes, França. Professor de direito nos cursos de graduação da Universidade São Judas Tadeu e da Escola de Administração de Empresas da Fundação Getúlio Vargas – EAESP/FGV. Professor e coordenador de cursos de especialização em Direito e Processo do Trabalho da Escola Superior de Advocacia de São Paulo, onde também exerce a função de membro do Conselho Curador para o triênio 2013-2015. Professor dos cursos de especialização da Escola Paulista de Direito-EPD, curso FMB, Núcleo Trabalhista Calvet e GVLaw/FGV. Professor convidado na Universidade de Nantes, França (2013).

(**) Mestre e Doutora em Direito do Trabalho pela PUC Minas. Professora de Direito e Processo do Trabalho da Faculdade Casa do Estudante em Aracruz, ES. Professora de Direito do Trabalho e Previdenciário de cursos de Pós-Graduação em Vitória, ES. Membro Pesquisadora do Instituto Brasileiro de Direito Social Cesarino Júnior. Advogada.

(1) Na sua redação originária o discriminatório dispositivo dispunha que: "Art. 7º – Os preceitos constantes da presente Consolidação, salvo quando for, em cada caso, expressamente determinado em contrário, não se aplicam: a) aos empregados domésticos, assim considerados, de um modo geral, os que prestam serviços de natureza não-econômica à pessoa ou à família, no âmbito residencial destas;" Em 1945 ele teve sua redação discretamente alterada pelo Decreto-lei n. 8.079 e passou a dispor assim: "Art. 7º Os preceitos constantes da presente Consolidação salvo quando fôr em cada caso, expressamente determinado em contrário, não se aplicam : a) aos empregados domésticos, assim considerados, de um modo geral, os que prestam serviços de natureza não-econômica à pessoa ou à família, no âmbito residencial destas".

Anos mais tarde seria preciso apenas que os representantes do povo brasileiro optassem por assegurar aos domésticos os mesmos direitos do urbano ao invés de elaborar um estatuto do trabalhador doméstico, como o de 1973[(2)], marcado pelo viés discriminatório, para que uma grande revolução cultural fosse verificada. Preferiu-se novamente manter o apego aos resquícios de colonialismo.

Novamente em 1988 perdeu-se outra valorosa oportunidade de encerrar essa injustificável desigualdade de tratamento. Bastava que o art. 7º, parágrafo único tivesse igualado de uma vez por todas os direitos dos trabalhadores domésticos aos dos trabalhadores urbanos ao invés de elaborar um rol taxativo de direitos trabalhistas assegurados aqueles. Optou-se, mais uma vez, pelo apego a um passado escravagista que deveria ser esquecido.

A edição, em dez de fevereiro do ano 2000, de um Decreto regulamentando dispositivos da Lei n. 5.859 e a discreta alteração desta lei pela de número n. 10.208, de 23.03.2001, para facultar o acesso do empregado doméstico ao Fundo de Garantia do Tempo de Serviço – FGTS e ao Programa de Seguro-Desemprego, foram formas de hipocritamente manter a situação como estava. Poucos empregadores domésticos efetivamente optaram por contribuir para o Fundo de Garantia do Tempo de Serviço de suas domésticas, requisito indispensável para que a elas fosse assegurado o seguro-desemprego.

Outra oportunidade de encerrar por vez a discriminação entre domésticos e outros tipos de trabalhadores foi perdida em 2006. A Lei n. 11.324 de 19.07.2006 implementou modificações no regime de férias dos trabalhadores domésticos, vedou descontos salariais do empregado doméstico pelo fornecimento de alimentação, vestuário, higiene ou moradia e a dispensa da doméstica gestante desde a confirmação da gravidez até 5 (cinco) meses após o parto. As mudanças novamente ficaram muito aquém do necessário para acabar com a discriminação legalizada ora criticada.

Esse breve escorço histórico nos ajuda a perceber que o fato de o projeto de Emenda haver sido aprovado em curto espaço de tempo não significa que o tenha sido de forma prematura. Muito pelo contrário. A evolução cultural que será impulsionada pelas novas regras demorou injustificadamente para acontecer. Possivelmente porque a elite brasileira, composta em sua esmagadora maioria por empregadores domésticos, recusava-se a reconhecer a necessidade de se conferir aos seus empregados os mesmos direitos assegurados a todos os demais.

Quando finalmente a Emenda Constitucional n. 72 ampliou substancialmente os direitos trabalhistas dos domésticos não foram poucos os que a criticaram. O principal motivo de críticas foi, inquestionavelmente, o encarecimento que o singelo texto legal de não mais do que algumas palavras causará no trabalho doméstico. Houve quem enfatizasse que além de gerar encarecimento suas medidas tornaram a relação de trabalho mais burocrática e conflituosa[(3)]. E quem enfatizasse que essa estrutura de relação de emprego era fruto de um costume e tradição que ao invés de discriminar os domésticos, os favorecia, destacando que o processo de desmonte das instituições que foram criadas ao longo dos anos no tocante ao trabalho doméstico, se inadequadamente acelerado, poderá resultar em aumento massivo de desemprego, prejudicando milhões de trabalhadores que hoje são empregados nessas atividades[(4)].

(2) Trata-se da Lei n. 5.859/72. É importante fazer referência também ao Decreto n. 71.885/73, que o regulamentou.

(3) "A nova lei, além de encarecer os serviços (que já estão caros), vai mudar o relacionamento entre empregada e empregador, que, de confiável e amistoso, passará a burocrático e conflituoso" (PASTORE, José. Domésticas – o que faltou dizer. *O Estado de S. Paulo*, terça-feira, 9 de abril de 2013. p. B2).

(4) "No tocante ao trabalho doméstico, os costumes e instituições brasileiros ao invés de serem discriminatórios contra os trabalhadores domésticos, são, pelo contrário, discriminatórios a seu favor. As alterações recentes podem acabar produzindo mais perdas do que ganhos para todos.
Apenas para exemplificar o risco que se corre no caso de uma regulamentação uniformizante e pasteurizada para todos os trabalhadores, inclusive os domésticos, cumpre lembrar o mal causado pelo Estatuto da Terra em 1964 no tocante aos trabalhadores rurais. O sistema de colonato, instituição secular brasileira, permitia aos trabalhadores nas fazendas fazer o cultivo intercalar nos cafezais. Ao mesmo tempo em que colhiam bons frutos de seu trabalho em benefício próprio, ainda ajudavam a manter limpas as lavouras cafeeiras, aumentando a produtividade e a rentabilidade da cultura do café no Brasil, que se tornou rapidamente o maior produtor e exportador mundial do produto. Além disso, os fazendeiros forneciam casas nas colônias para os trabalhadores, que ainda complementavam seus rendimentos com atividades de sobrevivência, como o cultivo próprio de hortas, pomares, criação de animais para auto-consumo etc.
Toda essa estrutura social e organizacional foi subitamente desmontada pelo Estatuto da Terra, que incorporou todos esses rendimentos paralelos ao salário contratual dos trabalhadores. Isso gerou conflitos e enormes passivos trabalhistas para os fazendeiros. O resultado foi um só: êxodo para as cidades, o abandono de milhões de residências rurais, o afluxo de enormes massas populacionais para as favelas nas periferias das grandes cidades, e um gigantesco déficit habitacional popular, cujo preço ainda hoje onera os

As críticas, contudo, não são pertinentes. O custo que será gerado para os empregadores domésticos pelas novas regras está contido no preço natural a ser pago para que se viva numa República que tem como um de seus fundamentos a dignidade da pessoa humana. Se por um lado é verdade que o impacto econômico das políticas trabalhistas não deve ser ignorado no momento da implantação de novas regras trabalhistas e da instituição de novos direitos, sob pena de se criar a chamada "proteção que desprotege", pois gera desemprego, por outro ele não pode ser utilizado eternamente como óbice para a implementação de direitos humanos e correção de injustiças históricas. Admitir esse tipo de justificativa resulta em adiar indefinidamente modificações urgentes e indispensáveis. Se essa ideia tivesse restado vitoriosa em outros momentos da historia, o Brasil não teria jamais abolido a escravidão legalizada. Afinal, como bem observou Lênio Luiz Streck, nos momentos que antecederam a abolição da escravatura, dizia-se "que 'a-economia-do-país-iria-à-bancarrota', que a produção seria sacrificada e que o 'sagrado' direito à propriedade seria desrespeitado"(5),

O aumento da burocracia e a tradição e os costumes tampouco são argumentos razoáveis para se adiar ainda mais a homogeneização dos direitos dos trabalhadores urbanos. O pequeno sacrifício adicional que formalidades como o controle de jornada para os empregadores domésticos gerarão não são nada comparados à evolução que as novas regras trarão para a sociedade brasileira. O apego à tradição e aos costumes só é válido quando forem adequados e dignos de eternização. Do contrário ele sempre nos manterá estacionado no mesmo estágio da evolução.

2. *CONCEITO DE EMPREGADO DOMÉSTICO*

Empregado doméstico, nos termos do art. 1º da Lei n. 5.859/1972, é a pessoa física que presta serviços de natureza contínua e de finalidade não lucrativa à pessoa ou à família no âmbito residencial das mesmas. Os marcos distintivos entre essa e outras formas de emprego urbano são, nos termos da legislação vigente, o fato de a atividade desenvolvida pelo empregado doméstico não resultar em lucro para o empregador, de ser realizada "no âmbito residencial" e com continuidade e não mera eventualidade.

A doutrina, entretanto, consagrou, de forma bastante acertada, que deverá ser considerado trabalho doméstico aquele prestado "para o âmbito residencial", ainda que desempenhado parcialmente ou totalmente fora da casa do patrão, como sói ocorrer com os motoristas. Para Vólia Bonfim Cassar há um equívoco na redação contida no artigo 1º da Lei supracitada, quando este se refere ao trabalho executado "no" âmbito residencial do empregador doméstico. Em sua opinião seria mais apropriada a expressão "para" o âmbito residencial, pois há domésticos que executam serviços para a família ou para o âmbito residencial ou para o consumo da pessoa física, e não o faz para terceiros(6). Até porque "para ser doméstico, basta trabalhar para empregador doméstico, independentemente da atividade que o empregado doméstico exerça, isto é, tanto faz se o trabalho é intelectual, manual ou especializado"(7).

Assim, a função do doméstico pode ser a de acompanhante ou de cuidador(a) de idosos, enfermeiro(a) residencial, faxineiro(a), cozinheiro(a), jardineiro(a), professor(a) particular, motorista particular, segurança particular, babá, governanta, lavadeira, porteiro de casa, vigia, dentre outras. O caseiro também poderá ser considerado empregado doméstico, desde que o local onde a função laborativa é desenvolvida não explore atividade econômica.

Outra distinção feita pelo estatuto do trabalhador doméstico diz respeito à opção pelo epíteto *"continuidade"* em detrimento de *"não eventualidade"*. Há quem sustente que seriam sinônimos. A posição que vem prevalecendo, contudo, é no sentido de que as duas expressões não apresentam o mesmo alcance(8). Exige-se mais rigor na caracterização do

brasileiros. É preciso muita cautela nesse processo de desmonte das instituições que foram criadas ao longo dos anos no tocante ao trabalho doméstico. Erros poderão resultar em aumento massivo de desemprego, prejudicando milhões de trabalhadores que hoje são empregados nessas atividades. Ademais, não há sinais de rejeição ou de desconforto nessas relações". CINTRA, Marcos. *Trabalho doméstico em debate*. Disponível em: <http://www.brasil247.com/pt/247/economia/97980>. Acesso em 12 de abril de 2013.

(5) STRECK, Lênio Luiz. *A PEC das Domésticas e a saudade dos "bons tempos"*. Consultor jurídico 11 de abril de 2013. Disponível em <http://www.conjur.com.br/2013-abr-11/senso-incomum-pec-domesticas-saudade-bons-tempos>. Acesso em 12 de abril de 2013.

(6) *Ibid.*, p 347. Imperioso observar, ainda, que o doméstico pode executar seus serviços tanto na unidade familiar principal do patrão, como em residências mais distantes, como a casa de praia ou de campo, tendo em vista que o deslocamento para fora da residência principal, no exercício das funções domésticas, não descaracteriza a relação. Tem-se, como exemplo, o motorista particular em viagens.

(7) CASSAR, Vólia Bomfim. *Direito do trabalho*. 7. ed. Rio de Janeiro: Forense, 2013. p. 336.

(8) GARCIA, Gustavo Filipe Barbosa. *Curso de direito do trabalho*. 7. ed. Rio de Janeiro: Forense, 2013. p. 235.

elemento continuidade do que na caracterização do elemento não eventualidade. Um trabalho somente pode ser considerado *contínuo* quando inexistir uma interrupção, seja por qual razão for, no fluxo sequencial das atividades. Para que seja considerado *não eventual* é suficiente que ele não seja contratado para um evento específico, mas para uma sucessão de tarefas ou para uma atividade que se prolongue no tempo.

É por essa razão que o trabalho de um professor que leciona uma única disciplina, em um dia específico da semana, por exemplo, a segunda-feira, é considerado não eventual, mas seguramente não poderia ser considerado contínuo. É não eventual porque a contratação não foi para um único e específico e evento, mas para a sucessão de tarefas relacionadas com aquela disciplina como, por exemplo, a elaboração das aulas, a formulação e correção das avaliações, o lançamento das notas e das faltas, etc. Não é contínuo porque o longo lapso temporal entre uma aula e outra, usualmente preenchido pelo magistério em outras instituições, ou, quiçá, por outras atividades, quebra a sequência de tarefas para o mesmo empregador.

O trabalho da diarista que comparece duas vezes por semana ao trabalho, o dobro das vezes do professor citado no exemplo, até poderia ser considerado não eventual, dado que não é formalizado para um único evento, mas para o cuidado com as tarefas domésticas, uma atividade de trato sucessivo. Mas certamente não pode seria considerado contínuo. Os dias em que a doméstica não comparece ao trabalho, seja para prestar serviços a outrem, seja para repousar, quebram a continuidade de sua atividade.

Essa distinção no tocante ao rigor na verificação do elemento temporal da relação de emprego não restou alterada pela Emenda Constitucional n. 72 de 2013. Trata-se de uma distinção extraída do conceito legal de empregado doméstico e que, portanto, somente será alterado se a norma infraconstitucional que a consagrou for modificada. Reforma, aliás, que poderá representar uma alternativa interessante caso a catastrófica previsão de que o encarecimento do trabalho doméstico gerado pelas novas regras efetivamente provocou a cessação de grande número de contratos de emprego doméstico e o aumento na procura pelo serviço de diaristas. Isso porque se efetivamente a procura por diaristas aumentar, como vem sendo alardeado, ao ponto de causar impacto substancial nesse mercado de trabalho, será preciso aumentar o rigor na análise da existência de vínculo empregatício entre empregado doméstico e empregador doméstico. E a exigência de não eventualidade como elemento do contrato de trabalho ao invés de continuidade seguramente contribuirá para que se reduza o rigor hoje exigido para o reconhecimento do vínculo de emprego doméstico.

Em se tratando do elemento *"pessoalidade"*, Mauricio Godinho Delgado assevera que esta ganha destacada intensidade ao colocar a função doméstica no rol das que têm elevada fidúcia com respeito à figura do trabalhador. Enfatiza o autor que não se trata de uma fidúcia que envolva poderes de gestão ou de representação. Compreende uma fidúcia mais acentuada do que o padrão empregatício normal, em função da natureza dos serviços prestados, que são estritamente pessoais, e do local específico de sua prestação, que corresponde ao âmbito familiar doméstico[9].

Nesse mesmo sentido, ensina Edilton Meireles:

> [...] o trabalho doméstico, na maioria das vezes, constitui muito mais uma complexa relação humana do que uma simples relação jurídica. Por ser um serviço prestado no âmbito residencial, o doméstico acaba por gozar de uma íntima convivência com seu patrão e familiares; nesta relação, o elemento pessoalidade se ressalta na simpatia, confiança, na afinidade e, muitas vezes, na afetividade que se revela entre o prestador de serviço e os beneficiados deste[10].

Outro elemento essencial da relação empregatícia doméstica é a subordinação jurídica. Ensina Mauricio Godinho Delgado que esta deve ser vista sob um prisma objetivo, de forma a atuar sobre o modo de realização da prestação de serviços do empregado e não sobre a sua pessoa. Em razão disso, revela-se incorreta a visão subjetiva da subordinação, que faz com que a mesma recaia sobre a pessoa do trabalhador, colocando-o em estado de sujeição perante o empregador[11].

---

(9) DELGADO, Mauricio Godinho. *Curso de direito do trabalho*. 12. ed. São Paulo: LTr, 2013. p. 373.

(10) MEIRELES, Edilton. Tema de direito e processo do trabalho. Belo Horizonte: leditathi, 1997. p. 53.

(11) DELGADO, Mauricio Godinho. Curso de direito do trabalho. 9 ed. São Paulo: LTr, 2010. p. 303.

3. DIREITOS SOCIAIS TRABALHISTAS ASSEGURADOS AOS DOMÉSTICOS

Quanto aos direitos sociais trabalhistas dos domésticos, observa-se que o parágrafo único do art. 7º excluía vários dos 34 (trinta e quatro) direitos sociais trabalhistas previstos no rol constitucional do art. 7º da Carta Magna à categoria do trabalhador doméstico. O texto constitucional não lhes assegurava, por exemplo, os direitos sociais mínimos e essenciais que regem toda e qualquer relação empregatícia: limitação à jornada de oito horas diárias e 44 semanais, horas extras, FGTS, adicional noturno e o salário-família.

Antes da promulgação da Emenda Constitucional n. 72 de 2013, o trabalhador doméstico fazia jus somente aos seguintes direitos: a) salário mínimo, fixado em lei, nacionalmente unificado, capaz de atender as suas necessidades vitais básicas e às de sua família com moradia, alimentação, educação, saúde, lazer, vestuário, higiene, transporte e previdência social, com reajustes periódicos que lhe preservem o poder aquisitivo, sendo vedada sua vinculação para qualquer fim; b) irredutibilidade do salário, salvo o disposto em convenção ou acordo coletivo; c) décimo terceiro salário com base na remuneração integral ou no valor da aposentadoria; d) repouso semanal remunerado, preferencialmente aos domingos e o descanso remunerado em feriados; e) gozo de férias anuais remuneradas de 30 dias corridos com, pelo menos, um terço a mais do que o salário normal (defende-se aqui, a aplicação de todo o capítulo de férias da CLT, em face da determinação contida no art. 2º do Decreto n. 71.885/1973); f) licença à gestante, sem prejuízo do emprego e do salário, com duração de cento e vinte dias, em decorrência de nascimento de filho ou em virtude de obtenção de guarda judicial para fins de adoção de criança de até 8 (oito) anos de idade, bem como na ocorrência de aborto não criminoso, antes da 23ª semana de gestação, quando a licença será de duas semanas, conforme estabelece a IN n. 45/2010, do INSS; g) estabilidade provisória, que vai da confirmação da gravidez a até cinco meses após o parto; h) depósito facultativo de 8% do FGTS; i) três parcelas de seguro-desemprego no valor 1 (um) salário mínimo em caso de dispensa injusta; j) licença-paternidade de 5 (cinco) dias; k) aviso-prévio proporcional ao tempo de serviço, sendo no mínimo de trinta dias, nos termos da lei; l) vale-transporte decorrente das despesas de deslocamento residência-trabalho e vice-versa, nos moldes do art. 4º da Lei 7.418/1965; m) benefícios previdenciários de auxílio-reclusão, salário maternidade, pensão por morte, auxílio doença, aposentadoria por idade, por tempo de contribuição e por invalidez; n) integração à previdência social. Noutras palavras, dentre os 34 (trinta e quatro) direitos sociais trabalhistas previstos no art. 7º da CF/88, o trabalhador doméstico fazia, segundo o texto constitucional, jus somente a 14 (quatorze), embora a legislação infraconstitucional houvesse ampliado um pouco o rol dos direitos que lhe são assegurados.

Visando corrigir essa distorção tramitava no Congresso Nacional, desde 2012, a proposta de Emenda à Constituição n. 66 de 2012, a chamada "PEC das Domésticas", a qual atribuía tratamento isonômico entre os trabalhadores domésticos e os demais trabalhadores urbanos e rurais por meio da ampliação de direitos trabalhistas até então não previstos para aquela categoria.

O Deputado Federal do PMDB Carlos Gomes Bezerra, autor da PEC n. 66/2012, ao expor os motivos desta ampliação de direito aos domésticos, estatui:

> Sabemos que, seguramente, equalizar o tratamento jurídico entre os empregados domésticos e os demais trabalhadores elevará os encargos sociais e trabalhistas. Todavia, o sistema hoje em vigor, que permite a existência de trabalhadores de segunda categoria, é uma verdadeira nódoa na Constituição democrática de 1988 e deve ser extinto, pois não há justificativa ética para que possamos conviver por mais tempo com essa iniquidade(12).

E continua: "A limitação dos direitos dos empregados domésticos, permitida pelo já citado parágrafo único do art. 7º, é uma excrescência e deve ser extirpada"(13).

Em 26 de março de 2013, o Senado Federal aprovou, em segundo turno, a Proposta de Emenda Constitucional n. 66 de 2012, a qual equipara, conforme visto, os direitos trabalhistas dos trabalhadores domésticos aos dos trabalhadores urbanos e rurais. No dia 2 de abril de 2013, foi finalmente promulgada a Emenda Constitucional n. 72 que veio alterar a redação do parágrafo único do art. 7º da

---

(12) Disponível em:<http://www.senado.gov.br/atividade/materia/getPDF.asp?t=120984&tp=1>. Acesso em: 09 abr. 2013.

(13) Disponível em: <http://www.senado.gov.br/atividade/materia/getPDF.asp?t=120984&tp=1>. Acesso em: 09 abr. 2013.

Constituição Federal de 1988, ampliando o rol de direitos assegurados ao empregado doméstico.

A CLT ainda continua não sendo aplicada aos trabalhadores domésticos em decorrência da disposição contida na alínea "a" de seu art. 7º[(14)]. A ampliação de direitos sociais trabalhistas advindos da Emenda Constitucional n. 72 de 2013 aos empregados domésticos é a oriunda do parágrafo único do art. 7º da Carta Magna de 1988 e não da CLT. Apesar disso, nada impede que certos direitos sociais previstos apenas no texto consolidado, sejam aplicados desde já, e independentemente de reforma legislativa, a esta categoria de trabalhadores. Essa será, aliás, uma forma interessante de assegurar efetividade ao desejo do legislador constitucional de corrigir a injustiça histórica sofrida pelas domésticas.

Como observa Gustavo Filipe Barbosa Garcia: "o art. 7º, *caput*, da CF/88 reconhece a possibilidade de outros direitos que visem à melhoria da condição do trabalhador, devendo o parágrafo único deste mesmo dispositivo ser interpretado neste contexto"[(15)].

Em sentido idêntico, tem-se a visão de Vólia Bomfim Cassar. De acordo com autora, para cumprir a ordem emanada do art. 5º, § 1º, da Carta Magna de 1988, que determina a aplicação imediata dos direitos fundamentais daquele capítulo, dentre os quais os direitos dos domésticos, o hermeneuta, ao analisar as normas infraconstitucionais que excluem o trabalhador doméstico de sua aplicação total, que regulam os novos direitos concedidos ao doméstico, deve empregar-lhes uma interpretação em conformidade com a Constituição para dar efetivação àqueles direitos ainda não regulamentados[(16)]. Sob tal prisma, "o exegeta deve utilizar temporariamente as regras contidas na CLT (ou na lei ordinária que regula o direito), desde que compatíveis, para dar instrumentalidade àqueles direitos"[(17)].

Ademais, apesar de a CLT não ser, em tese, aplicada à categoria dos trabalhadores domésticos, vale destacar que os direitos patrimoniais sociais concedidos para a melhoria da condição social do doméstico descritos no parágrafo único do art. 7º da Constituição Federal de 1988 são taxativos; mas que os incisos no art. 7º da Carta Magna não o são, por concederem direitos sem cunho patrimonial a todos os trabalhadores, independentemente, de se doméstico, urbano, rural ou avulso. Dessa maneira, aqueles comandos que não retratarem um direito patrimonial social – ao contrário, impingirem uma limitação, uma proibição ou um direito do patrão – são aplicáveis aos domésticos apesar de não explicitados no parágrafo único do art. 7º da Constituição Federal de 1988[(18)].

Do mesmo modo, seguem-se, aqui, também, os pensamentos de Gustavo Filipe Barbosa Garcia e de Vólia Bomfim Cassar. Essa ampliação de direitos advinda da Constituição Federal de 1988 compreende um grande avanço histórico-social que veio eliminar o tratamento "discriminatório" e desigual que a legislação brasileira conferia aos trabalhadores domésticos. Não fazia sentido, por exemplo, que, em plena fase de constitucionalização dos direitos sociais trabalhistas, o doméstico continuasse a exercer o seu labor sem a estipulação de uma jornada mínima de trabalho.

Quanto a este novo constitucionalismo social brasileiro, pautado no princípio fundamental da dignidade da pessoa humana (art. 1º, inc. III), asseveram Mauricio Godinho Delgado e Gabriela Neves Delgado que a nova ordem constitucional de 1988 introduziu um Estado Democrático de Direito, tendo-se como base a "pessoa humana, com dignidade; sociedade política, concebida como democrática e includente; sociedade civil, também concebida como democrática e includente"[(19)].

Sem que reste qualquer dúvida, a desigualdade havida até então – antes da promulgação da Emenda Constitucional n. 72 de 2013 – atinente ao trabalho

(14) Art. 7º. Os preceitos constantes da presente Consolidação, salvo quando for, em cada caso, expressamente determinado em contrário, não se aplicam:a) Aos empregados domésticos, assim considerados, de um modo geral, os que prestam serviços de natureza não econômica à pessoa ou à família, no âmbito residencial destas.

(15) GARCIA, Gustavo Filipe Barbosa. *Curso de direito do trabalho*. 7. ed. Rio de Janeiro: Forense, 2013. p. 236.

(16) CASSAR, Vólia Bomfim. *Direito do trabalho*. 7. ed. São Paulo: LTr, 2013. p. 349.

(17) *Ibid.*, p. 349. Pondera a autora, contudo, que essa técnica de interpretação deve ser cuidadosa e encontrar limites nos postulados da razoabilidade, tendo em vista que os efeitos conexos, numa interpretação muito extensiva, podem importar em abuso e desviar a finalidade constitucional. Em razão disso, não é toda a CLT aplicável ao doméstico, mas apenas a parte necessária para cumprir o comando constitucional.

(18) CASSAR, Vólia Bomfim. Direito do trabalho. 7. ed. Rio de Janeiro: Forense, 2013. p. 351.

(19) DELGADO, Mauricio Godinho; DELGADO, Gabriela Neves. Constituição da República e direitos fundamentais: dignidade da pessoa humana, justiça social e direito do trabalho. São Paulo: LTr, 2012. p. 46.

doméstico no Brasil – originou-se das marcas deixadas pelo modo de produção escravista e colonial existente no País por cerca de quatrocentos anos às instituições políticas brasileiras.

Com a nova Emenda Constitucional n. 72, os seguintes direitos foram atribuídos expressamente, e de forma imediata, aos trabalhadores domésticos:

a) garantia de salário, nunca inferior ao mínimo, para os que percebem remuneração variável (art. 7º, inc. VII);

b) proteção do salário na forma da lei, constituindo crime sua retenção dolosa (art. 7º, inc. X);

c) duração do trabalho normal não superior a oito horas diárias e quarenta e quatro semanais, facultada a compensação de horários e a redução da jornada, mediante acordo ou convenção coletiva de trabalho (art.7º. inc. XIII);

d) remuneração do serviço extraordinário superior, no mínimo, em cinquenta por cento à do normal (art. 7º, inc. XVI);

e) redução dos riscos inerentes ao trabalho, por meio de normas de saúde, higiene e segurança (art.7º, inc. XXII);

f) reconhecimento das convenções e acordos coletivos de trabalho (art. 7º, inc. XXVI);

g) proibição de diferença de salários, de exercício de funções e de critério de admissão por motivo de sexo, idade, cor ou estado civil (art. 7º, inc. XXX);

h) proibição de qualquer discriminação no tocante a salário e critérios de admissão do trabalhador portador de deficiência (art. 7º, inc. XXX);

i) proibição de trabalho noturno, perigoso ou insalubre a menores de dezoito e de qualquer trabalho a menores de dezesseis anos, salvo na condição de aprendiz, a partir de quatorze anos (art. 7º, inc. XXXI).

Além destes, destacam-se, ainda, os direitos que ainda dependem de regulamentação futura para que possam ser aplicados a esta categoria, são eles:

a) relação de emprego protegida contra despedida arbitrária ou sem justa causa, nos termos de lei complementar, que preverá indenização compensatória, dentre outros direitos (art. 7º, inc. I);

b) seguro-desemprego, em caso de desemprego involuntário (art. 7º, inc. II);

c) fundo de garantia do tempo de serviço (art. 7º, inc. III);

d) remuneração do trabalho noturno superior à do diurno (art. 7º, inc. IX);

e) salário-família pago em razão do dependente do trabalhador de baixa renda nos termos da lei (art. 7º, inc. XII);

f) assistência gratuita aos filhos e dependentes desde o nascimento até cinco anos de idade em creches e pré-escolas (art. 7º, inc. XXV);

g) seguro contra acidentes de trabalho, a cargo do empregador, sem excluir a indenização a que este está obrigado, quando incorrer em dolo ou culpa (art. 7º, inc. XXVIII).

Vê-se, assim, que fica dependendo de regulamentação específica e, por conseguinte, de aplicação, 07 (sete) dos novos 16 (dezesseis) direitos que foram atribuídos aos trabalhados domésticos.

Passar-se-á a partir deste ponto, a se analisarem alguns dos direitos conferidos aos trabalhadores domésticos após a promulgação da Emenda Constitucional n. 72 de 2013

3.1. Jornada de trabalho

Dentre os novos direitos atribuídos aos trabalhadores domésticos aquele que seguramente gerou mais celeuma foi a limitação da jornada de trabalho em 8 (oito) horas diárias e 44 (quarenta e quatro) horas semanais e o consequente direito ao controle da jornada de trabalho e ao pagamento do excedente com o adicional de, no mínimo, 50% sobre o valor da hora de trabalho.

Seguindo-se, aqui, a mesma regra aplicável ao trabalhador urbano, a quem os domésticos agora restaram equiparados, eventual acordo entre empregador e empregado para compensação da duração do trabalho somente será lícito se for por escrito e se a compensação for feita dentro da própria semana, cuja duração do trabalho não poderá superar 44 horas. Banco de horas, contudo, somente será admissível se a previsão houver sido acordada coletivamente com o sindicato da categoria[20].

---

(20) SÚMULA-85 COMPENSAÇÃO DE JORNADA

I. A compensação de jornada de trabalho deve ser ajustada por acordo individual escrito, acordo coletivo ou convenção coletiva.

II. O acordo individual para compensação de horas é válido, salvo se houver norma coletiva em sentido contrário.

III. O mero não atendimento das exigências legais para a compensação de jornada, inclusive quando encetada mediante acordo

Quanto ao controle da jornada de trabalho do empregado, a emenda constitucional gerou grande controvérsia. Nas primeiras discussões verbais sobre o tema houve quem defendesse que o controle de ponto será necessário independentemente do número de empregados no estabelecimento, pois a regra esculpida no § 2º, do art. 74 da CLT[(21)] não é aplicável aos domésticos por força do estatuído no artigo 7º, "a" da CLT e quem, pela mesmíssima razão, defendesse exatamente o contrário, ou seja, que o controle de ponto não será obrigatório até que venha uma norma específica regulamentar a questão para os domésticos.

Aplicando-se a aludida regra para os domésticos, somente quem empregue mais de 10 (dez) empregados em sua residência, hipótese de difícil verificação na prática, será obrigado a registrar o controle da jornada de trabalho do trabalhador doméstico. E o número de empregadores domésticos que dispõe de mais de dez empregados domésticos prestando-lhe serviços é seguramente bastante diminuto.

A única forma, portanto, de assegurar alguma efetividade ao novo preceito constitucional, cuja eficácia é imediata, é exigindo que o empregador doméstico controle a jornada de seus empregado doméstico, independentemente do número de pessoas que estejam lhe prestando serviços. Alguns edifícios residenciais possuem mecanismos que possibilitam esse controle na própria portaria prestando-se o horário de ingresso e de saída dos domésticos para esse fim. Não se verificando a hipótese, aludido controle poderá ser realizado pelo empregador de forma manual – como o livro ou a folha de ponto ou o quadro de horário, no qual o trabalhador doméstico registra diariamente o início e o término de seu trabalho – ou também de forma mecânica ou eletrônica, que pode ocorrer por meio de cartão ou relógio de ponto.

Insta destacar que a forma de controle da jornada de trabalho desenvolvida pelo trabalhador doméstico também será possível por meio de câmeras audiovisuais que poderão ser instaladas nos interiores da residência da família para fins de verificação do horário de entrada e de saída destes trabalhadores.

A mesma lógica não se aplica ao adicional noturno dado que a Emenda Constitucional n. 72 de 2013 condicionou a sua exigibilidade à regulamentação futura. É provável, e de certa forma esperado, que a norma futura estatua que o trabalho doméstico prestado a partir das 22 horas de um dia até as 5 horas do dia seguinte sofra a incidência do adicional noturno de 20% sobre essas horas trabalhadas.

Em se tratando de trabalhador doméstico que vive ou que dorme no local de trabalho, este fato, por si só, não caracteriza que este empregado esteja o tempo todo à disposição de seu empregador. Após o cumprimento de sua jornada de trabalho, o trabalhador doméstico passa a ter tempo livre, que corresponde ao seu tempo de descanso e de lazer. O tempo livre é aquele não produtivo, em que outros aspectos da vida humana como os encontros sociais, os cuidados com a família, os estudos e os momentos de lazer deverão ser levados em consideração para fins de descanso, de lazer e de recuperação de suas energias físicas e mentais. Se tal tempo não for respeitado, e o empregador exigir trabalho extraordinário, o empregado doméstico fará jus às horas extras, conforme preceitua o art. 7º, incisos XIII e XVI da nova Emenda Constitucional n. 72 de 2013. Poderá, eventualmente, caracterizar regime de prontidão, como oportunamente se demonstrará.

Sob este aspecto, o trabalhador doméstico também faz jus ao intervalo intrajornada, nos moldes do art. 71 e seguintes da CLT:

> Art. 71. Em qualquer trabalho contínuo, cuja duração exceda de seis horas, é obrigatória a concessão de um intervalo para repouso ou alimentação, o qual será, no mínimo, de uma hora e, salvo acordo coletivo ou contrato coletivo em contrário, não poderá exceder de duas horas.

---

tácito, não implica a repetição do pagamento das horas excedentes à jornada normal diária, se não dilatada a jornada máxima semanal, sendo devido apenas o respectivo adicional.

IV. A prestação de horas extras habituais descaracteriza o acordo de compensação de jornada. Nesta hipótese, as horas que ultrapassarem a jornada semanal normal deverão ser pagas como horas extraordinárias e, quanto àquelas destinadas à compensação, deverá ser pago a mais apenas o adicional por trabalho extraordinário.

V. As disposições contidas nesta súmula não se aplicam ao regime compensatório na modalidade "banco de horas", que somente pode ser instituído por negociação coletiva.

(21) Art. 74. O horário de trabalho constará do quadro, organizado conforme modelo expedido pelo Ministro do Trabalho, e afixado em lugar bem visível. Esse quadro será discriminativo no caso de não ser o horário único para todos os empregados de uma mesma seção ou turma.

[...]

§ 2º Para os estabelecimentos de mais de dez trabalhadores será obrigatória a anotação da hora de entrada e de saída, em registro manual, mecânico ou eletrônico, conforme instruções a serem expedidas pelo Ministério do Trabalho, devendo haver pré-assinalação do período de repouso.

§ 1º Não excedendo de seis horas o trabalho, será, entretanto, obrigatório um intervalo de quinze minutos quando a duração ultrapassar quatro horas.

Por consequência, o início e o término do intervalo intrajornada do trabalhador doméstico, que é o destinado a descanso para repouso e para alimentação, também deverá ser registrado, caso contrário, restará configurado o pagamento de horas extras, na forma do art. 71, § 4º, da CLT, que assim estatui:

> Art. 71. [...]
>
> § 4º Quando o intervalo para repouso e alimentação, previsto neste artigo, não for concedido pelo empregador, este ficará obrigado a remunerar o período correspondente com um acréscimo de no mínimo cinquenta por cento sobre o valor da remuneração da hora normal de trabalho.

No mesmo sentido, também há de ser respeitado o intervalo interjornada, previsto no art. 66 da CLT: *"Entre duas jornadas de trabalho haverá em período mínimo de onze horas consecutivas para descanso"*.

Não respeitado esse intervalo, deverá o período suprimido ser pago como horas extras, independentemente de já haver pagamento de adicional pela simples sobrejornada.

3.2. Horas de prontidão

Em se tratando de empregado doméstico que tenha que dormir no emprego, para, em uma eventualidade, atender às necessidades do serviço – como no caso da enfermeira, da babá e dos cuidadores de idosos – a questão torna-se bastante delicada, pois poderá, conforme o caso, configurar hipótese de prontidão. Se o empregado for se recolher em suas dependências sob o alerta de que seus serviços poderão ser requisitados a qualquer instante, fará jus ao adicional de 2/3 sobre o valor da hora normal, conforme estatui o art. 244, § 3º, da CLT:

> Art. 244. As estradas de ferro poderão ter empregados extranumerários, de sobreaviso e de prontidão, para executarem serviços imprevistos ou para substituições de outros empregados que faltem à escala organizada.
>
> [...]
>
> § 3º Considera-se de "prontidão" o empregado que ficar nas dependências da Estrada, aguardando ordens. A escala de prontidão será, no máximo, de doze horas. As horas de prontidão serão, para todos os efeitos, contadas à razão de 2/3 (dois terços) do salário-hora normal.

Em que pese tais horas de prontidão serem aplicadas à categoria dos ferroviários, é possível a sua aplicação de forma analógica à relação empregatícia doméstica, com base no art. 8º da CLT, de modo que o trabalhador doméstico faça jus ao respectivo adicional relativo às horas de prontidão, veja-se:

> Art. 8º. As autoridades administrativas e a Justiça do Trabalho, na falta de disposições legais ou contratuais, decidirão, conforme o caso, pela jurisprudência, por analogia, por equidade e outros princípios e normas gerais de direito, principalmente do direito do trabalho, e, ainda, de acordo com os usos e costumes, o direito comparado, mas sempre de maneira que nenhum interesse de classe ou particular prevaleça sobre o interesse público.

Caso, no entanto, o doméstico se recolha sem o alerta de que seus serviços poderão, a qualquer momento ser requisitados durante a noite, cientificado previamente acerca da possibilidade de desfrutar livremente de seu período de descanso, não haverá que se falar em regime de prontidão e nada será devido a este título. Não é razoável considerar que o simples fato de o empregado doméstico dormir no residência do empregador seja suficiente para caracterizar o regime de prontidão ora estudado, mas também não se deve privá-lo do direito ao pagamento adicional quando o seu sono for marcado pelo estado de alerta que o possível chamado lhe impõe.

Podemos exemplificar com a hipótese da babá que dorme na residência de seus empregadores domésticos. Se após o término da jornada ela puder ficar em seus aposentos, estudando, lendo ou realizando qualquer atividade que desejar, sem que seus serviços possam ser solicitados, ficando, por exemplo, com os empregadores o aparelho eletrônico que acompanha o choro do bebê ou monitora suas imagens, não haverá falar em regime de prontidão. Se, no entanto, for ela a responsável por acompanhar por imagens o descanso do bebê, ou pelo som o seu choro, caracterizado estará o regime de prontidão.

Sempre que o empregador "exigir" que o empregado doméstico durma em sua residência, como no caso de essa situação ser condição para a sua contratação, deve-se presumir o regime de prontidão que poderá, contudo, ser afastado por prova em contrário, cabendo ao tomador dos serviços se resguardar nesse sentido. Quando, contudo, essa permanência for acordada com o empregado também no interesse dele, como, por exemplo, quando para ele for interessante dormir no emprego para frequentar escola que fica perto de sua residência, a presunção será de que o intervalo interjornadas é sempre fruído livremente.

3.3. *FGTS e seguro desemprego*

Quanto aos recolhimentos devidos ao Fundo de Garantia do Tempo de Serviço, a Lei possibilita ao empregador, por iniciativa própria, a inclusão do empregado doméstico ao sistema do FGTS, e, uma vez iniciado, o seu recolhimento torna-se irretratável. O sistema atual, portanto, é o da inclusão facultativa. Tendo, então, o empregador optado por incluir seu empregado no regime do FGTS aquele não poderá voltar atrás suspendendo o recolhimento dos depósitos deste.

Ressalte-se que a Lei n. 5.889/1972 ainda determina que a concessão do seguro-desemprego esteja condicionada à inclusão do empregado doméstico ao FGTS, conforme dispõe o § 1º do seu art. 6º-A, veja-se:

> Art.6º-A. O empregado doméstico que for dispensado sem justa causa fará jus ao benefício do seguro-desemprego, de que trata a Lei n. 7.998, de 11 de janeiro de 1990, no valor de um salário-mínimo, por um período máximo de 3 (três) meses, de forma contínua ou alternada.
>
> § 1º O benefício será concedido ao empregado inscrito no FGTS que tiver trabalhado como doméstico por um período mínimo de 15 (quinze) meses nos últimos 24 (vinte e quatro) meses contados da dispensa sem justa causa.

Com a ampliação de direitos em decorrência da promulgação da Emenda Constitucional n. 72 de 2013, o FGTS ainda depende de regulamentação futura para que o seu pagamento seja considerado obrigatório ao trabalhador doméstico. Sendo assim, além do pagamento do salário, o empregador terá que calcular mais 8% que irão incidir sobre o FGTS deste trabalhador. Trata-se, portanto, de uma importante inovação advinda da Emenda Constitucional n. 72 de 2013, tendo-se em vista que a dispensa sem justa causa do empregado doméstico irá acarretar ao empregador a obrigação de pagar a indenização correspondente a 40% sobre o montante do que está depositado em seu FGTS. Lembre-se, a bom tempo, que o rompimento do contrato de trabalho sem justa causa deste trabalhador também lhe dará o direito, além de à indenização de 40%, ao saque relativo ao depósito efetuado pelo empregador, mensalmente, em seu FGTS.

A inclusão obrigatória dos empregados domésticos no sistema do Fundo de Garantia do Tempo de Serviço consiste, nos dizeres de Gustavo Filipe Barbosa Garcia, em

> [...] uma forma de concretizar o mandamento constitucional de melhoria das condições sociais dos referidos empregados (art. 7º, *caput*, da CF/88), em consonância, ainda, com os ditames da valorização do trabalho e da dignidade da pessoa humana (arts. 1º, incisos III e IV, e 3º, incisos I, III, IV, da CF/1988)[22].

3.4. *Salário família*

No Direito Previdenciário brasileiro, o salário-família é um benefício pago, mensalmente, pelo regime geral de Previdência Social ao trabalhador de baixa renda, filiado na condição de segurado empregado ou de trabalhador avulso. Favorece também aos aposentados de baixa renda para ajudar na manutenção dos seus dependentes.

Segundo Sérgio Pinto Martins: "embora o valor seja pequeno, pode ajudar o segurado na compra de alimentos [...]"[23].

O direito à cota do salário-família é definido em razão da remuneração que é devida ao empregado no mês e independe do número de dias efetivamente trabalhados. O benefício é pago mensalmente em cotas por filho, ou equiparado de qualquer condição, até 14 (quatorze) anos de idade ou inválido de qualquer idade.

A Emenda Constitucional n. 20/98 estabelece que o salário-família é pago em razão do dependente do trabalhador de baixa renda nos termos da lei. Assim, a renda mensal do benefício corresponde a tantas cotas quanto seja o número de filhos ou equiparados de até 14 (quatorze) anos ou inválidos. Além disso, o valor da cota do salário-família por filho ou equiparado está vinculado à remuneração mensal percebida pelo segurado de baixa renda. Essa remuneração mensal deve ser fixa para que o trabalhador possa receber o benefício.

Atualmente, os valores da cota do salário-família por filho ou equiparado foram estipulados pela Portaria MPS/MF n. 15/2013 e são reajustados pelos

(22) GARCIA, Gustavo Filipe Barbosa. *Curso de direito do trabalho*. 7. ed. Rio de Janeiro: Forense, 2013. p. 237.

(23) MARTINS, Sérgio Pinto. *Direito da seguridade social*. São Paulo: Atlas, 2008. p. 86.

mesmos índices e na mesma data em que são reajustados os benefícios do regime geral de previdência social. Dessa forma, têm-se os seguintes valores:

a) R$ 33,16 para remuneração mensal não superior a R$ 646,55;

b) R$ 23,36 para remuneração mensal superior a R$ 646,55 e igual ou inferior a R$ 971,78.

Além da comprovação da renda bruta mensal do segurado empregado, a legislação previdenciária também destaca que o salário-família somente será pago a partir da data da apresentação da Certidão de Nascimento do filho ou da documentação relativa ao equiparado, estando condicionado à apresentação anual de atestado de vacinação obrigatória, até 06 (seis) anos de idade, e de comprovação semestral de frequência à escola do filho ou equiparado, desde os 07 (sete) até os 14 (quatorze) anos de idade.

A comprovação de frequência escolar será feita mediante apresentação de documento emitido pela escola em nome do aluno. Deve constar o registro de frequência regular ou atestado do estabelecimento de ensino, comprovando a regularidade da matrícula e a frequência escolar do aluno. Se o segurado não apresentar o atestado de vacinação obrigatória e a comprovação de frequência escolar do filho ou equiparado, nas datas definidas pelo INSS, o benefício do salário-família será suspenso até que a documentação seja apresentada.

A partir da promulgação da Emenda Constitucional n. 72 de 2013, o empregado doméstico passou a ter direito ao salário-família. Este direito, contudo, ainda depende de regulamentação a fim de ser aplicado na prática. Trata-se, ainda assim, de uma medida legislativa louvável, tendo em vista, conforme Giuliano Mazzoni, que:

> A seguridade social é um princípio ético-social não redutível a um sistema com exclusão de outros: existem, com efeito, outros sistemas de seguridade social, mas o escopo mínimo da seguridade social é a libertação do homem da indigência e da miséria. Tal objetivo concretiza o princípio inscrito no artigo 22 da Declaração dos Direitos do Homem, isto é, do direito de cada indivíduo, na qualidade de membro da sociedade, à proteção da seguridade social[24].

Por considerações derradeiras, destaca-se que o salário-família se configura como um instituto jurídico de importância ímpar para a Previdência Social, pois que o mesmo expressa a busca por uma redistribuição mais equitativa de riqueza, visto que representa instrumento de justiça social capaz de proporcionar maior poder aquisitivo àqueles os quais, não obstante a sua força de trabalho, possuem menos recursos financeiros. De tal sorte, o salário-família atua com vistas ao fortalecimento da dignidade da pessoa humana, bem como à promoção do bem-estar e da justiça social.

A família representa o núcleo essencial de garantias fundamentais do ser humano, porque constitui o alicerce na formação do homem e dos valores em uma sociedade. Neste enleio, os termos *"família"* e *"direitos humanos"* estão intrinsecamente relacionados, na medida em que visam a alcançar a plenitude dos direitos do homem[25]. Resta, pois, nada mais do que justo estabelecer o pagamento do salário-família à categoria dos trabalhadores domésticos.

4 PROPOSTAS PARA REDUZIR O IMPACTO DAS NOVAS REGRAS ORA DEBATIDAS NO CONGRESSO NACIONAL

Diversas propostas vêm sendo discutidas para minorar os efeitos econômicos das novas regras. Há um grande e justificável receio de que o encarecimento do trabalho doméstico provocado pelas novas regras tenha significativo impacto no mercado de trabalho inibindo a contratação de trabalhadores domésticos e aumentando a opção pela contratação de diaristas. Analisar-se-á a seguir as principais propostas e discussões:

4.1. Supersimples

Diante da controvérsia gerada pelo expressivo aumento nos custos da contratação do trabalho doméstico, o Congresso Nacional já discute, com o aval do Poder Executivo, a criação de um regime de unificação da cobrança da contribuição previdenciária e da devida ao Fundo de Garantia do Tempo de Serviço (FGTS), para facilitar a vida dos empregadores domésticos.

O modelo discutido nesse momento prevê que cada empregador cadastre seu nome e o de seu em-

(24) MAZZONI, Giuliano. Existe um conceito jurídico de seguridade social? São Paulo. *Revista de Direito do Trabalho*. São Paulo: Revista dos Tribunais, n. 34, 1981. p. 39.

(25) ALVARENGA, Rúbia Zanotelli. O salário família e a proteção social ao trabalhador. São Paulo. *Revista de Previdência Social*, v. XXXIII, São Paulo: LTr, 2009. p. 930.

pregado em sítio da rede mundial de computadores a ser definido posteriormente e insira o valor da remuneração. O serviço eletrônico desenvolvido fornecerá imediata e gratuitamente o valor a ser pago pelo patrão com INSS e FGTS funcionando como uma calculadora ou planilha digital. A ideia em um primeiro momento não é de redução de custos com encargos sociais, mas de facilitação dos cálculos para os empregadores. Também se fala em incluir no mesmo boleto de pagamento, além do INSS e do FGTS, o seguro por acidente de trabalho, que varia de 1% a 3%[(26)].

Nada impede que se implemente um regime de tributação simplificada também para reduzir os encargos suportados pelo empregador, como por exemplo, o valor da parcela patronal da contribuição para o INSS, que no caso das domésticas já é menor do que o dos demais trabalhadores urbanos. Essa medida poderá ser provisória, valendo apenas num primeiro momento, para minorar os efeitos econômicos da Emenda Constitucional n. 72. Poderá também ser definitiva se restar comprovado que a simplificação do pagamento com discreta redução dos encargos não afetará o Regime Geral de Previdência Social.

4.2. Multa sobre o FGTS em caso de dispensa sem justa causa

Também se discute o valor que deverá incidir sobre os depósitos feitos ao FGTS em caso de dispensa sem justa causa. Há quem defenda que ela deverá ser reduzida para até 10% para os empregados domésticos.

Segundo vem sendo noticiado, os representantes do governo não concordam com a proposta de redução da multa de 40% para os casos de demissão de domésticos sem justa causa[(27)]. A discordância é plenamente justificada. Reduzir o valor da multa para os domésticos manteria a ideia da legislação anterior de que os domésticos são trabalhadores de segunda categoria, o que seria uma inadmissível forma de anular os efeitos positivos que poderiam advir das novas regras.

5. PENHORABILIDADE DO BEM DE FAMÍLIA

A ampliação dos direitos das trabalhadoras domésticas e o consequente encarecimento desse tipo de contratação em nada alteram a penhorabilidade do bem de família para pagamento do crédito resultante, previsto na Lei n. 8.009/90. É bem verdade que essa regra foi constituída como uma espécie de compensação aos domésticos pela privação de tantos outros direitos. Isso não nos permite, contudo, concluir que a mudança no regime dos domésticos provoque automaticamente a anulação da aludida regra.

O aumento nos direitos dos empregados domésticos provocará um natural aumento nos pedidos de penhora de bens de família. Aumentará a necessidade de bom senso dos empregadores na analise dessas questões, mas até que venha uma modificação na Lei n. 8.009/1990, nada mudará quanto a penhorabilidade do bem de família.

6. SINDICALIZAÇÃO DAS EMPREGADAS DOMÉSTICAS

Durante muito tempo se questionou doutrinariamente o direito das domésticas à sindicalização e, sobretudo, à elaboração de acordos e normas coletivas. Os sindicatos de empregados domésticos criados, embora formalmente registrados e instituídos, não eram reconhecidos porque a categoria patronal correspondente não exerce atividade econômica e o modelo de sindicalização brasileiro é instituído a partir da categoria econômica do empregador. Essa conclusão era extraída da literalidade do art. 511, §§ 1º e 2º da CLT que estatuem, respectivamente, que "a solidariedade de interesses econômicos dos que empreendem atividades idênticas, similares ou conexas, constitui o vínculo social básico que se denomina categoria econômica" e que "A similitude de condições de vida oriunda da profissão ou trabalho em comum em situação de emprego na mesma atividade econômica ou em atividades econômicas similares ou conexas, compõe a expressão social elementar compreendida como categoria profissional".

Ao se assegurar ao empregado doméstico o direito "ao reconhecimento das convenções e acordos coletivos de trabalho (art. 7º, inc. XXVI)", a Emenda Constitucional n. 72 encerrou qualquer discussão remanescente acerca da possibilidade de sindicalização dos empregados domésticos e de seu direito a negociação coletiva e a regulamentação por norma coletiva. Qualquer interpretação do artigo 511 de forma a restringir esse direito é doravante incompatível com o novo texto constitucional e, portanto, inaceitável.

(26) GUERREIRO, Gabriela. Governo dá aval a "supersimples" para domésticos. *Folha de São Paulo*: quarta-feira, 10 de abril de 2013, B1.

(27) *Idem.*

7. *OBSERVAÇÕES CONCLUSIVAS*

A Emenda Constitucional n. 72 representou um importante avanço no sentido de finalmente acabar com a injustificável discriminação entre empregados domésticos e outras formas de empregados urbanos. O fato de o projeto de Emenda haver sido aprovado em curto espaço de tempo não significa que o tenha sido de forma prematura. Muito pelo contrário. A evolução cultural que será impulsionada por seus dizeres demorou injustificadamente para acontecer. Possivelmente porque a elite brasileira, composta em sua esmagadora maioria por empregadores domésticos, recusava-se a reconhecer a necessidade de se conferir aos seus empregados os mesmos direitos assegurados a todos os demais.

As críticas dirigidas à Emenda Constitucional n. 72 não são pertinentes. O custo que será gerado para os empregadores domésticos pelas novas regras está contido no preço natural a ser pago para que se viva numa República que tem como um de seus fundamentos a dignidade da pessoa humana. O impacto econômico das políticas trabalhistas não pode ser utilizado eternamente como óbice para a implementação de direitos humanos e correção de injustiças históricas. Melhor que seja nesse momento histórico em que o Brasil, sempre envolto a tantas crises econômicas, ainda respira ares de bonanza.

A CLT ainda continua não sendo aplicada aos trabalhadores domésticos em decorrência da disposição contida na alínea "a" de seu art. 7º[28]. A ampliação de direitos sociais trabalhistas advindos da Emenda Constitucional n. 72 de 2013 aos empregados domésticos é a oriunda do parágrafo único do art. 7º da Carta Magna de 1988 e não da CLT. Apesar disso, nada impede que certos direitos sociais previstos apenas no texto consolidado, sejam aplicados desde já, e independentemente de reforma legislativa, a esta categoria de trabalhadores. Sobretudo quando essa aplicação analógica for indispensável para a efetivação de preceito que o legislador expressamente determinou ter eficácia imediata, manifestando desejo de corrigir o quanto antes a injustiça histórica sofrida pelas domésticas.

O art. 7º, parágrafo único da Constituição, em sua redação originária, assegurava apenas 9 (nove) dos 34 (trinta e quatro) direitos sociais trabalhistas previstos no rol constitucional do art. 7º da Carta Magna à categoria do trabalhador doméstico. Com a Emenda Constitucional n. 72 esse número aumentou para 25 (vinte e cinco). Mas 07 (sete) dos novos 16 (dezesseis) direitos que foram atribuídos aos trabalhadores domésticos ficam dependendo de regulamentação específica não sendo, portanto, normas de eficácia imediata.

Quanto ao controle da jornada de trabalho do empregado, a emenda constitucional gerou grande controvérsia. Nas primeiras discussões verbais sobre o tema houve quem defendesse que o controle de ponto será necessário independentemente do número de empregados no estabelecimento, por não ser a regra esculpida no § 2º, do art. 74 da CLT[29] aplicável aos domésticos (inteligência do art. 7º, "a" da CLT) e quem, pela mesmíssima razão, defendesse exatamente o contrário, ou seja, que o controle de ponto não será obrigatório até que venha uma norma específica regulamentar a questão para os domésticos.

Aplicando-se a aludida regra para os domésticos, somente quem empregue mais de 10 (dez) empregados em sua residência, hipótese de difícil verificação na prática, será obrigado a registrar o controle da jornada de trabalho do trabalhador doméstico. A única forma, portanto, de assegurar alguma efetividade ao novo preceito constitucional, cuja eficácia é imediata, é exigindo que o empregador doméstico controle a jornada de seus empregado doméstico, independentemente do número de pessoas que estejam lhe prestando serviços.

O trabalhador doméstico também faz jus ao intervalo intrajornada e ao intervalo interjornadas. O adicional noturno restou expressamente condicionado à regulamentação futura.

Em se tratando de empregado doméstico que tenha que dormir no emprego, para, em uma eventualidade, atender às necessidades do serviço o empregado fará jus ao adicional de 2/3 sobre o valor da

(28) Art. 7º. Os preceitos constantes da presente Consolidação, salvo quando for, em cada caso, expressamente determinado em contrário, não se aplicam: a) aos empregados domésticos, assim considerados, de um modo geral, os que prestam serviços de natureza não econômica à pessoa ou à família, no âmbito residencial destas.

(29) Art. 74. O horário de trabalho constará do quadro, organizado conforme modelo expedido pelo Ministro do Trabalho, e afixado em lugar bem visível. Esse quadro será discriminativo no caso de não ser o horário único para todos os empregados de uma mesma seção ou turma.

[...]

§ 2º – Para os estabelecimentos de mais de dez trabalhadores será obrigatória a anotação da hora de entrada e de saída, em registro manual, mecânico ou eletrônico, conforme instruções a serem expedidas pelo Ministério do Trabalho, devendo haver pré-assinalação do período de repouso.

hora normal se for se recolher em suas dependências sob o alerta de que seus serviços poderão ser requisitados a qualquer instante. Caso, no entanto o doméstico se recolha sem o alerta de que seus serviços poderão, a qualquer momento, ser requisitados durante a noite, não haverá que se falar em regime de prontidão e nada será devido a este título. Não é razoável considerar que o simples fato de o empregado doméstico dormir na residência do empregador seja suficiente para caracterizar o regime de prontidão ora estudado, mas também não se deve privá-lo do direito ao pagamento adicional quando o seu sono for marcado pelo estado de alerta que o possível chamado lhe impõe. Essa conclusão também é necessária para se garantir a esperada eficácia aos novos preceitos constitucionais.

O FGTS ainda depende de regulamentação futura para que o seu pagamento seja considerado obrigatório ao trabalhador doméstico. Até a efetiva regulamentação do aludido direito ele permanece facultativo.

REFERÊNCIAS BIBLIOGRÁFICAS

ALVARENGA, Rúbia Zanotelli. O salário família e a proteção social ao trabalhador. São Paulo. *Revista de Previdência Social*, v. XXXIII, São Paulo: LTr, 2009.

CASSAR, Vólia Bomfim. *Direito do trabalho*. 7. ed. Rio de Janeiro: Forense, 2013.

CINTRA, Marcos. *Trabalho doméstico em debate*. Disponível em: <http://www.brasil247.com/pt/247/economia/97980>. Acesso em 12 de abril de 2013.

DELGADO, Mauricio Godinho. *Curso de direito do trabalho*. 12. ed. São Paulo: LTr, 2013.

DELGADO, Mauricio Godinho; DELGADO, Gabriela Neves. *Constituição da República e direitos fundamentais:* dignidade da pessoa humana, justiça social e direito do trabalho. São Paulo: LTr, 2012.

GARCIA, Gustavo Filipe Barbosa. *Curso de direito do trabalho*. 7. ed. Rio de Janeiro: Forense, 2013.

GUERREIRO, Gabriela. Governo dá aval a "supersimples" para domésticos. *Folha de São Paulo*: quarta-feira, 10 de abril de 2013, B1.

MARTINS, Sérgio Pinto. *Direito da seguridade social*. São Paulo: Atlas, 2008.

MAZZONI, Giuliano. Existe um conceito jurídico de seguridade social? São Paulo. *Revista de Direito do Trabalho*. São Paulo: Revista dos Tribunais, n. 34, 1981.

MEIRELES, Edilton. *Tema de direito e processo do trabalho*. Belo Horizonte: leditathi, 1997.

PASTORE, José. Domésticas – o que faltou dizer. *O Estado de S. Paulo*, terça-feira, 9 de abril de 2013. p. B2

STRECK, Lênio Luiz. A PEC das Domésticas e a saudade dos "bons tempos". *Consultor jurídico* 11 de abril de 2013. Disponível em <http://www.conjur.com.br/2013-abr-11/senso-incomum-pec-domesticas-saudade-bons-tempos>. Acesso em 12 de abril de 2013.

Parte XIII

DIREITOS TRABALHISTAS ALÉM DA RELAÇÃO DE EMPREGO

Capítulo 21

Direitos Trabalhistas Mínimos além da Relação de Emprego

Amauri Cesar Alves(*)

1. Introdução. Expansão de direitos

Historicamente o Estado brasileiro percebeu a construção de regras heterônomas de regulação das relações capital-trabalho sob a ótica quase exclusiva da relação de emprego. É claro que a prevalência da proteção à relação de emprego se justifica histórica, social, política e economicamente, afinal de contas trata-se da *"modalidade mais relevante"*, do ponto de vista social e econômico, *"de pactuação de prestação de trabalho existente nos últimos duzentos anos, desde a instauração do sistema econômico contemporâneo, o capitalismo."*[(1)]

O presente artigo pretende demonstrar que, não obstante haja a óbvia e necessária prevalência da proteção da relação empregatícia, há espaço para a tutela mínima de relações de trabalho outras, que não envolvem empregado e empregador, mas merecem a atenção do Estado. Tal compreensão básica, de matriz eminentemente constitucional, se revela, na prática, através da aplicação das Leis n. 12.690/2012 (Trabalho Cooperado), 11.788/2008 (Estágio), 12.023/2009 (Avulsos não portuários, conhecidos como "Chapas") e 12.619/2012 (Motoristas Profissionais).

A análise aqui será restrita, então, a quatro situações de trabalho e que aprioristicamente não caracterizam vínculo empregatício, mas que receberam recentemente do Estado brasileiro proteção específica e que permitem concluir pela consagração de direitos mínimos a trabalhadores não empregados como estratégia brasileira de valorização social do trabalho: *cooperados, estagiários, chapas e motoristas profissionais não-empregados.*

A ideia básica a permear o presente estudo é que algumas relações de trabalho sem vínculo empregatício devem também conferir direitos mínimos àqueles que se inserem no mercado produtivo, força da interpretação hodierna do que dispõe a Constituição da República em seus arts. 1º, incisos III e IV; 3º, inciso III; e 6º.

De antemão é necessário destacar que não se pretende, aqui, incentivar a criação de subcategorias de empregados, como infelizmente ficou consagrada pela melhor doutrina e pela experiência internacional, por exemplo, a teoria da parassubordinação[(2)].

(*) Mestre e Doutorando em Direito do Trabalho (PUC.Minas). Professor Universitário (FPL e IEC/PUC.Minas). Advogado. Membro da Comissão de Educação Jurídica da OAB/MG.

(1) DELGADO, Mauricio Godinho, *Curso de Direito do Trabalho*. São Paulo: LTr, 2002. p. 280.

(2) Me permito, ainda que pontualmente, a insistência no reconhecimento da *parassubordinação* como medida protetiva. Hoje é possível depreender da doutrina brasileira que a dependência a que se refere a CLT deve ser entendida tanto como subordinação jurídica clássica quanto como subordinação estrutural ou reticular. Assim, a Consolidação das Leis do Trabalho não pode representar óbice à aplicação da parassubordinação como elemento, também, identificador de empregado. Isso porque a dependência a que

O que deve haver, sempre e em cada situação fática, é a percepção de que se trata de trabalhador não--empregado destinatário de tutela específica (cooperado, estagiário, "chapa" e motorista profissional autônomo). Não se trata de referendar fraudes contra a relação de emprego, obviamente. O que se busca é, repita-se, compreender a necessidade de tutela específica e mínima a algumas categorias de trabalhadores não empregados.

O Professor Mauricio Godinho Delgado destaca três possibilidades básicas de expansionismo do Direito do Trabalho: *"a crescente e contínua busca de efetividade"*, a *"ampliação do conceito de relação de emprego"*, além da *"extensão do Direito do Trabalho a relações de trabalho, ultrapassando o marco clássico da simples relação de emprego"*(3).

À presente análise interessa compreender, com base na legislação brasileira (constitucional e infraconstitucional), a terceira possibilidade expansionista, que consiste em ampliação da proteção estatal a algumas relações de trabalho que não caracterizam vínculo empregatício. Tal vertente já foi anteriormente sinalizada na obra *"Novo Contrato de Emprego: parassubordinação trabalhista"*, como se infere:

> "Para um futuro próximo deve-se pensar em uma ampla mudança de paradigmas em direito do Trabalho. A proteção ao trabalho, em todas as suas expressões, poderá ser consagrada expressamente nos textos normativos de Direito do Trabalho. Deve ser criado, então, um novo pensamento, justo e equânime, para a tutela das relações trabalhistas. (...)
>
> Deve-se reconstruir o Direito do Trabalho fundado efetivamente na valorização do trabalho e não somente do emprego"(4).

Melhor tratamento recebeu a problemática na obra referencial de Gabriela Neves Delgado *"Direito Fundamental ao trabalho digno"*, bem como em recente estudo seu em parceria com Mauricio Godinho Delgado, intitulado *"Constituição da República e Direitos Fundamentais: Dignidade da Pessoa Humana, Justiça Social e Direito do Trabalho"*, ambos publicados pela LTr, dos quais é possível destacar o seguinte, em apertada síntese:

> "A Professora da UFMG, da PUC Minas e da UNB, ciente dos importantes objetivos do ramo justrabalhista na história do capitalismo, como eficiente veículo garantidor de piso de dignidade aos que vivem de sua força laborativa sustenta ... que as relações de trabalho que formalmente não se encontram hoje regidas pelo Direito do Trabalho também precisam ser reconhecidas como objeto de efetiva tutela jurídica, para que o trabalhador que as exerça possa, por meio da proteção jurídica, alcançar o espaço para o exercício de seus direitos"(5).

Assim, princípios constitucionais como os da dignidade da pessoa humana (C.R., art. 1º, inciso III), do valor social do trabalho (C.R., art. 1º, inciso IV), da não discriminação (C.R., art. 5º, *caput*), da vedação ao retrocesso social (C.R., art. 5º, § 2º), da prevalência dos direitos humanos (C.R., art. 4º, inciso II) e da erradicação da pobreza e das desigualdades sociais (C.R., art. 3º, inciso III) devem, então, doravante, informar a criação da norma justrabalhista, tenha ela alcance restrito ou ampliado.

2. *TRABALHO COOPERADO: LEI N. 12.690/2012.*

A inexistência de vínculo empregatício entre o trabalhador cooperado, sua cooperativa de trabalho e o cliente desta é presunção legal (que admite prova em contrário) prevista no parágrafo único do art. 442 da CLT, incluído em 1994.

É claro que tal dispositivo celetista deve ser entendido como presunção legal, sendo certo que se a cooperativa for *fraudulenta* haverá espaço para o reconhecimento do vínculo de emprego entre o trabalhador e aquele que explorou sua força produtiva.

Tal identificação de mera *presunção*, inicialmente fruto do entendimento doutrinário e jurispruden-

alude a norma celetista contida no artigo 3º deixa margem ao operador jurídico para determinar seu alcance. Da mesma forma que a jurisprudência e a doutrina afastaram-se da dependência (subjetiva: econômica, técnica e social) para consagrar a subordinação (inicialmente clássica e hoje também estrutural) poderá haver, hoje, a leitura deste elemento fático-jurídico (requisito ou pressuposto) não só na perspectiva da relação subordinada, mas, também, pela relação parassubordinada.

(3) DELGADO, Gabriela Neves, DELGADO, Mauricio Godinho. *"Constituição da República e Direitos Fundamentais: Dignidade da Pessoa Humana, Justiça Social e Direito do Trabalho.* São Paulo: LTr, 2012. p. 111 e 112.

(4) ALVES, Amauri Cesar. *Novo Contrato de Emprego: parassubordinação trabalhista.* São Paulo: LTr, 2005. p. 135.

(5) DELGADO, Gabriela Neves, DELGADO, Mauricio Godinho. *Constituição da República e Direitos Fundamentais: Dignidade da Pessoa Humana, Justiça Social e Direito do Trabalho.* São Paulo: LTr, 2012. p. 111 e 112.

cial construído ao longo dos anos, agora é regra por força da Lei n. 12.690, de 19 de julho de 2012, nos termos do parágrafo 2º do seu art. 17, combinado com o disposto no art. 7º, § 6º:

> "Art. 17. Cabe ao Ministério do Trabalho e Emprego, no âmbito de sua competência, a fiscalização do cumprimento do disposto nesta Lei.
>
> (...)
>
> § 2º Presumir-se-á intermediação de mão de obra subordinada a relação contratual estabelecida entre a empresa contratante e as Cooperativas de Trabalho que não cumprirem o disposto no § 6º do art. 7º desta Lei."
>
> "Art. 7º A Cooperativa de Trabalho deve garantir aos sócios os seguintes direitos, além de outros que a Assembleia Geral venha a instituir:
>
> (...)
>
> § 6º As atividades identificadas com o objeto social da Cooperativa de Trabalho prevista no inciso II do caput do art. 4º desta Lei, quando prestadas fora do estabelecimento da cooperativa, deverão ser submetidas a uma coordenação com mandato nunca superior a 1 (um) ano ou ao prazo estipulado para a realização dessas atividades, eleita em reunião específica pelos sócios que se disponham a realizá-las, em que serão expostos os requisitos para sua consecução, os valores contratados e a retribuição pecuniária de cada sócio partícipe."

O vínculo cooperativo será preservado íntegro, ou seja, sem que haja o reconhecimento do contrato de emprego, se observados três requisitos, basicamente: a) ausência de subordinação jurídica entre o trabalhador e os gestores da cooperativa ou entre aquele e o tomador dos seus serviços; b) observância ao *princípio da dupla qualidade*; e, c) observância ao *princípio da retribuição pessoal diferenciada*.

Ainda restava, até julho de 2012, alguma resistência quanto à percepção lançada acima, até mesmo quanto à impossibilidade de existência de subordinação jurídica na relação cooperativa(6). Tal resistência agora deverá se extinguir, força, dentre outros, da regra contida no artigo 5º da Lei n. 12.690/2012:

> "Art. 5º A Cooperativa de Trabalho não pode ser utilizada para intermediação de mão de obra subordinada."

Assim, se houver subordinação jurídica entre o trabalhador cooperado e os gestores da cooperativa, ou, ainda, entre aquele e o tomador dos serviços cooperados, deve ser afastado o vínculo especial trabalhista para que se reconheça, caso haja a confluência dos requisitos do art. 3º da CLT, o vínculo empregatício.

O trabalhador cooperado se insere no mercado de trabalho como *autônomo*, e não como um trabalhador subordinado a alguém. Ele deve ter o controle de sua disposição de trabalho (horários, intensidade, tarefas, resultados), vez que trabalha por conta própria, reunido com outros profissionais que também por conta própria empreendem no mercado.

O Professor Mauricio Godinho Delgado destaca, com a costumeira precisão, a necessidade da existência, na relação fática, do *princípio da dupla qualidade* para que se afirme o vínculo cooperativo e se afaste a relação empregatícia:

> "...informa que a pessoa filiada tem que ser, ao mesmo tempo, em sua cooperativa, cooperado e cliente, auferindo as vantagens dessa duplicidade de situações. Isso significa que, para tal princípio, é necessário haver efetiva prestação de serviços pela Cooperativa diretamente ao associado – e não somente a terceiros. Essa prestação direta de serviços aos associados/cooperados é, aliás, conduta que resulta imperativamente da própria Lei de Cooperativas (art. 6º, I, Lei n. 5.764/70)"(7).

Ora, o trabalhador cooperado não pode ser mera *peça* em uma *engrenagem* empresarial, devendo atuar na gestão de sua cooperativa, vez que dela participa em igualdade de condições com todos os demais associados. Deve, também, dela receber serviços que melhorem a sua inserção profissional autônoma.

Tal princípio foi consagrado pela Lei n. 12.690/2012, inicialmente em seu artigo 3º, que trata dos valores do cooperativismo de trabalho no Brasil, com destaque para seus incisos II, IV, X e XI:

> "Art. 3º A Cooperativa de Trabalho rege-se pelos seguintes princípios e valores:
>
> (...)
>
> II – gestão democrática;
>
> (...)

---

(6) Havia alguma resistência doutrinária e jurisprudencial da lavra daqueles que privilegiavam o aspecto formal do vínculo cooperativo em detrimento da realidade fática vivenciada.

(7) DELGADO, Mauricio Godinho. *Curso de Direito do Trabalho*. São Paulo: LTr, 2011. p. 328.

IV – autonomia e independência;

(...)

X – respeito às decisões de asssembleia, observado o disposto nesta Lei;

(...)

XI – participação na gestão em todos os níveis de decisão de acordo com o previsto em lei e no Estatuto Social."

Assim, a nova regra consagra o princípio e deverá ser vista tanto para afirmar direitos básicos dos cooperados (previstos na Lei n. 12.690/2012) quanto para, eventualmente em casos de sua inobservância no plano fático, atrair direitos trabalhistas próprios de empregados.

Talvez o mais importante controle civilizatório da contratação de trabalho cooperado seja aquele construído pelo então Juiz Mauricio Godinho Delgado quando ainda atuava no primeiro grau de jurisdição trabalhista mineiro: *o princípio da retribuição pessoal diferenciada*:

> "de fato, o que justifica a existência da cooperativa – e as vantagens que essa figura recebe da ordem jurídica – é a circunstância de que ela potencia as atividades humanas e das organizações cooperadas. As cooperativas são protegidas pelo Direito porque potenciam o trabalho humano. Efetivamente, a cooperativa permite que o cooperado obtenha uma retribuição pessoal, em virtude de sua atuação autônoma, superior àquilo que obteria caso não estivesse associado. A retribuição pessoal de cada cooperado é, necessariamente (ainda que em potencial), superior àquela alcançada caso atuando isoladamente"(8).

Ora, somente haverá relação de trabalho cooperado, e consequentemente o afastamento do vínculo de emprego, se o trabalhador autônomo receber, através da sua cooperativa, melhor inserção profissional do que a que receberia se empregado fosse ou, ainda, do que aquela que teria atuando isoladamente.

Deve haver um *complexo de vantagens*, inclusive de cunho econômico, superior àquele que receberia o trabalhador atuando isoladamente (autônomo) ou por conta alheia (como empregado).

O legislador de 2012, com a Lei n. 12.690, chegou próximo da consagração do princípio da retribuição pessoal diferenciada, ao fixar um patamar mínimo de proteção ao trabalhador cooperado, que embora não seja empregado, tem, desde então, direitos básicos em sua prestação laborativa. Em tal sentido a regra do art. 7º da Lei n.12.690/2012:

> "Art. 7º A Cooperativa de Trabalho deve garantir aos sócios os seguintes direitos, além de outros que a Assembleia Geral venha a instituir:
>
> I – retiradas não inferiores ao piso da categoria profissional e, na ausência deste, não inferiores ao salário mínimo, calculadas de forma proporcional às horas trabalhadas ou às atividades desenvolvidas;
>
> II – duração do trabalho normal não superior a 8 (oito) horas diárias e 44 (quarenta e quatro) horas semanais, exceto quando a atividade, por sua natureza, demandar a prestação de trabalho por meio de plantões ou escalas, facultada a compensação de horários;
>
> III – repouso semanal remunerado, preferencialmente aos domingos;
>
> IV – repouso anual remunerado;
>
> V – retirada para o trabalho noturno superior à do diurno;
>
> VI – adicional sobre a retirada para as atividades insalubres ou perigosas;
>
> VII – seguro de acidente de trabalho.
>
> § 1º Não se aplica o disposto nos incisos III e IV do caput deste artigo nos casos em que as operações entre o sócio e a cooperativa sejam eventuais, salvo decisão assemblear em contrário.
>
> § 2º A Cooperativa de Trabalho buscará meios, inclusive mediante provisionamento de recursos, com base em critérios que devem ser aprovados em Assembleia Geral, para assegurar os direitos previstos nos incisos I, III, IV, V, VI e VII do caput deste artigo e outros que a Assembleia Geral venha a instituir.
>
> § 3º A Cooperativa de Trabalho, além dos fundos obrigatórios previstos em lei, poderá criar, em Assembleia Geral, outros fundos, inclusive rotativos, com recursos destinados a fins específicos, fixando o modo de formação, custeio, aplicação e liquidação.
>
> § 4º (VETADO).
>
> § 5º A Cooperativa de Trabalho constituída nos termos do inciso I do caput do art. 4º desta lei poderá, em Assembleia Geral Extraordinária, estabelecer carência na fruição dos direitos previstos nos incisos I e VII do *caput* deste artigo.

(8) DELGADO, Mauricio Godinho. *Curso de Direito do Trabalho*. São Paulo: LTr, 2011. p. 329.

§ 6º As atividades identificadas com o objeto social da Cooperativa de Trabalho prevista no inciso II do *caput* do art. 4º desta Lei, quando prestadas fora do estabelecimento da cooperativa, deverão ser submetidas a uma coordenação com mandato nunca superior a 1 (um) ano ou ao prazo estipulado para a realização dessas atividades, eleita em reunião específica pelos sócios que se disponham a realizá-las, em que serão expostos os requisitos para sua consecução, os valores contratados e a retribuição pecuniária de cada sócio partícipe."

O trabalhador cooperado receberá (diretamente) de sua cooperativa e (indiretamente) dos tomadores de seus serviços contraprestação justa e digna (retiradas vinculadas ao piso da categoria ou ao salário mínimo), não trabalhará mais do que o ordinário no Brasil (jornada de 8 horas e disponibilidade semanal máxima de 44 horas), terá repousos semanal e anual remunerados, além de acréscimo por trabalho noturno, insalubre ou perigoso, bem como a contratação de seguro em seu benefício.

Houve então a consagração de direitos mínimos, que deverão ser acrescidos de outros, a cargo da Assembleia Geral, para que se verifique sempre, na prática, a implementação do princípio da retribuição pessoal diferenciada como exigência legal, força da expressão "*além de outros que a Assembleia Geral venha a instituir*" prevista no *caput* do art. 7º da citada Lei n. 12.690/2012.

A responsabilidade pela preservação dos direitos mínimos é da sociedade cooperativa, devendo haver punição de seus gestores em caso de inobservância às regras protetivas mínimas fixadas, bem como daqueles que vierem a se valer ilicitamente da exploração laborativa, nos termos da regra contida no art. 18 da Lei n. 12.690/2012 e em conformidade com a regra do art. 2º da CLT, vez que serão estes reconhecidos como empregadores dos *pseudocooperados*, caso presentes os elementos fático-jurídicos caracterizadores da relação de emprego:

"Art. 18. A constituição ou utilização de Cooperativa de Trabalho para fraudar deliberadamente a legislação trabalhista, previdenciária e o disposto nesta Lei acarretará aos responsáveis as sanções penais, cíveis e administrativas cabíveis, sem prejuízo da ação judicial visando à dissolução da Cooperativa."

Somente haverá trabalho através de cooperativa se ausente a subordinação e presentes os dois princípios especiais destacados, observados os termos da Lei n. 12.690/2012. Ausente um dos três requisitos é possível o reconhecimento do vínculo empregatício, a despeito do disposto no parágrafo único do art. 442 da CLT, desde que, é claro, se façam presentes os requisitos do art. 3º da CLT.

A Lei n. 12.690/2012, sancionada pela Presidenta Dilma Roussef, consagra na prática princípios constitucionais elementares, como o da dignidade da pessoa humana e da valorização social do trabalho. A legislação é fruto do trabalho desenvolvido no âmbito da Secretaria Nacional de Economia Solidária, no âmbito do Ministério do Trabalho e Emprego, e sua justificativa é apresentada por Paul Singer:

"Efetivamente, em 2003 se multiplicavam cooperativas de trabalho falsas, formadas por empresários que demitiam seus empregados e os obrigavam a se filiar a uma cooperativa. Essas cooperativas não eram de seus pseudosócios (os trabalhadores), mas do empresário. Eram, portanto, falsas, conhecidas como cooperfraudes – numa cooperativa autêntica, os cooperados tomam decisões em assembleia. A fiscalização não distinguia cooperfraudes de cooperativas autênticas

(...)

A lógica da interpretação é que direitos do trabalho são parte dos direitos do homem. Enquanto houver trabalhadores por conta alheia, com direitos dos quais não podem abrir mão, e trabalhadores por conta própria, que não gozam desses direitos (e então têm uma vantagem competitiva no mercado de trabalho), os últimos sempre serão preferidos pelos empregadores. Custam bem menos.

Em época de falta de trabalho, ambos serão prejudicados: cooperados porque não são assalariados, estes porque não terão emprego.

A nova lei resolve os impasses, pois determina que todos os trabalhadores, por conta alheia e própria quando associados em cooperativa, têm os mesmos direitos"(9).

Assim, diante do exposto, percebe-se a realização do dever do Estado brasileiro de consagração de direitos mínimos mesmo para os não empregados, como é o caso dos cooperados, sempre que a situação fática indicar sua intervenção através da regra heterônoma protetiva.

---

(9) SINGER, Paul. Vida Nova para as Cooperativas de Trabalho. *Folha de São Paulo*, São Paulo, 16 jul. 2012. Opinião.

3. *ESTÁGIO: LEI N. 11.788/2008*

Importante, no mesmo sentido, a análise do vínculo de estágio na perspectiva da expansão de direitos. Há, aqui, entretanto, uma especificidade com relação ao tema geral e que deve ser, desde logo e minimamente, apresentada. Entendo, talvez isoladamente, que o vínculo de estágio não decorre de uma relação de trabalho, embora respeite, obviamente, a melhor doutrina em sentido contrário. Parece não haver essencialmente trabalho no vínculo estagiário, nem tampouco, obviamente, emprego. O que há (se respeitadas as finalidades do estágio) é eminentemente ato educativo escolar supervisionado, e não disposição de força produtiva no mercado. O concedente do estágio, sempre que o contrato for hígido, não explora trabalho alheio, mas, sim, concorre para a formação profissional de alguém. Entretanto, para efeito da análise aqui empreendida, melhor será a compreensão de Mauricio Godinho Delgado, que entende o vínculo estagiário como relação de trabalho e destaca, ao tratar da Lei n. 11.788/2008 no contexto da extensão do Direito do Trabalho, o seguinte:

> "Embora o novo diploma legal não tenha efetivamente estendido o Direito do Trabalho às relações educacionais e laborativas de estágio, em face do caráter e objetivos eminentemente pedagógicos da figura excetiva (mantendo, pois, o incentivo econômico ao concedente do estágio), o fato é que a Lei n. 11.788/2008 trouxe importantes regulações e proteções ao trabalhador estagiário, restringindo manifesto exagero liberalista do diploma legal precedente (Lei n. 6.494/1977). Nessa medida, a nova intervenção legal foi salutar, criando regras dirigidas a que esse contrato educativo-laboral especialíssimo realmente cumpra os objetivos que justificam sua existência"[(10)].

A inexistência de vínculo empregatício entre o estudante estagiário e o concedente do estágio é presunção legal (que admite prova em contrário) prevista no art. 3º da Lei n. 11.788/2008, "Lei de Estágio":

> "Art. 3º O estágio, tanto na hipótese do § 1º do art. 2º desta Lei quanto na prevista no § 2º do mesmo dispositivo, não cria vínculo empregatício de qualquer natureza, observados os seguintes requisitos: I – matrícula e freqüência regular do educando em curso de educação superior, de educação profissional, de ensino médio, da educação especial e nos anos finais do ensino fundamental, na modalidade profissional da educação de jovens e adultos e atestados pela instituição de ensino; II – celebração de termo de compromisso entre o educando, a parte concedente do estágio e a instituição de ensino; III – compatibilidade entre as atividades desenvolvidas no estágio e aquelas previstas no termo de compromisso."

É claro, entretanto, que se o vínculo formal de estágio for utilizado apenas como veículo de fraude à lei, deve haver o reconhecimento do contrato de emprego, caso evidenciados, no planto fático, os requisitos do art. 3º da CLT.

O vínculo de estágio será preservado íntegro, ou seja, sem que haja o reconhecimento do contrato de emprego, se observados seus requisitos formais e materiais, adiante tratados.

A Lei n. 11.788/2008 trouxe expressamente aquilo que já era construção jurisprudencial por força de interpretação da norma anterior (Lei n. 6.494/1974), ou seja, o reconhecimento do vínculo de emprego (desde que existentes seus requisitos) nos casos de fraude, nos termos de seus arts. 15 e 3º, § 2º:

> "Art. 15. A manutenção de estagiários em desconformidade com esta Lei caracteriza vínculo de emprego do educando com a parte concedente do estágio para todos os fins da legislação trabalhista e previdenciária."
>
> "Art. 3º O estágio, tanto na hipótese do § 1º do art. 2º desta Lei quanto na prevista no § 2º do mesmo dispositivo, não cria vínculo empregatício de qualquer natureza, observados os seguintes requisitos:
>
> (...)
>
> § 2º O descumprimento de qualquer dos incisos deste artigo ou de qualquer obrigação contida no termo de compromisso caracteriza vínculo de emprego do educando com a parte concedente do estágio para todos os fins da legislação trabalhista e previdenciária."

Vale esclarecer que o simples *descumprimento* da lei específica não gera o vínculo empregatício. Na verdade o descumprimento das exigências legais descaracteriza o contrato de estágio, mas apenas haverá em decorrência disso a relação empregatícia se,

(10) DELGADO, Gabriela Neves, DELGADO, Mauricio Godinho. *"Constituição da República e Direitos Fundamentais: Dignidade da Pessoa Humana, Justiça Social e Direito do Trabalho.* São Paulo: LTr, 2012. p. 119.

no caso concreto, estiverem presentes os requisitos do art. 3º da CLT. Em tese pode haver situação fática em que o trabalhador não é estagiário, por descumprimento das regras próprias, ou tampouco empregado, por se revelar autônomo, eventual ou voluntário, por exemplo.

A definição atual de estágio é aquela trazida pelo art. 1º da Lei n. 11.788/2008:

> "Art. 1º Estágio é ato educativo escolar supervisionado, desenvolvido no ambiente de trabalho, que visa à preparação para o trabalho produtivo de educandos que estejam frequentando o ensino regular em instituições de educação superior, de educação profissional, de ensino médio, da educação especial e dos anos finais do ensino fundamental, na modalidade profissional da educação de jovens e adultos."

Uma crítica inicial deve ser feita à inserção, na condição de estagiários, dos estudantes do ensino médio. Trata-se de regra precarizante, pois pouquíssimo provável que possa haver na pactuação mantida a necessária complementação prática do conteúdo visto pelo aluno no ensino médio[11]. É assim frustrada a finalidade principal do estágio, que é a complementação do ensino através da prática.

A legislação atual percebeu a realidade vivenciada sob a égide da Lei n. 6.494/1977 e consagrou expressamente dois tipos de estágio, nos termos do art. 2º da Lei n. 11.788/2008:

> "Art. 2º O estágio poderá ser obrigatório ou não-obrigatório, conforme determinação das diretrizes curriculares da etapa, modalidade e área de ensino e do projeto pedagógico do curso. § 1º Estágio obrigatório é aquele definido como tal no projeto do curso, cuja carga horária é requisito para aprovação e obtenção de diploma. § 2º Estágio não-obrigatório é aquele desenvolvido como atividade opcional, acrescida à carga horária regular e obrigatória."

No que concerne aos cursos jurídicos, exemplificativamente, o estágio obrigatório (curricular) é aquele realizado junto aos departamentos de assistência judiciária ou congêneres, nos quais o aluno complementa, na prática, seu aprendizado sobre o Direito. É, regra geral, requisito para conclusão do curso. Os estágios não-obrigatórios (extracurriculares) são aqueles em que o acadêmico, caso queira, contrata com escritórios de Advocacia e que, quando muito, são vistos como parte integrante das atividades extracurriculares do curso. No primeiro caso não há bolsa, mas pagamento de mensalidade pelo aluno (em instituições privadas e, nestas, como regra geral), enquanto no segundo caso há a necessidade do pagamento de uma bolsa pelo concedente do estágio.

Um dos requisitos elementares para que haja estágio e não emprego é que seja possível a complementação do ensino na prática, além de outros requisitos, que o Prof. Mauricio Godinho Delgado divide em formais e materiais[12].

Requisitos formais são a *qualificação das partes*, a existência de um *termo de compromisso*, a designação de um *professor orientador* na instituição de ensino e de um *supervisor* no âmbito do concedente do estágio e, por fim, a observância de *vantagens legais* ou direitos do estagiário.

São três as partes contratantes de estágio e que devem ser qualificadas no termo de compromisso: o estagiário (art. 1º, Lei n. 11.788/2008), o concedente do estágio (art. 9º, Lei n. 11.788/2008) e a instituição de ensino (art. 7º, Lei n. 11.788/2008).

O termo de compromisso será devidamente produzido e assinado pelas três partes, observados os rigores dos arts. 3º, inciso II; 16 e 7º, inciso I da Lei n. 11.788/2008, devendo o instrumento formal indicar as condições de adequação do estágio à proposta pedagógica do curso, à etapa e modalidade da formação escolar do estudante e ao horário e calendário escolares. A inobservância ao disposto pelas partes no termo de compromisso poderá ensejar o reconhecimento do vínculo empregatício, caso presentes os requisitos do art. 3º da CLT.

Como o estágio é ato educativo escolar supervisionado, desenvolvido no ambiente de trabalho, que visa à preparação para o trabalho produtivo, há a necessidade (ainda que de difícil, custosa ou de pouco significativa implementação prática) de seu acompanhamento direto pela instituição de ensino. Assim deve haver, além da designação de um supervisor no âmbito do concedente do estágio, a disponibilidade de um Professor orientador de estágios na instituição de ensino, nos termos dos arts. 3º, § 1º e 7º, inciso IV, da Lei n. 11.788/2008.

Por fim, deve haver observância às vantagens conferidas pela lei ao estagiário. São elas, em síntese: a) jornada limitada: art. 10, Lei n. 11.788/2008; b)

---

(11) É claro que aqui não me refiro ao ensino profissionalizante, técnico, de nível médio.

(12) DELGADO, Mauricio Godinho. *Curso de Direito do Trabalho*. São Paulo: LTr, 2011.

recesso anual: art. 13, Lei n. 11.788/2008; c) limite de estagiários: art.11, Lei n. 11.788/2008; d) seguro: art. 9º, IV, Lei n. 11.788/2008; e) saúde e segurança: art. 14, Lei 11.788/2008; f) bolsa e auxílio-transporte: art. 12, Lei n. 11.788/2008, no caso de estágio não obrigatório (extracurricular). Facultativamente poderá o concedente do estágio prever: a) bolsa e auxílio-transporte para contratos de estágio obrigatório: art. 12, Lei n. 11.788/2008 e, b) alimentação, saúde, etc.: art. 12, §1º, Lei n. 11.788/2008.

Houve, aqui, a consagração de direitos mínimos aos estagiários (estágio extracurricular), que deverão receber contraprestação pelo trabalho, terão limite de jornada, recesso anual, descanso semanal, auxílio-transporte, seguro e respeito às regras básicas de saúde e segurança no trabalho. É possível compreender a expansão de direitos a tais trabalhadores não empregados como forma de valorização social do trabalho e de realização da dignidade da pessoa humana. Nesta linha, imperioso interpretar a regra do art. 12 da Lei de Estágio como obrigação de pagamento do salário-mínimo-hora, pelo menos, para que se realize, assim, a finalidade precípua da exigência legal.

Mais importantes do que os requisitos formais tendem a ser, na prática cotidiana, os requisitos materiais. São eles, nos termos da lei e da doutrina do Prof. Mauricio Godinho Delgado: 1. *possibilidade de experiência prática*: art. 9º, II, Lei n. 11.788/2008. 2. *harmonia entre formação educacional e profissional*. 3. *complementação do ensino na prática*[13]. Em tal sentido, com o devido respeito, pouco provável que os estudantes do ensino médio consigam, no plano jurídico e observados os rigores da lei, firmar contratos de estágio válidos.

A essência do estágio é a possibilidade de alguém (concedente do estágio) se ocupar da complementação prática da formação profissional e acadêmica de outrem (estagiário), sob a orientação da instituição de ensino a que se vincula o estagiário. Assim, somente haverá relação de estágio suficiente a afastar o vínculo empregatício se o estudante puder, no cotidiano da relação mantida, vivenciar na prática o que aprende na escola.

Ainda que não seja empregado e partindo do suposto de que é trabalhador receberá o estagiário tutela mínima específica como forma de valorização social e de realização da dignidade preconizada na Constituição da República Federativa do Brasil.

(13) DELGADO, Mauricio Godinho. *Curso de Direito do Trabalho*. 11. ed. São Paulo: LTr, 2012.

4. TRABALHADOR AVULSO NÃO PORTUÁRIO: LEI N. 12.023/2009

O trabalhador avulso não portuário, popularmente tratado por "chapa", é figura bastante antiga e conhecida no mercado de trabalho brasileiro, tendo recebido, somente em 2009, especial proteção quanto à sua prestação laborativa. Georgenor de Sousa Franco Filho define as características do trabalho historicamente empreendido pelos "chapas":

> "É o antigo chapa, um trabalhador sem vínculo empregatício e sem proteção alguma, que antes se colocava às proximidades dos locais onde costumeiramente eram feitas carga e descarga de mercadorias diversas, e era chamado sem critério para a tarefa, recebia uma quantia qualquer pelo esforço despendido, ia embora, retornava no dia seguinte, fazia as mesmas coisas, e assim repetia dia após dia, a rotina do trabalho sem nenhuma espécie de benefício"[14].

A movimentação de mercadorias em geral, atividade laborativa tratada pela Lei n. 12.023/2009, pode ser empreendida tanto por trabalhadores empregados quanto por avulsos (art. 3º), em áreas urbanas ou rurais e, no caso destes (objeto do presente estudo), necessariamente mediante intermediação do sindicato da categoria (art. 1º).

Compreendeu o Estado a necessidade de tutela especial dos trabalhadores não-empregados envolvidos nas diversas atividades de movimentação de mercadorias em geral previstas pelo artigo 2º da Lei n. 12.023/2009:

> "Art. 2º São atividades da movimentação de mercadorias em geral:
>
> I – cargas e descargas de mercadorias a granel e ensacados, costura, pesagem, embalagem, enlonamento, ensaque, arrasto, posicionamento, acomodação, reordenamento, reparação da carga, amostragem, arrumação, remoção, classificação, empilhamento, transporte com empilhadeiras, paletização, ova e desova de vagões, carga e descarga em feiras livres e abastecimento de lenha em secadores e caldeiras;
>
> II – operações de equipamentos de carga e descarga;
>
> III – pré-limpeza e limpeza em locais necessários à viabilidade das operações ou à sua continuidade."

(14) FRANCO FILHO, Georgenor de Sousa. Trabalhador Avulso Não-Portuário – A situação do Chapa. *Revista LTr*, São Paulo: LTr, vol. 76, maio, 2012. p. 544.

A fruição de direitos pelos "chapas" depende de sua organização coletiva em sindicatos, que terão obrigações diversas na gestão da mão-de-obra avulsa e que exigirão dos contratantes da força produtiva contraprestação suficiente à sua observância integral. Tal se dá em vista da dificuldade consistente em exigir o cumprimento das obrigações diretamente na linha bilateral de contratação de trabalho sem vínculo empregatício, vez que as tarefas são de curta duração e, regra geral, marcadas pelo caráter da eventualidade. Assim os sindicatos, por si e por seus dirigentes, se obrigam nos seguintes termos:

> "Art. 5º São deveres do sindicato intermediador:
>
> I – divulgar amplamente as escalas de trabalho dos avulsos, com a observância do rodízio entre os trabalhadores;
>
> II – proporcionar equilíbrio na distribuição das equipes e funções, visando à remuneração em igualdade de condições de trabalho para todos e a efetiva participação dos trabalhadores não sindicalizados;
>
> III – repassar aos respectivos beneficiários, no prazo máximo de 72 (setenta e duas) horas úteis, contadas a partir do seu arrecadamento, os valores devidos e pagos pelos tomadores do serviço, relativos à remuneração do trabalhador avulso;
>
> IV – exibir para os tomadores da mão de obra avulsa e para as fiscalizações competentes os documentos que comprovem o efetivo pagamento das remunerações devidas aos trabalhadores avulsos;
>
> V – zelar pela observância das normas de segurança, higiene e saúde no trabalho;
>
> VI – firmar Acordo ou Convenção Coletiva de Trabalho para normatização das condições de trabalho.
>
> § 1º Em caso de descumprimento do disposto no inciso III deste artigo, serão responsáveis, pessoal e solidariamente, os dirigentes da entidade sindical.
>
> § 2º A identidade de cadastro para a escalação não será a carteira do sindicato e não assumirá nenhuma outra forma que possa dar ensejo à distinção entre trabalhadores sindicalizados e não sindicalizados para efeito de acesso ao trabalho."

As empresas tomadoras do trabalho avulso, que são aquelas que se apropriam da força produtiva dos "chapas", respondem solidariamente pela efetiva remuneração do trabalho contratado e são responsáveis pelo recolhimento dos encargos fiscais e sociais, bem como das contribuições ou de outras importâncias devidas à Seguridade Social, no limite do uso que fizerem do trabalho avulso intermediado pelo sindicato (art. 8º).

Assim, os avulsos não portuários organizados em sindicatos passaram a ter, desde 2009, direitos mínimos que garantem sua inserção profissional protegida, nos termos da regra do art. 4º da Lei n. 12.023/2009, com destaque para o conteúdo de seu inciso III:

> "Art. 4º O sindicato elaborará a escala de trabalho e as folhas de pagamento dos trabalhadores avulsos, com a indicação do tomador do serviço e dos trabalhadores que participaram da operação, devendo prestar, com relação a estes, as seguintes informações:
>
> I – os respectivos números de registros ou cadastro no sindicato;
>
> II – o serviço prestado e os turnos trabalhados;
>
> III – as remunerações pagas, devidas ou creditadas a cada um dos trabalhadores, registrando-se as parcelas referentes a:
>
> a) repouso remunerado;
>
> b) Fundo de Garantia por Tempo de Serviço;
>
> c) 13º salário;
>
> d) férias remuneradas mais 1/3 (um terço) constitucional;
>
> e) adicional de trabalho noturno;
>
> f) adicional de trabalho extraordinário."

Trata-se de inserção profissional protegida e valorizada, o que, também aqui, dá concretude aos princípios constitucionais de valorização do trabalho e dos cidadãos trabalhadores, sejam ou não empregados.

5. MOTORISTAS PROFISSIONAIS NÃO EMPREGADOS: LEI N. 12.619/2012

Em 2012 foi sancionada a Lei n. 12.619, de 30 de abril, que tratou de regulamentar a profissão de motorista através de alterações no texto celetista (o que não será objeto de análise detida no presente estudo, por se tratar de relação de emprego)[15] e que fixou limites de jornada e obrigação de intervalos para estes trabalhadores, empregados ou não, através de novas regras inseridas também no Código de Trânsito Brasi-

(15) A Lei n. 12.619/2012, no que concerne aos motoristas empregados, deixou claro o que já era perceptível: os limites de jornada, os intervalos intrajornada e entrejornada, o direito ao adicional noturno e à legal redução ficta da hora noturna, dentre outros, também se aplicam à categoria, ainda que em trabalho externo.

leiro. Os destinatários da norma, especificamente no que concerne aos motoristas profissionais não empregados, são aqueles que dirigem veículos de transporte e de condução escolar, de transporte de passageiros com mais de dez lugares e os de transporte de carga com peso bruto total superior a 4.536 kg[(16)].

A finalidade da regra fixada, tanto para motoristas empregados quanto para transportadores autônomos de carga (TAC) e outros profissionais não-empregados, foi limitar o excesso de trabalho a que vinham sendo submetidos indistintamente, o que é benéfico não só para a saúde destes, mas, também, para a preservação da vida no trânsito em geral. No âmbito da relação empregatícia a medida legislativa foi simples e em certo sentido redundante, no sentido de responsabilizar o empregador pelo respeito ao limite de jornada. Por outro lado, tal medida não foi possível em relação aos motoristas profissionais não empregados, vez que não se subordinam aos contratantes de seus serviços de transporte.

Assim, diante da realidade brasileira e da necessidade de proteção a todos os que trafegam pelo país, a análise a ser empreendida tem uma particularidade no mínimo desconcertante: a inserção dos direitos de descanso para os motoristas profissionais não empregados se deu sob a forma de punição para aqueles que descumprirem as exigências legais, ou seja, principalmente aos próprios destinatários da regra protetiva...[(17)].

Inobstante tal estratégia de ação legislativa é possível compreender, sem maiores dúvidas, a consagração de direitos mínimos aos trabalhadores motoristas profissionais não empregados, sobretudo aqueles no transporte de cargas. Trata-se de proteção à parte hipossuficiente de relação capital-trabalho, vez que não é crível que o motorista profissional opte, seja por deleite, por vocação ou por abnegação, pelo desgaste consistente em dirigir exaustivamente. O que há, na verdade, são as exigências do mercado capitalista que limitam a vontade do trabalhador do transporte. Assim sendo, cabe ao Estado intervir na relação entre capital e trabalho para fixar limites de exploração da força produtiva, o que caracteriza a Lei n. 12.619/2012 no mesmo patamar das demais anteriormente comentadas.

Não podendo exigir diretamente do contratante dos serviços de transporte que não é empregador o respeito ao limite de jornada fixou a Lei n. 12.619/2012 restrições direcionadas aos motoristas profissionais e que representam, compreendam hoje ou não, direitos que revelam valorização social de seu trabalho.

Assim, são direitos dos trabalhadores motoristas profissionais não empregados, com relação à sua disposição laborativa, os seguintes limites inseridos no novo art. 67-A do Código de Trânsito Brasileiro:

> "Art. 67-A. É vedado ao motorista profissional, no exercício de sua profissão e na condução de veículo mencionado no inciso II do art. 105 deste Código, dirigir por mais de 4 (quatro) horas ininterruptas.
>
> § 1º Será observado intervalo mínimo de 30 (trinta) minutos para descanso a cada 4 (quatro) horas ininterruptas na condução de veículo referido no *caput*, sendo facultado o fracionamento do tempo de direção e do intervalo de descanso, desde que não completadas 4 (quatro) horas contínuas no exercício da condução.
>
> § 2º Em situações excepcionais de inobservância justificada do tempo de direção estabelecido no *caput* e desde que não comprometa a segurança rodoviária, o tempo de direção poderá ser prorrogado por até 1 (uma) hora, de modo a permitir que o condutor, o veículo e sua carga cheguem a lugar que ofereça a segurança e o atendimento demandados.
>
> § 3º O condutor é obrigado a, dentro do período de 24 (vinte e quatro) horas, observar um intervalo de, no mínimo, 11 (onze) horas de descanso, podendo ser fracionado em 9 (nove) horas mais 2 (duas), no mesmo dia.
>
> § 4º Entende-se como tempo de direção ou de condução de veículo apenas o período em que o condutor estiver efetivamente ao volante de um veículo em curso entre a origem e o seu destino, respeitado o disposto no § 1º, sendo-lhe facultado descansar no interior do próprio veículo, desde que este seja dotado de locais apropriados para a natureza e a duração do descanso exigido.
>
> § 5º O condutor somente iniciará viagem com duração maior que 1 (um) dia, isto é, 24 (vinte e quatro) horas após o cumprimento integral do intervalo de descanso previsto no § 3º.
>
> § 6º Entende-se como início de viagem, para os fins do disposto no § 5º, a partida do condutor logo após o carregamento do veículo, considerando-se como continuação da viagem as partidas nos dias subsequentes até o destino."

(16) Nos termos das regras contidas nos artigos 67-A e 105, inciso II, do Código de Trânsito Brasileiro.

(17) Tal situação gerou protestos de caminhoneiros em todo o Brasil, que insistem em trabalhar sem a observância de períodos mínimos de descanso e que não concordam com as punições estabelecidas pela Lei n. 12.619/2012. Por enquanto, na verdade, parecem não ver a limitação de jornada e a efetivação de períodos mínimos de descanso como *direitos*, o que tende a se modificar tão logo os benefícios sejam percebidos pela categoria.

Pela lei, todos os motoristas profissionais destinatários da norma, empregados ou não, fazem jus ao limite de jornada, ao descanso semanal e aos intervalos intra e entrejornadas, pois traduzem vantagens elementares que não só consagram direitos, mas, também, melhoram a segurança nas estradas do Brasil.

Conforme o exposto a responsabilidade pelo respeito à regra protetiva é do principal destinatário da proteção, que é o motorista profissional não empregado, nos termos da regra do art. 67-C do Código de Trânsito Brasileiro:

> "Art. 67-C. O motorista profissional na condição de condutor é responsável por controlar o tempo de condução estipulado no art. 67-A, com vistas na sua estrita observância.
>
> Parágrafo único. O condutor do veículo responderá pela não observância dos períodos de descanso estabelecidos no art. 67-A, ficando sujeito às penalidades daí decorrentes, previstas neste Código."

Tal responsabilidade primária não isenta o contratante dos serviços de obrigações para a concretização do direito, nos termos das regras contidas no § 7º do art. 67-A do Código de Trânsito Brasileiro e do artigo 9º da Lei n. 12.619/2012:

> "Art. 67-A. É vedado ao motorista profissional, no exercício de sua profissão e na condução de veículo mencionado no inciso II do art. 105 deste Código[18], dirigir por mais de 4 (quatro) horas ininterruptas.
>
> (...)
>
> § 7º Nenhum transportador de cargas ou de passageiros, embarcador, consignatário de cargas, operador de terminais de carga, operador de transporte multimodal de cargas ou agente de cargas permitirá ou ordenará a qualquer motorista a seu serviço, ainda que subcontratado, que conduza veículo referido no caput sem a observância do disposto no § 5º."
>
> "Art. 9º As condições sanitárias e de conforto nos locais de espera dos motoristas de transporte de cargas em pátios do transportador de carga, embarcador, consignatário de cargas, operador de terminais de carga, operador intermodal de cargas ou agente de cargas, aduanas, portos marítimos, fluviais e secos e locais para repouso e descanso, para os motoristas de transporte de passageiros em rodoviárias, pontos de parada, de apoio, alojamentos, refeitórios das empresas ou de terceiros terão que obedecer ao disposto nas Normas Regulamentadoras do Ministério do Trabalho e Emprego, dentre outras."

Ora, se a Lei n. 12.619/2012 traz mais segurança para o trabalhador, se valoriza o seu trabalho e protege o seu descanso, se impõe condições para o respeito à sua inserção profissional no sistema capitalista, então uma conclusão se impõe: trata-se de regra indisponível, que respeita os princípios constitucionais básicos do cidadão trabalhador (art. 1º, III e IV; art. 3º, III e art. 6º) e que deve ser compreendida como norma de extensão de direitos mínimos àqueles que, mesmo não sendo empregados, demandam tutela específica, ainda que fixada através de regra punitiva (CTB).

6. CONCLUSÃO

Diante de todo o exposto é possível compreender um novo direcionamento do Estado brasileiro no sentido da consagração de direitos mínimos a trabalhadores não-empregados em situações específicas de prestação laborativa, com destaque, aqui, para cooperados, estagiários, "chapas" e motoristas profissionais.

Importante também perceber o abandono da postura neoliberal característica dos anos 1990, momento em que o Poder Executivo implementou alterações legislativas em sentido diametralmente oposto, pois as medidas eram sempre para restringir direitos trabalhistas dos empregados.

Que o Brasil continue seguindo o caminho da proteção, pois somente assim concretizará, no plano dos fatos, os princípios constitucionais previstos desde 1988 e que devem ser compreendidos como direitos de todos os cidadãos trabalhadores.

7. REFERÊNCIAS BIBLIOGRÁFICAS

ALVES, Amauri Cesar. *Novo Contrato de Emprego: parassubordinação trabalhista*. São Paulo: LTr, 2005.

DELGADO, Gabriela Neves, DELGADO, Mauricio Godinho. *Constituição da República e Direitos Fundamentais: Dignidade da Pessoa Humana, Justiça Social e Direito do Trabalho.* São Paulo: LTr, 2012.

DELGADO, Mauricio Godinho. *Curso de Direito do Trabalho.* 11. ed. São Paulo: LTr, 2012.

FRANCO FILHO, Georgenor de Sousa. Trabalhador Avulso Não-Portuário – A situação do Chapa. *Revista LTr,* São Paulo: LTr, vol. 76, maio, 2012.

SINGER, Paul. "Vida Nova para as Cooperativas de Trabalho". *Folha de São Paulo,* São Paulo, 16 jul. 2012. Opinião.

---

(18) Veículos de transporte e de condução escolar, os de transporte de passageiros com mais de dez lugares e os de carga com peso bruto total superior a quatro mil, quinhentos e trinta e seis quilogramas.

Parte XIV

A FIGURA DO DIRETOR NO DIREITO DO TRABALHO

Capítulo 22

A Situação Jurídica do Diretor: Empregado ou Não Empregado?

Wânia Guimarães Rabêllo de Almeida(*)

> *"O capitalista não é capitalista por ser dirigente industrial, mas ele tem o comando industrial porque é capitalista"(**)*

1. INTRODUÇÃO

Este ensaio versa sobre a situação jurídica do diretor de empresa. A questão é enfrentada considerando a situação jurídica do trabalhador que não mantém vínculo com a empresa e é por ela contratado para ser seu diretor e do empregado alçado à condição de diretor da empresa-empregadora. O ensaio é dividido em quatro partes, às quais se seguirá uma conclusão sobre a questão proposta.

2. *RELAÇÃO DE EMPREGO. EMPREGADOR E EMPREGADO*

Antes de enfrentar a questão objeto do presente ensaio, cumpre fixar algumas premissas, dentre as quais o conceito de relação de emprego, empregador e empregado.

Para fixação dos conceitos de relação de emprego, empregador e empregado toma-se como ponto de partida os arts. 2º e 3º da CLT.

De acordo com o art. 2º da CLT, empregador é a empresa, individual ou coletiva, que, assumindo os riscos da atividade econômica, assalaria e dirige a prestação pessoal de serviços. Por outro lado, consoante o art. 3º da CLT, empregado é a pessoa física que presta serviços de forma não eventual a empregador, sob a dependência deste e mediante salário.

Destarte, é lícito afirmar que a relação de emprego é a relação jurídica que tem como objeto o trabalho humano prestado a outrem, de forma pessoal, não eventual, subordinada e remunerada.

Na linha de raciocínio, empregador é a pessoa, física ou jurídica, ou ente despersonalizado que contrata, assalaria e dirige a prestação pessoal de serviços do trabalhador, assumindo os riscos da sua atividade, sendo empregado o trabalhador que presta a outrem serviços pessoais, não eventuais e subordinados, mediante remuneração.

Empregador não é somente aquele que desenvolve atividade econômica. É o que se infere do art. 2º, §1º, da CLT, quando estabelece que são equiparadas ao empregador (empregador por equiparação) os profissionais liberais, as instituições de beneficência, as associações recreativas ou outras instituições sem fins lucrativos que admitem trabalhadores como empregados.

É importante ressaltar que o art. 2º da CLT considera empregador a empresa, operando a despersonalização do empregador.

Esta opção é criticada pela doutrina, sob o argumento de que empresa não é sujeito de

---

(*) Advogada. Professora. Mestre em Direito de Empresas pela Fundação Dom Cabral. Mestre e doutoranda em Direito do Trabalho pela PUC-MG.

(**) Karl Marx. *O Capital: crítica da economia política*. Livro I. v. 1. 24 ed. Trad. Reginaldo Sant'anna. Rio de Janeiro: Civilização Brasileira, 2006. p. 385.

direito[1], salvo a empresa pública, por força do Decreto-lei n. 200. Há, entretanto, quem refute essa crítica, sustentando que, quando o legislador considera empregador a empresa, não a está subjetivando, mas esclarecendo que o empregado, ao contratar os seus serviços, não o faz com a pessoa física do empregador, por ser efêmera, acidental, mas com o organismo duradouro, que é a empresa.

A relação de emprego envolve o trabalho por conta alheia, assinalando Manuel Alonso Olea que, "é por conta alheia o trabalho quando os frutos ou os resultados pertencem originariamente à pessoa distinta (empresário) da que executa o trabalho (trabalhador) [...]. Por outras palavras: trabalhador e empresário devem assumir obrigações recíprocas – das quais emergem direitos correlativos e contrapostos – de um lado, a cessão dos frutos do trabalho; de outro, o de remunerá-los. A obrigação do trabalhador e o correspondente direito do empresário se transferem dos resultados ao próprio trabalho, qualquer que seja o fator que se tome para fixar a remuneração, quando aqueles, em virtude da divisão do trabalho, não são propriamente tais, mas sim contribuições parciais dentro do processo de produção [...]. Pois bem: o contrato em virtude do qual o trabalhador e o empresário assumem obrigações recíprocas de cessão do trabalho e de remuneração do trabalho cedido é o contrato de trabalho"[2].

Há na relação de emprego uma transferência dos frutos do trabalho para o empregador. Daí se falar que a relação de emprego envolve o trabalho por conta alheia.

De outro lado, o trabalhador se encontra, na relação de emprego, em situação de dependência, sendo que "a dependência significa que uma pessoa está sujeita à vontade de outra, porém não através de uma submissão psicológica, de uma vinculação social, de uma obediência pessoal cega, ao mero capricho subjetivo do que manda, senão é uma submissão funcional, em virtude da qual se unificam ou coordenam diversas atividades"[3].

A subordinação implica sujeição do trabalhador ao poder empregatício, sendo que este se subdivide em três áreas: poder de direção, poder regulamentar e poder disciplinar. "o poder de direção é um poder geral de comando do empregador sobre os seus subordinados, no tempo e no local de trabalho. Pode conceber-se como um poder residual, relativamente às duas outras vertentes (regulamentar e disciplinar) [...]. O poder regulamentar cifra-se no direito de o empregador poder elaborar o regulamento interno: documento escrito, onde se fixam unilateralmente as directivas mais genéricas, mais abstractas e mais duradouras. O poder disciplinar é a susceptibilidade que a entidade patronal tem de punir com medidas disciplinares, as infrações laborais cometidas pelos seus trabalhadores"[4].

Ao empregador é concedido o poder de dar ordens e instruções sobre o trabalho ao empregado, "esta é a essência do poder de direção do empresário. Os demais elementos que o integram são secundários, sob o ponto de vista lógico e jurídico: determinação do lugar em que o trabalho deva ser prestado, do tempo a dedicar ao mesmo, das matérias-primas a utilizar, da maquinaria e das ferramentas a mane-

(1) Neste sentido, Orlando Gomes e Elson Gottschalk afirmam que, "o empregador é a pessoa natural, ou jurídica. Entretanto, a Consolidação das Leis do Trabalho comete o imperdoável erro de definir empregador como sendo a empresa [...]. Tal definição é um dos muitos equívocos a que foi levado o consolidador pela absorvente ideia de que se imbuiu de institucionalizar o Direito do Trabalho, conforme já assinalamos. A mesma orientação levou-o a definir contrato de trabalho como acordo tácito ou expresso, correspondente à relação de emprego. Apesar da força da ideia que se deixou empolgar pela teoria institucional, o espírito contratualista palpita no inteiro corpo da obra. Não é difícil, entretanto, apontar as contradições oriundas dessa posição teórica. Veja-se, por exemplo, a seguinte: se empregador é a empresa, esta não pode sofrer ofensas físicas; não obstante, está entre as justas causas rescisivas do contrato o ato lesivo da honra e da boa fama ou ofensas físicas contra o empregador. Admitir-se-iam, assim, ofensas físicas contra a empresa. A afirmação de que a empresa é empregador suscita o problema teórico da sua personalização." (GOMES, Orlando; GOTTSCHALK, Elson. *Curso de direito do trabalho*. 17. ed. Rio de Janeiro: Forense, 2006. p. 102).

(2) OLEA, Manuel Alonso. *Introdução ao direito do trabalho*. 2 ed. Tradução de C. A. Barata da Silva. Porto Alegre: Sulina, 1969. p. 162-163. Outrossim, o "fundamento central da relação de trabalho é a propriedade, precisamente porque o caráter singular desta relação é o intercâmbio entre proprietários e não-proprietários. Entretanto, essa questão é ocultada no Direito do Trabalho. A ênfase que o juslaboralismo confere ao poder diretivo atua, de certa medida, como ocultadora e naturalizadora desta relação entre proprietário e não proprietário. O contrato de trabalho aparece, então, como o momento jurídico de legitimação da subordinação, embora antes mesmo de contratar, o trabalhador já é dependente por não ser proprietário." (Murilo Carvalho Sampaio Oliveira. A ressignificação da dependência econômica. *Revista LTr* v. 76, n. 12, São Paulo: LTr, dezembro de 2012. p. 1467).

(3) Eugenio Pérez Botija. *Curso de derecho del trabajo*. Madri: TECNOS, 1948. p. 29.

(4) F. Jorge Coutinho de Almeida. Poder empresarial: fundamento, conteúdo, limites. In *Temas de direito do trabalho: direito do trabalho na crise poder empresarial e greves atípicas*. Coimbra: Coimbra Editora, 1990. p. 313-314.

jar, de forma como estas e aquela devem ser usadas pelo trabalhador, etc. Em suma, o poder de comando envolve todas as decisões sobre o modo do trabalho, para empregar-se uma expressão de maior amplitude [...]. A consequência do poder de direção do empresário é a subordinação ou dependência do trabalhador"[5].

Estabelecidas estas premissas, adentra-se ao exame da questão objeto do presente ensaio.

3. SITUAÇÃO JURÍDICA DO DIRETOR SEM VÍNCULO PRÉVIO COM A EMPRESA

A hipótese é daquele profissional que não mantém vínculo com a empresa e é eleito para exercer o cargo de diretor.

Para esta situação, existem duas correntes de pensamento: clássica (ou tradicional) e moderna (ou intervencionista).

A vertente clássica sustenta a incompatibilidade da condição de diretor com a de empregado, enquanto a moderna admite a possibilidade da coexistência da condição de diretor com a de empregado.

Neste sentido, Mauricio Godinho Delgado afirma que:

> De forte tendência negativista, percebe uma incompatibilidade de situações entre a posição societária do diretor e a posição organizacional do empregado. As situações jurídicas, de natureza diretiva e de natureza subordinada, seriam reciprocamente excludentes, conduzindo à inviabilidade de se acatar a presença de relação empregatícia para tais diretores. Há dois veios explicativos na corrente clássica: para o primeiro desses veios, o diretor seria mandatário da sociedade que dirige (e que representa), razão pela qual não poderia, ao mesmo tempo, dirigir, representar e subordinar-se a si mesmo. O segundo veio da corrente negativista sustenta que o diretor é órgão da sociedade – e não simples mandatário –, sendo inassimilável sua posição à do empregado. Como órgão estruturante, definidor e comandante do destino do empreendimento societário, não poderia quedar-se como mero subordinado. Além disso, se fosse subordinado, o seria a si mesmo – o que constituiria um contrassenso [...]. A vertente moderna (ou intervencionista) busca perceber a especificidade da relação jurídica estabelecida entre o diretor contratado e a sociedade, sem, contudo, deixar de vislumbrar a real ocorrência de contrato de emprego entre o executivo escolhido (ou mesmo eleito) para compor a diretoria de uma sociedade e essa mesma sociedade"[6].

A vertente clássica, como se observa da citação doutrinária supra, não chegou a um consenso sobre a condição do diretor, sustentando uma vertente ser ele um mandatário da sociedade, enquanto a outra nega a sua condição mandatário, afirmando a sua condição de órgão da sociedade. Diante desse divergência, vale mencionar a lição de Evaristo de Moraes Filho no sentido de que "age o mandatário por conta do mandante, representando-o. 'O mandato, escreve Rouast, é essencialmente um contrato de representação, destinado a permitir a uma pessoa realizar um ato jurídico ou uma série de atos por conta de uma outra pessoa, enquanto o contrato de trabalho tem por objeto a realização de um trabalho independentemente de qualquer ideia de representação". Destaca esse doutrinador, ainda, que Lescudier chama a atenção para a presença da subordinação também no caso do mandatário, ao argumento de que, "afinal, o que torna sobretudo a questão delicada é que o vínculo de subordinação que reconhecemos ao longo do nosso estudo como a pedra de toque da noção de empregado, encontra-se também na situação do mandatário diante do seu mandante"[7].

Sendo a hipótese de mandato, segundo Roberto Barretto Prado, "claro, lógico e até evidente que a relação de emprego se manifesta de modo nítido e inquestionável. A dependência se acha perfeitamente configurada na outorga do mandato e consequente obrigação do gerente prestar contas, como mandatário e empregado dos atos que praticar"[8].

Paulo Emílio Ribeiro de Vilhena adota o critério de vinculação do trabalhador à empresa como elemento essencial, afirmando que:

> Os atos praticados pelo diretor-eleito guardam uma causa fundamental e preliminarmen-

(5) Manuel Alonso Olea. *Introdução ao direito do trabalho*. 2. ed. Tradução de C. A. Barata da Silva. Porto Alegre: Sulina, 1969. p. 171-172.

(6) DELGADO, Mauricio Godinho. *Curso de direito do trabalho*. 11. ed. São Paulo: LTr, 2012. p. 362-363.

(7) MORAES FILHO, Evaristo de. *Tratado elementar de direito do trabalho*. v. I. ed. 2. São Paulo: Freitas Bastos, 1965. p. 472-473.

(8) PRADO, Roberto Barretto. *Direito do trabalho*. São Paulo: RT, 1963. p. 73.

te associativa e não inter-cambial, em relação à sociedade, aos sócios que o elegeram, o que significa não se admitir, sob pena de cair-se em uma *contradictio in adjectis*, a conversão da causa de inserção do administrador-órgão em causa diversa. O elemento a desfigurar-se, se assim se pudesse supor, não seria o elemento subjetivo, resultante da vontade da pessoa órgão e da sociedade, mas o elemento objetivo, do interesse unitário e fundamental da empresa, que atua exteriorizando-se pelos seus órgãos constitutivos[9].

Ainda segundo Paulo Emílio Ribeiro de Vilhena, a eleição é o "agente veículo por que ingressaram na posição de diretores e/ou Presidentes. Caberá sempre verificar, em operação investigadora imediata, se o diretor desempenhou, com todos os estatutariamente previstos e definidos poderes e atribuições contidos nos respectivos estatutos, *sem que se entremescle isto com atos originários de um estado de subordinação (status subjectionis)*, não decorrentes da observância da norma estatutária, mas subjetivamente oriundos de outro órgão da empresa"[10].

A doutrina ainda distingue o diretor técnico do diretor-geral da sociedade. Neste sentido:

> É preciso não confundir diretor-geral da sociedade nem o administrador membro do comitê de direção com o diretor-técnico. Este é um empregado superior ligado à sociedade por um contrato de trabalho. Na prática, há, às vezes, confusão, porque o diretor-técnico pode ser, também, ele, escolhido pelo conselho de administração e que usa, às vezes, apenas honorificamente, o título de diretor-geral. A distinção, portanto, é muito importante: o diretor-técnico ligado à sociedade pelo contrato de trabalho não poderia ser, na duração do contrato, despedido sem indenização, enquanto o diretor-geral é sempre revogável[11].

J. Antero de Carvalho também realça esta distinção, sustentando que:

> A distinção entre o contrato de trabalho e o contrato de mandato permite, também, precisar a diferença que separa o diretor-administrativo de uma sociedade do diretor-técnico: o primeiro é um mandatário do conselho de administração; o segundo é um empregado superior[12].

4. SITUAÇÃO JURÍDICA DO EMPREGADO ELEITO PARA O CARGO DE DIRETOR DA EMPRESA-EMPREGADORA

A hipótese é do empregado eleito para o cargo de diretor da empresa sua empregadora.

Sob o tema, existem na doutrina quatro vertentes de pensamento:

a) teoria da extinção do contrato de emprego

Os adeptos deste ponto de vista sustentam que, sendo o empregado eleito diretor da empresa-empregadora, ocorre a extinção do seu contrato de emprego.

Esta teoria tem como argumento central a incompatibilidade da condição de diretor com a de empregado, porquanto o diretor é órgão da administração da sociedade, o que significa que inexiste a subordinação caracterizadora da relação de emprego.

Adotando este ponto de vista, registra José Martins Catharino que "o administrador, embora prestando serviços de algum modo subordinado, é também colaborador do empresário e, assim sendo, desaparece automaticamente a relação de emprego", e que como "percebem salários elevados, desproletarizam-se e vão integrar a classe média, com todas as consequências, inclusive psicológicas. São, também eles, subordinantes, por representação ou não"[13].

Na mesma linha, Francesco Santoro Passareli sustenta que, "o órgão social de fato se funde (*s'immidesima*) com a organização, de que é parte, enquanto por ela age, que de outra maneira não poderia fazer, não vindo a encontrar-se em condições de subordinação com respeito à sociedade de cuja estrutura é parte essencial"[14].

---

(9) VILHENA, Paulo Emílio Ribeiro de. *Relação de emprego: estrutura legal e supostos*. 2. ed. São Paulo: LTr, 1999. p. 614.

(10) VILHENA, Paulo Emílio Ribeiro de. Diretor de S. A. e relação de emprego. *In Direito e Processo do Trabalho – Estudos*. Belo Horizonte: Del Rey, 1994. p. 603.

(11) RIPERT, George. *Traité élémentaire de droit comercial*. 2. ed. Paris: LGDJ, 1951. p. 466.

(12) CARVALHO, J. Antero de. Cargos de direção no direito do trabalho. Rio de Janeiro: Edições Trabalhistas, 1974. p. 73. *Apud* Paulo Emílio Ribeiro de Vilhena. *Relação de emprego: estrutura legal e supostos*. 2 ed. São Paulo: LTr, 1999. p. 628.

(13) CATHARINO, José Martins. *Compêndio de direito do trabalho*. São Paulo: Saraiva, 1982. p. p. 237. Anota esse Autor que, "o administrador, embora prestando serviços de algum modo subordinado, é também colaborador do empresário e, assim sendo, desaparece automaticamente a relação de emprego."

(14) PASSARELI, Francesco Santoro. *Nozioni di diritto del lavoro*. Napoli: CEDEJ, 1966. p. 83.

Paulo Emílio Ribeiro de Vilhena afirma que, mesmo quando o diretor for portador de um pequeníssimo número de ações, "sob o ângulo das relações externas, ele é a própria sociedade. Ela como que nele se imediatiza. É ele um órgão, como tal embutido na estrutura societária, que por ele fala e atua"(15).

Adotando o ponto de vista em destaque, Roberto Barretto Prado aduz que:

> Questão ainda mais difícil e controvertida entre os doutrinadores é a de se conciliar a posição de empregado com a de sócio gerente ou sócio diretor. Pode o sócio gerente ser considerado como empregado da sociedade? Para que se resolva essa questão, necessário é que se indague primeiro da origem dos poderes de gerência, nos quais se acha investido o sócio. Se este exerce a gerência como órgão legal da sociedade, seja por força do contrato social, seja por deliberação da assembleia dos acionistas, nesse caso, inexiste a relação de emprego, porque o sócio, ainda que integrado aos objetivos da empresa, presta os seus serviços em nome e como órgão da sociedade, não havendo, em consequência, qualquer vínculo de dependência ou subordinação(16).

Por fim, para Eugenio Pérez Botija:

A atividade do diretor de um banco reúne as notas mencionadas nos apartados anteriores (trabalho pessoal por conta alheia, mediante contrato); aparentemente, também a sua atividade é subordinada. Sem dúvida, não é trabalho dependente; o diretor realiza uma atividade livre, autônoma, de iniciativa própria; responde ao conselho de administração, como este responde aos acionistas; porém suas 'diretrizes' são atos pessoais, que é realizada com total discricionariedade; ocupa posição preeminente na organização da empresa e realiza suas tarefas sem a fiscalização que envolve todo o trabalho subordinado"(17).

b) Teoria da suspensão do contrato de trabalho

Sob o prisma desta teoria, sendo o trabalhador eleito para o cargo de diretor da empresa-empregadora, dar-se-á a suspensão do contrato de trabalho. Afirma-se, para sustentar este ponto de vista, a incompatibilidade da condição de empregado e diretor, por ser este último "órgão da empresa, presente (Pontes de Miranda), *in acto ou in fieri*, os interesses dela [...]. A avaliação dos interesses e a sua identificação ou não com os fins sociais da empresa, quando se estendam as atribuições recomendadas a um diretor, tornam-se de órgão da sociedade e por vislumbrar a interferência de outra causa jurídica no relacionamento entre os seus órgãos"(18).

Délio Maranhão, adepto desta teoria, sustenta que "os diretores ou administradores da sociedade anônima são os representantes legais da pessoa jurídica: não podem ser, ao mesmo tempo, empregados da sociedade que, legalmente, representam. Como escreve Miranda Valverde, 'o administrador ou diretor eleito pela assembleia geral ou indicado por quem tenha autoridade para tanto, como nas sociedades de economia mista, não contrata com a sociedade o exercício de suas funções. Se o nomeado aceita o cargo, deverá exercê-lo na conformidade das prescrições legais e estatutárias, que presidem ao funcionamento da pessoa jurídica. Adquire uma qualidade, uma situação jurídica dentro do grupo ou corporação, a qual lhe impõe deveres e exige o desenvolvimento de certa atividade a bem dos interesses coletivos'. Os diretores da sociedade anônima representam a sociedade, não, porém, como mandatários. Como diz Valverde, o mandato pressupõe dois sujeitos, mas as sociedades 'nascem com os órgãos indispensáveis à sua vida de relação. São partes integrantes delas. O funcionamento desses órgãos é que depende de pessoas naturais [...]. Ora, o diretor-administrador de sociedade anônima, como se viu, é órgão da sociedade. A relação entre ele e a sociedade é, juridicamente, da mesma natureza da que existe entre o absolutamente incapaz e o seu representante. Tal como no caso do absolutamente incapaz, o sujeito de direito (sociedade) precisa ser representante para agir na sua vida de relação (pessoas físicas). Durante o período em que é diretor-administrador o antigo empregado perde esta condição, pela absoluta incompatibilidade entre ambas. Admita-se que contrato de trabalho não se resolva: fique, tão-somente, suspenso. Mas não há como computar o tempo em que o empregado não podia ser empregado"(19).

---

(15) VILHENA, Paulo Emílio Ribeiro de. *Relação de emprego: estrutura legal e supostos*. 2. ed. São Paulo: LTr, 1999. p. 639.

(16) PRADO, Roberto Barretto. *Direito do trabalho*. São Paulo: RT, 1963. p. 72.

(17) BOTIJA, Eugenio Perez. *Curso de derecho del trabajo*. Madri: TECNOS, 1948. p. 28.

(18) Paulo Emílio Ribeiro de Vilhena. "Diretor de S. A. e relação de emprego. *In* Direito e Processo do Trabalho – Estudos. Belo Horizonte: Del Rey, 1994. p. 128.

(19) MARANHÃO, Délio. Contrato de trabalho. In *Instituições de direito do trabalho*. SÜSSEKIND, Arnaldo; MARANHÃO, Délio e VIANNA, Segadas. 11. ed. São Paulo: LTr, 1991. p. 300-301.

Destaca Adriana Calvo a seguinte passagem de parecer elaborado por Délio Maranhão e Arnaldo Süssekind: "se o Diretor, como se viu e está na lei, é órgão da pessoa jurídica e se, por isso mesmo, o vínculo que, nessa qualidade, o prende à sociedade, não tem nem pode ter, natureza contratual, é óbvio que o negócio que o administrador possa concluir com a sociedade não poderá ter, como objeto, o próprio exercício de suas funções."[(20)]

Assevera, ainda, Adriana Calvo que "Süssekind argumenta que o bom senso e a lógica jurídica evidenciam que a mesma pessoa física não pode exercer o poder de comando, característico da figura do empregador, e permanecer juridicamente subordinado a esse poder, que se objetiva nos poderes diretivo e disciplinar. É precisamente tal fato que impossibilita a coexistência de situações que, lógica e juridicamente, se excluem: as de empregado e de empregador [...]. Délio Maranhão defende a teoria de que a indicação do empregado para exercer cargo estatutário na Sociedade Anônima teria somente o condão de suspender o seu contrato de trabalho. O autor defende que a condição de sócio não exclui, sempre e necessariamente, a condição de empregado, uma vez que a sociedade tem personalidade jurídica inconfundível com a dos sócios que a compõem. Pode-se estabelecer a pessoa física empregada – um contrato de trabalho com a pessoa jurídica – sociedade – embora desta seja, ao mesmo tempo, sócio. Tudo depende da natureza da sociedade e do grau de participação que nela tiver a pessoa física [...] Reputa inaplicável a lei trabalhista, inclusive o art. 499 da CLT, ao Diretor da Sociedade Anônima, eleito para integrar o órgão responsável pela manifestação da vontade da pessoa jurídica. Entende que referido artigo refere-se a cargos de Diretoria e outros, de confiança do empregador"[(21)].

Evaristo de Moraes Filho e Antonio Carlos Flores de Moraes afirmam, em favor desta teoria, que como consequência da "sofisticada administração moderna das empresas, divididas em setores, serviços, departamentos, filiais e agências, muitas confusões jurídicas surgiram, obrigando a que a doutrina e a jurisprudência trabalhista começassem a qualificar dois tipos de cargo de confiança: o especial e o geral. Este segundo, apesar do exercente ter mais confiança do empregador, não o substitui e não possui todos os elementos pessoais do contrato de trabalho estabelecidos no art. 2º da CLT: admissão, fiscalização e direção do serviço [...]. Então, o cargo de confiança especial tem o seu contrato suspenso, pois o exercente confunde-se com o próprio empregador, enquanto o geral mantém alguma subordinação, apesar de possuir maiores obrigações e mesmo regalias em relação ao empregado comum"[(22)].

Amauri Mascaro Nascimento também é adepto dessa corrente de pensamento, mas ressalva a situação em que permanece a subordinação do trabalhador à empresa, com a consequente ausência da autonomia no exercício das funções. Com efeito, assevera referido doutrinador que:

> Se o empregado é eleito diretor estatutário o seu contrato de empregado fica suspenso, com a condição de que as suas funções não continuem sendo as mesmas que exercia como empregado, e passe a prestar, com relativa autonomia hierárquica e sem subordinação, as atribuições próprias estatutárias para as quais é eleito pela assembleia da sociedade anônima. . É a tese compatível com a jurisprudência do Tribunal Superior do Trabalho que é a seguinte (Súmula n. 269/TST) [...]. Os dois aspectos que merecem destaque na interpretação dessa Súmula são os seguintes: 1) os aspectos formais que acompanham a nova investidura; 2) a atividade não subordinada. Quanto ao primeiro, os cuidados formais devem ser os seguintes: 1.1) previsão do cargo como estatutário, no estatuto da sociedade anônima; 1.2) eleição do diretor pela assembleia da sociedade anônima, constante de ata da reunião, observados todos

(20) CALVO, Adriana. A natureza jurídica do vínculo do diretor estatutário de sociedade anônima. In *Aspectos polêmicos e atuais do direito do trabalho*. BRAMANTE, Ivani Contini; CALVO, Adriana (Orgs.). São Paulo: LTr, 2007. p. 177.

(21) CALVO, Adriana. A natureza jurídica do vínculo do diretor estatutário de sociedade anônima. In *Aspectos polêmicos e atuais do direito do trabalho*. BRAMANTE, Ivani Contini; CALVO, Adriana (Orgs.). São Paulo: LTr, 2007. p. 177-178.

(22) MORAES FILHO, Evaristo de; MORAES, Antonio Carlos Flores. *Introdução ao direito do trabalho*. 10. ed. São Paulo: LTr, 2010. p. 314-315. Evaristo de Moraes Filho também assinala que "o empregado de uma sociedade anônima ou de uma sociedade por cotas pode ser igualmente sócio das mesmas, participando de algumas ações ou cotas sociais. Ademais, não deixa de ser considerado empregado para todos os efeitos o simples diretor-técnico de sociedade anônima. Ainda mesmo o empregado que seja eleito para o cargo de administrador-delegado não perde a sua condição de antigo empregado, que fica em suspenso, embora o cargo eletivo seja de mandatário revogável ad nutum pela própria assembleia." (*Tratado elementar de direito do trabalho*. v. I. 2 ed., São Paulo: Freitas Bastos, 1965. p. 478).

os requisitos exigidos para a sua convocação e votação; 1.3) anotação na Carteira de Trabalho e Previdência Social da suspensão do contrato pela eleição; 1.4) se houver contrato escrito de trabalho, aditamento constando a mesma indicação, para ficar claro que o contrato de emprego ficará suspenso durante o exercício do cargo de diretoria [..]. Quanto à segunda condição, a jurisprudência a enuncia de um modo genérico: salvo se permanecer a subordinação jurídica inerente à relação de emprego. É o cerne da questão [...]. A Súmula n. 269 do TST não define subordinação. A CLT silencia sobre o conceito. Logo, a diretriz é a da doutrina e da jurisprudência. Definitivo é o exame do caso concreto a partir das reais funções do diretor estatutário e da sua hierarquia na empresa, aspectos predominantes para a interpretação do Juiz a respeito da existência ou não da subordinação [...]. Concluindo, nosso entendimento coincide com o da seguinte decisão judicial (TRT 1ª Reg., RO-1304/85, 3ª T., Rel. Juiz Sebastião Ribeiro, DORJ 10.9.95): 'O diretor de uma sociedade anônima tanto pode ser diretor empregado, quanto diretor-órgão da sociedade. Tudo depende das 'circunstâncias'[(23)].

A solução preconizada por Amauri Mascaro Nascimento é encampada pela Súmula n. 269 do TST, segundo a qual o diretor eleito tem o seu contrato de trabalho suspenso, salvo se permanecer a subordinação jurídica inerente à relação de emprego.

c) teoria da interrupção do contrato de trabalho

É afirmado pelos que professam este entendimento que, com a eleição do trabalhador para o cargo de diretor, opera-se a interrupção do contrato de trabalho, mas o tempo em que o empregado permanecer como diretor será considerado como tempo de serviço para os efeitos legais.

É defensor dessa teoria Messias Pereira Donato, para quem, "pelo fato de termos sempre sustentado ocorrer a interrupção do contrato de trabalho, para fim de cômputo do tempo de serviço do empregado, tanto que haverá recolhimento de depósitos do Fundo de Garantia do Tempo de Serviço, com incidência sobre a remuneração do cargo de diretor ou, se de valor mais elevado, sobre a do cargo efetivo que tiver na empresa, é de se admitir ser esse apenas o primeiro aspecto da matéria. Cuida ele da situação em que o empregado passa a diretor, tido como órgão da empresa, fato que obscurece os efeitos do contrato de trabalho, exceto quanto ao cômputo do tempo de serviço. Um segundo aspecto do tema consiste na consideração da situação de empregado eleito diretor de sociedade, todavia, com desempenho de funções sob vigilância e controle de órgão societário, sem autonomia de órgão empresarial. Altera-se o *status*, mas não a natureza do contrato, que é de trabalho"[(24)].

Comentando esta postura doutrinária, sustenta Mauricio Godinho Delgado que:

> Trata-se de uma exegese construída a partir do art. 499 da CLT. Contra si, essa tese faz despontar o argumento de que o referido preceito celetista reporta-se, na verdade, ao empregado ocupante de cargo de confiança – não se aplicando caso a situação fático-jurídica concreta diga respeito a efetivo diretor (isto é, profissional não subordinado). De par com isso, a tese não é equânime, pois autoriza o somatório puro e simples das vantagens trabalhistas do empregado (interrupção contratual, relembre-se) às vantagens civis do diretor[(25)].

d) teoria da manutenção do contrato de trabalho

Sob a ótica dessa teoria, o fato de o trabalhador ser eleito para o cargo de diretor da empresa-empregadora não prejudica a relação de emprego.

Adotando este ponto de vista, afirma Octavio Bueno Magano que apenas está excluído da proteção do Direito do Trabalho o diretor que é dono do negócio ou acionista controlador, porquanto com o advento da Lei n. 6.404/1976, com a criação do conselho de administração, que é obrigatório nas companhias abertas de capital autorizado, a diretoria deixou de ser o órgão mais poderoso da sociedade, destacando que:

> Entre as atribuições do referido conselho, inclui-se não só a de fixar a orientação geral dos negócios da companhia, mas também a de eleger os Diretores respectivos e fixar-lhes os encargos. Assume, pois o mesmo conselho o papel

(23) NASCIMENTO, Amauri Mascaro. *Iniciação ao direito do trabalho*. 34. ed. São Paulo: LTr, 2009. p. 182-183.

(24) DONATO, Messias Pereira. *Curso de direito individual do trabalho*. 6. ed. São Paulo: LTr, 2008. p. 159.

(25) DELGADO, Mauricio Godinho. *Curso de direito do trabalho*. 11. ed. São Paulo: LTr, 2012. p. 365.

de guardião da realização dos objetivos sociais. A ele cabe fixar a orientação geral dos negócios da companhia; à Diretoria, como órgão subordinado, incumbe apenas o dever de executar as deliberações do conselho. As suas funções são executivas, não tendo competência nem mesmo para convocar assembleia geral de acionistas, salvo a hipótese do art. 123, da Lei n. 6.404/76[(26)].

Acrescenta Magano que os diretores são apenas "técnicos capazes de administrar a sociedade, de acordo com a orientação geral traçada pelo conselho, sendo que o mais importante na investidura de alguém em cargo de Diretor são suas aptidões profissionais [...]. como homens de trabalho, subordinados ao conselho de administração, que os pode destituir a qualquer tempo, há de ser necessariamente os Diretores classificados como empregados, já que a subordinação é o traço característico do contrato de trabalho."

Maria do Rosário Palma Ramalho também se filia à corrente que entende presente a subordinação, argumentando que:

> Os trabalhadores dirigentes (como os diretores ou mesmo os diretores-gerais) são ainda trabalhadores subordinados, uma vez que a subordinação jurídica é compatível com um elevado grau de autonomia técnica (art. 11º do CT) e – independentemente desta – com a autonomia geral de actuação destes trabalhadores, que decorre da circunstância de serem trabalhadores que gozam da confiança pessoal do empregador. O facto de, por força das funções directivas desempenhadas, estes trabalhadores representarem os interesses do empregador, até perante outros trabalhadores, e sobre estes exercerem os poderes laborais, por delegação do empregador, não colide com a sua própria qualificação como trabalhadores subordinados. Acentua-se, contudo, também quanto a estes trabalhadores, a necessidade de ter especialmente em conta, na determinação da sua situação de subordinação, os indícios de subordinação relacionados com a sua inserção na organização e com a sua sujeição às regras disciplinares, uma vez que a sua vincada autonomia dilui o poder directivo do empregador[(27)].

Sustenta José Affonso Dallegrave Neto que:

> Geralmente, sendo legítima e genuína a vinculação da pessoa física do diretor eleito com a sociedade, esta não se funda em uma relação contratual, vez que 'o preenchimento dos cargos eletivos nada mais vem a ser do que passar sua realidade dinâmica à estrutura formal predisposta na lei e no estatuto da sociedade comercial'. Há quem sustente que o simples ato de eleição do diretor da S.A já exclui a tentativa de reconhecimento do vínculo empregatício. *Mutatis mutandis*, a ausência de comprovação da eleição (via ata de assembleia dos acionistas) implica o reconhecimento automático do liame de emprego. Ora, parece-nos claro que o traço delimitador da fraude com o exercício autêntico do cargo de direção de S. A, será, mais uma vez, o da subordinação jurídica [...]. Logo, se, por exemplo, o diretor-presidente ou outro diretor com amplos poderes posicionar-se hierarquicamente superior, de forma a comandar, fiscalizar, disciplinar e delimitar quais são as atividades do diretor eleito, haverá um flagrante desvirtuamento da figura diretiva da sociedade comercial, prevista na Lei n. 6.404/76. Por conseguinte, sob as vestes de 'diretor eleito', há um verdadeiro empregado. Por óbvio, que nessas situações fraudulentas o trabalhador se enquadrará como alto empregado, também chamado de empregado de confiança, alcançando-se os direitos trabalhistas de forma limitada[(28)].

Mauricio Godinho Delgado assevera que esta tese "é mais perfeita, juridicamente, do que a da simples interrupção da prestação de serviços empregatícios: afinal, ela evita o artificial acúmulo de vantagens de situações contratuais de natureza diversa, envolvendo o mesmo período de labor. Desse modo, se se entende que o diretor mantém-se como empregado, cabe enquadrá-lo como ocupante de elevado cargo de confiança, com as consequências jurídicas daí advindas (art. 62, CLT)"[(29)].

e) teoria do "patrão-empregado"

Trata-se de posição sustentada por Adriana Calvo, com base em artigo de Orlando Gomes, publicado

(26) MAGANO, Octavio Bueno. *Manual de direito do trabalho*. São Paulo: LTr, 1980. p. 123.

(27) RAMALHO, Maria do Rosário Palma. *Direito do trabalho-Parte II – Situações laborais individuais*. 3. ed. Coimbra: Almedina, 2010. p. 68/69; 71-72.

(28) DALLEGRAVE NETO, José Affonso. *Contrato individual de trabalho: uma visão estrutural*. São Paulo: LTr, 1998. p. 89-90.

(29) DELGADO, Mauricio Godinho. *Curso de direito do trabalho*. 11. ed. São Paulo: LTr, 2012. p. 365.

em 1979, sobre o futuro do Direito do Trabalho, em que utiliza esta expressão "Patrão-Empregado". Neste artigo, diz Adriana Calvo que Orlando Gomes assevera que o "surgimento das sociedades de capitais provocaria profundos impactos na composição do patronato, provocando a substituição do patrão-proprietário pelo patrão-anônimo. Em sua opinião, a Sociedade Anônima é que juntamente com a desvinculação da propriedade da administração da empresa, possibilitaria o surgimento de uma nova figura de natureza hibrida denominada pelo autor de 'Patrão-Empregado'[...]. Orlando Gomes discorre também sobre a importância das sociedades de capitais: 'a substituição do patrão-proprietário pelo patrão-anônimo, conhecida, hoje, como o fenômeno da despersonalização do empregador, processou-se através da institucionalização das empresas mais importantes em sociedades por ações'."

Orlando Gomes, citado por Adriana Calvo, faz distinção na administração da sociedade de pessoas e da sociedade de capitais:

> Na sociedade de pessoas, o patrão-proprietário a comanda. Seu poder de comando resulta do seu direito de propriedade. É chefe porque é proprietário. E, assim, detém o poder e comando. A situação é completamente diferente nas empresas que revestem a forma de Sociedade Anônima. A empresa não é propriedade de ninguém. Não há quem individualmente se possa apresentar como seu dono. O capital pulveriza-se entre centenas e mesmo milhares de acionistas, cujo interesse se restringe ao recebimento de dividendos. Sua administração compete, assim, a um pequeno grupo ao qual cabe o papel que, no regime da empresa individual, incumbe ao proprietário. *É, portanto, aos administradores ou gerentes que pertence o poder de comando. São eles os chefes da empresa*[...]. As vantagens trabalhistas conquistadas ao longo dos anos são indiferentes a tais administradores, por isso que a maioria delas não lhes interessa dado o alto padrão de vida que desfrutam. Outras são incompatíveis com a própria natureza dos cargos que ocupam e a função que exercem'"[(30)].

Assevera Adriana Calvo que, "no entender de Orlando Gomes, o futuro do Direito do Trabalho caminhará para um regime de dependência econômica generalizada, no qual todos os que trabalham, dirigindo ou executando serviços, passarão a viver de uma remuneração do trabalho, mais ou menos vultosa" e que, em sua opinião "a resposta a tal debate somente será possível quando se efetivar de fato o verdadeiro diálogo entre o Direito do Trabalho e o Direito Civil, unificando-se como Direito Privado"[(31)].

Para Adriana Calvo é necessário "verificar a realidade empresarial para concluir-se que não é possível separar a posição do Diretor como representante legal da Diretoria da Sociedade Anônima da sua relação de prestação de serviços como homem de negócios. No artigo de Orlando Gomes sobre o futuro do Direito do Trabalho, há uma expressão, utilizada pelo autor ao referir-se ao Diretor, que é no mínimo intrigante e merece novo destaque: 'Patrão-Empregado'. Percebe-se que o mestre, fugindo das polarizações da época (empregado ou empregador), afirma categoricamente que o Diretor é uma figura híbrida: é ao mesmo tempo Patrão e Empregado. O Diretor Estatutário da Sociedade Anônima, por deter historicamente situação peculiar, pode ser entendido como uma figura híbrida (Patrão-Empregado), no sentido proposto por Orlando Gomes, com amparo no Direito do Trabalho Empresarial, dependendo do direito que tiver sido violado e do caso concreto, sem perder de vista o papel do aplicador do Direito, o de buscar uma efetividade máxima possível do Direito, em qualquer de seus ramos, rumo à justiça"[(32)].

4. A POSIÇÃO DO TST E DOS TRIBUNAIS TRABALHISTAS

Sobre a questão dos diretores o TST pacificou entendimento editando a Súmula n. 269, *in verbis*:

> **"DIRETOR ELEITO. CÔMPUTO DO PERÍODO COMO TEMPO DE SERVIÇO. O empregado eleito para ocupar cargo de diretor tem o respectivo contrato de trabalho suspenso, não se computando o tempo de serviço desse período, salvo se permanecer a subordinação jurídica inerente à relação de emprego."**

---

(30) CALVO, Adriana. A natureza jurídica do vínculo do diretor estatutário de sociedade anônima. In *Aspectos polêmicos e atuais do direito do trabalho*. BRAMANTE, Ivani Contini; CALVO, Adriana (Orgs.). São Paulo: LTr, 2007. p. 190.

(31) CALVO, Adriana. A natureza jurídica do vínculo do diretor estatutário de sociedade anônima. In *Aspectos polêmicos e atuais do direito do trabalho*. BRAMANTE, Ivani Contini; CALVO, Adriana (Orgs.). São Paulo: LTr, 2007. p. 192.

(32) CALVO, Adriana. A natureza jurídica do vínculo do diretor estatutário de sociedade anônima. In *Aspectos polêmicos e atuais do direito do trabalho*. BRAMANTE, Ivani Contini; CALVO, Adriana (Orgs.). São Paulo: LTr, 2007. p. 193-194.

A Súmula mencionada é reiteradamente aplicada no âmbito do TST, consoante demonstram as decisões seguintes:

"**RECURSO DE REVISTA. VÍNCULO EMPREGATÍCIO. DIRETOR VICE-PRESIDENTE.** O empregado, eleito diretor de sociedade anônima, despoja-se dessa qualidade, tendo em vista a incompatibilidade entre as duas situações, pois o diretor passa a constituir órgão da sociedade, não se caracterizando, na hipótese, a subordinação jurídica, elemento basilar da relação empregatícia. Observância da regra inscrita no enunciado n. 269/TST. Recurso de revista conhecido e provido no particular para ser afastado o reconhecimento do vínculo empregatício. Agravo de instrumento do reclamante. Não preenchidos os requisitos do art. 896 da CLT, nega-se provimento ao agravo"(33).

"**VÍNCULO DE EMPREGO. DIRETOR.** Não demonstrada a permanência da subordinação jurídica típica da relação de emprego, enquanto o empregado foi eleito diretor da sociedade anônima seu contrato de trabalho fica suspenso, como previsto na primeira parte da súmula n. 269/TST"(34).

"**DIRETOR. SOCIEDADE ANÔNIMA. VÍNCULO EMPREGATÍCIO.** Sendo o reclamante diretor de sociedade anônima, eleito na forma da lei e 'subordinado' tão-somente ao Conselho Administrativo, não é empregado. Recurso de Revista conhecido e provido"(35).

"**DIRETOR-PRESIDENTE DE SOCIEDADE ANÔNIMA** de economia mista que nunca mantivera relação de emprego e fora eleito pela assembleia geral não se configura como empregado pelo fato só de poder ser destituído a qualquer tempo pela assembleia em que o governo vota como sócio majoritário. O Diretor tem a gestão e seus atos valem. Quando contraírem a diretriz governamental podem redundar em afastamento, o que não altera a validade dos atos"(36).

"**RECURSO DE REVISTA DAS RECLAMADAS. DIRETOR ELEITO DE SOCIEDADE ANÔNIMA. VÍNCULO EMPREGATÍCIO.** As relações entre a diretoria e o conselho de administração nas sociedades anônimas regem-se pelas diretrizes constantes da Lei n. 6.404/76 e do estatuto da empresa, não caracterizando a subordinação jurídica nos moldes trabalhistas. O empregado eleito diretor da empresa tem suspenso o seu contrato de trabalho durante o exercício do cargo, em face da incompatibilidade da ocupação simultânea das posições de empregado e de empregador. Recurso de revista parcialmente conhecido e provido"(37).

"**AGRAVO DE INSTRUMENTO DO RECLAMADO. I – AGRAVO DE INSTRUMENTO. RECURSO DE REVISTA. ADMISSIBILIDADE. VÍNCULO EMPREGATÍCIO. DIRETOR VICE-PRESIDENTE.** O enquadramento jurídico dos fatos revelados pelo Regional não importa no revolvimento de fatos e provas de que trata o Enunciado n. 126 do TST. Assim, na hipótese, não demonstrada de forma indubitável a permanência da subordinação caracterizadora do vínculo empregatício, contrariado está o Enunciado n. 269 do TST, circunstância que autoriza o processamento do recurso de revista. Agravo a que se dá provimento. II – **RECURSO DE REVISTA. VÍNCULO EMPREGATÍCIO. DIRETOR VICE-PRESIDENTE.** O empregado eleito diretor de sociedade anônima, despoja-se dessa qualidade, tendo em vista a incompatibilidade entre as duas situações, pois o diretor passa a constituir órgão da sociedade, não se caracterizando, na hipótese, a subordinação jurídica, elemento basilar da relação empregatícia. Observância da regra inscrita no Enunciado n. 269 do TST. Recurso de revista conhecido e provido no particular para ser afastado o reconhecimento do vínculo empregatício. Agrado de Instrumento do reclamante. Não preenchidos os requisitos do art. 896 da CLT, nega-se provimento ao agravo"(38).

No âmbito dos Tribunais Regionais do Trabalho, colhem-se as decisões a seguir alinhadas:

"**DIRETOR ELEITO DE SOCIEDADE DE ECONOMIA MISTA. VÍNCULO DE EMPREGO. AUSÊNCIA.** Presume-se órgão da empresa, e não empregado, o ocupante de cargo de diretoria de sociedade de economia mista, regularmente eleito pelo Conselho de Administração ou por Assembleia Geral, nos termos estabelecidos nos estatutos sociais, pois, em sendo órgão representativo da sociedade, incompatível essa condição com a de empregado, porquanto ausente a subordinação jurídica, elemento essencial da relação de emprego. Embora relativa, essa presunção somente pode ser elidida por prova contundente de fraude e da existência de subordinação. Recurso ordinário do reclamante conhecido e desprovido nesse tema"(39).

(33) TST. RR 791216/2001. Rel. Min. Wagner Pimenta. *DJ* de 15.03.2002.

(34) TST. 1873100/1998- 015-09.00. Rel. Min. José Luciano de Castilho Pereira. *DJ* – 22.09.2006.

(35) TST. RR 412290/97. Rel. Min. José Luiz Vasconcellos. *DJ* 19.05.2000.

(36) TST, SDI-2. ROAR-111179/94. 13ª Reg. Rel. Min. José Luiz Vasconcellos. *DJ* 23.5.1997.

(37) TST-RR-62.815/2002-900-02-00.5. Relator. Min. Rider de Brito. Publicação: *DJ* – 06.02.2004.

(38) TST, RR-791216/2001. Rel. Min. Wagner Pimenta. *DJ* 15.3.2002.

(39) TRT-PR-01095-2005-322-09-00-4-ACO-31942-2007; Relator: Des. Altino Pedrozo dos Santos. *DJPR* de 30.10.2007.

"**EMPREGADO. DIRETOR DE S/A. CONTRATO DE TRABALHO SUSPENSO.** O empregado que assume a função de diretor executivo eleito de sociedade anônima tem o seu contrato de trabalho suspenso, nos termos da Súmula 269/TST"(40).

"**RELAÇÃO DE EMPREGO. DIRETOR DE S/A.** O simples fato de o reclamante ocupar o cargo de diretor de S.A. não constitui óbice, pelo menos em princípio, ao reconhecimento da relação de emprego. Com efeito, o exercente da função de diretor pode ou não ser empregado, sendo certo que o que definirá a natureza da relação jurídica mantida com a empresa é a existência ou não de subordinação. Vale dizer: quando não se demonstrar a existência de poderes que coloquem o diretor na condição de representante direto da empresa, encontrando-se este subordinado ao poder de mando de terceiros, o que se extrai da relação controvertida é uma relação de emprego típica, a autorizar a aplicação das normas celetistas que regulamentam o contrato de trabalho. Se se tratar, por outro lado, de diretor eleito na forma do estatuto social, contando com poderes de representação da sociedade, conduzido a este cargo por meio de nomeação ou eleição, responsavel pela gestão do negócio, a natureza da função por ele ocupada se confunde com a própria empresa, o que torna impossível reconhecer-lhe a condição de empregado, por ausentes os pressupostos do artigo 3º da CLT. No caso, o reclamante sempre prestou serviços na condição de acionista da empresa reclamada, possuindo os mesmos interesses dela, diferentemente do empregado típico, a quem toca apenas o dispêndio de sua força de trabalho mediante uma contraprestação salarial. Diante, pois, deste contexto, a valência semântica dos termos dos contratos formalizados em 2000 e 2002, os quais previam o pagamento de salário, férias e gratificação natalina, cessa em seus efeitos à vista de uma analise mais global dos fatos relevantes, como soe acontecer em função do já antigo mas sempre atual princípio da primazia da realidade, indispensável na aplicação do Direito do Trabalho. A forma e a mera semelhança cedem à realidade, porque a relação contratual de trabalho, subordinada ou não, é exatamente aquilo que, por sua conduta, os contratantes exteriorizam. E tal realidade, no caso, está longe de permear um qualquer vínculo empregatício, pois o reclamante, em verdade, sempre esteve ligado, como interessado direto, ao negócio, ao empreendimento"(41).

"**DIRETOR DE S/A. RELAÇÃO DE EMPREGO. INEXISTÊNCIA.** Tratando-se de diretor recrutado externamente, que detinha poderes para admitir e dispensar funcionários, dar ordens, sem horários a cumprir, que assumiu a direção da sociedade quando seu pai (Diretor) se afastou, demonstrada está sua atuação com completa autonomia, impossibilitando-se reconhecer a existência de vínculo empregatício"(42).

"**DIRETOR DE S/A. RELAÇÃO DE EMPREGO. SUBORDINAÇÃO JURÍDICA.** O prestador de trabalho subordinado altamente qualificado não está, apenas por isso, à margem da proteção assegurada pela legislação do trabalho, na medida em que a própria Constituição da República, em seu art. 7º, XXXII, proíbe que haja distinção entre trabalho manual, técnico e intelectual ou entre os profissionais respectivos. O diretor de sociedades por ações que, mesmo não tendo sido antes seu empregado, nunca foi seu acionista, foi diretamente eleito e destituído por seus Conselhos de Administração e sempre desempenhou tarefas e atribuições não definidas previamente em seus Estatutos Sociais e integradas na organização e nas atividades econômicas daquelas empresas esteve em todo o período sob sua subordinação jurídica, do ponto de vista objetivo. Deve ele portanto ser considerado seu diretor-empregado, para todos os efeitos legais"(43).

"**DIRETOR DE S.A. RECONHECIMENTO DE RELAÇÃO DE EMPREGO. SUBORDINAÇÃO JURÍDICA. CRITÉRIOS DE AFERIÇÃO. DIMENSÃO CLÁSSICA E INTEGRATIVA.** Em se tratando de diretor eleito dentre empregados ou recrutado externamente, a aferição da existência ou não da subordinação, para os fins de caracterização da relação de emprego, deve considerar a mitigação ou atenuação desse pressuposto, não sendo necessária a constatação da subordinação em seu conceito clássico, que se manifesta por meio de ordens intensas e constantes do empregador quanto ao modo de prestação de serviços. Isso porque, quanto mais alta a posição hierárquica do trabalhador na estrutura da empresa, mais tênue se torna o grau de sujeição às ordens patronais. Em casos tais, há que se recorrer ao que a doutrina passou a denominar de dimensão integrativa da subordinação, que conjuga a noção de subordinação objetiva com critérios que excluem a autonomia"(44).

---

(40) TRT da 3ª Região; Processo: RO -11876/09; Relator: Des. Cesar Machado. *DJMG* de 29.06.2009.

(41) TRT da 3ª Região; Processo: RO -31393/08; Relator: Des. Marcus Moura Ferreira. *DEJT* de 10.03.2009.

(42) TRT da 3ª Região; Processo: RO -12741/05; Relator: Des. Fernando Antonio Viegas Peixoto. *DJMG* de 05.10.2005.

(43) TRT da 3ª Região; Processo: RO -18279/95; Relator: Des. José Roberto Freire Pimenta. *DJMG* de 21.06.1996.

(44) TRT da 3ª Região; Processo: 01898-2011-136-03-00-6 RO; Relator: Des. Marcelo Lamego Pertence; *DEJT* de 19.11.2012.

"**ALTO EMPREGADO. DIRETOR. RELAÇÃO DE EMPREGO.** O prestador de trabalho subordinado altamente qualificado e que recebe alto salário não está, apenas por essas circunstâncias, à margem da proteção assegurada pela legislação do trabalho, na medida em que a própria Constituição da República, em seu artigo 7º, inc. XXXII, proíbe que haja distinção entre trabalho manual, técnico e intelectual ou entre os profissionais respectivos. Há que se definir a situação jurídica do sujeito da relação, porque, em verdade, o contrato em função do qual o diretor e/ou o superintendente trabalham é misto, de mandato e de trabalho. Prevalecerá a condição de empregado toda vez que se possa depreender que a prática de atos como representante do empregador é condição para o exercício do trabalho a que se obrigou e porque continua sendo do empregador as diretrizes básicas que limitam seu campo de ação. Sem dúvida que esse tipo de trabalhador detém a dupla condição de mandatário e de empregado. A verdade é que, como alto-empregado e bem remunerado se distancia dos demais empregados, que passam a ser "subalternos". Sem dúvida, também nesta condição, não há controle de horário, representa o empregador perante terceiros, inclusive em órgãos públicos e em toda a gestão de pessoal e de negócio. Contudo, isto não equivale a dizer que não há subordinação jurídica"(45).

"**DIRETOR DE SOCIEDADE ANÔNIMA. SUSPENSÃO DO CONTRATO DE TRABALHO.** Entende-se como suspenso o contrato de trabalho do empregado que, embora tenha tido a CTPS anotada, exerceu durante todo o período contratual cargo de diretor de sociedade anônima, previsto no Estatuto Social da empresa, como integrante do órgão diretivo e com amplos poderes de mando, sem subordinação, e representando verdadeiro o *alter* ego do empregador. Nesse sentido em a diretriz da Súmula n. 269 do TST."(46)

"**RELAÇÃO DE EMPREGO. DIRETOR DE SOCIEDADE ANÔNIMA.** A ascensão do empregado ao cargo de diretor de sociedade anônima, em virtude de sua aptidão técnica, mediante indicação do sócio majoritário, não afeta o liame empregatício anteriormente firmado com o trabalhador quando persiste a subordinação jurídica; passa ele a ser um alto empregado, ocupante de cargo de confiança. A situação não se identifica com a de diretor-órgão, através do qual a sociedade se exterioriza, tampouco com a suspensão do contrato a que alude o E. n. 269 porquanto a subordinação jurídica não deixou de persistir"(47).

5. DA DEFINIÇÃO DA SITUAÇÃO JURÍDICA DO DIRETOR DE EMPRESA

A seguir são apontados os resultados das nossas reflexões sobre a questão posta em relevo e desenvolvida a tentativa de sua justificação.

A existência ou não de relação de emprego não pode ser afirmada *a priori*, sendo indispensável a análise do caso concreto.

Do mesmo modo, a forma de vinculação do diretor à empresa, eleição ou recrutamento interno, não define, por si só, a sua situação jurídica.

A condição de diretor-técnico ou diretor-presidente também não é suficiente, sem quaisquer outras considerações, para permitir a segura definição da situação jurídica do diretor de empresa.

A nosso juízo, a definição da situação jurídica do diretor de empresa deverá ser realizada considerando dois elementos: trabalho por conta alheia e subordinação jurídica.

A relação de emprego tem por objeto o trabalho humano prestado em favor e sob a direção de outrem.

Neste sentido, o diretor acionista controlador ou dono do negócio não desenvolve atividade laboral em favor de outrem, o que significa a ausência da condição de empregado. O diretor nesta condição desempenha suas atividades em seu próprio proveito e se subordina aos seus próprios interesses. Os frutos do trabalho deste diretor não são transferidos para um terceiro, mas revertem em seu próprio favor.

De outro lado, o diretor que também é membro do conselho de administração da empresa, embora trabalhe em favor desta, a ela não é subordinado(48).

(45) TRT da 3ª Região; Processo: 00834-2008-032-03-00-9 RO; Relator: Des. Márcio Flavio Salem Vidigal; *DEJT* de 24.11.2009.

(46) TRT da 3ª Região; Processo: 00697-2010-137-03-00-7 RO; Relator: Des. João Bosco Pinto Lara; *DEJT* de 28.08.2012.

(47) TRT 3ª Região. Proc. RO-20903/96. Rel. Des. Alice Monteiro de Barros. *DJMG* de 26.9.1997.

(48) Observe-se que "não existe, portanto, como poderia ao contrário parecer aos menos avisados, mínima possibilidade de aplicar-se o art. 3º, da CLT a um membro do Conselho de Administração e menos ainda ao seu Presidente (quem se abalançaria em dizer que é um absurdo jamais agasalhável nas lides forenses?), o que acabaria por levar toda a diretoria eleita e escolhida da sociedade à relação de emprego, um manifesto paradoxo, que faria arrepiar o mais propedêutico dos tratadistas do Direito do Trabalho (e certamente deixaria ensandecidos os do Direito Comercial), já que, se assim se desse, estaria o aplicador da lei relacionando qualidades intrinsecamente diferentes entre si inabsorvíveis" (VILHENA, Paulo Emílio Ribeiro de. *Relação de emprego: estrutura legal e supostos*. 2. ed. São Paulo: LTr, 1999. p. 645-646).

Se se tratar de emprego alçado ao cargo de diretor e de membro do conselho de administração o seu contrato de trabalho deverá ser extinto.

Não se tratando de diretor acionista controlador ou dono do negócio e de membro do conselho de administração da empresa, ao diretor não pode ser negada a condição de empregado.

Registre-se que o art. 499 da CLT faz expressa referência ao empregado que exerce cargo de diretoria, o que permite afirmar a existência de diretor-empregado.

A subordinação do diretor que não seja acionista controlador ou dono do negócio e membro do conselho de administração da empresa está presente na Lei n. 6.404/1976, que disciplina as sociedades anônimas. Esta Lei, em seu art. 138, dispõe que a administração da companhia competirá, conforme dispuser o estatuto, ao conselho de administração e à diretoria, ou somente à diretoria. No § 1º deste dispositivo legal, é previsto que o "conselho de administração é órgão de deliberação colegiada, sendo a representação da companhia privativa dos diretores." O § 2º deste artigo estabelece que as companhias abertas e as de capital autorizado terão, obrigatoriamente, conselho de administração.

Os poderes e atribuições conferidos por lei aos órgãos de administração não podem ser atribuídos a outro órgão, criado por lei ou pelo estatuto (art. 139, da Lei n. 6.404/1976).

Constituem competência do conselho de administração, consoante o art. 142 da Lei em análise: "I – fixar a orientação geral dos negócios da companhia; II – eleger e destituir os diretores da companhia e fixar-lhes as atribuições, observado o que a respeito dispuser o estatuto; III – fiscalizar a gestão dos diretores, examinar, a qualquer tempo, os livros e papéis da companhia, solicitar informações sobre contratos celebrados ou em via de celebração, e quaisquer outros atos; IV – convocar a assembleia-geral quando julgar conveniente, ou no caso do art. 132; V – manifestar-se sobre o relatório da administração e as contas da diretoria; VI – manifestar-se previamente sobre atos ou contratos, quando o estatuto assim o exigir; VII – deliberar, quando autorizado pelo estatuto, sobre a emissão de ações ou de bônus de subscrição; VIII – autorizar, se o estatuto não dispuser em contrário, a alienação de bens do ativo permanente, a constituição de ônus reais e a prestação de garantias a obrigações de terceiros; IX – escolher e destituir os auditores independentes, se houver."

Verifica-se, pela leitura dos incisos do artigo 142 da Lei n. 6.404/1976, que a diretoria não detém amplos poderes de gestão e representação, estando subordinada ao conselho de administração.

Quanto à diretoria, a mencionada lei dispõe, em seu art. 143, que "será composta por 2 (dois) ou mais diretores, eleitos e destituíveis a qualquer tempo pelo conselho de administração, ou, se inexistente, pela assembleia-geral, devendo o estatuto estabelecer: I – o número de diretores, ou o máximo e o mínimo permitidos; II – o modo de sua substituição; III – o prazo de gestão, que não será superior a 3 (três) anos, permitida a reeleição; IV – as atribuições e poderes de cada diretor." Os diretores, portanto, podem ser destituídos a qualquer tempo pelo conselho de administração ou pela assembleia geral, além do que cabe a um destes órgãos definir as atribuições e os poderes de cada diretor, o que demonstra que a eles o diretor está subordinado"[(49)].

O § 2º do art. 142 da lei mencionada, limita, ainda mais, a atuação dos diretores, ao estipular que "o estatuto pode estabelecer que determinadas decisões, de competência dos diretores, sejam tomadas em reunião da diretoria." Logo, algumas decisões, ainda que da competência do diretor, podem ser transferidas, pelo estatuto, para a diretoria, o que realça a ausência de autonomia do diretor.

Merece registro, também, o art. 152 da Lei n. 6.40/1976, na medida em que, "a assembleia-geral fixará o montante global ou individual da remuneração dos administradores, inclusive benefícios de qualquer natureza e verbas de representação, tendo em conta suas responsabilidades, o tempo dedicado às suas funções, sua competência e reputação profissional e o valor dos seus serviços no mercado."

Constata-se, assim, que o diretor, por expressa previsão legal, está subordinado ao estatuto social e ao conselho de administração[(50)], observando-se

(49) Como anota Fran Martins que, "o Conselho é constituído por pessoas que participam da companhia, têm interesse direto nos destinos da mesma, enquanto que a Diretoria é, na realidade, um órgão técnico, com a finalidade de fazer funcionar a contento a empresa, procurando agir de modo a obter lucros a serem distribuídos entre os sócios." (MARTINS, Fran. *Comentários à lei das sociedades anônimas*. v 2, t. I, Rio de Janeiro: Forense, 1978. p. 320). Destarte, o diretor, salvo quando compõe o conselho de administração, está subordinado ao tomador dos seus serviços.

(50) Destaque-se que, "no plano institucional, nas relações entre Conselho de Administração e Diretoria Executiva estão pressupostos os maiores e mais amplos poderes de decisão do primeiro,

que ele sequer participa da fixação da sua remuneração, o que também indica a limitação de poderes, ausência de autonomia e confirma a existência de subordinação jurídica. Ora, "na lei da oferta e da procura definida ao sabor do mercado, o trabalhador – que não detém os meios de produção, termina por aceitar a subordinação e, especialmente em um contexto de alto desemprego, acolhe o ajuste das condições de trabalho e de remuneração pelo tomador dos serviços, de maneira quase que unilateral"(51).

Digno de nota, também, a advertência de Márcio Túlio Viana, posto que, "se fosse realmente livre para vender (ou não) a sua liberdade, o trabalhador a manteria – inviabilizando o sistema. Desse modo, para que o sistema se perpetue, é preciso não só que haja liberdade formal para contratar, mas que falte liberdade real para não contratar"(52).

Sobre os poderes do conselho de administração e da diretoria assevera Octavio Bueno Magano que:

> Entre as atribuições do referido conselho inclui-se não só a de fixar a orientação geral dos negócios da companhia, mas também a de eleger os diretores respectivos e fixar-lhes os encargos. Assume, pois, o mesmo conselho o papel de guardião da realização dos objetivos sociais. A ele cabe fixar a orientação geral dos negócios da companhia; à diretoria como órgão subordinado, incumbe apenas o dever de executar as deliberações do conselho. As suas funções são meramente executivas, não tendo competência nem mesmo para convocar assembleia-geral de acionistas, salvo a hipótese do art. 123, da Lei n. 6.404/76(53).

A possibilidade de o diretor ser considerado empregado é inferida também do artigo 62 da CLT, segundo o qual "o gerente, assim considerados os exercentes de cargos de gestão, aos quais se equiparam, para efeito do disposto neste artigo, os diretores e chefes de departamento ou filial." Da mesma forma, o artigo 499 da CLT, ao dispor que "não haverá estabilidade no exercício dos cargos de diretoria, gerência ou outros de confiança imediata do empregador, ressalvado o cômputo do tempo de serviço para todos os efeitos legais", deixa claro que não existe incompatibilidade invencível entre a condição de diretor e a de empregado.

Como observa Ernesto Krotoschin, o Direito do Trabalho não compreende todo tipo de trabalho, mas apenas o trabalho dependente, estando excluídos da sua proteção "os representantes das pessoas jurídicas que exercem sua representação por lei ou estatuto, a menos que deva obedecer, na ordem interna, a outro superior hierárquico [...]. Geralmente, há incompatibilidade entre ambas as relações quando o sócio tem amplos poderes de direção (que, praticamente, exclui a subordinação), ou possui a maioria do capital (que lhe assegura uma influência decisiva), ou no caso de sociedades cooperativas que se caracterizam pela igualdade de direitos e obrigações dos associados"(54).

O Direito do Trabalho protege o homem que coloca a sua atividade laborativa à disposição de outrem. Esta é a condição do diretor, salvo nas hipóteses já ressalvadas. Sendo assim, estando presentes o trabalho por conta alheia e a subordinação jurídica, ao diretor não pode ser negada a proteção estabelecida e conformada pelo Direito do Trabalho.

Segundo Jorge Luiz Souto Maior, o Direito do Trabalho "não é apenas a atribuição de um valor econômico pelo trabalho prestado (isto o direito civil pode fazer e faz). O direito do trabalho procura impor ao sistema capitalista um retorno de cunho social, transformando a solidariedade em um valor jurídico. Ao mesmo tempo em que organiza o sistema de produção capitalista, viabilizando-o, o direito do trabalho busca humanizar o sistema, estabelecendo as bases de uma almejada justiça social. O direito do trabalho, também, em certa medida, limita a própria vontade do trabalhador, coibindo-lhe a venda da força de trabalho em quaisquer padrões socioeconômicos. Por isto, o direito do trabalho é um direito social e sua inserção na realidade é uma questão de ordem pública"(55).

---

como órgão que diretamente expressa a vontade do corpo social da companhia, cabendo, inclusive, a ele, Conselho de Administração, o poder jurídico de eleger e de exonerar diretores executivos e fiscalizá-los (art. 142 citado ns. II e III)." VILHENA, Paulo Emílio Ribeiro de. *Relação de emprego: estrutura legal e supostos*. 2. ed. São Paulo: LTr, 1999. p. 645.

(51) Murilo Carvalho Sampaio Oliveira. *(Re)Pensando o princípio da proteção na contemporaneidade*. São Paulo: LTr, 2009. p. 65.

(52) VIANA, Marcio Túlio. As relações de trabalho sem vínculo de emprego e as novas regras de competência. In COUTINHO, Grijalbo e FAVA, Marcos (Orgs.). *Nova competência da Justiça do Trabalho*. São Paulo: LTr, 2005. p. 260.

(53) MAGANO, Octavio Bueno. *Manual de direito do trabalho*. v. 2. São Paulo: LTr, 1988. p. 116.

(54) KROTOSCHIN, Ernesto. *Manual de derecho del trabajo*. Buenos Aires: Depalma, 1976. p. 43.

(55) *Relação de Emprego & Direito do Trabalho*. São Paulo: LTr, 2007. p. 56.

O diretor empregado pode ser denominado "alto-empregado". Orlando Gomes e Elson Gottschalk definem altos-empregados como sendo "os diretores-gerais, os administradores, superintendentes, gerentes com amplos poderes e, em suma, todos os que exercem uma função diretiva e ocupam um posto de destaque. Tais empregados são elementos de confiança e estão investidos de um mandato que lhes confere poderes de administração para agir em nome do empregador. Quanto a eles, a nossa lei estabelece tratamento especial não só em relação à matéria de horário, como ainda no que tange à alteração contratual e padrão de vencimentos. A categoria dos altos-empregados recebe, ademais, um tratamento jurídico especial em quase todas as legislações. Na Itália, possuem um estatuto especial na chamada lei de emprego privado. Na França, os *employés supérieurs* recebem um tratamento privilegiado na legislação e na doutrina. Na Alemanha, os *leitende angestellte* são distinguidos também pelo estatuto pessoal de que são titulares. Outro tanto sucede no México, de onde nos veio a denominação de altos-empregados"[(56)].

Os diretores – altos-empregados – que vivem dos frutos da sua força de trabalho e não se apropriam do resultado do seu trabalho, além de não serem detentores dos meios de produção, são merecedores da tutela do Direito do Trabalho, destacando Orlando Gomes e Elson Gottschalk que existem dois traços assinaladores do estatuto dos altos-empregados: "*a) a independência; b) a colaboração* estrita com a direção da empresa. A independência material e moral é o primeiro dado que caracteriza a condição do alto-empregado. Eles recebem elevados salários, que também se denominam de ordenados ou vencimentos, e, não raro, dispõem de recursos outros que não esses. Muitas vezes o Direito do Trabalho limita a proteção que lhes dispensa. São associados ao poder de direção do empregador. Escolhem processos de fabricação ou métodos comerciais; mantêm relações com a clientela e exercitam o poder disciplinar sobre o pessoal. Por isso, os empregados subalternos inclinam-se a ver nos altos-empregados elementos estranhos à sua classe, pois compreendem que executam prerrogativas do empregador [...]. Daí surgir, em muitos países, o problema do enquadramento sindical. Com efeito, pouca afinidade de condições de vida e aspirações sociais prende os altos-empregados aos empregados subalternos. Constituem-se, assim, quadros especiais de dirigentes de empresas, que se associam em sindicatos distintos. A *Féderation des Cadres*, em França, e os *sindacati dei Dirigenti Aziendali*, na Itália, são os melhores exemplos da assertiva. Os altos-empregados ocupam, com efeito, uma posição curiosa no mundo profissional contemporâneo. As suas aspirações sociais os impelem mais para o campo do patronato; por isso são vistos com suspeita pelo proletariado"[(57)].

Mario De La Cueva assevera que:

> O conceito de altos empregados deve entender-se em relação com a empresa; e desde o ponto de vista da função que desempenham, não tem diferença de essência entre o diretor de uma empresa de propriedade de uma pessoa física e o da empresa de propriedade de uma sociedade. Se os altos empregados do patrão individual merecem determinada proteção, não vemos motivos para que não se estenda aos gerentes e administradores de uma sociedade. A razão em que se apoia a doutrina de Kaskel, que os gerentes e administradores são órgãos sociais, não é definitiva, pois se apoia em um conceito determinado da natureza da pessoa jurídica, que não tem valor universal. Em consequência, na denominação altos empregados se compreendem o diretor e administradores gerais e o gerente de uma empresa, seja esta propriedade de uma pessoa física ou de uma sociedade e as pessoas que ocupam cargos na mesma categoria e funções [...]. Se quisermos caracterizar agora o contrato dos altos empregados, diríamos que muito se parece com o conceito clássico de prestação de serviços profissionais. O contrato de trabalho dos altos empregados é um contrato *intuitu personae*, o que significa que as qualidades pessoais são essenciais na sua celebração. A vida de uma empresa depende de seu gerente; e para estes altos empregados, como para os grandes médicos ou advogado, não é possível a uniformização que supõe o direito do trabalho. E finalmente, o direito do trabalho é um direito de classe. Não exclui esta característica a proteção do trabalho em suas diferentes formas; e cremos que, como previsto nas leis alemãs, devem aplicar-se institutos distintos, seguro social, aviso-prévio, férias, etc. Porém desde o ponto de vista sociológico, não é possível considerar em um grupo só todos os

(56) GOMES, Orlando; GOTTSCHALK, Elson. *Curso de direito do trabalho*. 17. ed. Rio de Janeiro: Forense, 2006. p. 91.

(57) GOMES, Orlando; GOTTSCHALK, Elson. *Curso de direito do trabalho*. 17. ed. Rio de Janeiro: Forense, 2006. p. 91.

trabalhadores: uns têm como missão defender o Capital, mesmo às custas do Trabalho, e vivem dessa defesa; outros defendem seu trabalho e suas necessidades vitais; daí a dificuldade para aplicar o mesmo estatuto[(58)].

Conforme Lorena Vasconcelos Porto:

Os denominados 'altos empregados' são aqueles ocupantes de cargos de direção e gestão dentro das empresas, assumindo, frente aos demais empregados, as próprias vestes do empregador. Por isso, costuma-se dizer que ele é o *alter ego* do patrão. Essa figura, com o passar do tempo, foi se tornando cada vez mais imprescindível às empresas, de modo a sofrer uma expansão quantitativa bastante considerável no mundo do trabalho. Alguns autores denominam esse fenômeno de 'revolução dos gerentes'. Os proprietários das grandes empresas, preocupados com a eficiência e com o avanço tecnológico, para fazer frente à concorrência e maximizar os lucros, com sabedoria prática, preferem não dirigi-las e sim entregar a sua direção aos altos empregados: técnicos capazes, especialistas em administração, em economia etc. Em razão da posição hierárquica elevada e do conteúdo das funções exercidas, esse obreiro não está submetido à direção e ao controle do empregador na mesma intensidade que os demais empregados, falando-se, assim, em subordinação atenuada ou mitigada. Como observou Catharino, 'a subordinação cresce na proporção inversa do grau hierárquico; o adelgaçamento, diluição ou rarefação do elemento caracterizante aumenta na medida em que o empregado está mais perto do topo ou cume hierárquico'. Os altos empregados são 'aparentados ao próprio empregador (...) são também eles subordinantes'. Assim, ilustrativamente, gozam maior flexibilidade em seu horário de trabalho e desenvolvem as suas atividades a partir de diretrizes gerais do patrão, e não de ordens constantes, intensas e específicas, e incorporam o poder empregatício frente aos demais empregados. Resta claro que o conceito clássico ou tradicional de subordinação levava à exclusão desses trabalhadores do campo de incidência das normas justrabalhistas, razão pela qual a sua inclusão nesse campo acabou por contribuir à expansão desse conceito[(59)].

Segundo Manuel Alonso Garcia:

A doutrina aqui, geralmente, dividi em duas posições. Para uns, os denominados cargos diretivos, altos cargos os dirigentes da empresa, não são sujeitos de um contrato de trabalho; outros, ao contrário, consideram de trabalho a relação em virtude da qual prestam seus serviços; por último, para alguns se trata mais de uma questão de fato que deve resolver-se ante cada caso em particular. O dirigente ou cargo diretivo aparece normalmente como o mais íntimo colaborador do empresário em uma tarefa de marcado caráter organizativo, com amplo poder autodeterminador, superioridade hierárquica sobre as demais pessoas, responsabilidade direta ante o empresário e representação deste, interna e externa. Os argumentos usados para conceituar o alto cargo de dirigente para exclui-lo das relações de trabalho não são convincentes. Contra a representação que o mesmo ostenta pode objetar-se que uma é a personalidade do empresário (ou da empresa) e outra a do diretor, sem que se caia, portanto, em uma autocontratação, além da diferença a estabelecer entre representação e gestão de serviços. A afirmação de que não recebe ordens de outro trabalhador ou empregado cabe contestar que não é rigorosamente exata, pois, mesmo dentro do seu poder de iniciativa, não pode desconhecer sua obrigação de seguir as instruções e diretrizes dos órgãos coletivos da sociedade ou do titular individual da empresa. Finalmente, e mesmo assumindo que entre ele e o dito titular exista um contrato de mandato, este não exclui a coexistência com o de prestação de serviços. Os diretores, em suma, são verdadeiros trabalhadores por conta alheia, isso não significa ignorar que sua relação de trabalho precisa seguramente de um regime jurídico especial, fundado justamente nas características de sua prestação, nas condições que determinam e configuram esta"[(60)].

(58) LA CUEVA, Mario De. *Derecho mexicano del trabajo*. Mexico: Porrua, 1949, 583.

(59) PORTO, Lorena Vasconcelos. *A Subordinação no Contrato de Trabalho: uma releitura necessária*. São Paulo: LTr, 2011. p. 56/57.

(60) GARCIA, Manuel Alonso. *Curso de derecho del trabajo*. 2. ed. Barcelona: Ariel. 1967. p. 303.

Merece destaque como esta questão é tratada no Direito inglês:

> No Direito inglês se estabelece a distinção entre o trabalhador que ocupa cargo diretivo (diretor gerente: *managing diretor*, por exemplo), que é um empregado da empresa sujeito a um contrato de trabalho e os chamados *officers*, que são os representantes da sociedade eleitos pela assembleia geral dos acionistas da mesma, que coincidem substancialmente com nossa noção de alto cargo. Neste sentido, os *officers* – também chamados *directors* – não são trabalhadores. Nada impede, no entanto, que um diretor possa celebrar um contrato de trabalho com a sociedade da qual é acionista e representante legal – na qualidade de gerente, por exemplo – e mesmo que se trate de um acionista majoritário"[(61)].

Assim, quando o diretor não for dono do negócio ou acionista controlador e nem membro do conselho de administração, estarão presentes o trabalho por conta alheia e a subordinação jurídica, caracterizadores da relação de emprego, situação que exige, em favor do diretor, a proteção do Direito do Trabalho[(62)].

A propósito da subordinação, vale lembrar que ela pode ser inferida em outros dados do caso concreto, e "analisa-se numa situação de sujeição em que se encontra incurso o trabalhador: a de ver precisar-se, num ou noutro sentido, a sua obrigação de trabalhar. Por isso se caracteriza tantas vezes a posição laboral como uma posição de disponibilidade: o trabalhador encontra-se disponível para desenvolver a atividade, nos moldes que lhe sejam transmitidos"[(63)]. Destaca, António Menezes Cordeiro que a sujeição laboral, expressão técnico-jurídica da subordinação, analisa-se em dois pontos: a) no denominado dever de obediência ("uma sujeição à hetero-determinação da atividade a prestar. Tem, naturalmente limites genéricos e específicos mas é essencial para que se possa falar em Direito do trabalho."), e b) na sujeição ao poder disciplinar do empregador ("uma sujeição à aplicação de sanções por violações perpetradas pelo trabalhador. O poder disciplinar assiste à entidade empregadora" e é, naturalmente, rodeado de cautelas jurídicas que facultem o seu controle.")[(64)]. O dever de obediência e a sujeição aos poderes do empregador estão presentes na relação do diretor com o tomador dos seus serviços, ressalvadas as exceções já mencionadas.

Examinado a questão dos diretores, aduzem Orlando Gomes e Elson Gottschalk que, "sem dúvida, a subordinação está muito reduzida. Mas existe. Os critérios diretivos gerais são gizados pelo empregador. A estes critérios o alto-empregado está subordinado. A sua generalidade não elimina a subordinação. Há, sempre, limites dos quais não se pode afastar, sem o risco de perder o emprego. O poder de iniciativa nas negociações não lhe autoriza a autodeterminação da quantidade de energia de trabalho que é obrigado a despender. Sem dúvida, dispõe de certo arbítrio na sua fixação. Contudo, não lhe assiste o direito de esquivar-se totalmente ao cumprimento dessa obrigação. Por outro lado, os deveres que contrai lhe exigem o dispêndio de um esforço mínimo, que não poderá ser diminuído sem sacrifício da empresa ou estabelecimento que dirige. Tudo isso comprova que os altos-empregados são empregados de categoria especial. É exatamente porque desfrutam posição privilegiada que devem estar submetidos a regime jurídico particular, no qual se leve em conta esta singularidade. Os altos-empregados são sujeito de um contrato misto de trabalho e mandato. A co-existência dessas convenções é possível. Deste modo, a existência de mandato não desfigura a condição de empregado que alguém tem, porque se obriga, também, por contrato de trabalho. O problema da natureza fiduciária do cargo depende da soma de suas atribuições"[(65)]. A dificuldade de configuração da subordinação não significa que ela não exista.

---

(61) Jesus M. Galiana Moreno. *El contrato de trabajo em el derecho inglês*. Barcelona: BOSCH, 1978. p. 62.

(62) Jorge Luiz Souto Maior adverte que "nunca é demais lembrar que no capitalismo o homem deixa de ser homem para ser um objeto da produção. O seu trabalho vale aquilo que a lei econômica dita. Do ponto de vista do direito, o homem deve ser resgatado e o valor de seu trabalho deve ser equivalente ao preço da dignidade social." (*O direito do trabalho como instrumento de justiça social*. São Paulo: LTr, 2000. p. 369.

(63) António Menezes Cordeio. *Manual de direito do trabalho*. Coimbra: Almedina, 1994. p. 127.

(64) CORDEIRO, António Menezes. *Manual de direito do trabalho*. Coimbra: Almedina, 1994. p. 127.

(65) GOMES, Orlando; GOTTSCHALK, Elson. *Curso de direito do trabalho*. 17. ed. Rio de Janeiro: Forense, 2006. p. 92. Nas palavras de Mozart Victor Russomano: "a dependência hierárquica é tanto menor quanto mais alta a categoria profissional do trabalhador. O servente está mais jungido às ordens legítimas do empregador do que o gerente, o técnico ou o profissional liberal. À medida que sobe a categoria hierárquica do trabalhador, como é compreensível, diminui, em razão direta, a subordinação em que ele se encontra, relativamente ao empregador. Há o adelgaçamento ou a

José Martins Catharino chama a atenção para o fato de que "em muitos casos, a condição de sócio ou diretor é meramente formal ou nominal, e, frequentemente, criada artificialmente pelo empregador com intenção fraudulenta. Situação semelhante ocorre com os mandatários (p. ex.: gerentes, superintendentes e profissionais liberais), inseridos em determinada empresa, 'proletarizados'. Por isso, sócios e diretores trabalhadores, bem como mandatários, não exclusivamente tais, podem ser denominados empregados de confiança, com direitos trabalhistas reduzidos, dada a sua condição de altos-empregados"[(66)]. Destarte, no exame da questão, deve se ter em mente o que dispõe o art. 9º da CLT, ou seja, que é necessário evitar a fraude aos direitos trabalhistas.

O fato de o diretor eventualmente ter participação dos lucros da empresa, por si só, não afasta a sua subordinação ao conselho de administração, pois ainda aqui há o trabalho por conta alheia. Ademais, participação nos lucros ou resultados constitui direito de todos trabalhadores, consoante expressa previsão constitucional (art. 7º, XI, CR/1988).

O exercício de função de confiança e que implique uma determinada gama de poderes não descaracteriza a subordinação, mesmo porque, "o trabalhador dependente é exatamente aquele que, por ser despossuído, trabalha por conta alheia e, assim, não se apodera dos resultados desta entrega de trabalho. O trabalho por conta alheia origina o sujeito dependente como fundamento do Direito do Trabalho. Daí, forma-se, por simetria, o conceito de empresa como ente que se apropria dos resultados positivos e negativos – os riscos do negócio –, inclusive porque normalmente dirige a organização da empresa"[(67)].

O diretor, à exceção do acionista majoritário ou dono do negócio e daquele que atua também como membro do conselho de administração, está submetido ao poder empregatício, pois "é justamente a propriedade que cria as condições para o exercício do poder de direção ou mesmo propicia sua delegação para os chefes, gerentes, entre outros"[(68)].

Como adverte Jorge Luiz Souto Maior, o Direito do Trabalho só se justifica como instrumento de construção de uma justiça social e que isso, em última análise, não interessa só aos trabalhadores, mas a toda a sociedade, como forma de mantê-la viva, não se podendo utilizar objeções econômicas para inviabilizar esse ideal, até porque os limites impostos pelo econômico, de um lado, não têm correspondência com a realidade e, de outro, não respeitam a dignidade humana e a necessária justiça, que devem ser os postulados básicos de uma sociedade"[(69)].

O Direito do Trabalho, sob a perspectiva de assegurar ao homem que trabalha o mínimo necessário para uma existência digna ou concretizar o valor da dignidade humana, deverá "combater o poder veiculado pela propriedade, através de limitações constitucionais e legais. O ascendente solidarismo de uma Constituição-Dirigente, para lograr seu firmamento, precisa conter o Capital. Nesta direção, deve-se, cada vez mais, fortalecer as limitações dos poderes dos proprietários, tal como ocorre com a 'função social da propriedade', Direito do Consumidor, Lei do Inquilinato e, ontologicamente, o princípio da proteção do trabalhador no Direito do Trabalho"[(70)].

Não se pode olvidar, por fim, que o Direito do Trabalho procura proteger aquele que se encontra em estado de dependência econômica, no sentido de necessidade de alienação da sua força de trabalho para sobreviver, o que lhe retira a liberdade para trabalhar ou não e o seu poder de negociar as suas condições

---

rarefação daquela dependência, sem que, contudo, ela desapareça: atenua-se, torna-se, às vezes, na prática, mais difícil caracterizá-la; mas, de qualquer modo, ela subsiste, pois, inclusive, a qualquer momento, descumprida a ordem legítima, por mais alto que seja o gabarito funcional do trabalhador, o empresário pode puni-lo disciplinarmente, inclusive rescindindo o contrato de trabalho." (RUSSOMANO, Mozart Victor. *Curso de direito do trabalho*. 7. ed. Curitiba: Juruá, 1999. p. 64-65).

(66) CATHARINO, José Martins. *Compêndio universitário de direito do trabalho*. v. 1. São Paulo: Editora Jurídica e Universitária. 1972. p. 184-185.

(67) OLIVEIRA, Murilo Carvalho Sampaio. A resignificação da dependência econômica. São Paulo: *Revista LTr*. v. 76. n. 12, dezembro de 2012. p. 1469. Anota esse doutrinador que "a chave da compreensão crítica da dependência é, então, seu conteúdo econômico, como correlato à ausência de propriedade. Trata-se da percepção de que esta forma de trabalho dependente é estruturada pelas condições econômicas da sociedade capitalista. Em nome da propriedade, coage-se ao trabalho, como também, por força da propriedade, expropria-se a riqueza criada pelo trabalhador. Não é à toa que o centro do capitalismo converge à propriedade e não ao trabalho, embora seja o trabalho fundador da riqueza que se represa em propriedade." (*Op. cit.*. p. 1469).

(68) OLIVEIRA, Murilo Carvalho Sampaio. A resignificação da dependência econômica. São Paulo: *Revista LTr*. v. 76. n. 12, dezembro de 2012. p. 1470.

(69) SOUTO MAIOR, Jorge Luiz. *O direito do trabalho como instrumento de justiça social*. São Paulo: LTr, 2000. p. 382-383.

(70) OLIVEIRA, Murilo Carvalho Sampaio. A ressignificação da dependência econômica. São Paulo: *Revista LTr*. v. 76. n. 12, dezembro de 2012. p. 1469.

de trabalho. É nesta situação que se encontra o diretor de empresa, observando-se que o maior poder de negociação não afasta, por si só, a necessidade do trabalho para sobreviver. Cumpre esclarecer, inclusive, que já se fala em substituição da subordinação pela dependência econômica como critério definidor da relação de emprego, como é registrado por Alain Supiot, in *Au-delà de l'emploi*. Paris: Flammarion, 1999. p. 40-42).

7. *CONCLUSÕES*

A existência de várias vertentes doutrinárias sobre a possibilidade da coexistência da condição de empregado com a de diretor é um indicativo do grau de complexidade da questão.

Depois de examinadas estas várias vertentes e de confrontá-las com o nosso ordenamento jurídico, chegou-se às conclusões a seguir apontadas, que são apresentadas não como solução definitiva para esta tormentosa questão, mas como contribuição para o seu enfrentamento.

A conclusão primeira a que se chegou é que a indagação sobre a existência, ou não, de relação de emprego quando se trate de diretor de empresa não pode ser respondida *a priori*, sendo indispensável a análise do caso concreto.

Na análise do caso concreto, não se pode olvidar que a forma de vinculação do diretor à empresa, eleição ou recrutamento interno, bem como a condição de diretor-técnico ou diretor-presidente não constituem critérios definitivos para a segura definição da situação jurídica do diretor de empresa.

A definição da situação jurídica do diretor de empresa deve ser realizada considerando dois elementos: trabalho por conta alheia e subordinação jurídica.

A relação de emprego tem por objeto o trabalho humano prestado em favor e sob a direção de outrem. Neste sentido, o diretor acionista controlador ou dono do negócio não desenvolve atividade laboral em favor de outrem, o que significa a ausência da condição de empregado. O diretor nesta condição desempenha suas atividades em seu próprio favor e se subordina aos seus próprios interesses. Os frutos do trabalho deste diretor não são transferidos para um terceiro, mas revertem em seu próprio favor.

De outro lado, o diretor que também é membro do conselho de administração da empresa, embora trabalhe em favor desta, a ela não é subordinado, o que impede falar em relação de emprego.

Não se tratando de diretor acionista controlador ou dono do negócio e de membro do conselho de administração da empresa, ao diretor não pode ser negada a condição de empregado, valendo observar que a própria CLT faz referência ao diretor-empregado, ao passo que a Lei n. 6.404/1976 deixa clara a subordinação do diretor ao estatuto, ao conselho de administração e à diretoria da empresa.

O Direito do Trabalho procura assegurar as condições necessárias a uma vida digna. Ao diretor de empresa, fora das exceções já apontadas, não pode ser negado acesso aos direitos reconhecidos na intenção de promover a dignidade humana dos que sobrevivem da venda da sua força de trabalho. Assim, a esse diretor é assegurada a proteção do Direito do Trabalho.

Parte XV

A JORNADA 12x36 NA VISÃO CONTEMPORÂNEA DO TST

CAPÍTULO 23

A Jornada de 12x36 na Visão Contemporânea do TST: Mais um Passo Rumo à sua Extinção

LORENA DE MELLO REZENDE COLNAGO(*)

INTRODUÇÃO

O presente ensaio visa apresentar o entendimento contemporâneo do Tribunal Superior do Trabalho quanto à jornada de 12 horas de trabalho por 36 horas de descanso.

O tema tem importância jurídica na medida em que aparece com freqüência nos questionamentos trabalhistas em sede de reclamação, mas também de ações anulatórias de instrumentos normativos, além de ser um fator apontado como causa de inúmeros acidentes de trabalho por ensejar fadiga e perda de concentração no obreiro.

Para estruturar o ensaio partimos da origem da limitação da jornada de trabalho. Em seguida tecemos comentários sobre algumas jornadas praticadas em outros países, em especial Portugal e Espanha, países escolhidos por originarem a colonização da América Latina. Após, demonstramos o panorama da legislação brasileira em breves comentários sobre sua evolução até a contemporaneidade, para só então adentrar no pensamento jurídico do TST, sem descurar um apontamento crítico sobre o tema.

O método de pesquisa utilizado foi o dedutivo, com coleta de dados legislativos, doutrinários e jurisprudenciais, não tendo um marco teórico fixo, uma vez que utilizamos o pensamento de autores da Teoria Geral do Direito e da Constituição, do Direito do Trabalho e do Direito Civil.

DESENVOLVIMENTO

As extensas jornadas de trabalho no Brasil constituem um grave problema. O Brasil é um país recordista em acidentes de trabalho e, ao mesmo tempo, é um dos países que tem a jornada de trabalho mais elastecida em razão da negociação coletiva amplamente praticada.

Retornando um pouco no tempo, estima-se que as primeiras lutas dos trabalhadores assalariados ocorreram quanto à extensão das jornadas de trabalho, o que levou o Papa Leão XIII, em 1891, a editar a Encíclica Rerum Novarum fomentando uma maior intervenção estatal no assunto, na tentativa de reduzir as disparidades entre capita e trabalho e em pró da dignificação do trabalho humano[1].

Observe-se que o art. XXIV da Declaração Universal dos Direitos do Homem enuncia o direito à limitação "razoável" das horas de trabalho, sem es-

(*) Juíza do Trabalho do TRT da 9ª Região. Mestre em Processo (UFES). Especialista em Processo do Trabalho, Direito Individual e Coletivo do Trabalho e Previdenciário (UNIVES). Professora. *E-mail*: lor.colnago@gmail.com

(1) Cf. BASÍLIO, Paulo Sérgio. Positivação da jornada de 12x36 no direito material do trabalho: primeiras impressões da lei 11.901/2009. *In Revista do Curso de Direito*. Salvador: UNIFACS, n. 115, jan. 2010, p. 3. Disponível em: <http://www.revistas.unifacs.br/index.php/redu/issue/view/92>. Acesso em: 10 jan. 2013.

pecificar o quantitativo dessas horas. Aliás, no plano internacional, não encontramos nenhuma convenção da Organização Internacional do Trabalho que unifique esse valor ou indique uma jornada razoável, ou ainda uma limitação aplicável a todos os países.

A título de exemplo, na Espanha, após a reforma trabalhista de 1984, convencionou-se que a jornada normal de trabalho poderia ser flexibilizada ao longo do ano, respeitando-se o máximo de 9 (nove) horas(2). Assim, na primeira semana de trabalho a jornada seria de 8 (oito) horas, na segunda semana haveria uma diminuição para 5 (cinco) horas, na quarta semana a redução seria ainda maior (4 – quatro horas de trabalho), e finalmente, na quarta semana o trabalhador praticaria uma jornada de 9 (nove) horas. Toda essa flexibilização somente poderia ocorrer por meio de negociação coletiva entre os sindicatos e a empresa(3).

Em Portugal, a flexibilização da jornada de trabalho teve início com a permissão de elastecimento das 8 (oito) horas de trabalho diárias para 10 (dez) horas, sendo que a duração normal do trabalho semanal passaria de 40 (quarenta) horas para 50 (cinqüenta), tudo mediante negociação coletiva(4). No entanto, o novo Código do Trabalho, instituído pela Lei n. 99, de 27 de agosto de 2003, ampliou para 12 (doze) horas a jornada de trabalho e para 50 (cinqüenta) horas a duração semanal durante o máximo de dois meses, mediante negociação coletiva com os sindicatos, nos termos do art. 164:

> Artigo 164. **Adaptabilidade**
>
> 1 – Por instrumento de regulamentação colectiva de trabalho, o período normal de trabalho pode ser definido em termos médios, caso em que o limite diário fixado no n. 1 do artigo anterior pode ser aumentado até ao máximo de quatro horas, sem que a duração do trabalho semanal exceda sessenta horas, só não contando para este limite o trabalho suplementar prestado por motivo de força maior.
>
> 2 – O período normal de trabalho definido nos termos previstos no número anterior não pode exceder cinquenta horas em média num período de dois meses(5).

Contudo, a nova legislação portuguesa previu a majoração da jornada de trabalho para dez horas diárias, sem a limitação anterior de dois meses, para os casos da chamada "adaptabilidade" das normas de duração normal de trabalho entre trabalhadores e empregadores (art. 165), ou seja, mediante negociação direta do trabalhador com o empregador, sem a importante intervenção sindical. Assim, dispõe o art. 165 da legislação portuguesa:

> Artigo 165. **Regime especial de adaptabilidade**
>
> 1 – Por acordo, o empregador e os trabalhadores podem definir o período normal de trabalho em termos médios, observando o disposto nos números seguintes.
>
> 2 – O acordo a que se refere o número anterior pode ser obtido mediante proposta dirigida pelo empregador aos trabalhadores, presumindo-se a sua aceitação pelos trabalhadores que, no prazo de 21 dias a contar do respectivo conhecimento, incluindo os períodos a que se referem os n.os 2 e 3 do artigo 173., não se oponham por escrito.
>
> 3 – O período normal de trabalho diário pode ser aumentado até ao máximo de duas horas, sem que a duração do trabalho semanal exceda cinquenta horas, só não contando para este limite o trabalho suplementar prestado por motivo de força maior.
>
> 4 – Nas semanas em que a duração do trabalho seja inferior a quarenta horas, a redução diária não pode ser superior a duas horas, mas as partes podem também acordar na redução da semana de trabalho em dias ou meios dias, sem prejuízo do direito ao subsídio de refeição.
>
> 5 – O regime previsto nos números anteriores mantém-se até ao termo do período de referência em execução à data da entrada em vigor de instrumento de regulamentação colectiva de trabalho que incida sobre a matéria(6).

Recentemente, 12 de fevereiro de 2009, o Presidente da República de Portugal promulgou a Lei n. 7/2009(7), revogando a Lei n. 99/2003. A nova lei manteve o tempo normal do trabalho (jornada) de 8 (oito) horas, sendo a duração semanal fixada em quarenta horas (art. 203), mantendo ainda a flexibilização da jornada em quatro horas.

Muito embora tenha sido mantida a conquista dos trabalhadores quanto à limitação da jornada

---

(2) BENGOECHEA, Juan Antonio Sagardoy. Flexibilização no direito do trabalho espanhol: garantias mínimas ao trabalhador. *Flexibilização no direito do trabalho*. 2. ed. São Paulo: IOB Thomson, 2004. p. 139.

(3) *Ibid.*

(4) SILVA, José Augusto Ferreira da. Flexibilização no direito do trabalho em Portugal. *Flexibilização no direito do trabalho*. 2 ed. São Paulo: IOB Thomson, 2004. p. 125.

(5) PORTUGAL. *Lei n. 7/2009. Diário da República. 1ª série, n. 30, 12 de Fevereiro de 2009.*

(6) PORTUGAL. *Lei n. 7/2009. Diário da República. 1ª série, n. 30, 12 de Fevereiro de 2009.*

(7) *Ibid.*

de trabalho, a nova lei autorizou a flexibilização da duração semanal do trabalho de 60 (sessenta) horas, por meio de negociação coletiva entre entidades sindicais e empregadores, o que foi prognosticado por José Augusto Ferreira da Silva, quando esteve no Brasil antes mesmo da reforma de 2003[(8)]. É o que se observa no art. 204:

> Artigo 204. **Adaptabilidade por regulamentação colectiva**
>
> 1 – Por instrumento de regulamentação colectiva de trabalho, o período normal de trabalho pode ser definido em termos médios, caso em que o limite diário estabelecido no n. 1 do artigo anterior pode ser aumentado até quatro horas e a duração do trabalho semanal pode atingir sessenta horas, só não se contando nestas o trabalho suplementar prestado por motivo de força maior.
>
> 2 – O período normal de trabalho definido nos termos previstos no número anterior não pode exceder cinqüenta horas em média num período de dois meses.
>
> 3 – Constitui contraordenação grave a violação do disposto neste artigo[(9)].

Voltando ao ordenamento jurídico brasileiro, a Constituição Brasileira de 1934 destaca-se como a primeira que versou sobre a matéria trabalhista, impondo na década de 30 a limitação da jornada de trabalho a 8 (oito) horas diárias e o limite de duração semanal 48 horas, o que somente foi reduzido cinqüenta anos depois com a promulgação da Constituição Brasileira de 1988, que limitou a duração semanal do trabalho a 44 horas (art. 7º, inciso XIII).

Apesar disso, algumas leis especiais prevêem jornadas distintas para determinadas categorias, sendo importante ressaltar a Lei dos Petroleiros – Lei n. 5.811, de 11 de outubro de 1972, que no art. 2º permitiu a jornada de 12 horas de trabalho, o que foi recepcionado pela Constituição de 1988 e é praticado ainda hoje.

Mais tarde, em 1984, a Lei n. 7.183 regulamentou a jornada especial do aeronauta segundo o tipo de tripulação (art.21): 11 horas de trabalho para a simples, 14 horas para a tripulação composta e 20 horas para a tripulação de revezamento. E, em termos de legislação mais recente, temos a Lei n. 11.901/2009 que regulamenta a profissão de bombeiro civil, instituindo a jornada especial de trabalho de 12x36 (art. 5º).

Dentro dessa perspectiva, a majoração da jornada de trabalho para essas profissões regulamentas justifica-se pela especialidade das tarefas praticadas, muito embora nossa opinião seja a de que, o legislador não poderia instituir para nenhuma profissão uma jornada superior a 8 horas diárias, biologicamente compatível com o organismo humano.

No entanto, inspirados nessas leis, os sindicatos, por meio de negociação coletiva, vêm utilizando a autorização constitucional (art. 7º, XIII e XXVI) para instituir por meio de instrumentos normativos (acordos e convenções coletivas) a jornada de 12x36 para diversas outras categorias, por vezes suprimindo intervalos intrajornada (art. 71 da CLT instituiu o mínimo de 15 minutos para jornadas acima de 6 horas e de 1hora para aquelas superiores a 6 horas de trabalho) e impedindo o pagamento de hora extra.

A negociação coletiva é um espaço público de realização do Estado Democrático de Direito[(10)], uma vez que pressupõe a existência de manifestação volitiva bilateral de entes coletivos (sindicatos, centrais sindicais e empresas) na construção do Direito e em busca da harmonização do conflito capital-trabalho. E sob essa perspectiva, a negociação coletiva como um procedimento prévio para a celebração de instrumentos normativos deve pautar-se nos princípios da probidade e da boa-fé, tal qual ocorre com as tratativas preliminares e o pré-contrato no âmbito do Direito Civil.[(11)]

O princípio da boa-fé pode ser expresso como um dever geral de agir não só em conformidade com

---

(8) SILVA, José Augusto Ferreira da. Flexibilização no direito do trabalho em Portugal. *Flexibilização no direito do trabalho.* 2 ed. São Paulo: IOB Thomson, 2004. p. 125.

(9) PORTUGAL. Lei n. 7/2009. *Diário da República.* 1ª série, n. 30, 12 de Fevereiro de 2009.

(10) Sobre a manifestação da democracia em espaços públicos de discussão cf. LUCHI, José Pedro. *Propedêutica habermasiana do Direito.* Revista de Filosofia – UFES, ano VII, n. 7, janeiro a junho: 2001. p. 175-200.

(11) Posição doutrinária encampada pela jurisprudência (p.ex. RR – 471/2004-097-03-00.

Ministro Relator VANTUIL ABDALA, DJ – 28/11/2008). Por todos AZEVEDO, Antônio Junqueira. *O princípio da boa-fé nos contratos.* Disponível em: <http://www.cjf.jus.br/revista/numero9/artigo7.htm>. Acesso em: 12 jan. 2013. Há ainda o PL 276/2007, que transforma o art. 422 da seguinte forma: "Os contratantes são obrigados a guardar, assim **nas negociações preliminares** e conclusão do contrato, como em sua execução **e fase pós-contratual**, os princípios de probidade e boa-fé **e tudo mais que resulte da natureza do contrato, da lei, dos usos e das exigências da razão e da equidade**" (BRASIL. Câmara dos Deputados. *PL 276 de 2007.* Diponível em: <http://www.camara.gov.br/proposicoesWeb/fichadetramitacao?idProposicao=343231>. Acesso em: 12 jan. 2013).

a lei, mas também de não fazer a outrem o que não se pretende que não seja feito por outrem a si mesmo, pois a liberdade de um indivíduo termina quando inicia a liberdade de seu semelhante, isso, na visão kantiana de moral, que a enuncia como um dever pelo dever.(12)

O princípio da probidade, ou melhor, o dever de probidade inserido do ordenamento pátrio expressamente pelo Código Civil de 2002, é decorrente da necessidade de adequação do agir humano baseado na ética, ou com preferem alguns, na eticidade. E a ética pode ser enunciada como a visão de bem comum inserta numa determinada comunidade(13).

A função social do contrato, prevista no art. 421 do Código Civil, encerra a aplicação dos princípios da probidade e da boa-fé na manifestação da autonomia privada e tem por escopo a mitigação da liberdade individual, ou coletiva, por meio da obrigatória adequação dos negócios jurídicos a um proveito metaindividual que todos os membros da sociedade devem obter com a contratação. Ou seja, os instrumentos contratuais não devem servir apenas às partes, mas devem satisfazer igualmente às necessidades sociais de toda uma coletividade, em observância ao dever de colaboração entre os contratantes e à solidariedade (objetivo da República expresso no art. 3º, inciso I, da Constituição Cidadã).

Essas necessidades sociais circunscrevem-se no direito conferido a todo cidadão de que as normas de um Estado sejam cumpridas por todos, a fim de que o convívio em sociedade seja realizado em harmonia e respeito, realizando-se plenamente os ideais de segurança jurídica.

Corroborando esse entendimento, foi editado o Enunciado n. 23, que versa sobre a interpretação do art. 421 do Código Civil de 2002, durante a I Jornada de Direito Civil, promovida pelo Centro de Estudos Judiciários do Conselho da Justiça Federal, no período de 11 a 13 de setembro de 2002, sob a coordenação do Ministro Ruy Rosado, do Superior Tribunal de Justiça Brasileiro, nos seguintes termos:

> **Enunciado n. 23** – Art. 421: a função social do contrato, prevista no art. 421 do novo Código Civil, não elimina o princípio da autonomia contratual, mas atenua ou reduz o alcance desse princípio quando presentes interesses metaindividuais ou interesse individual relativo à dignidade da pessoa humana(14).

A doutrina civilista concluiu que a função social do contrato se efetiva quando as partes agem com lealdade e honestidade em todas as fases do contrato, ou seja, nas tratativas iniciais, na conclusão do contrato, na execução e após sua extinção, pois a função social dos contratos impõe um dever transindividual de proteção da coletividade, em especial, quanto aos membros que não participaram diretamente do negócio jurídico bilateral, mas que reflexamente são atingidos por seus efeitos gerais(15).

Além disso, pode-se citar o estudo de Larenz como uma das melhores descrições da aplicação da boa-fé nas relações contratuais, como se observa no seguinte trecho da obra "*Derecho de obligaciones*":

> [...] tal dever (de boa-fé) em primeiro lugar dirige-se ao devedor, com o mandado de cumprir a sua obrigação, atendo-se não só a letra, mas também ao espírito da relação obrigacional correspondente e na forma que o credor possa razoavelmente esperar dele. Em segundo lugar dirige-se ao credor, com o mandado de exercer o direito que lhe corresponde, atuando segundo a confiança depositada pela outra parte e a consideração altruísta que essa outra parte possa pretender segundo a classe de vinculação especial existente. Em terceiro lugar, dirige-se a todos os participantes da relação jurídica em questão, com o mandado de se conduzirem conforme corresponder em geral ao sentido e à finalidade desta especial vinculação a e a uma consciência honrada(16).

Aplicada aos instrumentos normativos do Direito Coletivo do Trabalho, a função social dos contratos impõe o regular cumprimento do dever de informação, lealdade, boa-fé e colaboração das partes durante a negociação coletiva (tratativas preliminares); na celebração; na execução; e na extinção dos

(12) KANT, Immanuel. *Crítica da razão pura*. *In* série: Os pensadores, n. 12. Trad. Kritik der reinen Vernunft. São Paulo: Nova Cultural, 1996

(13) *Ibid*.

(14) PEREIRA, Milton Luiz. *Jornada de Direito Civil – CEJ/CJF*. Revista do Tribunal Regional Federal: 1. Região, Brasília, v. 15, n. 1. p. 25-41, jan. 2003.

(15) MACHADO, Luciano Rodrigues. A função social e a legitimação para a causa. p. 318-352. *In* MAZZEI, Rodrigo (coord.). *Questões processuais no novo Código Civil*. 1 ed. São Paulo: Manole e ICE, 2006. p. 328 e 329.

(16) LARENZ, Karl. *Derecho de obligaciones*. Madri: Revista de Derecho Privado, 1958. p. 148 .

instrumentos normativos, os acordos coletivos de trabalho e as convenções coletivas de trabalho celebradas entre empresa(s) e entidades sindicais[17].

Aprofundando o tema sobre a função social da negociação coletiva, tem-se que as tratativas preliminares à celebração do negócio jurídico coletivo laboral deve igualmente respeitar os limites da boa-fé e da probidade, de modo a considerar-se ilícita toda tentativa prejudicial ao trabalhador.

Assim, quando se trata de negociação coletiva no âmbito da duração do trabalho, em especial, quando ao elastecimento da jornada de trabalho, a redução ou supressão dos intervalos intra e interjornadas, a função social da negociação coletiva deve ser invocada, bem como o respeito à dignidade humana do trabalhador.

Em momento algum o legislador constituinte originário autorizou o aumento da jornada em detrimento da saúde do trabalhador (extrapolação da jornada máxima diária e semanal ou supressão/redução de intervalos intrajornada e interjornada).

Portanto, as normas coletivas que negociam as jornadas de trabalho, devem observância ao projeto jurídico constitucional[18] de 1988, ou seja, aos incisos XIII, XIV, XV, XVI e XXVI do art. 7º. Mas também aos limites insertos no ordenamento jurídico pátrio (arts. 58, 59, 60, 61, 66 e 71 da CLT), quanto aos limites do tempo de disposição da força humana em atividades econômicas, visto que essa normatização foi criada com o intuito de proteger a saúde e a segurança do homem trabalhador.

Em estudo publicado no site da Federação das Santas Casas e Hospitais Filantrópicos do Rio Grande do Sul, em 1.09.2008, a psicóloga Patrícia Luiza Prigol, de Caxias do Sul, afirma que as jornadas de trabalho extenuantes podem ser uma das causas, ou constituir o agravamento de doenças ligadas ao trabalho como a síndrome de burnout[19].

Nesse sentido, analisando as decisões do Tribunal Superior do Trabalho, observa-se a adoção de uma posição de salvaguarda da integridade física dos trabalhadores em diversas súmulas e orientações jurisprudenciais.

Um exemplo desse fato foi a transformação da OJ n. 342, da SBDI-I na Súmula n. 437, após a reforma de setembro de 2012 por meio da Resolução n. 185 do TST, mantendo-se a interpretação pró operário quanto à invalidade das normas coletivas que contemplem em sua redação *"a supressão ou redução do intervalo intrajornada, porque este constitui medida de higiene, saúde e segurança do trabalho, garantido por norma de ordem pública (art.71 da CLT e art. 7º, XXII, da CF/188)"*.

Há ainda o avanço da jurisprudência do TST, ao considerar o dever de pagamento do adicional noturno após as 5 horas da manhã aos trabalhadores submetidos a jornada de 12x36 integralmente noturna ou mista (OJ 388 da SDI-1, inserida em 11.06.2010).

Outro exemplo é a edição da Sumula n. 444 pela mesma Resolução n. 85 do TST:

> É valida, em caráter excepcional, a jornada de doze horas de trabalho por trinta e seis de descanso, **prevista em lei ou ajustada exclusivamente mediante acordo coletivo de trabalho ou convenção coletiva de trabalho**, assegurada a remuneração em dobro dos feriados trabalhados. O empregado não tem direito ao pagamento de adicional referente ao labor prestado na décima primeira e décima segunda horas. (g.n.)

Essa inovação jurisprudencial traduz interpretação mais benéfica ao empregado reconhecendo o direito de pagamento da dobra dos feriados trabalhados, o que antes era um tema polêmico nos acórdãos, além de estabelecer a necessidade de pagamento de hora extra para os dias em que a jornada ultrapassar o limite de 12 horas em detrimento de uma compensação de horários, como o tema já foi tratado.

Não se pode descurar a aplicação da Súmula n. 85, V, do TST, alterada pela Resolução n. 174/2011, que impede a aplicação da interpretação ao banco de horas e desde 2001 considera inválida compensação de jornada quando as horas extras são habituais.

Assim, apensar do avanço da jurisprudência, o TST continua tímido quanto ao tema ao desconsiderar os malefícios desse tipo de jornada para as profissões em que o legislador ordinário não autorizou um elastecimento para além das 8 horas diárias, com exceção a alguns acórdãos, anteriores à Súmula n. 444 do TST, demonstrando posição de vanguarda de

---

(17) Excluindo-se na classificação de sujeito coletivo do Direito do Trabalho as centrais sindicais. Por todos DELGADO, Mauricio Godinho. *Curso de direito do trabalho*. 11. ed. São Paulo: LTr. 2012. p. 1356.

(18) Cf. CANOTILHO, J.J. Gomes. *Direito constitucional e teoria da constituição*. 7. ed. Coimbra: Almedina, 2003, 1196.

(19) FEDERAÇÃO DAS SANTAS CASAS E HOSPITAIS FILANTRÓPICOS DO RIO GRANDE DO SUL. *Notícias: Psicóloga alerta que longa jornada propicia síndrome*. Publicação em 01.09.2008. Disponível em: <http://www.hospifilrs.org.br>. Acesso em: 24 jul.2009.

algumas turmas ao invalidar as negociações coletivas que estabeleciam a jornada de 12x36:

> AÇÃO ANULATÓRIA. ACORDO COLETIVO DE TRABALHO. EMPREGADOS EM SERVIÇOS FUNERÁRIOS. TURNOS ININTERRUPTOS DE REVEZAMENTO. REGIME 12X24. INVALIDADE. É inválida cláusula de acordo coletivo prevendo jornada em turnos ininterruptos de revezamento de 12 horas de trabalho por 24 horas de descanso, porque implica labor em período sempre superior ao limite de 44h semanais definido pela Constituição Federal, em prejuízo da higidez física e mental do trabalhador e de seu convívio social. Precedentes. Recurso ordinário a que se dá provimento. PROC ROAA 117/2006-000-24-00 – TST – Ministro Walmir Oliveira da Costa – Relator. DJU de 18.04.2008 – (DT – Abril/2008 – vol. 165. p. 31).
>
> RECURSO DE REVISTA DA RECLAMANTE. HORAS EXTRAS. JORNADA 12X36. APLICAÇÃO DO ART. 59, § 2º, DA CLT. O § 2º do art. 59 da CLT, conquanto autorize a compensação de horário mediante acordo ou convenção coletiva de trabalho, veda a jornada superior a dez horas. Essa particularidade já existia antes da atual Carta e por ela foi recepcionada, sucedendo-se legislação ordinária posterior no mesmo sentido (RR N. 804453 ANO: 2001 – PUBLICAÇÃO: DJ – 10.02.2006 – PROC. N. TST-RR-804453/2001.0 – 2ª TURMA).

Nesse ínterim, ressalta-se que as próprias Centrais Sindicais têm defendido a redução da jornada de trabalho brasileira, como forma de propiciar a criação de mais empregos e melhores condições de vida aos trabalhadores(20). E, bastante atento às modificações de entendimento, o Congresso Nacional Brasileiro discute atualmente a redução da jornada de trabalho semanal de quarenta e quatro horas para quarenta horas no PEC n. 393/2001, de autoria do antigo deputado federal, eleito pelo partido PC do B, Inácio Francisco de Assis Nunes Arruda.

Nesse sentido, aguardamos novos posicionamentos do TST quanto às futuras ações anulatórias ajuizadas pelo Ministério Público do Trabalho, mas também quanto ao enrijecimento de sua jurisprudência cada vez mais restritiva à jornada de 12x36, até que a mesma seja finalmente abolida do ordenamento pátrio em pró da saúde e segurança dos trabalhadores, mais protegidos dessa forma contra os acidentes de trabalho.

(20) PARAÍBA NEWS. *Centrais pressionam Congresso por redução de jornada*. Notícia publicada em 03.06.2008 às 9:21. Disponível em: < http://www.paraibanews.com/brasil/centrais-pressionam-congresso-por-reducao-de-jornada/>. Acesso em: 26 jul.2009.

CONSIDERAÇÕES FINAIS

Diante de um tema tão polêmico, não tivemos a pretensão de esgotar a matéria, mas de tecer diretrizes para novas reflexões acerca da abolição da jornada de 12 horas de trabalho por 36 horas de descanso, demonstrando que o avanço legislativo e jurisprudencial caminham para a preservação da saúde dos trabalhadores e prevenção de acidentes com enfoque no respeito aos limites de jornada estipulados por lei e instrumentos normativos.

As últimas reformas da jurisprudência do TST com as Súmulas n. 85, 437 e 444 demonstram a veracidade dessas afirmações, mais ainda temos um caminho longo a ser percorrido até que o regime 12x36 seja extinto, que o projeto constitucional brasileiro seja efetivado e que a prevenção aos acidentes de trabalho por meio da limitação, respeito e redução das jornadas seja concretizado.

REFERÊNCIAS

AZEVEDO, Antônio Junqueira. *O princípio da boa-fé nos contratos*. Disponível em: <http://www.cjf.jus.br/revista/numero9/artigo7.htm>. Acesso em: 12 jan. 2013.

BASÍLIO, Paulo Sérgio. Positivação da jornada de 12x36 no direito material do trabalho: primeiras impressões da lei 11.901/2009. *In Revista do Curso de Direito*. Salvador: UNIFACS, n. 115, jan.2010. Disponível em: < http://www.revistas.unifacs.br/index.php/redu/issue/view/92>. Acesso em: 10 jan.2013.

BENGOECHEA, Juan Antonio Sagardoy. Flexibilização no direito do trabalho espanhol: garantias mínimas ao trabalhador. *Flexibilização no direito do trabalho*. 2 ed. São Paulo: IOB Thomson, 2004.

BRASIL. Câmara dos Deputados. *PL 276 de 2007*. Diponível em: <http://www.camara.gov.br/proposicoesWeb/fichadetramitacao?idProposicao=343231>. Acesso em: 12 jan. 2013.

CANOTILHO, J.J. Gomes. *Direito constitucional e teoria da constituição*. 7. ed. Coimbra: Almedina, 2003.

DELGADO, Mauricio Godinho. *Curso de direito do trabalho*. 3. ed. São Paulo: LTr. 2004.

DELGADO, Mauricio Godinho. *Curso de direito do trabalho*. 11. ed. São Paulo: LTr. 2012.

FEDERAÇÃO DAS SANTAS CASAS E HOSPITAIS FILANTRÓPICOS DO RIO GRANDE DO SUL. *Notícias: Psicóloga alerta que longa jornada propicia síndrome*. Publicação em 01.09.2008. Disponível em: <http://www.hospifilrs.org.br>. Acesso em: 24 jul.2009.

GAGLIANO, Pablo Stolze; PAMPLONA FILHO, Rodolfo. *Novo curso de direito civil*. 3. ed. São Paulo: Saraiva, 2005, v. III.

KANT, Immanuel. *Crítica da razão pura*. *In* série: Os pensadores, n. 12. Trad. Kritik der reinen Vernunft. São Paulo: Nova Cultural, 1996.

LARENZ, Karl. *Derecho de obligaciones*. Madri: Revista de Derecho Privado, 1958.

LUCHI, José Pedro. *Propedêutica habermasiana do Direito.* Revista de Filosofia – UFES, ano VII, n. 7, janeiro a junho: 2001. p. 175-200.

MAZZEI, Rodrigo (coord.). *Questões processuais no novo Código Civil.* 1. ed. São Paulo: Manole e ICE, 2006.

PARAÍBA NEWS. *Centrais pressionam Congresso por redução de jornada.* Notícia publicada em 03.06.2008 às 9:21. Disponível em: < http://www.paraibanews.com/brasil/centrais-pressionam-congresso-por-reducao-de-jornada/>. Acesso em: 26 jul.2009.

PEREIRA, Milton Luiz. Jornada de Direito Civil – CEJ/CJF. In *Revista do Tribunal Regional Federal:* 1. Região, Brasília, v. 15, n. 1. p. 25-41, jan. 2003.

PORTUGAL. *Código Civil de 1967.* Disponível em: <http://ww.stj.pt>. Acesso em: 24 jul. 2009.

_______. Lei n. 7/2009. *Diário da República.* Série 1, n. 30, 12 de Fevereiro de 2009.

SILVA, José Augusto Ferreira da. Flexibilização no direito do trabalho em Portugal. *Flexibilização no direito do trabalho.* 2. ed. São Paulo: IOB Thomson, 2004.

SILVA, Luis de Pinho Pedreira da. *A reparação do dano moral no direito do trabalho.* São Paulo: LTr, 2004.

TRIBUNAL SUPERIOR DO TRABALHO. *Flexibilização no direito do trabalho.* 2. ed. São Paulo: IOB Thomson, 2004.

Parte XVI

DIREITO INTERNACIONAL DO TRABALHO

Capítulo 24

Sistemas de Controle das Convenções da Organização do Trabalho: Pela Efetividade das Normas Internacionais do Trabalho

Daniela Muradas Reis(*)

1. TRATADOS E CONVENÇÕES INTERNACIONAIS DE TRABALHO: DEFINIÇÃO E DISTINÇÕES TERMINOLÓGICAS

A Convenção de Viena de 1969, que versa sobre o direito dos tratados(1), define o tratado internacional como o "acordo internacional celebrado por escrito entre Estados e regido pelo direito internacional, quer conste de um instrumento único, quer de dois ou mais instrumentos conexos, qualquer que seja sua denominação particular" (art. 2º, § 1º, *a*).

Do prisma doutrinário, outras definições são lançadas. Segundo leciona João Grandino Rodas, os tratados consubstanciaram manifestações de vontades de dois ou mais sujeitos do Direito Internacional, visando a produção de efeitos jurídicos, conforme as regras do Direito Internacional Público(2).

Realçando o potencial normativo do diploma normativo internacional, Mauricio Godinho Delgado define os tratados internacionais como "documentos internacionais, normativos e programáticos firmados entre dois ou mais Estados ou entes internacionais"(3).

O vocábulo *convenções internacionais*, de uso corrente no Direito Internacional Público, tem sido empregado em diversos sentidos. Todavia, como nota Arnaldo Süssekind, há uma tendência de ser reservado o seu emprego "para os tratados multilaterais abertos (tratados-lei ou tratados com normas gerais) adotados em conferências realizadas no âmbito dos organismos internacionais de direito público"(4).

Nos moldes da terminologia indicada, Mauricio Godinho Delgado, define o diploma internacional realçando o potencial normativo da espécie. Assim, segundo enuncia, as convenções internacionais consistiriam nos "documentos obrigacionais,

---

(*) Mestre em Filosofia do Direito, Doutora em Direito, Professora de Direito do Trabalho da Faculdade de Direito da UFMG, Advogada.

(1) Deve ser anotado que, muito embora o Brasil não tenha procedido à ratificação da mencionada Convenção, por força do conteúdo deste documento foram assentadas práticas internacionais que o tornam obrigatório em razão do costume internacional. Conforme anota Maria Garcia, os efeitos dos tratados "vinculantes entre os Estados signatários, poderão transformar-se eventualmente em normas costumeiras e obrigar outros Estados". GARCIA, Maria. Os tratados internacionais sobre os direitos humanos e a Constituição. *Repertório IOB de Jurisprudência*, São Paulo, n. 20. p. 600-2, out. 2001. p. 602. No mesmo sentido CANÇADO TRINDADE, Antônio Augusto. *Repertório da prática brasileira do Direito Internacional* (Período 1961-1981). Brasília: Ministério das Relações Exteriores, Fundação Alexandre de Gusmão, 1984. p. 18.

(2) RODAS, João Grandino. *Tratados internacionais*. São Paulo: RT, 1991. p. 10. Confira ainda o tema em GARCIA, Maria. Os tratados internacionais sobre os direitos humanos e a Constituição, *cit.*. p. 602.

(3) DELGADO, Mauricio Godinho. *Curso de direito do trabalho*. São Paulo: LTr, 2007. p. 154

(4) SÜSSEKIND, Arnaldo. *Direito internacional do trabalho*. São Paulo: LTr, 2000. p. 34.

normativos e programáticos aprovados por entidade internacional, a que se aderem voluntariamente seus membros"[(5)].

De todo modo, as convenções internacionais são espécies das quais tratados são gênero. As convenções se caracterizam, do prisma subjetivo, pela formulação e aprovação em organismo internacional e por consubstanciarem tratados multilaterais, com tendência de se possibilitar a ratificação por outros Estados, ainda que não participantes da entidade internacional (tratados abertos). Além disso, sob a ótica objetiva, isto é, relativamente ao seu conteúdo, outra característica das convenções internacionais (embora não peculiar a este espécime jurídico) assenta-se no fato de mediante estes instrumentos se criarem as normas internacionais (tratados-normativos), distinguindo-se, pois, dos chamados tratados-contratos, pelos quais se regulam interesses recíprocos dos Estados envolvidos.

É de se ressaltar que a terminologia convenções internacionais sempre foi amplamente prestigiada na seara do Direito Internacional do Trabalho, consoante a tipologia normativa adotada pela Organização Internacional do Trabalho, nos termos de seu documento constitutivo (art. 19).

A Organização Internacional do Trabalho, de outro tanto, ainda conta com mais outras duas categorias de diplomas: as recomendações e as resoluções.

As recomendações são instrumentos aprovados pela Conferência Internacional do Trabalho, de caráter programático. Estes documentos internacionais não comportam ratificação, não sendo obrigatórios do prisma internacional os conteúdos neles ventilados. Portanto, a recomendação atua como verdadeira fonte material do direito e também como parâmetro para interpretação e aplicação das normais internacionais e nacionais de proteção ao trabalho. No entanto, deve-se esclarecer que, acerca destes documentos internacionais aprovados pela Conferência Internacional do Trabalho, a Constituição da OIT impõe a obrigação de seus Estados-membros submetê-los, em doze meses e, caso isso não seja possível, até no período máximo de dezoito meses, à apreciação da autoridade competente no plano nacional. É o que preceitua o art. 19, § 6º, da Constituição da OIT.

Por seu turno, as resoluções são documentos aprovados pela Conferência Internacional do Trabalho pertinentes à administração da Organização Internacional do Trabalho. Não se trata, pois, de documento jurígeno em sentido estrito, não se dirigindo aos Estados, mas sim à regência da própria entidade internacional.

Neste sentido, conclui Mario Deveali que se trata de uma diversidade na intensidade normativa. Em suas palavras: "[...] são de diferentes intensidades, do ponto de vista de sua característica normativa, as recomendações aprovadas pelas Conferências Internacionais do Trabalho da OIT, assim como suas resoluções e igualmente as declarações de outros congressos internacionais"[(6)].

2. *CONTROLE INTERNACIONAL DAS CONVENÇÕES DA ORGANIZAÇÃO INTERNACIONAL DO TRABALHO*

A OIT controla a aplicação e a efetividade de suas normas por dois sistemas distintos, baseados em sistema de fluxos de informações.

O controle ordinário é realizado por sistema de informações, por meio de relatórios anuais, emitidos pelos Estados-membros da Organização Internacional do Trabalho, em que demonstram o modo pelo qual dão cumprimento às convenções ratificadas. Cópias desses relatórios são enviadas às principais entidades representativas patronais e de empregados no país (art. 22, Constituição da OIT), submentendo as informações prestadas ao crivo do controle social.

Não obstante as convenções não ratificadas e recomendações não gerarem compromissos internacionais, os Estados-membros da OIT têm a obrigação constitucional (art. 15, §§ 5º e 6º, da Constituição da Organização Internacional do Trabalho), no prazo assinalado pelo Conselho de Administração, de envio de relatório indicativo do tratamento jurídico nacional atribuído ao tema objeto da convenção não ratificada ou das recomendações, bem como, nos termos assinalados por Zanobetti, as justificativas para o retardo ou impedimento de aderir à convenção e às modificações das disposições nacionais que possam parecer necessárias para permitir a regulamentação dos assuntos ventilados em recomendação, nos termos orientados pela Organização Internacional do Trabalho[(7)].

(5) DELGADO, *Curso de direito do trabalho, cit.*. p. 154.

(6) DEVEALI, Mario. *Tratado de derecho del trabajo*. Buenos Aires: La Ley, 1964. p. 351.

(7) ZANOBETTI, Alessandra. *Diritto internazionale del Lavoro: norme universali, regionali e dell'e Unione Europea*. Milano: Giuffrè Editore, 2011. p. 52.

As informações prestadas são analisadas por Comissões de Expertos para controle de aplicação das Convenções e Recomendações da Organização Internacional do Trabalho, e a princípio de modo sigiloso, elaborar repertório de observações nos casos mais importantes, além de propor medidas concretas de cooperação internacional para promoção e efetividade das normas internacionais do trabalho.[8]

Em paralelo ao controle ordinário, a Organização Internacional do Trabalho adota sistema extraordinário, que, mediante reclamações e queixa, estabelece sistema quase-judicial de solução de controvérsias. Trata-se de mecanismo que pode ensejar a adoção de sanções por parte da entidade internacional.

A reclamação, regulada pelos arts. 24 e 25 da Constituição da OIT, instaura-se por provocação das entidades representativas de trabalhadores e patronais do Estado reclamado. Ela deve ser formalizada por escrito e processada mediante encaminhamento ao diretor-geral da OIT. O Estado reclamado será notificado, para, em prazo razoável, se manifestar acerca da reclamação. Não havendo manifestação, ou manifestando-se de modo insuficiente, a reclamação pode torna-se pública, e, se for o caso, também pode ser levada ao conhecimento público a resposta enviada pelo Estado infrator. Neste caso, a publicidade do descumprimento da norma internacional é a sanção decorrente do descumprimento da norma internacional.

Outra forma de controle do cumprimento das convenções decorre da queixa, instrumento regulado pelos arts. 26 a 33 da Constituição da OIT. Estão legitimados para apresentar queixa os Estados-membros da OIT que tenham também ratificado convenção que é descumprida ou que não está satisfatoriamente sendo cumprida pelo denunciado. A queixa também pode ser instaurada de ofício, por ato do Conselho de Administração ou na Conferência Internacional do Trabalho, por provocação de qualquer um de seus membros. Nos dois últimos casos, não é necessário que o Estado que provoque a queixa tenham ratificado a convenção. No primeiro caso, a queixa leva em consideração a existência de um dano específico, suposto do desequilíbrio decorrente da quebra de obrigação assumida por uma parte, em tratado multilateral cumprido por outras partes. Já nas outras hipóteses, lastreia-se a queixa no garantismo geral, posto ser do interesse da OIT que suas convenções sejam cumpridas. A queixa é apresentada ao Diretor-geral da OIT para processamento perante o conselho de administração, que poderá notificar o Estado denunciado para se manifestar em prazo razoável sobre a matéria constante da queixa, apresentando informações. Se o denunciado prestar informação suficiente, a queixa será arquivada. Se por outro lado, a informação for insuficiente ou inexistente, o conselho de administração irá designar uma comissão de investigação, com prerrogativas de fazer investigação *in loco*, com a emissão de relatório, e propor recomendações para o cumprimento da convenção. O relatório, então, será enviado ao Estado denunciado, para, em três meses, acatar as recomendações apresentadas, ou manifestar-se no sentido de inconformismo, podendo submeter a controvérsia à Corte Internacional de Justiça, que poderá julgar procedente a demanda, modificando o parecer da comissão, ou confirmar o relatório. Em qualquer dos casos, a decisão da Corte Internacional de Justiça é inapelável. Caso a controvérsia não venha a ser submetida à apreciação pela Corte Internacional de Justiça ou na hipótese de não se cumprir a sua decisão, o Conselho de Administração poderá propor à Conferência Internacional do Trabalho a adoção da medida que entender cabível para o caso, como, por exemplo, no emblemático caso Mianmar, em razão da reiterada transgressão às convenções fundamentais em particular pela existência de serviços forçados.

3. CONTROLE NACIONAL DA APLICAÇÃO DAS CONVENÇÕES DA OIT: PELA EFETIVIDADE DAS NORMAS INTERNACIONAIS DO TRABALHO

O tratado internacional ratificado e regularmente incorporado ao ordenamento nacional, deve ser cumprido, sob pena de quebra do princípio da legalidade. Em se tratando de convenção da OIT de temário afeto aos direitos humanos, é possível realizar o controle de supralegalidade, em relação às normas do direito interno que sejam contrárias às regras estabelecidas pelas convenções, sem, contudo, a aplicação das sanções típicas do direito internacional.

Na lapidar ponderação de Luciane Cardoso Barzotto:

> O desprezo pelos direitos do homem, no espaço interno, e o escasso respeito ao consenso internacional, no espaço externo, marcham juntos. Se um governo menospreza a liberdade de seus cidadãos, não respeita as decisões

(8) Sobre os temas e dinâmicas das Comissões de Expertos confira: LACOSTE-MARY, Valérie. *Droit social internacional*. Paris: Ellipses, 2007. p. 105-7.

tomadas em um ambiente internacional. As violações dos direitos humanos e as lutas em sua defesa possuem uma dimensão nacional decisiva. Baseiam-se em pressupostos culturais específicos (...) e devem se submeter a um controle.[9]

3.1 O controle de aplicação das convenções da Organização Internacional do Trabalho sobre direitos humanos

3.1.1 O controle de aplicação dos tratados internacionais de direitos humanos deliberados na forma do art. 5º, § 3º, CRFB/1988

Os tratados de direitos humanos deliberados na forma do art. 5º, § 3º, da CRFB/1988 equivalem às emendas constitucionais e passam, por conseguinte, a compor o quadro de condições que formalmente e materialmente condicionam à validade da legislação doméstica.

Assim sendo, o desrespeito às disposições de tratados de direitos humanos, deliberados por 3/5 de cada casa do Congresso Nacional em dois turnos, sujeita a lei nacional aos tradicionais sistemas de controle de constitucionalidade concentrado e difuso.

3.1.2 O controle de aplicação das Convenções da Organização internacional do trabalho de direitos humanos não deliberados na forma do art. 5º, § 3º, CRFB/1988: o controle de supralegalidade

A posição dos tratados internacionais de direitos humanos deliberados sem a observância do art. 5º, § 3º, da CRFB/1988, de hierarquia superior à legislação nacional, embora subordinada à Constituição, conforme entendimento atual do Supremo Tribunal Federal, exige a apuração da validade material das normas nacionais, mediante juízo de conformação dos preceitos jurídicos decorrentes da legislação nacional aos tratados internacionais de Direitos Humanos. Trata-se de reconhecer que decorre da superioridade hierárquica dos tratados de direitos humanos a eficácia derrogatória das normas nacionais inconciliáveis com o sistema internacional de proteção à pessoa humana, particularmente dos documentos em que a República Federativa do Brasil tomou ou venha tomar parte.

(9) BARZOTTO, Luciane Cardoso. *Direitos humanos e trabalhadores*. Porto Alegre: Livraria do Advogado, 2007. p. 98.

Podemos, com apoio de Valério de Oliveira Mazzuoli, assim esboçar a noção desta forma de controle:

> O controle de convencionalidade tem por finalidade compatibilizar verticalmente as normas domésticas (as espécies de leis, *lato sensu*, vigentes no país) com os tratados internacionais de direitos humanos ratificados pelo Estado e em vigor no território nacional. [...] Trata-se de adaptar ou conformar os atos ou leis internas aos compromissos internacionais assumidos pelo Estado, que criam para este deveres no plano internacional com reflexos práticos no plano de seu direito interno.[10]

Portanto, o controle de supralegalidade consiste na verificação da adequação das normas jurídicas nacionais aos tratados internacionais de proteção à pessoa humana, devidamente incorporados à ordem jurídica nacional. O mecanismo permite, pois, fazer cessar a validade material da norma jurídica colidente com os tratados de direitos humanos.

Por evidente, a eficácia derrogatória dos preceitos jurídicos nacionais pelos documentos internacionais consagradores de direitos humanos há de atender ao princípio *pro homine, ou seja, os eventuais conflitos normativos devem ser solucionados com a prevalência da regra de maior favorecimento da pessoa humana, respeitando-se em qualquer circunstância os limites enunciados pelo princípio da vedação do retrocesso jurídico e social.* Assim, os princípios informadores do Direito Internacional dos Direitos Humanos consistem em anteparos às involuções que eventualmente poderiam ocorrer por força de adoção ou aplicação de tratado internacional de proteção à pessoa humana.[11]

O controle de supralegalidade instrumentaliza a sinergia entre as fontes nacionais e internacionais, com complementação do catálogo de garantias nacionais, com vistas ao aperfeiçoamento das garantias da proteção à pessoa humana.

(10) MAZZUOLI, Valério de Oliveira. Teoria Geral do Controle de Convencionalidade no Direito Brasileiro. *Revista da Ajuris* – Associação dos Juízes do Rio Grande do Sul. Porto Alegre, ano XXXVI, n. 113, março de 2009. p. 333-70. p. 335.

(11) Sobre o princípio da vedação do retrocesso no campo dos direitos humanos sociais confira: REIS, Daniela Muradas. *O princípio da vedação do retrocesso no direito do trabalho*. São Paulo: LTr, 2010.

3.1.2.1 Competência

A apuração de validade das normas nacionais e a consequente derrogação dos preceitos nacionais colidentes com as normas internacionais é, na nossa visão, de exclusiva competência dos tribunais nacionais.[12]

O controle internacional do sistema de proteção à pessoa humana, quer no sistema quase-judicial, quer no sistema judicial, pelas comissões e cortes internacionais de direitos humanos, bem como nos controles ordinário e extraordinário promovidos pelas agências especializadas, particularmente no caso do Direito Internacional do Trabalho pela Organização Internacional do Trabalho, lastrea-se no sistema tradicional de imputação de responsabilidade internacional, não fazendo cessar no plano nacional, a princípio, a eficácia da norma nacional de transgressão aos princípios e normas internacionais de proteção à pessoa humana.

Não obstante a existência de um sistema de controle de aplicação e observância do *corpus iures* internacional de proteção à pessoa humana que, ressalte-se, em muito contribui para a sua efetividade, a sistemática adotada aproxima-se do designado monismo moderado, pelo qual é atribuído ao responsável pelo descumprimento das obrigações decorrentes do Direito Internacional dos Direitos Humanos as sanções internacionais cabíveis.

Como assevera Alain Pellet, "o contencioso internacional é, em regra geral, um contencioso de responsabilidade e não da anulação"[13].

É até possível que, por via reflexa, se obtenha a suspensão da eficácia da norma interna no plano nacional, *verbi gratia*, quando uma decisão doméstica não reconhecer a validade de um preceito nacional em virtude de decisão de uma corte internacional, mas esta não é uma consequência imediata do controle internacional. Trata-se, como indicado adiante, de controle difuso de supralegalidade incidental ao processo.

3.2 Sistemática do controle de supralegalidade

3.2.1 Controle difuso

Na trilha do modelo proposto por diversos juristas brasileiros, o controle de validade dos preceitos jurídicos nacionais frente aos tratados internacionais de direitos humanos submete-se à via difusa. Em analogia aos sistemas de *filtragens* formalmente adotados no sistema jurídico brasileiro (controle de constitucionalidade e controle de legalidade), o controle incidental é, no dizer de Luis Roberto Barroso, "desempenho normal da função judicial, que consiste na interpretação e aplicação do Direito para a solução de litígios"[14]. Assim, o controle de supralegalidade figura como prejudicial de mérito e incumbirá a qualquer juízo ou tribunal brasileiro, nos casos concretos apreciados, *incidenter tantum*, com efeitos *ex tunc* e, a princípio, com eficácia *inter partes*.

Lastrea-se o controle de supralegalidade difuso na supremacia dos tratados de direitos humanos não deliberados na forma do art. 5º, § 3º, da CRFB/1988 em face da legislação nacional. A originalidade desta posição hierárquica dos tratados internacionais, entretanto, prejudica a aplicação da tradicional reserva de competência para o órgão plenário ou órgão especial de tribunais para o controle de constitucionalidade. Assim, a presunção de validade das leis e dos atos normativos do Poder Público e as naturais cautelas decorrentes desta presunção estabelecida pela Constituição encontram-se fragilizadas frente à inexigibilidade de reserva de quórum ou órgão especial para o seu afastamento no sistema difuso de supralegalidade nos tribunais.

Nesta quadra merece ser relembrado que "somente pelo voto da maioria absoluta de seus membros ou dos membros do respectivo órgão especial poderão os tribunais declarar a inconstitucionalidade de lei ou ato normativo do Poder Público" (art. 97, CRFB/1988). Esta exigência, contudo, tende a ser flexibilizada, ante o princípio da economia e celeridade processual, quando a matéria suscitada já foi apreciada pelo plenário do Supremo Tribunal Federal (l. 9756/1998).

Neste sentido, a reserva de competência plenária ou órgão especial, bem como a exigência de quórum especial para o controle de supralegalidade, especialmente em matéria não decidida pelo plenário do Supremo Tribunal Federal, permitiriam, valendo-se dos ensinamentos de Konrad Hesse, a concordância prática dos princípios constitucionais da prevalência dos direitos humanos e da presunção de validade das leis.

(12) Em sentido contrário Mazzuoli admite o controle de convencionalidade por instâncias internacionais. MAZZUOLI, Valério de Oliveira. *Teoria geral do controle de convencionalidade no direito brasileiro*, *cit*, p. 355-6.

(13) PELLET, Alain; DIHN, Nguyen Quoc; DAILLIER, Patrick. *Direito internacional público*. Lisboa: Fundação Calouste Gulbenkian, 2001. p. 282.

(14) BARROSO, Luís Roberto. *O controle da constitucionalidade no direito brasileiro: exposição sistemática da doutrina e análise crítica da jurisprudência*. São Paulo: Saraiva, 2004. p. 71.

Ainda quanto ao controle difuso, registre-se que o sistema recursal brasileiro, estruturado nos moldes tradicionais de hierárquia normativa, não arrola expresamente como hipótese de cabimento do Recurso Extraordinário a decisão de única ou última instância que declarar a invalidade da lei em face dos tratados internacionais de direitos humanos.

Eis outra vicissitude decorrente da original posição hierárquica adotada pelo Supremo Tribunal Federal: fosse admitida a teoria das constitucionalidade material dos tratados internacionais de direitos humanos, com o consequente cabimento do recurso extraordinário com fulcro no art. 102, III, *a*, CRFB/1988, possibilitar-se-ia a via do designado processo de "abstratização do controle difuso"[(15)], quer pela repercussão geral, bem como na possibilidade de aplicação do art. 52, X, da CRFB/88, pela qual se atribui a prerrogativa ao Senado Federal para, em caráter discricionário, suspender a execução, no todo ou em parte, de lei declarada inconstitucional por decisão definitiva do Supremo Tribunal Federal. Assim, se possibilitaria a extensão dos efeitos da decisão, com eficácia *erga omnes*.

Nesta linha de entendimento, se expressamente contivesse previsão ou se se concluísse pela via interpretativa pelo cabimento do Recurso Extraordinário para decisões de única ou última instância dos Tribunais que declarassem a invalidade da lei em face dos tratados internacionais de direitos humanos, teríamos a possibilidade da ampliação dos potenciais efeitos do controle de supralegalidade.

Deve-se esclarecer que na hipótese da decisão recorrida negar a eficácia derrogatória de preceitos jurídicos nacionais pelos tratados internacionais de direitos humanos caberá o recurso extraordinário, com fundamento na contrariedade da decisão com os dispositivos da Constituição (arts. 4º, 5º, §§ 2º, 3º, 4º da CRFB/88), segundo o art. 102, III, *a*, da CRFB/88. Neste caso, o caminho para a generalização da medida encontra-se aberto.

3.1.2.3 Possibilidade do Controle de supralegalidade concentrado

Cumpre-nos, nesta altura, analisar a possibilidade de controle de supralegalidade pelo método concentrado. Seria possível por ação direta e com objeto próprio ser discutida abstratamente no Supremo Tribunal Federal a validade de preceito jurídico interno em face de tratado internacional de direitos humanos não deliberados na forma do art. 5º, § 3º, da CRFB/1988?

De fato, não há na Constituição instrumento peculiar ao controle direto e abstrato de compatibilidade vertical da legislação nacional com os tratados de direitos humanos ratificados pelo Brasil.

Trata-se de questão recente e ainda pouco discutida na doutrina brasileira. De todo o modo, a rara literatura jurídica nacional que se debruça sobre o tema tende a rejeitar o controle de convencionalidade concentrado. A impossibilidade do controle concentrado dos tratados de direitos humanos, aliás, é indicado como o diferencial entre a adoção ou não do processo deliberativo dos documentos internacionais, na forma do art. 5º, § 3º, da CRFB/1988.

Na visão de Valério de Oliveira Mazzuoli:

> Os tratados internacionais de direitos humanos ratificados pelo Brasil – independentemente de aprovação com *quorum* qualificado – têm nível de normas constitucionais e servem de paradigma ao controle de constitucionalidade/convencionalidade, sendo a única diferença a de que os tratados aprovados pela maioria qualificada do § 3º do art. 5º da Constituição servirão de paradigma ao controle concentrado (para além, evidentemente, do difuso), enquanto os demais (tratados de direitos humanos internalizados com aprovação congressual qualificada) apenas servirão de padrão interpretativo ao controle difuso (via de exceção ou de defesa) de constitucionalidade/convencionalidade.[(16)]

Contudo, em que pese o entendimento notabilizado pelo internacionalista, propomos uma releitura do controle de supralegalidade. Com apoio na teoria do bloco de constitucionalidade, entendemos ser possível o controle abstrato e *erga omnes* da legislação nacional frente aos tratados internacionais mediante instrumento constitucional de controle de constitucionalidade – Ação de Descumprimento de Preceito Fundamental.

A noção de bloco de constitucionalidade foi legada do constitucionalismo francês[(17)] e a expressão cunhada

(15) Para uma visão crítica sobre o tema, confira: STRECK, Lenio Luiz. OLIVEIRA, Marcelo Andrade Cattoni de; LIMA, Martonio Mont'Alverne Barreto. *A nova perspectiva do Supremo Tribunal Federal sobre o controle difuso*: Mutação constitucional e limites da legitimidade da jurisdição constitucional.

(16) MAZZUOLI, Valério de Oliveira. *Teoria geral do controle de convencionalidade no direito brasileiro*, *cit*, p. 362.

(17) Decisão do Conselho Constitucional da França, de 16 de julho de 1971.

e difundida por Louis Favoreu propõe, em síntese, mediante critérios interpretativos evolutivos, a expansão do núcleo normativo da Constituição. Para além de seu texto, os valores que a inspiram e as normas de densificação dos princípios que as orientam, a teoria do bloco de constitucionalidade confere hierarquia normativa diferenciada – normas materialemente constitucionais – a preceitos não expressos na Constituição.

Neste sentido, reconhece-se, tal como nas conclusões de Karl Loewenstein, a vivacidade e a mutabiliadade da Constituição: "*La constituición es un organismo vivo, siempre en movimiento como la vida misma, y está sometido a la dinámica de la realidad que jamás puede ser captada através de fórmulas fijas.*"(18)

A teoria do bloco de constitucionalidade reconhece elementos transcendentes e exteriores à Constituição como projeção de sua força normativa. Contudo, esta força expansiva não tem aptidão, na tradição do Supremo Tribunal Federal, de cotejo e confrontro com as normas nacionais para fins de controle direto de constitucionalidade, por via da Ação Direta de Inconstitucionalidade. Para Ilustração cite-se:

> A superveniente alteração/supressão das normas, valores e princípios que se subsumem à noção conceitual de bloco de constitucionalidade, por importar em descaracterização do parâmetro constitucional de confronto, faz instaurar, em sede de controle abstrato, situação configuradora de prejudicialidade da ação direta, legitimando, desse modo – ainda que mediante decisão monocrática do Relator da causa (RTJ 139/1967) –, a extinção anômala do processo de fiscalização concentrada de constitucionalidade. ADI 514/PI, Relator Ministro CELSO DE MELLO. Decisão publicada no DJ de 31.3.2008.

Contudo, em que pese o entendimento sedimentado no farto decisório do Supremo Tribunal Federal, entendemos ser possível a discussão direta e abstrata de compatibilização vertical de normas jurídicas nacionais com os tratados internacionais de direitos humanos, senão pela via da Ação Direta de Inconstitucionalidade e da Ação Direta de Constitucionalidade, diante dos limites imprimidos pelo Supremo Tribunal Federal à teoria do bloco de constitucionalidade para fins destas ações, mas pela via da Ação de Descumprimento de Preceito Fundamental, que possui, no sistema de controle constitucional, natureza residual, conforme o art. 4º, § 1º da Lei n. 9.882/1999.

Diante do caráter residual da ADPF e considerando que os valores acolhidos pelos documentos internacionais de direitos humanos expressam valores maiores da Constituição (*vide* arts. 4º e 5º, § 2º, da CRFB/88) o instrumento poderá, por via reflexa, abstrata e *erga omnes*, eliminar as eventuais antinomias dos tratados internacionais de direitos humanos e as normas jurídicas nacionais.

REFÊRENCIAS BIBLIOGRÁFICAS

BARROSO, Luís Roberto. *O controle da constitucionalidade no direito brasileiro: exposição sistemática da doutrina e análise crítica da jurisprudência*. São Paulo: Saraiva, 2004.

BARZOTTO, Luciane Cardoso. *Direitos humanos e trabalhadores*. Porto Alegre: Livraria do Advogado, 2007.

CANÇADO TRINDADE, Antônio Augusto. *Repertório da prática brasileira do direito internacional* (Período 1961-1981). Brasília: Ministério das Relações Exteriores, Fundação Alexandre de Gusmão, 1984.

DELGADO, Mauricio Godinho. *Curso de direito do trabalho*. São Paulo: LTr, 2007.

DEVEALI, Mario. *Tratado de derecho del trabajo*. Buenos Aires: La Ley, 1964.

GARCIA, Maria. Os tratados internacionais sobre os direitos humanos e a Constituição. *Repertório IOB de Jurisprudência*, São Paulo, n. 20. p. 600-2, out. 2001.

LACOSTE-MARY, Valérie. *Droit social internacional*. Paris: Ellipses, 2007.

LOEWENSTEIN, Karl. *Teoría de la constituición*. Tradução de Alfredo Gallego Anabitarte. Barcelona: Ariel, 1976.

MAZZUOLI, Valério de Oliveira. Teoria Geral do Controle de Convencionalidade no Direito Brasileiro. *Revista da Ajuris* – Associação dos Juízes do Rio Grande do Sul. Porto Alegre, ano XXXVI, n. 113, março de 2009. p. 333-70.

PELLET, Alain; DIHN, Nguyen Quoc; DAILLIER, Patrick. *Direito internacional público*. Lisboa: Fundação Calouste Gulbenkian, 2001.

REIS, Daniela Muradas. *O princípio da vedação do retrocesso no direito do trabalho*. São Paulo: LTr, 2010.

RODAS, João Grandino. *Tratados internacionais*. São Paulo: RT, 1991.

STRECK, Lenio Luiz; OLIVEIRA, Marcelo Andrade Cattoni de; LIMA, Martonio Mont'Alverne Barreto. *A nova perspectiva do supremo tribunal federal sobre o controle difuso*: mutação constitucional e limites da legitimidade da jurisdição constitucional. Consultor Jurídico, 3 ago. 2007.

SÜSSEKIND, Arnaldo. *Direito internacional do trabalho*. São Paulo: LTr, 2000.

ZANOBETTI, Alessandra. *Diritto internazionale del lavoro: norme universali, regionali e dell'e Unione Europea*. Milano: Giuffrè Editore, 2011.

(18) LOEWENSTEIN, Karl. *Teoría de la constituición*. Tradução de Alfredo Gallego Anabitarte. Barcelona: Ariel, 1976. p. 164.

Parte XVII

DIREITO COLETIVO DO TRABALHO

Capítulo 25

Garantia ao Dirigente Sindical e Comunicação ao Empregador nos Termos da Atual Redação da Súmula 369, I

Cibele Carneiro da Cunha Macedo Santos(*)

1. Introdução

A recente alteração do inciso I da Súmula n. 369 do Tribunal Superior do Trabalho – TST, ocorrida em setembro de 2012, na verdade, representou a atualização da jurisprudência dessa Corte conforme precedentes citados na referência do verbete em questão. As decisões[1] proferidas por alguns Tribunais Regionais e pelo TST não consideravam a exigência do artigo 543, § 5º da Consolidação das Leis Trabalhistas – CLT, requisito essencial, da substância do ato, para a aquisição da estabilidade prevista na Constituição Federal – CF/1988, art. 8º, inciso VII.

É com satisfação que percebemos a atualização da jurisprudência consolidada pelas súmulas de forma a adequar a CLT aos direitos e garantias fundamentais expressos na CF/88. Afinal, ao garantir a estabilidade do dirigente sindical, a CF não impôs condições. Dessa forma, a única interpretação possível da formalidade contida na CLT, art. 543, § 5º, seria no sentido de que tal procedimento seria exigido apenas para fins probatórios sobre apublicidade perante terceiros, e nãoteria o condão de afastar a garantia de emprego para esse representante sindical.

Assim, esse texto pretende fazer algumas considerações sobre o teor do dispositivo celetista, a garantia de emprego constitucionalmente prevista e a nova redação do inciso I da Súmula n. 369 do TST, a saber:

> **Súmula n. 369 do TST**
>
> **DIRIGENTE SINDICAL. ESTABILIDADE PROVISÓRIA (redação do item I alterada na sessão do Tribunal Pleno realizada em 14.09.2012) – Res. 185/2012, DEJT divulgado em 25, 26 e 27.09.2012**
>
> I – É assegurada a estabilidade provisória ao empregado dirigente sindical, ainda que a comunicação do registro da candidatura ou da eleição e da posse seja realizada fora do prazo previsto no art. 543, § 5º, da CLT, desde que a ciência ao empregador, por qualquer meio, ocorra na vigência do contrato de trabalho[2].

2. A exigência da comunicação da candidatura, eleição e posse ao empregador pela entidade sindical no prazo de 24 (vinte e quatro) horas

Como já adiantado, tal exigência encontra-se no art. 543, § 5º da CLT e a antiga redação da Súmula

(*) Professora Assistente da Universidade Federal Fluminense, mestre em direito pela PUC/SP e doutoranda do Programa de Pós-Graduação em Sociologia e Direito da Universidade Federal Fluminense PPGSD/UFF, e-mail.: cibele.carneiro@hotmail.com

(1) Exemplos: EEDRR 49800-09.2002.5.17.0008; EEDEDRR 89800-51.2002.5.03.0037; EEDRR 107700-33.1999.5.15.0097; EAEDRR 1005000-33.2002.5.02.0900; ERR 434682-27.1998.5.02.5555; ERR 579524-55.1999.5.06.5555; ERR 581708-16.1999.5.12.5555; RR 115500-45.2003.5.23.0002; RR 747749-02.2001.5.12.5555.

(2) Link consultado: <http://www.tst.jus.br/sumulas>.

n. 369[3] considerava essa formalidade indispensável para obtenção da estabilidade prevista no art. 8º, VIII da CF. Segue o texto celetista, *in verbis*:

> Art. 543 – O empregado eleito para cargo de administração sindical ou representação profissional, inclusive junto a órgão de deliberação coletiva, não poderá ser impedido do exercício de suas funções, nem transferido para lugar ou mister que lhe dificulte ou torne impossível o desempenho das suas atribuições sindicais.
>
> (...)
>
> § 5º – Para os fins deste artigo, a entidade sindical comunicará por escrito à empresa, dentro de 24 (vinte e quatro) horas, o dia e a hora do registro da candidatura do seu empregado e, em igual prazo, sua eleição e posse, fornecendo, outrossim, a este, comprovante no mesmo sentido. O Ministério do Trabalho e Previdência Social fará no mesmo prazo a comunicação no caso da designação referida no final do § 4º.

O primeiro ponto a se considerar é a natureza do ato de comunicar ao empregador o registro da candidatura, eleição e posse do empregado para dirigente sindical. Não se trata de um ato isolado, mas decorrente de outros, quais sejam: intenção de se candidatar a dirigente sindical, efetivação dessa candidatura por meio do registro na entidade sindical, eleição válida que o declare vencedor no pleito e posse para o exercício das atividades de representação da categoria. Todos esses atos envolvem o empregado e o seu sindicato, pois é a associação representativa que o reconhece como representante dela pela eleição. Claro que para ser candidato o empregado deve pertencer à categoria, ou seja, deve ter um contrato de trabalho em curso ou ser aposentado filiado (CF, art. 8º, VII). O empregador figura como um terceiro nesse processo, pois ele não integra a categoria dos trabalhadores, não participando das eleições, nem sendo representado por essa entidade. Assim, o fato de ser eleito dirigente sindical acarreta duas importantes consequências: a de representar, em nome do sindicato, os interesses da categoria, judicial ou administrativamente, e a estabilidade provisória no emprego até um ano após o mandato.

Essa garantia de emprego afeta o poder diretivo do empregador, que não poderá dispensar o empregado sem justa causa (CF, 8º, VIII), nem transferi-lo para local ou função que impossibilite a sua atuação sindical (CLT 543, *caput* c/c 659, X). Como haverá uma restrição nos poderes do empregador por imperativo legal, ele deverá tomar ciência da nova ocupação do empregado. Mas ciência não é sinônimo de anuência. Ou seja, independentemente da vontade do empregador, o empregado eleito terá a garantia de emprego e da inamovibilidade.

Dessa forma, podemos perceber que o ato de comunicar o empregador a respeito do processo eleitoral constitui ato acessório e, de acordo com a teoria geral do direito, poderia ser classificado como um ato jurídico *ad probationem*. Essa classificação, que leva em consideração a finalidade do ato, é utilizada quando a forma não constitui seu elemento essencial, não sendo da sua substância (*ad solemnitatem*), devendo ser observada para fins de prova perante terceiros.

A nova redação da Súmula n. 369 acatou a necessidade de dar ciência ao empregador da candidatura, eleição e posse do empregado, mas afastou a exigência de que isso se desse no prazo de 24 (vinte e quatro) horas. O TST, no seu costumeiro acerto, garantiu a máxima efetividade ao dispositivo constitucional que garante a estabilidade provisória do empregado eleito para cargo de dirigente sindical.

No entanto, a questão que surge a partir desse louvável avanço é a seguinte: quais efeitos surgiriam para o empregador no caso de sua comunicação tardia ou extemporânea? Ou ainda, como deveria se dar essa comunicação ao empregador?

Quanto à forma de comunicação, a CLT, no referido artigo, dispõe que ela deve ser feita *por escrito*. Em contrapartida, a atual redação da Súmula permite que essa comunicação seja feita por qualquer meio. Acompanhando os Precedentes da referida súmula alterada, o entendimento que vinha prevalecendo era o de que qualquer meio que garantisse a publicidade da eleição sindical serviria para comprovar a ciência do empregador. Portanto, panfletos, jornais, informativos, avisos nos quadros da empresa, e-mails empresariais etc. serviriam para provar que o empregador tomou conhecimento da eleição e posse do empregado. A única condição imposta pela redação da súmula é de que a candidatura ocorra no curso do contrato de trabalho, excluído o prazo do aviso-prévio, ainda que indenizado. Inciso V, da Súmula:

> V – O registro da candidatura do empregado a cargo de dirigente sindical durante o período de aviso-prévio, ainda que indenizado, não lhe assegura a estabilidade, visto que inaplicável a regra do § 3º do art. 543 da Consolidação das Leis do Trabalho.

(3) "I – É indispensável a comunicação, pela entidade sindical, ao empregador, na forma do parágrafo 5º do art. 543 da CLT."

Quanto à questão da comunicação tardia ou extemporânea, os efeitos para o empregador devem se contados a partir do momento em que se prova sua ciência inequívoca. Portanto, se não houve documentos que dessem publicidade à eleição e posse, e o empregador tenha efetuado a dispensado empregado, os efeitos trabalhistas deverão se verificar após a notificação. Afinal, antes disso, o ato não teria como surtir efeitos perante terceiros.

Assim, a falta de comunicação, ou se feita em prazo diferente do previsto na CLT, não gera nulidade do processo de eleição sindical, apenas limita temporariamente seus efeitos perante o empregador, que, ao tomar ciência, não pode se escusar de cumprir os dispositivos legais que protegem o dirigente eleito e a atuação da entidade sindical. Dessa forma, os salários devidos serão a partir da reintegração.

3. PROTEÇÃO À ATIVIDADE SINDICAL

As garantias sindicais, previstas no art. 8º da CF/1988, devem ser interpretadas e aplicadas como direitos e garantias fundamentais, porque os direitos sociais estão compreendidos no Título II do Texto Constitucional, que se dedicou a essa categoria diferenciada de prerrogativas do Estado Democrático de Direito.

Essa localização constitucional é importante para a adequada interpretação do direito à estabilidade provisória do dirigente sindical. Em se tratando de direito social, ele deve ser interpretado e aplicado como direito fundamental, ou seja, da forma mais abrangente e eficaz possível. Sem restrição constitucional, esse artigo é norma de eficácia plena.

A interpretação constitucional deve ser feita de acordo com princípios específicos, entre os quais se encontra o princípio da máxima efetividade. Trata-se de um princípio invocado especialmente para garantir maior eficácia aos direitos fundamentais.

> Também chamado de princípio da eficiência ou da interpretação efetiva, o princípio da máxima efetividade das normas constitucionais deve ser entendido no sentido de a norma constitucional ter a mais ampla efetividade social[4].

Os direitos fundamentais são classificados pela doutrina[5] em dimensões (gerações) cumulativas. Os de primeira geração são voltados para a liberdade individual, não intervenção do Estado, igualdade formal, direitos civis e políticos, podendo citar-se como exemplos de instrumentos importantes a Declaração de Direitos do Povo da Virgínia (1776) e a Declaração dos Direitos do Homem e do Cidadão (França, 1789), esta bastante relevante para a inclusão dos direitos e liberdades fundamentais nas Constituições do séc. XIX.

Os de segunda geração são os chamados direitos econômicos, sociais e culturais, buscando garantir as liberdades por intermédio do Estado, e não apenas perante o Estado. Trata-se dos direitos às prestações positivas estatais, quais sejam: o direito à assistência social, à saúde, à educação, ao trabalho, ao exercício sindical (sem vírgula) etc. O termo social nesse momento deve ser entendido como busca da Justiça Social. Surgem no séc. XX, nas Constituições do pós-guerra.

Já os de terceira geração são os denominados de direitos de fraternidade ou de solidariedade e visam à proteção de grupos humanos, como, por exemplo, a família.

Enfim, os de quarta e quinta dimensões que são aqueles ligados à biotecnologia, informação, e o direito à paz, respectivamente. Quanto a essas últimas dimensões (quarta e quinta), a doutrina não é pacífica, sendo possível encontrá-los inseridos na terceira dimensão.

Todas elas são cumulativas, porque, apesar de evolutivas, uma não exclui a outra, mas ao contrário, complementam-se.

Os direitos dos trabalhadores estão incluídos na segunda dimensão, a dos direitos sociais. *Ligados à igualdade material, os direitos de segunda dimensão surgiram na Revolução industrial (Século XX), a partir da luta do proletariado pela conquista de direitos sociais, econômicos e culturais*[6].

Os direitos fundamentais, na verdade, representam a concretização do princípio da dignidade humana e, nessa perspectiva, deve-se consagrar um

(4) LENZA, Pedro. *Direito Constitucional Esquematizado*. 13. ed. Editora Saraiva: São Paulo, 2009. p. 95.

(5) SARLET, Ingo Wolfgang. *A Eficácia dos Direitos Fundamentais:* uma teoria geral dos direitos fundamentais na perspectiva constitucional. 10. ed. Editora Livraria do Advogado: Porto Alegre, 2010.

(6) SARLET, Ingo Wolfgang. *A Eficácia dos Direitos Fundamentais*: uma teoria geral dos direitos fundamentais na perspectiva constitucional. 10. ed. Editora Livraria do Advogado: Porto Alegre, 2010. p. 47.

sistema de direitos fundamentais isento de lacunas e que sirva de fundamento para uma ordem justa.

Entender que a ciência ao empregador do registro da candidatura do empregado, sua eleição e posse, no prazo de 24 horas, seja uma condição para que ele possa usufruir do direito constitucional à garantia de emprego, *data venia*, constitui uma interpretação completamente contrária à dignidade humana do trabalhador e, por conseguinte, inconstitucional. Essa estabilidade provisória do dirigente integra o sistema de proteção à atividade sindical.

Em se tratando de um direito fundamental, é inegável sua eficácia horizontal, ou seja, além da proteção do Estado, ele deve ser observado pelos particulares, nesse caso, em especial, pelo empregador. Assim, não se pode conceber que o empregador dispense empregados que atuem nas suas associações representativas e/ou que exerçam cargos na diretoria, ou que pretendam exercê-lo. Assim, não se pode admitir que a comunicação prevista na CLT seja formalidade essencial à eleição para dirigente sindical e com isso afastar o direito previsto na CF/1988, art. 8º, VIII, caso ele (o empregador) não tome ciência no prazo.

A eficácia horizontal desse direito irradia para o empregador, impondo-lhe o dever de respeitar a atividade sindical e oferecer condições aos trabalhadores para suas reivindicações coletivas. Quando se fala em direito à atuação sindical, deve-se considerar que essa proteção é também de cada indivíduo que compõe o ente coletivo.A garantia alcança tanto o empregado eleito representante como o grupo que ele representa.

A essência da norma constitucional e celetista é a proteção ao trabalhador eleito, e não a comunicação ao empregador. Portanto, a alteração da jurisprudência consolidada representa a afirmação do texto constitucional.

Segundo Amaruri Mascaro Nascimento(7), para a aquisição da estabilidade em questão, devem ser satisfeitos pressupostos de natureza subjetiva e objetiva. Quanto aos primeiros, deve tratar-se de empregado sócio da entidade sindical, em dia com suas obrigações estatutárias, na plenitude do gozo dos direitos sindicais e a inclusão em lista submetida à eleição em assembleia geral. Já os objetivos, dizem respeito à existência legal da entidade sindical, ao cargo na diretoria da entidade sindical.

Assim, ao registrar sua candidatura, o empregador não poderá dispensá-lo e, se eleito, ao adquirir a estabilidade, o empregado só poderá ser afastado de suas funções para responder a Inquérito Judicial para Apuração de Falta Grave. Se não for eleito, não haverá a garantia prevista na CF/88.

Infelizmente, a alteração da súmula deixou de fora a proteção caso a candidatura ocorra no prazo do aviso-prévio. Isso representa uma contradição com a CLT (art. 487) e a própria jurisprudência também consolidada (ex. TST, 182), segundo a qual o aviso-prévio integra o contrato para todos os efeitos. Essa restrição dá azo a possível conduta antissindical do empregador, que pode tomar conhecimento das reuniões sindicais para a formação das chapas para a eleição. E, diante da ciência dos nomes dos integrantes, antecipar a dispensa deles.

4. CONCLUSÃO

As garantias sindicais, em especial as previstas na Constituição Federal, como é o caso da estabilidade provisória do dirigente, visam proteger a estruturação e desenvolvimento das entidades sindicais. A atuação sindical está contida no princípio da liberdade e autonomia sindical e por isso não pode ser vista como mera programação para o legislador, aplicador e intérprete do direito. Dessa maneira, o sistema de garantias sindicais deve ser compreendido dentro do núcleo dos direitos e garantias fundamentais com as proteções a ele inerentes como, por exemplo, a eficácia horizontal de tais direitos e a vedação do retrocesso social. Enfim, a atual redação da Súmula n. 369, I do TST representou um progresso para a máxima efetividade da norma constitucional e por isso passa a incorporar o "patrimônio jurídico da cidadania"(8).

5. REFERÊNCIAS BIBLIOGRÁFICAS

DELGADO, Mauricio Godinho. *Curso de Direito do Trabalho*. 11. ed. São Paulo: LTr, 2012.

GAGLIANO, Pablo Stolze; PAMPLONA FILHO, Rodolfo. *Novo Curso de Direito Civil – Parte geral*. Vol. 1. 15. ed. Editora Saraiva: São Paulo, 2013.

LENZA, Pedro. Direito Constitucional Esquematizado. 13. ed. Editora Saraiva: São Paulo, 2009.

MARTINEZ, Luciano. *Condutas Antissindicais*. São Paulo: Saraiva, 2013.

NASCIMENTO, Amauri Mascaro. *Compêndio de Direito Sindical*. 7. ed. São Paulo: LTr, 2012.

RÍOS, Alfredo Villavicencio. *A Liberdade Sindical nas Normas e Pronunciamentos da OIT, sindicalização, negociação coletiva e greve*. São Paulo: LTr, 2011.

(7) NASCIMENTO, Amauri Mascaro. *Compêndio de Direito Sindical*. 7. ed. São Paulo: LTr, 2012. p. 278.

(8) Expressão extraída da obra citada na bibliografia: Condutas Antissindicais de Luciano Martinez.

Capítulo 26

A Contribuição Sindical Obrigatória como Conduta Violadora da Liberdade Sindical Individual Negativa

Luciano Martinez

1. DRAMA SINDICAL: POR QUE OS ATORES SINDICAIS BRASILEIROS – A DESPEITO DA CADEIRA CATIVA E DO SUPORTE FINANCEIRO GARANTIDO PELO ESTADO – PERDERAM O ELÃ DE ATUAR?

A história constitucional brasileira revela que o direito fundamental à liberdade sindical teve a sua primeira aparição no art. 120 da Carta de 1934[(1)], que, paralelamente, no seu art. 113, item 12, consagrava também uma genérica liberdade de associação para fins lícitos com a garantia de que nenhuma agremiação seria compulsoriamente dissolvida senão por sentença judiciária[(2)]. Inaugurava-se naquela Carta política a distinção entre a genérica liberdade de associação e a específica liberdade sindical. Antes, a garantia concentrava-se num tipo único de liberdade associativa, reconhecida expressamente desde o texto constitucional de 1891[(3)].

A tardia aparição da liberdade sindical como um direito fundamental autônomo tinha as suas razões de ser. O medo de uma revolução social, nos moldes daquela que instalou o comunismo na Rússia em 1917, fez com que muitos governos, inclusive o brasileiro, se ocupassem em arrefecer os conflitos sociais mediante atuação que evitasse o confronto. A opção política brasileira visava acomodar eventuais insurreições, retirando do segmento sindical o entusiasmo do enfrentamento coletivo. Bem antes disso, no começo do século XX, já se manifestava a clara preocupação dos empresários e do Estado brasileiro quanto à necessidade de impedir a chegada das influências sindicalistas revolucionárias. O Decreto n. 979/1903 – primeira lei associacionista laboral brasileira – confessava uma feição essencialmente

(*) Juiz Titular da 9ª Vara do Trabalho de Salvador – Bahia, Professor Adjunto de Direito do Trabalho e da Seguridade Social da UFBA. Doutor em Direito do Trabalho e da Seguridade Social pela USP. Mestre em Direito Privado e Econômico pela UFBA. Mestre em Direito Social pela Universidad Castilla-La Mancha (Espanha). Titular da Cadeira 52 da Academia Nacional de Direito do Trabalho (ANDT). Coordenador da Especialização em Direito do Trabalho da UFBA. E-mail: martinezluciano@uol.com.br

(1) Constituição de 1934, art. 120. Os sindicatos e as associações profissionais serão reconhecidos de conformidade com a lei.

(2) Constituição de 1934, art. 113. A Constituição assegura a brasileiros e a estrangeiros residentes no País a inviolabilidade dos direitos concernentes à liberdade, à subsistência, à segurança individual e à propriedade, nos termos seguintes:

[...]

12) É garantida a liberdade de associação para fins lícitos, nenhuma associação será compulsoriamente dissolvida senão por sentença judiciária.

(3) Constituição de 1891, art. 72. A Constituição assegura a brasileiros e a estrangeiros residentes no País a inviolabilidade dos direitos concernentes à liberdade, à segurança individual e à propriedade, nos termos seguintes:

[...]

§ 8º. A todos é lícito associarem-se e reunirem-se livremente e sem armas; não podendo intervir a polícia senão para manter a ordem pública.

cooperativista. Evaristo de Moraes Filho (1978. p. 186) lembrava, diante das leis do primeiro decênio do século XX, que "não se tinha em vista, realmente, a criação de um espírito sindicalista, de resistência profissional e de arregimentação de classe, e sim o de cooperação, de auxílio mútuo, de assistência".

Na citada norma, não se viam planos de promoção da unidade de classe, tampouco de conquista de melhores condições de trabalho. A justificativa para tanto provinha de uma ideologia de fundo liberal e católico que pugnava por uma conveniente harmonia entre patrões e operários, para, de certo modo, preparar a cena da domesticação das associações de trabalhadores.

O Decreto n. 1.637/1907, também proveniente da bancada católica e sob a mesma base ideológica, generalizou o direito ao associativismo laboral e facultou a criação de sindicatos de quaisquer profissões similares ou conexas, inclusive daqueles que exerciam profissões liberais, mas manteve o propósito de conduzir o conflito social para o caminho da concórdia.

Conta José Albertino Rodrigues (1977. p. 51) que a exposição de motivos dessa lei deixava clara a preocupação em disciplinar a organização profissional enquanto as influências estrangeiras ainda não tivessem derramado ideologia comunista sobre o país. Sustentava-se que isso deveria ser feito o mais brevemente possível, enquanto o mar ainda estivesse "calmo" e as lufadas do velho mundo não tivessem levantado "escarcéus de ódio e antagonismo".

Nas duas primeiras décadas do século XX, o sindicalismo brasileiro era mesmo incipiente. Suas ações eram tópicas, praticadas basicamente em Ligas e Congressos operários com apoio de um punhado de idealistas, o que refletia não mais do que a realidade de um país essencialmente agrícola. As manifestações genuinamente sindicais concentravam-se nas grandes cidades que fruíam de embrionária industrialização, ambiente propício para a lenta formação da classe operária brasileira[(4)]. As greves, entretanto, especialmente as que abalaram o país em 1917, deixavam claro que em pouco tempo alguns comportamentos estatais de natureza antissindical seriam tomados.

O alvo inicial foram os imigrantes, potenciais difusores do anarcossindicalismo. Em pouco tempo, o Estado percebeu que melhor seria colocar as entidades sindicais sob o seu controle, porque, ao retirá-las da esfera privada e ao tutelá-las[(5)] como extensão do poder público, poderiam manipular seus dirigentes e, especialmente, seus propósitos. Nessa linha de pensamento, o Decreto n. 19.770, de 19 de março de 1931, criou de modo artificial os protagonistas e o cenário de um filme que permaneceu em cartaz a partir de então com insignificantes mudanças de roteiro.

Aos personagens principais desse espetáculo (sindicatos) foram garantidas cadeira cativa (unicidade sindical) e suporte financeiro, independen-

(4) Segundo Russomano (1995. p. 31), "não foram pequenas as dificuldades enfrentadas pelos primeiros líderes do movimento sindical brasileiro. Eles eram perseguidos, por motivos ideológicos, pelo próprio Governo e, simultaneamente, pressionados pelos empregadores". O mestre gaúcho, com base nas palavras de Joaquim Pimenta, lembrou que "organizar um sindicato, por mais pacíficos que fossem os intuitos de seus promotores [...] era motivo de ser despedido, boicotado e, se a dispensa do empregado provocava protestos ou reação pela greve, a interferência do estado imediatamente se fazia valer detendo os ousados, dispensando ajuntamentos a pata de cavalo, forçando os mais tímidos a voltarem ao trabalho".

(5) O art. 1º do Decreto n. 19.770, de 19 de março de 1931 previa, claramente, que as classes patronais e operárias poderiam defender os seus direitos "por intermédio" do então Ministério do Trabalho, Industria e Comércio. As entidades sindicais que desejassem ser constituídas estavam, então, subordinadas a algumas condições que, de modo facilmente perceptível, tinham a intenção de afastar as influências ideológicas estrangeiras. Vejam-se:

a) Reunião de, pelo menos, 30 associados de ambos os sexos, maiores de 18 anos;

b) Maioria, na totalidade dos associados, de dois terços, no mínimo, de brasileiros natos ou naturalizados;

c) Exercício dos cargos de administração e de representação, confiado à maioria de brasileiros natos ou naturalizados com 10 anos, no mínimo, de residência no país, só podendo ser admitidos estrangeiros em número nunca superior a um terço e com residência efetiva no Brasil de, pelo menos, 20 anos;

d) Mandato anual em tais cargos, sem direito a reeleição;

e) Gratuidade absoluta dos serviços de administração, não podendo os diretores, como os representantes dos sindicatos, das federações e das confederações, acumular os seus cargos com os que forem remunerados por qualquer associação de classe;

f) Abstenção, no seio das organizações sindicais, de toda e qualquer propaganda de ideologias sectárias, de caráter social, político ou religioso, bem como de candidaturas a cargos eletivos, estranhos à natureza e finalidade das associações.

O cumprimento dessas condições não eram, entretanto, o bastante. Exigia-se da pretensa entidade sindical, para ser reconhecida como tal e para adquirir personalidade jurídica, a aprovação dos seus estatutos pelo Ministério do Trabalho, Indústria e Comércio, na forma do art. 2º do ora analisado decreto, sendo certo que deveriam ser apresentadas cópia autêntica da ata de instalação e de uma relação do número de sócios, com os respectivos nomes, profissão, idade, estado civil, nacionalidade, residência e lugares ou empresas onde exerciam a sua atividade profissional. A finalidade era, evidentemente, de controle.

temente dos resultados da bilheteria (contribuição sindical) [6], ainda que nenhum espectador tivesse interesse por ele. Não é de se admirar, por isso, que a insistência do diretor (Estado) na manutenção das condições oferecidas para o referido espetáculo tenha produzido um imenso desinteresse da crítica especializada (trabalhadores e segmentos laborais) e do público (sociedade), e uma lamentável e viciosa estagnação dos atores dessa trama, que, verdadeiramente, perderam o elã de atuar.

Justamente esse panorama, com pequenas modificações produzidas ao longo do tempo, manteve-se praticamente inalterado e, por isso, despertou curiosidade e surpresa. Russomano (1995. p. 33) diz ser estranho o fato de que, a despeito de superadas tantas fases políticas a partir de 1931, de a Carta totalitária de 1937 ter sido substituída pela de 1946 e por seus propósitos liberais, a organização sindical manteve-se incólume durante todo o tempo, inclusive nas ordens constitucionais seguintes e até mesmo na ora vigente Constituição de 1988.

As instituições colocadas em prática pelo Estado Novo foram, de fato, integralmente mantidas pelas Constituições de 1946 e de 1967 e, conforme chamou a atenção também Paulo Sérgio Pinheiro, provaram ser de inestimável valia para o regime autoritário instalado após o golpe de Estado de 1964. Segundo o referido professor, tão instrumentais foram as referidas normas, que "não foi necessário os juristas de plantão do autoritarismo saírem de seus cuidados para elaborar um Ato Institucional: bastou que a Consolidação das Leis do Trabalho, promulgada em plena vigência do Estado Novo, fosse aplicada à risca. Tudo já estava ali previsto" (PINHEIRO, 1978. p. 18-19).

Apesar da inegável vocação democrática da Carta constitucional de 1988, foram mantidas, em claro contraste com a primazia da liberdade sindical, algumas limitações que historicamente não mais teriam qualquer justificativa de persistir, entre as quais se destacam a adoção da "categoria" como unidade taxonômica, a unicidade sindical, o desenho organizacional confederativo, a legitimação negocial privativa do sindicato em detrimento de outras entidades igualmente sindicais, a contribuição sindical por via tributária e o poder normativo da Justiça do Trabalho. Essas particularidades contribuem para que o ordenamento brasileiro apresente ao mundo uma liberdade sindical amputada, desprovida de algumas das suas mais importantes peças constitutivas.

2. A CONSTITUIÇÃO DE 1988 E O PROCESSO DE CONTEMPORIZAÇÃO ENTRE UM PASSADO SINDICAL DE MARCADA INTERVENÇÃO ESTATAL E UM PRESENTE PRETENSAMENTE NOVO: "A NAÇÃO QUER MUDAR. A NAÇÃO DEVE MUDAR. A NAÇÃO VAI MUDAR!"

Com a promulgação do texto constitucional de 1988, iniciou-se um processo de contemporização entre um passado sindical de marcada intervenção estatal e um presente pretensamente novo, a partir do qual a Administração Pública formalmente se comprometia a respeitar, a proteger e a promover as liberdades sindicais individuais e coletivas.

Diz-se ocorrido um processo de contemporização porque, apesar de a Carta de 1988 ter explicitado o compromisso político de atuação democrática (art. 1º, *caput*), de respeito ao pluralismo político (art. 1º, IV), de não interferência/não intervenção na organização sindical (vide art. 8º, I) e de reverência à liberdade sindical individual negativa (vide art. 8º, V), manteve algumas estruturas que internamente contradiziam essas aspirações, como o conceito de categoria, o modelo sindical monista, o sistema confederativo, a base territorial mínima correspondente à área de um Município, a contribuição sindical obrigatória e o poder normativo do Judiciário trabalhista.

Quando se fala em contemporização, surge inevitavelmente uma pergunta: *contemporizar com o quê?*

Por mais desconcertante que seja a resposta, ela sinaliza para as próprias entidades sindicais. Foram elas, em sua grande maioria, que, em busca da manutenção de injustificáveis privilégios, se opuseram às mudanças que uma nova ordem constitucional poderia trazer e que exigiriam, por meio dos *lobbys* de seus dirigentes, a manutenção de estruturas incompatíveis com o espírito democrático da Carta de 1988.

Os textos dos jornais da época em que ocorreram os trabalhos da Assembleia nacional Constituinte são uníssonos em identificar não apenas o *lobby* exercido sobre os parlamentares, mas também

(6) O Decreto-Lei n. 1.402, de 5 de julho de 1939, previa em seu art. 3º, "f", que os sindicatos teriam a prerrogativa de impor contribuições a todos aqueles que participassem das profissões ou categorias representadas. A partir da publicação do Decreto-Lei n. 2.377, de 8 de Julho de 1940, o Estado brasileiro, numa clara manifestação de tutela às entidades sindicais, assumiu a tarefa de arrecadar as referidas contribuições sindicais e passou a fazê-lo por meio de sua força tributária. Por esse motivo, a referida norma de 1940 dizia estar sendo instituído um "imposto sindical".

a conveniência da posição assumida por alguns líderes sindicais especialmente interessados em manter prerrogativas pretéritas(7). A conjugação desses fatores resultou em um texto constitucional de complicada exegese, de um lado desejoso por um regime de plena liberdade sindical; de outro, comprometido com estruturas de um tempo corporativista.

Assim, as antissindicalidades, no período de contemporização, são visíveis sob duas variáveis básicas:

A *primeira*, praticada pelo Estado (especialmente pelo Poder Legislativo) e pelas entidades sindicais com força política e atitudes reacionárias, decorre da tendência à eternização de um modelo que, por sua completa contradição com os fundamentos da Carta de 1988, deveria ser apenas transitório. Não por outro motivo, senão pela necessidade de correção dessas incongruências, o próprio texto constitucional previra a sua revisão (art. 3º do Ato das Disposições Constitucionais Transitórias – ADCT), conquanto, como se sabe, nada de significativo, especialmente no âmbito sindical, tenha acontecido em decorrência dela(8). Manteve-se, então, não mais com o propósito contemporizador, mas agora com a intenção protecionista, um sistema sindical cuja nocividade é reconhecida por qualquer cidadão que razoavelmente pondere sobre os fatos sociais. Essa situação contrasta com a tônica de mudança tão expressivamente demonstrada nas palavras do Presidente da Assembleia nacional Constituinte, Ulysses Guimarães, no discurso proferido por ocasião da promulgação do Texto Magno de 1988: "a Nação quer mudar. A Nação deve mudar. A Nação vai mudar!" Esse brado, lamentavelmente, não ecoou no hermético mundo sindical.

A *segunda*, perpetrada pelos hermeneutas jurídicos, resulta da insistência em ver as excepcionalidades provenientes dos resquícios corporativistas sindicais como algo natural, como uma realidade paralela que continua a existir, independentemente de todo o conjunto normativo constitucional; como se os fundamentos da Carta valessem apenas para específicas partes do texto, e não para a sua integralidade. Essas condutas interpretativas legitimam o abandono do dever de proteção que as entidades sindicais têm em relação aos seus representados e, por via reflexa, recrudescem o desinteresse destes em reivindicar tomadas de posição.

3. A LIBERDADE SINDICAL INDIVIDUAL NEGATIVA E A CONTRIBUIÇÃO SINDICAL OBRIGATÓRIA: UM PONTO SENSÍVEL NA ORGANIZAÇÃO SINDICAL BRASILEIRA. A DIFÍCIL COMPATIBILIZAÇÃO DOS INSTITUTOS

Entendem-se como condutas violadoras da liberdade sindical individual os atos praticados com o objetivo de turbar o trabalhador na sua opção de constituir a organização sindical que estime conveniente e/ou de a ela se filiar, sem autorização prévia e sem pressões de qualquer natureza, bem assim, uma vez integrado à organização sindical constituída, de desenvolver as atividades que permitam a tutela eficaz dos seus interesses laborais.

As condutas violadoras da liberdade sindical individual comportam duas facetas: uma positiva; outra negativa.

Em sua faceta positiva, estão abarcados unicamente os atos comissivos dos sujeitos individuais, desde os que objetivam a preparação da constituição da entidade representativa (como, por exemplo, o proselitismo sindical) até os que dinamizam a convivência nas organizações já formadas (como é o caso das reuniões). Na seara da liberdade "positiva" se discute sobre a "autodeterminação" ou a "autonomia" do sujeito e se avalia se o indivíduo tem ou não a possibilidade de orientar seu próprio querer no sentido de uma finalidade, de tomar decisões, sem ser determinado pela vontade dos outros.

Em sua faceta negativa, por outro lado, estão os atos omissivos em relação aos quais o sujeito individual das relações coletivas, sem estar impedido e sem se sentir constrangido, tem o direito à desconexão sindical, que pode manifestar-se por atos de não filiação, de desfiliação, ou, ainda, para aqueles que se filiem e desejem permanecer na condição de

(7) Cf. as manifestações extraídas dos Jornais: "Gazeta Mercantil", São Paulo. p. 7, 03-02-1987, disponível em: <http://www2.senado.gov.br/bdsf/item/id/114428>; "O Globo", Rio de Janeiro. p. 8, 16-10-1987, disponível em: <http://www2.senado.gov.br/bdsf/item/id/135045>; "O Globo", Rio de Janeiro. p. 3, 02-03-1988, disponível em: <http://www2.senado.gov.br/bdsf/item/id/126384> e, especialmente, no artigo publicado em "O Estado de São Paulo", São Paulo. p. 4, 14-05-1988, disponível em: <http://www2.senado.gov.br/bdsf/item/id/107453>. Todos os acessos em 28 jul. 2011.

(8) Nesse particular, especialmente sobre o fiasco da revisão constitucional de 1993, consulte-se o excelente texto descritivo de Daniel Sarmento, intitulado "21 anos da Constituição de 1988: A Assembleia Constituinte de 1987/1988 e a experiência constitucional brasileira sob a Carta de 1988" (2010), no qual são analisados os antecedentes próximos e a dinâmica de funcionamento da Assembleia Constituinte de 1987/1988, as características centrais da Constituição e os traços mais salientes da sua incidência sobre as relações políticas e sociais.

filiados, por atos de não participação, manifestados pelo singelo direito de não se envolver nos assuntos sindicais além dos limites do ato associativo e dos que sejam indispensáveis à manutenção da sua condição de associado.

A liberdade sindical individual negativa funda-se, portanto, no direito de o trabalhador não se filiar a uma organização sindical ou de nela não permanecer, bastando-lhe, em qualquer uma das duas situações mencionadas, **livre de represálias ou de prejuízos e independentemente de provocações externas**, a simples manifestação de sua vontade.

Essa modalidade de liberdade sindical individual está relacionada com a tutela do direito de manter-se "indiferente" à vida sindical. É, por isso, obviamente, uma importante variável que precisa ser respeitada[9].

Anote-se, contudo, que há quem, como Rodolfo Capón Filas (2008. p. 85), veja nela um inadmissível comportamento ético social, violador da solidariedade e da cooperação. Para o mencionado juslaboralista argentino, *[...] quien no se afilia o quien se desafilia, incide negativamente en el conjunto de los trabajadores y permite que las entidades sindicales continúen siendo dirigidas o gerenciadas por corruptos o personas cooptadas por intereses ajenos a los de los trabajadores.*

A reflexão sobre a necessidade de incentivar o solidarismo entre os trabalhadores, apesar de extremamente válida, não pode ser considerada como suficiente para justificar a imposição de uma conduta positiva, a injunção de um *fazer* sindical. Afinal, num sistema jurídico que respeite as liberdade individuais e coletivas, ninguém pode ser obrigado a se empenhar em causa da qual não seja partidário ou a acreditar naquilo em que não deposite a sua fé, ainda que, em muitas situações, possa, por lei, ser constrito (por ação tributária) a contribuir financeiramente para essas mesmas causas, como acontece, no Brasil, com a contribuição sindical compulsória ou com os regimes obrigatórios de previdência social (arts. 40 e 201 da CF-88).

A solidariedade social, entretanto, não encontra campo propício para ser justificativa de associativismo coacto no âmbito das relações sindicais, haja vista a imprescindibilidade das atuações claramente volitivas daqueles que, por algum motivo, resolveu se envolver nas atividades de defesa dos interesses de sua categoria profissional.

Há de respeitar-se, por isso, a expressão da faculdade à desconexão sindical que pode manifestar-se *a priori*, por **atos omissivos de constituição ou de filiação** ou *a posteriori*, **por atos de desfiliação**, ou, ainda, para aqueles que se filiem e permaneçam nessa condição, por **atos de não participação sindical**, manifestados pelo singelo comportamento de não se envolver nos assuntos sindicais além dos limites do ato de associação e do que lhe seja licitamente imposto pelo estatuto social que voluntariamente aceitou obedecer.

Pois bem. A despeito do que ora se disse, e segundo a perspectiva jurisprudencial dominante, apesar da consagrada liberdade sindical individual negativa (art. 5º, XX e art. 8º, VI), admite-se como recepcionada a contribuição sindical obrigatória. Essa conclusão é obtida a partir de interpretação segundo a qual o fragmento final do inciso IV do art. 8º autoriza a aplicabilidade da contribuição sindical disciplinada entre os arts. 578 e 610 da CLT, a despeito da exigibilidade de tratamento da matéria mediante lei complementar, segundo art. 149 c/c 146, III da CF-88, haja vista o disposto nos §§ 3º e 4º do art. 34 do ADCT[10].

---

(9) Nos termos do verbete 367 da r. d. p. do CLS da OIT, não há qualquer violação à liberdade sindical na legislação que estabelece o direito de não se filiar ou de desfiliar-se. Perceba-se a redação do mencionado verbete: *"Basándose en la declaración de la Comisión de Relaciones de Trabajo de la Conferencia Internacional del Trabajo en 1949, el Comité ha estimado que una legislación que establece el derecho a no sindicarse o a no permanecer en un sindicato no constituye en sí una violación de los Convenios núms. 87 y 98"*.

(10) Vejam-se alguns trechos de decisões do STF:

"A recepção pela ordem constitucional vigente da contribuição sindical compulsória, prevista no art. 578, CLT, e exigível de todos os integrantes da categoria, independentemente de sua filiação ao sindicato, resulta do art. 8º, IV, *in fine*, da Constituição; não obsta à recepção a proclamação, no *caput* do art. 8º, do princípio da liberdade sindical, que há de ser compreendido a partir dos termos em que a Lei Fundamental a positivou, nos quais a unicidade (art. 8º, II) e a própria contribuição sindical de natureza tributária (art. 8º, IV) – marcas características do modelo corporativista resistente –, dão a medida da sua relatividade (cf. MI 144, Pertence, RTJ 147/868, 874); nem impede a recepção questionada a falta da lei complementar prevista no art. 146, III, CF, à qual alude o art. 149, à vista do disposto no art. 34, § 3º e § 4º, das Disposições Transitórias (cf. RE 146.733, Moreira Alves, RTJ 146/684, 694) " – RE 180.745, Rel. Min. Sepúlveda Pertence, julgamento em 24 de março de 1998, Primeira Turma, DJ de 8-5-1998.

"A contribuição assistencial visa a custear as atividades assistenciais dos sindicatos, principalmente no curso de negociações coletivas. A contribuição confederativa destina-se ao financiamento do sistema confederativo de representação sindical patronal ou obreira. Destas, somente a segunda encontra previsão na CF (art. 8º, IV), que confere à assembleia geral a atribuição para criá-la. Este dispositivo constitucional garantiu a sobrevivência da contribuição sindical,

Independentemente da literalidade do fragmento final do inciso IV do art. 8º do texto constitucional, as interpretações que justificam a recepção da contribuição sindical afrontam os valores repulsados pela própria Constituição, especialmente aqueles que dizem respeito à limitação da democracia e das liberdades individuais[11]. Nesses termos, o processo interpretativo não poderia desprezar uma análise sistemática da ordem constitucional de modo a avaliar o texto no contexto.

Não se deseja, com isso, que o intérprete constitucional caia, como sustentara o Min. Sepúlveda Pertence no RE n. 180.745 – SP, "na tentação de ver na Constituição o que nela se deseja ver, independentemente do que efetivamente esteja ou não esteja na letra ou no sistema", mas que esse mesmo intérprete não se restrinja a uma única forma de exegese, tanto menos que despreze o conjunto de valores que orientaram as opções do constituinte originário.

Como bem disse Luís Roberto Barroso (1999. p. 83),

> [...] a máxima *in claris cessat interpretatio* há de ter, tão somente, o sentido de reconhecimento de que a zona de clareza existente na lei enfraquece a atividade do intérprete, mas não o condena a uma acrítica interpretação literal". [Enfim,] "a Constituição interpreta-se como um todo harmônico, onde nenhum dispositivo deve ser considerado isoladamente. Mesmo as regras que regem situações específicas, particulares, devem ser interpretadas de forma que não se choquem com o plano geral da Carta.

Mas, enfim, considerar os dispositivos constantes dos art. 578 a 610 da CLT "conforme a Constituição" não seria o mesmo que a violar por meio de legislação com a qual ela não se identifica?

A resposta parece ser positiva, uma vez que o legislador constitucional, ao enunciar, no art. 8º, IV, que, "independentemente da contribuição prevista em lei", as Assembleias Gerais poderiam criar contribuição para o custeio do sistema confederativo da representação sindical respectiva, não quis necessariamente aproveitar o ordenamento infraconstitucional já existente, tampouco autorizar interpretações retrospectivas[12]. A expressão "independentemente da contribuição prevista em lei", para respeitar os valores internos da Carta de 1988, não poderia, por óbvio, tentar conciliar valores inconciliáveis. Afinal, como seria possível conciliar a liberdade de não se filiar ou de não se manter filiado a sindicato (art. 8º, V, da CF-88) com a situação segundo a qual um não associado, a despeito dessa condição, tivesse que contribuir para uma entidade com a qual não quis se envolver?

Evaristo de Moraes Filho (1978. p. 287) também revela perplexidade diante do instituto e, mesmo à luz do texto constitucional de 1967 – que apenas mencionava ser "livre a associação profissional ou sindical", não possuindo dispositivo equivalente àquele hoje encontrado no art. 8º, V, da Carta de 1988 –, questionava, com base na liberdade sindical do indivíduo: "se lhe é reconhecido o direito pleno de não ser envolvido pelo sindicato, como tirar do seu bolso uma contribuição obrigatória em favor desse mesmo sindicato?"

A resposta torna-se mais embaraçosa na medida em que se adiciona à circunstância o fator "unicidade sindical". Tal ocorrerá porque, além de constrangido na sua liberdade sindical individual negativa, o integrante da categoria terá que, compulsoriamente, contribuir para uma específica entidade representativa, mesmo que não a tenha escolhido como tal; ainda que não aceite a ideologia por ela praticada[13]; ainda que

prevista na CLT. Questão pacificada nesta Corte, no sentido de que somente a contribuição sindical prevista na CLT, por ter caráter parafiscal, é exigível de toda a categoria independente de filiação" – RE 224.885-AgR, Rel. Min. Ellen Gracie, julgamento em 8 de junho de 2004, Segunda Turma, DJ de 6-8-2004.

(11) Com base na assertiva de Canotilho (1993. p. 536-537) de que, "diante de uma relação de tensão entre o direito de um indivíduo e o de uma pessoa coletiva (pessoa na sua qualidade de 'unidade interativa', inserida em formações sociais), deve prevalecer o caráter subjetivo individual", registra-se o quanto é difícil entender as razões em virtude das quais a liberdade sindical individual negativa não tem prevalecido, nesse caso, sobre o interesse da pessoa coletiva.

(12) Quem já chamava a atenção para isso era o professor José Carlos Barbosa Moreira em artigo intitulado "O Poder Judiciário e a efetividade da nova Constituição", publicado nos albores da Carta Magna de 1988. O mestre fluminense, como num vaticínio sobre o que aconteceria, identificou o método interpretativo que passaria a ser utilizado: "põe-se ênfase nas semelhanças, corre-se um véu sobre as diferenças e conclui-se que, à luz daquelas, e a despeito destas, a disciplina da matéria, afinal de contas, mudou pouco, se é que na verdade mudou. É um tipo de interpretação a que não ficaria mal chamar retrospectiva: o olhar do intérprete dirige-se antes ao passado que ao presente, e a imagem que ele capta é menos a representação da realidade que uma sombra fantasmagórica. Pois bem: o que sucede com outros diplomas é passível de suceder igualmente com uma nova Constituição" (Barbosa Moreira, 1988. p. 152).

(13) Cf. o posicionamento do professor Arion Sayão Romita (2007. p. 673), segundo o qual "aqueles que preferem não aderir ao sindicato não podem ser compelidos a manter uma entidade, apenas porque esta representa toda a categoria profissional".

nem dela queira ouvir falar. Essa situação de subjugação será praticada até o momento em que o sujeito aviltado, sem ter alternativa, se afaste da sua atividade profissional ou econômica. Somente assim, violando a sua liberdade de exercício de trabalho (art. 5º, XIII, da CF-88), o indivíduo poderá se livrar da renitente contribuição sindical compulsória[14].

Tem razão Paulo Bonavides (2004. p. 517-518) quando chama à atenção para os riscos da aplicação do método de interpretação conforme a Constituição. Para o constitucionalista cearense

> [...] é de temer-se venha o método a engendrar artifícios ou subterfúgios que possam fazer prevalecer incólumes no ordenamento constitucional normas inconstitucionais [...]. Corre-se não raro com o emprego desse método o risco de transformar a interpretação da lei conforme a Constituição numa interpretação da Constituição conforme a lei (*eine gesetzeskonforme Auslegung der Verfassung*), distorção que se deve conjurar.

E foi o que aconteceu na matéria sob exame: não apenas prevaleceu como constitucional uma norma evidentemente inconstitucional, como se chegou a essa conclusão mediante uma interpretação da Constituição conforme a lei preexistente.

Se há de aceitar-se que a Constituição de 1988, por conta do trecho final do inciso IV do seu art. 8º, recepcionou a aplicabilidade da contribuição sindical disciplinada entre os arts. 578 e 610 da CLT, pode-se, ao menos, discutir se essa legislação infraconstitucional mereceria mesmo estar vigendo. Coloca-se tal questão em discussão na medida em que as normas constantes da CLT – que tem força de lei ordinária – não podem contrariar disposições constantes das convenções internacionais de que o Brasil tenha sido signatário.

Não se olvide que, de acordo com os posicionamentos expendidos no RE n. 466.343-1 SP, a jurisprudência brasileira aderiu formalmente ao entendimento da **supralegalidade** dos tratados internacionais sobre direitos humanos na ordem jurídica interna. Isso significa que não se pode invocar as disposições de direito interno para justificar o inadimplemento de um tratado internacional sobre direitos humanos. Esse, aliás, é o posicionamento contido expressamente no § 2º do art. 5º da CF/1988, segundo o qual os direitos e garantias nela expressos **não excluem** outros quaisquer decorrentes do regime e dos princípios por ela adotados "ou dos tratados internacionais em que a República Federativa do Brasil seja parte"[15]

Ora, se as normas infraconstitucionais não se devem submeter apenas a um juízo de constitucionalidade, mas também de convencionalidade, seria correto afirmar que a contribuição sindical compulsória ainda estaria de acordo com os tratados internacionais de que a República Federativa do Brasil é parte integrante?

A resposta é evidentemente negativa. [illegible]-se isso na medida em que

> [...] o artigo 8 do Protocolo de San Salvador[16], incorporado ao ordenamento jurídico pátrio pelo Decreto n. 3.321/99, afastou a efi-

(14) Não é ociosa a lembrança de que a única forma de associação compulsória é aquela de que se vale o Estado em nome do *pacto unionis civilis* que ao mesmo tempo constituiu a sociedade e instituiu os mecanismos de coação que permitem falar em liberdade civil. Somente o Estado pode administrar filiações obrigatórias como, por exemplo, o faz em relação ao regime geral da previdência social (vide art. 201, *caput*, da CF-88). Como o Estado brasileiro, por sua própria escolha, não pode administrar a vida sindical (vide art. 8º, I, da CF-88), não poderá, consequentemente, intermediar o financiamento de contribuições em favor das entidades para as quais deu liberdade de ação, tampouco contra os indivíduos em favor de quem prometeu não impor filiação ou manutenção de filiação. Isso é óbvio.

(15) Anote-se, desde já, que a referência aos "tratados internacionais" deve ser apreendida no seu sentido mais amplo, abarcando o universo de acordos internacionais concluídos por escrito entre dois ou mais Estados ou entre Estados e organismos internacionais, quer conste de um instrumento único, quer de dois ou mais instrumentos conexos, qualquer que seja sua denominação.

(16) Artigo 8. Direitos sindicais

1. Os Estados Partes garantirão:

a) O direito dos trabalhadores de organizar sindicatos e de filiar-se ao de sua escolha, para proteger e promover seus interesses. Como projeção desse direito, os Estados Partes permitirão aos sindicatos formar federações e confederações nacionais e associar-se às já existentes, bem como formar organizações sindicais internacionais e associar-se à de sua escolha. Os Estados Partes também permitirão que os sindicatos, federações e confederações funcionem livremente;

b) O direito de greve.

2. O exercício dos direitos enunciados acima só pode estar sujeito às limitações e restrições previstas pela lei que sejam próprias a uma sociedade democrática e necessárias para salvaguardar a ordem pública e proteger a saúde ou a moral pública, e os direitos ou liberdades dos demais. Os membros das forças armadas e da polícia, bem como de outros serviços públicos essenciais, estarão sujeitos às limitações e restrições impostas pela lei.

3. Ninguém poderá ser obrigado a pertencer a um sindicato.

cácia de todas as regras celetistas que disciplinam o recolhimento da contribuição sindical, ao fundamento de que a liberdade sindical nele consagrada é incompatível com a compulsoriedade, instituída por lei, de custeio do sistema sindical" (LIMA e RODRIGUES, 2010)(17).

É importante anotar que a contribuição sindical compulsória não atenta apenas contra o disposto no Protocolo Adicional à Convenção Americana sobre Direitos Humanos em matéria de Direitos Econômicos, Sociais e Culturais – "Protocolo de San Salvador" –, mas, igualmente, contra o art. 22 do Pacto Internacional dos Direitos Civis e Políticos(18) (19) (também conhecido como Pacto de Nova York de 1966).

Assim, ainda que se quisesse insistir na tese de que, na falta de outra disposição, estariam conforme a Constituição os preceitos contidos entre os arts. 578 a 610 da CLT, estes, para remanescer no ordenamento jurídico infraconstitucional, teriam de estar também conforme os tratados internacionais sobre direitos humanos subscritos pelo Brasil, o que, como se observou, não acontece.

A ideia de contribuição sindical compulsória, assim, e pelo que indica uma análise baseada nos valores democráticos de uma sociedade que se diz livre, não deveria passar, de nenhum modo, pelo duplo controle de compatibilidade vertical – da Constituição e dos tratados internacionais de direitos humanos –, simplesmente porque concebida de forma a violar o mais elementar dos direitos de liberdade individual negativa, o direito de não fazer quando a Constituição permite assim agir.

4. A CONTRIBUIÇÃO SINDICAL OBRIGATÓRIA E A ANTISSINDICALIDADE ESTATAL E SINDICAL POR ATO DE MANUTENÇÃO DO SISTEMA DE FINANCIAMENTO PÚBLICO DAS ORGANIZAÇÕES SINDICAIS

A instituição da contribuição sindical obrigatória produziu (e continua a produzir) um sensível arrefecimento das organizações sindicais. O propósito dessa ação estatal era primordialmente o de atenuar a níveis mínimos o conflitos entre empresários e trabalhadores. Havia (e, em certa medida, ainda há), por trás da intercessão legislativa brasileira, a intenção de retirar o fervor dos sindicatos para torná-los meras peças burocráticas no plano das relações laborais.

O ato legislativo de instituição da contribuição sindical obrigatória, além de ter produzido indolência, apatia e dependência de muitas organizações sindicais(20), revela-se também violador da liberdade sindical individual negativa na medida em que priva o contribuinte do direito de não fomentar a entidade com a qual não se identifica.

É relevante ainda destacar que os sindicatos deveriam ser livres para se organizarem na busca da proteção e promoção de seus interesses. Segundo Lima e Rodrigues (2010)(21),

---

(17) Cf. tese intitulada "A inconvencionalidade da contribuição sindical", apresentada pelos magistrados Cristiano Siqueira de Abreu e Lima e Douglas Alencar Rodrigues e aprovada perante o XV CONAMAT – Congresso Nacional dos Magistrados da Justiça do Trabalho, realizado entre os dias 28-04 e 01-05-2010 em Brasília – DF, disponível em: <http://www.conamat.com.br/conamat/teses_aprovadas.aspx>. Acesso em: 10 mai. 2011.

(18) Adotado pela Resolução n. 2.200-A da Assembleia Geral das Nações Unidas, em 16 de dezembro de 1966; aprovado pelo Decreto Legislativo n. 226, de 12.12.1991; ratificado pelo Brasil em 24.01.1992. Em vigor no Brasil em 24.4.1992; promulgado pelo Decreto n. 592, de 6.7.1992.

(19) Artigo 22. [...]

§1. Toda pessoa terá o direito de associar-se livremente a outras, inclusive o direito de constituir sindicatos e de a eles filiar-se, para proteção de seus interesses.

§2. O exercício desse direito estará sujeito apenas às restrições previstas em lei e que se façam necessárias, em uma sociedade democrática, ao interesse da segurança nacional, da segurança e da ordem públicas, ou para proteger a saúde ou a moral públicas ou os direitos e as liberdades das demais pessoas. O presente artigo não impedirá que se submeta a restrições legais o exercício desses direitos por membros das forças armadas e da polícia.

§3. Nenhuma das disposições do presente artigo permitirá que os Estados-partes na Convenção de 1948 da Organização Internacional do trabalho, relativa à liberdade sindical e à proteção do direito sindical, venham a adotar medidas legislativas que restrinjam ou a aplicar a lei de maneira a restringir as garantias previstas na referida Convenção.

(20) Sobre os efeitos das subvenções outorgadas às organizações sindicais, leia-se o verbete 472 da r. d. p. do CLS da OIT: "472. *Los diversos sistemas de subvenciones a las organizaciones de trabajadores producen consecuencias diferentes según la forma que revistan, el espíritu según el cual hayan sido concebidos y aplicados y la medida en que tales subvenciones se concedan en virtud de textos legales precisos o dependan exclusivamente de la discreción de los poderes públicos. Las repercusiones que dicha ayuda financiera pueda tener sobre la autonomía de las organizaciones sindicales dependerán esencialmente de las circunstancias; no pueden ser apreciadas a la luz de principios generales, pues se trata de una cuestión de hecho que debe ser examinada en cada caso, habida cuenta de las circunstancias de ese caso*" (OIT, 2006. p. 104).

(21) A referência diz respeito à tese intitulada "**A inconvencionalidade da contribuição sindical**" apresentada pelos magistrados Cristiano

> [...] o estabelecimento legal da natureza, da base de cálculo, da alíquota e da forma de recolhimento de contribuição sindical, configura ingerência estatal autoritária no funcionamento das entidades sindicais, impossibilitando a consecução da convergência e do consenso dos associados quanto à melhor forma de gestão da vida sindical.

No mesmo sentido, e ainda com base no texto de Lima e Rodrigues (2010), "a determinação legal de repartição dos valores arrecadados entre os diversos níveis do sistema sindical (CLT, art. 589) igualmente viola a liberdade sindical, pois interfere em assunto que deve ser deliberado internamente pelos membros sindicalizados".

Há, portanto, antissindicalidade estatal e sindical no ato de manutenção nos tempos de hoje do sistema de financiamento público das organizações sindicais. A conduta estatal é perceptível na medida em que o Estado (especialmente o Poder Legislativo), cônscio da situação de interferência indevida, a mantém em obediência a pressões políticas advindas especialmente das próprias entidades sindicais, que se acostumaram com recursos que independem de níveis de filiação ou de sua própria atividade. Para essa particularidade, já chamava à atenção Evaristo de Moraes Filho (1963. p. 79), em seu Anteprojeto de Código do Trabalho, ao dizer que

> [...] com dinheiros alheios, locupletam-se os cofres dos sindicatos, tornando desnecessário qualquer esforço de conquista de prestígio, pelos dirigentes sindicais, [que] com dinheiro em caixa, não se aguilhoa o espírito na formação de verdadeiros líderes, de educação e elevação da classe, de aumento do patrimônio, de serviços sociais, em suma, de benemerência que recomendem um verdadeiro chefe *par droit de conquête*.

Formou-se, assim, nas entidades sindicais o vício da percepção de recursos financeiros sem esforços próprios e, por via reflexa, a inibição de ações coletivas vigorosas que, em rigor, estão fundadas em sacrifício e em desprendimento dos agrupamentos em luta sindical. Ora, mas "como falar-se em sacrifício e desprendimento, com o cheque no *guichet* do Fundo Social Sindical?", questionava, mais uma vez, Moraes Filho (1963. p. 70).

Esse suporte financeiro por via tributária, que visava criar instâncias de solidariedade sob o fundamento de que as categorias profissionais brasileiras não demonstravam consistência organizacional, e que hipoteticamente poderia até ser justificável no primeiro quartel do século XX, não tem a menor consistência na atualidade.

O próprio Oliveira Viana (1943. p. 90-91) – na condição de quem ofereceu bases ideológicas para o sistema sindical ora vigente – admitia o excesso de estatismo na época em que implantou a sua orientação. Justificava-o, entretanto, a partir do tipo de sociedade existente à época no Brasil, que, segundo ele, precisava da intervenção pública para a estimulação do solidarismo: "ou esse estatismo, ou então a volta fatal à estrutura coloidal, à gelatina da Constituição de 1891".

As estruturas sociais e o panorama político, entretanto, mudaram! Não há falar-se, portanto – especialmente em tempos de democracia e de respeito às liberdades individuais proclamadas pelo texto constitucional – em compulsoriedade contributiva sindical, notadamente diante de um sistema ainda marcado pela unicidade sindical.

5. CONCLUSÕES

a) As instituições sindicais colocadas em prática pelo Estado Novo foram integralmente mantidas pelas Constituições de 1946 e de 1967 e provaram ser de inestimável valia para o regime autoritário instalado após o golpe de Estado de 1964. Apesar da inegável vocação democrática da Carta constitucional de 1988, foram mantidas, em claro contraste com a primazia da liberdade sindical, algumas limitações que historicamente não mais teriam qualquer justificativa de persistir, entre as quais se destacam a adoção da "categoria" como unidade taxonômica, a unicidade sindical, o desenho organizacional confederativo, a legitimação negocial privativa do sindicato em detrimento de outras entidades igualmente sindicais, a contribuição sindical por via tributária e o poder normativo da Justiça do Trabalho. Essas particularidades contribuem para que o ordenamento brasileiro apresente ao mundo

---

Siqueira de Abreu e Lima e Douglas Alencar Rodrigues perante o XV CONAMAT – Congresso Nacional dos Magistrados da Justiça do Trabalho, realizado entre os dias 28.04 e 01.05.2010 em Brasília – DF e disponível em: <http://www.conamat.com.br/conamat/teses_aprovadas.aspx>. Acesso: 10 mai. 2011.

uma liberdade sindical amputada, desprovida de algumas das suas mais importantes peças constitutivas.

b) Apesar de a Carta de 1988 ter explicitado o compromisso político de atuação democrática (art. 1º, *caput*), de respeito ao pluralismo político (art. 1º, IV), de não interferência/não intervenção na organização sindical (vide art. 8º, I) e de reverência à liberdade sindical individual negativa (*vide* art. 8º, V), manteve algumas estruturas que internamente contradiziam essas aspirações.

c) Os textos dos jornais da época em que ocorreram os trabalhos da Assembleia nacional Constituinte são uníssonos em identificar não apenas o *lobby* exercido sobre os parlamentares, mas também a conveniência da posição assumida por alguns líderes sindicais especialmente interessados em manter prerrogativas pretéritas. A conjugação desses fatores resultou em um texto constitucional de complicada exegese, de um lado desejoso por um regime de plena liberdade sindical; de outro, comprometido com estruturas de um tempo corporativista.

d) É conduta antissindical do Estado (especialmente do Legislativo) e das entidades sindicais com força política e atitudes reacionárias, decorre da tendência à eternização de um modelo que, por sua completa contradição com os fundamentos da Carta de 1988, deveria ser apenas transitório.

e) É conduta antissindical dos hermeneutas jurídicos a insistência em ver as excepcionalidades provenientes dos resquícios corporativistas sindicais como algo natural, como uma realidade paralela que continua a existir, independentemente de todo o conjunto normativo constitucional; como se os fundamentos da Carta valessem apenas para específicas partes do texto, e não para a sua integralidade. Essas condutas interpretativas legitimam o abandono do dever de proteção que as entidades sindicais têm em relação aos seus representados e, por via reflexa, recrudescem o desinteresse destes em reivindicar tomadas de posição.

f) A liberdade sindical individual negativa funda-se no direito de o trabalhador não se filiar a uma organização sindical ou de nela não permanecer, bastando-lhe, em qualquer uma das duas situações mencionadas, livre de represálias ou de prejuízos e independentemente de provocações externas, a simples manifestação de sua vontade. Essa modalidade de liberdade sindical individual está relacionada com a tutela do direito de manter-se "indiferente" à vida sindical. É, por isso, obviamente, uma importante variável que precisa ser respeitada.

g) A solidariedade social não encontra campo propício para ser justificativa de associativismo coacto no âmbito das relações sindicais, haja vista a imprescindibilidade das atuações claramente volitivas daqueles que, por algum motivo, resolveu se envolver nas atividades de defesa dos interesses de sua categoria profissional.

h) Há de respeitar-se a expressão da faculdade à desconexão sindical que pode manifestar-se a priori, por atos omissivos de constituição ou de filiação ou *a posteriori*, por atos de desfiliação, ou, ainda, para aqueles que se filiem e permaneçam nessa condição, por atos de não participação sindical, manifestados pelo singelo comportamento de não se envolver nos assuntos sindicais além dos limites do ato de associação e do que lhe seja licitamente imposto pelo estatuto social que voluntariamente aceitou obedecer.

i) A expressão "independentemente da contribuição prevista em lei" – contida na parte final do art. 8º, IV, do texto constitucional – para respeitar os valores internos da Carta de 1988, não poderia, por óbvio, tentar conciliar valores inconciliáveis.

j) Além de constrangido na sua liberdade sindical individual negativa, o integrante da categoria terá que, compulsoriamente, contribuir para uma específica entidade representativa, mesmo que não a tenha escolhido como tal; ainda que não aceite a ideologia por ela praticada; ainda que nem dela queira ouvir falar. Ademais, a contribuição sindical obrigatória viola a liberdade sindical coletiva positiva na medida em que a lei, em lugar dos estatutos sociais, fixa a base de cálculo, a alíquota e a forma de recolhimento da contribuição sindical compulsória.

k) Ainda que se quisesse insistir na tese de que, na falta de outra disposição, estariam conforme a Constituição os preceitos contidos entre os artigos 578 a 610 da CLT, estes, para remanescer no ordenamento jurídico infraconstitucional, teriam de estar também conforme os tratados internacionais sobre direitos humanos subscritos pelo Brasil, o que não acontece se considerados os textos do "Protocolo de San Salvador" e do Pacto Internacional dos Direitos Civis e Políticos.

l) A ideia de contribuição sindical compulsória, assim, e pelo que indica uma análise baseada nos valores democráticos de uma sociedade que se diz livre, não deveria passar, de nenhum modo, pelo duplo controle de compatibilidade vertical – da Constituição e dos tratados internacionais de direitos humanos –, simplesmente porque concebida de forma a violar o mais elementar dos direitos de liberdade individual negativa, o direito de não fazer quando a Constituição permite assim agir.

m) A instituição da contribuição sindical obrigatória produziu (e continua a produzir) um sensível arrefecimento das organizações sindicais. O propósito dessa ação estatal era primordialmente o de atenuar a níveis mínimos o conflitos entre empresários e trabalhadores. Havia (e, em certa medida, ainda há), por trás da intercessão legislativa brasileira, a intenção de retirar o fervor dos sindicatos para torná-los meras peças burocráticas no plano das relações laborais.

n) As estruturas sociais e o panorama político, entretanto, mudaram. Não há falar-se, portanto – especialmente em tempos de democracia e de respeito às liberdades individuais proclamadas pelo texto constitucional – em compulsoriedade contributiva sindical, notadamente diante de um sistema ainda marcado pela unicidade sindical.

REFERÊNCIAS

BARBOSA MOREIRA, José Carlos. O Poder Judiciário e a efetividade da nova Constituição. In: *Revista Forense n. 304*, out./dez. 1988. p. 152.

BARROSO, Luís Roberto. *Interpretação e aplicação da constituição*. 3. ed. São Paulo: Saraiva, 1999.

BONAVIDES, Paulo. *Curso de Direito Constitucional*. 15. ed. São Paulo: Malheiros, 2004.

CANOTILHO, J. J. Gomes. *Direito constitucional e teoria da constituição*. 6. ed. Coimbra: Almedina, 1993.

CAPÓN FILAS, Rodolfo. *El nuevo derecho sindical argentino*. 3. ed. Buenos Aires: Platense, 2008

LIMA SARMENTO, Daniel, Cristiano Siqueira de Abreu e. RODRIGUES, Douglas Alencar. *A inconvencionalidade da contribuição sindical*. In: XV CONAMAT. Brasília: Associação Nacional dos Magistrados da Justiça do Trabalho, 2010. Disponível em <http://www.conamat.com.br/conamat/teses_aprovadas.aspx>. Acesso em: 11 jun. 2010.

MORAES FILHO, Evaristo de. O problema do sindicato único no Brasil. São Paulo: Alfa-Ômega, 1978.

OIT. *La libertad sindical: recopilación de decisiones y principios del Comité de Libertad Sindical del Consejo de Administración de la OIT*. 5. ed. Ginebra: OIT, 2006.

OLIVEIRA VIANA, Francisco José de. *Problemas de direito sindical*. Rio de Janeiro: Max Limonad, 1943.

PINHEIRO, Paulo Sérgio. Prefácio à 2ª edição. In: MORAES FILHO, Evaristo. *O problema do sindicato único no Brasil*. São Paulo: Alfa-Ômega, 1978. p. 15-19.

RODRIGUES, José Albertino. *Sindicato e desenvolvimento no Brasil*. 2. ed. São Paulo: Símbolo, 1979.

ROMITA, Arion Sayão. A (des)organização sindical brasileira. In: *Revista LTr* n. 71. Jun/ 2007. p. 673.

RUSSOMANO, Mozart Victor. *Princípios gerais de direito sindical*. Rio de Janeiro: Forense, 1995.

SARMENTO, Daniel. 21 Anos da Constituição de 1988: A Assembleia Constituinte de 1987/1988 e a experiência constitucional brasileira sob a Carta de 1988. In: *Revista Juris Síntese n. 83*, MAI/JUN de 2010.

Capítulo 27

O quê Esperar da Negociação Coletiva: Um "Vale-Tudo" ou um "Fair Play"?

Virgínia Leite Henrique(*)

- que o Direito sirva à pessoa humana, à dignidade da pessoa humana; que outra valia terá, se isto não fizer?

- que nós, juristas, emprestemos nossa colaboração e a força de nossa liderança à obra de construção de uma sociedade mais justa; não estaremos de mãos vazias se falharmos neste propósito?

- que o Direito pelo qual lutamos, que o Direito a que servimos, que o Direito ao qual juramos fidelidade nos esponsais da juventude, contribua para o resgate do humanismo, nesta época que inverte valores, que exige certificado de consumidor, não apenas daqueles que penetram nos shoppings centers, *mas de todos que desejem ter reconhecida sua condição de seres humanos;*

- que apesar de todas as forças contrárias, que apesar de todos os desalentos possíveis, que apesar da dificuldade de resistir, que apesar de nos sentirmos às vezes um rato à face do leão, que apesar de tudo...

- a crença nos dê suprimento,

- a união de propósitos nos dê coragem,

- as vitórias parciais de cada dia nos assegurem que o futuro chegará.

João Batista Herkenhoff(**)

Os processos decisórios e as configurações normativas que se estabelecem por meio da atuação judicial podem contribuir tanto para a expansão dos direitos, modificando práticas, como para a legitimação de uma dada ordem, com o bloqueio dos impulsos de mudança. Como o Direito não é texto legal, a atividade judicial não se limita à mera subsunção ou aplicação das regras. Todo jurista, dentre eles o juiz, é agente de produção de sentidos da própria norma. O jurista intervém na produção de seu objeto e o constrói. O processo de construção de sentidos das normas não deve ser naturalizado, pois tal discurso reforça a lógica da isenção e o processo de legitimação do poder constituído.

Sayonara Grillo(***)

(*) Procuradora do Trabalho do Ministério Público do Trabalho. Mestre em Direito do Trabalho pela PUC Minas, em Direitos Sociais pela Universidade de Castilla-La Mancha – Espanha e em Política Social pela Universidade Federal de Mato Grosso. Doutora em Direitos Sociais pela Universidade de Castilla-La Mancha – Espanha. Doutoranda em Direito do Trabalho pela PUC Minas.

(**) HERKENHOFF, João Batista. Movimentos Sociais e Direito. Porto Alegre: Livraria do Advogado Editora, 2004. p. 55.

(***) SILVA, Sayonara Grillo Coutinho Leonardo da. Decisões Judiciais e (Des)Construção dos Direitos: uma revisita à interpretação dos direitos coletivos pelos Tribunais Superiores. O mundo do trabalho. São Paulo: LTr, 2009. p. 418-438.

O Direito do Trabalho, como ramo jurídico nascido dos conflitos e lutas de classe, tem como fonte formal não apenas as regras jurídicas oriundas do Estado em sua face legislativa, conforme preconizava Kelsen em sua teoria monista, que tem o Estado como único centro de positivação e dotado de coerção/sanção.

O Direito Laboral, de forma bastante própria, peculiar e democrática, tem como importantíssima fonte do direito não apenas as leis, mas também a negociação coletiva, criadora de instrumentos jurídicos que, a par das regras heterônomas, regularão as relações jurídicas entre empregado e empregador ou ainda entre as entidades representativas de tais classes.

É, pois, a negociação coletiva valiosíssima fonte autônoma, já que oriunda da imediata participação de seus destinatários principais, tendendo a traduzir um processo crescente de democratização das relações de poder existentes na sociedade.

Com efeito, a negociação coletiva, ao romper com o monopólio estatal na criação do direito, encerra manifestação do pluralismo social inato às sociedades democráticas. É o exemplo mais claro da ruptura do monismo estatal, concorrendo, junto com a tutela normativa do Estado, a equilibrar a radical desvantagem do trabalhador na negociação individual de suas condições laborais.

Assim, a negociação coletiva tem, em si, essa raiz democrática e criadora de direitos, representando a força da organização dos trabalhadores na criação de condições de trabalho que sejam cada vez menos desiguais. Essa origem e fundamentalidade não pode ser esquecida, sob pena de ser usada indevidamente para fins de flexibilizar aquelas outras fontes, as heterônomas, tornando-se, assim, não mais instrumento de avanço democrático, mas sim de retrocesso arbitrário, já que fundado na força do capital.

Como representa esse espaço de reconhecimento de independência frente ao Estado e possibilidade de criação de direitos "para além" da tutela estatal, nem sempre foi a negociação coletiva efetivamente livre, seja no Brasil, seja em outras experiências externas. Vejamos o caso espanhol.

Fazendo um retrocesso histórico, tem-se que a Espanha viveu um longo período de sombras, inclusive no que diz respeito ao fenômeno associativo, extremamente reprimido e silenciado. Assim, negociação que havia era eminentemente corporativa, com o monopólio normativo do Estado, o que refletirá em certa debilidade histórica da negociação coletiva na Espanha. Era a época da intervenção autoritária e administrativa através do Ministério do Trabalho.

Em 1978, com a Constituição Espanhola, dá-se uma ruptura em tal modelo, inclusive no que diz respeito à negociação coletiva, com o reconhecimento pleno da autonomia coletiva (conforme, por exemplo, os arts. 7, 28 e 37), garantindo-se o reconhecimento constitucional da negociação coletiva e suas implicações processuais no acesso à justiça constitucional.

Com efeito, o item 1, do art. 37, determina que *"la ley garantizará el derecho a la negociación colectiva laboral entre los representantes de los trabajadores y empresarios, así como la fuerza vinculante de los convenios"*.

Entretanto, por meio de tal lei, o Estado não pode fazer retroceder a atividade negocial, é dizer, há a consagração constitucional da negociação coletiva, o que supõe que ela tenha um espaço regulativo próprio. O que a lei faz, *in casu*, o Estatuto dos Trabalhadores, é apenas regular o procedimento negociador, observando esse espaço democrático negocial.

Não muito diferente é a realidade brasileira, com algumas variantes próprias.

Em terras tupiniquins também sempre houve – e há – o interesse de o Estado, enquanto Estado de classe burguês, reter em seu âmbito, como uma "supermãe", essa força negocial.

Isso porque, em se fortalecendo os sindicatos e possibilitando-lhes "alto poder de fogo" nas negociações, haveria a possibilidade de, cada vez mais, serem criados direitos de forma livre e independente, tal como eram, no início da história do sindicalismo brasileiro, os sindicatos.

Com efeito, ainda que incipiente, o movimento sindical antes de 1930 era um movimento autêntico, autônomo, sem vinculação estatal, que se desenvolvia no chão de fábrica e em reuniões clandestinas (já que era tido como questão de polícia), com grande viés revolucionário e explosivo[(1)].

---

(1) Sobre o sindicalismo à época, veja-se a clássica obra *Sindicato e Estado*, de Azis Simão (SIMÃO, Azis. Sindicato e Estado. São Paulo: Dominus, 1966). Sobre a história do sindicalismo no Brasil, além do livro de Azis Simão, veja-se também a obra de José Albertino Rodrigues: *Sindicato e Desenvolvimento no Brasil* (RODRIGUES, José Albertino. *Sindicato e desenvolvimento no Brasil*. 2. ed. São Paulo: Símbolo, 1979), dentre outras inúmeras obras que se dedicam ao instigante tema.

Com a ascensão de Getúlio Vargas ao poder e a necessidade de obtenção de respaldo popular, foi implantado, pelo "pai dos pobres"(2), um modelo sindical atado, vinculado e dependente ao Estado, que negava o conflito entre classes, de índole eminentemente corporativista. Neste modelo, está inserida uma negociação sob a tutela do Estado, de forma autoritária e repressora da efetiva liberdade coletiva.

Tal realidade se manteve íntegra até a Constituição Republicana de 1988 que estabeleceu diversas regras que favorecem o caminho da normatização autônoma, em especial: art. 7º, incisos VI, XIII, XIV, XXVI; art. 8º; art. 9º, art. 10 e art. 11. Todos são preceitos que valorizam a atuação sindical, a participação obreira nos locais de trabalho e a negociação coletiva. Ademais, proibiu a intervenção e interferência do Estado no sindicato, reforçando o papel dos sindicatos na defesa dos direitos e interesses coletivos ou individuais da categoria, inclusive em questões judiciais e administrativas.

Entretanto, no que tange à negociação coletiva, valorizou-a, mantendo-se o recurso ao Estado no caso de malogro daquela realizada diretamente entre as partes, no exercício do chamado "poder normativo".

Antes de falarmos desse polêmico instituto, é necessário, porém, analisar de forma mais detida os dispositivos constitucionais que tratam da negociação coletiva com vistas a verificar a interpretação necessária a ser dada aos mesmos para que seja preservado o instituto enquanto instrumento democrático e criador de direitos, como dito outrora.

Assim, não se nega, nem se poderia negar já que estamos diante de texto expresso de lei e, neste caso, até a interpretação mais pobre, gramatical e literal, não pode ser desprezada: o constituinte originário reconheceu expressamente as convenções e acordos coletivos de trabalho (inciso XXVI) e, no tocante a salários e duração do trabalho, permitiu sua flexibilização via negociação coletiva (incisos VI, XIII e XIV). Tal flexibilização, entretanto, se dá em caráter excepcional, para ultrapassar situações de crise, ou para adaptá-los às necessidades e peculiaridades da produção e do trabalho.

Desta forma, a negociação coletiva, enquanto criadora de direitos, não pode levar à diminuição destes, salvo nestas duas hipóteses excepcionais, desde que haja fundada justificativa para tanto. Em outros termos, valoriza-se a negociação coletiva, sim, dentro de um sistema de proteção constitucional. É dizer: ela não pode ser utilizada para negar todo o arcabouço de solidariedade e justiça social construído e defendido enquanto valor fundamental da Constituição Republicana de 1988.

Ademais, como se sabe, a legislação brasileira, ao contrário do que se propagandeia, não é fruto de benesses, nem estabelece uma contrapartida econômica justa e equilibrada à prestação laboral. É fruto de intensas lutas e embates, não sendo dádiva e, portanto, não podendo ser desconsiderada, flexibilizada ou desregulamentada a bel prazer de quem quer que seja.

Somado a tal fato, a notória fragilidade da maioria absoluta das organizações sindicais brasileira, seja de ordem financeira, técnica ou jurídica, impossibilita uma relação contratual equilibrada entre tais entidades e os órgãos de representação patronal, não se podendo esquecer jamais que, ao fim e ao cabo, o conflito interno existente é entre capital e trabalho, havendo, no modo de produção capitalista, sempre a preponderância do primeiro.

Logo, em uma perspectiva de construção de uma sociedade que tem como norte a imposição constitucional da justiça social, da dignidade humana e da supressão das desigualdades, é imperiosa a intervenção judicial e legislativa impondo limites à negociação coletiva irrestrita, devendo ser reconhecida sua plena autonomia se e quando promotora de avanços e incrementos aos direitos dos trabalhadores, salvo as hipóteses excepcionais previstas na CR/1988 que indicam a possibilidade de transação e não renúncia quanto a salário e jornada (incisos IV, XIII e XIV).

No mesmo sentido, as palavras de Jorge Luiz Souto Maior, comentando o art. 7º, da Constituição da República, e seus incisos, notadamente os XXVI, VI, XII e XIV:

> (...) as normas são destinadas, como dito no *caput* do artigo, à melhoria da condição social dos trabalhadores. Assim, constitui equívoco de natureza sistêmica buscar nos preceitos fixados nos incisos do art. 7º um sentido que forneça a possibilidade de se reduzirem direitos trabalhistas pela aplicação de tais preceitos.
>
> (...)
>
> Como se vê, nada autoriza dizer que os modos de solução de conflitos trabalhistas pos-

(2) Registre-se que, malgrado conhecido como "pai dos pobres", Vargas jamais deixou de figurar como "mãe dos ricos".

sam ser utilizados como instrumentos de meras reduções dos direitos dos trabalhadores, sendo relevante realçar os fundamentos que lhe são próprios, conforme acima destacado: a) fixar parâmetros específicos para efetivação, em concreto, dos preceitos normativos de caráter genérico referentes aos valores humanísticos afirmados na experiência histórica; b) melhorar, progressivamente, as condições sociais e econômicas do trabalhador[3].

Afinal, como observa Sayonara Grillo, "*constitucionalizar a autonomia coletiva não é reconhecer um princípio de flexibilização*"[4].

Assim, a negociação coletiva tudo pode, sim, desde que em favor dos trabalhadores, como criador de direitos, ou, nas palavras de Godinho Delgado, quando "*as normas autônomas juscoletivas implementam um padrão geral de direitos superior ao padrão geral oriundo da legislação heterônoma aplicável*"[5]. E, nos casos excepcionais em que há autorização constitucional para flexibilização (salário e duração de trabalho), há limites a tal autonomia privada coletiva, devendo implicar tal flexibilização em transação (e não renúncia) setorial de parcelas justrabalhistas de indisponibilidade apenas relativa (e não de indisponibilidade absoluta). É o que o doutrinador *supra* citado e Ministro do TST consagrou com o nome de "adequação setorial negociada".

Entender de forma diversa, de prevalência do negociado sobre o legislado, conduziria, nas palavras de Sayonara Grillo, "*a um 'absenteísmo judicial' que pode estimular o esvaziamento dos direitos constitucionais, contribuindo para construir uma percepção de que a negociação coletiva seria um espaço para flexibilização e perda de direitos*"[6]. Ou pode configurar, nas palavras de Branco, um "'*ativismo judiciário negativo', pois ergue condições que obstam a fruição de direitos*"[7].

Mészáros ironiza a utilização dos termos "flexibilidade" e "desregulamentação" como se fossem dádivas aos trabalhadores. A respeito dos termos, comenta o autor:

> Dois dos *slogans* mais apreciados pelas personificações do capital nos dias atuais, tanto nos negócios como na política, soam interessantes e progressistas. E, muito embora sintetizem as mais agressivas aspirações antitrabalho e políticas do neoliberalismo, pretendem ser tão recomendáveis, para toda criatura racional, como a maternidade e a torta de maçã, pois a "flexibilidade" em relação às práticas de trabalho – a ser facilitada e forçada por meio da "desregulamentação" em suas variadas formas –, corresponde, na verdade, à desumanizadora precarização da força de trabalho[8].

O discurso neoliberal e que, em alguma medida, foi absorvido pelos Tribunais, notadamente pelas cortes superiores, prega, pois, a flexibilização e a desregulamentação do direito do trabalho exatamente porque é ele, direito do trabalho que, ainda que de forma tacanha e já extremamente flexibilizado, assegura padrões mínimos de civilidade[9].

---

(3) SOUTO MAIOR, Jorge Luiz. *Fundamentos para a solução dos conflitos coletivos de trabalho. In:* SOUTO MAIOR, Jorge Luiz e CORREIA, Marcus Orione Gonçalves. *Curso de Direito do Trabalho*. v. III. São Paulo: LTr, 2008.

(4) SILVA, Sayonara Grillo Coutinho Leonardo da. Decisões Judiciais e (Des)Construção dos Direitos: uma revisita à interpretação dos direitos coletivos pelos Tribunais Superiores. O mundo do trabalho. São Paulo: LTr, 2009. p. 418-438.

(5) DELGADO, Mauricio Godinho. *Curso de Direito do Trabalho*. 9. ed.. São Paulo: LTr, 2010. p. 1229.

(6) SILVA, Sayonara Grillo Coutinho Leonardo da. Decisões Judiciais e (Des)Construção dos Direitos: uma revisita à interpretação dos direitos coletivos pelos Tribunais Superiores. O mundo do trabalho. São Paulo: LTr, 2009. p. 418-438.

(7) BRANCO, Ana Paula Tauceda. O ativismo judiciário negativo investigado em súmulas editadas pelo Tribunal Superior do Trabalho. In: COUTINHO, Grijalbo Fernandes *et al.* (org.). *Jurisprudência do TST: leituras críticas em defesa do direito do trabalho*. São Paulo: LTr, 2009.

(8) MÉSZÁROS, István. Desemprego e precarização: um grande desafio para a esquerda. In: ANTUNES, Ricardo (org.). *Riqueza e miséria do trabalho no Brasil*. p. 27-44, São Paulo: Boitempo, 2006. p. 34.

(9) As leis sobre contrato a tempo parcial (art. 58-A da CLT), contrato de trabalho por prazo determinado (Lei n. 9.601/1998), cooperativas de trabalho (Lei n. 8.949/1994), consórcio de empregadores (Lei n. 10.256/2001), contrato de estágio (Lei n. 6.464/1977), participação nos lucros ou resultados (Lei n. 10.101/2000), banco de horas (Lei n. 9.061/1998 e MP 1.709/1998), suspensão temporária do contrato de trabalho (art. 476-A da CLT), redução do prazo prescricional do rurícola (Emenda Constitucional n. 28/2000), eficácia liberatória ampla das Comissões de Conciliação Prévia (art. 625-E, da CLT), permissão do trabalho aos domingos (Lei n. 10.101/2000), a denúncia à Convenção 158, da OIT dez meses depois de sua ratificação (Decreto n. 2.100/1996), a proibição de cláusulas de reajuste automático de salários (Plano Real – MP n. 1.053/1994) e muitas ouras são alguns exemplos da flexibilização descrita.

Ademais, ainda no vazio da lei, a jurisprudência tem admitido a precarização de direitos através de instrumentos como a terceirização (v. g., a Súmula do Enunciado 331, do Tribunal Superior do Trabalho).

Uma vez balizados tais parâmetros, imperioso destacar que, enquanto fontes do direito, os instrumentos normativos oriundos da negociação coletiva criam regras aumentando um degrau (ou, excepcionalmente, rebaixando, no caso específico de salário e jornada) no padrão de direitos daquela categoria a que aplicáveis os instrumentos negociais. Assim, fixando esse novo patamar, o mesmo deve ser considerado para as negociações futuras, ou seja, ainda que o instrumento perca a vigência, as regras nele insertas criam um novo padrão de direitos àqueles que estavam sob sua égide. Em outras palavras, a elas deve ser reconhecida sua ultratividade, já que são tão fontes quanto aquelas oriundas do Poder Legislativo Estatal.

Mas, e se a negociação coletiva se frustra, é dizer, se as partes convenentes não chegam à celebração de acordo ou convenção coletiva, como perguntaria Lênin, "o que fazer?"

Neste contexto, retomamos a discussão adiada, referente ao polêmico poder normativo.

Diversos são os meios de solução dos conflitos coletivos, havendo aqueles judiciais, no qual se insere o poder normativo, e aqueles extrajudiciais, sendo estes últimos usualmente adotados nos países que seguem o modelo anglo-saxão (EUA e Inglaterra, por exemplo). Caso típico seria a arbitragem, pensada como ferramenta de resolução não-estatal de conflitos sob o fundamento de morosidade do Judiciário e incapacidade deste de compreensão dos fenômenos econômicos que se pretende regular. Sob este aspecto, pode se mostrar tão ou mais autoritária que o próprio Estado, especialmente quando apresenta como norte a resolução dos conflitos sob a perspectiva da *lex mercatoria*.

No Brasil, há a adoção da solução judicial do conflito coletivo via exercício do poder normativo, sendo que, a partir de 2004, com alterações decorrentes da promulgação da Emenda Constitucional n. 45.

O poder normativo, juntamente com a unicidade sindical e o financiamento compulsório das entidades sindicais, é visto por muitos como resquício anacrônico de períodos corporativistas no que tange à organização sindical, que negavam o conflito, propugnando a colaboração entre as classes tendo como fim maior o Estado. Nas palavras de Mussolini: "*Tudo no Estado; nada contra o Estado, nada fora do Estado*".

De fato, o poder normativo surgiu, inclusive, antes da judicialização da Justiça do Trabalho, é dizer, mesmo em sua fase administrativa, já havia a previsão de competência normativa aos então Conselhos Regionais do Trabalho (que viriam a ser os futuros Tribunais Regionais Trabalhistas), no julgamento dos conflitos coletivos, consoante previsto no Decreto-lei n. 1.237, de 1939.

Conferindo-se *status* jurisdicional, aos Tribunais Regionais e ao Tribunal Superior do Trabalho foi transferida tal competência normativa, com delegação à lei a especificação dos casos em que tal seria exercida. É o que se colhe do art. 123, §2º, da Constituição de 1946.

Pelo que se vê, mesmo após a democratização, pós-Governo Vargas, o poder normativo manteve-se intacto, assim permanecendo, inclusive, nas Constituições posteriores (de 1967 e Emenda n. 1, de 1969).

A alteração deu-se apenas com a Constituição de 1988 que, aliás, ampliou o alcance do poder normativo, desde que entendido enquanto instrumento de construção de novos direitos.

Isso porque, ao invés de depender da delegação legislativa, o constituinte originário permitiu ao Judiciário Trabalhista o exercício do poder normativo de forma ampla, podendo criar direitos desde que respeitados os instrumentos anteriores e os regramentos legais.

Destaque-se que o fluxo flexibilizatório já havia iniciado bem antes das últimas décadas do século passado.

Em 1966, foi editada a Lei n. 5.107, que criava o FGTS (Fundo de Garantia por Tempo de Serviço) em substituição à indenização calculada quando da dispensa por tempo de serviço, reduzindo de maneira acentuada os custos da dispensa e, em consequência, aumentando a alternância de trabalhadores nos postos de trabalho. A transformação permitiu que os empresários da construção civil utilizassem os depósitos de FGTS, que representavam créditos do trabalhador. Em outras palavras, o trabalhador passou a financiar a construção civil, sem nenhum retorno, salvo a taxa de juros muito baixa. O General Castelo Branco atendeu aos reclamos dos investidores norte-americanos, substituindo, pois, a estabilidade no emprego pelo regime do FGTS idealizado por Roberto Campos.

Muitos outros exemplos, como a ausência de proteção contra a despedida arbitrária, a possibilidade de redução de salário e jornada via negociação coletiva, entre outros, poderiam ser citados, o que demonstra, sem sombra de dúvida, que o nosso direito já é flexível, sendo falaciosa a alegação de que é necessário desregulamentá-lo ou flexibilizá-lo para diminuir o custo da mão de obra, que, segundo afirmam, seria extremamente onerosa.

Em profundo estudo do Direito Comparado, Souto Maior desmascara a falsidade da referida afirmação, demonstrando que, comparativamente, os direitos fundamentais dos trabalhadores brasileiros são iguais ou menores que os direitos assegurados a trabalhadores de outros países, sendo o custo da mão de obra no Brasil por hora baixíssimo, se comparado com outros países (SOUTO MAIOR, Jorge Luiz. *O Direito do Trabalho como instrumento de justiça social*. São Paulo: LTr, 2000. p. 140-154 e 173-174).

É o que se colhe da redação original do parágrafo segundo, do art. 114, *in verbis:*

> § 2º – Recusando-se qualquer das partes à negociação ou à arbitragem, é facultado aos respectivos sindicatos ajuizar dissídio coletivo, podendo a Justiça do Trabalho estabelecer normas e condições, respeitadas as disposições convencionais e legais mínimas de proteção ao trabalho.

Como veremos posteriormente, entretanto, não será esta a leitura dada pelo "guardião da Constituição", o Supremo Tribunal Federal, o que fará com que, de fato, a visão que se tem do poder normativo seja, realmente, de nocividade(10).

Isso porque, se o poder normativo não for lido enquanto possibilidade de instrumento de criação de direitos, resta clara sua faceta autoritária uma vez que utilizado apenas enquanto instrumento de controle do conflito.

Pode-se argumentar, ademais, que, ao possibilitar a intervenção do Estado na regulação dos conflitos coletivos, poder-se-ia cogitar em efeitos nefastos e perversos quanto ao crescimento, amadurecimento e desenvolvimento das próprias organizações sindicais enquanto entidades autônomas e responsáveis pela construção de seus espaços de luta e negociação, enfraquecendo a própria liberdade negocial já que sempre haverá a tutela estatal a quem recorrer.

Isso sem falar na atuação, na grande maioria das vezes desastrosa e perversa, do Judiciário utilizando-se do poder normativo para reprimir com as greves. Nas palavras de Carrion:

> A negociação coletiva é inconcebível sem a pressão da greve ou de sua ameaça, como o mostra o Direito Comparado nas democracias. E a greve só deve terminar com a vitória ou a derrota das pretensões, pela negociação(11).

Trata-se, pois, para muitos, de instituto incompatível com a democracia pluralista e representativa, cabendo ao Estado apenas regular as relações, via legislação, bem como interpretar os fatos jurídicos, através do Judiciário.

Pensamos de forma diversa.

Primeiro porque, a "teoria da separação dos poderes" refere-se às funções de cada Poder, existindo aquelas atípicas. O poder normativo representa, pois, uma exceção a tal tradicional repartição de funções do Estado, ou melhor dito, através dele o Poder Judiciário exerce uma função atípica, criando, através da sentença normativa, *"ato-regra"*, como já caracterizava Duguit.

Ademais, embora tenha raízes no corporativismo estatal, que busca a eliminação do conflito, fato é que, o poder normativo representa manifestação genuína do princípio da equidade, que deve ser observado pelo Judiciário de maneira geral, quando a Lei de Introdução ao Código Civil determina que *"na aplicação da lei, o juiz atenderá aos fins sociais a que ela se dirige e às exigências do bem comum"* (art. 5º) e, em especial, ao Judiciário Trabalhista que tem a equidade como fonte (art. 8º(12)) e como norte (especialmente no exercício do poder normativo – art. 114, da CR/1988).

Segundo o dicionário Aurélio, equidade, do latim *aequitate*, seria:

> *S. f.* **1.** Disposição de reconhecer igualmente o direito de cada um. **2.** Conjunto de princípios imutáveis de justiça que induzem o juiz a um critério de moderação e de igualdade, ainda que em detrimento do direito objetivo. **3.** Sentimento de justiça avesso a um critério de julgamento ou tratamento rigoroso e estritamente legal. **4.** Igualdade, retidão, equanimidade [Var. pros.: *equidade.*](13).

Ou seja, equidade traduz a idéia de conferir à norma uma aplicação finalística, de acordo com o fim social a que se destina, promovendo o bem comum, tomando como parâmetro a justiça e o sopesamento de interesses.

(10) Sobre o histórico do poder normativo e posição veementemente contrária ao instituto, veja-se o artigo de Pedro Carlos Sampaio Garcia, chamado *O fim do poder normativo* (publicado no livro coordenado por Grijalbo Fernandes Coutinho e Marcos Neves Fava: *Justiça do Trabalho: competência ampliada.* Anamatra, LTr. p. 381-396).

(11) CARRION, Valentin. *Comentários à Consolidação das Leis do Trabalho.* São Paulo: Saraiva, 1999. p. 697.

(12) *"Art. 8º As autoridades administrativas e a Justiça do Trabalho, na falta de disposições legais ou contratuais, decidirão, conforme o caso, pela jurisprudência, por analogia, por eqüidade e outros princípios e normas gerais de direito, principalmente do direito do trabalho, e, ainda, de acordo com os usos e costumes, o direito comparado, mas sempre de maneira que nenhum interesse de classe ou particular prevaleça sobre o interesse público".*

(13) FERREIRA, Aurélio Buarque de Holanda. *Novo Dicionário da Língua Portuguesa.* 2. ed., Rio de Janeiro: Nova Fronteira, 1986. p. 675.

Entretanto, como estranha Miguel Reale, *"nascido sob a cálida luz da eqüidade, o Direito do Trabalho nem sempre lhe tenha atribuído o papel relevante que lhe cabe"*(14).

E, se a equidade é própria do Direito do Trabalho, é na seara coletiva que ela se realiza por excelência, ao conferir, a Constituição da República, em sua redação original, a possibilidade de o Judiciário Trabalhista *"estabelecer normas e condições"* que regerão as relações entre empregado e empregador ou mesmo entre entes sindicais. E, como indaga o magistrado José Roberto Dantas Oliva, *"ora, o que é isto, senão julgamento por eqüidade, atuando o juiz como se fora legislador e estabelecendo regras de caráter geral, com aplicação no âmbito das categorias representadas"*(15)?

Arion Sayão Romita também destacava a equidade na atuação do Judiciário Trabalhista nos dissídios coletivos:

> Quando a controvérsia coletiva tem por objeto o estabelecimento ou criação de novas condições de trabalho, o magistrado julga como um ponderador de interesses econômicos em conflito; ele não se prende a nenhuma regra de direito escrito, à maneira do juiz ordinário. Está liberto, por assim dizer, da lei, e só tem diante de si o princípio da eqüidade. Não há na controvérsia qualquer texto de lei ou de contrato a invocar, há apenas uma situação de fato, para a qual o juiz tem que estabelecer uma regulamentação, a vigorar como se ele fosse legislador. Não haveria novidade nisso: o juiz legisla para suprir lacunas e encher os espaços vazios no direito positivo; sua atuação, dentro dos limites das lacunas, tem caráter criador. Quando, por não existir uma norma material, uma norma instrumental conferir ao juiz o poder de compor um conflito de interesses, não se 'acerta' um estado jurídico preexistente, forma-se *ex novo* um comando; o juiz não declara, cria direito; em vez de 'acertar', o juiz dispõe; tipo de processo, a que se pode dar também o nome de processo ou juízo por eqüidade. A dispositividade, pois, integra e define a natureza da sentença normativa, como um poder de normar, de juridicizar relações da vida; cria direito objetivo, de que se seguirão direitos subjetivos(16).

No mesmo sentido de tomar a equidade enquanto elemento próprio do poder normativo é a fala do então Ministro Coqueijo Costa, no trecho das decisões abaixo:

> O juiz do trabalho está permanentemente autorizado a decidir por equidade (CLT, art. 8-oito), mormente no julgamento de ação coletiva de interesse ou econômico, em que o Tribunal cria a norma, partindo do branco, como se diz em doutrina. (TST RODC n. 300/79, em 14.02.80, T. Pleno, Rel. Min. Coqueijo Costa. DJ 23.05.80)(17).

> Poder normativo. 1. O poder normativo, atribuído à Justiça do Trabalho, limita-se, ao norte, pela Constituição Federal; ao sul, pela lei, a qual não pode contrariar; a leste, pela equidade e o bom senso, e a oeste, pela regra consolidada no art. setecentos e sessenta e seis, conforme a qual nos dissídios coletivos serão estipuladas condições que assegurem justo salário aos trabalhadores, mas 'permitam também justa retribuição às empresas interessadas. (TST RODC n. 30/82, em 27.05.82, T. Pleno, Rel. Min. Coqueijo Costa. DJ 12.08.82)(18).

Assim, não há dúvida de que, no poder normativo, há, ou deveria haver, o exercício, por excelência, de um juízo de equidade. Diz-se "deveria haver" porque tal atuação foi mitigada pelas decisões do Supremo Tribunal Federal e que, em seguida, em uma espécie de disciplina judiciária, foram seguidas pelos demais Tribunais (Superiores e Regionais), como veremos a seguir.

Uma terceira variável que vai além do poder normativo e repousa na própria organização da classe trabalhadora não pode ser esquecida, no debate dos "prós" e "contras" do poder normativo.

---

(14) REALE, Miguel. "A eqüidade no Direito do Trabalho". *Revista da Faculdade de Direito*. v. LXIX, fasc. I, São Paulo: USP, 1974. p. 12.

(15) OLIVA, José Roberto Dantas. *O Magistrado em face da Eqüidade como instrumento válido de Interpretação e Integração Normativa*. Revista do Tribunal Regional do Trabalho da 15ª Região, Campinas, São Paulo, n. 20, 2002.

(16) ROMITA, Arion Sayão. *Eqüidade e Dissídios Coletivos*. Rio de Janeiro: Editora Brasília/Rio, 1976. p. 86-87.

(17) BRASIL. *Tribunal Superior do Trabalho*. Disponível (inteiro teor) em: <http://www.tst.jus.br>. Acesso em: 20 nov. 2011. Transcrito como no original.

(18) BRASIL. *Tribunal Superior do Trabalho*. Disponível (inteiro teor) em: <http://www.tst.jus.br>. Acesso em: 20 nov. 2011. Transcrito como no original.

Isso porque, embora se fale que o poder normativo pode levar ao imobilismo das entidades sindicais profissionais, sem ele a realidade das condições de trabalho pode ficar ainda pior. É dizer: insistir no discurso de deixar os "parceiros sociais" definirem livremente seus interesses, como se houvesse, efetivamente, igualdade entre eles pode representar, no mínimo, uma "faca de dois gumes".

> Na feliz imagem de Márcio Túlio Viana, *"como um filho pródigo, o Direito do Trabalho começa a voltar à casa do pai, o Direito Civil – se não na matéria que regula, pelo menos no modo e na razão de regulá-la"*(19), ou seja, como normas que regulam relação entre "iguais". E isso vale para a seara coletiva.

Em um contexto de um sindicalismo débil, fraco, desorganizado, o poder normativo poderia ser utilizado positivamente, em favor da classe trabalhadora, se e quando tivesse em vista aquele ponto fundamental tratado anteriormente quanto à negociação coletiva: sua finalidade criativa de direitos, consagrando um patamar superior de direitos.

Em o fazendo, não há como se negar a existência de vantagens para a classe trabalhadora que, no caso de não conseguir negociar com a classe patronal de forma equânime e equilibrada, poderia obter do Estado a construção de novos e mais amplos direitos, tomando-se este Estado como espaço de luta e possibilidade de conquistas e avanços para a classe trabalhadora (e não apenas um Estado classista). Afinal, como define o jurista e Ministro do TST, o poder normativo seria aquele *"constitucionalmente conferido aos Tribunais Trabalhistas de dirimirem os conflitos coletivos de trabalho mediante o estabelecimento de* ***novas e mais benéficas condições de trabalho,*** *respeitadas as garantias mínimas já previstas em lei"*(20). (negritamos)

Essa, porém, não é a forma como foi delineado para ser aplicado o poder normativo pelo Supremo Tribunal Federal.

Com efeito, conforme decidido pelo STF, as decisões em dissídio coletivo deveriam se sujeitar às seguintes limitações:

- não poderia a Justiça do Trabalho produzir normas ou condições contrárias à Constituição da República;
- não poderiam tratar de matérias reservadas pela Constituição à lei (por exemplo, ampliação do prazo do aviso-prévio) (princípio da reserva legal)
- elas se revestiriam do caráter de regras subsidiárias, somente sendo suscetíveis de operar no vazio legislativo. Como regra subsidiária ou supletiva, estaria subordinada sempre à supremacia da lei.

Embora, de fato, seja óbvio que o poder normativo não poderia violar a Constituição, nem as leis vigentes, fato é que ele poderia e deveria ser exercido tanto no vazio da lei, seja matéria reservada a ela ou não, quanto no caso de definir normas e condições superiores ao já disposto em lei. É dizer, os únicos limites que teria o poder normativo seriam a Constituição e as leis, não podendo contrariá-las, salvo para ampliar os direitos ali conferidos.

Entretanto, como visto, o posicionamento da Corte Superior foi diverso e, assim o fazendo, o STF praticamente liquidou com o poder normativo, desvirtuando-o da forma como previsto constitucionalmente(21).

O golpe fatal, entretanto, viria com a Emenda Constitucional n. 45/2004.

Após doze anos de tramitação e sob a influência do Documento n. 319, do Banco Mundial, que traça um receituário de reforma do Judiciário para América Latina e Caribe, foi aprovada a EC n. 45 que traz, basicamente, três eixos principais: o da súmula vinculante; o do controle externo e o dos meios alternativos de conciliação.

Interessa-nos este último que, quanto ao tema, nos remete ao §2º, do art. 114, assim disposto com a nova redação: *"Recusando-se qualquer das partes à negociação coletiva ou à arbitragem, é facultado às mesmas, de comum acordo, ajuizar dissídio coletivo de natureza econômica, podendo a Justiça do Trabalho decidir o conflito, respeitadas as disposições mínimas legais de proteção ao trabalho, bem como as convencionadas anteriormente".*

Apesar das discussões iniciais a respeito da possível violação ao art. 5º, XXXV, da CR/88, entendeu-se que não haveria qualquer violação já que a natureza jurídica da decisão normativa nunca foi jurisdicional.

(19) VIANA, Márcio Túlio. Prefácio. In: SOUTO MAIOR, Jorge Luiz. *O Direito do trabalho como instrumento de justiça social*. São Paulo: LTr, 2000. p. 15.

(20) MARTINS FILHO, Ives Gandra da Silva. *Processo Coletivo de Trabalho*. 2. ed. São Paulo: LTr, 1996. p. 13.

(21) As decisões proferidas no RE 197911/PE e no RE 114836/MG, que tiveram relatoria dos Ministros Octávio Gallotti e Maurício Correa, respectivamente, são comumente lembradas como paradigmas desta visão do STF quanto aos limites estreitos do poder normativo.

Assim, fato é que o poder normativo ficou restrito aos casos em que as partes, de comum acordo, resolvam ajuizar dissídio coletivo, sendo que, pela letra da emenda constitucional, o poder normativo estaria limitado às disposições mínimas legais de proteção ao trabalho e aquelas convencionadas anteriormente, havendo espaço, pois, para aquela visão, digamos, "criadora" do poder normativo, ainda que restrito ou manco. A lei seria o piso e não o teto. Entretanto, como já dito, a visão do STF é que ele só pode ser exercido quando há lacuna na lei e autorização legal.

Desta feita, o poder normativo, com essa visão extremamente limitadora do STF, com a exigência de comum acordo praticamente desapareceu enquanto tal, transmudando-se em uma espécie de "arbitragem judicial pública", ou um *tertium genus* entre a arbitragem privada e o processo judicial, sendo o único dissídio coletivo genuíno que restou foi o de greve em serviços essenciais, com comprometimento do interesse público, pelo Ministério Público do Trabalho(22).

A exigência de "comum acordo" representou uma tentativa legislativa do constituinte em diminuir a força do instrumento do poder normativo na Justiça do Trabalho, como um mecanismo de transição para tal finalidade.

Sua origem, como lembra Ronaldo Lima dos Santos, está no paradigmático – e lamentável – caso da greve dos petroleiros, de 1995, na qual o Judiciário condenou o sindicato profissional, em dissídio coletivo, a quantias vultosas em caso de não cessação do movimento grevista. Através de acionamento pela CUT, o Comitê de Liberdade Sindical da OIT oficiou o governo brasileiro, sugerindo, dentre outras medidas a serem implementadas, a transformação do sistema de solução dos conflitos coletivos pátrio, com a adoção da arbitragem quando requerida por ambas as partes, restando apenas o dissídio coletivo de greve em casos de atividades essenciais. De certa forma, ainda que não integralmente (já que não houve, de fato, o fim expresso do poder normativo), a sugestão da OIT foi seguida, com a adoção do "comum acordo"(23).

A ideia do constituinte foi a de que, inexistindo o "comum acordo", ausente seria a legitimidade do Judiciário para intervir no conflito, devendo os embates travados entre os atores sociais envolvidos ter seu desenvolvimento sem a intervenção do Estado, eclodindo, se assim entenderem os trabalhadores, com a greve, momento em que também não se mostra razoável ou cabível a interferência estatal, salvo quanto ao cumprimento dos requisitos legais. Em outras palavras, inverteu-se a lógica natural das coisas: primeiro se faz a greve para forçar a negociação, ao invés de ela ser a última alternativa, após o malogro das tentativas de entendimento.

Entretanto, a necessidade do "comum acordo" não pode levar a situações caracterizadoras de abuso de direito, como se dá, por exemplo, com empresa que se recusa a negociar e impediria, em tese, o acesso ao Judiciário pela ausência do "comum acordo", nem tampouco exigir situações tautológicas como a assinatura conjunta do peticionamento, podendo ser considerado tacitamente realizado quando não há recusa formal e fundamentada ao dissídio coletivo(24).

Seja defendendo o poder normativo, seja condenando-o, mitigando-o através da visão limitadora do STF e por meio do "comum acordo" ora exigido, o que o aproxima mais de uma arbitragem judicial voluntária do que efetivamente um poder coercitivo estatal, fato é que se trata de um instrumento que, como visto quanto à negociação coletiva, poderia ser usado em favor à criação de direitos, ou, ao contrário, para derrogá-los ou flexibilizá-los.

Como se trata de uma opção e se queremos que a opção seja, necessariamente, pela construção e consagração de direitos cada vez mais amplos, justos e mitigadores das distorções de classe existentes, é preciso revigorar aqueles que o utilizam, seja a negociação, seja o poder normativo. Dito em outras palavras, é preciso, urgentemente, fortalecer o sindicalismo.

---

(22) Como previsto no § 3º do art. 114, da CR/88: *"Em caso de greve em atividade essencial, com possibilidade de lesão de interesse público, o Ministério Público do Trabalho poderá ajuizar dissídio coletivo, compelindo à Justiça do Trabalho decidir o conflito"*. Discute-se se, neste caso, o Judiciário poderia julgar o conflito econômico inerente à greve ou apenas esta. Parte da doutrina entende que a decisão deve se limitar à análise dos atos praticados no exercício do direito de greve (esse o posicionamento, por exemplo, de Pedro Carlos Sampaio Garcia (*O fim do poder normativo*). Já outros, como Raimundo Simão de Melo (*Processo Coletivo do Trabalho*), entendem que, apreciando apenas o pedido de declaração de abusividade, a decisão normativa estaria incompleta já que, como preceitua o art. 8º, da Lei 7.783/89, cabe à Justiça do Trabalho decidir sobre a procedência total ou parcial ou improcedências das reivindicações, resolvendo, definitivamente, o conflito.

(23) SANTOS, Ronaldo Lima dos. *Sindicatos e ações coletivas*. São Paulo: LTr, 2008.

(24) Sobre a natureza jurídica do "comum acordo", apesar da divergência doutrinária, havendo aqueles que defendem tratar-se de condição de ação, a maioria da doutrina e jurisprudência atribuem-lhe natureza jurídica de pressuposto processual. Cite-se, exemplificadamente, Pedro Carlos Sampaio Garcia (*O fim do poder normativo*), Raimundo Simão de Melo (*Processo Coletivo do Trabalho*), entre outros.

A rigor, nenhum modelo se mostrará adequado sem um sindicalismo de base e atuante. Se há um vício de origem, com um patronato forte e uma classe trabalhadora fraca, não há nem haverá nenhum modelo que dê conta deste desequilíbrio e seja razoável de ser aplicado sem implicar em distorções e ingerências inadmissíveis, como tem ocorrido hoje com a negociação coletiva ou com o poder normativo.

De nada adianta transformar o poder normativo se, juntamente com tal transformação, não são realizadas outras reformas imprescindíveis no que diz respeito à democratização da relação capital – trabalho. Neste sentido, imperiosa a promulgação de legislação que coíba efetivamente práticas antissindicais, que garanta e incentive a organização nos locais de trabalho, que proteja o empregado contra a despedida arbitrária. Como destaca Márcio Túlio Viana, *"de nada vale um líder que não tenha a quem liderar... Assim, a proteção ao emprego é também um direito sindical"*[25].

Sem tais transformações que auxiliem, de forma efetiva, no fortalecimento das organizações sindicais, nenhuma mudança, seja legislativa, seja jurisprudencial, será capaz de tornar as regras do jogo minimamente justas e possíveis de ser jogadas de forma competitiva pelos dois lados, sindicato patronal e profissional, ou, de forma mais radical – no sentido de raiz, como fala Marx –, pelos eternos conflitantes, capital e trabalho. Até hoje ainda não foi possível efetivamente jogar sob a máxima de que vença o melhor, seja no campo da negociação, seja no campo estatal. Quem tem vencido, hoje e sempre, é aquele que detém o poder, econômico, político, jurídico e estatal. Jogamos um jogo de cartas marcadas, de resultados esperados e *pódios* definidos. Fingimos que negociamos e o Estado finge que atua de forma imparcial como árbitro do jogo. Mas a partida ainda não terminou. Enquanto não soar o apito final que, neste caso, implicaria na liquidação do "time-sindicato" enquanto *locus* privilegiado de organização da classe trabalhadora, a bola permanece em jogo. Que todos nós, jogadores desse "jogo-luta" pela vitória da justiça social, continuemos em campo, sonhando em, um dia, parodiando Chico Buarque, "estufar esse filó", mesmo não sendo reis...

REFERÊNCIAS BIBLIOGRÁFICAS

BRANCO, Ana Paula Tauceda. O ativismo judiciário negativo investigado em súmulas editadas pelo Tribunal Superior do Trabalho. In: COUTINHO, Grijalbo Fernandes *et al.* (org.). *Jurisprudência do TST: leituras críticas em defesa do direito do trabalho*. São Paulo: LTr, 2009.

BRASIL. *Tribunal Superior do Trabalho*. Disponível (inteiro teor) em: <http://www.tst.jus.br>. Acesso em: 20 nov. 2011.

CARRION, Valentin. *Comentários à Consolidação das Leis do Trabalho*. São Paulo: Saraiva, 1999.

DELGADO, Mauricio Godinho. *Curso de Direito do Trabalho*. 9. ed. São Paulo: LTr, 2010.

FERREIRA, Aurélio Buarque de Holanda. *Novo Dicionário da Língua Portuguesa*. 2. ed., Rio de Janeiro: Nova Fronteira, 1986.

GARCIA, Pedro Carlos Sampaio. *O fim do poder normativo*. *In:* COUTINHO, Grijalbo Fernandes (org.) e FAVA, Marcos Neves (org.). *Justiça do Trabalho: competência ampliada*. Anamatra, LTr.

HERKENHOFF, João Batista. Movimentos Sociais e Direito. Porto Alegre: Livraria do Advogado Editora, 2004.

MARTINS FILHO, Ives Gandra da Silva. *Processo Coletivo de Trabalho*. 2. ed. São Paulo: LTr, 1996.

MELO, Raimundo Simão de. *Processo Coletivo do Trabalho*. São Paulo: LTr, 2009.

MÉSZÁROS, István. Desemprego e precarização: um grande desafio para a esquerda. In: ANTUNES, Ricardo (org.). *Riqueza e miséria do trabalho no Brasil*. p. 27-44, São Paulo: Boitempo, 2006.

OLIVA, José Roberto Dantas. *O Magistrado em face da Eqüidade como instrumento válido de Interpretação e Integração Normativa*. Revista do Tribunal Regional do Trabalho da 15ª Região, Campinas, São Paulo, n. 20, 2002.

REALE, Miguel. "A eqüidade no Direito do Trabalho". *Revista da Faculdade de Direito*. v. LXIX, fasc. I, São Paulo: USP, 1974.

RODRIGUES, José Albertino. *Sindicato e desenvolvimento no Brasil*. 2. ed. São Paulo: Símbolo, 1979.

ROMITA, Arion Sayão. *Eqüidade e Dissídios Coletivos*. Rio de Janeiro: Editora Brasília/Rio, 1976.

SANTOS, Ronaldo Lima dos. *Sindicatos e ações coletivas*. São Paulo: LTr, 2008.

SILVA, Sayonara Grillo Coutinho Leonardo da. *Decisões Judiciais e (Des)Construção dos Direitos: uma revisita à interpretação dos direitos coletivos pelos Tribunais Superiores*. O mundo do trabalho. São Paulo: LTr, 2009.

SIMÃO, Azis. Sindicato e Estado. São Paulo: Dominus, 1966.

SOUTO MAIOR, Jorge Luiz. *Fundamentos para a solução dos conflitos coletivos de trabalho*. *In:* SOUTO MAIOR, Jorge Luiz (org.) e CORREIA, Marcus Orione Gonçalves (org.). *Curso de Direito do Trabalho*. v. III. São Paulo: LTr, 2008.

SOUTO MAIOR, Jorge Luiz. O *Direito do Trabalho como instrumento de justiça social*. São Paulo: LTr, 2000.

VIANA, Márcio Túlio. O Movimento Sindical, o Congresso da CUT e a Reforma Trabalhista. *Revista LTr*, São Paulo, v. 67, n. 12. p. 1413-1423, dez. 2003.

VIANA, Márcio Túlio. Prefácio. *In:* SOUTO MAIOR, Jorge Luiz. *O Direito do trabalho como instrumento de justiça social*. São Paulo: LTr, 2000.

(25) VIANA, Márcio Túlio. O Movimento Sindical, o Congresso da CUT e a Reforma Trabalhista. *Revista LTr*, São Paulo, v. 67, n. 12. p. 1413-1423, dez. 2003.

Capítulo 28

A Legitimidade de Atuação das Centrais Sindicais na Defesa dos Direitos Intercategoriais Dos Trabalhadores

Leonardo Tibo Barbosa Lima(*)

Introdução

O poder do Capital não se restringe à seara trabalhista. Esse poderio apenas nasce no âmbito econômico, mas acaba por abalar o social e fragilizar o político, ingerindo-se na solidariedade social e desequilibrando a distribuição do bem comum (CHIARELLI, 2009. p. 271). Nos dias de hoje, essa tendência expansionista está mais acentuada e em contínuo avanço, levando os conflitos coletivos do trabalho *para além do capital* (ANTUNES, 2007. p. 44).

Nesse passo, adesivamente, os interesses da classe trabalhadora acabam também sendo ampliados. Alguns não são afetos a determinada categoria, mas a várias, bem assim a toda a classe. Daí porque se lhes atribui a denominação de direitos intercategoriais.

Urge, pois, que também as mais variadas formas de resistência social se voltem para além do capital. Todavia, esse caminho encontra espinhos no âmago da própria classe trabalhadora. Esta se vê diante de barreiras sociais que dificultam o sentimento de classe, como, por exemplo: descentralização ou fragmentação da negociação coletiva, terceirização, trabalhado em tempo parcial, trabalhado em domicílio, "pejotização", falsos autônomos e informalidade.

Como a nova natureza dos conflitos coletivos foge à singularidade das categorias, surge a necessidade de uma negociação coletiva plural, horizontal e intersindical, o que coloca em xeque o sindicato, as federações e as confederações, engessadas que estão pela unicidade e pela verticalização do sistema sindical (art. 8º da CF/1988).

Associados às centrais sindicais, os sindicatos passaram a adotar uma tática muito mais ofensiva e abrangente, porque conseguiram engrossar o coro da classe operária no debate dos diferentes assuntos e reivindicar os novos direitos, que extrapolam os interesses peculiares da categoria que representam. Unidos, os sindicatos visualizaram, ainda, a possibilidade de resgatar o Estado e trazê-lo novamente para dentro das relações coletivas de trabalho.

O Estado – responsável pelo processo de "aculturação" jurídica dos indivíduos que compõem o grupo das relações coletivas de trabalho – passou a ser alvo das negociações coletivas, tanto por força dos matizes políticos dos novos conflitos, quanto por obra da maior eficácia de sua intervenção, em relação ao tradicional diálogo entre capital e trabalho. O exemplo disso é que, na pauta das centrais sindicais, estão

(*) Especialista em Direito Público pela UGF/RJ – Universidade Gama Filho, Mestre e Doutorando em Direito do Trabalho pela PUC/MG – Pontifícia Universidade Católica de Minas Gerais. Membro do Instituto de Ciências Jurídicas e Sociais. Professor da FAPAM – Faculdade de Pará de Minas e de cursos de pós-graduação. Servidor do TRT da 3ª Região.

a redução de impostos para estímulo da demanda[1], a vinculação de concessões de benefícios fiscais somente às empresas que adotarem política de manutenção de empregos, o fim do superávit fiscal, com maiores investimentos públicos para geração de emprego, a redução dos juros, o controle do câmbio e do fluxo de capital estrangeiro, a desoneração da cesta-básica, a elevação dos impostos para o capital financeiro e a diminuição da jornada de trabalho, sem prejuízo para os salários, dentre outros interesses.

No contexto da unicidade sindical, a participação das centrais sindicais nos conflitos coletivos do trabalho é essencial para a concretização dos direitos sociais, já que sua ação não se volta para apenas uma determinada categoria. Pelo contrário, seus esforços se voltam justamente para a defesa dos interesses intercategoriais, na medida em que são compostas pelas mais diversas entidades sindicais.

A ação intersindical dá novos contornos aos conflitos coletivos de trabalho. Ela cria formas de pressão, outras além da tradicional autotutela grevista, capazes de exigir a negociação coletiva, como o *lobby* político[2] (na luta contra a edição de leis voltadas à precarização e pela aprovação aquelas destinadas à melhoria das condições de pactuação da força de trabalho) e a capacidade de articular os mais diversos sindicatos na expansão do movimento paredista, inflando-o, a ponto de constituir um efetivo direito de resistência.

Em sua divisão clássica, os conflitos trabalhistas são classificados em individuais e coletivos. Leciona Márcio Túlio Viana (2000. p. 120) que aqueles traduzem uma *luta pelo direito*, enquanto estes uma *luta para o direito*. Antes, os conflitos coletivos trabalhistas atingiam comunidades específicas de trabalhadores e empregadores, na luta pelo progresso dos direitos trabalhistas (DELGADO, 2007. p. 1293). Hoje, o bem jurídico tutelado é mais basilar e genérico. Para que seja possível a *marcha para o direito*, é preciso garantir a negociação coletiva. Em outras palavras, é imperativo que haja democracia na discussão de todas as questões relativas ao trabalhador, o que só é possível com a ideia de que o interlocutor não deve estar restrito ao empregador, mas estendido ao Estado e à sociedade civil.

1. CONCEITO DE LEGITIMIDADE

Desde o declínio positivista, a legitimidade vem sendo tratada no plano da *validade* do Direito, ou seja, a legitimidade passou a ser *um problema de natureza eminentemente ético, relativo à justificação normativa do sistema jurídico-político* (DINIZ, 2006. p. 45). É por essa razão que a ideia de consenso está a ela sempre relacionada. A aceitação da norma e a obediência ao seu comando resultam de um *acordo social a respeito da sua adequação a valores éticos e princípios de direito em permanente interação* (TORRES, 2007. p. 475).

A literatura sobre o tema, frequentemente, faz distinção entre a legitimidade e a legitimação. Enquanto a primeira busca o consenso, a segunda visa ao cumprimento do Direito. *A legitimação constitui, por assim dizer, um termômetro da disposição para a obediência e a aceitação de uma ordem jurídico-política, ou, parafraseando Renan a legitimação é um plebiscito diário* (DINIZ, 2006. p. 45), que justifica e consagra o *domínio* de uma ordem constitucional (CANOTILHO, 2001. p. 17).

A legitimação transita, nesse ritmo, em via paralelamente oposta à da legitimidade, sem se chocar com esta. No centro, está o sujeito, que, por exemplo, pode ser uma central sindical, no âmbito das relações de trabalho, ou o Estado, no plano político, e que recebe a ordem jurídica através da legitimidade e a distribui pelo procedimento da legitimação.

A legitimidade possui duas características básicas. A primeira delas é *cinemática*[3]. A legitimidade faz referência a um ato, ainda que omissivo, mas invariavelmente a um movimento. Não se investiga a legitimidade de um fato ou de uma entidade, mas, sim, de uma manifestação de vontade produzida por um sujeito, que poderá formalizar-se em, *v. g.*, ato, ou contrato. Essa vontade, independentemente de sua origem, visa a produzir efeitos no mundo jurídico, obrigando seus destinatários ao cumprimento de suas determinações.

Mas qual é a origem desse movimento de manifestação da vontade? Nesse aspecto, pode-se afirmar

(1) Como aconteceu com prorrogação por mais três meses da redução do IPI sobre carros e caminhões novos, durante o primeiro semestre do ano de 2009.

(2) Segundo Roberto Santos, a palavra *lobby*, "hoje designativa de grupo de pressão ou de seu representante, evoca a antecâmara ou os corredores dos parlamentos, em que na Inglaterra e nos Estados Unidos eram contactados os parlamentares, para fins de persuasão, fora dos canais normais." (SANTOS, 1998, n/p)

(3) A cinemática é a parte da mecânica que investiga os movimentos por si mesmos, sem se referir às forças responsáveis por sua produção.

que a legitimidade também é *dinâmica*.[4] Esse movimento, muito embora seja praticado por um sujeito, tem origem em outro sujeito. Para que a manifestação seja legítima, será necessário, em primeiro lugar, que a lei reconheça a capacidade do sujeito (ativo ou passivo) para atuar. Assim é que o Direito positivo deve contemplar um determinado sujeito com a possibilidade de agir legitimamente.

Além de atender ao aspecto da *legalidade*, a manifestação do sujeito, para ser legítima, deve ser *jurídica*, isto é, deve traduzir um resultado *consensual* e *ético*.

O *consenso* é a situação de correspondência entre a manifestação do consentimento e a manifestação da obediência (BONAVIDES, 2006. p. 121). Ele é o resultado de um procedimento de tomada de decisões, que se inicia com uma negociação, passa pela celebração de um acordo e se encerra com a aceitação das decisões do sujeito e o respeito a elas (em trânsito de se legitimar) por todos os membros de um grupo.

Um ato só será legítimo, nessa esteira, se os destinatários o acatarem, por se identificarem com os fins por ele colimados. O respeito à manifestação deve substituir o medo de descumpri-la, de molde a transformar, por si mesmos, a observância em prêmio e o descumprimento em sanção. Assim é que, hipoteticamente, uma entidade não será verdadeiramente legítima para representar seus filiados, se estes não a virem como parte do procedimento e do conteúdo das decisões, ainda que a lei diga o contrário[5].

O aspecto jurídico da legitimidade, além do consenso, diz respeito à *ética*. Etimologicamente, legítimo é o que se intitula perfeito, autêntico, verdadeiro (BUENO, 1998, 2870). Ora, para que algo assim o seja, necessária será sua adequação às leis da Física, quanto aos objetos, e às da Ética, em relação aos costumes (aos atos).

Assim, nas Ciências Sociais aplicadas e/ou humanas, o que é legítimo deve também ser ético.

A Ética é uma qualidade necessária da legitimidade. Pressupondo a pessoa humana como origem e fim de qualquer manifestação jurídica de vontade, somente o respeito aos direitos fundamentais (humanos por natureza) é capaz de garantir a adequação do Direito à ideia de bem e da manifestação do consentimento à ideia de obediência. A ética estabelece o bom-senso como condição para a *norma* e para o *consenso*.

Nessa perspectiva, a legitimidade deve seguir o rumo do bem, o qual, no Direito, passa pelo respeito aos direitos fundamentais. Não basta, pois, que os atos de um determinado sujeito sejam legais e consensuais, se seus fins se revelarem um atentado aos direitos humanos constitucionalmente protegidos.

Nas relações coletivas de trabalho, vale lembrar, a liberdade sindical e a negociação coletiva são sustentáculos da democracia, da cidadania e da valorização social do trabalho, razão pela qual o respeito a elas qualificará como éticas as manifestações das entidades sindicais de qualquer nível.

Em que pese sua natureza análoga, os diversos significados do termo legitimidade aqui expostos permitem sugerir um conceito: *legitimidade é a qualidade atribuída à manifestação de vontade de um determinado sujeito pela norma jurídica (legalidade), determinada pelo consenso e pela ética (juridicidade), na tomada de decisões por um determinado grupo de interessados.*

2. A LEGITIMIDADE DE ATUAÇÃO DAS CENTRAIS SINDICAIS

2.1 Legalidade

As organizações sindicais costumam ser classificadas pela doutrina em associativas e institucionais. (PERSIANI, 1997. p. 31). As primeiras são possuidoras de personalidade jurídica, conforme lhes seja atribuída pela legislação em vigor. As de caráter institucional, diversamente, não dependem do padrão normativo do Estado para existirem, pois se constituem como ente sociológico, através de um processo estrutural criado e desenvolvido pelos interessados que as compõem, sendo por eles consideradas aptas para a defesa dos respectivos interesses.

Antes do advento da Lei n. 11.648/08, as centrais sindicais eram apenas instituições sociais. A lei não proibia sua ação, mas também não lhes atribuía a natureza de associações sindicais, razão pela qual o Direito Coletivo do Trabalho não lhes prestava auxílio na consecução de seus objetivos

(4) Ramo da mecânica que estuda o movimento dos corpos, relacionando-os às forças responsáveis por sua produção.

(5) Há, na História do Brasil, um exemplo real. Durante a ditadura militar, os sindicatos estavam legalizados, mas a serviço da ideologia do regime. Não obstante, os operários organizaram greves e se reuniram para negociar, sem se fazerem representar pela respectiva entidade sindical, como aconteceu no ABC paulista, na década de setenta. É que, muito embora o sindicato da categoria fosse detentor da legitimidade, pela via legal, não a possuía na versão jurídica, porque não havia consenso em torno de suas decisões.

institucionais. Por esta razão é que comumente se dizia sobre sua marginalidade.

Aos olhos do Estado, agiam como associações de natureza civil, formadas por entidades sindicais, na consecução de seus interesses imediatos e, mediatamente, dos interesses de seus associados. Seu regime jurídico era o artigo dos artigos 53 e seguintes do Código Civil.

Os efeitos jurídicos dessa situação se refletiam na conclusão de sua ilegitimidade para fazer uso de mecanismos extrajudiciais (autodefesa) – como coordenar greves e atuar em nome próprio na negociação coletiva – e judiciais, para ajuizar Ação Direta de Inconstitucionalidade, por exemplo, como já foi decidido na ADin 928-DF, cujo relator foi o Ministro Sydney Sanches.

Na prática, entretanto, as centrais sempre fizeram uso de tais instrumentos por meio de prepostos (entidades sindicais interpostas), pelo que nunca deixaram de ocupar papel político central nos rumos do sindicalismo brasileiro, a ponto do próprio governo preferir o diálogo com elas em razão da maior eficácia que o diálogo resulta nas questões intercategoriais (MACIEL, 1997, n/p).

Nos principais sistemas jurídicos do Direito contemporâneo, é possível perceber uma forte tendência pelo progresso das centrais sindicais. Elas têm sido alçadas à cúpula da organização sindical de vários países, até inadvertidamente, com muita ou pouca tradição de liberdade sindical[(6)].

Essa tendência parece ter sido, finalmente (senão tardiamente), seguida pelo Brasil. A Lei n. 11.648/2008 trouxe para dentro do sistema sindical brasileiro as centrais sindicais, dando-lhes *status* de entidade de cúpula, para exercer a representação geral dos trabalhadores em âmbito nacional (art. 1º).

A natureza jurídica das centrais permaneceu, portanto, como associação. Entretanto, seu regime jurídico passou a ser o sindical. Muito embora pertençam, agora, ao sistema oficial, as centrais sindicais se destacam das demais entidades a ele pertencentes, porque possuem as seguintes características: (a) são entidades superiores; (b) representam outras organizações sindicais, que a elas se filiam voluntariamente, sem os limites da categoria; (c) atuam em base territorial ampla.

A primeira característica peculiar decorre do fato de as centrais sindicais ocuparem o topo da pirâmide da organização sindical, situando-se acima das confederações, portanto. Tomada pela interpretação apressada, essa definição pode levar a equívocos indesejáveis. Primeiramente, o posto de entidade superior não faz com que haja poder hierárquico das centrais sindicais sobre as demais entidades. Em verdade, cada entidade permanece autônoma, com finalidades e ações próprias, de maneira que a ingerência de quaisquer delas sobre as outras continua a representar uma conduta antissindical.

Depois, dir-se-ia que as centrais não estão propriamente no topo da pirâmide sindical oficial, mas, sim, *acima da pirâmide*, sendo este o significado mais apropriado do título de *entidade superior* que ostentam. É que uma central sindical pode ser constituída só por sindicatos, por sindicatos e federações ou por sindicatos e confederações (art. 2º da Lei n. 11.648/2008). A entender de outro modo, as centrais sindicais deveriam ser compostas por confederações, para estarem no *topo da pirâmide*, uma vez que é essa a lógica que conduz à criação das federações e confederações. De fato, as centrais sindicais não estão submetidas às regras relativas à formação de federações (art. 534 da CLT) e de confederações (art. 535 da CLT). A Lei n. 11.648/08 segue outros critérios, nos termos do art. 2º: (a) filiação de, no mínimo, cem sindicatos, distribuídos nas cinco regiões do País; (b) filiação, em pelo menos três regiões do País, de vinte sindicatos em cada uma; (c) filiação de sindicatos em, no mínimo, cinco setores da atividade econômica; (d) filiação de sindicatos que representem, no mínimo, 7% do total de empregados sindicalizados, em âmbito nacional.

A segunda característica se refere à representatividade. Como se sabe, as associações sindicais, de que são espécies sindicatos, federações e confederações, constituem-se a partir da união de trabalhadores para fins de estudo, defesa e coordenação de seus interesses profissionais, direito este estendido à categoria econômica (arts. 511, 534 e 535 da CLT). Elas representam não só os filiados, mas toda a respectiva categoria (art. 513 da CLT).

Noutra via, as centrais sindicais são associações sindicais intercategoriais de trabalhadores. Elas re-

(6) Há, por exemplo, na França, a CFDT (*Confédération Française des Travailleurs Chrétiens*) e a CGT (*Confédération Générale du Travail*); na Inglaterra, o TCU (*Trade Unions Congress*); na Alemanha, a DGB (*Deutcher Gerverkschafts-Bund*), que é a Federação Alemã dos Sindicatos; na Itália, a CGIL (*Confederazione Generale Italiana dei Lavoratori*); na Espanha, as CCOO (Comissões Obreiras) e a UGT (União Geral de Trabalhadores); e nos Estados Unidos, duas centrais se uniram para formar a AFL-CIO, fusão da AFL (*American Federation of Labor*) e da CIO (*Congress of Industrial Organizations*). (NASCIMENTO, 2008. p. 254/255).

presentam apenas seus filiados, os quais se acomodam num rol amplo, que vai de associações sindicais a entidades pertencentes a outros movimentos sociais, muito embora a presença, entre os filiados, de entidades sindicais seja indispensável (parágrafo único, do art. 1º da Lei n. 11.648/08). Essa associação é livre, em homenagem ao princípio da liberdade sindical.

A última característica refere-se ao âmbito de sua atuação, que se estende por todo o território nacional, a teor do disposto no art. 1º da Lei n. 11.648/2008.

Nesse aspecto, interessante é saber se a unicidade sindical, estabelecida no art. 8º, II, da Constituição Federal, alcança as centrais sindicais. A literalidade do referido dispositivo legal pode levar à conclusão de que também estariam submetidas ao princípio da unicidade, já que o referido inciso diz que:

> "É vedada a criação de mais de uma organização sindical, em qualquer grau, representativa de categoria profissional ou econômica, na mesma base territorial, que será definida pelos trabalhadores ou empregadores interessados, não podendo ser inferior à área de um Município."

Considerando que a base territorial das centrais sindicais é o território nacional, a consequência imediata da unicidade sindical seria a proibição da constituição de mais de uma central sindical no Brasil.

Entretanto, como já foi dito, o fato de serem entidades superiores não significa que sejam *um quarto grau* das organizações sindicais, de maneira que as centrais sindicais não estão abrangidas pelo conceito de "organização sindical" preconizado na Constituição. Além disso, as centrais sindicais não representam uma categoria profissional ou econômica, mas, sim e tão somente, as entidades sindicais que a elas estejam filiadas.

Indiretamente, entretanto, as centrais sindicais sofrem os efeitos da unicidade sindical, porque seu âmbito de atuação, apesar de ser nacional, será limitado pela base territorial de cada uma das entidades sindicais que a ela se filiarem.

2.2 Juridicidade e eticidade

Miguel Reale (2003), superando a tradição positivista de seu tempo, já há muito lecionou que a norma jurídica é apenas uma das dimensões do Direito, que também é formado pelo fato e pelo valor.

Esse pensamento vanguardista leva à conclusão de que a transformação da legitimidade em um instituto jurídico importa na investigação não só de sua legalidade (norma jurídica), como também de seu fato, que é o consenso, e de seu valor, que é a ética.

O consenso é um fato social, na medida em que corresponde ao resultado de um procedimento de tomada de decisões, que se inicia, como já dito, com uma negociação, passa pela celebração de um acordo e se encerra com a aceitação das decisões e o respeito a elas, por todos os membros de um grupo.

Por isso mesmo, a demonstração da existência do consenso em torno da legitimidade da atuação das centrais sindicais nos conflitos coletivos de trabalho não pode ser feita através de uma teoria, mas, sim, através de dados reais.

O primeiro indício da existência desse consenso é eminentemente histórico. A genealogia das centrais sindicais está no *novo sindicalismo*, período que marcou a luta pela redemocratização no Brasil, a partir do final da década de setenta. Roberto Santos diz que, *sem o "novo sindicato", a resistência ao regime militar ainda estivesse marcando passo, longe da democratização* (SANTOS, 1998, n/p).

Àquela época, os sindicatos não eram propriamente uma obra dos operários, mas muito mais um "presente" do Estado, ofertado a eles à clássica maneira helênica.

As centrais sindicais, de outra maneira, assim como as comissões de fábrica, surgiram do consenso direto dos trabalhadores, a partir de diversos encontros de ampla negociação, responsáveis pela consolidação dos acordos que as instituíram. Foram elas, as centrais, por exemplo, protagonistas da defesa direta dos direitos sociais na constituinte de 1988[7].

Historicamente, portanto, não se pode negar que o consenso seja a marca mais visível do procedimento de criação das centrais sindicais.

Os dias de hoje continuam a demonstrar a vitalidade do consenso em torno da legitimidade da atuação das centrais sindicais.

Dados do SIRT revelam que, em outubro de 2008, 4.101 sindicatos estavam filiados a uma central sindical, contra 3.973 não filiados. Após o re-

(7) Durante a constituinte, os parlamentares vinculados à ideologia dos empresários criou o chamado bloco do "centrão", destinado a impedir a aprovação das normas de cunho social e intervencionista. Em contrapartida, as centrais sindicais opuseram resistência através de *lobby*, obtendo significativas conquistas (SANTOS, 1998, n/p).

conhecimento legal das centrais sindicais, em maio de 2009, o número de filiados saltou para 4.665, contra 3.768 e, em fevereiro de 2013, 7.580 estavam filiados, sendo que apenas 2.539 não. Esses números revelam uma tendência pela aceitação das centrais sindicais pelos sindicatos, como entidades de extrema importância para o movimento sindical, notadamente depois da edição da Lei n. 11.648/2008.

Mas não só as entidades sindicais filiadas se sentem legitimamente representadas pelas centrais sindicais. Os demais sujeitos das relações coletivas de trabalho também as reconhecem como interlocutores. Ora em defesa dos direitos e interesses intercategoriais, ora a bem da liberdade sindical, as centrais sindicais têm negociado diretamente, tanto com os empregadores quanto com o Estado. Os exemplos são fartos, especialmente após o advento da crise econômico-financeira de 2008. Eles estiveram nas manchetes dos mais variados jornais do país(8).

O consenso em torno da força e da legitimidade da atuação das centrais sindicais, no debate em torno dos assuntos intercategoriais, ultrapassa os limites tradicionais da relação Capital-Trabalho. Em 2009, elas chegaram a reivindicar, por exemplo, o aumento do número de cargos de juiz do trabalho no TRT da 2ª Região.

De fato, como aduz Pamplona Filho, hoje não se pode mais negar a alta representatividade das centrais sindicais:

> Como já dissemos adrede, a realidade social já demonstra que, de fato, as centrais sindicais são muito mais representativas – tendo, inclusive, maior poder de "barganha" – que qualquer entidade sindical prevista no nosso velho sistema corporativo, sendo esse o momento para seu reconhecimento definitivo pelo Estado de Direito (1998, n/p).

Tampouco e mais ainda, não se pode rejeitar sua importância real para os destinos do sindicalismo e do Direito do Trabalho no Brasil:

> Assim sendo, não há como se negar a importância dessas entidades associativas para o estudo do Direito do Trabalho no Brasil, bem como para a discussão política sobre a flexibilização dos direitos trabalhistas, pois são realmente as centrais sindicais as verdadeiras representantes – do ponto de vista fático – dos interesses dos trabalhadores (PAMPLONA FILHO, 1998, n/p).

Não se deve olvidar que o consenso é um procedimento que envolve, necessariamente, uma discussão democrática em torno dos assuntos a ela submetidos. Dessa forma, em que pese o silêncio da Lei n. 11.648/2008, a ética deverá pautar o debate em, pelo menos, três direções práticas. A primeira delas se reporta à necessidade da existência de uma assembléia, exigência esta que não é somente axiológica, mas principalmente legal, nos termos do art. 59 do Código Civil. A segunda diz respeito à obediência e à defesa dos direitos fundamentais, dever de qualquer instituição, por força da eficácia horizontal daqueles direitos. A terceira se destina à efetivação da publicidade e da transparência como vetores éticos das centrais sindicais.

Em relação à Assembleia, sua necessidade se faz não só para elaboração e alteração de estatutos, aprovação de contas e destituição de administradores e associados, como dispõe o art. 59 do Código Civil, mas também para viabilizar o debate nas tomadas de decisões, principalmente quando a atuação das centrais sindicais se voltar para a negociação coletiva direta. Esta só será possível através da aprovação prévia, pela Assembléia, dos pronunciamentos da central sindical na negociação com empregadores e Estado, por analogia ao disposto no art. 524, "e" da CLT.

No que tange aos direitos fundamentais, as manifestações das centrais sindicais devem sempre voltar-se para a valorização e a proteção das entidades que a elas estão filiadas, mormente na defesa dos direitos à negociação coletiva e à liberdade sindical.

Assim é que, por exemplo, as centrais sindicais devem atuar, prioritariamente, na consecução da justiça social, na valorização do primado do emprego, na proteção à liberdade sindical contra condutas antissindicais, no combate aos avanços da flexibilização e da precarização das relações de trabalho, na

---

(8) "O governo, as centrais sindicais e os empresários tentaram recentemente amarrar um acordo para evitar mais demissões. A idéia era que as empresas reduzissem a jornada de trabalho em até 20% sem cortar salários. Para compensar haveria uma diminuição temporária de cerca de 40% nos 20% pagos pelas empresas ao INSS, nas contribuições ao sistema "S" e nos 8% recolhidos ao FGTS. A proposta de desoneração da folha apresentada pelo governo em troca da manutenção de empregos não animou as centrais sindicais e, ao que tudo indica, ela foi deixada de lado" (GAZETA MERCANTIL, 2009. p. A3).

reversão das taxas de dessindicalização e na coordenação dos movimentos grevistas, fazendo uso de instrumentos extrajudiciais e judiciais.

Por fim, a terceira direção deve guiar as centrais sindicais para a publicidade e transparência de seus atos, notadamente no que se refere às suas contas. O art. 6º da Lei n. 11.648/2008 previa a fiscalização das contas das centrais sindicais pelo Tribunal de Contas da União[(9)]. O texto do artigo certamente contribuiria para o avanço das centrais sindicais nessa terceira direção, não tivesse sido ele vetado pelo Presidente da República, sob o fundamento de vício de inconstitucionalidade[(10)].

Data venia, não há afronta ao art. 8º da Constituição Federal. O Imposto Sindical, ao contrário das mensalidades dos filiados, é espécie tributária, sendo um recurso público. Se as centrais sindicais o recebem, devem prestar contas ao órgão responsável pela fiscalização dos recursos públicos, no caso, o Tribunal de Contas da União, sob pena de tornar contraditória, por exemplo, a reivindicação do movimento sindical relacionada à fiscalização dos empregadores que recebem dinheiro público, como ocorre nas dispensas em massa. Quando se trata de dinheiro público, o interesse está em sua publicidade e controle, sob pena de afronta à democracia.

3. *A ATUAÇÃO DAS CENTRAIS SINDICAIS NA DEFESA DOS DIREITOS INTERCATEGORIAIS*

Antes mesmo da Lei n. 11.648/08, já se podia vislumbrar, na Constituição Federal, a atribuição de participação das centrais sindicais nos debates em torno dos direitos sociais. É que, ao eligir o trabalho e o pluralismo político à categoria de fundamento do Estado brasileiro (art. 1º), a Constituição convida todos a participar, democraticamente, da proteção daquela categoria de direitos.

Entretanto, a Lei n. 11.648/2008 pôs fim às dúvidas relativas à legalidade dessas atribuições. Sucintamente, o art. 1º trata do assunto, ao dizer que cabe às centrais sindicais: (a) *coordenar a representação dos trabalhadores por meio das organizações sindicais a ela filiadas;* e (b) *participar de negociações em fóruns, colegiados de órgãos públicos e demais espaços de diálogo social que possuam composição tripartite, nos quais estejam em discussão assuntos de interesse geral dos trabalhadores.*

Coordenar significa conjugar, concatenar, interligar ou, ainda, manter ou tornar sincrônico e harmonioso. (HOUAISS, 2007. p. 830). A coordenação diferencia o sistema do mero conjunto. Enquanto este, como explica Antônio Álvares da Silva, é formado por *uma série de objetos que se reúnem sem nenhum critério* (SILVA, 2004. p. 40), aquele, segundo Caldas Aulete, é *uma reunião de proposições, de princípios coordenados de molde a formarem um todo científico ou um corpo de doutrina* (1987, p. 1793).

Todo sistema é composto *de uma estrutura e um repertório* (FERRAZ JÚNIOR, 2003. p. 176). Este se refere aos elementos do sistema. No caso do sistema sindical nacional, portanto, o repertório é composto, no plano subjetivo, por sindicatos, federações, confederações e centrais sindicais. No plano objetivo, por normas heterônomas (Constituição Federal, Leis trabalhistas e decisões judiciais) e autônomas (Convênios Coletivos, em sentido amplo).

A estrutura diz respeito às relações existentes entre os elementos do sistema. No Brasil, ela é formada pela liberdade sindical, nos moldes vistos no capítulo anterior, e pela negociação coletiva, com a ressalva de que hoje ela já não diz respeito tão somente à busca por melhores condições de trabalho, mas também a assuntos políticos, sociais e econômicos.

Imagine-se que em uma sala haja cadeiras, mesas, pessoas, quadro negro e giz. Este cenário, formado tão somente pelo repertório, não permite distinguir se se trata de uma sala de aula ou de um almoxarifado. Entretanto, quando se acrescenta a estrutura, com a informação de que ali está acontecendo uma aula, já se pode ter certeza de que não se faz alusão a um depósito (FERRAZ JÚNIOR, 2003. p. 176).

Nesse mesmo exemplo, a sala de aula ainda muito se parecerá a um almoxarifado, se não houver efetiva transmissão do conhecimento ou, em outras

(9) "Art. 6º Os sindicatos, as federações e as confederações das categorias econômicas ou profissionais ou das profissões liberais e as centrais sindicais deverão prestar contas ao Tribunal de Contas da União sobre a aplicação dos recursos provenientes das contribuições de interesse das categorias profissionais ou econômicas, de que trata o art. 149 da Constituição Federal, e de outros recursos públicos que porventura venham a receber."

(10) "O art. 6º viola o inciso I do art. 8º da Constituição da República, porque estabelece a obrigatoriedade dos sindicatos, das federações, das confederações e das centrais sindicais prestarem contas ao Tribunal de Contas da União sobre a aplicação dos recursos provenientes da contribuição sindical. Isto porque a Constituição veda ao Poder Público a interferência e a intervenção na organização sindical, em face o princípio da autonomia sindical, o qual sustenta a garantia de autogestão às organizações associativas e sindicais." (Razões do veto do art. 6º da Lei n. 11.648/08).

palavras, se a relação entre alunos e professor não for coordenada, a fim de tornar possível o aprendizado.

Volvendo ao sistema sindical brasileiro, o papel de coordenação desenvolvido pelas centrais sindicais consiste em promover a inclusão das entidades a elas filiadas num sistema de proteção à liberdade sindical, garantindo-lhes o livre acesso à negociação coletiva. É das centrais sindicais o papel de dar dinamismo ao sistema sindical, oxigenando os sindicatos e lutando pela efetividade e concretização dos direitos sociais.

O primeiro inciso do art. 1º da Lei n. 11.648/2008 atribui uma legitimidade centrípeta de atuação às centrais sindicais, ou seja, para o centro, para dentro, conduzindo suas manifestações a bem das entidades filiadas. No exercício da coordenação, as centrais atuam nos bastidores, intervindo como assistentes, para que as entidades filiadas possam obter sucesso, por elas mesmas, em suas atribuições.

O segundo inciso daquela lei, por sua vez, institui uma legitimidade centrífuga de atuação, isto é, *para fora*, colocando as centrais sindicais na negociação coletiva propriamente dita, muito embora esse entendimento esteja longe da unanimidade[11]. É que, ao invés de simplesmente coordenar, as centrais sindicais poderão *participar, elas mesmas, das negociações que envolvam assuntos de interesse geral dos trabalhadores.*

O espaço reservado pela lei, para esse fim, deve ser o mais amplo possível, compreendendo *fóruns, colegiados de órgãos públicos e demais espaços de diálogo social que possuam composição tripartite.* Essa atribuição converge para a diretriz constitucional de assegurar a participação dos trabalhadores nos colegiados dos órgãos públicos em que seus interesses sejam objeto de discussão e deliberação, conforme dispõe o art. 10 da Constituição Federal[12].

Uma ilustração evidente dessa atuação reside nas questões relativas ao desemprego e às decisões políticas e econômicas do Governo. Antônio Augusto de Queiroz, diretor de documentação do DIAP – Departamento Intersindical de Assessoria Parlamentar, apresenta outras:

> É verdade que para os temas corporativos, que envolvam a relação bilateral – entre entidade sindical e empresa ou entre entidades sindicais representativas das categorias econômicas e profissionais – a prerrogativa continua sendo dos sindicatos, federações e confederações específicas.
>
> Mas a grande política e os temas gerais – salário mínimo, previdência, legislação trabalhista e sindical, imposto de renda, política de saúde, educação, segurança etc – estão reservados às centrais, que, aliás têm dado exemplo de maturidade e unidade política. (2008, n/p).

Essa interpretação é corroborada pela Mensagem n. 659, enviada pelo Ministro do Trabalho, Carlos Roberto Lupi, ao Presidente da República, em 2007, por ocasião do processo legislativo de concepção da Lei n. 11.648/08. Relatando a urgência na aprovação do então projeto de lei, o texto sinaliza a necessidade de se atribuir às centrais sindicais um papel efetivo nas negociações coletivas[13].

Deve-se ter em mente, entretanto, que a participação das centrais sindicais nos conflitos coletivos de trabalho não gera qualquer antinomia com as atribuições exclusivas das demais entidades sindicais. É que, como já se disse, a negociação coletiva, da qual as centrais sindicais participam diretamente, é especial, consistente naquela cujos assuntos discutidos transcendam aos interesses de uma determinada categoria. Quanto aos interesses da categoria

---

(11) Para Amauri Mascaro Nascimento, "as Centrais não estão legitimadas para a negociação coletiva, o que significa que a lei não as autoriza direta e isoladamente a atuar e assinar convênios coletivos de trabalho. Desse modo, as negociações coletivas continuam sendo da competência dos Sindicatos. As Centrais poderão participar de espaços de diálogo sociais em órgãos tripartites nos quais se discutam interesses gerais de trabalhadores. Mas nada impedirá a sua participação coadjuvante em convenções coletivas, assinando-as com os Sindicatos – nunca sozinhas – e em pactos sociais, estes praticados em outros países, mas não conhecidos na experiência brasileira, como mostrei em Compêndio de Direito Sindical." (2008. p. 271).

(12) A participação das centrais sindicais em órgãos públicos deliberativos já se faz notar, por exemplo, no CODEFAT – Conselho Deliberativo do Fundo de Amparo ao Trabalhador, no CCFGTS – Conselho Curador do Fundo de Garantia por Tempo de Serviço e na CTRI – Comissão Tripartite de Relações Internacionais.

(13) "A urgência justifica-se pela necessidade de reconhecer a legitimidade das centrais sindicais, conquistada nos últimos vinte anos em que ativamente representaram os interesses dos trabalhadores nas negociações com as entidades sindicais de empregadores, bem como com as instâncias governamentais, a exemplo das negociações do salário mínimo ocorridas nos últimos anos, e o fato de a proposta decorrer de um consenso e solicitação das entidades representativas dos trabalhadores, conforme comunicação enviada, inclusive, aos Senhores Presidentes da Câmara dos Deputados e do Senado Federal." (BRASIL. Senado, 2007. p. 37.525).

profissional, continuarão sob a condução exclusiva das entidades de base. É o que se extrai, mais uma vez, da Mensagem n. 659, de 2007[14].

Por iguais fundamentos, a negociação coletiva realizada pelas centrais sindicais também não afronta a regra do art. 8º, IV, da CF/1988, pela qual a participação dos sindicatos naquele debate se faz obrigatória. Ademais, as centrais sindicais nada mais são, em suma, do que associações de trabalhadores e sindicatos, de maneira que aquela regra constitucional continua intacta, mesmo nas negociações em que as centrais sindicais participarem em nome próprio.

Vale ressaltar que a negociação coletiva não se confunde com a celebração de Convenções e Acordos Coletivos, uma vez que estes são apenas instrumentos destinados a normatizar o que foi negociado, privativos dos sindicatos, federações e confederações (art. 611 da CLT). Mas a negociação não implica necessariamente na confecção desses institutos.

Não obstante, as Centrais podem fazer uso de outros instrumentos, como o Contrato Coletivo de Trabalho, que pode ser definido como um contrato multilateral celebrado entre centrais, empregadores e o governo, com cláusulas de metas, intenções e de paz, baseado no princípio da liberdade contratual (art. 425 do CC). Trata-se de um novo, mais amplo, mais democrático instrumento de formalização da negociação coletiva especial realizada pelas centrais sindicais, em torno dos assuntos relativos à liberdade sindical e aos interesses intercategoriais, com maior equilíbrio de forças entre as partes pactuantes. Sua função precípua é progressista, acompanhando a do Direito Coletivo de Trabalho, no estabelecimento de normas para proporcionar melhores condições de trabalho ou emprego.

4. NOTAS CONCLUSIVAS

A legitimidade da atuação das centrais sindicais na defesa dos direitos intercategoriais dos trabalhadores advém da norma jurídica (Lei n. 11.648/2008), mas também da constatação de sua correspondência com os interesses de seus filiados (consenso), como se viu na demonstração prática da adesão pelos sindicatos e na sua aceitação, como interlocutor, pelos empregadores e pelo Estado.

Todavia, não será legitima a atuação da central sindical que não primar pelos deveres axiológicos impostos pela ética, especialmente no que tange à publicidade e transparência de suas ações, tanto no diálogo com os filiados quanto na gestão de suas contas, à defesa dos direitos sociais fundamentais contra o retrocesso e à valorização das entidades sindicais de base.

REFERÊNCIAS

AULETE, Caldas. *Dicionário Contemporâneo da Língua Portuguesa*. v. 2. 5. ed. Rio de Janeiro: Delta, 1987.

ANTUNES, Ricardo. *Adeus ao Trabalho?* Ensaio sobre as metamorfoses e a centralidade do mundo do trabalho. 12. ed. São Paulo: Cortez, 2007.

BOVAVIDES, Paulo. *Curso de Direito Constitucional*. São Paulo: Malheiros, 2006

BRASIL. *Constituição da República Federativa do Brasil*. Brasília: Senado, 1988.

BRASIL. Ministério do Trabalho. *Sistema Integrado de Relações do Trabalho – SIRT*. Disponível em: <http://www3.mte.gov.br/sistemas/cnes/relatorios/painel/ GraficoCentralSindicalFiliadoNaoFiliado.asp> Acesso em 25.02.2013.

BUENO, Francisco da Silveira. *Grande Dicionário Etimológico-prosódico da Língua Portuguesa*. v. 4. São Paulo: Saraiva, 1968.

CANOTILHO, J. J. Gomes. *Constituição Dirigente e Vinculação do Legislador*: contributo para a compreensão das normas constitucionais programáticas. 2. ed. Coimbra: Coimbra, 2001.

CHIARELLI, Carlos Alberto. Direito coletivo do trabalho: partida e chegada? O sindicato em tempos de crise. *Revista LTr*, São Paulo, Ano 73, n. 3, mar./2009.

DELGADO, Mauricio Godinho. *Capitalismo, trabalho e emprego*: entre o paradigma da destruição e os caminhos de reconstrução. São Paulo: LTr, 2007.

DINIZ, Antônio Carlos de Almeida. *Teoria da Legitimidade do Direito e do Estado*: uma abordagem moderna e pós-moderna. São Paulo: Landy Editora, 2006.

FERRAZ JÚNIOR, Tércio Sampaio. *Introdução ao Estudo do Direito*. 4. ed. São Paulo: Atlas, 2003.

GOVERNO e centrais debatem saídas contra demissões. *Gazeta Mercantil*. São Paulo, 19 jan. 2009. 1º Caderno.

HOUAISS, Antônio. *Dicionário Houaiss da língua portuguesa*. Rio de Janeiro: Objetiva, 2007.

LIMA, Leonardo Tibo Barbosa. *Centrais sindicais – legitimidade de atuação e perspectivas*. São Paulo: LTr, 2010.

NASCIMENTO, Amauri Mascaro. *Compêndio de Direito Sindical*. São Paulo: LTr, 2008.

(14) "O reconhecimento das centrais sindicais não significa que elas irão concorrer com os sindicatos ou comprometer suas prerrogativas de negociação coletiva, porquanto no referido art. 1º, o papel das centrais será o de caráter político-institucional, com vistas a representar e articular os interesses do conjunto de seus representados, cabendo às confederações, federações e sindicatos a tarefa efetiva de promover a negociação coletiva em seus respectivos âmbitos de representação." (BRASIL. Senado, 2007. p. 37.524).

PAMPLONA FILHO, Rodolfo. Centrais Sindicais e Sindicalização por Categorias. In PRADO, Ney. *Direito Sindical Brasileiro*. Estudos em homenagem ao Professor Arion Sayão Romita. São Paulo: LTr, 1998. (Obra em versão virtual não paginada, consultada na íntegra através da Biblioteca Digital LTr).

PERSIANI, Mattia. *Diritto sindicale*. Pádua: Cedam, 1997.

QUEIROZ, Antônio Augusto de. Centrais sindicais ajudarão nas políticas públicas trabalhistas. *Revista Eletrônica Consultor Jurídico*. Disponível em: <http://www.conjur.com.br/2008-jul01/centrais_sindicais_ajudarao_politicas_publicas _trabalhistas>. Acesso em: 25 abr. 2009.

REALE, Miguel. *Teoria Tridimensional do Direito*. 5. ed. São Paulo: Saraiva, 2003.

SANTOS, Roberto A. O. O Sindicato como grupo de pressão política: o caso dos trabalhadores. In PRADO, Ney. *Direito Sindical Brasileiro*. Estudos em homenagem ao Professor Arion Sayão Romita. São Paulo: LTr, 1998. (Obra em versão virtual não paginada, consultada na íntegra através da Biblioteca Digital LTr).

SILVA, Antônio Álvares da. *As Súmulas de Efeito Vinculante e a Completude do Ordenamento Jurídico*. São Paulo: LTr, 2004.

TORRES, Ricardo Lobo. A Legitimação dos Direitos Humanos e os Princípios da Ponderação e da Razoabilidade. In: TORRES, Ricardo Lobo. (Org.). *Legitimação dos Direitos Humanos*. 2. ed. Rio de Janeiro: Renovar, 2007.

VIANA, Márcio Túlio. Conflitos Coletivos do Trabalho. *Revista do TST*, Brasília, v. 66, n. 1, 2000.

Capítulo 29

Alguns Apontamentos sobre a Greve que, Aliás, não Custa Caro

Virgínia Leite Henrique(*)

Hoje a cidade está parada
E ele apressa a caminhada
Pra acordar a namorada logo ali
E vai sorrindo, vai aflito
Pra mostrar, cheio de si
Que hoje ele é senhor das suas mãos
E das ferramentas

Quando a sirene não apita
Ela acorda mais bonita
Sua pele é sua chita, seu fustão
E, bem ou mal, é seu veludo
É o tafetá que Deus lhe deu
E é vendito o fruto do suor
Do trabalho que é só seu

Hoje eles hão de consagrar
O dia inteiro pra se amar tanto
Ele, o artesão
Faz dentro dela a sua oficina
E ela, a tecelã
Vai fiar nas malhas do seu ventre
O homem de amanhã

(Primeiro de maio – Chico Buarque e Milton Nascimento)

A greve, como já dito, não é um modo de solução de conflito e sim uma forma de expressão do próprio conflito. Trata-se de um instrumento de pressão, legitimamente utilizado pelos empregados para a defesa de seus interesses.

(Fundamentos para a solução dos conflitos coletivos de trabalho – Jorge Luiz Souto Maior)

(*) Procuradora do Trabalho do Ministério Público do Trabalho. Mestre em Direito do Trabalho pela PUC Minas, em Direitos Sociais pela Universidade de Castilla-La Mancha – Espanha e em Política Social pela Universidade Federal de Mato Grosso. Doutora em Direitos Sociais pela Universidade de Castilla-La Mancha – Espanha. Doutoranda em Direito do Trabalho pela PUC Minas.

Recentemente foi veiculada nos meios de comunicação uma campanha promovida por associações empresariais do Estado de Mato Grosso com o mote GREVE CUSTA CARO. Nela se falava que, apesar de ser a greve um direito,

> A sociedade, porém, deve analisar com muito critério, **porque greve custa caro. Qualquer aumento além dos índices de capacidade dos governos significa elevação da carga tributária.** Então além de sofrer com o transtorno da falta de serviços, **é a população que paga a diferença.** Pense nisso. Afinal, para **garantir o direito de uns, não é preciso prejudicar o bolso dos outros**"[(1)].

Ora, greve não custa caro. Aliás, custa um preço quase sempre justo. Custa o preço do exercício de um direito que uma sociedade, que se diz democrática, deve pagar. E com prazer.

Ela representa, ao fim e ao cabo, um direito instrumental no sentido de servir para a tentativa de conquista de novos direitos pela classe trabalhadora, ou mesmo para a manutenção do que, a duras pensas, fora conquistado.

Segundo a teoria clássica, a greve é um direito de titularidade individual e de exercício coletivo.

Há, porém, doutrinadores, como, por exemplo, o espanhol Palomeque López, que defendem a titularidade da greve com conteúdos coletivo e individual. Coletivo porque pertencente às instâncias e prerrogativas coletivas (convocação da greve, eleição da modalidade de greve, desenvolvimento da greve e desconvocação da greve), tendo como titulares os representantes dos trabalhadores ou diretamente os próprios trabalhadores (através de uma assembléia de trabalhadores etc.). Tem também conteúdo individual já que encerra prerrogativas individuais, como, por exemplo, de adesão à greve, participação em ações desenvolvidas na greve, cessação da participação na greve. O titular do conteúdo individual é o trabalhador. Os comitês de empresa e delegados de pessoal, instâncias representativas dos trabalhadores no âmbito da empresa, conforme o sistema espanhol, podem exercer seu conteúdo individual[(2)].

Entre nós, Márcio Túlio Viana inverte os termos, entendendo a greve como um direito coletivo, que cada indivíduo pode e deve exercer, integrando-se ao grupo.

O autor mineiro nos brinda com diversos significados da greve, lembrando as etimologias da palavra em diversas línguas e resumindo que a greve "é tudo isso ao mesmo tempo". É ataque, golpe, choque, folga, fôlego e liberdade. É também, como lembra Viana, meio de conversa e denúncia, entre os trabalhadores e o patrão, eles e a sociedade e, ainda, entre os próprios trabalhadores.

Em sendo tudo isso, esse "potro bravio", essa "ação sem jurisdição"[(3)], indaga o autor, seria possível domá-la?

Podemos dizer que sim e que não, também ao mesmo tempo.

Pensamos que sim, enquanto consagração de direito fundamental.

Com efeito, os direitos sociais, dentre os quais ganha destaque o direito de greve, são consagrados como Direitos Fundamentais expressos na Constituição da República de 1988.

Depois de uma longa fase de proibição, passou-se à consagração da "greve-direito", não vista apenas em sua faceta negativa mas também positiva, tendo a greve status de direito constitucional fundamental. Representa, pois, peça chave das democracias contemporâneas.

Neste sentido, deve o Estado assumi-la como valor promocional, garantindo que as condições para a greve sejam efetivas.

Entretanto, anacronicamente, o Estado não poucas vezes tem se colocado contra a greve. É, pois, o Estado tentando, em vão e arbitrariamente, domar esse fato social, limitando seu alcance e sua potencialidade.

Com efeito, a greve tem se mostrado como um direito, digamos, atípico, gerador de posições con-

(1) Destaques nosso. Dentre as principais mídias divulgadas cite-se o endereço <http://www.youtube.com/watch?v=4ihFtx3kNzw> e o próprio sítio especialmente criado para a campanha: <www.grevecustacaro.com.br>.

O Ministério Público do Trabalho, pela Procuradoria da 23ª Região, ajuizou ação civil pública com pedido liminar (autos n. 0001357-41.2011.5.23.0009) para, dentre outros pedidos, ser suspensa, de imediato, a veiculação da campanha, o que restou deferido.

(2) É o que o autor trata no capítulo intitulado *Âmbito subjetivo y titularidad del Derecho de Huelga*, inserido no livro *Estudios sobre la huelga*, de Carlos Palomeque López e Aitor Bengoetxea. Editorial Bomarzo, 2011.

(3) Como fala Lobo Xavier Dias, citado por VIANA, Márcio Túlio. *Da greve ao boicote: os vários significados e as novas possibilidades das lutas operárias*. Rev. Trib. Reg. Trab. 3ª Reg., Belo Horizonte, v.49, n.79, p.101-121, jan./jun.2009.

trárias, sendo interessante observar, por exemplo, que a maioria da produção jurídica sobre greve trata de limitações deste direito e não de formas de exercê-lo ampla e ilimitadamente. Nas palavras de Souto Maior, "boa parte da inteligência humana (...) durante muito tempo foi voltada para limitar o exercício da greve". E o autor adverte: "o instituto do direito de greve, se mal compreendido, pode conduzir a esse resultado de servir unicamente ao propósito de limitar a greve"[4].

Trata-se de um direito com enorme "anomalia" de tipo regulativo. Constitucionalmente é consagrado de forma ampla e libertária. Entretanto, a regulação infraconstitucional lhe impõe amarras e contradições.

É o que ocorre no caso brasileiro, em que há um choque entre a amplitude do art. 9º, da Constituição da República de 1988, que assegura o direito de greve competindo UNICAMENTE aos trabalhadores decidir sobre a oportunidade de exercê-lo e sobre os interesses que devam por meio dele defender, e, por outro lado, a sua regulação. É que a Lei n. 7.783, de 28 de junho de 1989, ou seja, poucos meses depois da promulgação da Constituição Republicana de 1988, impõe diversas limitações e regulações ao exercício de tal direito (como, por exemplo, exigindo pré-avisos, formalidades, definindo diversas atividades como essenciais etc.). Como pontua José Afonso da Silva, "a melhor regulamentação do direito de greve é a que não existe"[5].

Igual situação dá-se, por exemplo, na Espanha.

O art. 28 da Constituição Espanhola também consagra amplamente o direito de greve, indicando a reserva legal apenas para regular as atividades essenciais. Assim dispõe o item 2, do referido artigo: "2. *Se reconoce el derecho a la huelga de los trabajadores para la defensa de sus intereses. La ley que regule el ejercicio de este derecho establecerá las garantías precisas para asegurar el mantenimiento de los servicios esenciales de la comunidad.*"

Entretanto, o RDLRT, de 1977 (Decreto Lei de Relações de Trabalho), vai muito além da dicção constitucional e, de forma absolutamente restritiva, requer quantitativos bastante significativos para a greve, vê com maus olhos a greve política e de solidariedade[6], reprime o que delimita como greve ilegal, enfim, traz limites tamanhos que acaba por esvaziar o direito de greve.

Não bastasse o Estado-legislador reprimir, por vias transversas, o direito de greve através de dispositivos legais e regulamentares limitadores, como visto exemplificadamente acima, o Estado-intérprete das leis, através do seu braço jurisdicional, também acaba por reprimir a greve através de suas decisões, sem perceber ou, pelo menos, sem assumir que denegar a greve efetiva, impor entraves a seu exercício, é negar o próprio direito.

Ora, assim o fazendo, além de negar o direito de greve, negam, inclusive, regras de interpretação hermenêutica básicas aplicáveis quando em exame direitos e garantias fundamentais.

Com efeito, são dois os princípios que devem ser observados quando se trata da interpretação das normas constitucionais de direitos e garantias fundamentais:

- serão interpretadas de forma ampla, extensiva, para abranger o maior número possível de sujeitos e de situações;
- as normas excepcionadoras de direitos e garantias devem ser interpretadas restritivamente.

Aplicando-se ao direito fundamental de greve, tem-se que o mesmo deve ser interpretado amplamente, sendo que as normas excepcionadoras do direito, como, no caso específico, por exemplo, a Lei n. 7.783/1989, deve ser interpretada de forma estrita (como, por exemplo, o art. 10, da referida lei, que lista os serviços ou atividades essenciais e deve ser taxativamente considerado).

Não é, porém, este o entendimento que tem sido dado pela atual jurisprudência dos tribunais trabalhistas e, no caso dos servidores públicos, também pelos Tribunais de Justiça.

Caso paradigmático desse posicionamento do Estado contrariamente à greve é, por exemplo, a histórica decisão contrária à greve dos petroleiros, nos idos de 1995, no governo Fernando Henrique Cardoso. Podemos lembrar também a recente decisão do

(4) SOUTO MAIOR, Jorge Luiz. *O direito de exercer o direito de greve*. *In:* THOME, Candy Florencio e SCHWARZ, Rodrigo Garcia (org.). *Direito Coletivo do Trabalho: curso de revisão e atualização*. Rio de Janeiro: Elsevier, 2010. p. 255-258.

(5) SILVA, José Afonso da. *Curso de direito constitucional positivo*. São Paulo: Malheiros, 1993. p. 273.

(6) Sobre a legalidade das greves políticas e de solidariedade, veja-se o artigo *Apontamentos sobre o direito de greve: greve de solidariedade e greve política*, de Candy. F. Thome. *In:* THOME, Candy Florencio e SCHWARZ, Rodrigo Garcia (org.). *Direito Coletivo do Trabalho: curso de revisão e atualização*. Rio de Janeiro: Elsevier, 2010. p. 259-267.

Tribunal de Justiça Mineiro declarando ilegal a greve dos professores da rede pública, em 2011 (igual decisão de ilegalidade da greve dos professores foi proferida em outros Estados, o que demonstra que não se trata de conservadorismo do governo estadual mineiro)[7].

Inúmeras outras decisões poderiam ser citadas. Cristiano Paixão e Ricardo Lourenço Filho, em artigo com o interessante título "A greve e sua conformação pelo TST": desvelando mentalidades, lembram de três decisões do Tribunal Superior do Trabalho em que, apesar de reconhecerem a greve como direito, a concebem de forma bastante restrita, apresentando a face "limitadora" preponderante sobre sua face libertária e com potencial criador de direitos. Também no sentido de "desvelar" a face conservadora do Tribunal Superior do Trabalho que, ao interpretar – sendo a interpretação uma atividade criadora já que constituinte da norma – acaba por derrogar direitos sob a máscara da "valorização da negociação coletiva" é o artigo de Sayonara Grillo que traz à discussão algumas súmulas "desconstrutoras" de direitos coletivos. E conclui a autora:

> Todavia, em *defesa do Direito do Trabalho* é necessário afirmar que as atuais interpretações majoritárias do Tribunal Superior do Trabalho em matéria de direito coletivo não valorizam verdadeiramente seus institutos, suas funções e seus objetivos de auxiliar na constituição de um contrapeso capaz de equilibrar as desigualdades das partes inerentes às relações de trabalho, principalmente quando amplia os efeitos derrogatórios das negociações coletivas sem criar condições efetivas para potencializar a ação dos trabalhadores[8].

Curiosa, para não dizer cômica e teratológica, a "ginástica jurídica" que é feita para justificar as limitações ao direito de greve, desconstruindo um direito fundamental através de institutos inapropriáveis e incabíveis como, por exemplo, o malfadado interdito proibitório.

O interdito proibitório, assim como todas as ações possessórias, é instrumento jurídico moldado a partir de uma matriz patrimonialista adequada à resolução de conflitos individuais conveniente à ideologia privatista do século XIX.

Tal feição já seria suficiente para desqualificar a possibilidade das ações possessórias serem usadas para solucionar os conflitos derivados da greve. Não obstante tal fato, verifica-se que mesmo sob a concepção tradicional de posse, sua utilização é absolutamente inadequada.

Se desconsiderarmos a função social da posse e a eficácia horizontal dos direitos fundamentais, teorizações caras ao direito privado moderno inspirado no reconhecimento da força normativa da Constituição e que altera profundamente os institutos civilistas, teremos a posse exclusivamente como "o exercício, de fato, dos poderes constitutivos do domínio, ou propriedade, ou de alguns deles somente", como ensina Clóvis Beviláqua em lição clássica.

Desta forma, baseando-se exclusivamente no conceito tradicional da posse, um conflito possessório exige que dos dois lados contrapostos existam sujeitos dispostos à prática de atos como se proprietários fossem, ou seja, só há conflito possessório se ambos os sujeitos tiverem *animus*, uma vez que posse é ato de vontade.

Obviamente em uma greve o conflito tem sua natureza derivada da tensão da relação capital X trabalho e não dos interesses de ambas as partes em praticarem atos de posse sobre determinado bem.

Quando se utilizam as ações possessórias para dirimir os conflitos que têm origem em manifestações dos movimentos sociais e demais organizações da sociedade civil, o que se esta a fazer é a utilização de um instrumento inábil para tal situação como se fosse a panacéia universal de resolução, ou aniquilação, do direito humano à expressão, à manifestação e à luta.

As decisões de deferimento de liminares em ações possessórias pelos tribunais são fruto de extremo conservadorismo aliado à ausência de rigor conceitual, pois confundem (a luta pelo) espaço com posse, o que, em momento algum, é pretendido pelos grevistas ou qualquer outro manifestante, seja lá a causa que for.

(7) Sobre a polêmica e ainda indefinida questão da greve dos servidores públicos, veja-se o artigo *Greve dos servidores públicos: o direito de greve dos servidores públicos após a decisão do Supremo Tribunal Federal*, de Ricardo Carvalho Fraga e Luiz Alberto Vargas. *In:* THOME, Candy Florencio e SCHWARZ, Rodrigo Garcia (org.). *Direito Coletivo do Trabalho: curso de revisão e atualização*. Rio de Janeiro: Elsevier, 2010. p. 269-288.

(8) É o que se vê no artigo da autora: *Decisões Judiciais e (Des) Construção dos Direitos: uma revisita à interpretação dos direitos coletivos pelos Tribunais Superiores* (SILVA, Sayonara Grillo Coutinho Leonardo da. Decisões Judiciais e (Des)Construção dos Direitos: uma revisita à interpretação dos direitos coletivos pelos Tribunais Superiores. O mundo do trabalho. São Paulo: LTr, 2009. p. 418-438).

As manifestações (ao menos enquanto formos entidades corpóreas) necessitam de espaços para se desenvolver e a ocupação deste espaço, ainda que implique em transtornos ao proprietário, não se revela como questão possessória, pois posse ali não está em questão, mas sim o exercício de um direito fundamental que tem o condão de caracterizar certa sociedade como democrática, qual seja, a liberdade de expressão e de luta[9].

Este também o entendimento de Souto Maior que qualifica o instituto como "plenamente impróprio para a defesa dos interesses em questão, vez que vinculado às ações possessórias, onde esbulhos ou turbações obstruam o direito de propriedade"[10].

É interessante notar que, em sendo a greve um fato social, ela encontra-se embebida e embalada pelas tensões e conflitos próprios do momento histórico em que se realiza, sendo elas, as greves, fornecedoras de pistas sintomáticas quanto às transformações na vida sindical operadas nas últimas décadas do século XX e que, apesar de conjunturalmente com algumas transformações na primeira década do século XXI fruto da situação política específica de ascensão de governos populares, não se alteraram em suas estruturas.

Com efeito, predominam as greves pontuais, por empresa ou categoria, não mais gerais e com contornos classistas e políticos, como aquelas deflagradas em fins de 1970 e na década de 1980[11].

Ademais, sobressaem-se aquelas vinculadas aos setores públicos como educação e saúde, demonstrando, de forma inequívoca, as dificuldades de mobilização nas condições adversas do mundo do trabalho, inclusive decorrentes da própria cultura política que não tem a solidariedade mas o individualismo como valor supremo, sendo que, no setor público, há certa garantia contra a denúncia vazia do contrato de trabalho, o que permite a manutenção da greve por um tempo maior.

As mesmas conclusões acima, no que diz respeito ao predomínio das greves no setor público, com demandas voltadas à manutenção de direitos e relacionadas a reajustes salariais e de curta duração dada à dificuldade de mobilização, também foram obtidas no trabalho realizado pelo Departamento Intersindical de Estatística e Estudos Socioeconômicos (DIEESE), em análise das greves dos anos de 2004, 2005, 2006 e 2007.

Assim, insista-se, apesar de um ou outro avanço, uma ou outra transformação quanto ao quantitativo de greves (notadamente em ascensão quando em momentos de crescimento econômico e diminuição dos índices de desemprego), a situação do sindicalismo no que tange a uma das demonstrações mais genuínas de sua força mobilizatória, que é a greve, permanece preocupante. Assim, se quisermos recuperar a greve e sua condição de criar direitos através da exacerbação e explosão do conflito, dando voz àquele genuíno e próprio do modo de produção capitalista que é a luta de classe, temos que voltar nossos olhos e nossas preocupações a seus sujeitos e atores principais, os trabalhadores enquanto classe. Só assim, retomando o sindicato enquanto local privilegiado de organização da classe trabalhadora, fortalecendo tal condição clas-

(9) Sobre a ocupação como instrumento de expressão de liberdade, veja-se o interessante artigo publicado no caderno *Pensar*, do Estado de Minas de 02 de novembro de 2011, de lavra do editor de cultura João Paulo, com o título *Ocupar e Invadir*, destacando o articulista que *"as palavras não são isentas, trazem carga emocional e política, traduzem visões de mundo. O recente movimento Occupy Wall Street parece ter dado novo sentido à palavra ocupação"*. Daí a incongruência de se falar em invasão quando se está exercendo um direito, como, no caso ora tratado, o de greve.

(10) SOUTO MAIOR, Jorge Luiz. *O direito de exercer o direito de greve*. *In:* THOME, Candy Florencio e SCHWARZ, Rodrigo Garcia (org.). *Direito Coletivo do Trabalho: curso de revisão e atualização*. Rio de Janeiro: Elsevier, 2010. p. 255-258.

(11) Welmowicki destaca o avanço da dimensão política das greves realizadas na década de 80 desvelando um aspecto importante de tais lutas: não eram apenas econômicas e tampouco políticas imediatas no sentido de embate apenas contra a ditadura (até porque a conquista da cidadania política era defendida também por setores do empresariado, com os quais rivalizavam em termos de luta de classe). Eram lutas econômicas, políticas e, mais ainda, classistas. De tal politização com nítida raiz classista surgem a CUT e o PT:

Os trabalhadores que entravam em luta percebiam que não podiam confiar em que apenas a recuperação das liberdades, apesar de extremamente importante, resolveria seus problemas. Eles tinham interesses econômicos e sociais contrapostos aos de alguns de seus aliados na luta democrática. Precisavam da democracia, necessitavam derrubar o regime militar, responsável pela superexploração e que tratava de impedir sua luta e sua organização. Por isso, participaram com força das lutas contra a ditadura. Suas greves foram golpes fortes no regime, tinham presença poderosa nas manifestações de rua, como em 84. Mas os setores que estavam à frente das lutas percebiam que não podiam se limitar a ser parte de uma frente democrática dirigida pela classe dominante, ou por aquele setor que havia rompido com o regime. Por isso, já nesse processo, se organizaram o PT e a CUT com um crescimento impressionante em poucos anos. Era necessário conquistar a democracia, mas com uma organização independente de classe, não se limitar a atuar apenas como cidadãos diluídos em uma ampla frente dirigida por determinados setores empresariais e pelo partido de oposição que se limitava a defender a redemocratização (WELMOWICKI, José. *Cidadania ou classe?* O movimento operário da década de 80. São Paulo: Ed.Inst. J. Luís e R. Sundermann, 2004p. 64-65).

sista, desenvolvendo a consciência de classe, em-si e para-si, é que será possível, sim, o exercício efetivo, amplo, explosivo e criativo do direito de greve. E aí, não haverá "choro, nem vela", apenas uma fita, seguramente não amarela, gravada com seu nome – greve – nome da justiça e liberdade. Que continuemos lutando para esse dia chegar.

REFERÊNCIAS BIBLIOGRÁFICAS

FRAGA, Ricardo Carvalho e VARGAS, Luiz Alberto. *Greve dos servidores públicos: o direito de greve dos servidores públicos após a decisão do Supremo Tribunal Federal. In:* THOME, Candy Florencio e SCHWARZ, Rodrigo Garcia (org.). *Direito Coletivo do Trabalho: curso de revisão e atualização.* Rio de Janeiro: Elsevier, 2010. p. 269-288.

PALOMEQUE LÓPEZ, Carlos. *Ámbito subjetivo y titularidad del Derecho de Huelga. In:* PALOMEQUE LÓPEZ, Carlos e BENGOETXEA, Aitor. *Estudios sobre la huelga.* Editorial Bomarzo, 2011.

PAULO, João. *Ocupar e Invadir. In:* ESTADO DE MINAS, caderno *Pensar*, de 02 de novembro de 2011.

SILVA, José Afonso da. *Curso de direito constitucional positivo.* São Paulo: Malheiros, 1993.

SILVA, Sayonara Grillo Coutinho Leonardo da. *Decisões Judiciais e (Des)Construção dos Direitos: uma revisita à interpretação dos direitos coletivos pelos Tribunais Superiores.* O mundo do trabalho. São Paulo: LTr, 2009. p. 418-438.

SOUTO MAIOR, Jorge Luiz. *O direito de exercer o direito de greve. In:* THOME, Candy Florencio e SCHWARZ, Rodrigo Garcia (org.). *Direito Coletivo do Trabalho: curso de revisão e atualização.* Rio de Janeiro: Elsevier, 2010. p. 255-258.

THOME, Candy Florencio. *Apontamentos sobre o direito de greve: greve de solidariedade e greve política. In:* THOME, Candy Florencio e SCHWARZ, Rodrigo Garcia (org.). *Direito Coletivo do Trabalho: curso de revisão e atualização.* Rio de Janeiro: Elsevier, 2010. p. 259-267.

VIANA, Márcio Túlio. *Da greve ao boicote: os vários significados e as novas possibilidades das lutas operárias.* Rev. Trib. Reg. Trab. 3ª Reg., Belo Horizonte, v. 49, n. 79, p. 101-121, jan./jun.2009.

WELMOWICKI, José. *Cidadania ou classe?* O movimento operário da década de 80. São Paulo: Ed.Inst. J. Luís e R. Sundermann.

Endereços eletrônicos:

http://www.youtube.com/watch?v=4ihFtx3kNzw

http://www.grevecustacaro.com.br.

Parte XVIII

PROCESSO DE CONHECIMENTO NA JUSTIÇA DO TRABALHO

Capítulo 30

Interpretação do Art. 769 da CLT

Júlio César Bebber(*)

1. CONSIDERAÇÕES INICIAIS

A interpretação do art. 769 da CLT nunca foi uniforme. Havia, porém, certa tranquilidade na sua aplicação, uma vez que as normas processuais trabalhistas eram de vanguarda, se comparadas com as normas do direito processual comum.

Com o passar do tempo, o direito processual comum, em especial o CPC com suas várias mini reformas, inseriu no ordenamento interno institutos e dispositivos que, em alguma medida, representam um maior grau de efetividade e de tempestividade ao processo, se comparadas com as normas do direito processual do trabalho.

Diante da relativa defasagem das normas do direito processual do trabalho, então, a jurisprudência passou a discutir com maior volume e intensidade a possibilidade de utilização de normas do direito processual comum no processo do trabalho, chegando às mais diversas, divergentes e vacilantes conclusões.

Dessa circunstância emerge, como consequência, a necessidade da adoção de premissas que assegurem uma interpretação razoável, lógica e minimamente segura do art. 769 da CLT. É desse tema, então, que me ocuparei nas linhas a seguir, com a única pretensão de suscitar o debate. Por isso, os juízos de valor emitidos não são absolutos e definitivos, até mesmo porque tais juízos não se comprazem com a vida, com a ciência e com um mundo em evolução.

2. *DIREITO PROCESSUAL COMUM*

Por força da Lei de 20.10.1823, o direito processual comum foi regido pelas Ordenações do Reino de Portugal (cujas normas foram influenciadas pelo direito romano) durante o período colonial e após a declaração da independência.

Em 1850 foram publicados o Código Comercial e o Regulamento n. 737/1850 (Decreto de 25.11.1850), que era uma espécie de código de processo (cujas normas foram influenciadas pelas Ordenações do Reino) aplicável exclusivamente às demandas de natureza comerciais. As demandas de natureza civil continuaram sendo reguladas pelas Ordenações Filipinas (Livro III) e pelas diversas normas internas alteradoras de suas disposições.

Diante da profusão de normas processuais, o Império determinou a sua consolidação. Em 1876, então, passou a ter força de lei a Consolidação das Leis do Processo Civil, conhecida como Consolidação Ribas. Não se tratava de nova norma, mas de mera compilação das leis processuais existentes à época.

Em 1885, por determinação do Decreto n. 3.272/1885, algumas disposições do Regulamento n. 737/1850 passaram a ser aplicados às demandas de natureza civil. O Decreto n. 763/1890, entretanto,

(*) Juiz do Trabalho – Doutor em Direito.

determinou a integral aplicação do Regulamento n. 737/1850 às demandas civis, aplicando-se, nas suas lacunas, as Ordenações Filipinas.

Como a CF/1891 havia abandonado a unidade processual, alguns estados membros passaram a editar seus próprios códigos de processo. Surgiram, então, os CPCs estaduais, sendo o primeiro em 1905 (CPC-PA) e os últimos em 1930 (CPC-SP; CPC-ES; CPC-PB). Tais códigos foram fortemente influenciados pelo Regulamento n. 737/1850, praticamente repetindo as suas disposições.

Retomado a União a competência privativa para legislar sobre matéria processual (CF/1934), publicou, em 18.09.1939, o Decreto-lei n. 1.608/1939, instituindo, assim, o primeiro CPC do Brasil (cujas normas foram influenciadas pelo Regulamento n. 737/1850).

Diante das mudanças nas relações sociais, sentiu-se a necessidade de aprimoramento da legislação processual. Em 11.01.1973, então, foi publicado um novo CPC (Lei n. 5.689/1973), cujas normas foram influenciadas pelo CPC/1939. Embora ainda vigente nos dias atuais, o CPC/1973 foi profundamente modificado por meio de várias reformas iniciadas já em 1974 e intensificadas em 1994, 2002, 2005 e 2006. Atualmente, tramita no Congresso Nacional o Projeto de Lei n. 8.046/2010, destinado a instituir um novo CPC.

3. DIREITO PROCESSUAL DO TRABALHO

A história do direito processual do trabalho no Brasil se confunde com a da Justiça do Trabalho. Daí a razão de fazer-se referência a esta.

A Lei n. 1.637/1907, que não fora implantada, criou os Conselhos Permanentes de Conciliação e Arbitragem, com composição mista e partitária e com a função de solucionar os conflitos trabalhistas. A conciliação deveria ser disciplinada pelos regimentos internos dos Conselhos e a arbitragem pelo direito comum.

Em 1911 criou-se, no Estado de São Paulo, o Patronato Agrícola, que era órgão subordinado à Secretaria da Agricultura do Estado, com incumbência de solucionar as dúvidas entre patrões e trabalhadores rurais, orientando-os.

Ainda no Estado de São Paulo, mas já em 1922, foram criados os Tribunais Rurais Paritários (Lei n. 1.869/1922; Decreto n. 3.548/1922), destinados a solucionar os conflitos decorrentes da interpretação e execução dos contratos agrícolas (desde que não excedentes a quinhentos mil réis). Os tribunais eram compostos pelo juiz de direito da comarca, que o presidia, e por um representante dos fazendeiros e outro dos trabalhadores.

Em 30.04.1923 foi publicado o Decreto n. 16.027/1923 que criou, no âmbito federal, o Conselho Nacional do Trabalho (CNT), com a finalidade de ser o órgão consultivo dos poderes públicos nas áreas trabalhista e previdenciária.

Sob a presidência de Getúlio Vargas, na década de 1930, o Governo Federal implantou a legislação trabalhista, surgindo, assim, órgãos destinados a solucionar conflitos dela advindos. Em 1932, então, criaram-se, vinculadas ao Ministério do Trabalho, Indústria e Comércio, as:

a) Comissões Mistas de Conciliação (Decreto n. 21.396/1932). Eram elas órgãos mistos (presididos por juízes, advogados ou funcionários públicos) e paritários (integrados por representantes dos sindicatos das categorias econômica e profissional), que tinham a função de conciliar os conflitos coletivos. O julgamento (arbitragem), porém, cabia exclusivamente ao CNT;
b) as Juntas de Conciliação e Julgamento (Decreto n. 22.132/1932). Eram elas órgãos mistos (presididos por pessoa nomeada, e demissível *ad nutum*, pelo Ministro do Trabalho, Indústria e Comércio) e paritários (integrados por representantes dos sindicatos das categorias econômica e profissional), que tinham a função de conciliar e julgar os conflitos individuais. Embora as JCJs detivessem o poder de julgar, não o tinham para executar, de modo que as suas decisões eram executadas na Justiça Comum (que poderia, inclisive, anulá-las). Havia, ainda, a chamada avocatória, que consistia na avocação dos autos pelo Ministro do Trabalho, Indústria e Comércio, que tinha poderes para revogar as decisões.

As Constituições Federais de 1934 e 1937 disciplinaram a Justiça do Trabalho, mas não a integraram ao Poder Judiciário.

Em 1934, por força do Decreto n. 24.784/1934, o CNT passou a funcionar como órgão arbitral de instância única para questões envolvendo matérias consideradas relevantes (*v.g.*: estabilidade no emprego, dispensa de empregado estável, inquérito judicial).

No dia 2.05.1939 foi publicado o Decreto-lei n. 1.237/1939, que instituiu a Justiça do Trabalho e fixou regras processuais destinadas a reger o processamento das demandas trabalhistas. O Decreto-lei n. 1.237/1939 foi, então, o primeiro texto a tratar de direito processual do trabalho. A Justiça do Trabalho, segundo ele, era composta:

a) do Conselho Nacional do Trabalho (CNT), com sede na Capital da República e jurisdição em todo o território nacional, sendo ele o tribunal superior da Justiça do Trabalho (art. 17). O CNT, criado pelo Decreto n. 16.027, de 30.04.1923, e reorganizado pelo Decreto-lei n. 1.346, de 15.06.1939, era composto de 19 membros (nomeados em comissão pelo Presidente da República), sendo 4 representantes dos empregadores e 4 representantes dos empregados, indicados em listas tríplices pelas respectivas associações sindicais de grau superior, 4 funcionários do Ministério do Trabalho, Indústria e Comércio e das instituições de previdência social, e 7 pessoas de notório saber, das quais 4, pelo menos, bacharéis em direito. Os membros do CTN eram nomeados para um mandato de 2 anos, podendo haver uma recondução;

b) de 8 Conselhos Regionais (CRTs), localizados no Distrito Federal (1ª Região) – jurisdição: Distrito Federal e Estados do Rio de Janeiro e Espirito Santo; São Paulo (2ª Região) – jurisdição: Estados de São Paulo, Paraná e Mato Grosso; Belo Horizonte (3ª Região) – jurisdição: Estados de Minas Gerais e Goiás; Porto Alegre (4ª Região) – jurisdição: Estados do Rio Grande do Sul e Santa Catarina; Salvador (5ª Região) – jurisdição: Estados da Bahía e Sergipe; Recife (6ª Região) – jurisdição: Estados de Alagoas, Pernambuco, Paraíba e Rio Grande do Norte; Fortaleza (7ª Região) – jurisdição: Estados do Ceará, Piauí e Maranhão; Belém do Pará (8 Região) – jurisdição: Estados do Amazonas, Pará e Território do Acre (art. 16). Cada Conselho Regional era composto de 5 membros (nomeados pelo Presidente da República), sendo um deles o presidente que teria de ser preferencialmente um desembargador ou jurista especializado em legislação social e 4 vogais, sendo 1 representante dos empregados e 1 representante dos empregadores (indicados pelas entidades sindicais de grau superior) e 2 pessoas especializadas em questões econômicas e sociais e alheias aos interesses profissionais. Os membros dos CRTs eram nomeados para um mandato de 2 anos, admitida a recondução. Entre outras, os CRTs tinham competência recursal para as decisões das JCJs e originária para os dissídios coletivos (art. 28);

c) de JCJs a serem criadas pelo Presidente da República nas capitais dos Estados. As JCJs eram compostas de 3 membros, sendo 1 deles o presidente (nomeado pelo Presidente da República, para um mandato de 2 anos, admitida a recondução), que deveria ser um magistrado de primeira instância ou bacharel em direito de reconhecida idoneidade moral domiciliado na jurisdição da Junta, e 2 vogais (designados pelo presidente dos Conselhos Regionais da respectiva região, para um mandato de 2 anos), sendo 1 representante dos empregados e 1 representante dos empregadores, indicados pelas respectivas entidades sindicais dos trabalhadores e dos empregadores. As JCJs tinham, entre outras, competência para decidir conflitos individuais, bem como para executar suas próprias decisões (art. 24).

O Decreto-lei n. 1.237/1939 (modificado, sem grandes alterações pelo Decreto-lei n. 2.851/1940) foi regulamentado pelo Decreto n. 6.596, de 12.12.1940, que:

a) ratificou ser o CTN o tribunal superior da Justiça do Trabalho (art. 47). Referido Conselho (criado pelo Decreto n. 16.027, de 30.04.1923 e reorganizado pelo Decreto-lei n. 1.346, de 15.06.1939, com as modificações nele introduzidas pelo Decreto-lei n. 2.852, de 10.12.1940) era composto de 19 membros e funcionava dividido duas Câmaras: Câmara de Justiça do Trabalho e Câmara de Previdência Social. À Câmara de Justiça do Trabalho competia, entre outras, conciliar e julgar originariamente os dissídios coletivos que excediam a jurisdição dos Conselhos Regionais e julgar, em última instância, os recursos das decisões dos CRTs em dissídios ou contratos coletivos (art. 50);

b) detalhou a organização dos 8 CRTs, classificando-os em duas categorias (1ª categoria – CRTs da 1ª e 2ª Regiões; 2ª categoria – CRTs das demais regiões), e ratificou as suas composições e competências, entre outras, as competências recursal para as decisões das JCJs e originária para os dissídios coletivos que não excedessem das suas jurisdições, bem como executiva das demandas originárias (art. 35);

c) criou 36 JCJs, distribuídas entre todas as capitais (art. 236) e ratificou as suas composições e competências, entre outras, as competências para julgar os conflitos individuais e executar suas próprias decisões (art. 9º);

d) ratificou a organização e competência do Ministério Público da Justiça do Trabalho (que já havia sido criado pelo Decreto-lei n. 1.346, de 15.06.1939, com as modificações nele introduzidas pelo Decreto-lei n. 2.852, de 10.12.1940), exercido pela Procuradoria da Justiça do Trabalho junto ao CNT e aos CRTs.

Embora o Decreto-lei n. 1.237/1939 e o Decreto n. 6.596/1940 não tenham expressamente incluído a Justiça do Trabalho entre os órgãos do Poder Judiciário, a disciplina processual do exercício da jurisdição mediante o poder de declarar o direito e executar as suas próprias decisões (Decreto-lei n. 1.237/1939, 67; Decreto n. 6.596/1940, 179 e 234), levou o STF a reconhecer a natureza judiciária dos tribunais trabalhistas. Em 1941, em solenidade realizada no Estado do Rio de Janeiro, sob o comando do Presidente Getúlio Vargas, foi oficialmente instalada a Justiça do Trabalho.

Institucionalizada a Justiça do Trabalho, seguiu-se o processo de sua consolidação. Em 1.5/.943, então, foi publicado o Decreto-lei n. 5.452/1943, que consolidou as leis trabalhistas existentes à época (CLT). Mantiveram-se os aspectos básicos da Justiça do Trabalho e das regras de direito processual do trabalho até então fixadas no Decreto-lei n. 1.237/1939 e no Decreto n. 6.596/1940.

Em 1946 foi publicado o Decreto-Lei n. 9.797/1946 alterando a CLT. Entre outras coisas, incluiu a Justiça do Trabalho formalmente entre os órgãos do Poder Judiciário, transformou o Conselho Nacional do Trabalho (CNT) no Tribunal Superior do Trabalho (TST) e os Conselhos Regionais do Trabalho (CRTs) em Tribunais Regionais do Trabalho (TRTs), denominou os Juízes do Trabalho de Presidentes de Juntas de Conciliação e Julgamento e os Juízes Classistas de vogais e organizou e disciplinou o ingresso e ascensão na magistratura de carreira. Ainda em 1946, a Constituição Federal neste ano promulgada formalmente, incorporou a Justiça do Trabalho ao Poder Judiciário.

Entre 1947 e 1999 várias foram as mudanças ocorridas, tanto estruturais (ampliação dos órgãos e da composição dos órgãos da Justiça do Trabalho) como processuais, algumas inseridas na CLT, outras em lei esparsas (*v.g.*, Decreto-lei n. 779/1969; Lei n. 5.584/1970; Lei n. 7.701/1988).

Em 24.12.1999 foi promulgada Emenda Constitucional n. 24/1999, que reestruturou a composição dos órgãos da Justiça do Trabalho mediante a extinção da representação classista em todos os graus de jurisdição. Seguiu-se, a partir daí, a publicação de várias normas infraconstitucionais destinadas a integrar a legislação processual trabalhista, como é o caso das Leis ns. 9.957 e 9.959, ambas publicadas em 12.01.2000, instituindo, respectivamente, o processamento de demandas trabalhistas pelo procedimento sumaríssimo e as comissões de conciliação prévia.

Em 30.12.2004 foi promulgada a Emenda Constitucional n. 45/2004, que ampliou a competência da Justiça do Trabalho, a ela atribuindo o processamento e julgamento de certas demandas não trabalhistas em sentido estrito, mas que guardam alguma afinidade com a disciplina trabalhista (*v.g.*, demandas oriundas ou decorrentes da relação de trabalho), bem como outras para as quais os juízes do trabalho são mais vocacionados (*v.g.*, cobrança de contribuição sindical).

4. RAZÃO HISTÓRICA DO ART. 769 DA CLT

Como ressaltado acima, o Decreto-lei n. 1.237, de 2.05.1939, foi o primeiro texto a tratar de direito processual do trabalho. Nesta época (2.5.1939), o direito processual era regido pelos CPCs estaduais (uma vez que o CPC/1939 somente veio à luz com Decreto-lei n. 1.608, de 18.09.1939) e, nos estados que não adotaram seus próprios códigos, pelo Regulamento n. 737/1850, aplicando-se, nas suas lacunas, as Ordenações Filipinas.

Comparadas com as normas dos CPCs estaduais, do Regulamento n. 737/1850 e das Ordenações Filipinas (deficitárias, complexas e orientadas ao formalismo), as normas do Decreto-lei n. 1.237/1939 eram originais, simples, efetivas e progressistas. Como, porém, este decreto-lei não era um código, não gozava de completude, sendo necessária a adoção supletiva de normas processuais comuns. Assim, para evitar que se perdessem os avanços conquistados no Decreto-lei n. 1.237/1939, adotou-se uma regra de contenção, obstaculizadora de contaminações indevidas e de sobreposição de normas do direito processual comum às do direito processual do trabalho. Ei-la:

> Art. 39. O direito processual comum será fonte subsidiária do direito processual do trabalho, salvo naquilo em que for incompatível com as normas deste Decreto-lei.

Em 18.09.1939 foi editado o primeiro CPC unitário do país, por meio do Decreto-lei n. 1.608/1939. Referido código pouco inovou na legislação processual comum. Era quase que uma reprodução literal do Regulamento n. 737/1850 com algumas inovações extraídas dos CPCs estaduais. Assim, as normas de direito processual do trabalho precisavam ser preservadas, continuando vigente a regra de contenção (Decreto-lei n. 1.237/1939, 39).

O Decreto n. 6.596, 12.12.1940, regulamentou o Decreto-lei n. 1.237/1939. Como nessa data (12/12/1940) persistia a mesma realidade fático-normativa, uma vez que o CPC de 1939 havia mantido normas deficitárias, complexas e orientadas ao formalismo, reproduziu-se a regra de contenção obstaculizadora de contaminações indevidas e de sobreposição de normas do direito processual comum às do direito processual do trabalho. Ei-la:

> Art. 69. Nos casos omissos, o direito processual comum será fonte subsidiária do direito processual do Trabalho, exceto naquilo em que for incompatível com as normas deste regulamento.

O Decreto-lei n. 5.452, de 1º.5.1943 consolidou a legislação trabalhista. Não tendo por destino ser um código (mas uma consolidação), tratou unicamente de agrupar em um só texto a legislação material e processual esparsa existente, com algumas inovações. Na parte processual, a CLT incorporou quase que literalmente o Decreto n. 6.596/1940. Como ainda persistia a mesma realidade fático-normativa (normas de direito processual comum deficitárias, complexas e orientadas ao formalismo), reproduziu-se, também, a regra de contenção. Ei-la:

> Art. 769. Nos casos omissos, o direito processual comum será fonte subsidiária do direito processual do Trabalho, exceto naquilo em que for incompatível com as normas deste título.

As normas processuais comuns, então, por serem deficitárias, complexas e orientadas ao formalismo, não deveriam contaminar, nem tampouco sobreporem-se às normas processuais trabalhistas (originais, simples, efetivas e progressistas). Admitia-se, entretanto, o ingresso delas desde que se cumprissem três condições:

a) omissão de regulamentação específica pelas normas processuais trabalhistas;

b) compatibilidade das normas processuais comuns com a ordem jurídica processual trabalhista; e

c) inexistência de afronta aos princípios do direito processual do trabalho.

Enquanto o requisito da omissão de regulamentação específica é aferido objetivamente (basta não haver norma processual trabalhista expressa), a compatibilidade com a ordem jurídica processual trabalhista e a inexistência de afronta aos princípios do direito processual do trabalho são ditados pela doutrina e pela jurisprudência, outorgando, assim, maior margem à proteção das normas de direito processual do trabalho, destinado a ser um direito de vanguarda. Esta, portanto, é a razão histórica da norma do art. 769 da CLT, que reproduz o art. 69 do Decreto n. 6.596/1940, que, por sua vez, reproduz o art. 39 do Decreto-lei n. 1.237/1939.

5. *INTERPRETAÇÃO CONTEMPORÂNEA DO ART. 769 DA CLT*

Passadas várias décadas da edição da CLT muita coisa mudou. Novas leis processuais foram editadas e vigoram à margem do CPC (v.g. Lei n. 7.347/1985). O CPC de 1939 foi substituído pelo CPC de 1973 (Lei n. 5.869/1973), que atualmente possui uma imensa gama de artigos inseridos e modificados, principalmente por força das minirreformas (Leis ns. 8.898/1994; 8.952/1994; 10.444/2002; 11.232/2005 e 11.382/2006), com o escopo de mantê-lo atualizado.

Muitas regras do direito processual comum, com nova regulamentação, deixaram de ser deficitárias, complexas e orientadas ao formalismo (v.g., art. 461). Inovações revelaram-se modernas, progressistas e voltadas à garantia de valores constitucionais processuais (v.g., arts. 273 e 475-J), entre os quais, a efetividade processual (CF, 5º, XXXV) e a tempestividade procedimental (CF, 5º, XXXV e LXXVIII), aproximando-se, igualando-se e até mesmo superando, em alguns casos, as normas processuais trabalhistas.

Não mudou, entretanto, o espírito, a razão vital e histórica do art. 769 da CLT, de proteção do direito processual do trabalho, destinado a ser um direito de vanguarda, não obstante deva interpretado com nova visão. Aplicado como regra de contenção, impede que ingressem no direito processual do trabalho *unicamente* as normas processuais comuns deficitárias, complexas e orientadas ao formalismo. Isso permite um adequado grau de flexibilização relativamente ao requisito da omissão, de modo que os avanços e melhorias da legislação processual comum sejam aproveitados no direito processual do trabalho, sempre que se apresentem condizentes com um processo tempestivo e de resultados úteis[(1)]. Afinal de contas, o conteúdo jurídico do art. 769 da CLT não pertence ao pensamento lógico-matemático, mas ao pensamento da lógica do razoável, e é sob essa ótica, então, que deve ser aplicado.

A assertiva de que podemos utilizar normas de direito processual comum, mesmo sem haver omissão no direito processual do trabalho, não é inovadora. A jurisprudência, inclusive do TST, já atua no sentido de garantir efetividade processual e tempestividade procedimental mediante a:

a) mescla de normas processuais trabalhistas com normas processuais comuns. São exemplos disso, entre outros, a utilização conjugada do:

- art. 801 da CLT e dos arts. 134, II a IV e VI e 135, II a V do CPC, para disciplinar as hipóteses de impedimento e suspeição do juiz;
- art. 804 da CLT e do art. 115, III, do CPC para disciplinar as hipóteses que caracterizam o conflito de competência, acrescendo à norma trabalhista a hipótese de divergência sobre a reunião ou separação de demandas;
- art. 1º, V, do Decreto-Lei n. 779/1969 com os §§ 2º e 3º do art. 475 do CPC para disciplinar a remessa necessária e as hipóteses de sua dispensa (S-TST-303, I);
- art. 795, parágrafo único, da CLT e do art. 184, I e II, do CPC, para acrescentar a prorrogação dos prazos processuais nas hipóteses em que não haja expediente ou este encerre antes do horário normal;
- art. 897-A da CLT e parte do art. 535 do CPC, dele extraindo a possibilidade de apresentação de embargos de declaração na hipótese de obscuridade, tendo em vista que o art. 897-A da CLT não o menciona;
- art. 829 da CLT e do art. 405, § 1º, I a IV; § 2º, II e III; § 3º, I, II e IV e § 4º, para disciplinar as hipóteses de incapacidade, impedimento e suspeição da testemunha;
- art. 3º da Lei n. 5.584/1970 e do art. 421, II, do CPC, para permitir às partes a formulação de quesitos ao perito, não prevista na Lei n. 5.584/1970;
- art. 888, *caput* e § 1º, da CLT e do art. 647, II e IV do CPC, para acrescentar à expropriação por arrematação e adjudicação, a alienação por iniciativa particular e o usufruto de bens móveis e imóveis;
- art. 884, § 1º, da CLT e do art. 475-L do CPC, para disciplinar as matérias passíveis de alegação nos embargos do executado;

(1) Esse é, também, o pensamento de Jorge Luiz Souto Maior. Diz ele: "se o princípio é o da melhoria contínua da prestação jurisdicional, não se pode usar o argumento de que há previsão a respeito na CLT, como forma de rechaçar algum avanço que tenha havido nesse sentido no processo comum, sob pena de negar a própria intenção do legislador ao fixar critérios de aplicação subsidiária do processo civil. Notoriamente, o que se pretendeu (daí o aspecto teleológico da questão) foi impedir que a irrefletida e irrestrita aplicação das normas do processo civil evitasse a maior efetividade da prestação jurisdicional trabalhista que se buscava com a criação de um procedimento próprio na CLT (mais célere, mais simples, mais acessível). Trata-se, portanto, de uma regra de proteção que se justifica historicamente. Não se pode, por óbvio, usar a regra de proteção do sistema como óbice ao seu avanço" (SOUTO MAIOR, Jorge Luiz. *Reflexos das alterações do Código de Processo Civil no processo do trabalho*. São Paulo. Revista LTr, v. 70-8/920-1).

No mesmo sentido Wolney de Macedo Cordeiro. Segundo ele, sendo "objetivo da regulação processual da CLT criar um sistema eficaz e dinâmico para o processo laboral, não é razoável impedir a aplicação das normas de direito comum que atinjam esse objetivo perseguido" (CORDEIRO, Wolney de Macedo. *Da Releitura do método de aplicação subsidiária das normas de direito processual comum ao processo do trabalho. In*. CHAVES, Luciano Athayde (Coord). *Direito Processual do Trabalho – Reforma e Efetividade*. São Paulo: LTr, 2007. p. 34).

Marcos Neves Fava, na mesma esteira, ensina que o art. 769 da CLT teve histórica e ideologicamente a finalidade de estabelecer uma cláusula de barreira com escopo de impedir a invasão dos complexos regramentos do processo comum. "Eis, pois, o motivo de restrição: proteger o então novel sistema processual trabalhista da contaminação formalística das regras processuais comuns. (...) Se veio, no entanto, para preservar aquilo que era melhor no sistema recém-criado, a cláusula de proteção não pode ser evocada para significar prejuízo exatamente para o mesmo modelo. Para proteger, não para prejudicar, veio a norma do art. 769 da Consolidação das Leis do Trabalho" (FAVA, Marcos Neves. *Execução Trabalhista Efetiva*. São Paulo: LTr, 2009. p. 58).

- art. 770, parágrafo único e do art. 172, § 2º, do CPC, para disciplinar a possibilidade de realização da penhora fora do horário legal, uma vez que o art. 770, parágrafo único abre exceção unicamente para a realização da penhora em domingos e feriados.

b) sobreposição de regras processuais comuns às trabalhistas. São exemplos disso, entre outros, a:

- distribuição das demandas de forma alternada, pela aplicação do art. 252 do CPC, não obstante a determinação do art. 783 da CLT para que as demandas sejam distribuídas pela ordem rigorosa de sua apresentação ao distribuidor;
- dispensa do compromisso do perito, mediante aplicação do art. 422 do CPC, não obstante o artigo art. 827 da CLT exija que o perito preste compromisso;
- aplicação de multa na hipótese de interposição de embargos de declaração protelatórios, mediante a aplicação do art. 538 do CPC, embora o art. 897-A da CLT discipline os embargos de declaração;
- avaliação do bem no momento da penhora, por aplicação do art. 13 da Lei n. 6.830/1980, embora o art. 886, § 2º, da CLT estabeleça que a avaliação dos bens penhorados será feita após o julgamentos dos embargos do executado;
- a invalidade da arrematação por preço vil, pela aplicação da parte final do art. 692 do CPC, embora o art. 888, § 1º, da CLT estabeleça que a arrematação dar-se-á pelo maior lanço.

6. *RACIOCÍNIOS PERTENCENTES À LÓGICA-MATEMÁTICA E À LÓGICA DO RAZOÁVEL*

Quando se nega a utilização de normas processuais comuns modernas, progressistas e voltadas à garantia de valores constitucionais processuais sob o argumento de que não há omissão de norma processual trabalhista, embora tenha sido superada em efetividade e tempestividade por aquelas, vale-se o articulador do pensamento lógico-matemático na interpretação do art. 769 da CLT. Nesse caso, somente aplicará normas de direito processual comum se lei específica expressamente as implantar no texto da CLT, alterando, assim, as normas existentes.

Tal passividade é desoladora. Como ressalta Marinoni, não "se pode supor que, diante da omissão do legislador, o juiz nada possa fazer. Isso por uma razão simples: o direito fundamental à efetividade da tutela jurisdicional não se volta apenas contra o legislador, mas também se dirige contra o Estado-Juiz. Por isso, é absurdo pensar que o juiz deixa de ter dever de tutelar de forma efetiva os direitos somente porque o legislador deixou de editar uma norma processual mais explícita"(2). Além disso, a modificação legislativa do direito processual comum é mais fácil, simples e célere que a modificação legislativa do direito processual do trabalho, pois o capital opera nas casas legislativas em favor daquela e em detrimento desta, tendo em vista que na justiça comum apresenta-se, em regra, como autor, enquanto que na Justiça do Trabalho é, quase sempre, réu.

Quando se admite a utilização de normas processuais comuns modernas, progressistas e voltadas à garantia de valores constitucionais processuais, mesmo sem haver omissão no direito processual do trabalho, vale-se o articulador do pensamento da lógica do razoável na interpretação do art. 769 da CLT. Abandona-se, nesse caso, o raciocínio tradicional (formal, da matemática cartesiana, calculista) para adoção do raciocínio da lógica do razoável (dialético), em que se argumenta, intervindo "observaciones y experiencias de realidades varias, de realidades humanas y de realidades no humanas; así como intervienen también juicios de valor, juicios estimativos derivados sobre fines, juicios estimativos sobre la bondad o no bondad de los medios, y juicios estimativos sobre la adequación, y también sobre la eficacia de los medios para conseguir la realización de los fines propuestos"(3). Além disso, deve-se ter em conta que o "legislador se propone con sus leyes realizar de la mejor manera posible las exigencias de la justicia. Entonces, si el Juez trata de interpretar esas leyes de modo que el resultado de aplicarlas a los casos singulares aporte la realización del mayor grado de justicia, con esto no hace sino servir exactamente al mismo fin que se propuso el legislador"(4).

(2) MARINONI, Luiz Guilherme. *Técnica Processual e Tutela dos Direitos*. São Paulo: RT, 2004. p. 224.

(3) SICHES, Luis Recaséns. *Nueva Filosofía de la Interpretación del Derecho*. 2. ed. México: Porrúa, 1973. p. 168.

(4) SICHES, Luis Recaséns. *Tratado General de Filosofía del Derecho*. 7. ed. México: Editorial Porrúa, 1981. p. 660.

7. CONSIDERAÇÕES FINAIS

Diante do estudo realizado, pode-se afirmar, com convicção, que o enlace entre as normas processuais comuns e trabalhistas e, em algumas situações específicas, a sobreposição daquelas sobre estas, em observância à razão vital, histórica e contemporânea do art. 769 da CLT (regra de contenção), permite o aprimoramento do direito processual do trabalho, que deve ser um sistema aberto, plástico e cambiante, a fim de cumprir a sua maior vocação, que é a de ser um direito de vanguarda. Quanto mais consciência o aplicador do direito tiver disso, maiores serão as possibilidades de realizar a justiça.

Capítulo 31

Ônus Dinâmico da Prova e o Processo do Trabalho

Mauro Schiavi(*)

1. INTRODUÇÃO

O presente estudo tem por objetivo enfrentar o ônus da prova no processo sob a moderna vertente do ônus dinâmico em contrapartida ao ônus estático disciplinado nos arts. 818, da CLT e 333, do CPC, com o objetivo de facilitar o acesso à justiça do litigante mais fraco, e propiciar um processo do trabalho mais justo e equilibrado, objetivando a eficácia dos direitos fundamentais trabalhistas no âmbito do processo judicial.

2. *DA PROVA E SUA IMPORTÂNCIA PARA O PROCESSO*

Diante da importância da prova para o processo, *Carnelutti* chegou a afirmar que as provas são *o coração do processo*, pois é por meio delas que se definirá o destino da relação jurídica processual.

No nosso sentir, provas são os instrumentos admitidos pelo Direito como idôneos, a demonstrar um fato ou um acontecimento, ou, excepcionalmente, o direito que interessa à parte no processo, destinados à formação da convicção do órgão julgador da demanda.

Dispõe o art. 332 do Código de Processo Civil:

> "Todos os meios legais, bem como os moralmente legítimos ainda que não especificados neste Código, são hábeis para provar a verdade dos fatos, em que se funda a ação ou defesa"

Desse modo, além dos meios legais de prova elencados no Código de Processo Civil, há a admissão de qualquer meio moralmente legítimo de prova, vale dizer: o meio probatório que não atente contra a moral e os bons costumes. Com isso, nota-se a amplitude probatória que consagra o Código de Processo Civil, a fim de facilitar o acesso do cidadão à justiça e a possibilidade de demonstrar a veracidade de suas alegações em juízo.

Além disso, diante da constante mudança dos costumes da sociedade, da evolução da tecnologia e da própria ciência processual, a cada dia surgem novos instrumentos e meios de prova que podem ser utilizados em processos, mas que não estão catalogados na lei processual.

Os meios de prova são os instrumentos legais ou admissíveis em Direito para se demonstrar a veracidade das alegações em juízo, como exemplos o depoimento pessoal, a confissão, a perícia etc.

(*) Mauro Schiavi é Juiz Titular da 19ª Vara do Trabalho de São Paulo. Mestre e Doutor em Direito pela PUC/SP. Professor Convidado dos Cursos de Pós-Gradução da PUC/SP, Escola Paulista de Direito e Faculdade de Direito de Sul de Minas. Autor dentre outros 15, dos livros: Provas no Processo do Trabalho. 3. ed. São Paulo: LTr, 2013, e Manual de Direito Processual do Trabalho. 6. ed. São Paulo: LTr, 2013.

As fontes da prova são os fatos naturais ou humanos que tenham relevância na esfera jurídica, bem como as coisas corpóreas ou incorpóreas existentes na natureza ou criadas pelo homem, das quais se originam os meios de prova.

3. DO ÔNUS DA PROVA NO PROCESSO DO TRABALHO

Não há, na doutrina, uniformidade sobre a definição de ônus da prova. Para alguns, se trata de uma obrigação processual. Já outros defendem que é um encargo da parte de demonstrar os fatos que alega em juízo.

O ônus da prova, no nosso sentir, é um dever processual que incumbe ao autor quanto ao fato constitutivo do seu direito, e ao réu quanto aos fatos modificativos, extintos e impeditivos do direito do autor que, uma vez não realizado, gera uma situação desfavorável à parte que detinha o ônus e favorável à parte contrária, na obtenção da pretensão posta em juízo.

A doutrina costuma classificar o ônus da prova em *subjetivo* e *objetivo*. O primeiro (subjetivo) pertine às partes, que têm o ônus de comprovar os fatos que alegam, segundo as regras de distribuição do ônus da prova. O segundo (objetivo), é dirigido ao Juiz, pois se reporta ao raciocínio lógico do julgador no ato de decidir, analisando e valorando as provas.

No nosso sentir, o ônus da prova no processo somente é dirigido às partes, uma vez que o julgador tem o dever constitucional de julgar e de fundamentar em compasso com os elementos dos autos. Portanto, o ônus da prova somente se dirige às partes e não à figura do julgador.

A Consolidação das Leis do Trabalho disciplina a regra de distribuição do ônus no art. 818 que tem a seguinte redação:

> "A prova das alegações incumbe à parte que as fizer".

Disposição semelhante encontramos no Código de Processo Penal que assevera no art. 156, o seguinte:

> "A prova da alegação incumbirá a quem a fizer, sendo, porém, facultado ao juiz de ofício: (Redação dada pela Lei n. 11.690, de 2008) I – ordenar, mesmo antes de iniciada a ação penal, a produção antecipada de provas consideradas urgentes e relevantes, observando a necessidade, adequação e proporcionalidade da medida; (Incluído pela Lei n. 11.690, de 2008) II – determinar, no curso da instrução, ou antes de proferir sentença, a realização de diligências para dirimir dúvida sobre ponto relevante (Incluído pela Lei n. 11.690, de 2008)".

Na esfera do processo penal, o ônus da prova, praticamente, é todo da acusação, cumprindo à defesa a contraprova. Somente em algumas hipóteses, por exemplo, quando o réu alega legítima defesa, ou alguma excludente de antijuridicidade ou culpabilidade, atrairá para si o encargo probatório.

Na ótica do processo do trabalho, embora a CLT contenha disposição bem semelhante à do Código de Processo Penal, a interpretação não tem sido dada no mesmo sentido, pois, no processo trabalhista, não há o princípio da presunção de inocência do réu, próprio da esfera penal, tampouco o reclamante terá de demonstrar todos os fatos que alega na inicial.

Não há uniformidade de interpretação do ônus da prova no processo do trabalho. A CLT, como já dito, apenas menciona que o ônus da prova incumbe à parte que a fizer.

Vários intérpretes se esforçaram para descobrir o real alcance do art. 818 da CLT, mas não se chegou a um consenso de quem seria a carga probatória no processo à luz da CLT. Inegavelmente, existem alguns critérios, quais sejam: a) o ônus da prova no processo do trabalho é do reclamado, pois ele tem melhores condições de produzir a prova no processo; b) o ônus da prova é do reclamante, pois o autor tem a obrigatoriedade de demonstrar em juízo os fatos da inicial; c) tanto o reclamante como o empregado devem provar os fatos alegados tanto na inicial como na defesa; d) o reclamante deve provar os fatos constitutivos do seu direito, e o reclamado os fatos impeditivos, modificativos e extintivos do direito do autor.

Neste sentido, dispõe o art. 333, do Código de Processo Civil:

> "O ônus da prova incumbe: I – ao autor, quanto ao fato constitutivo do seu direito; II – ao réu, quanto à existência de fato impeditivo, modificativo ou extintivo do direito do autor".

De nossa parte, o referido art. 818, da CLT, não é completo, e por si só é de difícil interpretação e também aplicabilidade prática, pois como cada parte tem que comprovar o que alegou, ambas as partes têm o encargo probatório de todos os fatos que declinaram, tanto na inicial, como na contestação.

Além disso, o art. 818 consolidado não resolve situações de inexistência de prova no processo, ou de conflito entre as provas produzidas pelas partes. O juiz da atualidade, diante do princípio da inafastabilidade da jurisdição (art. 5º, XXXV, da CF), não pode se furtar a julgar, alegando falta de prova nos autos, ou impossibilidade de saber qual foi a melhor prova. Por isso, a aplicação da regra de ônus da prova como fundamento de decisão é uma necessidade do processo contemporâneo.

Embora alguns autores defendam que o art. 818, da CLT, baste por si mesmo no processo do trabalho, acreditamos que a razão está com os que pensam ser aplicável ao processo do trabalho a regra do art. 333 do CPC, que deve ser conjugada com o art. 818, da CLT.

Desse modo, no processo do trabalho: a) o reclamante tem o ônus de comprovar os fatos constitutivos do seu direito; b) o reclamado, os fatos modificativos, extintivos e impeditivos do direito do autor.

O Tribunal Superior do Trabalho pacificou a compreensão sobre a aplicabilidade do entendimento vazado 333 do CPC quanto ao ônus da prova no processo do trabalho por meio da Súmula n. 06, VIII, do C. TST, *in verbis*:

> "É do empregador o ônus da prova do fato impeditivo, modificativo ou extintivo da equiparação salarial (ex-Súmula n. 68 – RA 9/1977, DJ 11.2.1977)".

No mesmo sentido, as ementas que seguem:

Encargo probatório – Ônus da prova – Arts. 818 da CLT e 333, I e II, do CPC. Não é atribuição/encargo do juízo, na ausência de provas que competiam à parte produzir – como no caso, a elaboração de demonstrativo de diferenças –, perquirir acerca da existência de diferenças ou não para, ao fim, concluir pela procedência ou improcedência do pleito. Ora, o encargo probatório, no particular, era do reclamante, a teor dos arts. 818 e 333, I, do CPC, pois o município reclamado negou a existência de qualquer diferença e trouxe aos autos toda a documentação relativa à matéria. Todavia, prova alguma há nos autos produzida pelo obreiro que demonstre de forma clara e precisa a existência de diferenças em seu proveito. Recurso ordinário do Município de Santa Bárbara D'Oeste a que se dá provimento. Ação improcedente (TRT 15ª R. – 5ª T. – REO – RO n. 553.2004.086.15.00-9 – Ac. n. 19.948/2005 – Rel. João Alberto A. Machado – DJSP 6.5.05 – p. 36) (RDT n. 06 – jun. 2005).

Fato constitutivo – Fato impeditivo, modificativo ou extintivo do direito – Ônus da prova. De acordo com o preconizado no art. 818 da CLT, o fato constitutivo do direito do autor deve ser por ele comprovado, assim como, de acordo com o art. 333, II, do CPC, de aplicação subsidiária, o fato impeditivo, modificativo ou extintivo de seu direito deve ser comprovado pelo réu (TRT 15ª R. – 1ª T. – RO n. 1103/2004.113.15.00-1 – Rel. Eduardo Benedito de O. Zanella – DJSP 2/12/2005 – p. 53) (RDT n. 01 – jan. 2006).

Os fatos constitutivos são os que geram o direito ao autor, como, por exemplo, a prova da prestação pessoal de serviços, do horário em sobrejornada, do nexo causal entre a doença e a função.

Nesta direção, vale destacar a seguinte ementa:

Data de admissão do empregado – Ônus da prova. O ônus da prova quanto à real data de admissão é do reclamante, vez que a data lançada na sua CTPS gera presunção relativa em favor do reclamado. Esse é o entendimento que se colhe das Súmulas n. 225, do STF e 12, do TST, e dos arts. 818 da CLT e 333, I, do CPC. Não tendo o reclamante se desincumbido do ônus de provar data diversa daquela constante de sua CTPS, não há outros direitos a serem deferidos. (TRT 3ª R. – 4ª T. – RO n. 1208/2005.063.03.00-5 – Rel. Luiz Otávio Linhares Renault – DJ 1º.4.06 – p. 17).

Os fatos impeditivos são os que obstam o direito do autor. Por exemplo, tempo de função superior a dois anos na equiparação salarial.

Os fatos modificativos são os que impedem que o pedido do autor seja acolhido, em virtude de modificações ocorridas entre os negócios havidos entre autor e réu. Por exemplo: transação, novação, compensação, confusão. É comum, no processo do trabalho, o reclamado admitir a prestação pessoal de serviços do autor, mas dizer que tal prestação se deu em modalidade diversa do contrato de emprego, como exemplos: o trabalho autônomo, eventual etc.

Os fatos extintivos não tornam improcedente o pedido do autor, porque extintos o direito ou a pretensão postos em juízo. Como exemplos: prescrição e a decadência.

O ônus da prova é uma regra de julgamento. Desse modo, uma vez produzidas as provas, deve o Juiz do Trabalho julgar de acordo com a melhor prova, independentemente da parte que a produziu (princípio da aquisição processual da prova). O juiz só utilizará a regra do ônus da prova quando não houver nos autos provas, ou como um critério para desempate, quando houver a chamada prova dividida ou empatada.

Neste sentido, destacamos as seguintes ementas:

A regra do ônus da prova só tem pertinência como regra de juízo (= regra de decidir), que é, aos casos em que, encerrada a instrução, fique ao julgador a dúvida intransponível acerca da existência de fato constitutivo ou liberatório. (TJSP-RT n. 706/1967).

Prova dividida. Apresentando-se a prova dividida, a decisão deverá pautar-se pela distribuição do ônus da prova, segundo critérios legais ditados pelos arts. 818 da CLT e 333, I e II, do CPC. (TRT – 9ª R. – 4ª T. – Ac. n. 2.261/1998 – Relª Juíza Rosemarie Pimpão – DJPR 30.01.1998 – p. 165).

Ônus da prova – Art. 818 da CLT e art. 333 do CPC – Violação. 1. As normas legais concernentes à distribuição do ônus da prova são "regras de julgamento", cuja finalidade é dotar o juiz de um critério para decidir a lide nos casos em que não se produziu a prova, ou a prova revelou-se insuficiente para formar-lhe o convencimento. Destinam-se, enfim, a permitir ao juiz sair de um impasse, já que também não lhe é dado abster-se de compor o conflito de interesses. 2. Daí se segue, *a contrario sensu*, que é logicamente inconcebível a vulneração do art. 818 da CLT e do art. 333 do CPC sempre que o órgão jurisdicional soluciona o litígio com base nas provas efetivamente produzidas. A violação a esses preceitos legais somente se pode divisar quando, por inexistente ou insuficiente a prova, o juiz, invertendo inadvertidamente a distribuição do ônus da prova, julga a causa em desfavor da parte a quem, segundo a lei, não tocava o ônus de produzir a prova não produzida. 3. Agravo de instrumento não provido. (TST – 1ª T. – AIRR n. 51.165/2002.900.03.00-7 – Rel. João Oreste Dalazen – DJ 20.05.2005 – p. 883) (RDT n. 06 – jun. 2005).

Confissões recíprocas. Sendo confessas ambas as partes, a solução processual consiste em se julgar consoante a teoria do ônus da prova, *in casu* de mais fácil desate porquanto a pena imposta ao demandado se verificou anteriormente, quando deixou de exibir documento após intimação judicial nesse sentido, enquanto a do demandante somente se verificou quando da assentada. (TRT 3ª R. – 3ª T. – Rel. Juiz Vitor Salino de Moura Eça (convocado) – 12.04.2010 – p. 32 – Processo RO n. 475/2009.046.03.00-3) (RDT n. 5 – maio de 2010).

Como se colhe das obras dedicadas ao tema, o aspecto essencial do ônus da prova reside precisamente nessa sua função de regra de julgamento. Ou seja, se, por uma razão ou outra, não houver, nos autos, prova suficiente do fato, aquele que tem o ônus de provar sofre as conseqüências da ausência de provas, o que em verdade não é sanção, mas simplesmente decorrência da falta de cumprimento de encargo imposto, em desfavor do próprio interesse da parte. (TRT/SP – 00007087220115020070 – RO – Ac. 12ª T 20120226191 – Rel. Jorge Eduardo Assad – DOE 09.03.2012).

4. DA MAJORAÇÃO DOS PODERES DO JUIZ NA CONDUÇÃO DO PROCESSO

Em épocas marcadas por grandes codificações seguindo o sistema romano-germânico de legislação escrita e rígida, o juiz, praticamente, não podia interpretar a lei, somente podendo aplicá-la subsumindo os fatos ao prévio catálogo de lei. O juiz era apenas a voz e a boca da lei (*bouche de la loi*). Tornou-se clássica a frase *in claris cessat interpretatio* do Código Civil francês.

Na visão de Montesquieu os juízes eram seres inanimados que não podem moderar nem a sua (a lei) força nem o seu rigor. O juiz nada criaria apenas aplicaria o direito (já previamente elaborado pelo legislador) ao caso concreto. O catálogo de todas as soluções possíveis já preexistiria ao caso litigioso. Ao juiz nada mais se pediria do que confrontar o fato com tal catálogo, até localizar a regra legal que resolveria o problema. Sua atividade mental seria apenas silogística[(1)].

Atualmente, o sistema constitucional brasileiro, fruto do Estado social, reconhece a liberdade de convicção do magistrado como sendo, não só uma garantia da cidadania, mas um pilar de sustentação do regime democrático de tripartição de poderes.

A doutrina tem destacado importante papel do judiciário trabalhista na concretização e efetivação dos direitos fundamentais do trabalhador, não sendo este apenas a chamada "boca da lei", mas livre para realizar interpretações construtivas e evolutivas do direito, a partir dos princípios constitucionais, com a finalidade de encontrar equilíbrio entre a livre iniciativa e a dignidade da pessoa humana do trabalhador.

Diante dos novos rumos constitucionais do acesso à justiça, efetividade da decisão e solução do processo em tempo razoável, há necessidade do juiz moderno tomar postura mais ativa na direção do processo, não sendo apenas um mero espectador ou um convidado de pedra na relação jurídica proces-

(1) Apud FACCHINI NETO, Eugênio. Reflexões histórico-evolutivas sobre a constitucionalização do direito privado. In: SARLET, Ingo Wolfgang (coord.). *Constituição, direitos fundamentais e direito privado*. Rio de Janeiro: Renovar, 2004. p. 23.

sual. Deve ele ter postura imparcial, equilibrada, mas ativa, impulsionando o processo, fazendo escolhas que ao mesmo tempo garantam a paridade de armas às partes, mas que propiciem resultado e economia de atos processuais.

Diante do caráter publicista da jurisdição, do forte interesse social na resolução dos conflitos trabalhistas e da própria dinâmica do direito processual do trabalho, o juiz do trabalho tem majorados seus poderes na direção do processo, como forma de equilibrar a relação jurídica processual e resolver, com justiça, o conflito trabalhista.

De outro lado, não se trata o processo do trabalho de um procedimento inquisitivo, instaurado de ofício pelo juiz e movimentado sem ampla possibilidade de discussão da causa pelas partes. Ao contrário, se trata de procedimento nitidamente contraditório, com ampla participação das partes, não sendo possível ao magistrado instaurá-lo de ofício. Não obstante, uma vez instaurado o processo pelas partes, a participação do juiz do trabalho na relação jurídica processual é mais ativa.

Como destaca Amauri Mascaro Nascimento:

> "O juiz do trabalho comanda a prova de modo mais amplo que o juiz de direito, sendo comum ordenar ao empregador a demonstração de fatos que beneficiam o empregado por considerar desiguais as posições das partes e por entender que a empresa sempre está mais bem aparelhada para os esclarecimentos necessários, e, se não atendido, presume verdadeiras as alegações da inicial do reclamante (ex.: apresentação de cartões de ponto, sob pena de aceitação dos horários indicados na inicial)"(2).

Desse modo, deve o juiz do trabalho direcionar o processo no sentido de que este caminhe de forma célere, justa e confiável, assegurando-se às partes igualdades de oportunidades, dando a cada um o que é seu por direito, bem como os atos processuais sejam praticados de forma razoável e previsível, garantindo-se a efetividade processual, mas preservando-se, sempre, a dignidade da pessoa humana tanto do autor como do réu, em prestígio da supremacia do interesse público.

Nesse sentido dispõe o art. 8º da CLT: "As autoridades administrativas e a justiça do trabalho, na falta de disposições legais ou contratuais, decidirão, conforme o caso, pela jurisprudência, por analogia, por equidade e outros princípios e normas gerais de direito, principalmente do direito do trabalho, e, ainda, de acordo com os usos e costumes, o direito comparado, mas sempre de maneira que *nenhum interesse de classe ou particular prevaleça sobre o interesse público*." (g.n.)

Ao contrário do juiz de outras épocas, o juiz da atualidade está comprometido com a efetividade dos atos processuais, bem como com a realidade e justiça da decisão. A sociedade não tem tolerado decisões injustas, fora da realidade ou que não tenham resultados práticos.

Conforme a clássica ideia de Chiovenda, o processo precisa ser apto a dar a quem tem um direito, na medida do que for praticamente possível tudo aquilo a que tem direito e precisamente aquilo a que tem direito.

Na legislação processual trabalhista, encontramos os seguintes exemplos: (a) o art. 765 da CLT possibilita ao juiz do trabalho maiores poderes na direção do processo, podendo, *ex officio*, determinar qualquer diligência processual para formar seu convencimento em busca da verdade, inclusive, são amplos os poderes instrutórios do juiz do trabalho; (b) o art. 848 da CLT, possibilita ao juiz do trabalho interrogar, de ofício, as partes em qualquer fase do processo até o encerramento da instrução processual; (c) conforme o art. 878 da CLT, a execução da sentença trabalhista poderá ser promovida de ofício pelo juiz do trabalho; (d) possibilidade de julgamento *extrapetita* (art. 496 da CLT e Súmula n. 396 do TST); (e) irrecorribilidade imediata das decisões interlocutórias (art. 893, § 1º, da CLT); (f) concentração dos autos em audiência única (art. 849, da CLT).

5. DO PRINCÍPIO DA APTIDÃO PARA A PROVA

Pelo presente princípio, a parte que deve produzir a prova é a aquela que detém melhores condições de produzi-la, independentemente do ônus fixado na lei processual.

Como bem adverte Eduardo Cambi(3):

> "Como o escopo de buscar a mais efetiva tutela jurisdicional do direito lesado ou ameaçado de lesão, no Código Modelo o ônus da prova incumbe à parte que detiver conhe-

(2) *Curso de direito processual do trabalho*. 24. ed. São Paulo: Saraiva, 2009. p. 104.

(3) *A prova civil*. São Paulo: RT, 2006. p. 341.

cimentos técnicos ou informações específicas sobre os fatos, ou maior facilidade na sua demonstração, não requerendo qualquer decisão judicial de inversão do ônus da prova".

O presente princípio se amolda perfeitamente ao processo do trabalho, considerando-se a hipossuficiência e a dificuldade probatória de produção de determinadas provas pelo trabalhador, e as melhores condições de produção de determinadas provas pelo empregador, como nas hipóteses da prova do salário (art. 464, da CLT), da jornada (art. 74, § 2º, da CLT), etc.

De outro lado, o Juiz do Trabalho deve sempre atuar com equilíbrio, avaliando sempre as circunstâncias do caso concreto, à luz dos princípios da razoabilidade e proporcionalidade ao aplicar o princípio da aptidão para a prova.

Como bem destaca Carlos Alberto Reis de Paula[(4)]:

"A aplicação no ônus da prova do princípio da aptidão atende ao escopo social do processo, que é eliminar conflitos mediante critérios justos. (...) O fundamento para aplicação do princípio da aptidão está na justiça distributiva aliada ao princípio da igualdade, cabendo a cada parte aquilo que normalmente lhe resulta mais fácil. O critério será o da proximidade real e de facilidade do acesso às fontes de prova. Indiscutivelmente, o princípio será aplicado todas as vezes em que o empregado não puder fazer a prova a não ser através de documento ou coisa que a parte contrária detenha. Partindo do princípio da boa-fé, que informa a conduta processual dos litigantes, todas as vezes que o documento, por seu conteúdo, for comum às partes, haverá também a inversão do ônus da prova, competindo ao empregador colacioná-lo, sob pena de serem admitidas como verdadeiras as alegações feitas pelo empregado".

No aspecto, relevante destacar a seguinte ementa:

Prova – Ônus – Aptidão. Não se deve cristalizar as regras atinentes ao ônus probatório, mas, antes, atender ao princípio da aptidão da prova, de modo que cabe a prova à parte que melhores condições tem para produzi-la. (TRT 15ª R. – 1ª T. – RO n. 29672/03 – Rel. Francisco Alberto da M. P. Giordani – DJSP 3.10.03 – p. 60) (RDT n.11 – nov. 2003)

6. *DO PRINCÍPIO DA COOPERAÇÃO DAS PARTES NA ATIVIDADE PROBATÓRIA*

O princípio da cooperação, defendido pela moderna doutrina na esfera probatória, significa o dever de todos que paticipam do processo de colaborar para sua efetividade e também para a descoberta da verdade.

Este princípio decorre dos princípios constitucionais do acesso à justiça, devido processo legal justo e duração razoável do processo,e também dos princípios infraconstitucionais de boa-fé objetiva e efetividade da jurisdição.

De outro lado, diante da constitucionalização do processo, do caráter publicista da jurisdição e da necessidade de justiça da decisão justa, o princípio da cooperação se faz necessário no processo, tornando o procedimento mais democrático, confiável e justo.

Como bem adverte Daniel Mitidiero[(5)]:

"(...) O juiz do processo cooperativo é um juiz isonômico na condução do processo e assimétrico no quando da decisão das questões processuais e materiais da causa. Desempenha duplo papel, pois ocupa dupla posição: paritário no diálogo, assimétrico na decisão. Visa-se alcançar, com isso, um 'ponto de equilíbrio' na organização do formalismo processual, conformando-o como uma verdadeira 'comunidade de trabalho' entre as pessoas do juízo. A cooperação converte-se em prioridade no processo".

No Código de Processo Civil, os presente princípio está positivado nos artigos que seguem:

Art. 339 do CPC: "Ninguém se exime do dever de colaborar com o Poder Judiciário para o descobrimento da verdade".

Art. 340 do CPC: "Além dos deveres enumerados no art. 14, compete à parte: I – comparecer em juízo, respondendo ao que lhe for interrogado; II – submeter-se à inspeção judicial, que for julgada necessária; III – praticar o ato que lhe for determinado".

Art. 341 do CPC: "Compete ao terceiro, em relação a qualquer pleito: I – informar ao juiz os fatos e as

(4) *A especificidade do Ônus da Prova no Processo do Trabalho*. 2. ed. São Paulo: LTr, 2012. p. 122-123.

(5) *Colaboração no Processo Civil*. 2. ed. São Paulo: RT, 2011. p. 81.

circunstâncias, de que tenha conhecimento; II – exibir coisa ou documento, que esteja em seu poder".

7. *ÔNUS DINÂMICO DA PROVA E O PROCESSO DO TRABALHO*

Considerando-se o acesso à ordem jurídica justa processual, o equilíbrio real da partes no processo, a busca de uma decisão justa e real, os princípios da colaração e da aptidão para a prova, a doutrina tem defendido a aplicação ao processo civil contemporâneo da teoria do ônus dinâmico da prova, em contraposição ao ônus estático da prova previsto tanto na lei processual civil (art. 333 do CPC), como procesual trabalhista (art. 818, da CLT).

Como nos traz Luiz Eduardo Boaventura Pacífico[(6)], "o grande mérito do pioneiro estudo sobre o ônus dinâmico das provas, dos juristas argentinos Jorge W. Peryrano e Julio O. Chiappini, no ano de 1976, foi o de revelar essa orientação jurisprudencial e sintetizar o princípio que acaba sendo rotineiramente utilizado em tais procedentes: o ônus da prova deve recair sobre a parte que se encontre em melhores condições profissionais, técnicas ou fáticas para produzir a prova do fato controvertido".

No processo do trabalho, diante da necessidade de se dar efetividade ao acesso à ordem jurídica justa e não inviabilizar a tutela do direito à parte que tem razão, mas não apresenta condições favoráveis de produzir a prova do fato constitutivo do seu direito, é possível ao Juiz do Trabalho atribuir o encargo probatório à parte que tem melhores condições de produzir a prova, aplicando a teoria do *ônus dinâmico da prova*. O Juiz do Trabalho, como reitor do processo (art. 765, da CLT), deve ter a sensibilidade, à luz das circunstâncias do caso concreto, de atribuir o encargo probatório ao litigante que possa desempenhá-lo com maior facilidade.

Parte da doutrina e jurisprudência são refratárias à admissão da presente teoria ao processo civil brasileiro, argumentando que ela majora de forma excessiva os poderes do juiz na condução do processo, surpreende as partes no processo, causando insegurança jurídica e dificultando o contraditório.

Não obstante as ponderações acima, pensamos em sentido diverso, uma vez que, conforme já mencionado, a tendência do processo civil contemporâneo sinaliza na majoração dos poderes do juiz na instrução processo. De outro lado, diante dos princípios cooperação e boa-fé objetiva das partes, estas devem produzir as provas necessárias à descoberta da verdade. Além disso, os referidos princípios constitucionais da isonomia real, livre convicção do magistrado e acesso real à justiça, impõem ao magistrado posturas destinadas a assegurar o equilíbrio do processo, bem como na produção da prova.

Como bem adverte Teresa Arruda Alvim[(7)]:

> "Desaparece, segundo esse ângulo de análise, a subsidiariedade da atividade judicial no âmbito instrutório. O curioso é que, em nome também dos princípios da igualdade e da imparcialidade, que inspiram a outra visão, entendidos, porém, de outro modo. Diante de um quadro em que se tem em conta a problemática do acesso à justiça, tem-se necessariamente, como dado indiscutível, a eventual e até frequente condição de desigualdade que possa haver entre os litigantes. O juiz, nesse contexto, seria parcial se assistisse inerte, como um expectador o duelo, ao massacre de uma das partes, ou seja, se deixasse de interferir para tornar iguais partes que são desiguais. A interferência do juiz na fase na fase probatória, vista sob esse ângulo, não o torna imparcial. Ao contrário, pois tem a função de impedir que uma das partes venha a vencer o processo, não porque tenha o direito, que assevera ter, mas porque é economicamente mais favorecida que a aoutra.(...)Em função desse parâmetro, pois, devem ser concebidas todas as regras do processo, inclusive e principalmente as que dizem respeito ao ônus da prova".

No mesmo sentido Luiz Guilherme Marinoni[(8)]:

> "Se o juiz não tem apenas a função de resolver litígios, porém a de zelar pela idoneidade da prestação jurisdicional, sem poder resignar-se a aplicar a técnica processual que possa conduzir a uma tutela jurisdicional inefetiva, é certo dizer que o seu dever não se resume a uma mera resposta jurisdicional, pois exige a prestação de uma tutela jurisdicional efetiva. Ou seja, o dever do juiz, assim como o do legislador ao instituir a técnica processual adequada, está ligado ao di-

(6) *O ônus da prova*. 2. ed. São Paulo: RT, 2011. p. 222-223.

(7) *Reflexões sobre o ônus da prova. In: Revista* de Processo n. 76. p. 141-145, 1994.

(8) *Técnica Processual e Tutela dos Direitos*. 3. ed. São Paulo: RT, 2010. p. 145.

reito fundamental à efetividade da tutela jurisdicional, compreendido como um direito necessário para que se dê proteção a todos os outros direitos (...) O jurisdicionado não é obrigado a se contentar com um procedimento inidôneo à tutela jurisdicional efetiva, pois o seu direito não se resume à possibilidade de acesso ao procedimento legalmente instituído. Com efeito, o direito à tutela jurisdicional não pode restar limitado ao direito de igual acesso ao procedimento estabelecido, ou ao conteúdo tradicional de direito de acesso à justiça. Não importa apenas dizer que todos devem ter iguais oportunidades de acesso aos procedimentos e aos advogados, e, assim, à efetiva possibilidade de argumentação e produção de prova".

De outro lado, a moderna doutrina vem sustentanto que o ônus da prova, além de ser regra de julgamento, é também uma regra de instrução processual, devendo o juiz, antes de realizar os atos instrutórios, analisar as teses da inicial e da defesa, bem como os fatos e circunstâncias do processo, e fixar o ônus da prova à parte que esteja em melhores condições de produzi-la.

Nesse sentido, destaca Daniel Mitidiero[(9)]:

"(...)ao lado da caracterização clássica do ônus da prova como regra de julgamento, cujo objetivo central está no evitar-se o arbítrio no processo, tem ganhado renovado fôlego a caracterização do ônus da prova como regra de instrução, o que se leva a efeito com o fito declarado de forrar-se o processo com todos os elementos necessários à formação da convicção judicial. Dupla função, portanto, que se acomete ao ônus da prova no processo civil cooperativo. Partindo-se dessa última perspectiva, e com o fito de bem atender-se a determinadas situações da via no processo, a doutrina tem aludido à possibilidade de dinamizar o ônus da prova, fundamentando a partir do caso concreto a repartição do encargo probatório. Esse expediente, embora perigosíssimo quando manejado de maneira inadequada, encontra-se em total consonância com a ideia de processo civil pautado em colaboração, pressuposto para sua aplicação um modelo de processo civil cooperativo. Seu fundamento está na necessidade de velar-se por uma efetiva igualidade entre as partes no processo e por uma escorreita observação dos deveres de cooperação nos domínios do direito processual civil, notadamente do dever de auxílio do órgão jurisdicional para com as partes".

Trata-se, não obstante, de faculdade conferida ao Juiz do Trabalho, que deve ser exercida com equilíbrio, ponderação e razoabilidade, considerando-se as peculiaridades do caso concreto, o princípio do acesso real ou substancial à justiça, bem como a efetividade da prova no processo do trabalho.

Inegavelmente, é uma uma tendência mundial do processo de majoração dos poderes do Juiz na direção do processo, a fim de que os litigantes sejam tratados com isonomia real e a justiça seja implementada com maior efetividade. Não se trata de arbítrio do Juiz, pois terá que justificar, com argumentos jurídicos, sob crivo do contraditório, diante das circunstâncias do caso concreto, a aplicação da carga dinâmica da produção da prova.

Como bem destacou João Humberto Cesário:

"É fundamental saber que relativamente à distribuição do ônus da prova a legislação de regência traça tão somente diretrizes gerais para a orientação básica dos atores processuais. Assim é que a atenuação dessas diretivas fundada no princípio da aptidão para a prova tem a cada dia ganhando destaque no foro trabalhista. Dito de outro modo, enquanto os arts. 818 da CLT e 333 do CPC disciplinam a distribuição estática do encargo probatório, para que por via dela se exigem julgamentos injustos, nos quais uma parte, não obstante possuir razão em uma contenta, veja inviabilizada a obtenção do bem da vida perseguido judicialmente, em virtude da impossibilidade de produzir uma prova para ela difícil, improvável ou mesmo impossível (*probatio diabolica*), enquanto a contraprova do seu adversário seria de tranquila veiculação."[(10)]

A presente teoria não se confunde com a inversão do ônus da prova, embora com ela tenha contatos, pois a inversão pressupõe a presença dos critérios previstos em lei, enquanto a carga dinâmica pressupõe circunstâncias e peculiaridades do caso concreto. De outro lado, carga dinâmica se assenta no princípio

(9) *Colaboração no Processo Civil*: pressupostos sociais, lógicos e éticos. 2. ed. São Paulo: RT, 2011. p. 140-142.

(10) *Provas e recursos no processo do trabalho*. São Paulo: LTr, 2010. p. 46-47.

da aptidão para a prova, não necessitando a presença de verossimilhança da alegação do autor.

Como destacou Eduardo Cambi:

> "Não há na distribuição dinâmica do ônus da prova uma inversão nos moldes previsto no art. 6º, inc. VIII, do CDC, porque só se poderia falar em inversão caso o ônus fosse estabelecido prévia e abstratamente. Não é o que acontece com a técnica de distribuição dinâmica, quando o magistrado, avaliando as peculiaridades do caso concreto, com base em máximas de experiência (art. 335 do CPC), irá determinar quais fatos devem ser provados pelo demandante e pelo demandado".[11]

Neste sentido, é o art. 262 do Anteprojeto do Novo Código de Processo Civil, que é de perfeita sintonia com o Processo do Trabalho, *in verbis*:

> "Considerando as circunstâncias da causa e as peculiaridades do fato a ser provado, o juiz poderá, em decisão fundamentada, observado o contraditório, distribuir de modo diverso o ônus da prova, impondo-o à parte que estiver em melhores condições de produzi-la. § 1º Sempre que o juiz distribuir o ônus da prova de modo diverso do disposto no art. 261, deverá dar à parte oportunidade para o desempenho adequado do ônus que lhe foi atribuído".

No processo do trabalho, o ônus dinâmico, pode ser utilizado em hipóteses em que o reclamante pretende reparações por danos morais, assédio moral, assédio sexual ou discriminação, uma vez que a dificuldade probatória do trabalhador é muito acentuada e, o reclamado, via de regra, tem maiores possibilidades de produção da prova. No entanto, mesmo nestas situações, deve o magistrado sopesar a boa-fé do trabalhador e a seriedade da alegação e todas as circunstâncias que envolvem o caso concreto.

Recentemente, a jurisprudência do Tribunal Superior do Trabalho, adotou, de certa forma, a presente teoria em sua Súmula n. 443, abaixo transcrita:

> **DISPENSA DISCRIMINATÓRIA. PRESUNÇÃO. EMPREGADO PORTADOR DE DOENÇA GRAVE. ESTIGMA OU PRECONCEITO. DIREITO À REINTEGRAÇÃO.**
>
> Presume-se discriminatória a despedida de empregado portador do vírus HIV ou de outra doença grave que suscite estigma ou preconceito. Inválido o ato, o empregado tem direito à reintegração no emprego.

Diante do referido entendimento sumular, ao empregador cumpre o ônus da prova de demonstrar que não discriminou o trabalhador portador de doença grave, uma vez que tal prova é extremamente difícil ao trabalhador, e o empregador detém maior aptidão para produzi-la, uma vez que tem a obrigação legal de zelar para que a discriminação não aconteça.

A jurisprudência vem acolhendo a presente teoria, conforme as ementas a seguir transcritas:

> APELAÇÃO CÍVEL. INDENIZAÇÃO POR DANO MORAL. ANÚNCIO INVERÍDICO OFENSIVO À HONRA DA AUTORA VEICULADO NO *SITE* DA REQUERIDA. RESPONSABILIDADE DO PROVEDOR E DO FORNECEDOR DE SERVIÇOS. APLICAÇÃO DA TEORIA DA CARGA DINÂMICA DO ÔNUS DA PROVA. VALOR DA INDENIZAÇÃO. ATENÇÃO AO CRITÉRIO PUNITIVO-PEDAGÓGICO AO OFENSOR E COMPENSATÓRIO À VÍTIMA. INAPLICABILIDADE AO CASO PELO JUÍZO *A QUO* DO INSTITUTO NORTE-AMERICANO DO *PUNITIVE DAMAGES*. 1 – Incontroverso o fato de que o anúncio registrado no *site* "Almas Gêmeas" pertencente à requerida, foi efetuado por terceiro alheio ao processo. 2 – Atuando a ré como provedora de acesso à Internet e não sendo possível a identificação do real responsável pelo conteúdo ofensivo do anúncio, é seu o dever de indenizar pelos danos à personalidade da autora. *Aplicação da* Teoria *da* Carga *Dinâmica da* Prova, *ou seja, incumbe a quem tem mais condições a* prova *de fato pertinente ao caso.* 3 – Não só como provedora de acesso em sentido amplo atuou a ré na relação em análise, como atuou também como prestadora de serviços, mesmo que gratuitamente. Evidencia-se a desmaterialização e despersonalização das relações havidas pelo uso da Internet, não sendo mais possível identificar o objeto e muito menos os sujeitos de tais relações. Assim, sendo a ré empresa que possui *site* na Internet de relacionamentos deve, a fim de evitar a incomensurável dimensão dos danos oriundos do mau uso de seus serviços, adotar medidas de segurança que diminuam tais riscos. 4 – Valor da Indenização que atendeu o caráter punitivo-pedagógico ao ofensor e compensatório à vítima pelo dano sofrido. Ademais, para o arbitramento do dano moral deve-se levar em conta as condições econômicas da vítima e do ofensor. Inaplicabilidade do instituto norte-americano do *punitive damages*. Aplicação ao caso dos critérios para aferição do *quantum* a indenizar em consonância com o instituto da responsabilidade

---

(11) *A prova civil*: admissibilidade e relevância. São Paulo: RT, 2006. p. 341.

civil do direito brasileiro. NEGADO PROVIMENTO AOS APELOS, COM EXPLICITAÇÃO. (Apelação Cível n. 70013361043, Sexta Câmara Cível, Tribunal de Justiça do RS, Relator: Artur Arnildo Ludwig, Julgado em 21.12.2006).

APELAÇÕES CÍVEIS. AÇÃO DE REVISÃO DE CONTRATO GARANTIDO POR ALIENAÇÃO FIDUCIÁRIA. AUSÊNCIA DO CONTRATO OBJETO DA PRETENDIDA REVISÃO. *Caso em que o contrato objeto da pretensão revisional não veio aos autos, ônus que cabia à instituição financeira, pela observância ao princípio da carga dinâmica da prova. Inteligência, ainda, do art. 355 do CPC.* SENTENÇA DESCONSTITUÍDA DE OFÍCIO. Apelação Cível n. 70017420225, Décima Quarta Câmara Cível, Tribunal de Justiça do RS, Relator: Isabel de Borba Lucas, Julgado em 7.12.2006).

ASSISTÊNCIA JUDICIÁRIA GRATUITA. IMPUGNAÇÃO JULGADA PROCEDENTE. AUSÊNCIA DE PROVA DA HIPOSSUFICIÊNCIA. ALUSÃO À GARANTIA CONSTITUCIONAL. APLICAÇÃO DA TEORIA DA DISTRIBUIÇÃO DINÂMICA DA PROVA. Mantém-se o decreto judicial que acolhe a impugnação à gratuidade judiciária, quando o impugnado deixa de comprovar com suficiência sua impossibilidade em atender os ônus do processo e os elementos colacionados aos autos evidenciam a potência financeira dos litigantes. A garantia constitucional que assegura o benefício da assistência jurídica integral e gratuita exige, além da simples "afirmação" da pobreza", também a "comprovação" da hipossuficiência de recursos (CF, art. 5º, LXXIV), o que enseja a discricionariedade judicial em sua avaliação. *Cabe ao requerente, assim, como parte mais habilitada, cumprir a demonstração, em respeito à "teoria da distribuição dinâmica da prova", fornecendo todos os elementos de convicção que persuadam sobre alegada hipossuficiência. APELO DESPROVIDO.* (Apelação Cível n. 70010284180, Sétima Câmara Cível, Tribunal de Justiça do RS, Relator: José Carlos Teixeira Giorgis, Julgado em 16.3.2005).

No aspecto, também o Enunciado n. 60, da 1ª Jornada de Direito Material de Processual da ANAMATRA, realizada no TST em novembro de 2007, *in verbis*:

INTERDIÇÃO DE ESTABELECIMENTO E AFINS. AÇÃO DIRETA NA JUSTIÇA DO TRABALHO. REPARTIÇÃO DINÂMICA DO ÔNUS DA PROVA. I – A interdição de estabelecimento, setor de serviço, máquina ou equipamento, assim como o embargo de obra (art. 161 da CLT), podem ser requeridos na Justiça do Trabalho (art. 114, I e VII, da CRFB), em sede principal ou cautelar, pelo Ministério Público do Trabalho, pelo sindicato profissional (art. 8º, III, da CRFB) ou por qualquer legitimado específico para a tutela judicial coletiva em matéria labor-ambiental (arts. 1º, I, 5º, e 21 da Lei n. 7.347/85), independentemente da instância administrativa. II – Em tais hipóteses, a medida poderá ser deferida [a] *"inaudita altera parte"*, em havendo laudo técnico preliminar ou prova prévia igualmente convincente; [b] após audiência de justificação prévia (art. 12, *caput*, da Lei n. 7.347/85), caso não haja laudo técnico preliminar, mas seja verossímil a alegação, invertendo-se o ônus da prova, à luz da teoria da repartição dinâmica, para incumbir à empresa a demonstração das boas condições de segurança e do controle de riscos.

8. CONCLUSÕES

1. Os princípios do acesso à ordem jurída justa, majoração dos poderes do juiz do trabalho na condução do processo, isonomia real de tratamento das partes no processo, realidade e justição da decisão, e colaboração das partes no processo, exigem posturas mais ativas do Juiz na condução do processo.
2. O ônus dinâmico da prova tem suporte nos princípios da aptidão para a prova, cooperação processual, boa-fé objetiva das partes no processo e também em critérios de justiça e razoabilidade.
3. No Processo do Trabalho a teoria encontra suporte no impulso oficial do magistrado na condução do processo, bem como na maior dificuldade do trabalhador na produção da prova.
4. Deve o magistrado trabalhista justificar a aplicação da presente teoria em compasso com as peculiaridades do processo, dificuladade real das partes na produção da prova, bem como a justiça, equidade e efetividade do procedimento.

9. BIBLIOGRAFIA

ALVIM, Teresa Arruda. Reflexões sobre o ônus da prova. In: *Revista de Processo* n. 76. p. 141-145, 1994.

CAMBI, Eduardo. *A prova civil*: admissibilidade e relevância. São Paulo: RT, 2006.

CESÁRIO, João Humberto. *Provas e recursos no processo do trabalho*. São Paulo: LTr, 2010.

FACCHINI NETO, Eugênio. Reflexões histórico-evolutivas sobre a constitucionalização do direito privado. In: SARLET, Ingo Wolfgang (coord.). *Constituição, direitos fundamentais e direito privado*. Rio de Janeiro: Renovar, 2004.

MITIDIERO, Daniel. *Colaboração no Processo Civil*: pressupostos sociais, lógicos e éticos. 2. ed. São Paulo: RT, 2011.

NASCIMENTO, Amauri Mascaro. *Curso de direito processual do trabalho*. 24. ed. São Paulo: Saraiva, 2009.

PACÍFICO, Luiz Eduardo Boaventura. *O ônus da prova*. 2. ed. São Paulo: RT, 2011.

PAULA, Carlos Alberto Reis de. *A especificidade do ônus da prova no Processo do Trabalho*. 2. ed. São Paulo: LTr, 2010.

REICHELT, Alberto Luis. *A prova no Direito Processual Civil*. Porto Alegre: Editora Livraria do Advogado, 2009.

SCHIAVI, Mauro. *Provas no Processo do Trabalho*. 3. ed. São Paulo: LTr, 2013.

________.*Manual de Direito Processual do Trabalho*. 6. ed. São Paulo: LTr, 2013.

CAPÍTULO 32

Honorários Advocatícios no Processo do Trabalho

CLEBER LÚCIO DE ALMEIDA(*)

INTRODUÇÃO

O exercício do direito de acesso à justiça implica custos, dentre os quais os relativos aos honorários do advogado que representar a parte no processo (art. 20 do Código de Processo Civil – CPC). De outro lado, o inadimplemento de uma obrigação gera o dever de indenizar as perdas e danos dele decorrentes, abrangendo a indenização os honorários advocatícios (art. 389 do Código Civil – CC).

Como dos advogados que militam na Justiça do Trabalho não pode ser exigida a renúncia à remuneração dos seus serviços, vedando o art. 658 do CC, inclusive, a presunção de gratuidade do mandato quando o seu objeto corresponder ao daqueles que o mandatário trata por ofício ou profissão lucrativa, e o inadimplemento de obrigação resultante da relação de trabalho gera a obrigação de indenizar as perdas e danos dele decorrentes[1], a problemática da responsabilidade pelos honorários advocatícios tem reflexos no processo do trabalho.

O presente ensaio externa algumas das inquietações que a questão suscita e será dividido em sete partes. Na primeira, trataremos dos *honorários advocatícios sucumbenciais*. A segunda, é reservada ao exame dos *honorários advocatícios indenizatórios* (que a doutrina e a jurisprudência denomina *honorários advocatícios contratuais*). Na terceira, são apontadas as diferenças entre honorários advocatícios sucumbenciais e indenizatórios e examinada a possibilidade de sua cumulação. Na quarta, é analisada a disciplina que a Lei n. 5.584/1970 reservou aos honorários advocatícios sucumbenciais, considerando-a, inclusive, à luz da evolução experimentada pelo direito processual comum no que comporta aos honorários sucumbenciais. Na quinta, é registrada a evolução da jurisprudência sumulada do TST a respeito dos honorários advocatícios sucumbenciais e realizada a sua análise crítica. Na sexta, é examinada a possibilidade de condenar o vencido nos honorários advocatícios indenizatórios no processo do trabalho. Na sétima, são tecidas breves considerações sobre o Projeto de Lei n. 3.392, de 2004, aprovado pela Câmara dos Deputados e que aguarda exame pelo Senado. Ao final, são apresentadas as nossas conclusões.

1. HONORÁRIOS ADVOCATÍCIOS SUCUMBENCIAIS

O CPC trata de honorários advocatícios devidos em razão da necessidade de recorrer ao processo para a satisfação de direitos não atuados espontaneamente, estabelecendo, no art. 20, *caput* e § 3º, que

---

(*) Juiz do Trabalho do TRT da 3ª Região. Doutor em Direito Processual Civil (UFMG). Mestre em Direito das Relações Sociais – Direito do Trabalho (PUC/SP). Professor Universitário.

(1) Aplicação do art. 389 do CC na solução de conflitos oriundos da relação de emprego, com autorização do art. 8º, parágrafo único, da Consolidação das Leis do Trabalho – CLT.

a sentença condenará o vencido a pagar ao vencedor os honorários advocatícios[2].

A condenação ao pagamento destes honorários advocatícios decorre, como permite afirmar o art. 20 do CPC, do fato sucumbência. Tal solução é justificada, consoante Giuseppe Chiovenda, pela exigência de que a atuação da lei não represente "diminuição patrimonial para a parte em favor da qual é realizada"[3], o que conduz à conclusão de que **os custos do processo devem ser suportados pela parte responsável pelo ajuizamento da demanda**.

No entanto, a sucumbência, no sentido de derrota na demanda, não é condição indispensável para que à parte seja condenada ao pagamento de honorários advocatícios[4]. O princípio da sucumbência (a parte vencida na demanda deve suportar os custos do processo) é uma manifestação do princípio da causalidade (a parte que deu causa ao processo deve suportar os seus custos). A sucumbência constitui, portanto, apenas um indicativo da responsabilidade pelo ajuizamento da demanda.

Assim, no processo civil, considerada a questão à luz do art. 20 do CPC, quem deu causa ao ajuizamento da demanda deve suportar os custos do processo, dentre os quais os relativos aos honorários advocatícios.

Estes são os honorários advocatícios sucumbenciais, denominação que é aqui adotada, mas entendendo-se por sucumbente a parte que deve suportar os ônus do processo, por ter dado causa ao ajuizamento da demanda[5].

2. *HONORÁRIOS ADVOCATÍCIOS INDENIZATÓRIOS*

O CC disciplina as consequências do inadimplemento das obrigações nos arts. 389 a 420 e define a regra básica regente da matéria nos seguintes termos: "Não cumprida a obrigação, responde o devedor por perdas e danos, mais juros e atualização monetária segundo índices oficiais regularmente estabelecidos, e honorários de advogado" (art. 389).

O CC equipara ao inadimplemento a mora do devedor, estabelecendo que se considera em mora o devedor que não efetuar o pagamento no tempo, lugar e forma devidos (art. 394) e que "responde o devedor pelos prejuízos a que a sua mora der causa, mais juros e atualização dos valores monetários segundo índices oficiais regularmente estabelecidos, e honorários de advogado" (art. 395).

O CC ainda dispõe, no art. 404, que "as perdas e danos, nas obrigações de pagamento em dinheiro, serão pagas com atualização monetária segundo índices oficiais regularmente estabelecidos, abrangendo juros, custas e honorários de advogado, sem prejuízo da pena convencional".

Destarte, ao inadimplemento (não cumprimento da obrigação) e à mora (ausência de cumprimento da obrigação no tempo, lugar e forma devidos) é relacionada uma pena de natureza civil, qual seja o dever de indenizar o credor pelas perdas e danos por ele sofridas, o que abrange os honorários que pagou ao advogado que a representou no processo.

A hipótese é de responsabilidade contratual, cuja configuração pressupõe uma relação jurídica válida previamente estabelecida, obrigação inadimplida por ato imputável ao devedor e o dano decorrente do inadimplemento da obrigação (no casos dos honorários, o danos corresponde ao valor que a parte comprovadamente pagou ao advogado que a representou no processo[6]).

---

(2) O art. 21 trata da *sucumbência recíproca* (*caput*) e da *sucumbência mínima* (parágrafo único).

(3) *Princípios de derecho procesal civil*. Madri: Instituto Editorial Reus, 2002, v. II. p. 433. Cumpre recordar que, segundo esse doutrinador, "para a consecução ou o melhor gozo possível de um bem garantido pela lei é necessária a sua atuação mediante os órgãos do Estado; isto dá lugar a um *processo* (...). No processo desenvolve-se uma função publica e esta é a atuação da lei, ou seja, do direito objetivo (*Principios de derecho procesal civil*. Madri: Instituto Editorial Reus, 2002, v. I. p. 93-95). O doutrinador em destaque esclarece que esta concepção do processo está estreitamente relacionada com a sua maneira de ver a ação, ou seja, como "meio de obter no processo *a atuação da lei*". Para, ele, "se o direito subjetivo não é senão a expectativa de um bem garantida pelo Estado, o titular do direito que se dirige ao Estado (...) pede (...) a *atuação* desta garantia, que é a lei" (*Principios de derecho procesal civil*. Madri: Instituto Editorial Reus, 2002, v. I. p. 95 e nota 2 desta mesma página). Daí a afirmação de que a *atuação da lei* não deve representar diminuição patrimonial para a parte em favor da qual é realizada.

(4) Solução neste sentido é adotada na Súmula n. 303 do STJ: "Em embargos de terceiro, quem deu causa à constrição indevida deve arcar com os honorários advocatícios". É também por força do princípio da causalidade que o art. 789-A da CLT impõe ao executado a obrigação de pagar as custas relativas ao processo de execução.

(5) Registre-se que "Os honorários sucumbenciais, quando omitidos em decisão transitada em julgado, não podem ser cobrados em execução ou em ação própria" (Súmula n. 453 do STJ). Destarte, a definição do responsável pelo ajuizamento da ação e a sua condenação no pagamento dos honorários advocatícios sucumbenciais deverão constar de forma expressa da decisão.

(6) A prova do pagamento dos honorários advocatícios é indispensável, visto que a hipótese é de indenização de danos e somente podem ser indenizados danos que a parte comprovadamente sofreu.

Aqui não se trata de honorários advocatícios devidos em razão do processo e da responsabilidade pelo ajuizamento da demanda (honorários advocatícios sucumbenciais), mas de indenização de perdas e danos resultantes do inadimplemento de obrigação ou da mora no seu cumprimento, que abrange os honorários advocatícios pagos pelo credor ao advogado por ele contratado, isto é, de honorários advocatícios indenizatórios ou contratuais.

3. DISTINÇÃO ENTRE HONORÁRIOS ADVOCATÍCIOS SUCUMBENCIAIS E INDENIZATÓRIOS E POSSIBILIDADE DE SUA CUMULAÇÃO

Centrando a atenção na distinção entre honorários advocatícios sucumbenciais e indenizatórios, cumpre observar que:

a) a condenação no pagamento de honorários advocatícios sucumbenciais decorre da aplicação do princípio da causalidade: quem deu causa ao ajuizamento da demanda responde pelos custos do processo respectivo, dentre os quais os relativos aos honorários advocatícios. Trata-se, portanto, da obrigação de remunerar os serviços do advogado que representou a parte em juízo, isto é, de **obrigação que surge em razão da responsabilidade pelo ajuizamento de uma concreta demanda**;

b) a condenação no pagamento de honorários advocatícios indenizatórios decorre da aplicação do princípio da responsabilidade contratual: o inadimplemento e a mora no cumprimento de uma obrigação geram para o devedor o dever de indenizar os danos sofridos pelo credor, o que abrange os honorários advocatícios. A hipótese é de **dever que surge antes e independentemente de qualquer processo**: o inadimplemento ou a mora faz surgir o dever de indenizar, ou, dito de outra forma, o descumprimento do dever positivo de adimplir constitui, em si mesmo, fonte do dever de indenizar, no caso de ser proposta demanda visando a satisfação do direito não atuado espontaneamente ou oportunamente. Trata-se, assim, de **obrigação pré-processual**, que tem origem no direito material e não se relaciona com os deveres das partes em um concreto processo (o art. 20, que trata dos honorários de sucumbência, está localizado no Capítulo II do CPC, que disciplina os deveres das partes do processo judicial, o que significa que o pagamento dos honorários advocatícios sucumbenciais é um **dever que surge no e em razão do processo**)[(7)];

c) **os honorários advocatícios sucumbenciais pertencem ao advogado** (art. 22 da Lei n. 8.906/1994) e a condenação ao seu pagamento não depende de pedido (consoante prevê o art. 20 do CPC, a sentença condenará o vencido a pagar ao vencedor os honorários advocatícios);

d) por força da sua natureza indenizatória, **os honorários advocatícios indenizatórios pertencem à parte**[(8)]. A natureza indenizatórias desses honorários impede o seu deferimento de ofício, cabendo ao autor da demanda requerer a condenação da parte contrária ao seu pagamento. O juiz não pode deferir indenização que não foi requerida (arts. 2º, 128 e 460 do CPC e art. 832 da CLT)[(9)];

e) é lícita a cumulação da condenação no pagamento de honorários advocatícios sucumbenciais e indenizatórios, por força da diversidade dos seus fundamentos (causalidade da demanda e responsabilidade contratual, respectivamente) e destinatários (advogado e parte, respectivamente). Descumprida a obrigação ou verificada a mora no seu cumprimento, surge, para o devedor, o dever de reparar os danos sofridos pelo credor, inclu-

---

(7) Assim como ocorre com os honorários sucumbenciais, os honorários contratuais omitidos em decisão transitada em julgado não podem ser cobrados em execução ou em ação própria. A sentença deverá definir, expressamente, a extensão do dano a ser reparado e a reparação devida, estabelecendo as parcelas que compõem a condenação.

(8) Segundo art. 22, § 4º, da Lei n. 8.096/94 ao advogado cabem os honorários contratados. Esta previsão deve ser entendida no seguinte sentido: a parte que contratou o advogado deve a ele pagar os honorários avençados; à parte que comprovar em juízo que pagou honorários ao advogado que a representou no processo será revertido o valor estabelecido na decisão judicial como reparação do dano representado pelo pagamento de honorários advocatícios. Em suma, parte é indenizada pelos seus gastos com honorários advocatícios, o que significa que os honorários contratuais incluídos na indenização a ser paga à parte a ele pertencem (do contrário, a parte não seria ressarcida dos seus danos e o advogado recebia os honorários contratados de suas fontes, isto é, da parte que o contratou e do vencido na demanda).

(9) A atuação do Poder Judiciário é autorizada e, ao mesmo tempo, limitada pelo pedido do autor da demanda.

sive aqueles representados pelos gastos com a contratação de advogado para efeito de satisfação de seu crédito (parte do patrimônio do credor é revertida ao advogado por ele contratado e esta perda deve ser reparada pelo devedor). Ajuizada demanda pelo credor contra o devedor, deverá este, além de reparar os danos causados àquele (incluídos os gastos com advogado – honorários advocatícios indenizatórios), arcar com os custos do processo a que o seu comportamento deu causa, incluídos os honorários advocatícios (honorários advocatícios sucumbenciais)[(10)].

A possibilidade de condenação ao pagamento de honorários sucumbenciais e indenizatórios, atua sobre a vontade do devedor, contribuindo para a efetividade dos direitos e a coibição ou o desestímulo à litigância abusiva.

4. HONORÁRIOS ADVOCATÍCIOS NA LEI N. 5.584/1970.

Dentre as normas que compõem o direito processual do trabalho somente a Lei n. 5.584/1970 alude aos honorários advocatícios sucumbenciais.

Para o exame da disciplina que a Lei n. 5.584/1970 reservou aos honorários advocatícios sucumbenciais cumpre mencionar que:

a) o CPC vigente quando da edição da CLT (CPC de 1939) previa que: "Responderá por perdas e danos a parte que intentar demanda por espírito de emulação, mero capricho ou erro grosseiro" (art. 3º), "Sem prejuízo do disposto no art. 3º, a parte vencida, "que tiver alterado, intencionalmente, a verdade ou se houve conduzido de modo temerário no curso da lide, será condenada a reembolsar a vencedora as custas do processo e os honorários de advogado" (art. 63[(11)]), "Quando a ação resultar de dolo ou culpa, contratual ou extracontratual, a sentença que a julgar procedente condenará o réu ao pagamento de honorários de advogado da parte contrária" (art. 64[(12)]) e que "Vencedor na causa o beneficiado (pela justiça gratuita), os honorários de seu advogado, as custas contadas em favor dos serventuários da justiça, bem como taxas e selos judiciários, serão pagos pelo vencido" (art. 76[(13)])[(14)];

Destarte, à luz do CPC de 1939, os honorários poderiam ser deferidos em três situações: demanda intentada por espírito de emulação, mero capricho ou erro grosseiro da parte, demanda resultante de dolo ou culpa do réu e demanda em que o vencedor fosse beneficiado pela justiça gratuita.

---

(10) O art. 22 da Lei n. 8.906/94 (Estatuto da OAB) estabelece que a prestação de serviço profissional assegura aos advogados o direito aos honorários convencionados e aos de sucumbência. Destarte, o advogado receberá da parte que representou no processo os honorários contratados e da parte contrária vencida os honorários de sucumbência. Isso não significa que o vencido pode ser condenado a pagar diretamente ao advogado honorários contratuais e de sucumbência. O vencido poderá ser condenado a ressarcir à *parte vencedora* das despesas realizadas com a contratação de advogado (honorários advocatícios indenizatórios ou contratuais) e a pagar *ao advogado* do vencedor os honorários advocatícios sucumbenciais.

(11) A condenação ao pagamento de honorários possui natureza punitiva e pode alcançar qualquer das partes.

(12) Persiste a natureza punitiva da condenação ao pagamento de honorários, mas esta somente pode ser imposta ao réu.

(13) Neste artigo foi consagrado o *princípio da causalidade*, ainda que apenas nos casos em que o vencedor fosse beneficiado pela justiça gratuita.

(14) Yussef Said Cahali aduz que, "ao ser instituído o sistema processual unitário, três correntes doutrinárias disputavam as preferências: uma, a admitir a condenação somente nos casos de culpa extracontratual; outra – a teoria da sucumbência – propugnava pela condenação inevitável do vencido; e a terceira, reconhecendo, em tese, a condenação com caráter punitivo no pressuposto da culpa extracontratual e, conforme as circunstâncias, também no pressuposto da culpa contratual. Manifestando a sua opção, o Código de 1939 não acolheu, como sistema, a regra da sucumbência. Adotou, isto sim, uma pena disciplinar, qual fosse a condenação da parte no pagamento de honorários, desde que tivesse se conduzido temerariamente, e outra condenação, destinada exclusivamente ao réu, qual fosse também condenação em honorários, desde que tivesse ensejado a demanda por culpa, dolo contratual ou extracontratual" (*Honorários advocatícios*. 4 ed. São Paulo: Revista dos Tribunais, 2011. p. 39). Celso Agrícola Barbi registra a propósito que "na legislação mais antiga, cada parte pagava os honorários de seu advogado, quer vencedor, quer vencido. O Código de 1939 trouxe inovação importante ao dispor no art. 64 que o réu, quando vencido, pagaria os honorários do advogado da parte contrária, se a ação resultasse de dolo ou culpa, contratual, ou extracontratual. O avanço foi tímido, e não havia justificativa para que o vencedor, fora dos casos previstos no art. 64, tivesse de arcar com as despesas com seu advogado, porque, com isso, seu direito nunca estaria inteiramente satisfeito: mesmo vencedor, seu patrimônio estava desfalcado da parte gasta com advogado" (*Comentários ao Código de Processo Civil*. 13 ed. Rio de Janeiro: 2008, v. I. p. 136). Esse autor acrescenta que o Decreto-lei n. 3.365/41 (que ordenava a condenação do expropriante ao pagamento de honorários em favor do expropriado) e o art. 76 do CPC de 1939 (que previa a condenação do vencido ao pagamento dos honorários advocatícios no caso de contar o vencedor com o benefício da justiça gratuita) estabeleciam distinção injustificada, que somente foi suprimida pela Lei n. 4.632/64, com a modificação do art. 64 do CPC de 1939.

b) Em 1950, veio à luz a Lei n. 1.060, que estabelece normas para a concessão de assistência judiciária aos hipossuficientes econômicos e dispõe que ela será prestada pelos poderes públicos federal e estadual (art. 1º), inclusive quando se tratar de demanda apresentada perante a Justiça do Trabalho (art. 2º), e que os honorários de advogado serão pagos pelo vencido, quando o beneficiário de assistência judiciária for vencedor na causa (art. 11)[15].

Note-se que a Lei n. 1.060/1950 somente trata de **uma das situações em que, segundo o CPC de 1939, poderia ocorrer a condenação ao pagamento de honorários advocatícios sucumbenciais**, qual seja a demanda em que o vencedor fosse beneficiado pela justiça gratuita, e não revoga, tácita ou expressamente, os arts. 63 e 64 do CPC (tanto isto é verdade, que em 1965, por meio da Lei n. 4.632, foi alterada a redação do art. 64 do CPC, como se verá mais adiante).

Destarte, a condenação ao pagamento de honorários advocatícios sucumbenciais continuava a ser possível apenas nas **três situações originalmente estabelecidas pelo CPC de 1939**, com a ressalva de que, em se tratando de demanda em que o vencedor contasse com a assistência judiciária, a condenação dar-se-ia com esteio na Lei n. 1.060/1950.

Em 1965, a Lei n. 4.632 alterou o art. 64 do CPC, que passou a prever que a sentença condenaria o vencido a pagar honorários ao advogado do vencedor. Foi adotado como regra geral, portanto, o *princípio da causalidade*, perdendo a condenação ao pagamento dos honorários a natureza punitiva e passando a estar relacionada como a responsabilidade pelo ajuizamento da demanda. Destarte, a condenação ao pagamento de honorários advocatícios sucumbenciais passou a ser possível em **duas situações**: ao responsável pelo ajuizamento da demanda, com esteio no CPC, art. 64, e ao vencido, nas demandas em que a parte vencedora contasse com assistência judiciária em razão da sua situação econômica, com autorização na Lei n. 1.060/1950.

É este o contexto em que surge a Lei n. 5.584/1970.

Cumpre mencionar, de início, que o art. 14 da Lei n. 5.584/1970 dispõe que a assistência sindical será prestada ao trabalhador que perceba salário igual ou inferior ao dobro do mínimo legal ou comprove que a sua situação econômica não lhe permite demandar sem prejuízo do sustento próprio ou da família, ao passo que o art. 790, § 3º, da CLT, com a redação que lhe conferiu a Lei n. 10.537/2002, dispõe que o benefício da justiça gratuita poderá ser deferido àquele que perceba salário igual ou inferior ao dobro do mínimo legal ou declare, sob as penas da lei, que a sua situação econômica não lhe permite demandar sem prejuízo do sustento próprio ou de sua família. Ocorreu, assim, revogação parcial da Lei n. 5.584/1970 pela Lei n. 10.537/2002, visto que a prestação de assistência judiciária sindical dispensa a prova da situação econômica do trabalhador, sendo bastante, para tanto, simples declaração de pobreza firmada pelo trabalhador (a Lei n. 10.537/2002 apenas adaptou a CLT ao que passou a dispor a Lei n. 1.060/1950 a partir da Lei n. 7.510/1986, que autoriza o deferimento de justiça gratuita mediante simples afirmação, na própria inicial, de que a parte não está em condições de arcar com os custos do processo sem prejuízo próprio ou de sua família)[16].

De outro lado, embora o art. 3º da Lei n. 1.060/1950 disponha que a assistência judiciária compreende a isenção de emolumentos, custas e honorários de advogado e perito, por exemplo (art. 3º), cumpre não confundir assistência judiciária (assistência técnica gratuita) e justiça gratuita (isenção do pagamento de custas, emolumentos e honorários de advogado e perito, por exemplo). Assistência técnica gratuita (assistência judiciária em sentido estrito) e a justiça gratuita compõem a assistência judiciária em sentido amplo. Do contrário, não teria sentido a alusão, no art. 1º da Lei n. 1.060/1950, à assistência a ser concedida por entes públicos, visto que, se a assistência judiciária significasse a mera isenção de dispêndios econômicos (justiça gratuita), bastaria ser dito que desta gozaria a parte que se encontrasse em estado de insuficiência econômica. Acrescente-se que aos sindicatos foi imposta, pela Lei n. 5.584/1970, a obrigação de prestar assistência judiciária, o que só pode significar prestar assistência técnica, visto que os sindicatos não podem conceder isenções relativas a créditos de terceiros (Estado, peritos e advogado,

(15) Consoante o § 1º do art. 11, "Os honorários do advogado serão arbitrados pelo juiz até o máximo de 15% (quinze por cento) sobre o líquido apurado na execução da sentença".

(16) A propósito: "Atendidos os requisitos da Lei n. 5.584/1970 (art. 14, § 2º), para a concessão da assistência judiciária, basta a simples afirmação do declarante ou de seu advogado, na petição inicial, para considerar configurada a sua situação econômica (art. 4º, § 1º, da Lei n.7.501/1986, que deu nova redação à Lei n. 1.060/1950)" (Orientação Jurisprudencial n. 304 da SDI-1 do TST).

por exemplo). Da distinção referida resulta, inclusive, que a parte pode renunciar à assistência técnica gratuita e apenas usufruir da justiça gratuita (a contratação de advogado não afasta, portanto, o direito à justiça gratuita).

Observe-se, ainda, que a Lei n. 1.060/1950 atribuía aos poderes públicos federal e estadual a obrigação de conceder assistência judiciária aos necessitados que recorressem à justiça do trabalho, mas a Lei n. 5.584/1970 transferiu esta responsabilidade para os sindicatos profissionais. Estabeleceu-se, desta forma, uma espécie de monopólio, em favor dos sindicatos, em relação à assistência judiciária aos trabalhadores em estado de insuficiência econômica. Contudo, a Constituição da República de 1988 atribui esta responsabilidade também ao Estado (art. 5º, LXXIV). Com isso, os sindicatos não já não detém o monopólio da assistência judiciária devida aos trabalhadores necessitados que recorrerem ao Judiciário Trabalhista.

Realizados estes registros, retornemos ao exame da Lei n. 5.584/1970.

Para tanto, recorde-se que, quando da edição da Lei n. 5.584/1970, a disciplina dos honorários advocatícios sucumbenciais no processo civil era realizada pelo CPC (demandas em geral) e pela Lei n. 1.060/1950 (demandas em que o vencedor fosse beneficiado pela justiça gratuita).

A Lei n. 5.584/1970 transferiu a reponsabilidade pela assistência judiciária tratada na Lei n. 1.060/1950, no caso de demanda perante a Justiça do Trabalho, para o sindicato profissional a que pertencer o trabalhador (art. 14).

Tendo transferido a responsabilidade pela assistência judiciária no âmbito da Justiça do Trabalho aos sindicatos, **a Lei n. 5.584/1970 teve que dispor sobre os honorários advocatícios sucumbenciais previstos na Lei n. 1.060/1950** (honorários a serem pagos pelo vencido no caso de contar o vencedor com assistência judiciária em razão da sua situação econômica), afirmando que estes honorários seriam revertidos ao sindicato assistente (art. 16[(17)]).

Pois bem.

Toda a problemática dos honorários advocatícios sucumbenciais no processo do trabalho surge na definição do alcance da Lei n. 5.584/1970.

Nesta definição, prevaleceu na doutrina e na jurisprudência o ponto de vista segundo o qual a Lei n. 5.584/1970 **somente autoriza** a condenação do vencido ao pagamento de honorários quando o trabalhador vencedor contar com assistência judiciária prestada por sindicato sindical em razão da sua situação econômica.

Sob este prisma, a Lei n. 5.584/1970 não considerou a evolução ocorrida no direito processual civil, vez que o CPC, àquela altura, autorizava a condenação do vencido a pagar honorários de advogado **ainda que o vencedor não contasse o benefício da assistência judiciária** (art. 64, com a redação conferida pela Lei n. 4.632/1965).

Para os defensores deste ponto de vista, a opção pelo não acolhimento da solução adotada CPC (com a alteração nele introduzida pela Lei n. 4.632/1965) no processo do trabalho resultou do fato de ter a CLT assegurado às partes o direito de postular pessoalmente perante a Justiça do Trabalho (art. 791), o que afastava a possibilidade de condenação fundada em simples sucumbência. O raciocínio é, aparentemente, simples: se não existe a necessidade de contratar advogado para postular perante a Justiça do Trabalho, não há que se falar em condenação ao pagamento de honorários advocatícios sucumbenciais (sendo a contratação de advogado uma faculdade, quem por ela opta responde pelos custos respectivos). Sob esta ótica, as situações que, em razão da sua maior complexidade, demandavam a contratação de advogado não seriam relevantes a ponto de justificar a adoção da solução prestigiada pelo direito processual comum.

Façamos um relato e uma análise crítica da postura do TST em relação ao tema.

5. HONORÁRIOS ADVOCATÍCIOS SUCUMBENCIAIS SEGUNDO A JURISPRUDÊNCIA SUMULADA PELO TST

A CLT, fonte por excelência do direito processual do trabalho, foi editada em 1943 e não dispôs sobre os honorários advocatícios sucumbenciais. À época, estava em vigor o CPC de 1939, autorizando a condenação ao pagamento de honorários advocatícios da parte vencida que tivesse alterado, intencionalmente, a verdade ou se conduzido de modo temerário no curso da lide, do réu, na hipótese de a ação ter resultado de dolo ou culpa e do vencido, quando o vencedor fosse beneficiado pela justiça gratuita.

Em 1950 veio à luz a Lei n. 1.060, disciplinando a concessão de assistência judiciária, inclusive no

(17) "Os honorários do advogado pagos pelo vencido, reverterão em favor do Sindicato assistente". Como os honorários advocatícios a que se refere a Lei n. 5.584/70 são revertidos ao sindicato assistente, a doutrina e a jurisprudência a eles conferem a denominação *honorários advocatícios assistenciais*.

que comporta a demandas ajuizadas perante a Justiça do Trabalho, e estabelecendo que o vencido seria condenado ao pagamento dos honorários advocatícios, quando o beneficiário da justiça gratuita fosse vencedor da causa.

Como a Lei n. 1.060/1950 faz alusão às demandas ajuizadas perante a Justiça do Trabalho e à condenação do vencido ao pagamento de honorários advocatícios, **a jurisprudência trabalhista passou a admitir a condenação do vencido no pagamento de honorário quando fossem atendidos os requisitos dispostos pela Lei n. 1.060/1950**: assistência judiciária prestada ao vencedor pelos poderes públicos e insuficiência econômica do vencedor.

Contudo, em 1965 foi alterada a redação do art. 64 do CPC, com a adoção do princípio da causalidade como regra geral.

Examinado os efeitos da alteração do art. 64 do CPC de 1939 no processo do trabalho, o TST editou, em 1968, a sua primeira Súmula versando sobre os honorários advocatícios (n. 11), segundo a qual "É inaplicável na Justiça do Trabalho o disposto no art. 64 do Código de Processo Civil, sendo os honorários de advogado somente devidos nos termos do preceituado na Lei n. 1.060, de 1950".

Em 1970, veio à luz a Lei n. 5.584, que dispõe sobre normas de direito processual do trabalho e disciplina a concessão de assistência judiciária na Justiça do Trabalho. Esta lei transferiu a obrigação de prestar assistência jurídica aos trabalhadores necessitados, quando se tratasse de demanda proposta perante a Justiça do Trabalho, para os sindicatos e a estes assegurou o direito ao recebimento de honorários advocatícios, no caso de o trabalhador vencedor na demanda se encontrar em estado de insuficiência econômica, o que o torna beneficiário da justiça gratuita.

O TST editou, em 1985, a Súmula n. 219, in verbis: "I – Na Justiça do Trabalho, a condenação em honorários advocatícios, nunca superiores a 15% (quinze por cento), não decorre pura e simplesmente da sucumbência, devendo a parte estar assistida por Sindicato da categoria profissional e comprovar a percepção de salário inferior ao dobro do mínimo legal ou encontrar-se em situação econômica que não lhe permita demandar sem prejuízo do próprio sustento ou da respectiva família".

Como os sindicatos poderiam atuar em juízo também como substituto processual (art. 872, parágrafo único, da CLT, por exemplo), também em 1985 o TST editou a Súmula n. 220, prevendo que: "Atendidos os requisitos da Lei n. 5.584/1970, são devidos honorários advocatícios, ainda que o sindicato figure como substituto processual"(18).

A posição restritiva adotada pelo TST na Súmula n. 219 foi reforçada pela Orientação Jurisprudencial n. 27, da sua SDI-II, editada em setembro de 2000, *in verbis*: "Incabível condenação em honorários advocatícios em ação rescisória no processo trabalhista, salvo se preenchidos os requisitos da Lei n. 5.584/1970". Em 2003, a SDI-1 do TST editou, adotando postura também restritiva, a Orientação Jurisprudencial n. 305, no sentido de que: "Na Justiça do Trabalho, o deferimento de honorários advocatícios se sujeita à constatação da ocorrência concomitante de dois requisitos: o benefício da justiça gratuita e a assistência por sindicado".

Em razão da alteração da competência da Justiça do Trabalho, estabelecida pela Emenda Constitucional n. 45/2004, em 2005 o TST editou a Instrução Normativa n. 27/2005, estabelecendo que, "exceto nas lides decorrentes da relação de emprego, os honorários advocatícios são devidos pela mera sucumbência" (art. 5º). De acordo com a citada Instrução Normativa: a) no caso de demanda decorrente do vínculo de emprego, a condenação ao pagamento de honorários advocatícios não decorre pura e simplesmente da sucumbência, devendo a parte vencedora estar assistida por sindicato da categoria profissional e comprovar a percepção de salário inferior ao dobro do mínimo legal, ou que a sua situação econômica não lhe permita demandar sem prejuízo do próprio sustento ou da família; e, b) na hipótese de ação decorrente da relação de trabalho não subordinado, a condenação ao pagamento de honorários advocatícios decorre de simples sucumbência(19).

(18) Em 1993, o TST editou a Súmula n. 310, cujo item VIII previa que, "quando o sindicato for o autor da ação na condição de substituto processual, não serão devidos honorários advocatícios". Essa Súmula foi cancelada em 2003.

(19) A natureza da relação jurídica litigiosa foi alçada à condição de critério definidor da possibilidade de condenação do vencido ao pagamento de honorários advocatícios sucumbenciais no processo do trabalho, o que é criticável, visto que: a) a alteração da competência da Justiça do Trabalho não resultou na criação de dois processos do trabalho distintos (um para as lides decorrentes de relação de emprego e outro, para as lides que resultem de relação de trabalho não subordinado); b) foi estabelecida, sem nenhuma razão de ordem fática ou jurídica, distinção em relação aos custos do processo, fundada na natureza subordinada ou autônoma da prestação de serviços, enquanto o vencedor, seja ele trabalhador autônomo ou subordinado, não pode suportar os custos do processo a que não deu causa; c) também de forma injustificável, aos trabalhadores que passaram a contar com as

Em novembro de 2008, a Orientação Jurisprudencial n. 27 da SDI-II foi incorporado à Súmula n. 219 do TST, passando esta a ter a seguinte redação: "I – Na Justiça do Trabalho, a condenação em honorários advocatícios, nunca superiores a 15% (quinze por cento), não decorre pura e simplesmente da sucumbência, devendo a parte estar assistida por Sindicato da categoria profissional e comprovar a percepção de salário inferior ao dobro do mínimo legal ou encontrar-se em situação econômica que não lhe permita demandar sem prejuízo do próprio sustento ou da respectiva família. II – É incabível a condenação ao pagamento de honorários advocatícios em ação rescisória no processo trabalhista, salvo se preenchidos os requisitos da Lei n. 5.584/1970".

Em maio de 2011, o TST conferiu nova redação à Súmula n. 219, que passou a prever:

> "I – Na Justiça do Trabalho, a condenação em honorários advocatícios, nunca superiores a 15% (quinze por cento), não decorre pura e simplesmente da sucumbência, devendo a parte estar assistida por Sindicato da categoria profissional e comprovar a percepção de salário inferior ao dobro do mínimo legal ou encontrar-se em situação econômica que não lhe permita demandar sem prejuízo do próprio sustento ou da respectiva família. II – É cabível a condenação ao pagamento de honorários advocatícios em ação rescisória no processo trabalhista. III – São devidos os honorários advocatícios nas causas em que o ente sindical figure como substituto processual e nas lides que não derivem da relação de emprego".

À luz da Súmula n. 219 do TST, na sua atual redação, a parte pode ser condenada ao pagamento de honorários advocatícios sucumbenciais na hipótese de: a) assistência sindical, nos termos dos artigos 14 e 16 da Lei n. 5.584/1970; b) ação rescisória; c) demanda em que o ente sindical figure como substituto processual; d) demanda que não derive da relação de emprego.

Assim, o TST manteve a postura tradicional em relação às demandas oriundas da relação de emprego (os honorários advocatícios sucumbenciais somente são cabíveis na hipótese estabelecida pela Lei n. 5.584/1970), reafirmou o entendimento de que nas demandas que não sejam oriundas da relação de emprego o vencido pode ser condenado ao pagamento de honorários advocatícios sucumbenciais, passou a admitir a condenação do vencido no pagamento dos honorários advocatícios sucumbenciais na ação rescisória ainda que não sejam preenchidos os requisitos da Lei n. 5.584/1970 e voltou a admitir a condenação ao pagamento de honorários advocatícios sucumbenciais nas demandas propostas por ente sindical como substituto processual.

Em 1.02.2013, a SDI-1 do TST editou a Orientação Jurisprudencial n. 421, *in verbis*: "A condenação em honorários advocatícios nos autos de ação de indenização por danos morais e materiais decorrentes de acidente de trabalho ou de doença profissional, remetida à Justiça do Trabalho após ajuizamento na Justiça comum, antes da vigência da Emenda Constitucional n. 45/2004, decorre da mera sucumbência, nos termos do art. 20 do CPC, não se sujeitando aos requisitos da Lei n. 5.584/1970"[20].

---

vantagens próprias do direito processual do trabalho por força da alteração da competência da Justiça do Trabalho foi assegurado benefício (possibilidade de condenação do vencido ao pagamento de honorários de advogado) que é negado, salvo as hipóteses estabelecidas pela Súmula n. 219 do TST, aos trabalhadores para os quais foi criada a Justiça do Trabalho (trabalhadores subordinados); d) descumprir a legislação trabalhista, que assegura, em grande parte, direitos inerentes à dignidade humana e a que correspondem créditos de caráter alimentar, não pode implicar em ônus inferior ao descumprimento de normas regentes da prestação de serviços não subordinados.

(20) Em dois dos precedentes desta Orientação Jurisprudencial, a SDI-1 do TST decidiu, ao julgar recurso de embargos, que: "É devido o pagamento de honorários advocatícios, sem a exigência dos requisitos da Súmula n. 219 do TST, quando a ação é proposta inicialmente na Justiça Comum, antes da promulgação da Emenda Constitucional n. 45/2004, em razão da controvérsia quanto à competência da Justiça do Trabalho para processar e julgar as causas que tenham por objeto a indenização por danos morais e materiais decorrentes de acidente de trabalho, o que ocorreu no caso dos autos. Desse modo, nos termos do art. 20 do CPC, basta a sucumbência para a condenação em honorários de advogado, porquanto na Justiça Comum não se aceita o princípio do *jus postulandi*, sendo obrigatória a participação do advogado na demanda. Precedentes da Subseção I Especializada em Dissídios Individuais (TST-E-RR-7810900-33.2006.5.09.0670, Rel. Min. Luiz Philippe Vieira de Mello Filho, Subseção I Especializada em Dissídios Individuais, DEJT 23.11.12) e que "1. Muito embora persista nesta Corte superior o entendimento de que a percepção de honorários advocatícios, na Justiça do Trabalho, está condicionada ao preenchimento dos requisitos do artigo 14 da Lei n. 5.584/70, a ampliação da competência desta Justiça Especial, por meio da Emenda Constitucional n. 45/2004, ensejou o reconhecimento de exceção a essa regra, a abarcar o período de transição na alteração da competência funcional dos órgãos judiciários. 2. A hipótese em exame é daquelas albergadas pela dita transição, porquanto constitui fato incontroverso o ajuizamento da presente ação, objetivando a reparação de danos decorrentes de atos ilícitos, em 14.5.2004, perante a Justiça Comum, submetendo-se, pois, a condenação ao pagamento dos honorários de advogado à mera sucumbência, consoante o disposto no artigo 20 e parágrafos do Código de Processo Civil. 3. Recurso de embargos conhecido e provido. (Processo TST-E-RR-94985-66.2005.5.10.0006, Rel.

Antes de enunciar a nossa conclusão final a respeito da questão proposta, vale mencionar que às situações mencionadas na Súmula n. 219 do TST pode ser acrescentada outra, traduzida pelos casos de litigância de má-fé, a qual permite, inclusive, alcançar o trabalhador litigante de má-fé.

A Lei n. 9.099/1995, que dispõe sobre os Juizados Especiais Cíveis e Criminais e consagra, em grande parte, princípios regentes do direito processual do trabalho, dentre os quais o da facilitação de acesso à justiça, por meio do reconhecimento às partes do direito de postular pessoalmente perante os órgãos do Poder Judiciário, embora determine que a sentença de primeiro grau não condenará o vencido em custas e honorários de advogado, ressalvou os casos de litigância de má-fé (art. 55[21]). Portanto, o vencido será condenado ao pagamento de honorários advocatícios sucumbenciais no caso de litigância de má-fé. O CPC também autoriza a condenação da parte no pagamento de honorários advocatícios no caso de litigância de má-fé, como se vê do seu art. 18, com a redação que lhe conferiu a Lei n. 8.952/1994[22].

Adotando, com esteio no art. 769 da CLT, a solução prestigiada pela Lei n. 9.099/1995 e pelo CPC no processo do trabalho, pode ser afirmado que a sentença condenará o vencido no pagamento de honorários advocatícios sucumbenciais nas hipóteses estabelecidas na Súmula n. 219 do TST e nos casos de litigância de má-fé (situação em que, como visto, a condenação pode corresponder a honorários sucumbenciais ou indenizatórios). O direito processual do trabalho é omisso em relação às hipóteses e consequências da litigância de má-fé, ao passo que não se pode negar serem com ele compatíveis as normas que delas tratam, especialmente porque ao juiz cumpre adotar as medidas que assegurem a mais rápida solução da lide, o que inclui o combate à litigância de má-fé (art. 765 da CLT), observando-se que o fato de a CLT não disciplinar de forma expressa o abuso do direito no contexto do processo não pode ser interpretado como permissão para a sua prática. Daí a possibilidade de utilização da Lei n. 9.099/1995 e do CPC como fontes subsidiárias do direito processual do trabalho.

Não é só.

A restrição à condenação do vencido ao pagamento de honorários advocatícios sucumbenciais no processo do trabalho tem estreita relação com o jus postulandi reconhecido aos empregados e empregadores no art. 791 da CLT[23]. Sob este enfoque, sendo

---

Min. Lelio Bentes Corrêa, Subseção I Especializada em Dissídios Individuais, DEJT de 16.9.2011). Sob o prisma destas decisões, a obrigatoriedade da contratação de advogado no momento da propositura da ação atrai a aplicação do princípio da sucumbência no processo do trabalho.

(21) "A sentença de primeiro grau não condenará o vencido em custas e honorários de advogado, ressalvados os casos de litigância de má-fé...".

(22) "O juiz ou tribunal, de ofício ou a requerimento, condenará o litigante de má-fé a pagar multa não excedente a 1% (um por cento) sobre o valor da causa e a indenizar a parte contrária dos prejuízos que esta sofreu, mais os honorários advocatícios e todas as despesas que efetuou". Os honorários previstos na Lei n. 9.099/95 possuem natureza punitiva e sucumbencial (a citada lei afasta o princípio da sucumbência como regra, mas o adota quando se trata de litigância de má-fé). Os honorários de que trata o art. 18 do CPC possuem natureza indenizatória (a parte será ressarcida dos prejuízos decorrentes da litigância de má-fé, incluídos os gastos que efetuou com a contratação de advogado). Note-se que o art. 18 do CPC estabelece uma exceção ao princípio segundo o qual o juiz está adstrito ao pedido, visto que autoriza a condenação ao ressarcimento de danos decorrentes de litigância de má-fé também de ofício, o que se explica pela natureza pública do processo e de consistir a litigância de má-fé uma ofensa à dignidade da justiça.

(23) Esta conclusão é autorizada, por exemplo, pela Súmula n. 329 do TST: "Mesmo após a promulgação da CF/1988, permanece válido o entendimento consubstanciado na Súmula n. 219 do Tribunal Superior do Trabalho". Wagner Giglio e Claudia Giglio Veltri Corrêa, justificando a não aplicação do princípio da sucumbência no processo do trabalho, afirmam que "Para que as partes não ficassem oneradas pelas despesas com honorários de advogado, facultou-se que elas interviessem diretamente no processo, sem intermediação de procurador. E não seria razoável, assim sendo, que o vencido sofresse condenação no pagamento de despes desnecessária, efetuada pelo vencedor" (*Direito processual do trabalho*. 15 ed. São Paulo: Saraiva, 2005. p. 161). Cumpre fazer algumas observações sobre o reconhecimento de direito de postular pessoalmente perante os órgãos da Justiça do Trabalho. O Decreto-lei n. 1.237, de 02.03.39 organizou a Justiça do Trabalho e facultou às partes apresentar reclamação pessoalmente aos seus órgãos (arts. 40 e 60, § 2º). O Decreto n. 6.596, de 12 de dezembro de 1940, que aprovou o Regulamento da Justiça do Trabalho, autorizou empregados e empregadores reclamar pessoalmente perante a Justiça do Trabalho e acompanhar as suas reclamações até o final (art. 90). Note-se que a dispensa da contratação de advogado para demandar perante a Justiça do Trabalho não é explicada, pelo menos quando os citados decretos entraram em vigor, pela facilitação do **acesso à justiça**, vez que, naquele momento, a Justiça do Trabalho não havia sido integrada ao Poder Judiciário (fato que somente ocorreu com a Constituição Federal de 1946), estando integrada ao Poder Executivo. Para apresentar uma reclamação perante órgãos do Poder Executivo não poderia ser exigida a contratação de advogado. A CLT, que entrou em vigor em 1943, apenas manteve a solução prestigiada pelos Decretos em destaque, ou seja, no período da solução administrativa dos conflitos decorrentes da relação de emprego. Destarte, a inspiração da CLT não constitui, no particular, a facilitação do acesso à justiça. Tal fato não permite desconsiderar, no entanto, que o reconhecimento do *jus postulandi*

a contratação de advogado uma faculdade da parte, os ônus desta contratação devem ser por ela suportados.

Contudo, por meio da Súmula n. 425, o TST adotou o entendimento de que o *jus postulandi* "limita-se às Varas do Trabalho e aos Tribunais Regionais do Trabalho, não alcançando a ação rescisória, a ação cautelar, o mandado de segurança e os recursos de competência do Tribunal Superior do Trabalho".

Portanto, a contratação de advogado nas situações previstas na Súmula n. 425 do TST (ação rescisória, ação cautelar, mandado de segurança e recursos de competência do TST) **passou a ser obrigatória** e não mais facultativa.

Destarte, por força da Súmula n. 425 do TST, existem situações que tornam obrigatória a representação da parte por advogado. Esta nova realidade não pode ser desprezada, valendo observar que, como adverte Piero Perlingieri, "não basta o conhecimento das leis, a interpretação da disposição legislativa, nem reconstruir os institutos, os conceitos e então o sistema; é necessário confrontar o sistema com o fato, a realidade social, os problemas concretos"(24). A nova realidade, a partir da Súmula n. 425 do TST, é esta: existem situações em que demandar perante a Justiça do Trabalho exige a contratação de advogado. Se a contratação de advogado passou, nestes casos, a ser obrigatória, já não subsiste, quanto a eles, o argumento de que o reconhecimento do jus postulandi afasta a possibilidade de condenação ao pagamento de honorários advocatícios sucumbenciais. Em resumo, na esteira da jurisprudência sumulada do TST, se não existe necessidade de contratação de advogado para postular perante a Justiça do Trabalho, não há que se falar em condenação ao pagamento de honorários advocatícios sucumbenciais. Porém, no momento em que esta necessidade passa a existir, ainda segundo a jurisprudência sumulada do TST, a condenação ao pagamento de honorários advocatícios se impõe (sob pena de transferir para o vencedor os custos do processo a que deu causa o vencido, o que contraria a CLT, que em vários momentos prestigia o princípio da causalidade)(25).

Lado outro, assim como o exercício de um direito oriundo da relação de trabalho não subordinado não respeitado espontaneamente não pode representar perda patrimonial para o seu titular (é o que se infere da Súmula n. 219, III, do TST, que autoriza a condenação do vencido no pagamento de honorários advocatícios, com esteio na simples sucumbência, quando se trate de dissídio que não seja oriundo da relação de emprego), o mesmo pode ser dito quanto aos direitos resultantes da relação de emprego, em especial quando a eles corresponderem créditos de caráter alimentar. Vale mencionar, a propósito, que a Constituição da República de 1988 coloca a dignidade da pessoa humana (a pessoa como valor em si) no vértice do sistema constitucional (art. 1º), indicando que devem estabelecidas e colocadas em prática medidas que resultem na plena satisfação dos direitos inerentes à dignidade humana (direitos humanos e fundamentais), dentre os quais os relacionados com o vínculo de emprego (direitos humanos e fundamentais trabalhistas).

Destarte, quando, por força da Súmula n. 425 do TST, for obrigatória a contratação de advogado, o vencido deverá ser condenado a pagar honorários advocatícios sucumbenciais ao vencedor. Isso porque a hipótese já não é de gasto facultativo, mas de gasto indispensável ao exercício do direito assegurado pela ordem jurídica.

Observe-se, por fim, que a Súmula n. 425 do TST deixa claro que as situações de maior complexidade (ação rescisória e recurso de natureza extraordinária, por exemplo) exigem a representação da parte por advogado, o que está em sintonia com a concepção dinâmica do contraditório, entendido como real possibilidade de influência na formação do provimento jurisdicional. Nesta mesma linha de raciocínio, quando a demanda envolver questões de maior complexidade, tornando necessária a contratação de advogado, também é cabível a condenação do vencido no pagamento de honorários advocatícios sucumbenciais. Assim, às hipóteses elencadas na Súmula n. 425 do TST podem ser acrescentadas as situações de:

---

constitui, na fase da solução judicial dos conflitos decorrentes da relação emprego (inaugurada com a integração da Justiça do Trabalho ao Poder Judiciário), um facilitador do acesso à justiça.

(24) *O direito civil na legalidade constitucional*. Rio de Janeiro: Renovar, 2008. p. 6.

(25) A CLT, ao atribuir ao vencido a obrigação de pagar custas no processo de conhecimento (art. 789, § 1º) e impor ao executado a obrigação de pagar as custas devidas na execução (art. 789-A), deixa claro que os custos do processo devem ser suportados pela parte que lhe deu causa. O próprio TST prestigia o princípio da causalidade, o que fez na Súmula n. 219, III, do TST, quando autoriza, com base na simples sucumbência, a condenação do vencido no pagamento de honorários advocatícios, quando se trate de demanda que não seja oriunda da relação de emprego.

1) complexidade decorrente do objeto da demanda. Citem-se, como exemplos, as ações que envolvem a estabilidade no emprego (a maior complexidade destas ações é expressamente reconhecida, por força da criação de uma ação específica para a hipótese de dispensa de trabalhador estável, qual seja o inquérito para apuração de falta grave, com aumento expressivo, inclusive, do número de testemunhas que podem sem indicadas à oitiva pelas partes) e questões constitucionais;

2) complexidade resultante da repercussão da demanda. As ações acidentárias, por exemplo, envolvem interesses dos trabalhadores, dos empregadores e da sociedade. Também não se pode negar a especial repercussão das ações coletivas (a dimensão coletiva dos interesses em conflito fez surgir o direito processual coletivo, com a criação de um instrumental técnico diferenciado, exatamente em razão daquele fato, o que demonstra a sua maior complexidade);

3) complexidade resultante do equivalente monetário da pretensão posta em juízo (critério que é adotado pelo legislador, ao criar o procedimento sumário e o procedimento sumaríssimo). A Lei n. 9.099/1995 dispensa a contratação de advogado nas causas de valor até vinte salários mínimos (art. 9º), o que pode ser aplicado no processo do trabalho levando em conta, no entanto, o valor fixado para o sumaríssimo, ou seja, quarenta salários mínimos (art. 852-A da CLT).

Registre-se que a complexidade da demanda tem servido como parâmetro para soluções legislativas (os juizados especiais cíveis e criminais foram criados para conciliar, processar e julgar causas de menor complexidade, nos termos da art. 3º da Lei n. 9.099/1995, por exemplo) e jurisprudenciais (a Corte Europeia de Direitos Humanos vem adotando como critério para a verificação do desrespeito do direito à duração razoável do processo, além do comportamento das partes e dos seus procuradores e a atuação dos órgãos jurisdicionais, a complexidade da demanda), não se podendo olvidar, ainda, que **o direito e a interpretação das normas pelas quais se manifesta não podem servir de obstáculo ou desconsiderar as transformações sociais**, sendo relevante anotar que "a interpretação adequada é aquela que consegue concretizar, de forma excelente, o sentido (Sinn) da proposição normativa dentro das condições reais dominantes numa determinada situação" (Konrad Hesse. A força normativa da Constituição. Porto Alegre: Sergio Antonio Fabris Editor, 1991. p. 22-23)[26].

O acesso à justiça não se resume à possibilidade de provocar o Poder Judiciário. A sua efetividade pressupõe que a parte tenha plena ciência dos seus direitos (o que nem sempre ocorre, dada a denominada inflação legislativa e o grande número de questões que somente são resolvidas pela via das súmulas, o que pressupõe o seu conhecimento, por exemplo) e um mínimo de domínio das técnicas processuais (o que raramente ocorre em relação aos leigos, valendo lembrar, por exemplo, da necessidade de manifestação de contrariedade da parte em relação a ato praticado pelo na primeira oportunidade de falar em audiência ou nos autos, para evitar preclusão). Sem isso, não se pode falar em efetivo acesso à jurídica e à justa solução dos conflitos de interesses levados ao Poder Judiciário[27]. Destarte, nas situações de maior complexidade não se pode invocar o jus postulandi como barreira intransponível para aplicar o princípio da sucumbência no processo do trabalho. Note-se, inclusive, que a Súmula n. 425 do TST indica que a necessidade da contratação de advogado ou de exercício do *jus postulandi* deve ser apurada *in concreto* e não *in abstrato*.

Dai ser afirmado que, no processo do trabalho, a sentença condenará o vencido no pagamento de honorários advocatícios nas hipóteses estabelecidas na Súmula n. 219 do TST, nos casos de litigância de má-fé e nas situações em que seja necessária a representação por advogado, assim entendidas as situa-

(26) Este doutrinador alude, ao tratar da interpretação da Constituição, ao *princípio da ótima concretização da norma* (Op. cit.. p. 22). Adequada este lição ao acesso à justiça e considerando que a concretização da norma somente ocorre com a concretização do direito por ela assegurado (a norma é efetiva quando produz os efeitos para os quais foi editada), pode ser afirmada a existência de um verdadeiro *princípio da ótima concretização do direito de acesso à justiça*, o que exige que o seu exercício se dê da forma menos dispendiosa possível para a parte que tem razão na sua pretensão, **diretriz que se infere, no direito processual do trabalho, da atribuição ao vencido da obrigação as custas processuais e, ao executado, de pagar as custas do processo de execução.**

(27) Como adverte Francesco Carnelutti, "se o dano ocasionado pelo processo à parte que tem razão não for ressarcido pela que não a tem, a lide não será composta de forma justa" (*Instituciones del processo civil*. Buenos Aires, Librería El Foro, v. I.,359). A justa solução dos conflitos de interesses pelos órgãos jurisdicionais constitui pressuposto da justiça social, sendo esta um dos objetivos fundamentais da República Federativa do Brasil (art.3º, I, da Constituição da República).

ções definidas na Súmula n. 425 do TST e as demandas que envolvem questões de maior complexidade.

Cumpre mencionar que a contratação por advogado pode se tornar obrigatória no curso do processo. É o que se dá, por exemplo, quando é interposto recurso endereçado ao TST (Súmula n. 425). A solução para esta situação está na Lei n. 9.099/1995. A Lei n. 9.099/1995 dispensa a representação por advogado nas causas de valor até vinte salários mínimos (art. 9º), mas torna obrigatória esta representação no caso de recurso (art. 41, § 2º), dispondo, ainda, que o recorrente, vencido, deverá ser condenado a pagar honorários, demonstrando que, quando se tornar obrigatória a representação por advogado no curso do processo, o vencido deverá ser condenado a pagar honorários advocatícios ao vencedor. Esta mesma solução deve ser aplicada no processo do trabalho, quando se trate de processo submetido ao TST em grau de recurso.

É necessário e possível, no entanto, dar um passo adiante.

À Lei n. 5.584/1970 deve ser conferido alcance distinto daquele que lhe é atribuído pela doutrina e jurisprudência predominantes.

Para tanto, cumpre lembrar que, quando da edição da Lei n. 5.584/1970, o direito processual civil autorizava a condenação do vencido a pagar honorários advocatícios sucumbências em duas situações, que eram tratadas em diplomas legais distintos:

a) a condenação do vencido com esteio no princípio da causalidade era prevista no CPC;

b) a condenação do vencido no caso de o vencedor contar com assistência judiciária e ser insuficiente econômico era disciplinada na Lei n. 1.060/50.

A Lei n. 1.060/1950 não trata dos honorários advocatícios sucumbenciais no processo civil, mas, apenas destes honorários na hipótese de o vencedor contar com assistência judiciária e ser insuficiente econômico. A Lei n. 5.584/1970 somente fez referência à situação tratada na Lei n.1.060/1950. Isso significa que a Lei n. 5.584/1970 **não trata de forma ampla dos ônus da sucumbência no processo do trabalho**. Assim como a Lei n. 1.060/1950, **a Lei n. 5.584/1970 trata de uma situação particular: o vencedor na demanda conta com a assistência judiciária e é insuficiente econômico.**

Destarte, existe uma omissão no direito processual do trabalho, qual seja **a relativa aos honorários advocatícios sucumbenciais fora da situação tratada na Lei n. 5.584/1970.**

A solução para esta omissão é apontada pelo art. 769 da CLT: recorrer, para supri-la, ao direito processual comum. Com isto, mesmo no processo do trabalho, de ser aplicado princípio da causalidade, o que significa que o responsável pelo ajuizamento da demanda deve ser condenado ao pagamento de honorários advocatícios sucumbenciais.

A maior complexidade das demandas trabalhistas, que o recorrente, vencido, deverá ser condenado a pagar honorários, demonstrando que, quando se tornar obrigatória a representação por advogado no curso do processo, o vencido deverá ser condenado a pagar honorários advocatícios ao vencedor, decorrente da maior complexidade das relações sociais, faz com que a regra já não seja a opção do trabalhador pelo exercício do *jus postulandi*, o que impede que a possibilidade de a parte pleitear pessoalmente perante a Justiça do Trabalho seja adotado como parâmetro para a definição das situações em que ao vencido pode ser imposta a obrigação de pagar honorários sucumbenciais, observando-se que a CLT, como já foi visto, adota o princípio da causalidade e que a possibilidade da postulação pessoal não pode implicar transferência para o vencedor, notadamente quando se trata do trabalhador (por força do caráter predominantemente alimentar dos seus crédito), dos custos decorrentes do ilícito praticado pelo vencedor.

O *jus postulandi* tem por objetivo assegurar a plena fruição da garantia constitucional de acesso à justiça, mediante a redução do custo financeiro do processo. Com isso, atribuir ao trabalhador necessitado, por exemplo, o custo financeiro do processo é atentar contra esta garantia constitucional, transformando o *jus postulandi* em um ônus (o exercício do *jus postulandi* atrai a responsabilidade pelo custo do processo). Ademais, como os custos do processo constituem sério entrave ao acesso à justiça, transferi-lo ao trabalhador necessitado é atentar contra a efetiva fruição desta garantia constitucional. A CLT procura facilitar o acesso à justiça impondo a gratuidade como regra (art. 790, § 3º), o que demonstra a intenção de afastar, em especial do trabalhador, os custos financeiros da demanda. À facilidade de acesso à justiça (decorrente do *jus postulandi*) a resposta não pode ser, portanto, a criação de dificuldades a este acesso, na forma de atribuição ao trabalhador da responsabilidade pelos custos financeiros do processo, por exemplo[28].

(28) É interessante mencionar que o maior dispêndio com o processo é representado pelos honorários advocatícios. Neste

É alegado, em favor da solução encampada pelo TST na Súmula n. 219, que a condenação ao pagamento de honorários advocatícios é incompatível com o princípio da gratuidade, vigente no direito processual do trabalho. Ocorre que **a gratuidade não pode ser adotada como fundamento para criar encargos financeiros para o vencedor na demanda**. Ademais, o próprio TST vem adotando posicionamento diverso, ao elastecer as situações em que é possível a condenação do vencido no pagamento de honorários advocatícios. Acrescente-se que a gratuidade não interfere na possibilidade de deferimento de honorários advocatícios, na medida em que a parte que se encontre em situação de incapacidade econômica estará dispensada do seu pagamento (art. 3º, V, da Lei n. 1.060/1950). Lembre-se, ainda, que a representação por advogado não é gratuita[29], o que significa que a postura restritiva adotada pelo TST acaba estimulando o descumprimento da legislação trabalhista, na medida em que dele somente decorrerá a obrigação de pagar valores devidos acrescidos de correção monetária, juros e custas, isto sem contar o benefício decorrente da prescrição quinquenal.

Comentando o art. 791 da CLT, Mozart Victor Russomano afirma, com propriedade, que "na esfera doutrinária, a possibilidade de a própria parte acionar e defender-se em juízo é uma simplificação, perfeitamente adequada à natureza do processo trabalhista e aos seus fins últimos. A prática nos tem demonstrado que, ao menos no Brasil, não é aconselhável o sistema. O índice intelectual do empregado e do empregador não é, entre nós, suficientemente alto para que eles compreendam, sem certas dificuldades, as razões de ser da Justiça do Trabalho, sua atribuição de aplicar aos fatos uma lei protecionista do trabalhador, mas interpretada com imparcialidade. Por outro, o Direito Processual do Trabalho está subordinado aos princípios e aos postulados medulares de toda a ciência jurídica, que fogem à compreensão dos leigos. É um ramo do direito positivo com regras abundantes e que demandam análise de hermeneuta, por mais simples que queiram ser. O resultado disso tudo é que a parte que comparece sem procurador, nos feitos trabalhistas, recai em uma inferioridade processual assombrosa. Muitas vezes o juiz sente que a parte está com o direito a seu favor. A própria alegação do interessado, entretanto, põe por terra sua pretensão, porque mal fundamentada, mal-articulada, mal-explicada e, sobretudo, mal defendida. Na condução da prova, o problema se acentua e agrava. E todos sabemos que a decisão depende do que os autos revelarem o que está o está provado" (Comentários à CLT. Rio de Janeiro: Forense, 1990. p. 867-868).

6. HONORÁRIOS ADVOCATÍCIOS INDENIZATÓRIOS OU CONTRATUAIS NO PROCESSO DO TRABALHO

Resta examinar a possibilidade de invocar no processo do trabalho os arts. 389, 395 e 404 do CC, como fundamento jurídico para a condenação do vencido a pagar honorários advocatícios indenizatórios ou contratuais ao vencedor.

De início, é importante mencionar que estes honorários são disciplinados pelo direito material, em razão da sua natureza indenizatória (trata-se de um componente da indenização das perdas e danos sofridas pelo credor). Este fato conduz à conclusão de que não se pode alegar que a Lei n. 5.584/1970 impede o deferimento destes honorários, porque ela deles não tratou. A referida lei disciplina o processo e os honorários contratuais são objeto de disciplina pelo direito material.

A questão há de ser resolvida, portanto, à luz do direito material do trabalho, complementado e aperfeiçoado pela aplicação subsidiária do direito comum (8º, parágrafo único, da CLT).

O direito do trabalho comina, para o descumprimento de obrigações decorrentes da relação de emprego, penas pecuniárias de natureza administrativa (arts. 52 a 55, 435 e 626 da CLT) e penas pecuniárias que revertem em favor do trabalhador (arts. 467 e 477 da CLT, respectivamente) e impõe obrigação de pagar indenização na hipótese de descumprimento do dever de não colocar fim à relação de emprego (art. 496 da CLT), em clara demonstração de preocupação com a efetividade das normas que disciplinam a relação de emprego e os direitos por elas assegurados, o que permite afirmar que são compatíveis com o direito do trabalho as regras estabelecidas pelo CC

sentido, as custas são contadas à proporção de 2% do valor da causa ou da condenação (art. 789 da CLT) e, os honorários, à proporção de 10% a 20% do valor da causa (art. 20 do CPC) ou 15% do valor da condenação (art. 14 da Lei n. 5.584/70). Soa sem sentido afirmar que as partes são beneficiadas pela gratuidade do acesso à justiça (dispensa de pagamento das custas, emolumentos e honorários periciais), quando o ônus maior deste acesso (honorários advocatícios) recai sobre elas.

(29) O trabalhador que recorre à Justiça do Trabalho perde de 10% a 20% do valor do seu crédito, no caso de êxito da demanda (trata-se de honorários *ad exito*, isto é cujo pagamento depende do sucesso na demanda).

que procuram reforçar a efetividade das suas normas e direitos delas decorrentes. Com isso, também no direito do trabalho o inadimplemento ou a mora do devedor gera a obrigação, pré-processual, de indenizar e a indenização compreende os honorários de advogado. Assim, com esteio nos arts. 389, 395 e 404 do CC, o vencido poderá ser condenado a pagar honorários advocatícios indenizatórios ou contratuais ao vencedor.

Os arts. 14 e 16 da Lei n. 5.584/1970 não prejudicam esta conclusão. Primeiro, porque foram editados em ambiente em que não havia restrição ao exercício do jus postulandi no processo do trabalho e não levam em conta que a maior complexidade das relações sociais conduz à maior complexidade dos conflitos que dela decorrem, o que conduz à necessidade da contratação de advogado por parte dos trabalhadores, principalmente. Segundo, porque a Lei n. 5.584/70 somente trata de honorários devidos em razão do processo (honorários sucumbenciais), enquanto o CC impõe o pagamento de honorários como parte da indenização devida ao credor cujo direito não foi satisfeito no momento oportuno (honorários indenizatórios ou contratuais), o que significa que tratam de situações distintas. Os honorários advocatícios indenizatórios ou contratuais são devidos em razão do fato inadimplência ou mora, não estando, portanto, relacionados com a necessidade, ou não, da contratação de advogado. Com isso, não cabe invocar, para negar a possibilidade de condenação do vencido, com a possibilidade de postulação pessoal perante os órgãos da Justiça do Trabalho. Destarte, se o advogado é contratado, os honorários a ele comprovadamente pagos compõem a indenização a ser paga ao vencedor. Não sendo admitida esta solução, a condenação deverá ocorrer nos casos em que seja obrigatória a contratação de advogado, assim entendidos aqueles definidos na Súmula n. 425 do TST e nas demandas que envolvam questões de maior complexidade, visto que em relação a eles não cabe falar na dispensa da contratação de advogado.

Não se pode deixar de registrar, no entanto, que várias Turmas do TST têm se posicionado contra a condenação ao pagamento de honorários advocatícios indenizatórios ou contratuais no processo do trabalho. Neste sentido:

> "No direito processual trabalhista prevalece o princípio de que a condenação ao pagamento dos honorários advocatícios se dá, unicamente, nos casos previstos na Lei n. 5.584/1970. Inteligência do entendimento jurisprudencial consubstanciado nas Súmulas n. 219 e 329 e na Orientação Jurisprudencial n. 305 da SBDI-1, todas do Tribunal Superior do Trabalho. Não se cogita, portanto, de indenização por perdas e danos abrangendo honorários advocatícios nesta especializada" (RR 48900-71.2009.5.15.0158, 8ª Turma, Rel. Min. Dora Maria da Costa, DEJT 19.11.00).

> "A jurisprudência consolidada desta Corte, consubstanciada nas Súmulas 219 e 329, segue no sentido de que a condenação ao pagamento de honorários advocatícios não decorre simplesmente da sucumbência, mas condiciona-se ao preenchimento dos requisitos previstos no art. 14 da Lei n. 5.584/1970, referentes à assistência sindical e insuficiência econômica. Nesse contexto, a condenação ao pagamento de honorários advocatícios contratuais, com fundamento no Código Civil (sucumbência e perdas e danos) e com base na tese de que o Reclamante era livre para contratar advogado para defender seus interesses, olvidando-se dos requisitos insculpidos no art. 14 da Lei n. 5.584/1970, desatende ao disposto no referido preceito de lei e contraria a jurisprudência desta Corte, estratificada nos verbetes sumulares acima mencionados" (RR1184-23.2010.5.03.0069, 8ª Turma, Rel. Min. Ives Gandra Martins Filho, DJET 12.08.2011).

> "A jurisprudência desta Corte é pacífica no sentido de que, na Justiça do Trabalho, a condenação ao pagamento de honorários advocatícios pressupõe, além da sucumbência, que a parte esteja assistida por sindicato da categoria profissional e que comprove a percepção de salário inferior ao dobro do mínimo legal ou se encontrar em situação econômica que não lhe permita demandar sem prejuízo do próprio sustento ou da respectiva família. Essa é a diretriz traçada pela Súmula n. 219, I, desta Corte, cujo entendimento, após o advento da Constituição Federal de 1988, foi mantido pela Súmula n. 329 do TST. Portanto, não há que se falar em condenação ao pagamento dos honorários advocatícios por simples descumprimento da obrigação, sendo inaplicável, ao processo do trabalho, o art. 389 do Código Civil" (RR 324900-83.2005.5.12.0019, 7ª Turma, Rel. Min. Flávio Portinho Sirangelo, DEJT 22.10.2010).

> "O TST tem firmado entendimento, no sentido de serem inaplicáveis ao processo do trabalho os arts. 402 e 404 do CC/2002, cuja finalidade seja indenização por perdas e danos decorrentes da necessidade de contratação de advogado e perito, em que pese o entendimento pessoal deste relator" (RR 371900-93.2005.5.09.0009, 6ª Turma, Rel. Min. Augusto César Leite de Carvalho, DJET 19.11.2010).

> "No processo do trabalho, quanto aos honorários advocatícios, não tem aplicação subsidiária a legislação civil (arts. 389 e 404 do CCB), pois não há

lacuna na legislação trabalhista sobre a matéria, devendo ser observada a Lei n. 5.584/70" (RR 57500-72.2007.5.02.0042, 5ª Turma, Rel. Min. Kátia Magalhães Arruda, DEJT 05.11.2010).

"É inaplicável ao processo do trabalho o disposto no art. 389 do Código Civil, tendo em vista que, em reclamação trabalhista, os pressupostos para o deferimento dos honorários advocatícios encontram-se previstos no art.14 da Lei n. 5.584/1970" (RR 113-55.2011.5.24.0072, 3ª Turma, Rel. Min. Alberto Bresciani de Fontan Pereira, DJET 13.04.2012).

Estas decisões negam a possibilidade do deferimento de honorários advocatícios contratuais adotando como argumento o *jus postulandi* reconhecido à partes, o que indica que, não sendo obrigatória, no processo do trabalho, a contratação de advogado, não cabe invocar, em favor do vencedor, o disposto nos arts. 389, 394, 395 e 404 do CC. No entanto, o próprio TST restringiu, por meio da Súmula n. 425, o alcance do jus postulandi, o que impõe o reconhecimento da possibilidade de condenação ao pagamento dos honorários advocatícios contratuais pelo menos nas hipóteses de contratação obrigatória de advogado, que são, além daquelas mencionadas pela Súmula n. 425 do TST, as demandas de maior complexidade.

Adotando ponto de vista diverso do esposado nas decisões citadas, o Enunciado n. 53 da 1ª Jornada de Direito Processual e Material do Trabalho do Tribunal Superior do Trabalho, realizada em novembro de 2007, prevê que:

"Os arts. 348 e 404 do Código Civil autorizam o Juiz do Trabalho a condenar o vencido em honorários contratuais de advogado, a fim de assegurar ao vencedor inteira reparação do dano"[30].

Também adotando ponto de vista diverso do assumido pelo TST, o STJ, por sua 3ª Turma, decidiu que:

"O pagamento dos honorários extrajudiciais como parcela integrante das perdas e danos também é devido pelo inadimplemento de obrigações trabalhistas, diante da incidência dos princípios do acesso à justiça e da restituição integral dos danos e dos arts. 389, 395 e 404 do CC/2002, que podem ser aplicados subsidiariamente no âmbito dos contratos trabalhistas" (STJ, REsp. 1.027.797, Rel. Min. Nancy Andrighi, DJe 23.02.11).

De acordo com a relatora desta decisão, "Por ser uma faculdade, a concessão do jus postulandi não pode ser utilizada como fundamento para penalizar o trabalhador que resolve contratar um advogado particular (...). Como lembra Marinoni (...), o direito de acesso à justiça compreende, entre outros, o direito daquele que está em juízo poder influir no convencimento do magistrado, participando adequadamente do processo. Nessa dimensão, assume especial relevância a função do advogado no processo como fator de concretização do acesso à justiça, na medida em que, utilizando os seus conhecimentos jurídicos, otimiza a participação do seu cliente no processo de convencimento do magistrado (...). Assim sendo, analisada a questão sob a ótica do acesso à justiça, deve-se concluir que o empregado tem o direito de optar por se representado em juízo por advogado de sua confiança. Por fim, cumpre ponderar que o processo não pode impor prejuízos à parte a quem, ao final, se reconheça razão. Assim, aquele que deixou de pagar verbas trabalhistas tem de restituir ao empregado o que esse despendeu com os honorários advocatícios contratuais (...). O princípio da restituição integral se entrelaça com os princípios da equidade, da justiça e, consequentemente, com o princípio da dignidade da pessoa humana, tendo em vista que, minimizando os prejuízos efetivamente sofridos, evita-se o desequilíbrio econômico gerado pelo descumprimento da obrigação e protege-se a dignidade daquele que teve o seu patrimônio lesado".

Contudo, como "a ação de indenização ajuizada pelo trabalhador em face do ex-empregador, com vistas ao ressarcimento dos honorários advocatícios contratuais despendidos em reclamatória trabalhista outrora manejada, deve ser apreciada pela Justiça do Trabalho, porquanto se subsume ao que dispõe o art. 114, inciso VI, CF/98: 'Compete à Justiça do Trabalho processar e julgar [...] as ações decorrentes de indenização por dano moral ou patrimonial, decorrente da relação de trabalho'"[31], a tendência

(30) Nestas Jornadas também foi adotada Enunciado relativamente aos Honorários advocatícios, qual seja o de n. 79, *in verbis*: I – Honorários de sucumbência na Justiça do Trabalho. As partes, em reclamatória trabalhista e nas demais ações da competência da Justiça do Trabalho, na forma da lei, têm direito a demandar em juízo através de procurador de sua livre escolha, forte no princípio da isonomia (art. 5º, *caput*, da Constituição da República Federativa do Brasil) sendo, em tal caso, devidos os honorários de sucumbência, exceto quando a parte sucumbente estiver ao abrigo do benefício da justiça gratuita. II – Os processos recebidos pela Justiça do Trabalho decorrentes da Emenda Constitucional 45, oriundos da Justiça Comum, que nesta esfera da Justiça tramitavam sob a égide da Lei n. 9.099/95, não se sujeitam na primeira instância aos honorários advocatícios, por força do art. 55 da Lei n. 9.099/95 a que estavam submetidas as partes quando da propositura da ação.

(31) STJ, REsp. 1.087.153-MG, Rel. Min. Luis Felipe Salomão, DJe 22.06.12.

atual, apontada pelas do TST acima transcritas, é de prevalência, naquele tribunal, de vedação à condenação do vencido ao pagamento de honorários advocatícios indenizatórios ou contratuais.

É importante mencionar que o direito à reparação integral é assegurado pela Constituição Federal (art. 5º, V e X, da Constituição da República) e os artigos do Código Civil acima referidos apenas especificam as condições em que a reparação se fará de forma integral. A hipótese, portanto, é de direito assegurado pela Constituição, com a qual deve estar em sintonia as decisões do Poder Judiciário. O princípio da restituição integral ainda mais se justifica quando se trate de créditos de caráter alimentar e oriundos de direitos de natureza fundamental.

Registre-se entendimento manifestado em julgamento proferido pela Quarta Turma do Superior Tribunal de Justiça, nos autos do REsp. n. 1.027.897/MG, no sentido de que: " (...) incabível a indenização por danos materiais e morais em razão da necessidade de contratação de advogado para o ajuizamento de reclamatória trabalhista, porque descaracterizado qualquer ato ilícito. Ora, as verbas discutidas na reclamação eram controvertidas e somente se tornaram devidas após o trânsito em julgado da sentença, afastando, assim, qualquer alegação de ilicitude geradora do dever reparatório" (Voto proferido pelo Min. Aldir Passarrinho Junior). No entanto, o fato de o devedor negar a sua obrigação, tornando o crédito controverso, não o afasta da obrigação de pagar honorários advocatícios, sucumbenciais e contratuais, como autorizam afirmar os arts. 20 do CPC e 389 do CC.

Registre-se, por fim, que não existe consenso sobre a inclusão dos honorários advocatícios indenizatórios ou contratuais na isenção estabelecida pelo art. 3º, V, da Lei n. 1.060/1950 (consoante este comando legal o benefício da justiça gratuita alcança os honorários advocatícios). Existem, a propósito, três vertentes de pensamento: a) o art. 3º, V, da Lei n. 1.060/1950 não distingue os honorários sucumbenciais dos convencionais, o que significa que a isenção neles prevista deve ser aplicada também aos honorários advocatícios contratados; b) os honorários convencionais somente serão exigíveis nas hipóteses em que o êxito na ação venha a modificar a condição financeira da parte, nos termos do art. 12 da Lei n. 1.060/1950; c) a natureza contratual e personalíssima dos honorários advocatícios contratuais afasta a incidência da isenção estabelecida na Lei n. 1.060/1950, acrescentando-se que a parte que, embora necessitada, contrata advogado, renuncia à isenção do pagamento dos honorários contratados.

Para o Min. Paulo de Tarso Sanseverino, do STJ (REsp. 1153163, DJe 02.08.2012), "presumir que o beneficiário, embora não tenha condições de arcar com os valores dos honorários sucumbenciais, possa pagar honorários contratuais, contraria a própria finalidade da norma, de garantir o amplo acesso ao judiciário a quem não pode pagar. Não é possível a cobrança de honorários advocatícios contratuais de beneficiário de assistência judiciária gratuita, haja vista que o advogado, ao firmar contrato com cliente que sabidamente não tem condições financeiras de arcar com os custos de um processo, renuncia tacitamente à exigibilidade da verba honorária contratual enquanto perdurar a condição de hipossuficiência econômica, não lhe sendo permitido, após aceitar o encargo, cobrar os honorários, sob pena de incidir em comportamento contraditório, vedado pelo ordenamento jurídico por violar o princípio da boa-fé entre os contratantes".

Diante desta divergência, cumpre observar que o art. 3º, V, da Lei n. 1.060/1950 não faz distinção entre honorários advocatícios sucumbenciais e contratuais. Contudo, não se pode perder de vista que os custos do processo não podem ser transferidos para o advogado e que a este não pode ser negada a remuneração dos seus serviços. Com isto, para harmonizar a necessidade de facilitar o acesso à justiça e o respeito do direito do advogado à remuneração dos seus serviços, é preconizada uma quarta solução: no caso de ao vencedor na demanda ter sido conferido o benefício da justiça gratuita, dele o advogado não pode cobrar honorários contratuais, **desde que a este sejam assegurados os honorários sucumbenciais**. Desta feita, os ônus do processo recaem sobre quem a ele deu causa, o trabalhador necessitado não é sacrificado e o advogado tem remunerado os seus serviços.

7. HONORÁRIOS SUCUMBENCIAIS NO PROCESSO DO TRABALHO E O PROJETO DE LEI N. 3.392/2004

Encontra-se em tramitação no Congresso Nacional o Projeto de Lei n. 3.392, de 2004, que altera a redação do art. 791 da CLT e revoga o art. 786 da CLT e as disposições legais em contrário. O Projeto foi recentemente aprovado pela Câmara dos Deputados e aguarda exame pelo Senado.

De acordo com o citado Projeto:

> "Art. 1º O art. 791 da Consolidação das Leis do Trabalho, aprovado pelo Decreto-lei n. 5.452, de 1º de maio de 1943, passa a vigorar com a seguinte redação:

Art. 791. A parte será representada:

I – por advogado legalmente habilitado;

II – pelo Ministério Público do Trabalho;

III – pela Defensoria Pública da União.

§ 1º Será lícito à parte postular sem representante habilitado quando tiver habilitação legal para postular em causa própria.

§ 2º A sentença condenará o vencido, inclusive quando vencida a Fazenda Pública, ao pagamento de honorários advocatícios de sucumbência aos advogados, fixados entre o mínimo de dez e o máximo de vinte por cento, sobre o valor da condenação, atendidos:

I – o grau de zelo do profissional;

II – o lugar de prestação do serviço;

III – a natureza e a importância da causa, o trabalho realizado pelo advogado e o tempo exigido para seu serviço.

§ 3º. Os honorários dos peritos, tradutores, intérpretes e outros necessários ao andamento processual serão fixados pelo juiz, conforme o trabalho de cada um, com observância, entre outros, dos critérios de razoabilidade e proporcionalidade.

§ 4º É vedada a condenação recíproca e proporcional da sucumbência.

§ 5º Nas causas sem conteúdo econômico e nas que não alcance o valor de alçada, bem como naquelas em que não houver condenação, os honorários dos advogados, peritos, tradutores, intérpretes e outros sempre serão fixados consoante apreciação equitativa do juiz, atendidas as normas dos incisos I, II e III do § 2º deste artigo.

§ 6º Nas causas onde a parte estiver assistida por Sindicato de classe, nos termos dos arts. 14 e seguintes da Lei n. 5.584, de 26 de junho de 170, e § 1º do artigo 4º da Lei n. 1.060, de 5 de fevereiro de 1950, a condenação nos honorários advocatícios não a alcançará, devendo ser pagos através da conta das dotações orçamentárias dos Tribunais.

§ 7º A parte que declarar não possuir condições de demandar sem prejuízo do próprio sustento ou de sua família não sofrerá condenação em honorários, desde que lhe tenha sido deferida a justiça gratuita.

§ 8º Nas ações em que foi deferida justiça gratuita à parte, os honorários advocatícios, pagos pelo vencido, reverterão ao profissional que patrocinar a causa.

Art. 2º Ficam revogados o art. 786 da Consolidação das Leis do Trabalho e demais disposições em contrário."

Destarte, a um só tempo foi negado às partes o direito ao *jus postulandi* e estabelecido que quem der causa ao ajuizamento da demanda suportará os custos do processo, dentre os quais os relativos aos honorários advocatícios (o Projeto consagra, portanto, o *princípio da causalidade*). Com isto, sendo o Projeto em destaque transformado em lei, pelo menos para as demandas julgadas após a sua entrada em vigor a questão relativa aos honorários advocatícios sucumbenciais estará definitivamente resolvida (a norma processual trabalhista tem aplicação imediata, isto é, aplica-se ao processo em curso, o que significa que estão fora do seu campo de influência os processos extintos antes de sua entrada em vigor).

A previsão no sentido de que a sentença *condenará* o vencido ao pagamento de honorários advocatícios permite afirmar que esta condenação independe de pedido da parte.

Quando for vencida, a Fazenda Pública também deverá ser condenada ao pagamento dos honorários advocatícios.

O percentual dos honorários incidirá sobre o valor da condenação, aplicando-se à hipótese a solução consagrada pela Orientação Jurisprudencial n. 348 da SDI-1 do TST. Nas causas sem conteúdo econômico e nas que não alcance o valor de alçada, bem como naquelas em que não houver condenação, os honorários dos advogados serão fixados consoante apreciação equitativa do juiz, atendidas as normas dos incisos I, II e III do § 2º do art. 791 da CLT.

Foi expressamente vedada a condenação recíproca e proporcional da sucumbência. Contudo, como no caso de condenação os honorários advocatícios terão o valor respectivo como base de cálculo, os honorários serão arbitrados na medida da sucumbência do vencido.

Dos §§ 6º e 7º decorre que ao vencido que for deferida justiça gratuita não será imposta a obrigação de pagar honorários advocatícios sucumbenciais. No entanto, de acordo com o § 6º, quando o trabalhador vencido contar com assistência sindical e se encontrar em estado de insuficiência econômica, a União pagará honorários ao advogado do vencedor(32).

(32) A assistência sindical foi alçada, sem qualquer justificativa fática ou jurídica, à condição de ônus da União. Esta solução pode, inclusive, inibir ações governamentais voltados ao incentivo de uma maior atuação dos sindicatos na defesa judicial dos interesses e direitos dos membros da categoria respectiva, em prejuízo do acesso à justiça. Acrescente que é proposta a criação de despesas para a União sem apontar a fonte de custeio correspondente.

O § 8º do art. 791 da CLT define a distinção dos honorários advocatícios no caso de ao vencedor ter sido deferida a justiça gratuita: os honorários advocatícios pertencem ao advogado do sindicato que prestou assistência ao vencedor ou ao defensor público federal que representou o vencedor no processo.

8. CONCLUSÕES

A título de conclusão:

a) os honorários advocatícios sucumbenciais pertencem ao advogado que representar a parte no processo;

b) os honorários advocatícios indenizatórios ou contratuais objeto de condenação judicial pertencem à parte;

c) é aplicável no processo do trabalho o princípio da causalidade, de forma que a sentença deverá condenar o vencido a pagar honorários advocatícios sucumbenciais ao vencedor. Não sendo admitida esta solução em caráter geral, a sentença deverá condenar o vencido no pagamento de honorários advocatícios sucumbenciais nas situações estabelecidas pela Súmula n. 219 do TST, nos casos de litigância de má-fé e nas hipóteses em que for obrigatória a representação por advogado (o que inclui a situação em que a contratação de advogado se torna necessária no curso do processo), assim entendidas aquelas definidas na Súmula n. 425 do TST e as relativas às demandas de maior complexidade;

d) o vencido deverá ser condenado a pagar honorários advocatícios comprovadamente pagos pelo vencedor na hipótese de inadimplemento ou mora no cumprimento de obrigação decorrente do contrato de trabalho (honorários advocatícios indenizatórios ou contratuais). Rejeitada esta solução como regra geral, a condenação deverá ocorrer nos casos em que for obrigatória a representação por advogado, assim entendidos aqueles definidos na Súmula n. 425 do TST e nos relativos às demandas de maior complexidade;

e) no caso de ao vencedor na demanda ter sido conferido o benefício da justiça gratuita, dele o advogado não pode cobrar os honorários contratados, desde que a este sejam assegurados os honorários sucumbenciais;

f) com a transformação do Projeto n. 3.392/2004 em lei, pelo menos para as demandas julgadas após a sua entrada em vigor a questão relativa aos honorários advocatícios sucumbenciais estará definitivamente resolvida no contexto do processo do trabalho, com a ressalva de que não encontra justificativa fática ou jurídica a atribuição à União da obrigação de pagar honorários advocatícios na hipótese de o trabalhador vencido ter contado com assistência sindical e se encontrar em estado de insuficiência econômica, além do fato de que a atribuição desta responsabilidade representa a criação de despesas sem apontar a fonte de custeio correspondente.

Parte XIX

ATUAÇÃO JUDICIAL DO MINISTÉRIO PÚBLICO DO TRABALHO

CAPÍTULO 33

Legitimidade Ativa do Ministério Público do Trabalho na Defesa Judicial dos Danos Individualmente Sofridos

JOSÉ PEDRO PEDRASSANI(*)

INTRODUÇÃO

A construção acadêmica e doutrinária indicativa da necessidade social e jurídica de estabelecimento de um modelo de solução concentrada de conflitos acabou por impulsionar a edição de fontes legislativas que viessem suplantar a regulamentação processual de índole individual.

Assim é que a partir de longa evolução normativa instrumental, o Estado paulatinamente passou a incorporar novos instrumento processuais voltados à prestação jurisdicional coletiva, notoriamente como microssistema a partir da ação civil pública (Lei Federal n. 7.347/1985) e da ação civil coletiva (Lei Federal n. 8.078/1990), inclusive com a tentativa de edição de uma codicização de "processos coletivos" (Projeto de Lei n. 5.139/2009).

Decorre, daí, que tendo o Estado posto à disposição instrumentos processuais aptos para o conhecimento e a solução judiciais das lesões ou dos conflitos tipos como "de massa", uma das circunstâncias mais primorosamente questionadas foi a da investidura de legitimidade processual.

E o tema passa a assumir singular atenção especialmente no que diz respeito à atuação do Ministério Público, em especial no âmbito das relações jurídicas de trabalho, dado os contornos desta Instituição autônoma e independente.

Neste sentido é que se orienta o trabalho desenvolvido, ao abordar, de modo preliminar e breve, a amplitude da atuação ativa processual facultada ao Ministério Público do Trabalho.

1. LEGITIMIDADE DO MINISTÉRIO PÚBLICO

Ainda que algumas fontes jurídicas pré-existentes indicassem a faculdade de atuação judicial ativa, como parte, do Ministério Público, certo é que a idéia sistêmica foi inspirada no primeiro diploma constituído sob uma ótica coletiva, a chamada Lei da Ação Civil Pública (Lei Federal n. 7.347/1985), a qual preceituava:

- art. 1º, inciso "IV qualquer outro direito difuso ou coletivo;"
- art. 5º: "A ação principal e a cautelar poderão ser propostas pelo Ministério Público, (...).".

Ainda que justificável, em épocas passadas, a discussão a respeito da natureza jurídica desta legitimidade a que investido o Ministério Público, como sabiamente abordado por Carlos Alberto de Salles em obra própria[1], parece certo que a noção histó-

(*) Advogado. Professor. Mestre em Direito Processual (UFRGS). Doutor em Direto do Trabalho (USP). Membro Pesquisador do Instituto Brasileiro de Direito Social Cesarino Júnior.

(1) Segundo Salles. p. 115-117, em tema de direitos difusos e coletivos não se trataria nem de extraordinária nem ordinária, nem sequer poder-se-ia admitir a noção de representatividade, senão uma situação anômala.

rico-conceitual do que sejam interesses e/ou direitos "difusos" e "coletivos" sempre esteve centrada na idéia de coletividade, inorganizada ou não, com larga repercussão social, a sugerir a presença de uma suposta "incapacidade" de estruturas sociais para a pronta e imediata atuação judicial.

Nessa medida, em se apresentado o Ministério Público como instituição capaz de atender, ainda que seja entendido na condição de fiscal da lei, os interesses de incapazes, naturalmente que a essa Instituição também seriam alcançadas, agora, as prerrogativas de instauração de instância judicial coletiva.

E a evolução normativa vivenciada até 1988 restou devidamente atentada pelo legislador constituinte originário, que ao estabelecer os contornos institucionais-funcionais do Ministério Público assim pôs na Constituição Federal:

- art. 127: "O Ministério Público é instituição permanente, essencial à função jurisdicional do Estado, incumbindo-lhe a defesa da ordem jurídica, do regime democrático e dos interesses sociais e individuais indisponíveis";
- art. 129, inciso III: "São funções institucionais do Ministério Público: III – promover o inquérito civil e a ação civil pública, para a proteção do patrimônio público e social, do meio ambiente e de outros interesses difusos e coletivos".

Do modo em que posto na Constituição Federal, regra normativa básica e de maior hierarquia no sistema jurídico romano-germânico, asseverado está que o Ministério Público, no tocante à legitimidade processual ativa, possui:

- competência para a promoção de ação civil pública tendo por pedido imediato a proteção do patrimônio público e social, do meio ambiente e de outros direitos difusos e coletivos;
- competência para a defesa (e aqui não especifica a forma, se extrajudicial ou se judicial) do patrimônio público e social, do regime democrático e dos interesses sociais e individuais indisponíveis.

E aqui residem, penso, três premissas substanciais indicativas de potencial restrição do "atuar" ativa e judicialmente do *Parquet*.

A primeira, referente à adequação entre o objeto e a finalidade do instrumento processual "ação civil pública".

É certo que o art. 1º da LACP não encerra uma descrição em *numerus clausus*, mas indicativa de interesses e/ou direitos à época já compreendidos como difusos e coletivos, bem como qualquer outra situação futura e ainda não vislumbrada à época.

Pode-se afirmar, acredito, que o inciso IV do referido artigo se apresenta como uma cláusula "aberta", permissiva da utilização desta ferramenta provocativa da jurisdição sem que necessárias fossem posteriores modificações legislativas.

O inciso III do art. 129 da CF, assim e sem necessidade, acaba por recepcionar essa legitimidade já concedida no plano infraconstitucional e em relação à qual não pendia, como não pende, qualquer impugnação diminutiva.

A segunda, de que o capítulo constitucional próprio ao Ministério Público em momento algum amplia ou concede nova roupagem aos objetos de possível tutela por intermédio da ação civil pública, de modo a restar incólume não só o art. 1º da LACP, mas todo o seu texto.

A terceira consideração atinge o atuar conforme a regra do art. 127 da CF, na medida em que não refere seja esse extrajudicial e/ou judicial, pelo que a exegese razoável e sistemática sugere a observância dos meios próprios, inclusive processuais, a que já investida a Instituição.

Mas no particular, destaque-se que a defesa poderá ater-se, ao final do dispositivo, a situações abrangentes "dos interesses sociais e individuais indisponíveis". Ainda que a compreensão não deva ser encaminhada necessária e restritivamente à exacerbada literalidade, mas também com atenção à compatibilizar-se o respectivo artigo com o sistema jurídico, parece que a presença da conjunção "dos" (de + os) sugere a existência de dois objetos – interesses sociais e interesses individuais – e ambos compreendidos com a adjetivação "indisponíveis", dada a presença de uma conjunção aditiva ("e").

Ou seja, a legislação infraconstitucional poderá estabelecer parâmetros de atuação do Ministério Público para a defesa de "direitos sociais indisponíveis" e de "direitos individuais indisponíveis". Se equivocada a premissa, para não se dizer falsa, ao menos incondicionalmente deve-se admitir que a defesa, no tocante a "direitos individuais", imperativamente deva decorrer da qualificação desses como "indisponíveis".

Posteriormente à promulgação da Constituição Federal, onde fixados os limites da atuação judicial básica autorizada à instituição Ministério Público, uma especial fonte normativa se apresentou, a Lei Federal n. 8.078/90, precisando a proteção de interesses e direitos que no entender do Estado Brasileiro se apresentam com relevância social, na medida em que atinentes objetiva e concretamente às relações de consumo[2].

Nesta nova sistematização, especificamente no "TÍTULO III – Da Defesa do Consumidor em Juízo", o ordenamento jurídico pátrio passou a adotar a designação de um novo instituto jurídico, de sugestiva natureza processual, identificando-o como "interesses ou direitos individuais homogêneos", e facultando a proteção e efetivação desses por intermédio de um específico instrumento processual, a ação civil coletiva.

Se é verdade que para a identificação de situações fáticas é exigido, para que se tenha presente o interesse ou direito individual homogêneo a origem comum e a homogeneidade, inquestionavelmente o CDC nada apontou a respeito da natureza disponível ou indisponível do conflito denunciado ou dos danos individualmente sofridos por uma coletividade.

E para a tutela coletiva dessas situações em que presente, no âmbito das relações de consumo, "interesse individual homogêneo", facultada foi ao Ministério Público a legitimidade ativa processual, certamente porque identificados como de relevância social:

> "Artigo 82. Para os fins do art. 81, parágrafo único, são legitimados concorrentemente: I – o Ministério Público".

A compreensão do respectivo art. 82 do CDC deve respeitar tanto os ditames encerrados na Constituição Federal quanto o observar que os sistemas processuais encerrados na LACP e CDC "interagem naquilo que se mostrarem compatíveis, não sendo válida a assertiva de que toda e qualquer alteração imposta a um dos sistema seja, necessariamente, eficaz perante o outro"[3], ou seja, não é possível a simples soma de disposições de ambos os microssistemas para que, em atividade exegética construtiva e ampliativa, se constitua um terceiro gênero legislativo.

Por essa razão é que mesmo após a edição do Código de Defesa do Consumidor permanece incólume o que expressado nos arts. 127 e 129 da CF referentemente à posição ativa processual investida à instituição Ministério Público.

É possível, em verdade, seja apregoado que esses restritos limites teriam sido meros vetores indicativos de caminhos a serem seguidos, como se cláusulas gerais de um sistema jurídico aberto fossem, de modo que a evolução das relações sociais, na sua complexidade e extensão, permita ao legislador infraconstitucional a adição de investiduras que, sob a ótica jurídica, não assumiriam o caráter "novo".

Tal encaminhamento parece ter sido adotado na Lei Complementar n. 75/1993[4], que mesmo sem assumir a condição de uma fonte normativa legal de natureza processual, sugere ser ampla a atuação do Ministério Público no particular, *verbis*:

> "CAPÍTULO II
>
> Dos Instrumentos de Atuação
>
> Art. 6º Compete ao Ministério Público da União:
>
> ...
>
> VII – promover o inquérito civil e a ação civil pública para:
>
> a) a proteção dos direitos constitucionais;
>
> b) a proteção do patrimônio público e social, do meio ambiente, dos bens e direitos de valor artístico, estético, histórico, turístico e paisagístico;
>
> c) a proteção dos interesses individuais indisponíveis, difusos e coletivos, relativos às comunidades indígenas, à família, à criança, ao adolescente, ao idoso, às minorias étnicas e ao consumidor;
>
> d) outros interesses individuais indisponíveis, homogêneos, sociais, difusos e coletivos;
>
> ...
>
> XII – propor ação civil coletiva para defesa de interesses individuais homogêneos;".

E a bem da verdade, outras fontes normativas infraconstitucionais atribuem a legitimidade processual do Ministério Público na tutela, proteção e efetivação de bens e interesses específicos, como as Leis Federais n. 7.913/1989 (referente ao mercado de valores valores mobiliários), 8.069/1990 (ECA), 8.884/1994 (infrações contra ordem econômica) e 10.741/2003 (Estatuto do Idoso).

(2) Art. 1º O presente código estabelece normas de proteção e defesa do consumidor, de ordem pública e interesse social, nos termos dos arts. 5º, inciso XXXII, 170, inciso V, da Constituição Federal e art. 48 de suas Disposições Transitórias.

(3) Pedrassani. p. 65.

(4) Ainda que a referida Lei Complementar diga respeito ao Ministério Público da União, para efeitos do presente artigo emprega-se a mesma num sentido abrangente em relação à instituição Ministério Público.

2. *AÇÃO CIVIL PÚBLICA (TUTELA DE DIREITO COLETIVOS) E AÇÃO CIVIL COLETIVA (TUTELA COLETIVA DE DIREITOS INDIVIDUAIS). GARANTIA DE RITO*

Com relação à incompletude e integração dos dois sistemas jurídicos processuais, uma leitura rápida do art. 21 da LACP(5) poderia sugerir a adoção de quaisquer dos instrumentos processuais – ação civil pública e ação civil coletiva – para a tutela daqueles direitos elencados no art. 81 do CDC – difusos, coletivos e individuais homogêneos –, o que não se revelaria mais apropriado.

Como estabelecido no ordenamento jurídico-processual, cada interesse possui um instrumento processual próprio de promoção da atividade jurisdicional, por manejo da ação civil pública ou da ação civil coletiva.

A designação "pública" deste instrumento está a indicar, dentro de alguns ângulos, (a) que o objeto litigioso do processo não assume, de maneira alguma, um caráter personalista-individualista, mas tem na essência coletiva-genérica a sua identificação, os quais beirariam potencialmente à natureza pública(6), (b) o emprego, por analogia, da designação da ação penal pública, que então seria de ordem civil e não penal, e (c) o da permissão de que neste instrumento houvesse um procedimento preliminar, o inquérito civil, a indicar que o principal agente processual seria a instituição Ministério Público, figurando os demais legitimados como secundários.

No tocante aos direitos individuais homogêneos, embora o tratamento coletivo esteja assegurado, a questão que permanece, na sua essência e natureza, é a característica individual, pelo que o instrumento não seria uma "ação pública", mas sim uma ação civil coletiva.

Pode-se questionar, sim, que essa aparente distinção de instrumentos estaria superada pela constituição de um microssistema processual coletivo, notadamente porque o Projeto de Lei n. 5.139/2009 acaba por unificar a designação do meio de acesso à jurisdição simplesmente como ação civil pública, inclusive no âmbito da Justiça do Trabalho.

Ocorre que as pretéritas discussões e abordagens centravam-se na adequação entre o objeto e a finalidade do instrumento processual e aos efeitos e à extensão subjetiva do provimento jurisdicional.

Exemplo desse encaminhamento fora a compreensão de que a ação civil pública, por força de seu art. 1º, não encerrava a potencialidade de utilização em hipóteses *numerus clausus*, mas indicativa de interesses e/ou direitos à época – então década de 80 já compreendidos como difusos e coletivos, bem como qualquer outra situação futura e ainda então não vislumbrada.

Pode-se afirmar, assim e repetidamente, que a reincorporação do inciso IV ao que já previsto no artigo 1º da LACP se apresenta como uma abertura da fonte normativa, permissiva da utilização desta ferramenta provocativa da jurisdição sem que necessárias fossem posteriores modificações legislativas(7).

Mais do que isso. A edição da LACP fora anterior à nova ordem constitucional instaurada em outubro de 1988, o que poderia sugerir eventual superação do objeto a ser tutelado (art. 1º) por este instrumento.

Contudo, neste particular o texto constitucional em momento algum amplia ou concede nova roupagem ao rol de objetos de possível tutela por intermédio da ação civil pública, notoriamente diante do que expressado no inciso III do art. 129 da CF.

Se intenção fosse do legislador constituinte originário a adequação da LACP frente a novos institutos jurídicos ou situações sociais – como a tutela de direitos individuais homogêneos –, de modo incidente no texto constitucional teria feito essas necessárias adequações.

Nesse sentido, o emprego do rito da ação civil pública ainda hoje permanece incólume frente a interesses e/ou direitos difusos e coletivos. De modo diverso, no no tocante aos interesses individuais homogêneos estatuído está ser a ação civil coletiva, ou quando menos seu rito, o seu instrumento processual próprio.

Num primeiro momento, esta atenção quanto à particularidade e distinção dos objetos da ação civil pública e da ação civil coletiva decorre da necessária e pertinente compreensão do que cunhado pelo emi-

(5) "Art. 21. Aplicam-se à defesa dos direitos e interesses difusos, coletivos e individuais, no que for cabível, os dispositivos do Título III da lei que instituiu o Código de Defesa do Consumidor".

(6) O que resta superado integralmente.

(7) Contudo, por interesses outros que não técnico-jurídicos, a Medida Provisória 2180-35/2001, em procedimento questionável dada ao restrito âmbito de utilização deste expediente legisferante, o respectivo inciso foi revogado, com renumeração do conteúdo do artigo 1º da LACP.

nente jurista Teori Albino Zavascki[8] ao indicar que uma situação é a tutela de direitos coletivos (aqui na compreensão "lato sensu") – que se processa com emprego da LACP – e outra situação é a tutela coletiva de direitos individuais – conforme ação civil coletiva, o que é acentuado porque cada um destes instrumentos possui regramentos processuais – requisitos e características próprios.

Neste particular, primoroso e recente ensaio elaborado por Carlos Alberto de Salles[9] bem destaca a necessidade desta compreensão, *verbis*:

> "Em primeiro lugar, em matéria de ações coletivas, cabe destacar uma inaceitável indistinção, freqüentemente praticada no Brasil, entre ações dotadas de escopos diferentes e cujas características há também de ser consideradas separadamente. Trata-se do duplo sentido, muito bem evidenciado por Zavaski, dado ao vocábulo *ações coletivas* no Brasil, pelo qual se designa tanto aquelas ações em defesa de direitos coletivos – e a esse fato se deve a designação "coletivas –, quanto aquelas pelas quais se exerce coletivamente a defesa de direitos individuais. Realiza-se por esse instrumento processual, portanto, a defesa de direitos coletivos e a defesa coletiva de direitos. Nesse último caso, a designação de coletiva se deve à natureza do instrumento processual utilizado, cuidando-se de um tratamento coletivo emprestado a lesões de direito individual. No primeiro sentido de ações coletivas, se cuida daquelas ações previstas nos incisos I e II do parágrafo único, do artigo 81, do Código de Defesa do Consumidor, e respaldadas também por expressa menção no artigo 1º da Lei n. 7.347/85 (...)."

Como adiante será abordado anteriormente, diante da ausência da ótica individual de titularidade de bem ou prestação, o manejo de ação civil pública não exige, para regularidade da relação jurídico-processual, nenhuma condição especial, diferentemente do que ocorre na ação civil coletiva. Considerando que por intermédio desta ação tem-se a tutela coletiva de direitos que, por essência, não são metaindividuais, a titularidade individual da prerrogativa continua integrante do patrimônio jurídico personalíssimo de cada um dos cidadãos, de modo a se revelar como requisito imperativo a publicidade do ingresso em juízo (art. 94 do CDC).

O que deve ser compreendido é que a aplicação das disposições encerradas no Código de Processo Civil somente se mostram aptas quando, ocorrente a lacuna ou omissão na LACP ou na ação civil coletiva, a outro fonte processual "coletiva" não vier sanar[10].

O que pode ser abordado, e o foi em estudo recente e com propriedade por José Marcelo Menezes Vigliar[11], é a desnecessidade de hoje, neste microssistema jurídico-processual de solução metaindividual de conflitos, a existência de duas designações para o instrumento processual, de modo a revelar-se possível a adoção simples da nomenclatura ação coletiva. Tece o respeitado articulista, o porquê de não mais se revelar apropriada a utilização do emprego da expressão "ação civil pública", em contrapartida a uma "ação civil privada"

De qualquer sorte, o emprego de uma mesma designação jurídica do instrumento processual não retirara, inclusive por respeito às garantias constitucionais da legalidade e do devido processo legal, a necessária adequação funcional do procedimento ao objeto da pretensão judicial, notoriamente quanto aos direitos individuais homogêneos e às regras processuais particulares encerradas nos arts. 93-100 do CDC, como precisado por José Vigliar[12]:

> "concebem-se procedimentos diversos diante das exigências do direito material. Então, para demonstrar que o que está disciplinado a partir do art. 91 não é uma ação diferenciada e sim um procedimento diferenciado, que se justificará pela existência de outros dispositivos, (...). Todos os demais artigos apenas revelam uma especial forma de tratar esse tipo de interesse (os individuais homogêneos); contudo, esse tratamento diversificado não se traduz em uma *ação própria*, apenas se justificando diante da natureza do interesse: que é individual, mas que pode ser tratado como se coletivo fosse".

Do que exposto, é possível concluir-se que neste especial sistema jurídico-processual, independen-

(8) *Processo Coletivo*: tutela de direitos coletivos e tutela coletiva de direitos. São Paulo: RT, 2006.

(9) Ações Coletivas: premissas para comparação com o sistema jurídico norte-americano. Em Processos Coletivos e tutela ambiental. Coord. Salles, Carlos Alberto de; Silva, Solange Teles da; e Nusdeo, Ana Maria, Santos: Leopoldianum, 2006. p. 22.

(10) Previsão encampada no art. 69 do Projeto de Lei 5.139/2009.

(11) José Marcelo Menezes Vigliar, p. 215-232.

(12) José Marcelo Menezes Vigliar, p. 230.

temente da designação utilizada no manejo do instrumento processual – se ação civil pública ou ação civil coletiva –, imperativamente o procedimento a ser cumprido e observado será (a) o contido na LACP quando a pretensão envolver interesses e/ou direitos difuso ou coletivo e (b) nos arts. 93-100 do CDC nas hipóteses de tutela de direito individual homogêneo, circunstâncias essas bem definidas no respectivo Projeto de Lei n. 5.139/2009.

Reitere-se, porque medular, a impossibilidade de confundir-se tutela de direitos propriamente metaindividuais com tutela coletiva de direitos individuais homogêneos, que podem assumir naturezas disponível ou indisponível.

3. *MINISTÉRIO PÚBLICO E INTERESSES INDIVIDUAIS HOMOGÊNEOS*

Traçado, em linhas gerais e mais significativas, um apontamento quanto às fontes de legitimação, o tema de efetiva atenção assume importância destacada ao se precisar em que medida à instituição Ministério Público está concedida oportunidade de atuar ativamente na tutela coletiva de direitos individuais.

3.1. *Considerações preliminares*

Ainda que correntes na doutrina e jurisprudência estudos e considerações relevantes e praticamente conclusivas, importante ter-se presente que os interesses e/ou direitos individuais homogêneos não se afiguram, propriamente, como situações em que presentes estão (a) a transcendência absoluta do indivíduo e (b) a impossibilidade de quotização individual.

Já acentuei que diferentemente "do que ocorre nos interesses difusos e coletivos, nos quais o interesse individual é suplantado de modo absoluto e o indivíduo adquire importância tão-somente por integrar um grupo ou comunidade, a realidade social veio demonstrar que determinadas situações jurídicas, ainda que redutíveis à ótica singular, podem assumir uma feição supraindividual", daí porque "prevendo expressamente o ordenamento jurídico o tratamento de direitos como se indivisíveis e transindividuais fossem, assumem eles, por previsão normativa, natureza metaindividual"[(13)].

Chama atenção, portanto, e como rapidamente tangenciado, a circunstância de o inciso III do art. 81 do CDC não precisar a natureza disponível ou indisponível do interesse ou direito para a capitulação legal de interesse individual homogêneo.

Dada a especificidade da atuação judicial em ações coletivas, notadamente pela condição genérica da decisão judicial e da exigência de uma fase de liquidação por habilitação, parece certo que o conteúdo do que postulado, em regra, se apresenta como patrimonial e, por assim dizer, ao menos prevalentemente disponível na sua essência[(14)].

Com isso, exsurge a dúvida: é compatível o irrestrito "atuar" ativo do Ministério Público na proteção e efetivação da tutela coletiva frente aos arts. 127 e 129 da CF?

A resposta, ver-se-á, não é unânime.

3.2. *Teoria restritiva*

Uma primeira corrente se apresenta como restritiva.

Essa teoria está assentada na leitura formal e objetiva do texto constitucional, impeditiva da atuação do legislador infraconstitucional de natureza ampliativa, precisando, nas palavras de Miguel Reale, "ser evidente que uma competência de ordem constitucional não pode ser ampliada por lei ordinária, a pretexto de esclarecê-la"[(15)]. Segue, o eminente jurista, que a nota justificadora da legitimidade do Ministério Público seria a "indisponibilidade".

Também Mirra[(16)], ao abordar com propriedade o tema, declina que esta corrente, mostrando-se concorde com Miguel Reale, está assim assentada:

> "só tem legitimidade constitucional para a tutela de direitos e interesses individuais de natureza *indisponível*. Como, via de regra, os direitos individuais homogêneos são *disponíveis*, não há como admitir a legitimidade do *Parquet* para a propositura de ações coletivas em defesa de direitos e interesses dessa categoria que não se apresentem como indisponíveis. Por essa razão, as leis infra-constitucionais que atribuíram ao Ministério Público ampla legitimidade para a tutela judicial de direitos e interesses individuais homogêneos, abrangendo igualmente os direitos e interesses individuais disponíveis, devem ser tidas como inconstitucionais".

(13) José Pedro Pedrassani, p. 29 e 32.

(14) Nota essa distintiva em relação aos direitos coletivos e difusos.

(15) Apud Grinover. *O processo em evolução*. p. 428-429.

(16) Álvaro Luiz Válery Mirra, p. 46.

Outra circunstância, apontada por aqueles doutrinadores vinculados à restrição, está posta na impossibilidade, ou melhor dizendo, na impropriedade do Ministério Público atuar como típico "patrono", ou seja, no exercício de poderes e de garantias asseguradas àqueles que exercem a advocacia.

Apregoam que se admitida for a ampliação pretendida, necessariamente o Ministério Público terá de atuar sempre e em todas as situações particulares disponíveis, dado o princípio da atuação obrigatória, a conduzir para sua própria ineficácia.

Ives Gandra da Silva Martins, a seu turno, adotando a premissa da impossibilidade de manejo de interesses individuais homogêneos em ação civil pública[17], porque disponíveis[18], afasta a legitimidade do Ministério Público.

Reafirma, o destacado articulista, a restrição do objeto da prestação jurisdicional em sede de ação civil pública somente a interesses difusos e coletivos, indicando que o artigo 127 da CF (a) é taxativo da investidura somente quanto a direitos individuais indisponíveis, porque "são de difícil defesa pela totalidade da comunidade e, por outro lado, não podem ser dispostos pelos cidadãos, seus reais titulares", e (b) é omisso na indicação de emprego, como no inciso III do art. 129 da CF, da ação civil pública como instrumento apropriado, de modo que o exercício dessa legitimidade deve ocorrer por outro meio que não a ação civil pública[19].

Conclui-se, da parte final de seu posicionamento, que o "atuar" do Ministério Público está adstrito a interesses individuais indisponíveis e conforme manejo de instrumentos processuais especificamente construídos na legislação infraconstitucional.

Arnoldo Wald, atualizando histórica obra de Hely Lopes Meirelles, posiciona-se, em tempo mais recente, conforme o expressado por Ives Gandra, precisando não alcançar a legitimidade direitos privados e disponíveis[20].

Também Rodolfo de Camargo Mancuso, ao abordar o tema, defende que na forma do art. 127 da CF, o "Ministério Público é instituição pública essencial à justiça e, quando defende interesses individuais, estes devem se revestir da nota da indisponibilidade".

Ainda que no seu entender não se deva empreender uma exegese literal-restritiva do referido dispositivo constitucional, porque o instituto "interesse individual homogêneo" somente foi integrado ao ordenamento por ocasião do CDC, apregoa que a "nota de indisponibilidade" é o elemento próprio da "relevância social" existente no art. 127 da CF[21].

Portanto, o posicionamento é o de que a indisponibilidade deve ser compreendida como aquele interesse individual homogêneo possuidor de relevância social, como número expressivo de sujeitos abrangidos, elevada totalização pecuniária correspondente ao interesse, prevalecente natureza de ordem pública da matéria, conveniência do tratamento coletivo da matéria com finalidade de evitar a multiplicação de ações individuais e os riscos de decisões conflitantes[22].

3.3. *Teoria ampliativa*

Uma segunda corrente adota postura ampliativa e ilimitada, a partir da premissa de plena comunhão entre Constituição Federal, LACP e CDC, dentre outras fontes normativas integrantes de um microssistema de "demandas coletivas".

Ao identificar essa teoria, Mirra[23] tece a seguinte constatação a respeito das justificações da legitimidade concedida ao Ministério Público:

- "tem sempre legitimidade para a propositura de ações coletivas em defesa de direitos individuais homogêneos (....) Isso porque a tutela jurisdicional coletiva, em si mesma, pela sua finalidade, é de *interesse social*, razão pela qual o Ministério Público dever ser reconhecido como legitimado para o ajuizamento, mesmo que apresentando estes últimos natureza disponível.".

Ada Pellegrini Grinover, já de longa data, vem afirmando a concessão de ampla legitimidade ao

(17) Registre-se, apenas do ponto de vista temporal, ter ocorrido a elaboração e publicação do artigo em 1994 e, portanto, ainda pouco tempo após a edição do CDC, o que poderia sugerir posicionamento momentâneo. Contudo, pelo teor das conclusões percebe-se a justificativa do posicionamento como ainda atual.

(18) Ives Gandra da Silva Martins, p. 19.

(19) Ives Gandra da Silva Martins, p. 22-23.

(20) Hely Lopes Meirelles, p. 157-159.

(21) Sobre a legitimação (...). p. 442, 445 e 447.

(22) Sobre a legitimação (...). p. 448-449. Respeitosamente, a conclusão se revela um tanto dúbia, pois poderá ocorrer de direitos individuais homogêneos marcados pela nota de disponibilidade serem passíveis de enquadramento nos parâmetros "numero excessivo", "elevada totalização" e "conveniência", o que atrairia a nota "relevância social", sem que isso os tornassem indisponíveis.

(23) Álvaro Luiz Válery Mirra, p. 49-50.

Ministério Público – suplantando a noção restritiva para "individuais homogêneos indisponíveis" –, a partir de uma exegese construtiva dos artigos 127 e 129 da Constituição Federal decorrente da "dimensão comunitária das demandas coletivas"(24) e da correlação supletiva da LACP e o CDC, "que se complementam e podem ser aplicados indistintamente às ações que versem sobre direitos ou interesses difusos, coletivos e individuais homogêneos"(25), tudo conforme arts. 21 da LACP e 110 do CDC.

Mais recentemente, a Professora Ada, reafirmando seu entendimento, com clareza leciona(26):

> "cumpre notar que a Constituição de 1988, anterior ao CDC, evidentemente não poderia aludir, no art. 129, III, à categoria dos interesses individuais homogêneos, que só viria a ser criada pelo Código. Mas na dicção constitucional, a ser tomada em sentido amplo, segundo as regras da interpretação extensiva (quando o legislador diz menos de quanto quis), enquadra-se comodamente a categoria dos interesses individuais, quando coletivamente tratados. Em segundo lugar, a doutrina, internacional e nacional, já deixou claro que a tutela de direitos transindividuais não significa propriamente defesa de interesse público, nem de interesses privados, pois os interesses privados são vistos e tratados em sua dimensão social e coletiva, sendo de grande importância política a solução jurisdicional de conflitos de massa. Assim, foi exatamente a relevância social da tutela coletiva dos interesses ou direitos individuais homogêneos que levou o legislador ordinário a conferir ao MP e a outros entes públicos a legitimação para agir nessa modalidade de demanda, mesmo em se tratando de interesse ou direitos disponíveis. Em conformidade, aliás, com a própria Constituição, que permite a atribuição de outras funções ao MP, desde que compatíveis com sua finalidade (art. 129, IX); e a dimensão comunitária das demandas coletivas, qualquer que seja seu objeto insere-as sem dúvida na tutela dos interesses sociais referidos no artigo 127 da Constituição".

Nada obstante, a Professora Ada tece uma afirmação que, não dada a devida importância, pode ser ultrapassada sem a devida importância.

Expressa, no mesmo artigo em que feitas as ponderações supra, a necessidade de mitigação da amplitude de atuação do Ministério Público, porque:

> "a titularidade das ações coletivas por parte de órgãos públicos – inclusive do MP – é meramente subsidiária, necessária até enquanto a sociedade não se organiza, mas destinada a retroceder quando as formações sociais assumirem plenamente seu papel, numa democracia verdadeiramente participativa"(27).

Ainda que acatada a ampla legitimidade ao Ministério Público em tema de direitos individuais homogêneos, sendo irrelevante a condição disponível ou indisponível, essa última afirmação parece indicar uma situação, data vênia, incongruente, pois ou está assegurada – e imposta constitucionalmente a legitimidade como prerrogativa institucional ou se trata, afinal, de uma legitimidade parcial e impositiva somente em relação a direitos indisponíveis, dada a sua fluidez e representação coletiva.

Admitido que o surgimento de corpos intermediários determina a prerrogativa particular e própria destes em assumir como legítimos ou adequados representantes de formações sociais, é porque se está reconhecendo que em relação a direitos de natureza disponível – portanto com forte expressão patrimonial – o Ministério Público não possui esse "atuar" judicial.

3.4. Teoria intermediária

Numa terceira via está concretizada na corrente identificada como intermediária, expressando uma posição de leitura restritiva do "atuar" processualmente do Ministério Público no tocante a direitos individuais homogêneos de natureza disponível, exigindo-se prévia atenção a requisitos.

Kazuo Watanabe, com ponderação, vem expressando não se possa admitir que o Ministério Público se apresente como legitimado em face de "interesses genuinamente privados sem qualquer relevância social", pois em princípio, "somente os interesses individuais indisponíveis estão sob a proteção" do Ministério Público e somente "a relevância social do bem jurídico tutelando ou da própria tutela coletiva poderá justificar a legitimação do Ministério Público para a propositura de ação coletiva em defesa de interesses privados disponíveis."(28).

(24) *O processo em evolução*. p. 429.

(25) *O processo em evolução*. p. 427.

(26) *Comentários* (...). p. 890-891.

(27) *O processo em evolução*. p. 431-432.

(28) Kazuo Watanabe, p. 836-837.

Mais recentemente, na ótica doutrinária de Mirra, o Ministério Público somente poderia tutelar, "pela via das ações coletivas, interesses individuais *indisponíveis*.

Para que o *Parquet* possa defender em juízo direitos e interesses individuais homogêneos *disponíveis*, é imperioso que se verifique, no caso concreto, a *relevância social* (a) ou da proteção do direito individual homogêneo em discussão, (b) ou da própria tutela coletiva; neste caso, em especial, devido ao grande número de pessoas lesadas ou interessadas, a fim de evitar o ajuizamento de inúmeras ações individuais, com a possibilidade de contradição de julgados sobre a mesma matéria"[(29)].

Ocorre que o encaminhamento proposto, senão o mais apropriado, ao menos tende a exigir que a legitimação do Ministério Público seja aferida nestas hipóteses, de modo a guardar pertinência com a sua finalidade institucional. Ainda que a legislação processual a esse respeito seja silente, não se pode desconhecer que em tema de atuação de associações o critério "pertinência" e/ou "adequação com sua finalidade" já se encontram reconhecidos.

Nada obstante, o questionamento lançado por Mirra segue outro caminho, pois diante do silêncio normativo a quem competiria definir a "relevância social da tutela coletiva dos direitos individuais homogêneos para o reconhecimento, na hipótese concreta, da legitimidade ativa do Ministério Público?"[(30)].

Na tentativa de construção de um procedimento, Mirra[(31)] aponta que a potencial identificação dos sujeitos (não cumulativamente, mas isoladamente) poderia ser processada:

a) pelo Ministério Público: como compete ao mesmo a defesa de interesses ditos sociais, o mesmo possui a faculdade de verificar a adequação ao "interesse geral da coletividade", tudo com base no art. 127 da CF;

b) pelo legislador: considerando a formulação do art. 127 da CF, competiria ao ordenamento infra-constitucional explicitar, caso a caso, determinadas categorias de interesses e direitos individuais homogêneos disponíveis a serem tutelados pela atuação do Ministério Público;

(c) pelo Poder Judiciário: num sistema parecido ao direito norte-americano, "caberia sempre ao magistrado, de forma soberana, diante do caso concreto, identificar a relevância social da proteção dos direitos individuais homogêneos discutidos ou da tutela coletiva destes, para a definição da *legitimatio ad causam* do *Parquet*.".

Chama atenção na indicação proposta por Mirra a presença do Ministério Público e do legislador. Explico.

Como já dito por Vicenzo Vigoriti, a legitimação é uma questão de técnica[(32)]. Ainda que determinados ordenamentos tenham se constituído sob a égide da ausência de prévia indicação daqueles que se apresentariam como adequados portadores, incumbindo ao magistrado o dever de verificar a correta e ideal representatividade, como no caso norte-americano, outros ordenamentos, por ato do legislador, acabam por precisar ou diretamente quem são esses adequados portadores, e em relação a que interesses essa legitimidade se revela apropriada, ou indiretamente acabam por indicar "requisitos a serem implementados para os que assim se apresentam"[(33)].

É certo que no caso de relações ditas de "massa" e numa sociedade em constante evolução como a nossa, precisarem-se requisitos estanques para o "atuar" processual pode conduzir a insuficiências típicas de um sistema fechado, a prejudicar o acesso à jurisdição e a tutela de relações coletivas em seu gênero, considerações essas que de pronto afastam a pertinência de previsão normativa exaustiva.

Primeiro, porque como bem acentuado por Gidi, na forma do art. 5º da LACP e do art. 82 do CDC, diante do sistema de identificação presente em nosso ordenamento, bastaria atentar para o fato de ambas as fontes normativas (LACP e CDC) previamente contemplarem legitimidade ao Ministério Público, de modo que a pertinência da atuação judicial e adequação aos interesses se apresentam como "uma presunção *iuris et de iure*", pelo que em princípio não deveria ocorrer qualquer controle judicial, até porque o legislador previamente assim já dispôs[(34)].

E Gidi formula, no particular, uma imprecisão que tende a afastar a aparente conclusão formulada na parte final do parágrafo anterior.

Isso porque, no seu entender, o ato de atenção à adequação decorre propriamente da leitura ampla da

(29) Álvaro Luiz Válery Mirra, p. 54.

(30) Álvaro Luiz Válery Mirra, p. 54.

(31) Álvaro Luiz Válery Mirra, p. 54-55.

(32) Vincenzo Vigoriti, p. 78.

(33) Vincenzo Vigoriti, p. 79.

(34) Antonio Gidi, p. 62-64.

garantia constitucional do devido processo legal[35], pelo que admite seja possível a verificação da adequada representatividade.

E seguindo o raciocínio desenvolvido, afirma ser o Ministério Público quem possui, diante da imposição legal de sua presença como fiscal da lei – quando parte não for –, uma melhor compreensão e "uma melhor posição do que o juiz da causa para monitorar a conduta processual do representante do grupo"[36].

De outra sorte, incumbir-se o próprio Ministério Público de atentar, caso a caso, para sua legitimação acaba por constituir uma situação jurídica não recomendável, por ser princípio institucional o dever de atuação. A discricionariedade, aqui, não está presente, pois ao Ministério Público não é dada a faculdade de escolha ou opção entre o atuar e não atuar. Com isso, se apresentaria o Ministério Público na dupla condição de "criador" e "criatura".

Por essa ótica, o mais apropriado seria o de conceder-ser ao Poder Judiciário a faculdade de exercício de uma prerrogativa típica de sistemas jurídicos abertos, mediante juízo preliminar, qual seja, a de verificar a pertinência e adequação entre o "atuar" processual e o interesse ou direito objeto da tutela judicial.

Mirra, a respeito da questão, acaba por concluir que "a palavra final sobre a matéria cabe ao juiz, nos casos submetidos ao seu julgamento" de modo que "é sempre o juiz quem efetua em definitivo o controle sobre a relevância social da tutela coletiva de direitos e interesses individuais homogêneos disponíveis", o que deve ser feito com prudência e cautela, de modo que somente "se mostrar, na hipótese em discussão, totalmente arbitrária e sem fundamento" a atuação[37].

Continua Mirra, afirmando o dever de investigar "se tal controle implicaria, no final das contas, controle judicial sobre a *responsabilidade adequada* do *Parquet* para a defesa em juízo dessa categoria de direitos individuais. Parte da doutrina, mais recentemente, vem entendendo que já sob a ótica do direito vigente, vale dizer, *de lege lata*, é possível, de forma ampla, o controle judicial sobre a representatividade adequada dos legitimados ativos para as ações coletivas."[38].

(35) Antonio Gidi, p. 69-70.

(36) Antonio Gidi, p. 64.

(37) Álvaro Luiz Valéry Mirra, p. 64.

(38) Álvaro Luiz Valéry Mirra, p. 61.

E ainda que questionável a proposta, diante de suposta ausência normativa a esse respeito, Mirra declara, com acerto, que esse procedimento "nada tem a ver com controle judicial da adequada representatividade" propriamente dita, numa ótica restritiva-negativa, senão uma atividade de "compatibilizar" o "atuar" conforme o art. 127 CF[39].

Também Gidi assim conclui, ao expressar que também "caberá ao juiz da causa controlar sua atuação no caso concreto", reconhecendo a importância de que a "representação adequada não pode ser deixada completamente fora do controle judicial"[40].

Mas em que extensão se poderia empreender essa atividade interpretativa compatibilizadora?

Sem dúvida alguma essa é uma resposta muito importante, até porque, para parte da doutrina, como Mancuso, entende que por "interesse social"[41] deve-se compreender "no sentido amplo que ora nos concerte, é o interesse que consulta à maioria da sociedade civil: o interesse que reflete o que esta sociedade entende por 'bem comum'; o anseio de proteção à *res publica;* a tutela daqueles valores e bens mais elevados, os quais essa sociedade, espontaneamente, escolheu como sendo os mais relevantes".

Com o devido respeito, ao assim se admitir se teria uma gama extremamente aberta e sem qualquer restrição, o que não parece ser o correto encaminhamento.

A esse respeito Sales, em sua dissertação para obtenção do título de mestre, busca concretizar esse conceito indeterminado ou cláusula geral, preceituando que a partir de uma leitura conjunta do art. 127 da CF e do Código de Defesa do Consumidor, deva ser entendida a expressão "interesse social" como a situação de (a) potencial inclusão nos arts. 4º e 5º da LICC, a ser verificado caso a caso, ou (b) decorrente de manifestação do Conselho Superior do Ministério Público[42]. E competirá a aferição quanto ao atendimento do requisito depois que devidamente identificada, nos autos, a ameaça ou lesão denunciada[43].

O Ministério Público Estadual de São Paulo, por intermédio de seu Conselho Superior, realcan-

(39) Álvaro Luiz Valéry Mirra, p. 62.

(40) Antonio Gidi, p. 64-65.

(41) Interesse difuso (...). p. 25.

(42) Carlos Alberto de Salles, p. 38-39 e 115.

(43) Carlos Alberto de Salles, p. 124.

çando o caráter social – e portanto indisponível – da tutela coletiva de danos individuais sofridos, possui Súmula de atuação:

> "Súmula n. 7 – "O Ministério Público está legitimado à defesa de interesses ou direitos individuais homogêneos de consumidores ou de outros, entendidos como tais os de origem comum, nos termos do art. 81º, III, c/c o art. 82, I, do CDC, aplicáveis estes últimos a toda e qualquer ação civil pública, nos termos do art. 21º da LAC 7.347/85, que tenham relevância social, podendo esta decorrer, exemplificativamente, da natureza do interesse ou direito pleiteado, da considerável dispersão de lesados, da condição dos lesados, da necessidade de garantia de acesso à Justiça, da conveniência de se evitar inúmeras ações individuais, e/ou de outros motivos relevantes. (ALTERADA A REDAÇÃO NA SESSÃO DO CSMP DE 27.11.12 – Pt. n. 51.148/10) FUNDAMENTO: (i) conveniência de se fazer constar, de forma expressa a legitimidade do Ministério Público, para a defesa de interesses individuais homogêneos de "consumidores", a qual decorre não só dos termos do art.129, III, da CF, uma vez que tal categoria de direitos ou interesses se constitui em subespécie de interesses coletivos, como dos expressos termos do art.81, III, c/c o art.82, I, do CDC, e da jurisprudência atual e consolidada de nossos Tribunais Superiores, já tendo sido, inclusive, editada a Súmula 643 pelo E.STF, em matéria de mensalidades escolares, sendo incontáveis os julgados, tanto do E.STF, como do E.STJ, que reconhecem a legitimidade ministerial para a propositura de ações civis públicas visando à defesa de direitos individuais homogêneos decorrentes das relações de consumo, tais como daqueles originários de contratos bancários, consórcios, seguros, planos de saúde, TV por assinatura, serviços telefônicos, compra e venda de imóveis, etc, cabendo lembrar aqui que todos os direitos dos consumidores são de ordem pública e interesse social (art.1º do CDC), possuem fundamento constitucional (art.5º, XXXII e 170, V, da CF), sendo irrenunciáveis e, pois, indisponíveis, enquanto tais pelo consumidor, nos termos do art. 51, I, do CDC; (ii) conveniência de se evitar a defesa de teses e interpretações errôneas, de que a Súmula 07 do Conselho Superior não se aplicaria aos direitos individuais homogêneos dos consumidores; (iii) conveniência de se explicitar que também em outras áreas de atuação do MP, além da proteção do consumidor, podem ser movidas ações civis públicas, para a defesa de interesses individuais homogêneos, eis que o art. 81, III, do CDC, se aplica a toda e qualquer ação civil pública, nos termos do art. 21º da LAC; (iv) conveniência de se reafirmar a necessidade de existir relevância social para a atuação do MP, em qualquer hipótese; (v) conveniência de se expressar, de forma mais clara, simples e objetiva, as circunstâncias que podem denotar relevância social, sempre em caráter expressamente exemplificativo"[44].

Em resumo, e como bem lecionado por Kazuo Watanabe, por "relevância social" é possível compreender-se (a), como faz o Superior Tribunal de Justiça, em relação ao bem jurídico ou lesão denunciada, exemplificativamente apontando educação (mensalidades escolares), saúde (cláusula de contrato de plano de saúde), moradia (exame de aquisição de casa própria) etc., e (b) também como a "própria tutela coletiva em razão da peculiaridade do conflito de interesses"[45].

Por fim, e de uma forma objetiva, tem-se a lição de Teori Zavascki, ao resumir que caberá, caso a caso, ao Poder Judiciário verificar a adequada legitimação, sempre pautada na "conformação entre o

---

(44) Anterior redação da respectiva Súmula: "O Ministério Público está legitimado à defesa de interesses ou direitos individuais homogêneos que tenham expressão para a coletividade, tais como: a) os que digam respeito a direitos ou garantias constitucionais, bem como aqueles cujo bem jurídico a ser protegido seja relevante para a sociedade (*v.g.*, dignidade da pessoa humana, saúde e segurança das pessoas, acesso das crianças e adolescentes à educação); b) nos casos de grande dispersão dos lesados (*v.g.*, dano de massa); c) quando a sua defesa pelo Ministério Público convenha à coletividade, por assegurar a implementação efetiva e o pleno funcionamento da ordem jurídica, nas suas perspectivas econômica, social e tributária." Fundamento – legitimação que o Código do Consumidor confere ao Ministério Público para a defesa de interesses e direitos individuais homogêneos há de ser vista dentro da destinação institucional do Ministério Público, que sempre deve agir em defesa de interesses indisponíveis ou de interesses que, pela sua natureza ou abrangência, atinjam a sociedade como um todo (PT. N. 15.939/91). Em três modalidades principais de interesses e direitos individuais homogêneos mostra-se presente o pressuposto de relevância social, previsto no art. 127, da Constituição Federal. Primeiro, quando a conduta do infrator afetar direitos ou garantias constitucionais, hipótese em que a legitimação decorre da natureza e relevância jurídicas do bem jurídico afetado (dignidade da pessoa humana, saúde, segurança, educação, etc.). Neste caso, a relevância social está fundada em *ratio* substantiva. Segundo, quando o número de lesados impossibilitar, dificultar ou inviabilizar a tutela dos interesses e direitos afetados (*v.g.*, danos massificados); aqui, estamos diante de relevância social decorrente de *ratio* quantitativa. Terceiro, quando, pela via da defesa de interesses e direitos individuais homogêneos, o que pretende o Ministério Público é zelar pelo respeito à ordem jurídica em vigor, levando aos tribunais violações que, de outra parte, dificilmente a eles chegariam, o que poderia, em conseqüência, desacreditar o ordenamento econômico, social ou tributário. Temos, aí, relevância social alicerçada em ratio pragmática.".

(45) Kazuo Watanabe, p. 837-839.

objeto da demanda e os valores jurídicos previstos no art. 127 da CF"[46].

4. *JURISDIÇÃO TRABALHISTA. CONSIDERAÇÕES A RESPEITO DA INDISPONIBILIDADE E DA ATUAÇÃO SINDICAL*

À construção de ideias até agora expostas, decorrentes do tratamento unitário da instituição Ministério Público (art. 128 da CF), devem ser acrescidas duas particularidades quando orientada a discussão especulativa ao "atuar" do Ministério Público do Trabalho: (a) a existência de entes exponenciais específicos, os sindicatos, e com ampla tutela constitucional a respeito da independência e da autonomia e com dever de proteção dos interesses individuais da categoria e (b) tratamento topográfico de direitos sociais como garantias indisponíveis ao cidadão-trabalhador, porque eleitos pelo legislador constituinte originário como representativos de patamares objetivos de concretização da dignidade.

Resultante de movimentos ocorridos nos séculos XV e XVI, concretizados em documentos como a Declaração de Direitos do Povo de Virgínia (EUA) de 1776, a Declaração de Independência dos Estados Unidos da América de 1776 e a Declaração dos Direitos do Homem e do Cidadão de 1789, a univocidade da atuação estatal centrada no monarca passa a ser exercida mediante escalonamento das funções estatais em poderes distintos e independentes.

Corolário dessa alteração é a superação do exercício discricionário do poder e a eleição de liberdades públicas, assim entendidas como "poderes de agir, ou não agir, independentemente da ingerência do Estado", como a liberdade econômica e profissional[47]. Nesse primeiro estágio, dito dos direitos fundamentais de primeira dimensão, o Estado manteve-se inerte na atenção a eventuais desvios de força e representatividade individuais, notadamente porque assentado o primado de não-intervenção do Estado.

O encaminhamento presente, nesse Estado Liberal-Individualista, pautava-se na concepção de que assegurada a liberdade a todos os cidadãos, estariam eles livres para praticarem todos os atos da vida civil, dentre os quais o de contratar, o que encontrou, já nos séculos XVIII e XIX, campo fértil para desigualdades sociais.

(46) Teori Zavascki, p. 175.

(47) Ferreira Filho. p. 23-25.

Resulta que a garantia de liberdades públicas, por si só e de modo isolado, determinava distorções na sociedade e no trato entre os aparentes iguais, pois presentes as inconciliáveis diversidades econômicas e culturais preexistentes entre os cidadãos.

Aflorava, portanto, o marco de uma nova evolução, tendente à constituição de um Estado intervencionista, como o ocorrente nas Constituições mexicana de 1917 e alemã de 1919.

Nestes documentos, não bastava ao Estado abster-se (liberdades públicas) da intervenção deliberada e discricionária, mas também agir no sentido de assegurar, mediante prestações positivas[48], a igualdade – quando menos dessa oportunidade – aos seus cidadãos.

E esse novo escalonamento ou patamar, de segunda dimensão, identificado como o dos direitos sociais, estão apresilhados à noção de "igualdade" e se revelam na incorporação, como procedimento de "constitucionalização do social", de "cláusulas programáticas de conteúdo econômico e social nos textos constitucionais"[49].

O questionamento originado dessa catalogação está em se definir a possibilidade, *ipso facto*, de aplicabilidade (eficácia jurídica) imediata e incondicionada desses direitos sociais, até porque não se pode afirmar que preceitos constitucionais carecem da produção de efeitos, senão normativos, aos menos sociais[50].

A par de outros posicionamentos e estudos, aqui respeitados, apresenta-se como ponderavelmente razoável a posição lecionada por Celso Ribeiro Bastos e Ives Gandra da Silva Martins[51], e também por Manoel Gonçalves Ferreira Filho[52], quanto ao respeito da intervenção concretizadora do parlamento em temas de direitos sociais nas hipóteses nas quais o reenvio é explícito ou quando ausentes os "elementos mínimos indispensáveis" de definição do competente núcleo essencial.

Portanto, em temática de direitos sociais, por representarem compromissos de prestações e atuações estatais, impõe-se o dever de respeito e proteção

(48) *Id. Ibid.* p. 49-50, reafirma, inclusive, tratar-se de "poderes de exigir", investidos no sentido do Estado estabelecer, em suma, "uma contraprestação sob a forma de prestação de um serviço.".

(49) Herrera. p. 13.

(50) Lassale. p. 49. Hesse. p. 19 e 25.

(51) Bastos; Martins. p. 393.

(52) Ferreira Filho. p. 35-45.

ao princípio da reserva do possível e da conjugação da atuação legislativa e executiva[53] [54].

Em solo pátrio, o poder constituinte originário promoveu substancial remodelação topográfica na qualificação, albergando no Capítulo II do Título II da Constituição Federal de 1988 o rol e elenco dos direitos sociais, especialmente nos artigos 6º e 7º, ou seja, tratam-se de posições jurídicas endereçadas ao Estado, representativas da eleição de prerrogativas e garantias asseguradas ao cidadão como parâmetro de dignidade, sendo vedado ao Estado a regressão desse estágio de proteção ou o estabelecimento de legislação infraconstitucional contrária ou mitigadora dessas garantias.

Interessante posição é a expressada, e relembrada, por Wilson Steinmetz[55] ao indicar que os direitos fundamentais sociais, a rigor, se apresentam como um direito a um bem ou serviço "ante o Estado" e dele exigem uma "ação positiva" como sujeito destinatário, de modo que o respeito do particular a esses posições exige uma conduta de não obstaculização de efetivação, observada sempre a densidade normativa.

Disto resulta que todo e qualquer direito social, na sua essência e em seu âmago, possui contorno indisponível por representar parâmetro de dignidade eleito pelo constituinte originário, não passível de violação pelo Estado, pelo cidadão (no caso cidadão-trabalhador) nem por particulares (no caso o empregador).

E a referência ao dito núcleo essencial traduz a eleição de um critério objetivo e mensurável diverso da mera referência ao conceito genérico e abstrato de dignidade humana[56], porque carente de contornos objetivos.

O que se impõe é a busca da representação desse dito núcleo essencial dos direitos sociais, apresentando-se como justo que tal atividade não restrinja nem mitigue a funcionalidade da disposição constitucional, conduta essa ainda em construção.

Desse modo, o resguardo e proteção à intangibilidade do núcleo essencial dos direitos sociais, porque fundamentais, decorre não da incapacidade do cidadão-trabalhador, ainda que em seio coletivo, mas sim dessas garantias assumirem a funcionalidade de patamares de dignidade humana eleita e assegurada num Estado Social de Direito.

Portanto, a nota de indisponibilidade e da relevância social, autorizadores da atuação do Ministério Público do Trabalho, encontram-se postas e limitadas nos incisos do art. 7º da CF, o que representa limitação material.

Entretanto, a mais significativa restrição decorre da compatibilização de duas disposições constitucionais, o inciso III do art. 8º e o art. 127.

Como salientado por Ada Pellegrini Grinover, e já destacado no presente artigo, a atuação do Ministério Público, e no caso o Ministério Público do Trabalho, reveste-se de uma natureza acessória e precária, que sofrerá um procedimento de retração – chegando à ilegitimidade a partir da existência, consolidação e atuação de entes exponenciais autônomos e sólidos.

Nos termos do inciso III do art. 8º da CF assume o sindicato a posição de representante constitucional dos interesses coletivos e individuais da categoria, competindo ao mesmo com exclusividade e unicidade o direito-dever de atuar em prol e atenção destes interesses jurídicos.

A Constituição Federal de 1988, diferentemente das pretéritas Constituições, alberga a autonomia constitutiva e administrativa dos sindicatos, afastando a possibilidade de intervenção estatal (art. 8º, I), e

(53) Leal, declina que "a carência de parâmetros para se decidir sobre o conteúdo dos direitos sociais acaba, na maioria dos casos, por indicar uma questão de cunho político e não jurídico a ser definida, em regra, pelo parlamento", competindo a este "decidir sobre o momento mais oportuno para concretizá-los", o que decorre do pluralismo político consagrado no inciso V do art. 1º da CF, pois se determinativa fosse a Constituição seriam relevantes as questões de tendência e de ideologia daqueles que ascendem ao poder pela eleição.

(54) Heck, p. 15, define, como sua posição, a de que em temática de direitos sociais "não pode o judiciário substituir o legislador em sua atividade, porque isso implicaria uma inversão na esfera de competência do poder legislativo (e do executivo), com o que o princípio da divisão de poderes estaria violado. Também não pode o judiciário substituir a atuação que cabe ao cidadão pelo princípio democrático, por que isso implicaria a anulação da autonomia da pessoa, pressuposta pelo parágrafo único do artigo 1º, além do esvaziamento interno dos direitos fundamentais de eleger, ser eleito, da livre manifestação do pensamento, de imprensa, reunião e associação.".

(55) Steinmetz. p. 276.

(56) A respeito dessa problemática, em resumo a razoabilidade da construção de um conceito "tão estreito quanto possível", sem que tal processo a transforme em "moeda pequena" (p. 188), como longamente abordado por Teifke. Também alertado por Luis Afonso Virgílio da Silva. para o "risco de uma *hipertrofia da dignidade* e da conseqüente absolutização de todos os direitos fundamentais" (p. 193), sugerindo a compatibilização desse conceito conforme estabelecido na "*própria constituição*, em normas com estrutura de *regra*" (p. 202).

a manutenção de impositivo custeio pelos cidadãos-trabalhadores, assegurando receita suficiente para a independência dos mesmos.

Portanto, a colisão entre o inciso III do art. 8º da CF, equiparado a direito fundamental de representação coletiva, e os arts. 127 e 129 da CF importa, necessariamente, na prevalência daquele inciso, pelo que o Ministério Público do Trabalho é carecedor de interesse à prestação jurisdicional quando constituído, naquela base territorial e para determinada coletividade profissional específica, o correspondente sindicato profissional.

CONCLUSÃO

Do que apresentado, indicativa está, como consentâneo ao texto constitucional, a exigência de adequação entre o "atuar" processual do Ministério Público do Trabalho e suas finalidades institucionais, notadamente em tema de tutela coletiva de direitos individuais.

Essa adequação encontra, em primeiro plano, condicionada e dependente da catalogação do "atuar" na busca da prestação jurisdicional atinente a direitos indisponíveis dos cidadãos-trabalhadores, no caso limitadamente àquelas posições encerradas explicitamente nos incisos do art. 7º da CF.

Tal premissa não se revela suficiente, pois a prevalência na efetivação e na proteção desses direitos compete primariamente aos sindicatos por expressa determinação do inciso III do art. 8º da CF, pelo que a legitimidade do Ministério Público do Trabalho apenas será concretizada quando inexistente essa associação profissional detentora de especial proteção constitucional.

BIBILIOGRAFIA

BASTOS, Celso Ribeiro; MARTINS, Ives Gandra da Silva. *Comentários à Constituição do Brasil*. São Paulo: Saraiva, 1989. v. 2.

FERREIRA FILHO, Manoel Gonçalves. A aplicação imediata das normas definidoras de direitos e garantias fundamentais. *Revista da Procuradoria-Geral do Estado de São Paulo*, São Paulo, n. 29., jun. 1988. p. 35-45

______. *Direitos humanos fundamentais*. 11. ed. São Paulo: Saraiva, 2009.

GIDI, Antonio. A representação adequada nas ações coletivas brasileiras. *Revista de Processo*, ano 27, número 108, outubro-dezembro de 2002. p. 61-70.

GRINOVER, Ada Pellegrini. *O processo em evolução*. Rio de Janeiro: Forense Universitária, 1996.

GRINOVER, Ada Pellegrini. Comentários ao Capítulo II do Título III do CDC. Em Grinover, Ada Pellegrini e outros. *Código Brasileiro de Defesa do Consumidor*: comentado pelos autores do anteprojeto. 9. ed. Rio de Janeiro: Forense Universitária, 2007.

HECK, Luís Afonso. Prefácio. In: Ledur, José Felipe. *A realização do direito ao trabalho*. Porto Alegre: Sergio Antonio Fabris Editor, 1998.

HERRERA, Carlos Miguel. Estado, Constituição e direitos sociais. Em Souza Neto, Cláudio Pereira de; Sarmento, Daniel (Coords.). *Direitos sociais*: fundamentos, judicialização e direitos sociais em espécie. Rio de Janeiro: Lumem Juris, 2008.

HESSE, Konrad. *A força normativa da Constituição*. Trad. Gilmar Ferreira Mendes. Porto Alegre: Sergio Antonio Fabris Editor, 1991.

LASSALE, Ferdinand. *A essência da Constituição*. Trad. Walter Stönner. 2. ed. Rio de Janeiro: Líber Júris, 1988.

LEAL, Roger Stiefelmann. *Direitos sociais e a vulgarização da noção de direitos fundamentais*. Disponível em: <HTTP://www6.ufrgs/ppgd/doutrina/leal12htm>. Acesso em 17 ago. 2010.

MANCUSO, Rodolfo de Camargo. Sobre a legitimação do Ministério Público em matéria de interesses individuais homogêneos. Em Milaré, Edis e outros. *Ação civil pública:* Lei n. 7.347/1985 – reminiscências e reflexões após dez anos de aplicação. São Paulo: RT, 1995.

MANCUSO, Rodolfo de Camargo. *Interesses difusos*: conceito e legitimação para agir. 3. ed. rev. e atual. São Paulo: Editora Revista dos Tribunais, 1994.

MARTINS, Ives Gandra da Silva. Ação civil pública é veículo processual imprestável para proteção de direitos individuais homogêneos. *Revista dos Tribunais*, ano 83, setembro de 1994, vol. 707. p. 19-32.

MEIRELLES, Hely Lopes. *Mandado de segurança, ação popular, ação civil pública, mandado de injunção, "habeas data"*. 20. edição atualizada por Arnoldo Wald. São Paulo: Malheiros Editores Ltda.

MIRRA, Álvaro Luiz Válery. A legitimidade ativa do Ministério Público para a defesa dos direitos individuais homogêneos. Em Salles., Carlos Alberto de e outros. *Processos coletivos e tutela ambiental*. Santos: EDUL – Editora Universitária Leopoldianum, 2006.

PEDRASSANI, José Pedro. *Aspectos da tutela judicial de direitos metaindividuais do trabalho perante a jurisdição trabalhista*. São Paulo: LTr, 2001.

SALLES, Carlos Alberto de. *Legitimação do ministério público para defesa de direitos e garantias constitucionais*. São Paulo: 1992. Dissertação de mestrado.

______. Ações Coletivas: premissas para comparação com o sistema jurídico norte-americano. Em *Processos Coletivos e tutela ambiental*. Coord. Salles, Carlos Alberto de; Silva, Solange Teles da; e Nusdeo, Ana Maria, Santos: Leopoldianum, 2006.

SILVA, José Afonso da. *Curso de direito constitucional positivo*. 34. ed. São Paulo: Malheiros, 2011.

STEINMETZ, Wilson. *A vinculação dos particulares a direitos fundamentais*. São Paulo: Malheiros Ed., 2004.

TEIFKE, Nils. Flexibilidade da dignidade humana? Para a estrutura do artigo 1, alínea 1, da lei fundamental. Trad. Roberto José Ludwig. In: Heck, Luís Afonso (org.). *Direito natural, direito positivo, direito discursivo*. Porto Alegre: Livraria do Advogado Editora, 2010.

VIGLIAR, José Marcelo Menezes. A causa de pedir e os interesses individuais homogêneos, Em *Causa de Pedir e Pedido no Processo Civil*, coord. Bedaque, José Roberto dos Santos, e Cruz e Tucci, José Rogério, São Paulo: RT, 2002.

VIGORITI. Vicenzo. *Interessi collettivi e processo*. Milano: Giuffrè. 1979.

WATANABE, Kazuo. Comentários ao Capítulo I do Título III do CDC. Em Grinover, Ada Pellegrini e outros. *Código Brasileiro de Defesa do Consumidor*: comentado pelos autores do anteprojeto. 9. ed. Rio de Janeiro: Forense Universitária, 2007.

ZAVASCKI, Teori Albino. *Processo Coletivo: tutela de direitos coletivos e tutela coletiva de direitos*. São Paulo: RT, 2006.

Parte XX

EXECUÇÃO TRABALHISTA

Capítulo 34

Princípios de Execução Trabalhista

Vitor Salino de Moura Eça(*)

INTRODUÇÃO

O conhecimento científico se estrutura basicamente por racionalidade e objetividade, derivadas de atividade intelectiva, e se desenvolve por meio de ideias vinculadas que fomentam sua organização sistêmica e a criação de teorias de suporte.

Nesse contexto os princípios em seus polissêmicos parâmetros podem ser usados como origem e base sobre a qual se estrutura a compreensão, serve de fonte de interpretação e integração do ordenamento jurídico, se amalgama como norma junto com as regras positivadas e ainda como pressuposto de um setor do direito.

A última perspectiva nos interessa mais de perto para efeito deste estudo, e, por isso, os classificamos em princípios constitucionais processuais, princípios de teoria geral do processo e, por fim, os princípios genuínos de Direito Processual do Trabalho.

No primeiro grupo se situam, dentre outros, o devido processo legal, o contraditório e ampla defesa, que formatam toda aplicação processual do Brasil, inclusive no plano da criação de direitos dessa natureza, e, assim, são considerados princípios institutivos.

No segundo estão os princípios informativos de processo, e, por isso, se circunscrevem à teoria geral do processo, tais como a publicidade, a lealdade e a celeridade. Exercem seus efeitos no espaço de aplicação desse direito, e, portanto, em toda atividade processual.

No derradeiro plano os princípios genuínos de Direito Processual do Trabalho, descritivos, que somente exercem suas funções na realização processual atinente ao mundo do trabalho e dialogam com o direito material que lhe é suposto. Sem embargo, há princípios cuja atuação está restrita a apenas à função executória, seja como processo autônomo, quando o título executivo é formado fora dos autos, e seja como fase, quando o título é formado endo-processualmente.

(*) Pós-doutor em Direito Processual Comparado pela Universidad Castilla-La Mancha, na Espanha. Professor Adjunto IV da PUC-Minas, lecionando nos cursos de mestrado e doutorado em Direito. Professor visitante na Universidad Nacional de Córdoba – Argentina, e na Faculdade de Direito de Vitória/ES. Professor conferencista na Escola Nacional de Magistratura do Trabalho – ENAMAT, na Escola Superior de Advocacia da Ordem dos Advogados do Brasil. Membro do Conselho Consultivo da Escola Judicial do Tribunal Regional do Trabalho da 3ª Região e Pesquisador junto ao Centro Europeo y Latinoamericano para el Diálogo Social – España. Membro efetivo, dentre outras, das seguintes sociedades: Asociación Iberoamericana de Derecho del Trabajo y de la Seguridad Social – AIDTSS; Asociación de Laboralistas -AAL; Associação Latino-Americana de Juízes do Trabalho – ALJT – Brasília/DF; Equipo Federal del Trabajo – EFT – Buenos Aires/Argentina; Escuela Judicial de América Latina (Membro Fundador) – Coordenador da Área de Direito Processual do Trabalho e do Consejo de Investigación – EJAL; Instituto Brasileiro de Direito Social Júnior- IBDSCJ – São Paulo; Instituto Paraguayo de Derecho del Trabajo y Seguridad; da Red Latinoamericana de Jueces para Cooperación Judicial e Integración – REDLAJ e da Societé I.

Não raro verificamos um baralhamento em sede doutrinária em torno dessas distintas realidades. Trazem-se princípios comuns a todos os processos, como se fossem de Direito Processual do Trabalho, como a celeridade, que, neste campo tem apenas uma atuação mais marcante. E princípios de outras fases do processo, como se princípios próprios da função executiva fossem, em equívocos que permeiam para parte da jurisprudência, razão pela qual urge esclarecermos esse importante tema, de modo a otimizar a execução trabalhista.

Apresentamos, pois, os sete princípios que atuam em função executiva, seus supostos legais e conceituais. São eles: do título, da patrimonialidade, do resultado, da utilidade, da economia ou modo menos gravoso, da onerosidade e da disponibilidade da execução.

PRINCÍPIO DO TÍTULO

A existência de um título executório hígido é o primeiro pressuposto para a existência para própria execução, consubstanciada no art. 876/CLT, e segundo a matriz constante do art. 586/CPC, para o qual a execução para a cobrança de crédito fundar-se-á sempre em título de obrigação certa, líquida e exigível[(1)], em linha com o brocardo ancião *nulla executio sine titulo*, incorporado ao inciso I, do seu art. 618/ CPC, aplicável no Direito Processual do Trabalho.

A exibição do título executivo é essencial para o exercício do direito de ação validamente.

Convém destacar que os provimentos antecipatórios de tutela em nada descaracterizam o princípio do título, eis que somente estão sendo antecipados os efeitos, e a satisfação definitiva segue atrelada a existência do título que somente se materializa plenamente com o provimento final.

PRINCÍPIO DA PATRIMONIALIDADE

Este princípio realiza o total abandono da execução pessoal[(2)], porquanto na atualidade o exequente pode apenas exigir o patrimônio do executado, especialmente na execução por quantia certa contra devedor solvente, normatizada pelo art. 646/CPC, pelo qual a execução tem por objeto a expropriação dos bens do devedor (inclusive os bens futuros – art. 591/CPC), a fim de satisfazer o direito do credor.

A ideia é respaldada ainda pelo art. 391/CC, mas apesar do referido princípio ser absoluto em relação ao livramento da pessoa do devedor, convém por em destaque que a execução pode ser feita de modo diverso do patrimonial, como na execução para a entrega de coisa e nas obrigações de fazer o não fazer.

O diploma humanitário retratado no Pacto de San José – Costa Rica, que proibi a prisão civil por dívida parece sepultar o derradeiro resquício da execução pessoal, e o Brasil, em boa hora, o incorpora definitivamente em nosso ordenamento jurídico, por meio da Súmula Vinculante 25/STF.

PRINCÍPIO DO RESULTADO

Corolário do princípio supra referido, e em sintonia com a realidade de que a execução se perfaz no interesse do credor[(3)], isto é, para sua satisfação, e nos moldes do art. 612/CPC, temos que é dever do executado entregar exatamente o objeto da prestação inadimplida, ou o equivalente em perdas e danos.

Busca-se, assim, que o credor remonte ao seu *status* anterior, ou seja, que não tenha qualquer prejuízo em virtude de ter tido um bem da vida desrespeitado. Daí porque também é conhecido como "princípio da especificidade da execução".

Como aduz Humberto Theodoro Júnior, com acerto, o princípio sintetiza que não poderá credor exigir, nem o devedor impor prestação diversa daquela constante do título executivo, sempre que esta for realizável *in natura*. E prossegue o referido autor, asseverando que nas sentenças que condenam ao cumprimento de obrigações de entrega de coisa e de fazer ou não fazer, a lei determina ao juiz que seja concedida, sempre que possível, a tutela específica. E mais ainda, afirma o processualista em referência:

(1) Diz-se que o título é certo, no plano judicial, quando não pende recurso capaz de lhe retirar a exigibilidade, e no plano extrajudicial quando estiver totalmente revestido das formalidades legalmente previstas; exigível será o título não mais sujeito à condição ou termo, e a obrigação nele retratada não mais está condicionada à evento futuro o qualquer outra condição; por fim, será líquido o título que individualiza exatamente o objeto da execução, bem como o respectivo valor.

(2) Parte da doutrina conceitua este princípio como da realidade, por meio do qual toda execução no processo contemporâneo é real, ou seja, busca os bens e não a pessoa do executado. Entretanto, os bens passíveis de serem excutidos não são apenas os reais, e sim todo o acervo, à exceção dos listados como impenhoráveis, no artigo 649/CPC.

(3) Não se pode falar em uma *primazia do credor trabalhista*, porquanto a regra de prevalência é comum a qualquer execução.

na hipótese de obrigações de fazer ou não fazer, a sentença, portanto, há de determinar providências concretas para assegurar o resultado prático equivalente ao do adimplemento; e no caso de obrigações de dar, a recomendação será de expedição, em favor do credor, de mandado de busca e apreensão, nos moldes do art. 461/CPC (THEDORO JÚNIOR, 2013. p. 130).

Naturalmente que remanesce a possibilidade de se converter a obrigação em perdas e danos, mas tal prerrogativa está no conjunto de possibilidades do credor, exclusivamente, por inteligência do § 1º, do art. 461/CPC. De igual forma, quando se tornar impossível a tutela específica ou a obtenção de resultado prático equivalente, a solução será também a sua conversão em perdas e danos, § 3º, do art. 461-A/CPC.

Nos feitos submetidos à apreciação da Justiça do Trabalho é muito comum o pedido de entrega de guias para o levantamento de FGTS ou de CD/SD, sob pena de indenização equivalente, diante de insucesso na percepção do crédito por culpa do ex-empregador, ou na reintegração inadequada de empregado portador de garantia provisória de emprego (EÇA & MAGALHÃES, 2012. p. 278).

PRINCÍPIO DA UTILIDADE

Este princípio veda a prática de atos desnecessários, com o fito de se vilipendiar o executado, lhe impor penas ou castigos acessórios, e ainda o desapossamento de bens inúteis ao interesse real do exequente. Por seu intermédio a execução se limita ao suficiente para solver a dívida, e se impede que o exeqüente se valha do processo como instrumento de vingança, pelo que incidentalmente o aludido princípio também confere dignidade ao executado.

Vários dispositivos o materializam, notadamente o art. 659 e seus parágrafos, do CPC, que limita a penhora, por meio do qual esta deverá incidir em tantos bens quantos bastem para o pagamento do principal atualizado, juros, custas e honorários.

O parágrafo único, do art. 692/CPC também confere uma salva-guarda ao devedor, aduzindo que será suspensa a arrematação logo que o produto da alienação dos bens bastar para o pagamento do credor.

O sistema BACEN-JUD, de tão larga utilização nos pretórios trabalhistas consagra este princípio, ao limitar a penhora assim que o numerário é obtido em um ou mais contas do executado.

PRINCÍPIO DA ECONOMIA OU MODO MENOS GRAVOSO

Este é o princípio mais conhecido da fase executiva, entretanto, ao contrário do consagrado pela praxe forense, ele não se destina à mera clemência. Tem justificativa científica e apesar de estar em posição mais acanhada em relação do princípio da utilidade, pelo qual a execução se movimenta em interesse do credor, formata-se dentro da seguinte realidade: quando por vários meios o credor puder promover a execução, deve ela ser levada a efeito da forma que traga menos impacto ao patrimônio ou a dignidade do executado.

Esta última circunstância é, inclusive, elevada por alguns à categoria de princípio (respeito à dignidade humana), com o que não comungamos, porquanto este respeito é comum a todas as fases do processo.

O princípio em questão está materializado objetivamente nos arts. 620, 668 e 716, todos do CPC, e ainda nos contornos do artigo 649, do mesmo código, que dispõe da impenhorabilidade de bens essenciais à pessoa humana.

PRINCÍPIO DA ONEROSIDADE DA EXECUÇÃO

A execução somente se verifica quando o devedor da obrigação não a satisfaz a tempo e modo, aí incluído o cumprimento de sentença. Toda execução, portanto, parte da mora do devedor, situação naturalmente onerosa no sistema jurídico universal.

O Direito Processual do Trabalho também contempla os ônus da demora na fase executiva, o fazendo no art. 883/CLT, cumulado com as Súmulas n. 200 e 211/TST. O retardamento culpável traz prejuízos e estes são aquilatáveis nesta se do processo, gerando acréscimos à obrigação originalmente contraída.

A conduta do executado, contrária ao direito, recomenda um agravamento de sua dívida, de modo a que o comando judicial seja cumprido no menor espaço de tempo possível.

Outros ônus e mais específicos são ainda recentes, pois o art. 789-A/CLT, que trata da questão somente foi acrescentado a CLT pela Lei n. 10.537/2002, e preconiza que no processo de execução são devidas custas, sempre de responsabilidade do executado e pagas ao final. Seus valores são minguados e não inibem o descumprimento judicial com o rigor devido, mas já representa um avanço e indica a repulsa legislativa e judiciária. Aliás, já é tempo dos Juízes do Trabalho se indignarem mais com as condutas desrespeitosas, notadamente em execução, aplicando com mais rigor e freqüência os arts. 600 e 601/CPC, que dispõem dos atos atentatórios à dignidade da Justiça, dando plena vazão ao princípio da onerosidade e contribuindo para a ética na Justiça.

Seguindo na análise da referida norma celetista, qual seja o *caput* do art. 789-A, quando esta se vale do advérbio temporal *sempre*, ao dispor da responsabilidade do executado, revela decisiva opção de tornar o sistema executório definitivamente oneroso. Destarte, não apenas os atos motivados pelo executado que devem ser onerosos, mas sim todos aqueles praticados na fase de execução, ainda que a origem seja conduta do exeqüente, porquanto este precisou enfrentar esta fase do processo apenas em decorrência da declarada inércia do executado[4].

No mesmo sentido o processo civil, onerando o executado nos arts. 651 e 659/CPC.

Quer nos parecer, contudo, que o sistema deveria ser ainda mais oneroso, punindo os excessos de defesa e ainda impondo novas custas a cada fase executiva verificada. E os honorários advocatícios jamais deveriam ficar de fora, até porque usual a intervenção do profissional do direito nesta fase, de difícil manejo pela parte desacompanhada. Nos parece natural a imposição de honorários advocatícios adicionais, na fase executiva, mas isso carece de iniciativa legislativa.

PRINCÍPIO DA DISPONIBILIDADE

Princípio de contida aplicação no Direito Processual do Trabalho, o princípio da disponibilidade da parte da ideia de que execução se faz no interesse do credor, e este não mais existindo ele pode perder o desejo de prosseguir com a execução. A lei processual civil chega a autorizar a desistência, expressamente, no art. 569/CPC, restando claro que esta pode ser total ou parcial.

O grande problema entre nós é que parte dos créditos trabalhistas é indisponível. Ademais, a dignidade da coisa julgada, de interesse do Poder Judiciário e de toda a sociedade constitui outro grave embaraço. Não obstante, tratando-se de direito eminentemente patrimonial, e já integralizado o direito, isto é, com a parte absolutamente livre de qualquer temor reverencial de seu antigo empregador, a objeção originalmente feita pela Justiça do Trabalho não parece tão consistente e perde lugar paulatinamente.

Desistências parciais também podem ser verificadas, quando decide o exequente mitigar uma pesada multa em que tenha incorrido o executado ou aceitar o pagamento sem a onerosidade adicional.

A desistência, porém, não tem a gravidade muitas vezes propalada em seara trabalhista, pois não se confunde com a renúncia e nem é causa de extinção da execução. Relevante notar que dentro do prazo de validade do título executivo, isto é, da pretensão executiva, de que trata da Súmula n. 150/STF, que afirma que a execução deixa de ser exigível no mesmo prazo assinalado para a propositura da demanda que lhe dá suporte, poderá o exequente renovar o pedido executório.

Finalmente outros credores também podem dispor da execução trabalhista: o Ministério Público do Trabalho, quando não mais persistir o interesse peculiar, o INSS, nos expressos casos de desnecessidade do prosseguimento por ínfimo valor e assim por diante.

A desistência da execução traz como corolário a extinção dos incidentes processuais dela decorrentes, nos moldes do parágrafo único, do art. 569/CPC, mas sem qualquer encargo para o exequente, como na norma processual civil, face à total incompatibilidade da mesma com a sistemática do art. 789-A/CLT, ainda que o exequente seja pessoa jurídica.

CONCLUSÃO

Como destacamos, vários são os princípios. Entretanto, a nosso sentir precisamos concentrá-los, reduzindo-lhes as classificações, a fim de lhes emprestar maior efetividade. Nada obstante, alguns doutrinadores consideram valores que nos convidam à reflexão.

Neste encerramento, entretanto, como nossa abordagem é enunciativa, passaremos a expor alguns elementos críticos.

Traremos nominalmente apenas um doutrinador, na medida em que nos rendemos parcialmente ao seu encantador argumento, num princípio que deixamos de incluir como típico da execução trabalhista.

Mauro Schiavi aponta como princípio da execução a redução do contraditório (SCHIAVI, 2011. p. 31). Inegavelmente a fase processual em exame

(4) Por certo que incidentes infundados levados a efeito pelo exeqüente com o exclusivo fito de onerar o executado devem contar, também, com contundente rechaço da Justiça.

impõe-nos um reduzidíssimo contraditório, quase que servindo como um elemento de distinção. A par disso, e com todas as vênias, quer nos parecer que o contraditório ainda se coloca como princípio processual constitucional, e a redução de seu espaço na execução não lhe retira tal classificação, importando em variação de grau.

Ainda em sede doutrinária, alguns apontamentos merecem, por lealdade acadêmica.

Aventa-se na possibilidade de um super privilégio do crédito trabalhista, mas que não passa de critério de preferência, nas hipóteses legalmente previstas. Na mesma ordem, a decantada igualdade, quando há superioridade do credor em sede de execução. Sua posição é de preeminência, enquanto a do devedor é de sujeição, daí porque não há de se falar em igualdade entre as partes. De igual forma no campo infraconstitucional, quando se pondera a função social da execução, como princípio de nossa execução, quando tal valor se inscreve como um padrão de Direito Processual do Trabalho e não exclusivamente da execução. Idem no pertinente ao impulso oficial tantas vezes referido como exclusivo da execução trabalhista, o que não é exato, porquanto o processo civil não exclui tal possibilidade daquele julgador, nos termos da parte *in fine* do art. 262/CPC, pelo qual: "o processo civil começa por iniciativa da parte, *mas se desenvolve por impulso oficial*".

REFERÊNCIAS BIBLIOGRÁFICAS

EÇA, Vitor Salino de Moura & MAGALHÃES, Aline Carneiro. Coord. *Atuação principiológica no processo do trabalho*. RTM. Belo Horizonte. 2012.

SCHIAVI, Mauro. *Execução no processo do trabalho*. 3. ed. LTr, São Paulo. 2011.

THEODORO JÚNIOR, Humberto. *Curso de Direito Processual Civil*. Vol. II. 48. ed. Forense. Rio de Janeiro. 2013.

Capítulo 35

A Desconsideração Inversa da Personalidade Jurídica na Execução Trabalhista e a Pesquisa Eletrônica de Bens de Executados

Ben-Hur Silveira Claus(*)

" ... diante do abuso de direito e da fraude no uso da personalidade jurídica, o juiz brasileiro tem o direito de indagar, em seu livre convencimento, se há de consagrar a fraude ou o abuso de direito, ou se deva desprezar a personalidade jurídica, para, penetrando em seu âmago, alcançar pessoas e bens que dentro dela se escondem para fins ilícitos ou abusivos."

Rubens Requião

INTRODUÇÃO: O DIREITO ATENDEU À ECONOMIA

Até o surgimento das sociedades personificadas de responsabilidade limitada, a atividade econômica era desenvolvida sob responsabilidade pessoal. Fosse um único empreendedor, fossem vários os empreendedores reunidos para a exploração de atividade econômica, a responsabilidade recaía sobre a pessoa natural dos empresários. Por conseguinte, a responsabilidade pelas obrigações contraídas no desenvolvimento da atividade econômica incumbia à pessoa natural dos titulares do empreendimento, que então respondiam com seu patrimônio pessoal pelos débitos decorrentes da exploração econômica empreendida.

A criação das sociedades personificadas de responsabilidade limitada surge no Direito Moderno para conferir segurança jurídica aos sócios, os quais pretendiam ter seu patrimônio pessoal preservado na hipótese de insucesso da atividade econômica empreendida. Não estando o patrimônio pessoal dos sócios sujeito a responder pelas obrigações contraídas no desenvolvimento da atividade econômica, o progresso da economia estaria permanentemente estimulado pela perspectiva dos novos empreendimentos que a livre iniciativa fomentaria.

Sob o influxo do ideário do Liberalismo Econômico fundado pela Revolução Francesa de 1789, o engenho jurídico concebe então um ente abstrato que responderá com o próprio patrimônio pelas obrigações que venha a contrair perante terceiros (clientes, fornecedores, empregados, etc.), deixando a salvo o patrimônio individual da pessoa natural dos sócios integrantes desse sujeito coletivo. Estava aberto o caminho pelo qual seria possível estimular a atividade econômica sem colocar sob risco o patrimônio pessoal dos empreendedores.

O engenho jurídico faz nascer o ente abstrato da sociedade personificada de responsabilidade limitada[1]. O direito atribui ao agrupamento social personalidade jurídica distinta da pessoa dos sócios. Mas esse sujeito moral não passa de uma ficção teórica com a qual a formulação jurídica logra superar o fato objetivo de que a atividade econômica tem por atores determinadas pessoas naturais.

(*) Ben-Hur Silveira Claus é juiz titular da Vara do Trabalho de Carazinho-RS (4ª Região) e mestre em direito.

(1) A sociedade empresarial de responsabilidade limitada surge na Inglaterra, em 1862; na Alemanha, em 1892; em Portugal, em 1901; na Áustria, em 1906; no Brasil, em 1919 (FERREIRA, 1952. p. 324 et seq.)

1. *A AUTONOMIA PATRIMONIAL COMO PRESSUPOSTO TEÓRICO DA SOCIEDADE DE RESPONSABILIDADE LIMITADA*

A ideia de autonomia patrimonial está pressuposta na concepção da sociedade personificada de responsabilidade limitada. A atribuição de uma personalidade jurídica distinta a esse ente abstrato permite edificar teoricamente a noção de autonomia patrimonial: o patrimônio societário do sujeito coletivo não se comunica com o patrimônio pessoal dos sócios e vice-versa. As respectivas obrigações permanecem em separado. Vale dizer, pelas obrigações da sociedade personificada responde apenas o patrimônio desse ente abstrato. Pelas obrigações pessoais do sócio responde apenas o patrimônio pessoal de cada sócio obrigado.

Não haveria vasos comunicantes entre patrimônio societário e patrimônio pessoal dos sócios. Esta é a ideia central que preside a concepção de personalidade jurídica da sociedade empresária de responsabilidade limitada: a ordem jurídica reconhece haver distinção entre pessoa jurídica e pessoa natural dos respectivos sócios, distinção que se expressa no reconhecimento de existência de autonomia entre o patrimônio da sociedade e o patrimônio dos sócios.

Porém, a autonomia patrimonial reconhecida à sociedade personificada não constitui um salvo conduto atribuído pela ordem jurídica para isentar os sócios de responsabilidade por seus atos empresariais. Visa, antes, facilitar à pessoa jurídica o exercício de sua regular função social na vida econômica. Na presença do desenvolvimento regular da atividade econômica pela sociedade empresarial, o sistema legal assegura eficácia jurídica à personificação societária, distinguindo entre patrimônio social e patrimônio particular do sócio.

Na medida em que a função social da personalidade jurídica é desvirtuada pela prática de atos irregulares de seus integrantes, a autonomia patrimonial antes assegurada como condição de estímulo ao empreendedorismo econômico cede em favor da preservação da integridade da ordem jurídica, uma vez que a personificação societária não pode ser utilizada pelos sócios para a consecução de fins contrários ao bem comum. Ocorrendo tal desvirtuamento no uso da personificação societária, a ordem jurídica excepciona a regra da autonomia patrimonial e passa a admitir a comunicação entre os patrimônios, neutralizando a eficácia jurídica inicialmente conferida à personificação societária, de modo a responsabilizar diretamente os sócios pelas obrigações da sociedade.

É o que ocorre na desconsideração da personalidade jurídica da sociedade executada, de acordo com o magistério de *Ovídio A. Baptista da Silva* (2002. p. 73). Depois de assinalar a contribuição dos juristas alemães para o desenvolvimento da teoria da desconsideração da personalidade jurídica, o erudito jurista observa que a doutrina contemporânea admite superar a separação entre o patrimônio da sociedade e o patrimônio dos sócios "[...] quando a sociedade seja utilizada pelos sócios com o fito de prejudicar terceiros, ou sirva de anteparo para permitir a prática de negócios ilegais." A teoria da desconsideração da personalidade jurídica adquiriu espectro internacional, conforme revelam as pesquisas de direito comparado[(2)].

2. *A DESCONSIDERAÇÃO INVERSA DA PERSONALIDADE JURÍDICA*

A teoria da desconsideração da personalidade jurídica tem por finalidade coibir fraudes realizadas mediante a abusiva utilização da autonomia patrimonial conferida à sociedade personificada. Nas palavras de *Fábio Ulhoa Coelho*, (2009. p. 47-48), "a desconsideração é utilizada como instrumento para responsabilizar sócio por dívida formalmente imputada à sociedade". Como se percebe, é sobre a eficácia jurídica da autonomia patrimonial – e sua relativização – que se desenvolve a teoria da desconsideração da personalidade jurídica da sociedade personificada.

Na desconsideração *inversa* da personalidade jurídica, a questão está novamente centrada na eficácia jurídica da autonomia patrimonial e sua relativização; mas aqui a sociedade personificada é chamada a responder por obrigações pessoais do sócio sob o fundamento de confusão patrimonial (CC, art. 50).

Em ambos os tipos de desconsideração da personalidade jurídica é a eficácia jurídica da autonomia patrimonial que é superada pela técnica do direito: a ciência jurídica neutraliza a autonomia patrimonial quando tal concessão à ordem econômica degenera no descumprimento das obrigações. Logo se perce-

(2) A teoria da desconsideração da personalidade jurídica é identificada de diferentes formas no direito comparado, mas conteúdo é sempre o mesmo: a superação do formalismo jurídico da personificação societária, na perspectiva de vertical resgate do princípio da responsabilidade patrimonial dos sócios. No direito norteamericano: *disregard of legal entity*; no direito italiano: *superamento della personalità giuridica*; no direito argentino: *teoría de la penetración*; no direito francês: *mise à l'écart de la personalité morale*.

be que a teoria da desconsideração da personalidade jurídica tem por objeto o resgate do princípio da responsabilidade patrimonial, mediante a superação de aspectos formais de personificação jurídica da sociedade empresarial.

3. DESCONSIDERAÇÃO CLÁSSICA E DESCONSIDERAÇÃO INVERSA DA PERSONALIDADE JURÍDICA

Enquanto a clássica desconsideração da personalidade jurídica opera como técnica para inibir a utilização indevida da autonomia patrimonial da sociedade personificada e visa responsabilizar o sócio pelas obrigações da sociedade, a teoria da desconsideração inversa da personalidade jurídica opera para coibir a confusão patrimonial entre sócio e sociedade, responsabilizando a sociedade personificada por obrigações do sócio que oculta seu patrimônio pessoal no patrimônio da sociedade.

Em ambas as situações, a ordem jurídica resgata o latente caráter prospectivo do princípio da primazia da realidade, para superar a formal distinção com a qual distinguira o patrimônio da sociedade do patrimônio pessoal dos sócios, apagando as linhas imaginárias com que o direito autonomiza esses dois patrimônios com o objetivo de estimular o desenvolvimento da atividade econômica regular (CLAUS, 2010. p. 66).

Noutras palavras, a ficção teórica com a qual a formulação jurídica lograra superar o fato objetivo de que a atividade econômica tem por atores determinadas pessoas naturais retrocede pela saneadora potência com que o princípio da primazia da realidade restaura o primado da ordem jurídica, impedindo que eficácia jurídica da autonomia patrimonial reconhecida à sociedade personificada seja utilizada para prejudicar terceiros.

4. O SUPORTE FÁTICO DA DESCONSIDERAÇÃO INVERSA: A CONFUSÃO PATRIMONIAL

A desconsideração inversa da personalidade jurídica visa coibir o desvio de bens do sócio para a sociedade, conforme se extrai da lição de *Fábio Ulhoa Coelho*. Na desconsideração inversa, o abuso da personalidade jurídica do ente societário caracteriza-se pelo preenchimento do suporte fático da confusão patrimonial, requisito previsto no art. 50 do Código Civil.

O autor esclarece que a desconsideração inversa consiste no afastamento do princípio da autonomia patrimonial da pessoa jurídica para responsabilizar a sociedade por obrigação do sócio, técnica jurídica que tem cabimento quando "[...] o devedor transfere seus bens para a pessoa jurídica sobre a qual detém absoluto controle. Desse modo, continua a usufruí-los, apesar de não serem de sua propriedade, mas da pessoa jurídica controlada"(3). Vale dizer, a técnica da desconsideração inversa tem aplicação quando o sócio esvazia seu patrimônio pessoal, transferindo-o à pessoa jurídica da qual é sócio, para furtar-se às obrigações que são de sua responsabilidade pessoal, mediante a artificiosa invocação da autonomia patrimonial da sociedade personificada para a qual o sócio desviou seu patrimônio pessoal.

Conforme restou assentado pelo Superior Tribunal de Justiça no julgamento do Recurso Especial n. 948.117, de relatoria da Ministra Nancy Andrighi, de 22.06.2010, o fundamento legal para a aplicação da teoria da desconsideração inversa da personalidade jurídica radica no art. 50 do Código Civil. Depois de consignar que a desconsideração inversa da personalidade jurídica caracteriza-se pelo afastamento da autonomia patrimonial da sociedade, para, contrariamente ao que ocorre na desconsideração da personalidade propriamente dita, atingir o ente coletivo e seu patrimônio social, de modo a responsabilizar a pessoa jurídica por obrigações do sócio controlador, a ementa do acórdão registra: "III – Considerando-se que a finalidade da *disregard doctrine* é combater a utilização indevida do ente societário por seus sócios, o que pode ocorrer também nos casos em que o sócio controlador esvazia o seu patrimônio pessoal e o integraliza na pessoa jurídica, conclui-se, de uma interpretação teleológica do art. 50 do CC/2002, ser possível a desconsideração inversa da personalidade jurídica, de modo a atingir bens da sociedade em razão de dívidas contraídas pelo sócio controlador, conquanto preenchidos os requisitos previstos na norma"(4).

---

(3) O autor informa que a técnica da desconsideração inversa da personalidade jurídica é utilizada no Direito de Família quando se constata que o cônjuge desvia seu patrimônio pessoal para a pessoa jurídica de que é titular, com a finalidade de sonegar determinados bens da partilha. Por vezes, a técnica é utilizada para neutralizar a conduta do cônjuge que aparenta possuir menor rendimento, para obter artificiosamente a redução do valor dos alimentos que está obrigado a pagar. Essa técnica também é utilizada no Direito das Sucessões quando herdeiros transferem patrimônio do inventariado para pessoas jurídicas, para sonegar determinados bens da partilha a ser feita no inventário, para prejudicar outros herdeiros ou terceiros credores do espólio (COELHO, 2009. p. 48).

(4) STJ REsp n. 948.117 – MS (2007/0045262-5), 3ª Turma, Rel. Min. Nancy Andrighi, j. 22.06.2010.

5. *A OPÇÃO PELA TEORIA OBJETIVA DA DESCONSIDERAÇÃO DA PERSONALIDADE JURÍDICA*

A histórica opção da doutrina justrabalhista pela teoria objetiva da desconsideração da personalidade jurídica tem sido compreendida na teoria jurídica como expressão da autonomia científica do direito do trabalho em relação ao direito civil.

Se na Justiça Comum a invocação da teoria desconsideração da personalidade jurídica da sociedade personificada é encarada como medida excepcional cuja aplicação reclama estrita configuração dos requisitos do art. 50 do Código Civil, a aplicação dessa teoria é de ocorrência ordinária na Justiça do Trabalho, bastando que a invocação da autonomia patrimonial seja oposta como obstáculo à satisfação de crédito trabalhista para que se tenha por configurada a utilização abusiva da personalidade jurídica da sociedade personificada.

Diversamente do que ocorre na Justiça Comum, a mera inexistência de bens da sociedade para responder pela execução de crédito trabalhista abre imediatamente as portas que dão o acesso à superação da autonomia patrimonial mediante a técnica da desconsideração da personalidade jurídica propriamente dita ou mediante a técnica da desconsideração inversa da personalidade jurídica, conforme se trate de obrigação trabalhista da sociedade ou de obrigação trabalhista do sócio, respectivamente. Enquanto o credor cível tem o ônus da prova da ocorrência de desvio de finalidade ou de confusão patrimonial para lograr obter a desconsideração da personalidade jurídica da sociedade executada (CC, art. 50), ao credor trabalhista incumbe apenas demonstrar a insuficiência dos bens da sociedade executada, para que a execução seja direcionada aos sócios. Da mesma forma, tratando-se de execução contra executado pessoa natural, a mera insuficiência de bens do executado pessoal natural dá ensejo ao direcionamento da execução contra a sociedade de que ele participa. Esse redirecionamento é realizado mediante a adoção da técnica da desconsideração inversa da personalidade jurídica, cujo fundamento jurídico radica na aplicação teleológica da norma do art. 50 do Código Civil, conforme assentado no acórdão do STJ antes mencionado.

É oportuno destacar, com *Mauro Schiavi* (2008. p. 709-710), que o Direito do Trabalho abraçou a teoria objetiva da desconsideração da personalidade jurídica, segundo a qual basta a inexistência de bens da sociedade executada para redirecionar-se a execução contra o patrimônio dos sócios. O autor pondera que "[...] a moderna doutrina e jurisprudência trabalhista encamparam a chamada teoria objetiva da desconsideração da personalidade jurídica que disciplina a possibilidade de execução dos bens do sócio, independentemente se os atos violaram ou não o contrato, ou houve abuso de poder. Basta a pessoa jurídica não possuir bens, para ter início a execução dos bens do sócio. No Processo do Trabalho, o presente entendimento se justifica em razão da hipossuficiência do trabalhador, da dificuldade que apresenta o reclamante em demonstrar a má-fé do administrador e do caráter alimentar do crédito trabalhista" (2008. p. 709-710).

6. *O ABUSO DA PERSONALIDADE JURÍDICA CONFIGURA-SE PELA SIMPLES INVOCAÇÃO DA AUTONOMIA PATRIMONIAL*

A desconsideração da personalidade jurídica no processo trabalhista é a mais ampla possível, conforme observa *Eduardo Milléo Baracat*. A pesquisa realizada pelo autor revela que, no microssistema trabalhista, "[...] o entendimento dominante é o de que a utilização deste instituto independe de fraude, abuso de poder ou ato ilícito dos sócios; basta o inadimplemento do crédito trabalhista e que a sociedade empregadora não disponha de patrimônio para suportar a execução" (BARACAT, 2010. p. 196).

Edificada sobre o princípio da boa-fé, a teoria da superação da personalidade jurídica, no âmbito do Direito do Trabalho, funda-se na premissa de que a simples invocação da autonomia patrimonial da sociedade e de seus sócios como obstáculo ao cumprimento de obrigações trabalhistas caracteriza abuso de direito na utilização da personalidade jurídica. Isso por que se considera que a personalidade jurídica é aproveitada de forma abusiva quando se antepõe ao cumprimento de obrigação trabalhista o óbice da separação patrimonial existente entre sociedade e sócios, conforme preleciona *Ari Pedro Lorenzetti* (2003. p. 198).

O abuso de direito na utilização da personificação societária configura-se *in re ipsa* sempre que a autonomia patrimonial é invocada para sonegar obrigação decorrente de direito de natureza indisponível, como é o caso dos direitos fundamentais sociais (CF, art. 7º)[(5)].

---

(5) "Não vemos, portanto, como fugir às conclusões do multicitado *Justen Filho*, segundo o qual sempre que a distinção patrimonial entre pessoa jurídica e seus sócios implicar a frustração de direitos indisponíveis o abuso encontra-se *in re ipsa*" (LORENZETTI, 2003. p. 198).

7. UMA HISTÓRICA CONSTRUÇÃO HERMENÊUTICA

O dinamismo das relações entre capital e trabalho e a crescente consciência jurídica do valor social do trabalho humano constituem histórica fonte material do direito do trabalho.

Se antes do advento do Código Civil de 2002 (art. 50)[6], a Justiça do Trabalho utilizava-se da aplicação analógica do art. 28 do CDC[7] para fundamentar o recurso à técnica da desconsideração da personalidade jurídica da sociedade personificada, no período anterior à Lei n. 8.078/1990 (CDC) a superação da autonomia patrimonial da sociedade personificada foi construída sob a hermenêutica extensiva com a qual a jurisprudência trabalhista atualizou a interpretação da parte final do art. 10 do Decreto 3.708/1919[8], de modo a ampliar a tutela devida aos créditos trabalhistas, imperativo imposto pela crescente consciência jurídica da relevância social dos direitos do trabalho.

Essa consciência jurídica adquire maior densidade axiológica com o advento da Constituição Federal de 1988, que eleva os direitos do trabalho à hierarquia jurídica de direitos fundamentais (CF, art. 7º).

8. A DESCONSIDERAÇÃO DA PERSONALIDADE JURÍDICA EM FACE DA PESQUISA ELETRÔNICA DE BENS DO EXECUTADO

A utilização de ferramentas eletrônicas para a pesquisa de bens do executado potencializa a efetividade da execução (CHAVES, 2009. p. 923 *et seq.*)

De forma específica, a utilização da ferramenta eletrônica denominada de Cadastro de Clientes do Sistema Financeiro Nacional – CCS (BACEN-CCS) pode, na pesquisa das pessoas que movimentam as contas bancárias da empresa executada, detectar a existência de sócio oculto, cujos bens poderão então ser penhorados mediante a aplicação da teoria da desconsideração da personalidade jurídica, na medida em que se presume ser sócia de fato a pessoa que tem poderes para movimentar conta bancária da empresa executada[9]. Com efeito, não é ordinário outorgar poderes para movimentar conta corrente a quem seja estranho à sociedade empresarial. Pelo contrário, a outorga de tais poderes é indicativa de que a sociedade e o outorgado têm interesses comuns, situação em que se estabelece presunção de que o outorgado é sócio oculto da sociedade outorgante de tais poderes.

Detectada a existência de sócio oculto via ferramenta eletrônica BACEN-CCS, a pesquisa deve prosseguir perante a Junta Comercial, para descobrir se o sócio oculto participa de outra(s) empresa(s), cujo patrimônio poderá entao ser objeto de penhora mediante a aplicação da teoria da desconsideração inversa da personalidade jurídica, sob o argumento de confusão patrimonial (CC, art. 50).

A pesquisa perante a Junta Comercial, para descobrir se o sócio oculto participa de outra(s) empresa(s), poderá identificar a existência de grupo econômico, ampliando a possibilidade de êxito da execução trabalhista, seja em razão da solidariedade passiva que recai sobre cada uma das empresas integrantes de grupo econômico (CLT, art. 2º, § 2º), seja em razão da possibilidade de penhorar os bens dos sócios das empresas do grupo econômico mediante a desconsideração da personalidade jurídica das empresas do grupo (CC, art. 50 c/c CPC, art. 592, II).

---

(6) CC: "Art. 50. Em caso de abuso da personalidade jurídica, caracterizado pelo desvio de finalidade, ou pela confusão patrimonial, pode o juiz decidir, a requerimento da parte, ou do Ministério Público quando lhe couber intervir no processo, que os efeitos de certas e determinadas relações de obrigações sejam estendidas aos bens particulares dos administradores ou sócios da pessoa jurídica."

(7) CDC: "Art. 28. O juiz poderá desconsiderar a personalidade jurídica da sociedade quando, em detrimento do consumidor, houver abuso de direito, excesso de poder, infração da lei, fato ou ato ilícito ou violação dos estatutos ou contrato social. A desconsideração também será efetivada quando houver falência, estado de insolvência, encerramento ou inatividade da pessoa jurídica provocados por má administração. [...]

§ 5º. Também poderá ser desconsiderada a pessoa jurídica sempre que sua personalidade for, de alguma forma, obstáculo ao ressarcimento de prejuízos causados aos consumidores." [grifo nosso]

(8) Decreto n. 3.708/1919: "Art.10. Os sócios-gerentes ou que derem o nome à firma não respondem pessoalmente pelas obrigações contraídas em nome da sociedade, mas respondem para com esta e para com terceiros solidária e ilimitadamente pelo excesso de mandato e pelos atos praticados com violação do contrato ou da lei." [grifo nosso]

(9) Essa presunção decorre da experiência ordinária (CPC, art. 335), pois a outorga de poderes para movimentar contas bancárias sugere que a pessoa outorgada tem interesses em comum com a empresa outorgante. Nesse sentido, merece destaque o criterioso estudo realizado pelos magistrados César Zucatti Pritsch e Gilberto Destro. Publicado na edição n. 140 da Revista Eletrônica do TRT4, o ensaio denominado *BACEN CCS – Cadastro de Clientes do Sistema Financeiro Nacional – Uma valiosa ferramenta para a execução efetiva* assenta três conclusões produtivas para a efetividade da execução: a) "a relação de procuração bancária entre duas pessoas físicas faz presumir confusão patrimonial"; b) "a relação de procuração bancária entre pessoa jurídica e pessoa física, caso essa não conste formalmente como sócia, faz presumir que seja sócia de fato"; c) "o elo entre duas pessoas jurídicas por sócio de fato em comum caracteriza grupo econômico". <www.trt4.jus.br – Escola Judicial – Revista Eletrônica – edição n. 140>.

CONSIDERAÇÕES FINAIS

Se a clássica desconsideração da personalidade jurídica opera como técnica para inibir a utilização indevida da autonomia patrimonial da sociedade personificada e visa responsabilizar o sócio pelas obrigações da sociedade, a desconsideração *inversa* da personalidade jurídica opera para coibir a confusão patrimonial entre sócio e sociedade, responsabilizando a sociedade personificada por obrigações do sócio que oculta seu patrimônio pessoal no patrimônio da sociedade.

Enquanto na Justiça Comum a invocação da teoria desconsideração da personalidade jurídica da sociedade personificada é encarada como medida excepcional cuja aplicação reclama estrita configuração dos requisitos do art. 50 do Código Civil, a aplicação dessa teoria é de ocorrência ordinária na Justiça do Trabalho, bastando que a invocação da autonomia patrimonial seja oposta como obstáculo à satisfação de crédito trabalhista para que se tenha por configurado o uso abusivo da personalidade jurídica da sociedade personificada.

Assim, na Justiça do Trabalho, a mera inexistência de bens da sociedade para responder pela execução de crédito trabalhista abre imediatamente as portas que dão o acesso à superação da autonomia patrimonial mediante a técnica da desconsideração da personalidade jurídica propriamente dita ou mediante a técnica da desconsideração *inversa* da personalidade jurídica, conforme se trate de obrigação da sociedade ou de obrigação do sócio, respectivamente.

REFERÊNCIAS

BAPTISTA DA SILVA, Ovídio A. *Curso de processo civil*. 5. ed. São Paulo: RT, 2002. v. 2.

BARACAT, Eduardo Milléo. Desconsideração da personalidade jurídica da sociedade limitada no processo do trabalho: interpretação à luz do princípio de dignidade da pessoa humana. In: SANTOS, José Aparecido dos (Coord.) *Execução trabalhista*. 2. ed. São Paulo: LTr, 2010.

CHAVES, Luciano Athayde. Ferramentas eletrônicas na execução trabalhista. In: CHAVES, Luciano Athayde. (Org.). *Curso de processo do trabalho*. São Paulo: LTr, 2009.

CLAUS, Ben-Hur Silveira. A desconsideração da personalidade jurídica na execução trabalhista: aspectos teóricos e aplicação em situações concretas. *Revista do Tribunal Regional do Trabalho da 4ª Região*, Porto Alegre, n. 38. p. 61-88, 2010.

COELHO, Fábio Ulhoa. *Curso de direito comercial*. 13. ed. São Paulo: Saraiva. 2009. v. 2.

FERREIRA, Waldemar. *Tratado de Sociedades Mercantis*, 4. ed. Rio de Janeiro: Freitas Bastos, 1952. v 1.

LORENZETTI, Ari Pedro. *A responsabilidade pelos créditos trabalhistas*. São Paulo: LTr, 2003.

PRITSCH, César Zucatti; DESTRO, Gilberto. BACEN CCS – Cadastro de Clientes do Sistema Financeiro Nacional – Uma valiosa ferramenta para a execução efetiva. *Revista Eletrônica do TRT4*, Porto Alegre, ano 8, n. 140, 1ª quinzena jun. 2012. <http://www.trt4.jus.br/portal/trt4/consultas/jurisprudência/revistaeletronica>.

SCHIAVI, Mauro. *Manual de direito processual do trabalho*. São Paulo: LTr, 2008.

Capítulo 36

Hipoteca Judiciária: A Redescoberta do Instituto diante da Súmula n. 375 do STJ – Execução Efetiva e Atualidade da Hipoteca Judiciária

Ben-Hur Silveira Claus(*)

"A hipoteca judiciária é plus – cria vínculo real, de modo que, na execução imediata ou mediata, está o vencedor munido de direito de sequela, que não tinha. Daí resulta que os bens gravados por ela podem ser executados como se a dívida fosse coisa certa, ainda se em poder de terceiro, que os haja adquirido sem fraude à execução. Não há boa-fé em tal aquisição, porque a hipoteca judiciária opera como qualquer outra hipoteca. (...) O exequente tem o direito de prosseguir na execução da sentença contra os adquirentes dos bens do condenado".

Pontes de Miranda

INTRODUÇÃO

Instituto previsto no art. 466 do Código de Processo Civil[(1)], a hipoteca judiciária não tem sido utilizada por magistrados e advogados, em que pese sua utilidade como ferramenta para a efetividade da execução. O advento da Súmula 375 do Superior Tribunal de Justiça – STJ, entretanto, veio a resgatar a atualidade deste instituto esquecido pela prática judiciária[(2)].

A afirmação de que a Súmula n. 375 do STJ resgata a atualidade do instituto da hipoteca judiciária reclama explicação. É o que tento fazer a seguir.

1. A SÚMULA N. 375 DO STJ: PROTEÇÃO AO TERCEIRO DE BOA-FÉ

A Súmula n. 375 do STJ assenta o entendimento de que "o reconhecimento da fraude à execução depende do registro da penhora do bem alienado ou da prova de má-fé do terceiro adquirente"[(3)].

(*) Juiz do Trabalho na Vara do Trabalho de Carazinho – RS (4ª Região) e mestre em direito pela Unisinos.

(1) CPC: "Art. 466. A sentença que condenar o réu no pagamento de uma prestação, consistente em dinheiro ou coisa, valerá como título constitutivo de hipoteca judiciária, cuja inscrição será ordenada pelo juiz na forma prescrita na Lei de Registros Públicos.

Parágrafo único. A sentença condenatória produz hipoteca judiciária:

I – embora a condenação seja genérica;

II – pendente arresto de bens do devedor; ..."

(2) PONTES DE MIRANDA. *Comentários ao Código de Processo Civil*. tomo V. Rio de Janeiro: Forense, 1974. p. 112: "Fundamento da hipoteca judiciária, no direito brasileiro, é permitir-se que o vencedor da ação não vá, desde logo, às medidas constritivas cautelares ou de execução (arresto, penhora), alarmando os credores do condenado ou diminuindo-lhes, com tais medidas judiciais, o crédito. Aguarda-se melhor momento para a execução. Por outro lado, pode munir de garantia o vencedor, antes de se julgar em último grau a ação, e o arresto não impediria que o condenado contraísse outras dívidas. Ressalta, assim, a função econômica e jurídica da hipoteca judiciária."

(3) Súmula n. 375 do STJ: "O reconhecimento da fraude à execução depende do registro da penhora do bem alienado ou da prova da má-fé do terceiro adquirente." A Súmula n. 375 do STJ foi editada em 30.03.2009.

A leitura do verbete revela que a Súmula n. 375 do STJ visa proteger o terceiro que adquiriu de boa-fé o bem do executado. Há uma clara opção pela segurança jurídica do negócio celebrado entre o executado e o terceiro adquirente de boa-fé.

Editada em 30.03.2009, a Súmula n. 375 do STJ teve inspiração no art. 240 da Lei dos Registros Públicos (LRP) e no art. 659, § 4º, do Código de Processo Civil.

O art. 240 da Lei Registros Públicos estabelece: "Art. 240. O registro da penhora faz prova quanto à fraude de qualquer transação posterior."

Já o § 4º do art. 659 do Código de Processo Civil atribui ao credor o ônus de registrar a penhora no cartório de registro de imóveis. Isso para que se estabeleça presunção absoluta de conhecimento por terceiros da existência da penhora. A atual redação do § 4º do art. 659 do CPC foi dada pela Lei n. 11.382, de 06.12.2006: "§ 4º. A penhora de bens imóveis realizar-se-á mediante auto ou termo de penhora, cabendo ao exequente, sem prejuízo da imediata intimação do executado (art. 652, § 4º), providenciar, para presunção absoluta de conhecimento por terceiros, a respectiva averbação no ofício imobiliário, mediante a apresentação de certidão de inteiro teor do ato, independentemente de mandado judicial."

Como é de intuitiva percepção, é muito difícil para o credor prejudicado provar que o terceiro adquirente agiu de má-fé ao adquirir o bem do executado. De acordo com inteligência da súmula, cabe ao credor prejudicado provar que o terceiro adquirente tinha conhecimento da existência da ação movida contra o executado-alienante.

A comprovação da ciência da existência da ação caracteriza a má-fé do terceiro adquirente. Não havendo tal comprovação, a diretriz da súmula é a de não reconhecer fraude à execução, preservando-se a eficácia do negócio realizado entre o executado e o terceiro adquirente de boa-fé – em detrimento do interesse do credor prejudicado pela alienação do imóvel do executado.

2. *A HIPOTECA JUDICIÁRIA COMO REMÉDIO CONTRA OS MALES DA SÚMULA N. 375 DO STJ*

Contudo, se, por ocasião da sentença, o juiz tomar a iniciativa de determinar o registro da hipoteca judiciária na matrícula dos imóveis da empresa reclamada, a existência desse gravame será considerada de conhecimento geral, pois o cartório de registro de imóveis é um registro público, que pode ser consultado por todas as pessoas. A iniciativa do juiz de determinar o registro da hipoteca judiciária é providência expressamente prevista no art. 466 do CPC[(4)], a ser realizada de ofício.

Feito o registro da hipoteca judiciária, o terceiro adquirente já não mais poderá alegar a condição de adquirente de boa-fé, pois tinha acesso à informação[(5)] da existência de ação judicial contra a empresa alienante (a futura executada), situação em que o terceiro adquirente passa a ser considerado adquirente de má-fé[(6)]. Em outras palavras, o registro da hipoteca judiciária esvazia a alegação de ter o terceiro adquirido o imóvel de boa-fé e atua para fazer caracterizar fraude à execução no negócio celebrado entre a empresa reclamada e o terceiro adquirente.

A teoria jurídica identifica a hipoteca judiciária como efeito anexo imediato da sentença condenatória[(7)]. Tal identificação decorre de expressa previsão legal (CPC, art. 466). A previsão legal é a de que a sentença condenatória "... valerá como título constitutivo de hipoteca judiciária" (*caput*). A previsão legal é completada pela afirmação de que "A sentença condenatória produz a hipoteca judiciária" (parágrafo único). É dizer, a simples publicação da sentença condenatória produz a hipoteca judiciária.

Publicada, a sentença condenatória produz a hipoteca judiciária cuja eficácia é imediata quanto ao réu, que é parte no processo.

Contudo, a eficácia da hipoteca judiciária quanto a terceiros – que não são parte no processo – depende do respectivo registro no cartório imobiliário no qual estão registrados os imóveis da empresa reclamada. Realizado tal registro, presume-se em fraude à execução a alienação superveniente do imóvel hipotecado judiciariamente.

A pessoa que adquire o imóvel da empresa reclamada é considerada terceiro; trata-se do terceiro adquirente.

---

(4) CPC: "Art. 466. A sentença que condenar o réu no pagamento de uma prestação, consistente em dinheiro ou coisa, valerá como título constitutivo de hipoteca judiciária, cuja inscrição será ordenada pelo juiz na forma prescrita na Lei de Registros Públicos."

(5) Com o registro da hipoteca judiciária, o terceiro passa a ter a possibilidade de informar-se, junto ao Cartório do Registro de Imóveis, da existência de ação judicial contra o executado.

(6) PONTES DE MIRANDA. *Comentários ao Código de Processo Civil*. tomo V. Rio de Janeiro: Forense, 1974. p. 111.

(7) SILVA, Antônio Álvares da. *Execução provisória trabalhista depois da reforma do CPC*. São Paulo: LTr, 2007. p. 104: "A hipoteca judiciária é automática e será ordenada pelo juiz, como determina o art. 466 do CPC."

Apesar das virtudes da hipoteca judiciária[8] para a efetividade da execução, registra-se grande timidez dos magistrados trabalhistas na utilização dessa útil ferramenta.

Nada obstante a jurisprudência do TST já estar pacificada a respeito da licitude da aplicação de ofício da hipoteca judiciária ao processo do trabalho[9], ainda é bastante restrita a utilização dessa medida pelos juízes.

O advento da Súmula n. 375 do STJ, porém, opera como um importante estímulo à redescoberta da hipoteca judiciária. Isso por que os prejuízos que a Súmula n. 375 do STJ acarreta à efetividade da execução podem ser atenuados pelas virtude do instituto da hipoteca judiciária.

3. AS SETE VIRTUDES CAPITAIS DA HIPOTECA JUDICIÁRIA

A timidez dos juízes do trabalho na utilização dessa ferramenta pode ser mais facilmente vencida, na medida em que sejam percebidas as virtudes do instituto da hipoteca judiciária para a efetividade da execução trabalhista, virtudes a seguir resumidas.

3.1 A primeira virtude: a publicação da sentença constitui a hipoteca judiciária

A primeira virtude do instituto está na circunstância de que a hipoteca judiciária é *constituída* pela simples publicação da sentença condenatória.

A hipoteca judiciária é *efeito anexo imediato* da sentença estabelecido em lei: a mera publicação da sentença condenatória *constitui* a hipoteca judiciária, por força de previsão legal. A previsão legal está no *caput* do art. 466 do CPC: "Art. 466. A sentença que condenar o réu no pagamento de uma prestação, consistente em dinheiro ou em coisa, valerá como *título constitutivo* de hipoteca judiciária, cuja inscrição será ordenada pelo juiz na forma prescrita na Lei de Registros Públicos."

Ratificando a previsão de que a sentença condenatória *constitui* hipoteca judiciária, o parágrafo único do art. 466 do CPC explicita tal *efeito anexo imediato* da sentença, ao estabelecer que "A sentença condenatória *produz* a hipoteca judiciária". O verbo *produz* está para *efeito anexo imediato*, como a metáfora está para a poesia. Daí a assertiva categórica de *Moacir Amaral Santos*: "Do só fato de haver sentença de efeito condenatório resulta, por força de lei, hipoteca judiciária sobre os imóveis do condenado, e, assim, o poder do autor de fazer inscrevê-la mediante simples mandado do juiz"[10].

Portanto, a *constituição* da hipoteca judiciária não exige nenhum ato complementar, embora seja necessário o respectivo registro na matrícula dos imóveis da empresa reclamada no Cartório do Registro de Imóveis, a fim de valer contra terceiros – vale dizer, a fim de valer contra o terceiro adquirente[11].

3.2 A segunda virtude: a implementação de ofício

A segunda virtude da hipoteca judiciária é sua implementação de ofício, pelo juiz.

Com efeito, o *caput* do art. 466 do CPC atribui ao magistrado a iniciativa para o ato, ao estabelecer que a inscrição da hipoteca judiciária "... *será ordenada pelo juiz* na forma prescrita na Lei de Registros Públicos." Ao comentar o instituto da hipoteca judiciária, *Pontes de Miranda* identifica a inscrição da hipoteca judiciária como um *dever do juiz* estabelecido pela lei processual quando se tratar de sentença condenatória: "O elemento mandamental da sentença de condenação é tornado bastante, pelo art. 466, parágrafo único, para a inscrição. Há dever do juiz"[12].

A implementação da hipoteca judiciária é realizada de ofício pelo juiz, dispensando pedido da parte beneficiária da condenação. A doutrina de *Antônio Álvares da Silva* é precisa a respeito: "A hipoteca judiciária é automática e será ordenada pelo juiz, como determina o art. 466 do CPC. Por-

(8) TEIXEIRA FILHO, Manoel Antonio. *Curso de direito processual do trabalho*. vol. II. São Paulo: LTr, 2009. p. 1.291: "Este é, sem dúvida, um dos mais expressivos efeitos secundários da sentença condenatória e sua compatibilidade com o processo do trabalho parece-nos incontestável."

(9) Os seguintes acórdãos da Subseção Especializada em Dissídios Individuais n. 1 do Tribunal Superior do Trabalho são representativos da posição hoje pacificada sobre a matéria no âmbito da SBDI-1 do TST, favorável à aplicação da hipoteca judiciária de ofício ao direito processual do trabalho: TST-SBDI-1-E-RR 98600-73.2006.5.03.0087; TST- SBDI-1-E-ED-RR 24800-64.2007.5.03.0026.

(10) *Comentários ao Código de Processo Civil*. vol. IV. Rio de Janeiro: Forense, 1988. p. 426.

(11) Nesse sentido é o magistério de SANTOS, Moacyr Amaral. *Comentários ao Código de Processo Civil*. vol. IV. Rio de Janeiro: Forense, 1988. p. 426 e de TEIXEIRA FILHO, Manoel Antonio. *Curso de direito processual do trabalho*. vol. II. São Paulo: LTr, 2009. p. 1291: "c) para que produza efeitos com relação a terceiros, é indispensável que a hipoteca judiciária seja inscrita no registro competente, nos termos da Lei de Registros Públicos."

(12) *Comentários ao Código de Processo Civil*. tomo V. Rio de Janeiro: Forense, 1974. p. 111.

tanto independe de requerimento da parte. É uma consequência da sentença"(13).

A jurisprudência do TST é pacífica(14) a respeito: não é necessário requerimento da parte para o registro da hipoteca judiciária(15). A iniciativa é do juiz: basta mandar expedir o mandado de registro da hipoteca judiciária; se os imóveis da empresa reclamada estão localizados fora da área de jurisdição da Vara do Trabalho, expede-se carta precatória de registro da hipoteca judiciária. Alguns cartórios de imóveis aceitam registrar a hipoteca judiciária por simples ofício expedido pelo juízo, o que simplifica ainda mais o procedimento. A determinação de expedição de mandado de registro da hipoteca judiciária deve constar da sentença.

3.3 *A terceira virtude: confere direito de sequela sobre os imóveis gravados*

A terceira virtude da hipoteca judiciária é conferir ao credor direito de sequela sobre os imóveis gravados pela hipoteca judiciária.

Ao conferir ao credor direito de sequela sobre os imóveis gravados pela hipoteca judiciária, o instituto previsto no art. 466 do CPC potencializa o cumprimento da sentença. Isso por que, na lição de *Francisco Antonio de Oliveira* acerca da hipoteca judiciária, o credor poderá "... opô-la a terceiros e sujeitar à execução, com direito de sequela, os bens do devedor que restarem vinculados ao julgado"(16). Logo se percebe a potencialidade que o instituto da hipoteca judiciária pode aportar à concretização da garantia constitucional da efetividade da jurisdição (CF, art. 5º, XXXV) e à realização da garantia constitucional da razoável duração do processo (CF, art. 5º, LXXVIII).

O gravame da propriedade imobiliária da empresa reclamada estimula ao cumprimento da sentença e desestimula recursos protelatórios(17), além de potencializar a perspectiva de uma execução exitosa mediante o gravame prévio de bens imóveis que ficarão legalmente vinculados ao cumprimento da sentença respectiva. Com efeito, "a hipoteca judiciária – a ponderação é de criterioso pesquisador do tema da efetividade da jurisdição trabalhista – se constitui em mais uma ferramenta auxiliar à difícil tarefa de imprimir efetividade às resoluções judiciais. Mais do que isso, ainda na fase de pronunciamento do direito – que é a sentença –, reconhece-se a necessidade de sujeição do demandado, agora potencial devedor, aos termos da decisão, assinalando o dever de cumprir com as ordens emanadas do Poder Judiciário."(18)

Identificada por *Ovídio A. Baptista da Silva* como o caso mais comum de efeito anexo da sentença, a hipoteca judiciária produz uma eficácia – a doutrina denomina essa eficácia de direito de sequela – da qual não se poderão desvencilhar nem partes nem terceiros. Tal ocorre em razão de que é a própria lei a fonte produtora do efeito anexo da sentença representado pela hipoteca judiciária: "... o efeito anexo é previamente determinado pela lei, e, como tal, ocorre necessariamente pela simples veri-

---

(13) *Execução provisória trabalhista depois da reforma do CPC*. São Paulo: LTr, 2007. p. 104. No mesmo sentido alinha-se o magistério de Luciano Athayde Chaves: "A hipoteca judiciária constitui, à vista desse dispositivo legal, uma eficácia anexa ou secundária da sentença, porquanto independe de pedido da parte" (Ferramentas eletrônicas na execução trabalhista. *In*: *Curso de processo do trabalho*. CHAVES, Luciano Athayde, organizador. São Paulo: LTr, 2009. p. 969).

(14) Devemos a Antônio Álvares da Silva a redescoberta da hipoteca judiciária no âmbito da jurisdição trabalhista. Na condição de desembargador relator de recursos ordinários, Antônio Álvares da Silva passou a determinar, de ofício, a expedição de mandado de registro da hipoteca judiciária. Os acórdãos respectivos passam a ser objeto de Recurso de Revista. Inicialmente majoritário, hoje já se tornou unânime na SBDI-1 do TST o entendimento pela compatibilidade da hipoteca judiciária com o direito processual do trabalho (CLT, art. 769). A alegação recursal de julgamento *extra petita* é rejeitada pela SBDI-1 sob o fundamento de que a hipoteca judiciária é efeito anexo imediato da sentença e pode ser determinada de ofício pelo juiz, conforme a expressa previsão do art. 466 do CPC. A título de ilustração, confiram-se os seguintes acórdãos da Subseção Especializada em Dissídios Individuais n. 1 do Tribunal Superior do Trabalho: TST-SBDI-1-E-RR 98600-73.2006.5.03.0087; TST- SBDI-1-E-ED-RR 24800-64.2007.5.03.0026.

(15) Como é evidente, a parte poderá requerer a providência caso o juiz não tenha tomado a iniciativa de mandar registrar a hipoteca judiciária constituída pela sentença condenatória.

(16) OLIVEIRA, Francisco Antonio de. *Execução na Justiça do Trabalho*. 6. ed. São Paulo: RT, 2008. p 161.

(17) A hipoteca judiciária atua no sentido de distribuir equitativamente, entre as partes, o tempo do processo judicial. A arguta observação é do magistrado CAVALARO NETO, Arlindo. A sentença trabalhista como título constitutivo de hipoteca judiciária. *In*: *Execução Trabalhista*, SANTOS, José Aparecido dos (coordenador). 2. ed. São Paulo: LTr, 2010. p. 495: "É necessário distribuir equitativamente o ônus da demora do processo, e o registro da sentença como hipoteca judiciária também alcança esse desiderato, pois parcela do patrimônio do vencido será objeto de ônus real, assim que publicada a sentença condenatória, até que haja o pagamento do credor."

(18) CHAVES, Luciano Athayde. Ferramentas eletrônicas na execução trabalhista. *In*: *Curso de processo do trabalho*. CHAVES, Luciano Athayde, organizador. São Paulo: LTr, 2009. p. 972.

ficação da sentença. Ao contrário da eficácia reflexa, o efeito anexo é invulnerável quer pelas partes, quer por terceiros"[19].

A potencialidade que o instituto da hipoteca judiciária pode aportar à efetividade da execução decorre da circunstância de que a hipoteca judiciária confere ao autor da ação direito de sequela sobre os bens gravados. Valer dizer, o autor da ação poderá fazer penhorar os bens que foram gravados com a hipoteca judiciária, obtendo mais efetividade na execução, na medida em que os imóveis gravados com a hipoteca judiciária responderão pela execução da sentença *ainda que tenham sido transferidos a terceiros*. Essa é a consequência jurídica do direito de sequela que a hipoteca judiciária confere ao credor enquanto efeito anexo da sentença condenatória. A lição é de *Pontes de Miranda*.

No dizer de *Pontes de Miranda*, a hipoteca judiciária "... cria vínculo *real*, de modo que, na execução imediata ou mediata, está o vencedor munido de direito de sequela, que não tinha. Daí resulta que os bens gravados por ela podem ser executados como se a dívida fosse coisa certa, ainda se em poder de terceiro, que os haja adquirido sem fraude à execução. Não há boa-fé em tal aquisição, porque a hipoteca judiciária opera como qualquer outra hipoteca. (...) O exequente tem o direito de prosseguir na execução da sentença contra os adquirentes dos bens do condenado"[20].

No mesmo sentido alinha-se o magistério de *Moacyr Amaral Santos*. Ao definir a natureza do instituto da hipoteca judiciária, o autor esclarece que o direito de sequela então criado em favor do vencedor da demanda permite-lhe levar à praça o bem gravado pela hipoteca judiciária mesmo quando o bem tenha sido adquirido por terceiro: "Como *hipoteca judiciária* se entende a produzida pela sentença condenatória, autorizando o credor a perseguir o bem imóvel do condenado onde se encontre"[21].

Ainda que a alienação do imóvel não tenha caracterizado fraude à execução por não ter produzido a insolvência do alienante, ainda assim o bem imóvel gravado pela hipoteca judiciária responderá pela execução; significa dizer, o terceiro adquirente não terá êxito nos embargos de terceiro. Por que a aquisição do imóvel ocorreu de má-fé. A alternativa do terceiro adquirente será remir a execução, para não perder o bem imóvel adquirido sob hipoteca judiciária[22].

3.4 A quarta virtude: inibir fraude à execução

A quarta virtude da hipoteca judiciária é a sua potencialidade para inibir fraude à execução.

A doutrina identifica a hipoteca judiciária como instituto jurídico que atua como *meio preventivo contra a fraude*[23]. Isso por que o registro da hipoteca judiciária sobre os imóveis da empresa reclamada estabelece presunção de que o terceiro adquirente tem conhecimento da existência da ação trabalhista, o que esvazia a alegação de boa-fé do terceiro adquirente e atua para fazer caracterizar a fraude à execução. *Pontes de Miranda* utiliza estas palavras para definir eficácia produzida pela hipoteca judiciária: "A inscrição determina restrição ao *poder de dispor*, por parte do dono do imóvel, de modo que o adquirente não pode alegar boa-fé"[24].

Se a hipoteca judiciária já cumpria importante papel no combate à fraude patrimonial, com o advento da Súmula n. 375 do STJ o instituto adquiriu importância para coibir a fraude à execução em particular[25]. Em artigo elaborado antes advento da Súmula n. 375 do STJ, *Luciano Athayde Chaves* assim identificava essa virtude da hipoteca judiciária: "...o registro da hipoteca tem o mérito de reduzir os casos

(19) *Sentença e coisa julgada*. 2. ed. Porto Alegre: Sergio Antonio Fabris Editor, 1988. p. 113.

(20) *Comentários ao Código de Processo Civil*. tomo V. Rio de Janeiro: Forense, 1974. p. 111-112.

(21) SANTOS, Moacyr Amaral. *Comentários ao Código de Processo Civil*. vol. IV. Rio de Janeiro: Forense, 1988. p. 426.

(22) O terceiro adquirente terá direito regressivo contra o alienante nessa hipótese (CC, art. 346, II).

(23) SANTOS, Moacyr Amaral. *Comentários ao Código de Processo Civil*. vol. IV. Rio de Janeiro: Forense, 1988. p. 427.

(24) *Comentários ao Código de Processo Civil*. tomo V. Rio de Janeiro: Forense, 1974. p. 118.

(25) Com a superveniência da Súmula 375 do STJ, de 30.03.2009, que exige prévio registro da penhora para caracterizar-se fraude à execução, perde atualidade a observação de *Manoel Antonio Teixeira Filho* no sentido de que a hipoteca judiciária é "de pouca utilidade", na medida em que o credor pode invocar medida mais eficaz – a ocorrência de fraude à execução (TEIXEIRA FILHO, Manoel Antonio. *Curso de direito processual do trabalho*. vol. II. São Paulo: LTr, 2009. p. 1.292). Formulada em obra publicada no início de 2009, a observação do autor é *anterior* ao advento da Súmula 375 do STJ e tem por fundamento o argumento de que o credor dispõe do instituto da fraude à execução para coibir a fraude patrimonial. O argumento, contudo, restou afetado pela superveniência do verbete sumular do STJ. Daí nossa afirmação de ter a S-375-STJ resgatado a utilidade do instituto da hipoteca judiciária para a efetividade da execução, instituto jurídico a ser redescoberto pela magistratura.

de fraudes à execução, consubstanciados na alienação ou oneração de bens do devedor durante o curso da ação, situações de grande embaraço e retardamento dos feitos judiciais"(26).

A Súmula n. 375 do STJ revela essa quarta virtude da hipoteca judiciária de forma mais evidente, quando o tema da fraude à execução é contextualizado sob o influxo do elemento cronológico. Trata-se do tempo de tramitação do processo. Explico. Desde a publicação da sentença até o advento da penhora e seu registro, costuma decorrer o tempo de alguns anos. A alienação de imóvel que a empresa reclamada faça nesse interregno de tempo estará a salvo da ineficácia jurídica inerente à fraude à execução, de acordo com a orientação adotada na Súmula n. 375 do STJ(27).

Admita-se que esse interregno de tempo na tramitação do processo seja de dois (2) anos. Durante esses dois (2) anos, a alienação de bem imóvel pela empresa reclamada não caracterizará fraude à execução(28), por ter ocorrido *antes* do registro da penhora. Esse prazo pode variar para mais ou para menos; geralmente, para mais...

Contudo, se, por ocasião da publicação da sentença, o juiz determinar o registro da hipoteca judiciária na matrícula dos imóveis da empresa reclamada, o terceiro adquirente já não mais poderá alegar a condição de adquirente de boa-fé e ter-se-á por caracterizada fraude à execução, de modo a esterilizar – em parte – o efeito prejudicial que a aplicação da Súmula n. 375 do STJ acarreta ao credor. Em parte, por que a alienação realizada *antes* do registro da hipoteca judiciária – a ser ordenada na sentença – não caracteriza fraude à execução, de acordo com a orientação da Súmula n. 375 do STJ.

3.5 A quinta virtude: é instituto de ordem pública

A quinta virtude da hipoteca judiciária está em ser instituto de ordem pública concebido em favor da autoridade da sentença e na tutela do credor.

Essa virtude da hipoteca judiciária pode ser haurida com maior profundidade pela jurisdição trabalhista a partir da consideração da circunstância histórico-teórica de que se trata de instituto do processo comum, concebido para valorizar a sentença da Justiça Comum e para tutelar o credor não privilegiado.

Se uma tal intervenção na esfera patrimonial do réu foi outorgada pelo legislador em favor da autoridade da sentença da Justiça Comum e na tutela de credor não privilegiado, é intuitiva a conclusão de que a efetividade da jurisdição cível lá pretendida pela atuação do art. 466 do CPC de ofício, encontra nos fundamentos do direito processual do trabalho o substrato axiológico mediante o qual se faz imediata a positiva resposta pela compatibilidade do instituto de ordem pública da hipoteca judiciária com o direito processual trabalhista (CLT, art. 769)(29).

A imediata resposta positiva pela compatibilidade do instituto de ordem pública da hipoteca judiciária com o processo do trabalho é potencializada pela contemporânea hermenêutica constitucional que atribui aos direitos do trabalho a hierarquia de direitos fundamentais sociais (CF, art. 7º, *caput*)(30).

---

(26) CHAVES, Luciano Athayde. Ferramentas eletrônicas na execução trabalhista. *In: Curso de processo do trabalho*. CHAVES, Luciano Athayde (organizador). São Paulo: LTr, 2009. p. 972.

(27) Tanto a hipoteca judiciária quanto a *averbação premonitória* prevista no art. 615-A previnem fraude patrimonial. Tratando-se de processo de conhecimento, a hipoteca judiciária é mais eficaz, pois permite o registro do gravame na matrícula do imóvel logo após a sentença (CPC, art. 466), ao passo que a *averbação premonitória* do art. 615-A do CPC pressupõe a existência de processo em fase de execução. Portanto, a hipoteca judiciária atua *antes* da *averbação premonitória* do art. 615-A do CPC. O mesmo se pode dizer quanto à medida de *indisponibilidade de bens* do devedor prevista no art. 185-A do Código Tributário Nacional. Aplicável ao processo do trabalho por força da previsão do art. 889 da CLT, a *indisponibilidade de bens* é medida útil à execução trabalhista e pode ser combinada com a hipoteca judiciária. Contudo, sua implementação também pressupõe estar o processo na fase de execução, porquanto a previsão do art. 185-A do CTN estabelece que a indisponibilidade de bens tem lugar quando o devedor, citado, deixa de pagar ou de apresentar bens à penhora.

(28) A afirmação tem como pressuposto a aplicabilidade da diretriz da Súmula 375 do STJ: "O reconhecimento da fraude à execução depende do registro da penhora do bem alienado ou da prova da má-fé do terceiro adquirente." É bem verdade que não é uniforme a jurisprudência a esse respeito. Contudo, no TST predomina o entendimento pela aplicação da Súmula 375 do STJ à execução trabalhista. No âmbito da Seção Especializada em Execução do TRT da 4ª Região, também é predominante o entendimento pela aplicação da S-375-STJ ao processo do trabalho.

(29) A autonomia científica do direito processual do trabalho inspira-se à assimilação dos institutos do processo comum capazes de instrumentalizar sua ontológica vocação de processo de resultados.

(30) A compatibilidade da hipoteca judiciária com o direito processual do trabalho é pacífica na doutrina. A título de ilustração, confira-se a posição de CHAVES, Luciano Athayde. Ferramentas eletrônicas na execução trabalhista. *In: Curso de processo do trabalho*. CHAVES, Luciano Athayde (organizador). São Paulo: LTr, 2009. p. 970: "A hipoteca judiciária não encontra previsão expressa no Direito Processual do Trabalho, mas sua aplicação aqui é possível por força da cláusula geral de supletividade (art. 769), já

É digno de anotação o registro histórico de que a razoável duração do processo somente viria a ser elevada à condição de garantia constitucional trinta (30) anos depois atribuir-se à sentença condenatória o efeito de hipoteca judiciária[31].

O registro histórico permite aquilatar a profundidade da intervenção judicial – outorgada pelo legislador nos idos de 1973 – realizada na esfera patrimonial do réu mediante a utilização da hipoteca judiciária de ofício em favor da efetividade da jurisdição comum e em favor de credor não privilegiado. Isso numa época em que ainda estava por se afirmar o entendimento de que a garantia constitucional de acesso à justiça deveria evoluir de uma concepção meramente formal de acesso à jurisdição para uma concepção de real acesso à jurisdição efetiva (*Marinoni*).

3.6 *A sexta virtude: o recurso não suspende sua eficácia imediata*

A sexta virtude da hipoteca judiciária radica na circunstância de que sua imediata eficácia não se suspende pela interposição de recurso.

A imediata eficácia da sentença condenatória enquanto título constitutivo de hipoteca judiciária não é paralisada pela interposição de recurso. Isso por que da dicção do parágrafo único do art. 466 do CPC – "a sentença condenatória *produz* a hipoteca judiciária" – decorre a interpretação de que esse efeito imediato da sentença não é atingido pelo recurso interposto contra a sentença. Não se exige trânsito em julgado para que a sentença produza tal efeito. Basta a sua publicação[32].

Ainda que o recurso interposto seja dotado de efeito suspensivo, tal efeito suspensivo não neutraliza a imediata eficácia jurídica que o art. 466 do CPC confere à sentença condenatória enquanto título constitutivo de hipoteca judiciária. Na interpretação do art. 466 do CPC, a jurisprudência já assentou o entendimento de que o efeito suspensivo do recurso não impede a imediata eficácia jurídica da sentença condenatória enquanto título constitutivo de hipoteca judiciária, conforme revela a seguinte ementa: "Hipoteca judiciária. Recurso pendente. O efeito da condenação a que alude o CPC, art. 466, não se suspende com o advento do recurso" (RT 511/125)[33].

A interposição de recurso não suspende a imediata eficácia da sentença condenatória enquanto título constitutivo de hipoteca judiciária por que o instituto da hipoteca judiciária foi concebido pelo legislador como instituto de ordem pública de natureza acautelatória do direito do credor, com a finalidade de proporcionar *imediata* garantia ao credor da sentença condenatória. Essa garantia é realizada tanto por assegurar-se a futura execução mediante o direito de sequela que se forma sobre os bens gravados pela hipoteca judiciária, quanto pela inibição à fraude à execução prevenida pelo gravame da hipoteca judiciária registrada na matrícula do imóvel do réu.

Se a interposição de recurso suspendesse tal eficácia, a garantia do credor não seria *imediata* conforme a concebera o legislador, com o que retardar-se-ia a pronta operatividade do efeito anexo da sentença previsto no art. 466 do CPC, efeito que a doutrina qualifica como *automático*[34], mera consequência da publicação da sentença condenatória[35].

É o que restou assentado na ementa do acórdão publicado na Revista dos Tribunais n. 596/99: "Hipoteca judiciária. Inscrição com recurso pendente. A hipoteca judiciária, que tem natureza acautelatória do

---

se constitui medida de inteira pertinência teleológica com a tutela adjetiva trabalhista; portanto, não apresenta, dessa forma, qualquer atrito ou incompatibilidade." A mesma orientação encontra-se no ensaio de CAVALARO NETO, Arlindo. A sentença trabalhista como título constitutivo de hipoteca judiciária. *In: Execução Trabalhista*, SANTOS, José Aparecido dos (coordenador). 2 ed. São Paulo: LTr, 2010. p. 494: "Em síntese, o instituto da hipoteca judiciária mostra-se compatível com o Processo do Trabalho, pois visa garantir o sucesso da execução, prevenir a fraude à execução, impor direito de preferência ao credor na excussão do bem hipotecado, além de conferir o direito de sequela."

(31) A hipoteca judiciária foi instituída pelo Código de Processo Civil de 1973. A garantia constitucional da razoável duração do processo foi instituída pela Emenda Constitucional n. 45, de dezembro de 2004.

(32) TEIXEIRA FILHO, Manoel Antonio. Curso de direito processual do trabalho. vol. II. São Paulo: LTr, 2009. p. 1292. SANTOS, Moacyr Amaral. *Comentários ao Código de Processo Civil*. vol. IV. Rio de Janeiro: Forense, 1988. p. 428: "... a produção da hipoteca judiciária não depende do trânsito em julgado da sentença..." .

(33) A ementa é citada por Nelson Nery Junior e Rosa Maria de Andrade Nery, nos comentários ao art. 466 do CPC, na obra *Código de Processo Civil comentado*. 10 ed. São Paulo: RT, 2007. p. 677.

(34) SILVA, Antônio Álvares da. *Execução provisória trabalhista depois da reforma do CPC*. São Paulo: LTr, 2007. p. 104: "A hipoteca judiciária é automática e será ordenada pelo juiz, como determina o art. 466 do CPC. Portanto independe de requerimento da parte. É uma consequência da sentença."

(35) SANTOS, Moacyr Amaral. *Comentários ao Código de Processo Civil*. vol. IV. Rio de Janeiro: Forense, 1988. p. 426: "Do só fato de haver sentença de efeito condenatório resulta, por força de lei, hipoteca judiciária sobre os imóveis do condenado, e, assim, o poder do autor de fazer inscrevê-la mediante simples mandado do juiz."

direito do credor, pode ser inscrita, desde que ajuste às disposições legais, independentemente da pendência ou não de recurso, pois é resultante de um efeito imediato da decisão, que surge com ela, para oferecer pronta garantia à disponibilidade do credor"[36].

3.7 *A sétima virtude: uma garantia que não exclui outras*

A sétima virtude da hipoteca judiciária repousa na sobreposição das garantias previstas no parágrafo único do art. 466 do CPC.

A expressiva intervenção que o instituto da hipoteca judiciária produz na esfera patrimonial do réu revela-se mais eficaz pela lícita sobreposição das demais garantias previstas no parágrafo único do art. 466 do CPC em favor do vencedor da demanda condenatória. Isso por que o registro da hipoteca judiciária constituída pela sentença condenatória não exclui outras garantias que a ordem jurídica outorga ao vencedor da demanda; portanto, a hipoteca judiciária acumula-se com medida cautelar de arresto e com execução provisória, sem que resulte *bis in idem* dessa sobreposição de garantias que a ordem jurídica outorga ao vencedor da demanda.

A conclusão não se altera pelo fato de o processo do trabalho exigir depósito recursal como pressuposto objetivo de admissibilidade dos recursos do empregador na fase de conhecimento (CLT, art. 899, §§ 1º e 2º)[37]. A garantia do depósito recursal soma-se às demais garantias previstas no parágrafo único do art. 466 do CPC. Estabelecida em lei, a exigência de depósito recursal corresponde à assimetria da relação de emprego e justifica-se em face à natureza alimentar do crédito trabalhista reconhecido na sentença condenatória[38], crédito representativo de direito fundamental social (CF, art. 7º).

Em outras palavras, o vencedor da demanda condenatória pode se valer, simultaneamente, de hipoteca judiciária, de arresto e de execução provisória (CPC, art. 466, parágrafo único, II e III), ainda que a condenação seja genérica (I), hipótese em que observar-se-á o valor arbitrado à condenação para efeito de registro da hipoteca judiciária[39]. Os emolumentos cartorários ficam "... por conta de devedor condenado"[40].

CONCLUSÃO

A hipoteca judiciária pode contribuir para combater o principal problema do sistema judicial: a falta de efetividade da jurisdição. A falta de efetividade da jurisdição aparece de forma incontornável no expressivo número de processos trabalhistas arquivados com dívida na fase de execução[41].

Se é certo que fatores metajurídicos[42] contribuem para conformar o quadro falta de efetividade da jurisdição, também é certo que as potencialidades do direito positivo devem ser otimizadas – e redescobertas – para melhorar a performance da jurisdição trabalhista.

Para tanto, é necessário combinar todas as medidas legais capazes de dotar a jurisdição de maior poder de coercibilidade, na fase de execução. Entre as medidas previstas no direito positivo para aumentar efetividade da execução, está a hipoteca judiciária prevista no art. 466 do CPC. Mas a hipoteca judiciária não deve ser considerada de forma isolada. Aplicar apenas a hipoteca judiciária é insuficiente à

---

(36) A ementa é citada por Nelson Nery Junior e Rosa Maria de Andrade Nery, nos comentários ao art. 466 do CPC, na obra *Código de Processo Civil comentado*. 10. ed. São Paulo: RT, 2007. p. 677.

(37) Não há exclusão de garantias. As garantias previstas no parágrafo único do art. 466 do CPC combinam-se em favor do credor. Como preleciona *Antônio Álvares da Silva*, "Essas duas providências – depósito e hipoteca judiciária – nada têm a ver com a penhora proveniente de execução provisória, pois cada uma das três medidas têm uma proveniência jurídica diversa e se superpõem sem nenhum *bis in idem*." (*Execução provisória trabalhista depois da reforma do CPC*. São Paulo: LTr, 2007. p. 104).

(38) A exigência de depósito recursal constitui traço identificador da autonomia científica do direito processual do trabalho.

(39) SANTOS, Moacyr Amaral. *Comentários ao Código de Processo Civil*. vol. IV. Rio de Janeiro: Forense, 1988. p. 427: "... mesmo no caso de condenação genérica, portanto, ilíquida, a sentença produz hipoteca judiciária (art. 466, parágrafo único, n. I), valendo o valor da causa para os efeitos da inscrição."

(40) PONTES DE MIRANDA. *Comentários ao Código de Processo Civil*. tomo V. Rio de Janeiro: Forense, 1974. p. 118: "As custas de inscrição são por conta do devedor condenado." No mesmo sentido, CAVALARO NETO, Arlindo. A sentença trabalhista como título constitutivo de hipoteca judiciária. *In*: Execução Trabalhista, SANTOS, José Aparecido dos (coordenador). 2. ed. São Paulo: LTr, 2010. p. 496: "As despesas com o registro da sentença como hipoteca judiciária serão computadas na conta geral do crédito exequendo e cobradas do executado."

(41) Os dados divulgados pelo TST revelam que no ano de 2011 tramitavam 2.926.413 processos na fase de execução no país. Desses, 2.118.325 processos permaneceram tramitando, enquanto que 808.088 processos foram arquivados com dívida no ano de 2011. As estatísticas dos anos anteriores guardam a mesma proporção entre o número de processos em tramitação e o número de processos arquivados com dívida. Esses números indicam a baixa efetividade da jurisdição.

(42) Entre os fatores metajurídicos, estão os fatores de macroeconomia, a legislação, a terceirização de serviços e outros.

efetividade da execução. A efetividade da execução reclama a aplicação articulada das diversas medidas de coerção previstas em lei para fazer cumprir as decisões judiciais. Em outras palavras, é necessário aplicar a hipoteca judiciária, ao lado de outras medidas previstas no direito positivo, para tornar a execução mais efetiva.

Combinada com outras medidas legais como a remoção imediata dos bens móveis penhorados (CPC, art. 666, II), a atribuição de efeito não suspensivo aos embargos à execução (CPC, art. 475-M e art. 739-A), a alienação antecipada de bens (CPC, art. 670 e art. 1.113), o redirecionamento da execução contra os sócios mediante a desconsideração da personalidade jurídica de ofício (CC, art. 50; CPC, art. 592, II e art. 596; CDC, art. 28, *caput* e § 5º), o protesto extrajudicial da sentença (Lei n. 9.492/1997, art. 1º) e a pesquisa de bens por meio de ferramentas eletrônicas (CLT, art. 765), a hipoteca judiciária contribui para melhorar a performance da execução trabalhista. São ferramentas a serem utilizadas de forma combinada, para reforçar a capacidade de coerção própria à execução forçada, a qual se impõe em face da recusa do réu em cumprir a obrigação de forma espontânea.

Se nos faltava motivo para redescobrir o instituto da hipoteca judiciária, já não falta mais: o advento da Súmula n. 375 do STJ veio resgatar a virtude da hipoteca judiciária como medida legal voltada a inibir a fraude à execução, fraude que agora tende a generalizar-se. Essa é apenas uma das virtudes do instituto, quase tão importante quanto o direito de sequela que a hipoteca judiciária assegura ao vencedor da demanda, permitindo-lhe executar o bem hipotecado judiciariamente ainda que já tenha sido transferido para terceiro (nesse caso, terceiro adquirente de má-fé).

REFERÊNCIAS BIBLIOGRÁFICAS

BAPTISTA DA SILVA, Ovídio A. *Sentença e coisa julgada*. 2 ed. Porto Alegre: Sergio Antonio Fabris Editor, 1988.

CAVALARO NETO, Arlindo. A sentença trabalhista como título constitutivo de hipoteca judiciária. *In*: *Execução Trabalhista*, SANTOS, José Aparecido dos (coordenador). 2 ed. São Paulo: LTr,. 2010.

CHAVES, Luciano Athayde. Ferramentas eletrônicas na execução trabalhista. *In*: *Curso de processo do trabalho*. CHAVES, Luciano Athayde (organizador). São Paulo: LTr, 2009.

OLIVEIRA, Francisco Antonio de. *Execução na Justiça do Trabalho*. 6. ed. São Paulo: RT, 2008.

NERY JUNIOR, Nelson. NERY, Rosa Maria de Andrade. *Código de Processo Civil comentado*. 10 ed. São Paulo: RT, 2007

PONTES DE MIRANDA. *Comentários ao Código de Processo Civil*. tomo V. Rio de Janeiro: Forense, 1974.

SANTOS, Moacyr Amaral. *Comentários ao Código de Processo Civil*. vol. IV. Rio de Janeiro: Forense, 1988.

SILVA, Antônio Álvares da. *Execução provisória trabalhista depois da reforma do CPC*. São Paulo: LTr, 2007.

TEIXEIRA FILHO, Manoel Antonio. *Curso de direito processual do trabalho*. vol. II. São Paulo: LTr, 2009.